消防执法工作手册

Law Enforcement of Fire Prevention Manual

（上册）

成都市消防救援支队 编著

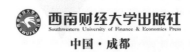

西南财经大学出版社
Southwestern University of Finance & Economics Press

中国·成都

图书在版编目(CIP)数据

消防执法工作手册:上下册/成都市消防救援支队编著.—成都:西南
财经大学出版社,2023.5
ISBN 978-7-5504-5686-0

Ⅰ.①消… Ⅱ.①成… Ⅲ.①消防法-行政执法—中国—手册
Ⅳ.①D922.14-62

中国国家版本馆 CIP 数据核字(2023)第 033929 号

消防执法工作手册(上下册)
XIAOFANG ZHIFA GONGZUO SHOUCE(SHANG XIA CE)
成都市消防救援支队　编著

责任编辑:肖　翀
责任校对:周晓琬
封面设计:星柏传媒
责任印制:朱曼丽

出版发行	西南财经大学出版社(四川省成都市光华村街 55 号)
网　址	http://cbs.swufe.edu.cn
电子邮件	bookcj@swufe.edu.cn
邮政编码	610074
电　话	028-87353785
照　排	四川胜翔数码印务设计有限公司
印　刷	四川新财印务有限公司
成品尺寸	170mm×250mm
印　张	50.75
字　数	748 千字
版　次	2023 年 5 月第 1 版
印　次	2023 年 5 月第 1 次印刷
书　号	ISBN 978-7-5504-5686-0
定　价	188.00 元(上下册)

本书编委会名单

主　　编：马　锐

副 主 编：李兴荣

编写人员：何　倩　陈　婷　王　晨

　　　　　陈洪甫　张　婷

前　言

改革转隶以来，与消防工作相关的法律、法规、规章，以及规范性文件大量制定、修订，消防法规体系不断健全完善。为进一步推进消防执法规范化建设，提高消防行政案件办理质量，并方便社会各界对消防法律、法规的查阅、学习，我支队对消防工作中常用的法律、法规、规章和规范性文件进行了收集、整理，同时针对行政执法中的常见案由和多发问题制作了具有指导意义的示范案卷，汇编成这本《消防执法工作手册》。

本书内容系统、全面，实用性强，既适用于指导消防救援机构的工作实际，也能够满足社会单位和人员学习、了解消防法规的需求。相信本书的出版发行对提升消防执法人员执法能力、规范消防执法行为、增强社会单位消防安全法律意识都能够起到积极的促进作用。

本书涉及的各类法律法规和技术标准，均为现行最新版本。由于编写时间仓促，书中难免有疏漏和不足之处，敬请广大读者批评指正。

成都市消防救援支队

2023 年 1 月

执法质量是执法工作的生命线

目　录

第一部分　消防执法工作流程图

第二部分　消防执法示范案卷

第三部分　相关法律法规、部门规章、文件、标准

第一部分

消防执法工作流程图

日常消防监督检查工作流程图

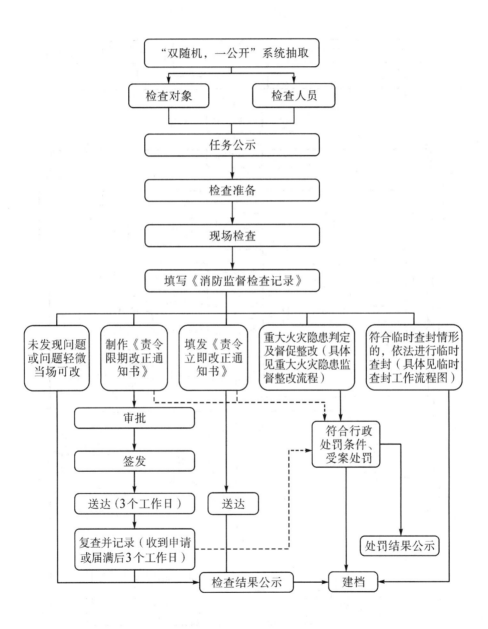

消防行政处罚普通程序工作流程图

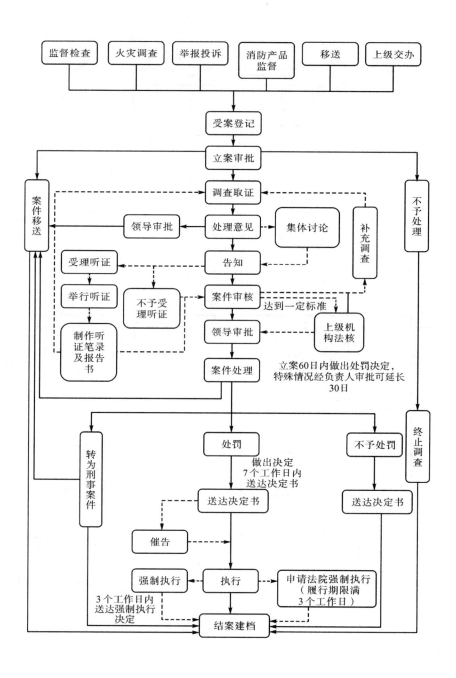

消防行政处罚简易程序流程图

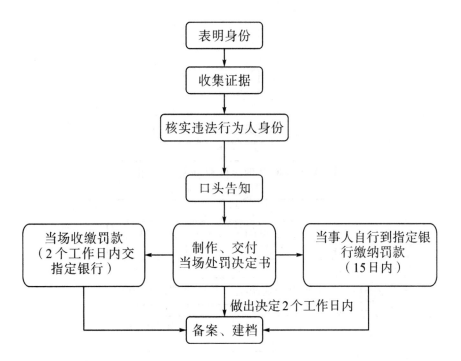

消防行政处罚快速办理工作流程图

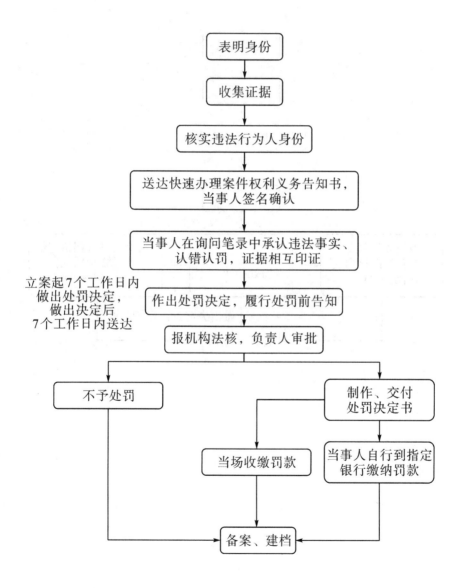

临时查封工作流程图

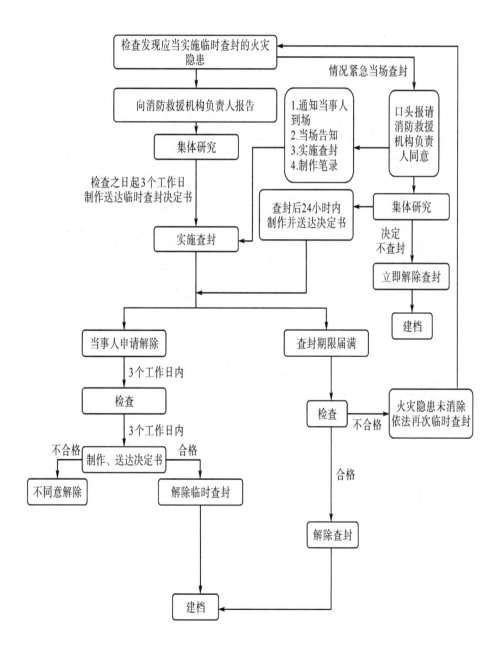

重大火灾隐患监督整改工作流程图

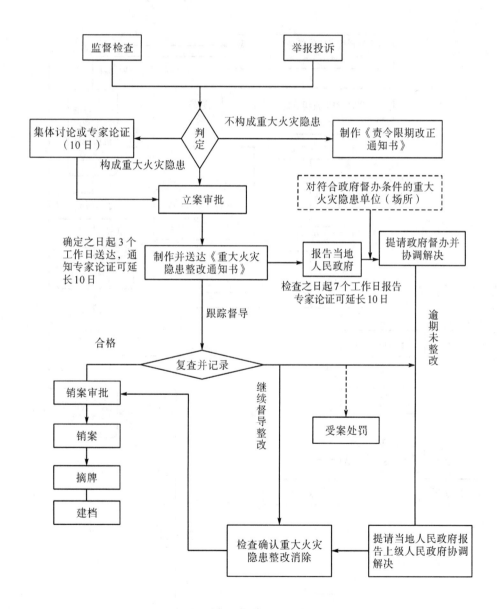

第二部分

消防执法示范案卷

一　消防行政处罚示范案卷

成都市××区消防救援大队

消防行政处罚档案

成都市××商场消防设施
未保持完好有效

自 202×年××月至 202×年××月	保管期限	长期
本案共　　卷 第　卷　共　　页	立卷单位	成都市××区 消防救援大队

全宗号	类别号	目录号	案卷号
××××	Z6.2	Z202×	00××

卷内文件目录

序号	文号	文件内容	页码	备注
		行政处罚决定书		
		呈请行政处罚审批表		
		立案审批表		
		询问通知书、询问笔录		
		当事人自行提供的书面材料		
		鉴定意见、检测结论（若有）		
		勘验、检查笔录（若有）		
		现场照片、物证照片		
		消防监督检查记录、责令立即改正通知书、责令限期改正通知书		
		被处罚单位营业执照、个人身份证等身份证明材料		
		授权委托书		
		行政处罚告知笔录		
		听证申请、举行听证通知书及审批表、听证笔录、听证报告书（若有）		
		重大行政处罚集体讨论意见		
		罚没收据、执行回执、关于"三停"执行情况记载的检查记录		
		送达回证		
		其他资料		
		备考表		

成都市××区消防救援大队

行政处罚决定书

×消行罚决字〔202×〕第×××号

违法行为人：成都市××商场，位于成都市××区××路××号，法定代表人：×××，统一社会信用代码：×××××

现查明202×年×月×日，成都市××区消防救援大队消防监督员依法对成都市××商场（商场位于成都市××区××路××号）进行检查，发现成都市××商场自动喷水灭火系统、火灾自动报警系统等消防设施未保持完好有效，违反了《中华人民共和国消防法》第十六条第一款第（二）项之规定，以上事实有《消防监督检查记录》（〔202×〕第×××号），《责令限期改正通知书》（×消限字〔202×〕第×××号），苏××、金××、John Jason 及胡××四人的询问笔录，检查现场照片××张，执法音视频记录××段等证据证实。

根据《中华人民共和国消防法》第六十条第一款第（一）项之规定，现决定对成都市××商场处罚款人民币贰万捌仟元整的行政处罚。

执行方式和期限：自收到本决定书之日起十五日内将罚款缴至××银行××支行××分理处。

逾期不缴纳罚款的，每日按罚款数额的百分之三加处罚款，加处罚款的数额不超过罚款的数额。

如不服本决定，可以在收到本决定书之日起六十日内向成都市消防救援支队或成都市××区人民政府申请行政复议或者在六个月内依法向成都市××区人民法院提起行政诉讼。

附：／清单

（成都市××区消防救援大队印章）

二○二×年××月××日

行政处罚决定书已向我宣告并送达。

被处罚人：成都市××商场物业部经理　苏××

202×年××月××日

一式三份，被处罚人和执行单位各一份，一份附卷。

领导审批意见	同意对成都市××商场处罚款人民币贰万捌仟元整的行政处罚。 　　　　　　　　　　　　　　　　　郑×× 　　　　　　　　　　　　　202×年××月××日
审核部门意见	该案事实清楚，证据确实充分，适用法律①准确，程序正当合法，量罚适当，建议同意对成都市××商场处罚款人民币贰万捌仟元整的行政处罚，请领导审批。 　　　　　　　　　　　　　　　　　吴×× 　　　　　　　　　　　　　202×年××月××日
办案部门意见	

呈请行政处罚审批表

　　202×年×月×日，成都市××区消防救援大队消防监督员×××、×××依法对成都市××商场（商场位于成都市××区××路××号）进行检查，在该商场负一层C区湿式报警阀间对高区湿式报警阀进行放水测试时，喷淋泵未启动；在消防控制室对火灾自动报警系统主机进行检查时，发现该

---

　　① 如罚则系《四川省消防条例》《成都市消防条例》的条文，则表述为"适用法规正确"；如罚则源自部门规章、地方政府规章，则表述为"适用规章正确"。

商场火灾自动报警系统控制主机显示 176 处故障。上述行为涉嫌违反了《中华人民共和国消防法》第十六条第一款第（二）项之规定，我大队消防监督员随即对该情况进行立案调查。

目前，该案已调查终结，主要证据有《消防监督检查记录》（编号：〔202×〕第×××号），《责令限期改正通知书》（×消限字〔202×〕第×××号），苏××、金××、John Jason 及胡××的证人证言共计××份询问笔录，检查现场照片××张，执法音视频记录××段（编号：××××××）等证据证实。成都市××商场消防设施未保持完好有效的行为，违反了《中华人民共和国消防法》第十六条第一款第（二）项之规定。

根据《中华人民共和国消防法》第六十条第一款第（一）项之规定以及四川省消防救援总队《四川省消防救援机构实施行政处罚裁量规则（试行）》（川消〔2020〕75 号），该商场未保持完好有效的消防设施类别为 2 类，自动灭火系统喷淋泵无法自动启泵，火灾自动报警系统故障数量占比约为 12%，但报警测试后系统联动正常，未影响系统整体运行，属一般违法行为，裁量计算公式中 $M=36\,500$、$N=18\,500$。该商场为多层公众聚集场所，A 值取 2.5，商场面积大于 1 000 平方米，达到消防安全重点单位界定标准，B 值取 2.5。当事人整改积极，无主观故意，此前一年内未因同种案由被行政处罚，结合其他与案件相关的裁量情形 C 值取 0，成都地区 D 值取 1。代入公式 $F=N+(M-N)\times[(A+B+C)/10]\times D=18\,500+(36\,500-18\,500)\times[(2.5+2.5+0)/10]\times1=27\,500$，无从重从轻情节，罚款金额高于一万元的按"千"取整，故罚款数额为贰万捌仟元整。

综合上述情况，建议对成都市××商场给予罚款人民币贰万捌仟元整的行政处罚。

以上情况及处理建议妥否，请审批。

承办人员：张××、李××

202×年××月××日

立案审批表

成都市××区消防救援大队（印章）　×消立案审字〔202×〕第(×××)号

<table>
<tr>
<td rowspan="4">案件
来源</td>
<td colspan="6">☑ 1. 消防监督管理工作中发现</td>
</tr>
<tr>
<td colspan="6">□ 2. 公民、法人或者其他组织举报经核实的</td>
</tr>
<tr>
<td colspan="6">□ 3. 移送</td>
</tr>
<tr>
<td colspan="6">□ 4. 其他：_____</td>
</tr>
<tr>
<td>案由</td>
<td colspan="6">成都市××商场涉嫌消防设施未保持完好有效</td>
</tr>
<tr>
<td rowspan="7">当事人基本情况</td>
<td rowspan="3">个人</td>
<td>姓 名</td>
<td>/</td>
<td>性 别</td>
<td>/</td>
<td>出生日期</td>
<td>/</td>
</tr>
<tr>
<td>身份证
件种类</td>
<td>/</td>
<td>证件
号码</td>
<td colspan="3">/</td>
</tr>
<tr>
<td>住 址</td>
<td colspan="2">/</td>
<td>联系方式</td>
<td colspan="2">/</td>
</tr>
<tr>
<td rowspan="3">单位</td>
<td>名 称</td>
<td colspan="2">成都市××商场</td>
<td>法定代表人</td>
<td colspan="2">×××</td>
</tr>
<tr>
<td>地 址</td>
<td colspan="2">成都市××区××路××号</td>
<td>联系方式</td>
<td colspan="2">×××</td>
</tr>
<tr>
<td>统一社会信用代码</td>
<td colspan="5">×××××</td>
</tr>
<tr>
<td colspan="7">简要案情：202×年×月×日，成都市××区消防救援大队消防监督员依法对成都市××商场（商场位于成都市××区××路××号）进行检查，检查中对一处湿式报警阀进行放水测试时喷淋泵未启动；同时发现该商场火灾自动报警系统控制主机显示 176 处故障，以上行为涉嫌违反了《中华人民共和国消防法》第十六条第一款第（二）项之规定。</td>
</tr>
<tr>
<td rowspan="2">立案意见</td>
<td colspan="6">☑属我单位管辖的行政案件，建议及时调查处理。
□不属于我单位管辖，建议移送_____处理
□不属于消防救援机构职责范围，不予调查处理。
□其他：
执法人员：张××、李××</td>
</tr>
<tr>
<td colspan="6" align="right">202×年×月×日</td>
</tr>
<tr>
<td rowspan="2">立案审批</td>
<td colspan="6">同意立案调查，请张××主办，李××协办。
消防救援机构负责人：郑××</td>
</tr>
<tr>
<td colspan="6" align="right">202×年×月×日</td>
</tr>
</table>

成都市××区消防救援大队

询问通知书

×消询通字〔202×〕第×××号

苏××：

　　为调查了解成都市××商场涉嫌消防设施未保持完好有效一案，请你于202×年××月××日09时30分，到成都市××区消防救援大队接受询问调查。依据《中华人民共和国行政处罚法》第五十五条之规定，你有如实回答询问、协助调查的义务。

　　请携带以下材料：

　　1. 成都市××商场营业执照原件及复印件；

　　2. 本人身份证明文件。

执法人员：张××、李××

联系方式：×××××

成都市××区消防救援大队（印章）

二○二×年××月××日

本通知书已收到。

当事人：×××

202×年××月××日

一式两份，一份交当事人，一份附卷。

成都市××区消防救援大队

权利义务告知书

根据有关法律法规，在消防救援机构对行政案件进行调查期间，你享有以下权利和义务：

一、消防救援机构负责人、办案人员、鉴定人和翻译人有下列情形之一的，你有权要求回避：

（一）是本案的当事人或者当事人的近亲属；

（二）本人或其近亲属与本案有直接利害关系；

（三）与本案当事人有其他关系，可能影响案件公正处理。

二、有陈述和申辩的权利。

三、对与本案无关的问题，有拒绝回答的权利。

四、对询问笔录记载有遗漏或差错的，有提出补充或者更正的权利。

五、对消防救援机构及办案人员侵犯当事人权利的行为，有申诉、控告的权利。

根据有关法律法规，你应履行下列义务：

一、必须如实提供证据、证言，作伪证或者隐匿证据的，依法承担相应法律责任。

二、确认笔录无误后，应当逐页签名或捺指印。

本告知书于 202×年××月××日××时××分向我告知。

被告知人：苏××

第 壹 次

询问笔录

时间：<u>202×年××月××日××时××分</u>至<u>202×年××月××日××时××分</u>
地点：<u>成都市××区消防救援大队询问室</u>
询问人（签名）：<u>张××、李××</u> 工作单位：<u>成都市××区消防救援大队</u>
记录人（签名）：<u>李××</u>
工作单位：<u>成都市××区消防救援大队</u>
被询问人姓名：<u>苏××</u> 性别：<u>男</u> 年龄：<u>××</u>
出生日期：<u>××年××月××日</u>
身份证件种类及号码：<u>居民身份证：×××××</u>
户籍所在地：<u>××市××区××路××号</u>
现住址：<u>××市××区××路××号</u>
联系方式：<u>×××××</u>
<u>问：我们是成都市××区消防救援大队的工作人员，现依法向你询问</u>
<u>成都市××商场涉嫌消防设施未保持完好有效一事，你要如实回答，不得</u>
<u>做伪证；与本案无关的问题，你有拒绝回答的权利。你听清楚了吗①?</u>
<u>答：听清楚了。</u>
<u>问：这是《权利义务告知书》，你是否已经看过并签收②?</u>
<u>答：我已看过并签收。</u>
<u>问：你在哪个单位工作?</u>
<u>答：我在成都市××商场工作。</u>
<u>问：你在商场的职务和工作分工是怎样的?</u>
<u>答：我在商场物业部担任物业经理一职，对××商场的消防安全、后</u>
<u>勤保障等各项工作全面负责③。</u>

第 <u>1</u> 页　共 <u>4</u> 页

---

① 表明身份，告知被询问人的权利。
② 确认《权利义务告知书》由其本人签收。
③ 明确被询问人身份，体现其与本案的关联性，同时与授权委托书的内容相互印证。

问：你在××商场物业部工作多长时间了？

答：从商场开业我就一直在这里，有六年多了。

问：你们商场的法人是谁？

答：是 John Jason 。因为他不太了解这次的事情，所以商场全权委托我过来处理相关事宜①。

问：成都市××商场的消防设施由谁负责管理？

答：由商场物业部负责管理②。物业部是商场的内设部门，就相当于商场的物业管理单位，负责管理商场的安全工作、公共设施维护、环境卫生管理等。

问：你们商场与店内商家是否签订了《物业管理合同》？

答：签订了，相关的合同复印件我也带来了③。

问：请介绍一下成都市××商场的基本情况和消防设施配置情况。

答：成都市××商场位于成都市××区××路××号，是一栋地上五层、地下二层楼的建筑，其中一层为超市，二、四、五层主营各类百货商品，三层为餐饮铺面，地下两层均为机动车停车库及设备用房。商场设有火灾自动报警系统、自动喷水灭火系统、室内外消火栓系统、机械排烟系统、正压送风系统、应急照明和疏散指示标志等消防设施，消防控制室位于一楼，消防水泵房位于负二层④。

问：地下室的消防设施由谁负责管理？

答：也是由商场物业部负责。整栋楼的消防设施都由我们商场物业部负责管理。

问：商场的建筑面积和建筑高度你是否清楚？

答：清楚。商场总建筑面积为 12 523 平方米，其中地上 10 243 平方米，地下 2 280 平方米，建筑高度为 21 米⑤。

第 2 页 共 4 页

① 表明委托事实，与授权委托书的内容相互印证。

② 明确该商场的管理责任，进而确认违法主体。

③ 《物业管理合同》等佐证材料应作为证据附卷。

④ 询问建筑的基本情况和规模，一方面可以了解按要求应该配备的消防设施，另一方面可以体现罚款处罚裁量相关情节。

⑤ 确认的建筑面积可用以判断该商场是否达到重点单位标准；建筑高度也进一步体现罚款处罚裁量相关情节。

问：商场商铺内的消防设施由谁负责管理？

答：也是由我们商场物业部统一负责。

问：202×年××月××日××时，我大队消防监督人员到你商场进行消防监督检查时你是否在场？

答：我在场，是我和工程组负责人金××一起陪同检查的①。

问：检查时发现的问题你是否清楚？

答：清楚，一个问题是在负一层C区湿式报警阀间，对高区湿式报警阀进行放水测试时，喷淋泵一直没有启动；另一个是我们的消防控制室报警主机有176处报警点位故障②。

问：检查时存在的故障是否影响系统的整体运行？

答：不影响，那天你们检查的时候测试过，系统功能都是正常的。

问：为什么会出现这些问题？

答：你们检查之后我们就马上通知了维保单位过来检查，喷淋泵的问题第二天就已经恢复，现在已经可以正常启泵了。报警主机方面，有极少数是因为商场有个别商铺在装修，还有一部分应该是因为报警主机老化，具体情况维保单位应该比较清楚，目前我们也在想办法尽快恢复。

问：你们湿式报警阀组的数量和火灾自动报警系统控制主机上报警点位的数量分别是多少？

答：这个我确实不太清楚，我们工程组和维保单位应该清楚。

问：你们是否清楚消防设施需要保持完好有效的状态？

答：清楚，我们每天都会进行防火巡查，对楼梯间、消防通道等进行巡查，另外还签订了维保单位对自动消防设施进行维护保养。这次报警系统故障的问题之前也发现了，维保公司给我们提过，说是需要资金更换设备才能修复，但我们确实没引起重视，想着等手头的事情缓缓再走维修款项申请流程。但你们检查发现以后我们已经迅速启动了请款程序，在积极整改了。

第 3 页　共 4 页

---

① 让被询问人对监督检查的情况进行确认，同时与其他询问笔录相互印证。

② 确认违法事实。对违法事实发生的具体地点、具体内容应该有详细、客观的描述。

问：维保公司发现报警系统故障的问题之后是否给你们提交了书面的报告?

答：他们在提供给我们的维保报告里面有所体现。大概两个月前也给我们出过专门的报告，说是报警系统故障需要请款更换部分设备。

问：你们的自动消防设施维保单位和项目负责人分别是谁?

答：是成都××消防工程有限公司，他们负责我们商场的项目负责人是胡××。

问：你们商场在最近一年内是否因为消防设施未保持完好有效被行政处罚过?

答：没有①。

问：你是否还有其他补充?

答：我们已经修复了喷淋泵的问题，报警主机问题也在积极整改，请大队酌情处理。

问：你看一下以上笔录，与你所说是否一致?

答：以上笔录我看过，与我所说相符②。

苏××（捺指印）××年××月××日

询问人：张××、李××

记录人：李××

---

①　了解整改情况、是否一年内因同一种消防违法行为受到两次以上处罚，体现量裁情节，建议附上系统查询行政处罚记录的截图作为证据。

②　此处内容由被询问人亲笔手写。

成都市××区消防救援大队

权利义务告知书

　　根据有关法律法规，在消防救援机构对行政案件进行调查期间，你享有以下权利和义务：

　　一、消防救援机构负责人、办案人员、鉴定人和翻译人有下列情形之一的，你有权要求回避：

　　（一）是本案的当事人或者当事人的近亲属；

　　（二）本人或其近亲属与本案有直接利害关系；

　　（三）与本案当事人有其他关系，可能影响案件公正处理。

　　二、有陈述和申辩的权利。

　　三、对与本案无关的问题，有拒绝回答的权利。

　　四、对询问笔录记载有遗漏或差错的，有提出补充或者更正的权利。

　　五、对消防救援机构及办案人员侵犯当事人权利的行为，有申诉、控告的权利。

　　根据有关法律法规，你应履行下列义务：

　　一、必须如实提供证据、证言，作伪证或者隐匿证据的，依法承担相应法律责任。

　　二、确认笔录无误后，应当逐页签名或捺指印。

　　本告知书于<u>202×</u>年<u>××</u>月<u>××</u>日<u>××</u>时<u>××</u>分向我告知。

被告知人：金××

第 壹 次

询问笔录

时间：202×年××月××日××时××分至 202×年××月××日××时××分

地点：成都市××区消防救援大队询问室

询问人（签名）：张××、李××

工作单位：成都市××区消防救援大队

记录人（签名）：李××　工作单位：成都市××区消防救援大队

被询问人姓名：金××　性别：男　年龄：××

出生日期：××年××月××日

身份证件种类及号码：居民身份证：×××××

户籍所在地：××市××区××路××号

现住址：××市××区××路××号

联系方式：×××××

问：我们是成都市××区消防救援大队的工作人员，现依法向你询问成都市××商场涉嫌消防设施未保持完好有效一事，你要如实回答，不得做伪证；与本案无关的问题，你有拒绝回答的权利。你听清楚了吗？

答：听清楚了。

问：这是《权利义务告知书》，你是否已经看过并签收？

答：我已看过并签收。

问：你在哪个单位工作？

答：我在成都市××商场工作。

问：你在商场的职务和工作分工是怎样的？

答：我是××商场工程组组长，负责对××商场内设施设备进行维修等工作。

问：成都市××商场的消防设施是谁管理？

答：商场的公共设施维护、消防设施管理等都是由成都市××商场内设的物业部管理。

问：你是否清楚成都市××商场的基本情况和消防设施配置情况①？

答：成都市××商场位于成都市××区××路××号，地上五层、地下二层，其中地下两层均为机动车停车库及设备用房，地上一层为超市，二、四、五层主营各类百货，三层为餐饮铺面。商场总建筑面积为 12 523 平方米，其中地上 10 243 平方米，地下 2 280 平方米，建筑高度为 21 米。商场设有火灾自动报警系统、自动喷水灭火系统、室内外消火栓系统、机械烟系统、正压送风系统、应急照明和疏散指示标志等消防设施②。

问：整栋楼的消防设施是否都由你们管理？

答：是的，整栋楼所有的消防设施设备都由我们商场物业部负责管理。

问：202×年××月××日××时，我大队消防监督人员到成都市××商场进行消防监督检查时你是否在场？

答：我在场，我和物业部经理苏××一起参与了检查。

问：检查时发现的问题你是否清楚？

答：检查发现了两个问题，一个是湿式报警阀放水测试时喷淋泵没有启动，当时是在负一层 C 区湿式报警阀间，对高区湿式报警阀进行放水测试，放水大约十分钟喷淋泵一直没有启动；另一个是在消防控制室发现报警主机有 176 处报警点位故障。

问：你们分别有多少个湿式报警阀，多少个报警点位？

答：一共有四个湿式报警阀，1 500 多个报警点位③。

问：检查时报警系统存在的故障是否影响系统的整体运行？

答：不影响，那天你们检查的时候做过系统测试，系统功能都是正常的。

---

① 不同证人的笔录内容应该能够相互印证，但不能完全照搬，应结合被询问人的工作岗位提供具体的证据内容。

② 询问建筑的基本情况和规模，一方面可以了解按要求应该配备的消防设施，另一方面可以体现罚款处罚裁量相关情节。

③ 确定未保持完好有效的单类消防设施数量占同类总数量的比例，以体现量裁情节。

问：出现上述问题的原因是否清楚？

答：湿式报警阀测试时，上下腔压力都是正常的，但放水测试后喷淋泵一直没有启动。后来维保单位排查发现是压力开关的问题，已经于当天晚上进行了修复，喷淋泵已经能够正常启停。主机出现故障一是因为部分商铺正在装修导致个别点位出现了故障，二是因为主机使用时间较长，有设备需要更换才能修复①。

问：装修导致的点位故障大概有多少？

答：很少，不超过十个点位。

问：检查发现问题后你们是如何处理的？

答：我们马上通知了维保单位过来排查原因，他们发现是压力开关的问题，很快就修复了。报警点位故障的问题，目前商场也已经迅速启动请款程序，会想办法尽快恢复。

问：你们的自动消防设施维保单位和项目负责人分别是谁？

答：是成都××消防工程有限公司，他们负责我们商场的负责人是胡××。

问：你们商场在此前一年时间内是否因为消防设施未保持完好有效被行政处罚过？

答：没有。

问：你是否还有其他补充？

答：没有了。

问：你看一下以上笔录，与你所说是否一致？

答：以上笔录我看过，与我所说相符。

金××（捺指印）××年××月××日

询问人：张××、李××

记录人：李××

第 3 页　共 3 页

---

① 同样的违法事实，如果由不同的原因导致，可能需要使用不同的处罚案由。例如同样的违法事实，可能是因为"消防设施未保持完好有效"，也可能是因为"擅自停用消防设施"。另外，导致同样违法事实的不同的原因也会影响裁量情节，可能是"较轻违法"，也可能是"一般违法"或是"严重违法"。

成都市××区消防救援大队

权利义务告知书

根据有关法律法规，在消防救援机构对行政案件进行调查期间，你享有以下权利和义务：

一、消防救援机构负责人、办案人员、鉴定人和翻译人有下列情形之一的，你有权要求回避：

（一）是本案的当事人或者当事人的近亲属；

（二）本人或其近亲属与本案有直接利害关系；

（三）与本案当事人有其他关系，可能影响案件公正处理。

二、有陈述和申辩的权利。

三、对与本案无关的问题，有拒绝回答的权利。

四、对询问笔录记载有遗漏或差错的，有提出补充或者更正的权利。

五、对消防救援机构及办案人员侵犯当事人权利的行为，有申诉、控告的权利。

根据有关法律法规，你应履行下列义务：

一、必须如实提供证据、证言，作伪证或者隐匿证据的，依法承担相应法律责任。

二、确认笔录无误后，应当逐页签名或捺指印。

本告知书于202×年××月××日××时××分向我告知。

被告知人：John Jason

第 壹 次

询问笔录

时间：202×年××月××日××时××分至202×年××月××日××时××分

地点：成都市××区消防救援大队询问室

询问人（签名）：张××、李××

工作单位：成都市××区消防救援大队

记录人（签名）：李××　　工作单位：成都市××区消防救援大队

被询问人姓名：John Jason　　性别：男　　年龄：××

出生日期：××年××月××日

身份证件种类及号码：马来西亚护照：×××××

户籍所在地：　／　　　　现住址：××市××区××路××号

联系方式：×××××

问：我们是成都市××区消防救援大队的工作人员，现依法向你询问成都市××商场涉嫌消防设施未保持完好有效一事，你要如实回答，不得做伪证；与本案无关的问题，你有拒绝回答的权利。你听清楚了吗？

答：听清楚了。

问：这是《权利义务告知书》，你是否已经看过并签收？

答：我已看过并签收。

问：请介绍一下你的国籍、出入境证件及签证情况①。

答：我是马来西亚人，我的护照号码是×××，持有工作签证，有效期为×××。

问：你是否需要翻译？

答：不需要，我用中文交流没问题。

第 1 页　共 3 页

---

①　当事人为外国人的，首次询问时还应当问明其国籍、出入境证件种类及号码、签证种类等情况；必要时，还应当问明其在华关系人、入境时间、入境事由等情况。

问：你在哪个单位工作？

答：我在成都市××商场工作。

问：你在商场的职务和工作分工是怎样的？

答：我是商场的法人，全面负责商场的管理工作。

问：成都市××商场的消防设施由谁负责管理？

答：我们有专门的物管部门，负责商场的消防安全管理、消防设施维护、清洁卫生等方面的工作。

问：地下室和商家的商铺内的消防设施由谁负责管理？

答：整栋楼的消防设施都是由我们商场的物业部负责管理。

问：你们商场与商场内各商家是否签订了《物业管理合同》？

答：签订了，这里是一些合同复印件①。

问：你是否清楚成都市××商场的基本情况和消防设施配置情况②？

答：成都市××商场位于成都市××区××路××号，地上五层、地下二层，其中地下两层均为机动车停车库及设备用房，地上五层均为商业。地上一层为超市，二、四、五层主营各类百货，三层为餐饮铺面。具体的消防设施方面我不是很了解，我们工程组负责人应该比较清楚。

问：202×年××月××日××时，我大队消防监督人员到你单位管理的××商场进行消防监督检查时你是否在场？

答：我不在场，是我们物业部经理苏××和工程组组长金××一起陪同检查的。

问：检查时发现的问题你是否清楚？

答：他们跟我汇报了，应该是消防设施设备方面发现了两个问题，但因为具体的专业问题我不太了解，过两天我也要去外地，所以我委托物业部经理苏××全权处理此事，总之我们一定积极配合整改。

问：假如你们维修消防设施需要通过内部程序申请款项，是否需要你本人签字确认？

第 2 页　共 3 页

---

① 《物业管理合同》等佐证材料应作为证据附卷。

② 不同证人的笔录内容应该能够相互印证，应结合被询问人的工作岗位提供具体的证据内容。

答：需要，公司内部的请款程序都需要我本人签字确认。

问：你在最近几个月是否收到过物业部关于维修火灾自动报警系统的请款申请？

答：之前没有收到过，但苏经理跟我汇报你们的检查情况的时候说了需要请款维修，现在应该已经在走流程了。我们会迅速安排相关款项尽快修复问题。

问：你们商场在此前一年时间内是否因为消防设施未保持完好有效被行政处罚过？

答：没有。

问：你是否还有其他补充？

答：没有了。

问：你看一下以上笔录，与你所说是否一致？

答：以上笔录我看过，与我所说相符。

John Jason（捺指印）××年××月××日

询问人：张××、李××

记录人：李××

成都市××区消防救援大队

权利义务告知书

根据有关法律法规，在消防救援机构对行政案件进行调查期间，你享有以下权利和义务：

一、消防救援机构负责人、办案人员、鉴定人和翻译人有下列情形之一的，你有权要求回避：

（一）是本案的当事人或者当事人的近亲属；

（二）本人或其近亲属与本案有直接利害关系；

（三）与本案当事人有其他关系，可能影响案件公正处理。

二、有陈述和申辩的权利。

三、对与本案无关的问题，有拒绝回答的权利。

四、对询问笔录记载有遗漏或差错的，有提出补充或者更正的权利。

五、对消防救援机构及办案人员侵犯当事人权利的行为，有申诉、控告的权利。

根据有关法律法规，你应履行下列义务：

一、必须如实提供证据、证言，作伪证或者隐匿证据的，依法承担相应法律责任。

二、确认笔录无误后，应当逐页签名或捺指印。

本告知书于202×年××月××日××时××分向我告知。

被告知人：胡××

第壹次

询问笔录

时间：202×年 ××月 ××日 ××时 ××分至202×年××月××日××时××分

地点：成都市××区消防救援大队询问室

询问人（签名）：张××、李××

工作单位：成都市××区消防救援大队

记录人（签名）：李××　工作单位：成都市××区消防救援大队

被询问人姓名：胡××　性别：男　年龄：××

出生日期：××年××月××日

身份证件种类及号码：居民身份证：×××××

户籍所在地：××市××区××路××号

现住址：××市××区××路××号　　　　联系方式：×××××

问：我们是成都市××区消防救援大队的工作人员，现依法向你询问成都市××商场涉嫌消防设施未保持完好有效一事，你要如实回答，不得做伪证；与本案无关的问题，你有拒绝回答的权利。你听清楚了吗？

答：听清楚了。

问：这是《权利义务告知书》，你是否已经看过并签收？

答：我已看过并签收。

问：你在哪个单位工作？

答：我在成都××消防工程有限公司工作。

问：你们公司与成都市××商场是什么关系？

答：成都市××商场与我们公司签订了消防设施维护保养合同，我公司负责对××商场的自动消防设施进行维护保养。

问：你在你们公司负责什么工作？

答：我是我们公司设立的负责成都市××商场的项目负责人。

问：请介绍一下成都市××商场的基本情况和消防设施配置情况。

答：成都市××商场地上五层、地下二层，其中地下两层为机动车停车库及设备用房，地上一至五层均为商业。商场总建筑面积为 12 523 平方米，其中地上 10 243 平方米，地下 2 280 平方米，建筑高度为 21 米。商场设有火灾自动报警系统、自动喷水灭火系统、室内外消火栓系统、机械排烟系统、正压送风系统、应急照明和疏散指示标志等消防设施。消防控制室位于一楼，消防水泵房位于负二层。

问：202×年××月××日××时，我大队消防监督人员到成都市××商场进行消防监督检查时你是否在场？

答：我不在场，但检查完当天他们就通知我过去了①。

问：检查时发现的问题你是否清楚？

答：清楚，一个问题是在负一层 C 区湿式报警阀间，对高区湿式报警阀进行放水测试时，喷淋泵没有启动；另一个是消防控制室报警主机有 176 处报警点位故障。

问：出现以上问题的原因是否清楚？

答：我们当天就抓紧时间排查了，是因为测试的湿式报警阀压力开关电源线出了问题，所以喷淋泵没有启动，当天晚上我们就重新接了线，压力开关已经恢复，可以正常启泵了。同时我们也进行了排查，自动喷水灭火系统没有发现其他问题。报警主机方面，是因为主机使用时间有点长，有部分点位出现了报警故障，我们前期已经给成都市××商场出具了相关报告②，需要更换一些设备才能修复，但因为他们内部请款需要走程序，就让先缓一缓。另外商业部分有个别商铺在装修，所以也产生了少量故障③。

问：装修导致故障的点位大概有多少？

---

① 让被询问人对监督检查的情况进行确认，同时与其他询问笔录相互印证。

② 若涉及此类报告，也应该作为证据附卷。

③ 同样的违法事实，如果由不同的原因导致，可能需要使用不同的处罚案由。例如同样的违法事实，可能是因为"消防设施未保持完好有效"，也可能是因为"擅自停用消防设施"。另外，导致同样违法事实的不同的原因也会影响裁量情节，可能是"较轻违法"，也可能是"一般违法"或是"严重违法"。

答：很少，应该不到 10 个。

问：你们湿式报警阀组的数量和火灾自动报警系统控制主机上报警点位的数量分别是多少？

答：一共有 4 个湿式报警阀，火灾自动报警系统共有报警点位 1 528 个①。

问：检查时报警系统已经存在的故障是否影响系统的整体运行？

答：不影响，我们维保时做过系统测试，商场的人说那天你们检查的时候也做过系统测试，系统功能都是正常的。我们之前在维保中发现故障之后也做过系统测试，系统功能也都能正常实现。这些在上次的维保报告中也有记录。

问：你们之前维保时是否发现了上述点位故障？

答：维保中就已经发现了的，我们也在维保报告中有记录，因为修复需要更换一些设备，需要商场方拨付资金，我们也给商场方提交了书面报告，据说他们的款项还没有申请下来，所以就还没有恢复。

问：你们是什么时候向商场方提交需要拨付资金的报告的？

答：两个半月之前。

问：相关的维保记录和书面报告你们是否能够提供？

答：我都带过来了②。

问：你们公司与成都市××商场的维保合同签订的维保时间段是多久？

答：我们已经跟他们合作了 3 年，最近一次合同的维保时间一直签到明年 3 月。

问：成都市××商场在最近一年内是否因为消防设施未保持完好有效被行政处罚过？

答：据我所知没有。

问：你是否还有其他补充？

答：我们已经修复了压力开关存在的问题，点位故障问题也会在商场款项到账之后第一时间整改。

第 3 页　共 4 页

---

① 确定未保持完好有效的单类消防设施数量占同类总数量的比例，以体现量裁情节。

② 与案件事实有关的维保记录、书面报告等都可以与其他证据相互印证，确认责任主体，应该作为证据材料附卷。

问：你看一下以上笔录，与你所说是否一致？

答：以上笔录我看过，与我所说相符。

胡××（捺指印）××年××月××日

询问人：张××、李××

记录人：李××

第 4 页　共 4 页

现场照片

成都市××商场外观，该建筑为一栋地上五层、
地下二层楼的建筑

成都市××商场消防控制室全貌
位于商场一层，内有火灾自动报警系统消防
联动控制主机、CRT、消防应急广播系统等

制作单位	成都市××区消防救援大队
制作人	张××、李××
制作时间	202×年××月××日

现场照片

成都市××商场

消防控制室内火灾自动报警系统主机照片

成都市××商场

火灾自动报警系统主机存在故障 176 处的照片

制作单位	成都市××区消防救援大队
制作人	张××、李××
制作时间	202×年××月××日

现场照片

成都市××商场
负一层 C 区湿式报警阀间全貌

成都市××商场负一层 C 区湿式报警阀间内
高区湿式报警阀放水测试照片
湿式报警阀系统侧压力已小于供水侧压力，
但喷淋泵未启动

制作单位	成都市××区消防救援大队
制作人	张××、李××
制作时间	202×年××月××日

现场照片

成都市××商场消防水泵房全貌

成都市××商场喷淋泵控制柜处于自动状态，
但湿式报警阀放水测试后喷淋泵始终未启动

制作单位	成都市××区消防救援大队
制作人	张××、李××
制作时间	202×年××月××日

现场照片

监督检查过程中进行火灾自动报警系统
测试的主机打印凭证①
（成都市××商场火灾自动报警系统测试功能正常）

监督检查过程中进行湿式报警阀放水测试的
主机打印凭证
（水流指示器动作，压力开关和喷淋泵未动作）

制作单位	成都市××区消防救援大队
制作人	张××、李××
制作时间	202×年××月××日

---

① 火灾自动报警系统打印凭条等资料的字迹清晰度会随时间推移而下降，应通过照片、复印件等方式存档备查。

现场照片

成都市××商场消防控制室火灾自动报警系统报警点位图
点位图显示该商场报警点位共 1 528 个

消防监督管理系统查询的针对该商场
最近一年的行政处罚记录情况截图

制作单位	成都市××区消防救援大队
制作人	张××、李××
制作时间	202×年××月××日

成都市××区消防救援大队

消防监督检查记录

编号：〔202×〕第×××号

检查形式：☑ 消防监督抽查

　　　　　□ 公众聚集场所投入使用、营业前消防安全检查

被检查单位（场所）名称：　成都市××商场

地　　　址：　　成都市××区××路××号

消防安全责任人：　John Jason　　电话：　×××××

消防安全管理人：　苏××　　　　电话：　×××××

联　系　人：　　苏××　　　　电话：　×××××

☑ 消防安全重点单位　　　□ 非消防安全重点单位

消防监督检查员：　　　张××、李××

检查时间：　202×　年　××　月　××　日　××　时

被检查单位随同检查人员（签名）：　　　苏××

此记录由消防救援机构存档。

监督检查内容和情况

消防许可及验收备案	被查建筑物名称：_____ 成都市××商场大楼 _____ □1998年9月1日之前竣工建筑且此后未改建（含装修、用途变更） □依法通过消防验收　☑依法进行竣工验收消防备案 □其他情况：_____ ／ _____ ☑是 □否 公众聚集场所 依法通过投入使用、营业前消防安全检查　☑是　　□否 建筑物或者场所使用情况与消防验收或者竣工验收消防备案时的使用性质相符情况　　　　☑相符　　□不相符
消防安全管理	消防安全制度　　　☑有　　　　□无 灭火和应急疏散预案☑有　　　　□无 员工消防安全培训　☑有记录　□无记录　□有，但不符合规定 □不涉及 消防安全管理人☑确定　□未确定 □不涉及 防火检查、巡查☑有记录 □无记录 □有，但不符合规定 □不涉及 消防设施、器材、消防安全标志定期组织维修保养 　　　　　　　　　☑有记录　　□无记录 □不涉及 消防演练　☑有记录 □无记录 □有，但不符合规定 □不涉及 消防档案　☑有　　　□无　　　□不符合要求 □不涉及 消防重点部位　☑确定　　□未确定 □不涉及 承担灭火和组织疏散任务的人员　☑确定 □未确定 其他情况：无
建筑防火	☑不涉及　生产、储存、经营易燃易爆危险品的场所与居住场所 　　　　　设置在同一建筑物内 □否　□是 ☑不涉及　生产、储存、经营其他物品的场所与居住场所设置在 　　　　　同一建筑物内　　　　□符合标准　□不符合标准 □不涉及　人员密集场所外墙门窗上设置影响逃生、灭火救援的 　　　　　障碍物　　　　☑否　　　　□是 消防车通道　抽查部位_____商场周边_____ 防火间距　抽查部位_____商场周边_____ □不涉及 防火分区　抽查部位____商场负一层、一至三层____ □不涉及 人员密集场所装修材料 抽查部位____商场一至三层____ 检查情况：经现场抽查，消防车通道畅通，防火间距、防火分区符合规范要求，室内装修材料符合规范要求

安全疏散	疏散通道 抽查部位＿＿＿商场负一层、一至三层＿＿＿
	安全出口 抽查部位＿＿＿商场负一层、一至三层＿＿＿
	应急照明 抽查部位＿＿＿商场四至五层＿＿＿
	疏散指示标志 抽查部位＿＿＿商场四至五层＿＿＿
	□有☑无 避难层 抽查部位＿＿＿＿＿＿
	☑有□无 应急广播 抽查部位＿＿＿商场三层＿＿＿
	检查情况：经抽查，疏散通道、安全出口畅通，应急照明和疏散指示标识完好，应急广播功能正常
消防控制室	☑有　□无　消防控制室
	值班操作人员 在岗人数＿2＿　值班记录☑有　□无
	消防联动控制设备运行情况　☑正常　□不正常
	消防电话 抽查部位＿＿＿消防水泵房＿＿＿
	检查情况：控制室值班人员操作熟练，熟悉应急处置流程。消防电话功能正常

消防设施器材	火灾自动报警系统	☑有　□无　火灾自动报警系统
		探 测 器 抽查部位及数量＿＿＿商场三层走道及××商铺＿＿
		手动报警器 抽查部位＿＿＿商场三层走道＿＿＿
		控制设备 抽查部位＿＿＿消防控制室＿＿＿
		其他设施＿＿＿无＿＿＿ 抽查部位＿＿＿＿＿＿
		检查情况：火灾自动报警系统主机显示176处报警点位故障；3层感烟探头及手动报警器测试后系统反馈及联动正常
	消防给水设施	☑有　□无 消防给水设施
		☑有　□无　消防水池 抽查部位＿＿＿负二层＿＿＿
		☑有　□无　消防水箱 抽查部位＿＿＿屋面＿＿＿
		☑有　□无　消防水泵 抽查部位＿＿＿消防水泵房＿＿＿
		☑有　□无　室内消火栓 抽查部位＿＿＿商场五层走道＿＿＿
		☑有　□无　室外消火栓 抽查部位＿＿＿室外＿＿＿
		☑有　□无　水泵接合器 抽查部位＿＿＿室外＿＿＿
		☑有　□无　稳压设施 抽查部位＿＿＿屋面＿＿＿
		其他设施＿＿＿无＿＿＿ 抽查部位＿＿＿＿＿＿
		检查情况：经抽查，消防水池、消防水箱、消防水泵、水泵接合器、稳压设施功能正常，室内外消火栓测试水压正常

消防设施器材	自动灭火系统	☑有 □无　自动喷水灭火系统 报警阀 抽查部位＿＿＿负一层 C 区湿式报警阀间＿＿＿＿＿＿＿ 末端试水装置 抽查部位五层 2 号卫生间 压力值＿0.4 Mpa＿＿ 其他设施＿＿＿无＿＿＿ 抽查部位＿＿＿＿＿＿＿＿＿＿＿＿ 检查情况：在负一层 C 区湿式报警阀间对高区湿式报警阀进行放水测试，喷淋泵未启动
		□有☑无 其他自动灭火系统 类型＿＿＿＿＿＿＿＿＿＿＿＿＿＿＿＿ 设置部位＿＿＿＿＿＿＿＿＿＿＿＿＿＿＿＿＿＿＿＿＿＿＿＿ 检查情况：／
	其他设施器材	☑有 □无 防火门　抽查部位＿＿商场负一层、一至三层＿＿＿＿ ☑有 □无 防火卷帘　抽查部位＿＿＿＿商场负一层＿＿＿＿＿＿ ☑有 □无 防排烟设施　抽查部位＿＿＿＿商场五层＿＿＿＿＿＿ ☑有 □无 灭火器　抽查部位及数量＿＿商场一至三层，抽查八具＿ 其他设施＿＿＿＿＿＿ 抽查部位＿＿＿＿＿＿＿＿＿＿＿＿＿＿ 检查情况：抽查防火门组件齐全，启闭正常；防火卷帘、机械排烟设施联动功能正常；灭火器均为 ABC 型，压力正常
其他消防安全管理		☑不涉及　电器产品的线路定期维护、检测 □有记录 □无记录 ☑不涉及　燃气用具的管路定期维护、检测 □有记录 □无记录 ☑不涉及　违反规定使用明火作业或在具有火灾、爆炸危险的场所 　　　　　吸烟、使用明火　　　　　　　□否　　□是 ☑不涉及　违反消防安全规定进入生产、储存易燃易爆危险品场所 　　　　　　　　　　　　　　　　　　　□否　　□是 ☑不涉及　违反有关消防技术标准和管理规定生产、储存、运输、 　　　　　销售、使用、销毁易燃易爆危险品 □否　　□是 其他情况：无
备注		无【可备注违法行为的危害后果和社会影响程度；涉及场所的性质、规模及火灾危害性；当事人的主观过错、改正违法行为的态度、所采取的措施及效果；违法次数；地区差异性；其他应当考虑的因素等信息。如检查当时未发现，则填无。】

责令限期改正通知书

×消限字〔202×〕第×××号

成都市××商场　　　：

根据《中华人民共和国消防法》第五十三条的规定，我大队于202×年×× 月××日对你单位（场所）进行消防监督检查，发现存在下列第2项消防安全违法行为：

　　□1. 未依法进行□消防设计备案/□竣工验收消防备案；

　　☑2. 消防设施、器材、消防安全标志，□配置、设置不符合标准，☑未保持完好有效；

　　□3. □损坏/□挪用/□擅自拆除消防设施、器材；

　　□4. □占用/□堵塞/□封闭疏散通道、安全出口；

　　□5. □埋压/□圈占/□遮挡消火栓，□占用防火间距；

　　□6. □占用/□堵塞/□封闭消防车通道，妨碍消防车通行；

　　□7. 人员密集场所外墙门窗上设置影响逃生、灭火救援的障碍物；

　　□8. 使用□不符合市场准入/□不合格/□国家明令淘汰的消防产品；

　　□9. □电器产品/□燃气用具的安装、使用及其线路、管路的设计、敷设、维护保养、检测不符合消防技术标准和管理规定；

　　□10. 不履行《中华人民共和国消防法》□第十六条/□第十七条/□第十八条/□第二十一条第二款规定的其他消防安全职责；

　　□11. 其他消防安全违法行为和火灾隐患：＿＿＿＿＿＿／＿＿＿＿＿

　　具体问题：1. 在负一层 C 区湿式报警阀间对高区湿式报警阀进行放水测试，喷淋泵未启动；

　　2. 火灾自动报警系统主机 176 处报警点位故障。

　　对上述第＿2＿项，责令你单位（场所）于＿202×＿年＿××＿月＿××＿日前改正；第＿／＿项，责令你单位（场所）于＿／＿年＿／＿月＿／＿日前改正。

改正期间，你单位（场所）应当采取措施，确保消防安全。对消防安全违法行为，将依法予以处罚。

（成都市××区消防救援大队印章）

202×年××月××日

被检查单位（场所）签收：苏××　　　　202×年××月××日

一式两份，一份交被检查单位（场所），一份存档。

授权委托书

成都市××区消防救援大队：

委托人：<u>成都市××商场</u>，地址：<u>成都市××区××路××号</u>，法定代表人：<u>×××</u>，统一社会信用代码：<u>×××</u>

被委托人：<u>苏××</u>，身份证号：<u>×××××</u>，职务：<u>物业部经理</u>

现委托<u>苏××</u>前往贵大队处理<u>成都市××商场涉嫌消防设施未保持完好有效一案</u>的相关事宜，并代签代收相关法律文书。委托时间：自 202× 年 ×× 月 ×× 日至 202× 年 ×× 月 ×× 日（建议填写为立案后 3 个月）。

委托人（签字/盖章）：成都市××商场

被委托人（签字）：苏××

202× 年 ×× 月 ×× 日

成都市××区消防救援大队

行政处罚告知笔录

执行告知单位<u>成都市××区消防救援大队</u>　告知人<u>张××、李××</u>

被告知人<u>成都市××商场</u>　单位法定代表人<u>John Jason</u>

告知内容：

☑处罚前告知

根据《中华人民共和国行政处罚法》第四十四条之规定，现将拟做出行政处罚决定的内容①及事实、理由、依据告知如下：<u>202×年×月×日，成都市××区消防救援大队消防监督员依法对成都市××商场（商场位于成都市××区××路××号）进行检查，在负一层 C 区湿式报警阀间对高区湿式报警阀进行放水测试时，喷淋泵未启动；在消防控制室对火灾自动报警系统主机进行检查时，发现该商场火灾自动报警系统控制主机显示 176 处故障。该单位消防设施未保持完好有效的行为违反了《中华人民共和国消防法》第十六条第一款第（二）项之规定。我大队依据《中华人民共和国消防法》第六十条第一款第（一）项之规定，拟对成都市××商场给予罚款人民币贰万捌仟元整的处罚。</u>

问：对上述告知事项，你（单位）是否提出陈述和申辩？（对被告知人的陈述和申辩可附页记录，被告知人提供书面陈述、申辩材料的，应当附上，并在本告知笔录中注明）

答：<u>不陈述，不申辩。</u>

对你提出的陈述和申辩，消防救援机构将进行复核。

被告知人：苏××

（成都市××商场委托代理人）

202×年××月××日××时××分

---

①　新修订的《中华人民共和国行政处罚法》要求履行告知程序时需告知"拟做出行政处罚的内容"，没有"内容"的都是老文书式样，请一定注意！

□ **听证告知**

根据《中华人民共和国行政处罚法》第六十三条之规定，你（单位）有权要求听证。如果要求听证，你（单位）应在被告知后五日内向　／　提出，逾期视为放弃要求听证权利①。

问：对上述告知事项，你是否要求听证？

答②：　　　／

消防救援机构对符合听证条件的，自收到听证申请之日起十日内举行听证；对放弃听证的，依法做出处理决定。

被告知人：／

／年／月／日／时／分

---

① 未达到听证标准的，此页不填写。

② 若已达到听证标准，应于五日后流转后续内批程序。若有行政相对人弃权后不等待五日即流转内批程序的，要签注为"我不要求听证，并且主动放弃对本案要求听证的权利"。

成都市××区消防救援大队

集体议案①

研究事项　成都市××商场涉嫌消防设施未保持完好有效一案的行政处罚

时　　间　202×年×月×日×时×分至202×年×月×日×时×分

地　　点　成都市××区消防救援大队×楼会议室

主持人　郑××，××区消防救援大队中级专业技术职务（大队长）

记录员　李××，××区消防救援大队中级专业技术职务

参加人　郑××，××区消防救援大队中级专业技术职务（大队长）

　　　　李××，××区消防救援大队中级专业技术职务

　　　　张××，××区消防救援大队初级专业技术职务

　　　　吴××，××区消防救援大队初级专业技术职务

　　　　赵××，××区消防救援大队初级专业技术职务

内容记录：

郑××：今天会议的议题是，我大队对成都市××商场涉嫌消防设施未保持完好有效的违法行为拟进行行政处罚一事进行集体议案。本次讨论围绕事实是否清楚、程序是否合法、证据是否充分、案件定性是否准确、法律适用是否正确、裁量基准运用是否恰当、处理意见是否适当等内容开展，请大家在办案人员介绍完基本案情后，依据调查事实积极讨论，发表意见。今天参会人员有郑××、李××、张××、吴××、赵××。下面请办案人员介绍案件基本情况。

张××：首先由我向大家介绍案件的基本情况。202×年×月×日，成都市××区消防救援大队消防监督员按计划对成都市××商场（地址：成都市××区××路××号；法定代表人：John Jason）进行"双随机"消防监督检查时，发现以下问题：在负一层 C 区湿式报警阀间对高区湿式报警阀进

---

① 集体议案应针对案件的事实、证据、程序和法律适用、裁量标准充分体现出"议"的过程，而不应仅是参会人员对处理意见同意与否的简单表态。

行放水测试时，喷淋泵未启动；在消防控制室对火灾自动报警系统主机进行检查时，发现该商场火灾自动报警系统控制主机显示 176 处故障。对于以上问题，我们依法填写了《消防监督检查记录》（编号：〔202×〕第×××号），下发了《责令限期改正通知书》（×消限字〔202×〕第×××号），责令成都市××商场于202×年×月×日前改正。同日，因该单位消防设施未保持完好有效涉嫌违反了《中华人民共和国消防法》第十六条第一款第（二）项之规定，我们对成都市××商场进行了立案调查。

李××：接下来由我向大家介绍成都市××商场的主要违法事实和证据。（一）主要违法事实：在负一层 C 区湿式报警阀间对高区湿式报警阀进行放水测试时，喷淋泵未启动；在消防控制室对火灾自动报警系统主机进行检查时，发现该商场火灾自动报警系统控制主机显示 176 处故障。（二）证据：以上事实由苏××、金××、John Jason 及胡××等×人的询问笔录共××份，成都市××商场对××商场进行管理的《物业管理合同》，《消防监督检查记录》（编号：〔202×〕第×××号），《责令限期改正通知书》（×消限字〔202×〕第×××号），检查现场照片××张，执法音视频记录××段（编号：×××）等证据证明。

张××：最后，向大家介绍该案的法律适用。结合以上调查取证情况，该单位的违法行为与《中华人民共和国消防法》第十六条第一款第（二）项的违法行为构成要件一一对应，我们认为应依据《中华人民共和国消防法》第六十条第一款第（一）项对该单位进行处罚。

郑××：案件的办理人员已将案件的基本情况、主要事实及证据、法律适用等问题介绍完毕，请与会人员进行讨论发言。

吴××：该商场火灾自动报警系统控制主机显示故障，导致故障的原因是什么呢？

张××：该商场的火灾自动报警系统共有 1 528 个报警点位，我们检查时发现报警主机显示 176 个报警点位故障。根据调查，有十个左右的报警点位故障是由个别商户装修导致的，其余故障主要是因为主机使用时间较长，设备老化导致的报警故障，需要更换部分设备才能修复，消防维保公司事前已经发现了故障问题并向该商场提交了书面报告，但因为商场内部请款还没有走程序，就让维保公司先缓一缓再修复。直到我们检查发现问题该商场才引起重视，开始启动请款程序。

赵××：检查时对湿式报警阀进行放水测试，喷淋泵未启动，现场照片的证明力偏弱，请问是否有其他证据证实？

张××：检查过程中，我们在负一层C区湿式报警阀间对湿式报警阀进行放水测试，喷淋泵未启动。检查全程有执法音视频记录可以证实，苏××、金××、胡××的询问笔录也证实了此项情况的真实性。另外，测试结束后的控制主机打印凭条也可以看到，放水后水流指示器有动作，但压力开关和喷淋泵未动作。

郑××：该案的自由裁量情形是如何考虑的呢？

张××：我们依据《四川省消防救援机构实施行政处罚裁量规则（试行）》对该案消防安全违法行为的自由裁量情节进行了核实。（一）罚款幅度：该公司未保持完好有效的消防设施类别为2类，自动灭火系统喷淋泵无法自动启泵，火灾自动报警系统故障数量占比约为12%，但报警测试后系统联动正常，未影响系统整体运行，确认该违法行为为一般违法，M取值36 500，N取值18 500。（二）该商场为多层公众聚集场所，A取值2.5，该商场面积大于1 000平方米，达到消防安全重点单位界定标准，B取值2.5。当事人整改积极，无主观故意，此前未因同种案由被行政处罚，结合当事人整改积极性等其他与案件相关的裁量情形，C取值0，成都地区D取值1。结合《四川省消防救援机构实施行政处罚裁量规则》的裁量公式，代入公式 $F=N+(M-N)×[(A+B+C)/10]×D=18\ 500+(36\ 500-18\ 500)×[(2.5+2.5+0)/10]×1=27\ 500$，罚款金额高于一万元的按"千"取整，最终拟处罚的金额为贰万捌仟元整。

赵××：如果大家没有其他问题的话，请分别就我大队对成都市××商场给予行政处罚的决定发表意见。

张××：成都市××商场消防设施未保持完好有效的行为违反了《中华人民共和国消防法》第十六条第一款第（二）项之规定，根据《中华人民共和国消防法》第六十条第一款第（一）项之规定以及四川省消防救援总队《四川省消防救援机构实施行政处罚裁量规则（试行）》，建议对成都市××商场给予罚款贰万捌仟元整的行政处罚。

李××：根据《中华人民共和国消防法》第六十条第一款第（一）项之规定，法定范围为五千元以上、五万元以下，结合四川省消防救援总队《四川省消防救援机构实施行政处罚裁量规则（试行）》的相关规定，办案人员自由裁量取值和相关计算正确。同意对成都市××商场消防设施未保持完好有效的行为给予罚款贰万捌仟元整的行政处罚。

赵××：成都市××商场消防设施未保持完好有效的行为违反了《中华人民共和国消防法》第十六条第一款第（二）项之规定，违法事实清楚，案件程序合法，同意对成都市××商场给予罚款贰万捌仟元整的行政处罚。

吴××：办案人员办理程序合法，证据确实充分，法律适用准确，裁量合理合规，同意承办人提出的处罚意见。

郑××：从案件材料和各位的意见看，本案件事实清楚，程序合法，法律适用准确，我同意对成都市××商场给予罚款贰万捌仟元整的行政处罚。

结论性意见和建议：经过集体议案，参会5人一致同意适用《中华人民共和国消防法》第六十条第一款第（一）项对成都市××商场消防设施未保持完好有效的违法行为给予贰万捌仟元整罚款的行政处罚。

主持人（签名） 郑××

参加人（签名） 张××、赵××、吴×× 、郑××、李××

记录员（签名） 李××

领导审批 意见	同意结案。 　　　　　　　　　　　　　　　郑×× 　　　　　　　　　　　　202×年××月××日
审核部门 意见	该案现已执行完毕，建议结案，请领导审批。 　　　　　　　　　　　　　　　吴×× 　　　　　　　　　　　　202×年××月××日

呈请消防行政处罚结案审批表①

　　202×年×月×日，成都市××区消防救援大队消防监督员张××、李××依法对成都市××商场（商场位于成都市××区××路××号）进行检查，在该商场负一层C区湿式报警阀间对高区湿式报警阀进行放水测试时，喷淋泵未启动；在消防控制室对火灾自动报警系统主机进行检查时，发现该商场火灾自动报警系统控制主机显示176处故障。

　　经调查，该商场消防设施未保持完好有效的行为违反了《中华人民共和国消防法》第十六条第一款第（二）项之规定，主要有《消防监督检查记录》（编号：〔202×〕第×××号），《责令限期改正通知书》（×消限字〔202×〕第×××号），苏××、金××、John Jason及胡××的证人证言共计××份询问笔录，检查现场照片××张，执法音视频记录××段（编号：×××××）等证据证实。

　　根据《中华人民共和国消防法》第六十条第一款第（一）项之规定以及四川省消防救援总队《四川省消防救援机构实施行政处罚裁量规则（试行）》（川消〔2020〕75号），我大队对成都市××商场做出罚款贰万捌仟元整的行政处罚决定。

　　该案现已执行完毕，按照《消防救援机构办理行政案件程序规定》第一百三十七条之规定，建议结案，妥否，请审批。

　　　　　　　　　　　　　　　承办人员：张××、李××
　　　　　　　　　　　　　　　　202×年××月××日

---

　　① 当事人逾期履行执法决定的，应于执行完毕后及时结案。当事人逾期不履行执法决定的，消防救援机构应依法予以催告、申请人民法院强制执行。申请人民法院强制执行、人民法院受理的，按照结案处理。

成都市××区消防救援大队

送达回证

×消送证字〔202×〕第×××号

送达的文书名称及文号	《行政处罚决定书》（×消行罚决字〔202×〕第×××号）
受送达人	成都市××商场物业部经理，苏××
送达地点	成都市××区消防救援大队办公室
送达人单位及送达人签名	成都市×××消防救援大队：张××、李××
送达方式	■1. 直接送达　□2. 留置送达　□3. 委托送达 □4. 邮寄送达　□5. 公告送达
签收人	□1. 受送达人　■2. 委托代理人 □3. 代收人（与受送达人关系＿＿＿＿＿） 　　　　　成都市××商场物业部经理，苏××
送达时间	202×年××月××日××时××分
见证人及其单位或住址	＿＿＿＿／＿＿＿＿＿＿＿＿＿ ＿＿＿＿＿＿＿（签名） 年　月　日
备注	

卷内备考表

本卷情况说明

　　关于成都市××商场消防设施未保持完好有效一案，出具的法律文书及其他材料说明情况如下：

　　《受案登记表》1份，

　　《询问笔录》4份，

　　《行政处罚告知笔录》1份，

　　《呈请行政处罚审批表》1份，

　　《行政处罚决定书》1份，

　　《呈请结案审批表》1份，

　　《送达回证》1份，

　　其他附件25个（消防监督检查记录1，营业执照复印件1，营业执照复印件2，授权委托书1，现场照片1，现场照片2，现场照片3，现场照片4，现场照片5，现场照片6，消防联动控制主机打印凭条复印件1，消防联动控制主机打印凭条复印件2，身份证复印件1，身份证复印件2，身份证复印件3，身份证复印件4，责令限期改正通知书1，集体议案记录1，物业管理合同复印件1，消防设施维护保养合同1，消防设施维护保养记录1，消防设施维护保养记录2，消防设施维护保养记录3，成都××消防工程有限公司关于火灾自动报警系统存在故障的报告1，四川省政府非税收入一般缴款书×××××）。

　　　　　　　　　　　　　　立卷人　张××、李××

　　　　　　　　　　　　　　检查人　郑××

　　　　　　　　　　　　　　立卷时间　202×年×月×日

二　消防临时查封示范案卷

临时查封简要案情说明

消防监督检查中，发现隐患，执法人员首先应要求当事人采取责令立即改正、责令限期改正等方式进行消除。如确需采用临时查封措施，应该同时满足不（能）立即整改和隐患具有紧急性、严重危险性，不及时消除可能严重威胁公共安全的两个条件。本案中，分别罗列出疏散通道数量不足已不具备安全疏散条件、违反消防技术标准采用可燃材料装修两种情形，分别对应《消防监督管理规定》第二十二条第一款第（一）及第（四）项的具体内容，再通过调查取证、集体议案等方式把平时容易犯错的地方进行展示，最终只是以疏散通道数量不足已不具备安全疏散条件一项对被检查单位中的部分区域实施临时查封。

本案中，首先是 2021 年 11 月 25 日进行消防检查，发现隐患并按规定填写和下发《消防监督检查记录》、《责令限期改正通知书》（限期 12 月 24 日前整改完毕），11 月 26 日下发《临时查封决定书》（×消封字〔2021〕第×××号），查封期限到 12 月 25 日。12 月 24 日，当事单位申请解除临时查封，12 月 25 日，消防监督人员进行责令限期改正复查的同时进行了申请解除临时查封的检查，发现隐患整改完毕，随后下发《同意解除临时查封决定书》。

本案中的相关文书和示例若与法律法规和规范性文件不一致的，请以法律法规和规范性文件为准。因案中相关情形倾于理想化，可能与实际情况有所出入，各办案单位参考示范案卷时应注重结合经办案件的具体情况进行调整，不得机械地照抄照搬。

成都市××××区消防救援大队
临时查封决定书

×消封字〔2021〕第×××号

被查封单位（场所）：　成都××××展览有限公司

地　　　址：　成都市××××区×××大道中段××号

法定代表人或主要负责人：　　王××

　　我　大队　于2021年11月25日派员对你单位（场所）进行了消防监督检查，发现你单位（场所）存在下列火灾隐患，不及时消除将严重威胁公共安全：

　　2号办公楼第二、三、四层疏散通道数量不足，只有1部疏散楼梯，不具备安全疏散条件，不符合《建筑设计防火规范》（GB 50016-2014）（2018年版）5.5.8之规定。

　　以上事实有　《消防监督检查记录》（〔2021〕第××××号）、《责令限期改正通知书》（×消限字〔2021〕第××××号）、证人证言材料、消防违法行为现场照片和执法音视频记录　等证据证明，根据《中华人民共和国消防法》第五十四条和《消防监督检查规定》第二十二条第一款第（一）项的规定，现决定予以临时查封。

　　查封部位、场所的范围：位于成都市××××区×××大道中段××号的成都××××展览有限公司2号办公楼的第二、三、四层全部区域。

　　查封期限：2021年11月26日16时至2021年12月25日15时

　　你单位（场所）应当立即整改火灾隐患，整改后经我大队检查合格方可解除查封。擅自拆封、使用被查封的部位或者场所，将依法予以处罚。

　　如不服本决定，可在收到本决定书之日起六十日内依法向成都市×××

×区人民政府或成都市消防救援支队 申请行政复议，或者在六个月内依法向成都市××××区 人民法院提起行政诉讼。

（消防救援机构印章）

2021 年 11 月 26 日

被查封单位（场所）签收：王××　　　　　2021 年 11 月 26 日

一式两份，一份交被查封单位（场所），一份存档。

领导审批意见	同意给予成都××××展览有限公司实施临时查封，查封范围为成都××××展览有限公司2号办公楼的第二、三、四层全部区域，查封期限是2021年11月26日16时至2021年12月25日15时。 孙×× 2021年11月26日
审核部门意见	该案事实清楚，证据确凿，程序合法，同意给予成都××××展览有限公司实施临时查封，查封范围为成都××××展览有限公司2号办公楼的第二、三、四层全部区域，查封期限是2021年11月26日16时至2021年12月25日15时。 郭×× 2021年11月26日
办案部门意见	妥否，请领导批示。 张××、李×× 2021年11月26日

呈请临时查封审批表

　　成都××××展览有限公司，住所：成都市××××区×××大道中段××号，法定代表人：王××。

　　现查明：2021年11月25日，我大队消防监督人员依法对成都××××展览有限公司进行消防监督检查时，发现成都××××展览有限公司2号办公楼共四层，第二、三、四层只有1部疏散楼梯，楼梯宽度1.2米，每层面积均为600平方米，第二、三层每层使用人数约200人，第四层有一个大会议室，设置座位 350 个，每次展览开始之前，都会组织 2 次左右的大培训，培训的时候会议室基本上都会坐满。成都××××展览有限公司 2 号办公楼疏散通道数量不足，已不具备安全疏散条件。该隐患不能立即整改，若不及时采取措施，将可能严重威胁公共安全。

以上事实有《消防监督检查记录》（〔2021〕第××××号）、《责令限期改正通知书》（×消限字〔2021〕第××××号）、证人证言材料、《自行书写材料》、消防违法行为现场照片、执法音视频记录等证据证实。

成都××××展览有限公司 2 号办公楼的第二、三、四层疏散通道数量不足，已不具备安全疏散条件，根据《中华人民共和国消防法》第五十四条和《消防监督检查规定》第二十二条第一款第（一）项之规定。建议对位于成都市××××区×××大道中段××号的成都××××展览有限公司实施临时查封，查封范围为成都××××展览有限公司 2 号办公楼的第二、三、四层全部区域，查封期限是 2021 年 11 月 26 日 16 时至 2021 年 12 月 25 日 15 时。查封由成都市××××区消防救援大队大队长孙××、中级专业技术职务张××和初级专业技术职务李××三人到现场实施。

妥否，请领导批示。

承办人：张××、李××

日期：2021 年 11 月 26 日

成都市××××区消防救援大队

消防监督检查记录

编号：〔2021〕第××××号

检查形式：☑　消防监督抽查

　　　　　　□　公众聚集场所投入使用、营业前消防安全检查

被检查单位（场所）名称：<u>成都××××展览有限公司</u>

地址：<u>成都市××××区×××大道中段××号</u>

消防安全责任人：<u>　王××　</u>　　电话：<u>　137×××××××　</u>

消防安全管理人：<u>　曾××　</u>　　电话：<u>　133×××××××　</u>

联系人：<u>　　谢××　　</u>　　电话：<u>　158×××××××　</u>

☑　消防安全重点单位　　　□　非消防安全重点单位

消防监督检查员：<u>　张××、李××　</u>

检查时间：<u>2021</u>年<u>11</u>月<u>25</u>日<u>10</u>时

被检查单位随同检查人员（签名）：<u>　曾××、谢××　</u>

此记录由消防救援机构存档。

监督检查内容和情况

消防许可及验收备案	被查建筑物名称：　成都××××展览馆 □1998年9月1日之前竣工建筑且此后未改建（含装修、用途变更） ☑依法通过消防验收　☑依法进行竣工验收消防备案 □其他情况：　 □是　☑否　公众聚集场所 　依法通过投入使用、营业前消防安全检查　□是　□否 建筑物或者场所使用情况与消防验收或者竣工验收消防备案时的使用性质相符情况　　　　☑相符　□不相符
消防安全管理	消防安全制度　　　☑有　　　□无 灭火和应急疏散预案☑有　　　□无 员工消防安全培训　☑有记录　□无记录　□有，但不符合规定 □不涉及　消防安全管理人☑确定　□未确定 □不涉及　防火检查、巡查☑有记录□无记录□有，但不符合规定 □不涉及　消防设施、器材、消防安全标志定期组织维修保养 ☑有记录　□无记录 □不涉及　消防演练　　☑有记录　　□无记录□有，但不符合规定 □不涉及　消防档案　　☑有　　　□无　　□不符合要求 □不涉及　消防重点部位☑确定　　□未确定 □不涉及　承担灭火和组织疏散任务的人员　☑确定□未确定 其他情况：无
建筑防火	☑不涉及　生产、储存、经营易燃易爆危险品的场所与居住场所 　　　　　设置在同一建筑物内 □否　□是 ☑不涉及　生产、储存、经营其他物品的场所与居住场所设置在 　　　　　同一建筑物内　　□符合标准　□不符合标准 □不涉及　人员密集场所外墙门窗上设置影响逃生、灭火救援的 　　　　　障碍物　　　　　☑否　　□是 消防车通道　抽查部位　展览馆四周 防火间距　　抽查部位　展览馆、1#和2#办公楼 □不涉及　防火分区　抽查部位　展览馆、1#和2#办公楼 □不涉及　人员密集场所装修材料 抽查部位展览馆的展示厅 检查情况：该公共展览馆的2号展示厅内部北侧的餐饮操作区，是消防验收之后临时增加的，用电加热，整个墙面用墙布进行装修，餐饮操作区与原来的墙布墙面贴临，检查发现后该单位立即停止使用该餐饮操作区，停止电加热。下一步将全部拆除该展厅墙面的墙布。其余抽查区域的装修材料、消防车通道和防火间距符合规范要求。

安全 疏散	疏散通道 抽查部位　<u>展览馆的 2、3、5 号展示厅，1#和 2#办公楼</u> 安全出口 抽查部位　<u>展览馆的 2、3、5 号展示厅，1#和 2#办公楼</u> 应急照明 抽查部位　<u>展览馆的 2、3、5 号展示厅，1#和 2#办公楼</u> 疏散指示标志 抽查部位　<u>展览馆的 2、3 号展示厅，1#和 2#办公楼</u> □有 ☑无 避难层 抽查部位　<u>　　　　　　　　　　　　</u> ☑有 □无 应急广播 抽查部位<u>展览馆的 2、3、5 号展示厅</u> 检查情况：2 号办公楼共四层，第二、三、四层只有 1 部疏散楼梯，楼梯宽度 1.2 米，每层面积均为 600 平方米，第二、三层每层使用人数约 200 人，第四层有一个大会议室，设置座位 350 个，每次展览开始之前，都会组织 2 次左右的大培训，培训的时候会议室基本上都坐满，第一层共有 14 间办公室，每间面积约 43 平方米。其余抽查部位的疏散通道、安全出口、应急照明、疏散指示标志、应急广播未见异常。
消防 控制 室	☑有 □无　消防控制室 值班操作人员 在岗人数 <u>2　</u>　值班记录 ☑有　□无 消防联动控制设备运行情况　☑正常 □不正常 消防电话 抽查部位　<u>　水泵房　</u> 检查情况：值班人员持证上岗，操作熟练。消防联动控制设计符合规定，水泵房消防电话完好有效。
消 防 设 施 器 材	火 灾 自 动 报 警 系 统	☑有　□无　火灾自动报警系统 　探测器 抽查部位及数量展览馆的 2、3、5 号展示厅，30 只 　手动报警器 抽查部位　<u>展览馆的 2、3、5 号展示厅</u> 控制设备 抽查部位　<u>展厅水炮控制盘</u> 其他设施<u>　　／　　</u>抽查部位<u>　　　　　　　　</u> 检查情况：抽查的探测器、手动报警按钮、控制设备设计符合规范要求且完好有效。
	消 防 给 水 设 施	☑有 □无 消防给水设施 ☑有 □无　消防水池　抽查部位<u>　　2 号展厅下面　　</u> ☑有 □无　消防水箱　抽查部位<u>　　　屋顶　　　</u> ☑有 □无　消防水泵　抽查部位<u>　　　水泵房　　　</u> ☑有 □无　室内消火栓 抽查部位展览馆的 2、3、5 号展示厅 ☑有 □无　室外消火栓 抽查部位展览馆周围 ☑有 □无　水泵接合器 抽查部位1、5 号展示厅旁边 □有 ☑无　稳压设施　抽查部位<u>　　　　　　　　</u> 其他设施<u>　　／　　</u>抽查部位<u>　　　　　　　</u> 检查情况：抽查的消防水池、消防水箱、消防水泵、室内和室外消火栓、水泵接合器设计符合规范且完好有效。

消防设施器材	自动灭火系统	☑有 □无　自动喷水灭火系统 　　报警阀 抽查部位　展览馆的2、3、5号展示厅对应的报警阀间 　　末端试水装置 抽查部位2、3号展示厅之间 压力值0.35MPa 　　其他设施＿＿＿／＿＿＿　抽查部位＿＿＿＿＿＿＿＿ 检查情况：报警阀和末端试水装置设计符合规范且完好有效；末端试水放水测试后启泵正常。
		☑有 □无 其他自动灭火系统 　　类型＿＿七氟丙烷气体灭火系统＿＿＿＿ 　　设置部位＿＿配电房＿＿ 检查情况：配电房的七氟丙烷灭火系统符合规范且完好有效。
	其他设施器材	☑有 □无 防火门　抽查部位展览馆的2、3、5号展示厅 ☑有 □无 防火卷帘　抽查部位 展览馆的2、3、5号展示厅 ☑有 □无 防排烟设施　抽查部位展览馆的2、3、5号展示厅 ☑有 □无 灭火器 抽查部位及数量2、3、5号展示厅，30具 　　其他设施＿＿＿／＿＿＿　抽查部位＿＿＿＿＿＿＿ 检查情况：抽查部位的防火门、防火卷帘、防排烟设施、灭火器的设计符合规范且完好有效。
其他消防安全管理		□不涉及　电器产品的线路定期维护、检测 ☑有记录 □无记录 ☑不涉及　燃气用具的管路定期维护、检测 □有记录 □无记录 ☑不涉及　违反规定使用明火作业或在具有火灾、爆炸危险的场所吸烟、使用明火　　　　　　　□否　　□是 ☑不涉及　违反消防安全规定进入生产、储存易燃易爆危险品场所　　　　　　　　　　　　　□否　　□是 □不涉及　违反有关消防技术标准和管理规定生产、储存、运输、销售、使用、销毁易燃易爆危险品 ☑否　□是 其他情况：抽查部位的电器线路维护符合规范要求。
备注		1. 被检查建筑的产权所有人和使用、管理单位均为成都××××展览有限公司；2. 检查时展示厅暂未开始布展。

成都市××××区消防救援大队

责令限期改正通知书

×消限字〔2021〕第××××号

成都××××展览有限公司：

　　根据《中华人民共和国消防法》第五十三条的规定，我大队于2021年11月25日对你单位（场所）进行消防监督检查，发现存在下列第__2__、__11__项消防安全违法行为：

　　□1. 未依法进行□消防设计备案/□竣工验收消防备案；

　　☑2. 消防设施、器材、消防安全标志□配置、设置不符合标准，□未保持完好有效；

　　□3. □损坏/□挪用/□擅自拆除消防设施、器材；

　　□4. □占用/□堵塞/□封闭疏散通道、安全出口；

　　□5. □埋压/□圈占/□遮挡消火栓，□占用防火间距；

　　□6. □占用/□堵塞/□封闭消防车通道，妨碍消防车通行；

　　□7. 人员密集场所外墙门窗上设置影响逃生、灭火救援的障碍物；

　　□8. 使用□不符合市场准入/□不合格/□国家明令淘汰的消防产品；

　　□9. □电器产品/□燃气用具的安装、使用及其线路、管路的设计、敷设、维护保养、检测不符合消防技术标准和管理规定；

　　□10. 不履行《中华人民共和国消防法》□第十六条/□第十七条/□第十八条/□第二十一条第二款规定的其他消防安全职责；

　　☑11. 其他消防安全违法行为和火灾隐患：见具体问题。

　　具体问题：

　　1. 展览馆的2号展示厅内部北侧与餐饮操作区贴临的墙面用墙布进行装修，不符合《建筑内部装修设计防火规范》（GB 50222－2017）4.0.14之规定；

2. 2 号办公楼第二、三、四层只有 1 部疏散楼梯不符合《建筑设计防火规范》（GB 50016-2014）（2018 年版）5.5.8 之规定。

对上述第<u>11</u>项，责令你单位（场所）于<u>2021</u>年<u>12</u>月<u>24</u>日前改正。

改正期间，你单位（场所）应当采取措施，确保消防安全。对消防安全违法行为，将依法予以处罚。

（消防救援机构印章）

2021 年 11 月 25 日

被检查单位（场所）签收：曾××、谢××　　　2021 年 11 月 25 日

一式两份，一份交被检查单位（场所），一份存档。

成都市××××区消防救援大队

询问通知书

×消询通字〔2021〕第×××号

谢××：

　　为调查了解成都××××展览有限公司涉嫌疏散通道、安全出口数量不足，已不具备安全疏散条件 一案，请你于2021 年 11 月 25 日 13 时 00 分，到成都市××××区消防救援大队 接受询问调查。依据《中华人民共和国行政处罚法》第五十五条之规定，你有如实回答询问、协助调查的义务。

　　请携带以下材料：

　　1. 谢××的身份证件原件。

　　执法人员：张××、李××

　　联系方式：028-8535××××

（消防救援机构名称及印章）

2021 年 11 月 25 日

本通知书已收到。

当事人：谢××

　　　2021 年 11 月 25 日

一式两份，一份交当事人，一份附卷。

成都市××××区消防救援大队

权利义务告知书

　　根据有关法律法规，在消防救援机构对行政案件进行调查期间，你享有以下权利和义务：

　　一、消防救援机构负责人、办案人员、鉴定人和翻译人有下列情形之一的，你有权要求回避：

　　（一）是本案的当事人或者当事人的近亲属；

　　（二）本人或其近亲属与本案有直接利害关系；

　　（三）与本案当事人有其他关系，可能影响案件公正处理。

　　二、有陈述和申辩的权利。

　　三、对与本案无关的问题，有拒绝回答的权利。

　　四、对询问笔录记载有遗漏或差错的，有提出补充或者更正的权利。

　　五、对消防救援机构及办案人员侵犯当事人权利的行为，有申诉、控告的权利。

　　根据有关法律法规，你应履行下列义务：

　　一、必须如实提供证据、证言，作伪证或者隐匿证据的，依法承担相应法律责任。

　　二、确认笔录无误后，应当逐页签名或捺指印。

　　本告知书于 2021 年 11 月 25 日 13 时 00 分向我告知。

被告知人：谢××

自行书写材料

一、当事人的基本情况：<u>谢××，男，35 岁，××××年×月×日，居民身份证号码 510××××××××××××</u>，户籍所在地：<u>四川成都</u>，现住址：<u>成都市××××区×××大道中段××号</u>，联系方式：<u>158×××××××</u>，职务：<u>成都××××展览有限公司消防主管</u>。

二、关于违法经过的叙述：<u>2021 年 11 月 25 日上午，消防救援大队依法到我们公司检查，我和我们曾××总全程陪同，检查过程中，发现 2 号展示厅北侧与餐饮操作区贴临的墙面采用墙布进行装饰装修、2 号办公楼疏散通道数量不足两个问题。餐饮操作台用电加热，导致该区域的墙面装修材料不符合规定，目前已经停止使用该区域，停止电加热，下一步将拆除全部墙面的墙布；2 号办公楼共四层，第二、三、四层只有 1 部疏散楼梯，楼梯宽度 1.2 米，每层面积均为 600 平方米，第二、三层每层使用人数约 200 人，第四层有一个大会议室，设置座位 350 个，第一层共有 14 间办公室，每间面积约 43 平方米。我们公司的这些建筑都是依法取得了消防手续的，2 号办公楼当时是备案未被抽中，以前我们也不知道有问题，下来我们抓紧整改，目前公司已经将经费落实到位，会尽快签合同，预计 1 个月内整改完毕。我书写的以上情况我已经再次检查过了，情况属实，且是我的真实意思表达。（完毕）</u>

书写时间：<u>2021 年 11 月 25 日 13 时 02 分</u>至<u>2021 年 11 月 25 日 13 时 30 分</u>

书写地点：<u>成都市××××区消防救援大队办案区询问室</u>

书写人：谢×× 　　　　　　　　　　　　2021 年 11 月 25 日

执法人员：张××、李×× 　　　　　　　　2021 年 11 月 25 日

成都市××××区消防救援大队

询问通知书

×消询通字〔2021〕第×××号

曾××：

　　为调查了解成都××××展览有限公司涉嫌疏散通道、安全出口数量不足，已不具备安全疏散条件 一案，请你于 2021 年 11 月 25 日 14 时 00 分，到成都市××××区消防救援大队 接受询问调查。依据《中华人民共和国行政处罚法》第五十五条之规定，你有如实回答询问、协助调查的义务。

　　请携带以下材料：

　　1. 曾××的身份证件原件。

执法人员：张××、李××

联系方式：028-8535××××

（消防救援机构名称及印章）

2021 年 11 月 25 日

本通知书已收到。

当事人：曾××

2021 年 11 月 25 日

　　一式两份，一份交当事人，一份附卷

成都市××××区消防救援大队

权利义务告知书

根据有关法律法规，在消防救援机构对行政案件进行调查期间，你享有以下权利和义务：

一、消防救援机构负责人、办案人员、鉴定人和翻译人有下列情形之一的，你有权要求回避：

（一）是本案的当事人或者当事人的近亲属；

（二）本人或其近亲属与本案有直接利害关系；

（三）与本案当事人有其他关系，可能影响案件公正处理。

二、有陈述和申辩的权利。

三、对与本案无关的问题，有拒绝回答的权利。

四、对询问笔录记载有遗漏或差错的，有提出补充或者更正的权利。

五、对消防救援机构及办案人员侵犯当事人权利的行为，有申诉、控告的权利。

根据有关法律法规，你应履行下列义务：

一、必须如实提供证据、证言，作伪证或者隐匿证据的，依法承担相应法律责任。

二、确认笔录无误后，应当逐页签名或捺指印。

本告知书于 2021 年 11 月 25 日 14 时 00 分向我告知。

被告知人：曾××

第 壹 次

询问笔录

时间：<u>2021</u> 年 <u>11</u> 月 <u>25</u> 日 <u>14</u> 时 <u>03</u> 分至 <u>2021</u> 年 <u>11</u> 月 <u>25</u> 日 <u>14</u> 时 <u>35</u> 分

地点：<u>成都市××××区消防救援大队询问室</u>

询问人（签名）：<u>张××</u>、<u>李××</u>　工作单位：<u>成都市××××区消防救援大队</u>

记录人（签名）：<u>李××</u>　工作单位：<u>成都市××××区消防救援大队</u>

被询问人姓名：<u>曾××</u>　性别：<u>男</u>　年龄：<u>××</u>　出生日期：<u>××××年×月×日</u>

身份证件种类及号码：<u>居民身份证 510××××××××××××××</u>

户籍所在地：<u>成都市××××区</u>

现住址：<u>成都市××××区×××大道中段×号</u>　联系方式：<u>133××××××××</u>

问：我们是成都市××××区消防救援大队消防监督人员（出示干部证），现就成都××××展览有限公司涉嫌疏散通道数量不足，已不具备安全疏散条件一案进行询问，你应该如实回答，不得作伪证，对与本案无关的问题你有权拒绝回答，听清楚没有？

答：听清楚了。

问：你的姓名？

答：我的名字是曾××。

问：你的居民身份证号码？

答：我的居民身份证号码 510××××××××××××××。

问：你的工作单位和职务？

答：我是成都××××展览有限公司的消防安全管理人，也是公司分管安全的副总，公司所有跟安全相关的事项都是我在分管。

问：成都××××展览有限公司的住所是哪里？

答：住所是成都市××××区×××大道中段××号。

问：成都××××展览有限公司法定代表人是谁？

答：法定代表人是王××。

问：成都××××展览有限公司的基本情况？

答：成都××××展览有限公司有 1 栋公共展览馆、2 栋独立的办公楼共 3 栋建筑，展览馆为高度 25 米，单层建筑，共 5 个展厅，每个展厅的面积是 1 万平方米。1 号办公楼地上三层，每层面积 190 平方米，地下一层为水泵房。2 号办公楼共四层，第二、三、四层只有 1 部疏散楼梯。这些建筑都是依法取得了消防手续的，其中 2 号办公楼是备案未被抽中。

问：成都××××展览有限公司是什么时候开始投入使用的？

答：2018 年投入使用。

问：请你说下 2 号办公楼的详细使用情况。

答：2 号办公楼是二级耐火等级，只有一个楼梯，楼梯的宽度是 1.2 米。2 号楼的第二、三层每层使用人数约 200 人，第四层有一个大会议室，设置座位 350 个，每次展览开始之前，都会组织 2 次左右的大培训，培训的时候会议室基本上都会坐满。2 号楼的第一层共有 14 间办公室，每间面积约 43 平方米，第一层的每个房间的门都是直通室外的。2 号办公楼负一楼是柴油发电机房。2 号办公楼负一楼的安全疏散和楼上的疏散是完全分开的，其他防火设计符合规范要求。

问：2021 年 11 月 25 日，成都市××××区消防救援大队消防监督人员检查的场所的产权所有人和使用、管理单位分别是谁？

答：都是我们成都××××展览有限公司。

问：2021 年 11 月 25 日消防监督检查成都××××展览有限公司的时候，是谁陪同检查的？

答：我和消防主管谢××一起陪同检查的。

问：2021 年 11 月 25 日消防监督检查成都××××展览有限公司的时候，发现了哪些问题？

答：发现 2 号展示厅北侧与餐饮操作区贴临的墙面采用墙布进行装饰装修，2 号办公楼疏散通道数量不足。

问：说下发现问题的具体情况。

答：展览馆的 2 号展示厅内部北侧与餐饮操作区贴临的墙面用墙布进行装修，该处的餐饮操作区采用电加热形式；2 号办公楼疏散通道数量不足具体是该办公楼共四层，第二、三、四层只有 1 部疏散楼梯，楼梯宽度 1.2 米，不符合规范要求。

问：检查发现的这些隐患，你们公司王××知道不？

答：知道，检查完毕之后，我们第一时间给他报告了检查情况。王××已经安排让我们立即停止使用 2 号展示厅的餐饮操作区，停止使用电加热。下一步将全部拆除该展厅墙面的墙布。另外也安排我们尽快跟做钢楼梯的单位进行对接，让公司财务落实了整改资金，争取尽快整改。

问：你还有没有需要补充的？

答：没有了。

以上笔录我看过，与我说的相符。曾××　2021.11.25

询问人：　张××、李××

记录人：　李××

成都市××××区消防救援大队

询问通知书

×消询通字〔2021〕第×××号

王×× :

　　为调查了解<u>成都××××展览有限公司涉嫌疏散通道、安全出口数量</u><u>不足，已不具备安全疏散条件</u> 一案，请你于 <u>2021</u> 年 <u>11</u> 月 <u>25</u> 日 <u>14</u> 时 <u>40</u> 分，到 <u>成都市××××区消防救援大队</u> 接受询问调查。依据《中华人民共和国行政处罚法》第五十五条之规定，你有如实回答询问、协助调查的义务。

　　请携带以下材料：

　　1. <u>成都××××展览有限公司的营业执照原件</u>；

　　2. <u>王××的身份证件原件</u>；

　　3. <u>其他可能与本案有关的材料</u>。

　　执法人员：<u>张××</u>、<u>李××</u>

　　联系方式：<u>028-8535××××</u>

（消防救援机构名称及印章）

2021 年 11 月 25 日

本通知书已收到。

当事人：王××

　　　　2021 年 11 月 25 日

一式两份，一份交当事人，一份附卷

成都市××××区消防救援大队

权利义务告知书

　　根据有关法律法规，在消防救援机构对行政案件进行调查期间，你享有以下权利和义务：

　　一、消防救援机构负责人、办案人员、鉴定人和翻译人有下列情形之一的，你有权要求回避：

　　（一）是本案的当事人或者当事人的近亲属；

　　（二）本人或其近亲属与本案有直接利害关系；

　　（三）与本案当事人有其他关系，可能影响案件公正处理。

　　二、有陈述和申辩的权利。

　　三、对与本案无关的问题，有拒绝回答的权利。

　　四、对询问笔录记载有遗漏或差错的，有提出补充或者更正的权利。

　　五、对消防救援机构及办案人员侵犯当事人权利的行为，有申诉、控告的权利。

　　根据有关法律法规，你应履行下列义务：

　　一、必须如实提供证据、证言，作伪证或者隐匿证据的，依法承担相应法律责任。

　　二、确认笔录无误后，应当逐页签名或捺指印。

　　本告知书于 2021 年 11 月 25 日 14 时 40 分向我告知。

被告知人：王××

第 壹 次

询问笔录

时间：<u>2021</u> 年 <u>11</u> 月 <u>25</u> 日 <u>14</u> 时 <u>40</u> 分至 <u>2021</u> 年 <u>11</u> 月 <u>25</u> 日 <u>15</u> 时 <u>23</u> 分

地点：<u>成都市××××区消防救援大队询问室</u>

询问人（签名）：<u>张××</u>、<u>李××</u>　工作单位：<u>成都市××××区消防救援大队</u>

记录人（签名）：<u>李××</u>　工作单位<u>成都市××××区消防救援大队</u>

被询问人姓名：<u>王××</u>　性别：<u>男</u>　年龄：<u>42</u>　出生日期：<u>××××年×月×日</u>

身份证件种类及号码：<u>居民身份证 51010××××××××××××</u>

户籍所在地：<u>成都市××××区</u>

现住址：<u>成都市××××区×××大道中段×号</u>　联系方式：<u>137××××××××</u>

问：我们是成都市××××区消防救援大队消防监督人员（出示干部证），现就成都××××展览有限公司涉嫌疏散通道数量不足，已不具备安全疏散条件一案进行询问，你应该如实回答，不得作伪证，对与本案无关的问题你有权拒绝回答，听清楚没有？

答：听清楚了。

问：你的姓名？

答：我的名字是王××。

问：你的居民身份证号码？

答：我的居民身份证号码 51010××××××××××××。

问：你的工作单位和职务？

答：我是成都××××展览有限公司的法定代表人，全面负责公司的所有事务。

问：成都××××展览有限公司的住所是哪里？

答：住所是成都市××××区×××大道中段××号。

问：成都××××展览有限公司的基本情况？

答：成都××××展览有限公司有 1 栋公共展览馆、2 栋独立的办公楼共 3 栋建筑，展览馆为高度 25 米，单层建筑，共 5 个展厅，每个展厅的面积是 1 万平方米。2018 年底建成并依法取得了消防手续的。2019 年初全面投入使用的，我们公司主要是为各种大型活动提供展览场地和展览服务，我们的办公室是配套建筑。

问：请你说下 1 号和 2 号办公楼的详细使用情况。

答：1 号和 2 号办公楼都是二级耐火等级，都只有一个楼梯，楼梯的宽度都是 1.2 米。1 号楼每层的使用人数都只有十多人；2 号办公楼第二、三层每层使用人数约 200 人，第四层有一个大会议室，设置座位 350 个，主要是给参展人员以及公司开大会的时候使用。2 号楼的第一层共有 14 间办公室，第一层的每个房间的门都是直通室外的。2 号办公楼负一楼是柴油发电机房。2 号办公楼负一楼的安全疏散和楼上的疏散是完全分开的，其他防火设计符合规范要求。

问：2021 年 11 月 25 日，成都市××××区消防救援大队消防监督人员依法到成都××××展览有限公司进行消防检查，你清楚不？

答：我清楚，我就授权我们公司副总曾××、消防主管谢××全程陪同检查的。

问：2021 年 11 月 25 日成都市××××区消防救援大队消防监督人员检查的场所的产权所有人和使用、管理单位分别是谁？

答：都是我们成都××××展览有限公司。

问：2021 年 11 月 25 日消防监督检查成都××××展览有限公司的时候，发现了哪些问题？

答：展览馆的 2 号展示厅内部北侧墙面装修材料不符合要求，2 号办公楼疏散通道数量不足。

问：说下具体情况？

答：展览馆的 2 号展示厅内部北侧与餐饮操作区贴临的墙面用墙布进行装修，该处的餐饮操作区采用电加热形式；2 号办公楼疏散通道数量不足具体是该办公楼共四层，第二、三、四层只有 1 部疏散楼梯，不符合规范要求。

问：检查完毕之后你们采取了什么措施?

答：检查完毕之后，我立即安排停止使用 2 号展示厅的餐饮操作区，停止使用电加热。下一步将全部拆除该展厅墙面的墙布。我也安排联系了一家做钢楼梯的施工单位，仔细询问了价格、施工周期这些，很快就签订施工合同，整改期限预计 1 个月。

问：你还有没有需要补充的?

答：检查发现这些隐患，下来我们会进行整改。我们知错也认错，愿意接受消防救援部门依法采取的各种惩处措施，其他没有。

　　以上笔录我看过，与我说的相符。王×× 2021.11.25

询问人： 张××、李××

记录人： 李××

消防违法行为现场照片（一）

　　位于成都市××××区×××大道中段××号的成都××××展览有限公司的外观照片。该公司共有 1 栋公共展览馆、2 栋独立的办公楼，均为单多层。

　　成都××××展览有限公司公共展览馆内的 2 号展示厅照片。从照片可以看出展示厅为单层大跨度钢架结构，内部设置有自动喷水灭火系统、室内消火栓、火灾自动报警系统等。北侧设置餐饮操作区，北侧墙面用木材进行装修。

拍摄人：张××、李××

拍摄时间：2021 年 11 月 25 日

消防违法行为现场照片（二）

较远距离拍摄成都××××展览有限公司 1、2 号办公楼的
外观照片。照片能反映 1、2 号办公楼的相对位置，层数，
防火间距等情况

　　成都××××展览有限公司内的 1 号和 2 号办公楼。从照片可以看出 1 号楼 3 层，2 号楼 4 层，两栋楼之间的间距较宽，两栋楼的周边都是绿植。两栋楼的第一层各有数间办公室，且办公室的房门直接向通向室外。

较近距离拍摄成都××××展览有限公司 2 号办公楼的照片。
反映楼梯数量、楼梯位置、层数、一楼的房间数等信息

　　成都××××展览有限公司 2 号办公楼的照片。从照片可以看出 2 号办公楼共 4 层，第一层共 14 间办公室，办公室的门直接通向室外。该楼只有一部敞开楼梯，负一楼的出口和地上楼梯的出口分别在两个不同的位置。

拍摄人：张××、李××

拍摄时间：2021 年 11 月 25 日

消防违法行为现场照片（三）

近距离拍摄贴于 2 号办公楼一楼楼梯口处的 2 号办公楼
楼层索引图

成都××××展览有限公司 2 号办公楼楼层索引图。从图上可以看出，该办公楼只有 1 部疏散楼梯。一层共 14 间办公室，二层和三层都是办公室，走道在中间，办公室在两侧。四层有一个大会议室，每一层的面积相同。

较近距离拍摄 2 号办公楼第二层的内部照片

2 号办公楼第二层的内部照片。从照片可以看出，中间是走道，走道两侧是数间办公室，只有一个安全出口，走道上设置有灭火器、应急照明灯具等。

拍摄人：张××、李××

拍摄时间：2021 年 11 月 25 日

消防违法行为现场照片（四）

较近距离拍摄 2 号办公楼第三层的内部照片

　　2 号办公楼第三层的内部照片。从照片可以看出，中间是走道，走道两侧是数间办公室，只有一个安全出口，走道上设置有灭火器、应急照明和疏散指示标志。

较近距离拍摄 2 号办公楼第四层的内部照片

　　2 号办公楼第四层的内部照片，四层设置一个大型会议室，设置座位数 350 个。配置有灭火器、应急照明和疏散指示标志。

拍摄人：张××、李××

拍摄时间：2021 年 11 月 25 日

案卷其他附卷资料

1. 成都××××展览有限公司营业执照复印件。

2. 王××、曾××、谢××的居民身份证复印件。

3. 展馆的《建设工程消防验收意见书》、办公楼的《建设工程竣工验收消防备案受理凭证》。

成都市××区消防救援大队

集体议案

研究事项（案由）：讨论是否对成都××××展览有限公司进行临时查封

会议时间：2021 年 11 月 26 日×时×分至 2021 年 11 月 26 日×时×分

地　　点：成都市××××区消防救援大队会议室

主持人：成都市××××区消防救援大队大队长孙××

记录员：成都市××××区消防救援大队初级专业技术职务李××

参加人：成都市××××区消防救援大队大队长孙××

　　　　成都市××××区消防救援大队教导员郭××

　　　　成都市××××区消防救援大队中级专业技术职务张××

　　　　成都市××××区消防救援大队初级专业技术职务李××

　　　　成都市××××区消防救援大队中级专业技术职务周××

　　　　成都市××××区消防救援大队初级专业技术职务何××

讨论记录：

　　孙××：同志们，现在开始开会。2021 年 11 月 25 日，成都市××××区消防救援大队消防监督人员张××、李××按照"双随机一公开"的方式，依法对成都××××展览有限公司进行消防监督检查时，发现该场所存在消防隐患，部分隐患不能立即整改且不立即采取措施可能会导致严重后果。现在我们在这里开会，集体研究讨论是否需要对成都××××展览有限公司存在的消防隐患采取临时查封措施，请大家积极发言讨论。首先请承办人员说下案件具体情况。

　　张××：我和李××，于 2021 年 11 月 25 日上午 10 时许依法对位于成都市××××区×××大道中段××号的成都××××展览有限公司进行双随机检查，我是主办人员，李××是协办人员。检查中，我们了解到，成都××××展览有限公司有 1 栋公共展览馆、2 栋独立的办公楼共 3 栋建筑，均依法取得消防验收（备案）手续。展览馆为高度 25 米，单层建筑，共 5 个展厅，每个展厅的面积是 1 万平方米。1 号办公楼地上三层，每层面积 190 平方米，地下一层为水泵房。2 号办公楼共四层。第二、三、四层只有 1 部疏散楼梯，楼梯宽度 1.2 米，每层面积均为 600 平方米。第二、三层每层使用人数约 200 人；第四层有一个大会议室，设置座位 350 个；第一层共有 14 间办公室，每间面积约 43 平方米；地下一层为柴油发电机房。本次检查发现 2 号展示厅北侧墙面采用墙布装修、2 号办公楼疏散通道数量不足。其中，展览馆的 2 号展示厅内部北侧与餐饮操作区贴临的墙面用墙布（B2 级）进行装修，该处的餐饮操作区采用电加热形式，因该场所不是公众聚集场所，因此不能对其临时查封；2 号办公楼疏散通道方面，该办公楼共四层，第二、三、四层只有 1 部疏散楼梯，楼梯宽度 1.2 米，不符合《建筑设计防火规范》（GB 50016-2014）（2018 年版）5.5.8 之规定，因该隐患不能立即整改，如果不采取措施可能严重威胁公共安全，我建议对 2 号办公楼的第二、三、四层进行临时查封。

李××：下面我补充一下，我认为临时查封的前提是不能立即进行整改且不及时消除可能严重威胁公共安全。所以我赞同主办人员的观点，本案中 2 号展示厅北侧墙面装修材料不符合规定的隐患不符合查封的条件。2 号办公楼共四层，2 号办公楼每层面积 600 平方米，第二、三层每层使用人数约 200 人，第四层大会议室设置座位 350 个，每次培训基本坐满。第二、三、四层只有 1 部疏散楼梯，不符合《建筑设计防火规范》（GB 50016-2014）（2018 年版）5.5.8 之规定。该隐患不能立即整改且不及时消除可能严重威胁公共安全，符合查封条件。建议按照《中华人民共和国消防法》第五十四条和《消防监督检查规定》第二十二条第一款第（一）项之规定，对位于成都市××××区×××大道中段××号的成都×× ××展览有限公司 2 号办公楼的第二、三、四层全部区域实施临时查封，查封范围为成都××××展览有限公司 2 号办公楼的第二、三、四层全部区域。

何××：2 号展示厅北侧墙面装修采用的墙布是否为易可燃材料确定了吗？是怎么确定的？

张××：我们在现场发现墙布可能涉及使用易可燃材料装修后，跟陪同检查人员进行了核实。陪同检查人员提供了装修后备用的墙布，我们在现场取样进行了点火测试，目测与纸张的燃点接近。起火后不到 5 秒，长 50 厘米、宽 10 厘米的样品墙布就全部烧毁，只剩残骸灰烬。陪同检察人员自己也惊讶，表示没有想到烧得那么快。但是考虑到装修材料尚未进行鉴定，我们在呈请审批和拟制决定书时从严把握，就没有单列违反消防技术标准采用可燃材料装修一项。建议待后续进一步调查取证后再处理。

郭××：本案中，除疏散通道数量不足已不具备安全疏散条件的情形外，还疑似存在违反消防技术标准采用可燃材料装修情形，分别对应《消防监督管理规定》第二十二条第一款第（一）及第（四）项的具体内容。我同意承办人的意见，对成都××××展览有限公司实施临时查封。对是否属于易可燃材料装修的问题，待后续进一步调查取证后再处理。

周××：查封期限是怎样确定的？

张××：通过调查了解得知，该公司拟通过增加室外钢结构疏散楼梯的方式解决，查封期限是根据隐患的整改难度、当事人咨询相关施工单位得到的建议和《消防监督检查规定》综合确定的。

周××：好的，我没意见了，我赞同只对 2 号办公楼的第二、三、四层区域进行查封。

何××：该案实施清楚、证据确凿、程序合法、适用法律正确，我也同意承办人的意见，赞同对成都××××展览有限公司 2 号办公楼的第二、三、四层全部区域实施临时查封，查封期限也正确。

孙××：我同意承办人的意见。同意根据《中华人民共和国消防法》第五十四条和《消防监督检查规定》第二十二条第一款第（一）项之规定，对位于成都市××××区×××大道中段××号的成都××××展览有限公司 2 号办公楼的第二、三、四层全部区域实施临时查封，查封范围为成都××××展览有限公司 2 号办公楼的第二、三、四层全部区域，查封期限是 2021 年 11 月 26 日 16 时至 2021 年 12 月 25 日 15 时。查封由我、张××、李×× 三人到现场实施。查封方式为清空查封区域的人员、切断所有电源、水源，并在房门、楼梯、配电箱等处张贴封条。

结论性意见和建议：<u>本次参会人员 6 人，经过集体议案，6 人一致同意根据《中华人民共和国消防法》第五十四条和《消防监督检查规定》第二十二条第一款第（一）项之规定，对位于成都市××××区×××大道中段××号的成都××××展览有限公司 2 号办公楼的第二、三、四层全部区域实施临时查封，查封范围为成都××××展览有限公司 2 号办公楼的第二、三、四层全部区域，查封期限是 2021 年 11 月 26 日 16 时至 2021 年 12 月 25 日 15 时。查封由成都市××××区消防救援大队孙××、张××、李××三人到现场实施。查封方式为清空查封区域的人员、切断所有电源、水源，并在房门、楼梯、配电箱等处张贴封条。</u>

主持人（签名）：<u>孙××</u>

参加人（签名）：<u>孙××、郭××、张××、李××、周××、何××</u>

记录员（签名）：<u>李××</u>

第 壹 次记录

成都市××××区消防救援大队
现场笔录

时间：<u>2021 年 11 月 26 日 15 时 35 分至 2021 年 11 月 26 日 16 时 00 分</u>

地点：<u>成都××××展览有限公司 2 号办公楼前</u>

执法人员姓名及工作单位：<u>成都市××××区消防救援大队大队长孙××，中级专业技术人员张××、初级专业技术人员李××。</u>

当事人/见证人基本情况（姓名、性别、身份证件种类及号码）：<u>成都××××展览有限公司，法定代表人，王××，男，居民身份证：51010××××××××××××。</u>

事由和目的：<u>实施临时查封，记录实施过程及现场情况。</u>

过程和结果：<u>成都市××××区消防救援大队大队长孙××，中级专业技术人员张××、初级专业技术人员李××于 2021 年 11 月 26 日 15 时 35 分到达成都××××展览有限公司 2 号办公楼前，首先向成都××××展览有限公司王×× 宣读了《临时查封决定书》（×消封字〔2021〕第×××号），特别强调了本次查封的依据、查封部位、查封期限，告知作为成都××××展览有限公司法定代表人的王××，该公司享有陈述和申辩的权利。王××当场表示不陈述、不申辩。告知王××应立即整改火灾隐患，整改后经成都市××××区消防救援大队检查合格方可解除查封。擅自拆封、使用被查封的部位或者场所，将依法予以处罚。并告知了其如不服本决定，可在收到本《决定书》之日起六十日内依法向成都市××××区人民政府或成都市消防救援支队申请行政复议，或者在三个月内依法向成都市××××区人民法院提起行政诉讼，并当场送达。王××未提出异议，当场在《送达回证》上签字捺指印，表示接受该临时查封决定并立即组织整改火灾隐患。其次，曾××向 2 号办公楼第二、三、四层区域及其他相关人员传达了消防救援机构的临时查封决定，说明了查封原因、查封时间和查封期间等，并要求 2</u>

号办公楼第二、三、四层区域的人员携带重要的、必需的办公物品尽快离开，离开的同时应关闭所有电源、关闭所有水龙头、清理带走所有火种。曾××还安排公司电工关闭了 2 号办公楼第二、三、四层区域的总电源。最后，消防监督人员在 2 号办公楼第二、三、四层区域的配电箱、房门及一楼通向第二、三、四层的楼梯口处张贴了成都市××××区消防救援大队封条。本次查封完毕。

执法人员：孙××、张××、李××　　　　　　　　2021 年 11 月 26 日

当事人或者见证人：成都××××展览有限公司法定代表人王××、消防安全

管理人曾××　　　　　　　　　　　　　　　　　2021 年 11 月 26 日

临时查封现场照片（一）

较近距离拍摄消防救援大队给成都××××展览有限公司
宣读和送达《临时查封决定书》的照片

2021 年 11 月 26 日 15 时 35 分，成都市××××区消防救援大队大队长孙××，专业技术人员张××和李××三人正在给成都××××展览有限公司法定代表人王××宣读和送达《临时查封决定书》（×消封字〔2021〕第×××号）。

较近距离拍摄成都××××展览有限公司有序组织
2 号办公楼第二、三、四层区域所有人员离开的照片

收到《临时查封决定书》后，成都××××展览有限公司有序组织 2 号办公楼第二、三、四层区域所有人员离开，并关闭电源、水源等。

拍摄人：张××、李××

拍摄时间：2021 年 11 月 26 日

临时查封现场照片（二）

较近距离拍摄消防救援大队人员正在对查封区
域张贴封条的照片

成都市××××区消防救援大队大队长孙××，专业技术人员张××和李××
三人正在给 2 号办公楼第二、三、四层区域的配电箱、房门，以及一楼通
向第二、三、四层的楼梯口处张贴了成都市××××区消防救援大队封条。

较近距离拍摄配电箱被张贴完封条的照片

成都市××××区消防救援大队人员已经给 2 号办公楼的配电箱张贴完
毕成都市××××区消防救援大队封条。

拍摄人：张××、李××

拍摄时间：2021 年 11 月 26 日

临时查封现场照片（三）

较近距离拍摄房门被张贴完封条的照片

成都市××××区消防救援大队人员已经给 2 号办公楼的第二、三、四层房间门张贴完毕成都市××××区消防救援大队封条。

较近距离拍摄一楼疏散楼梯入口处被张贴完封条的照片

成都市××××区消防救援大队人员已经给 2 号办公楼地上疏散楼梯的入口处张贴了封条，旁边张贴了《临时查封决定书》（×消封字〔2021〕第×××号）。

拍摄人：张××、李××

拍摄时间：2021 年 11 月 26 日

成都市××××区消防救援大队

送达回证

×消送证字〔2021〕第×××号

送达的文书名称及文号	《临时查封决定书》（×消封字〔2021〕第×××号）
受送达人	成都××××展览有限公司法定代表人，王××
送达地点	成都××××展览有限公司 2 号办公楼前
送达人单位及送达人签名	成都市××××区消防救援大队：张××、李××
送达方式	■1. 直接送达　□2. 留置送达　□3. 委托送达 □4. 邮寄送达　□5. 公告送达
签收人	■1. 受送达人　□2. 委托代理人 □3. 代收人（与受送达人关系＿＿＿＿＿＿＿＿） 　　　成都××××展览有限公司法定代表人，王××
送达时间	2021 年 11 月 26 日 15 时 35 分
见证人及其单位或住址	＿＿＿＿＿／＿＿＿＿＿（签名）　　年　月　日
备注	

申请进入被查封区域整改火灾隐患的申请书

成都市××××区消防救援大队：

我们是成都市××××区×××大道中段××号的成都××××展览有限公司，贵大队于 2021 年 11 月 26 日向我单位下发了《临时查封决定书》（×消封字〔2021〕第×××号），查封原因是疏散通道数量不足，已不具备安全疏散条件。查封范围为成都××××展览有限公司 2 号办公楼的第二、三、四层全部区域。因目前我单位需要整改疏散通道数量不足，已不具备安全疏散条件的火灾隐患，故特申请进入被查封区域整改火灾隐患，并承诺在解除临时查封前不使用被查封区域进行生产、经营等活动，望贵大队批准。

特此申请。

成都××××展览有限公司

2021 年 11 月 28 日

解除临时查封申请书

成都市××××区消防救援大队：

    我是位于成都市××××区×××大道中段××号的成都××××展览有限公司的法定代表人王××，贵大队于 2021 年 11 月 26 日向我单位下发了《临时查封决定书》（×消封字〔2021〕第×××号），现我单位即将疏散通道数量不足，不具备安全疏散条件的隐患整改完毕，特申请解除临时查封。

    特此申请。

成都××××展览有限公司

2021 年 12 月 24 日

成都市××××区消防救援大队

消防监督检查记录

（其他形式消防监督检查适用）

编号：〔2021〕第××××号

检查时间：　　2021 年 12 月 25 日 8 时

检查类型：□大型群众性活动举办前的检查　□建设工程施工现场检查
□对举报投诉的核查　■复查　□申请恢复施工、使用、生产、经营的检查
■申请解除临时查封的检查　□其他检查

单位情况	单位（场所）名称	成都××××展览有限公司	法定代表人/主要负责人	王××
	地　　址	成都市××××区×××大道中段××号	联系人及联系电话	曾×× 133××××××××

检查内容和情况	经现场检查发现：1. 展览馆的 2 号展示厅内部北侧与餐饮操作区贴临的墙面用墙布进行装修的消防隐患，已经通过拆除该墙面的全部墙布、露出钢筋混凝土墙体的方式整改完毕；2. 位于成都市××××区×××大道中段××号的成都××××展览有限公司 2 号办公楼的第二、三、四层只有 1 部疏散楼梯的消防隐患整改完毕，该公司已为 2 号办公楼新增 1 部室外钢结构疏散楼梯，新增的室外钢结构疏散楼梯符合规范要求。
备注	

消防监督检查员（签名）：张××、李××
被检查单位随同检查人员（签名）：王××、曾××

成都市××××区消防救援大队

同意解除临时查封决定书

×消解封字〔2021〕第×××号

成都××××展览有限公司：

　　根据你单位（场所）2021 年12 月24 日的申请，依据《消防监督检查规定》第二十五条第一款的规定，我大队 于2021 年12 月25 日对你单位（场所）临时查封后（临时查封决定书文号：×消封字〔2021〕第×××号）火灾隐患整改情况进行了检查，检查情况如下：

　　位于成都市××××区×××大道中段××号的成都××××展览有限公司2 号办公楼的第二、三、四层只有1 部疏散楼梯的消防隐患已整改完毕。

　　经检查，同意解除对位于成都市××××区×××大道中段××号的成都××××展览有限公司2 号办公楼的第二、三、四层全部区域 的临时查封。

（消防救援机构印章）

2021 年 12 月 25 日

申请单位（场所）签收：王××　　　　　　2021 年 12 月 25 日

一式两份，一份交申请单位（场所），一份存档。

领导审批意见	同意解除临时查封，对成都××××展览有限公司下发《同意解除临时查封决定书》。 孙×× 2021 年 12 月 25 日
审核部门意见	该案事实清楚、证据确凿、程序合法，同意解除临时查封，对成都××××展览有限公司下发《同意解除临时查封决定书》。 郭×× 2021 年 12 月 25 日
办案部门意见	妥否，请领导批示。 张××、李×× 2021 年 12 月 25 日

呈请同意解除临时查封审批表

成都××××展览有限公司，住所：成都市××××区×××大道中段××号，法定代表人：王××。

2021 年 11 月 25 日，消防监督人员依法对成都××××展览有限公司进行消防监督检查时，发现其 2 号办公楼的第二、三、四层疏散通道数量不足，不具备安全疏散条件。成都市××××区消防救援大队依法下达《临时查封决定书》（×消封字〔2021〕第×××号）。2021 年 12 月 24 日，成都××××展览有限公司递交《解除临时查封申请书》。我大队于 2021 年 12 月 25 日对该场所进行检查，发现成都××××展览有限公司 2 号办公楼的第二、三、四层疏散通道数量不足、不具备安全疏散条件的隐患已经整改完毕，该公司已为 2 号办公楼新增 1 部室外钢结构疏散楼梯，新增的室外钢结构疏散楼梯符合规范要求。依据《消防监督检查规定》第二十五条第二款之规定，建议对成都××××展览有限公司下发《同意解除临时查封决定书》。

妥否，请审批。

承办人：张××、李××

日　期：2021 年 12 月 25 日

成都市××××区消防救援大队

送达回证

×消送证字〔2021〕第×××号

送达的文书名称及文号	《同意解除临时查封决定书》（×消解封字〔2021〕第×××号）
受送达人	成都××××展览有限公司法定代表人：王××
送达地点	成都市××××区消防救援大队
送达人单位及送达人签名	成都市××××区消防救援大队：张××、李××
送达方式	■1. 直接送达　□2. 留置送达　□3. 委托送达 □4. 邮寄送达　□5. 公告送达
签收人	■1. 受送达人　□2. 委托代理人 □3. 代收人（与受送达人关系＿＿＿＿＿＿＿＿） 　　　成都××××展览有限公司法定代表人：王××
送达时间	2021年12月25日15时00分，由执法人员张××通过微信号××××××用微信方式送达，王××的微信号是××××××。
见证人及其单位或住址	＿＿＿＿＿＿／＿＿＿＿＿＿（签名）　　年　月　日
备注	提前签订了《通过电子送达地址确认书》。

隐患整改现场照片（一）

拍摄成都××××展览有限公司的外观照片，能在照片中
看到公司的名称、主要建筑的情况等。

位于成都市××××区×××大道中段××号的成都××××展览有限公司的外观照片。该公司共有 1 栋公共展览馆、2 栋独立的办公楼，均为单多层。

较近距离拍摄成都××××展览有限公司 2 号办公楼的照片，
反映楼梯数量、楼梯位置、层数、一楼的房间数等信息

成都××××展览有限公司 2 号办公楼的照片。从照片可以看出 2 号办公楼共 4 层，该楼有一部室内敞开楼梯，一部室外钢结构楼梯。负一楼的出口和地上楼梯的出口分别在不同的位置。

拍摄人：张××、李××

拍摄时间：2021 年 12 月 25 日

隐患整改现场照片（二）

较远距离拍摄成都××××展览有限公司2号办公楼
新增的室外钢结构疏散楼梯

　　2号办公楼新增的室外钢结构疏散楼梯。该楼梯可以分别从2号办公楼的第二、三、四层直接通过新增的钢结构疏散楼梯直接疏散到室外地面。

拍摄测量室外钢结构疏散楼梯宽度、护栏高度、坡度，
以及通向钢结构的安全出口与周边窗户等开口的距离的照片

　　消防监督人员正在测量室外钢结构疏散楼梯宽度、护栏高度、坡度，以及通向钢结构的安全出口与周边窗户等开口的距离的照片。通过检查和测量，新增室外钢结构疏散楼梯符合规范要求。新增后2号办公楼疏散符合要求。

拍摄人：张××、李××

拍摄时间：2021年12月25日

隐患整改现场照片（三）

较近距离拍摄 2 号办公楼第二层新增室外
疏散楼梯后的照片

2 号办公楼第二层新增室外疏散楼梯后，有两个疏散出口，分别位于走道的两端，经测量，疏散距离等符合规范要求。

较近距离拍摄 2 号办公楼第三层新增室外
疏散楼梯后的照片

2 号办公楼第三层新增室外疏散楼梯后，有两个疏散出口，分别位于走道的两端，经测量，疏散距离等符合规范要求。

拍摄人：张××、李××

拍摄时间：2021 年 12 月 25 日

隐患整改现场照片（四）

```
较近距离拍摄 2 号办公楼第四层新增室外
疏散楼梯后的照片
```

　　2 号办公楼第四层新增室外疏散楼梯后，有两个疏散出口，分别位于会议室的两侧，经测量，疏散距离等符合规范要求。

拍摄人：张××、李××

拍摄时间：2021 年 12 月 25 日

解除查封现场照片

较近距离拍摄消防救援大队给成都××××展览有限公司
宣读和送达《同意解除临时查封决定书》的照片

2021 年 12 月 25 日，成都市××××区消防救援大队消防监督人员正在给成都××××展览有限公司法定代表人王××宣读和送达《同意解除临时查封决定书》（×消解封字〔2021〕第×××号）。

较近距离拍摄一楼疏散楼梯入口处解除查封的照片

成都××××展览有限公司 2 号办公楼解除查封后的照片，封条已经撕毁，2 号办公楼的第二、三、四层恢复使用。

拍摄人：张××、李××

拍摄时间：2021 年 12 月 25 日

成都市××××区消防救援大队

电子送达地址确认书

消电送确字〔2021〕第×××号

受送达人	王××	身份证件 种类及号码	居民身份证 51010××××××××××××
受送达人 提供的电子 送达地址	\multicolumn{3}{l}{请选具体的电子送达方式： □电子邮件，邮箱地址：_____/_____ □传真，传真号码：_____/_____ ■微信，微信号：×××××_____ ■短信，手机号：137×××××××_____ □其他途径：_____/_____}		
受送达人 确认	\multicolumn{3}{l}{　　本人同意消防救援机构以上述方式向我（单位）送 达有关文书，并保证上述送达地址真实、准确、有效，本 人通过上述途径均能知悉有关送达内容。 　　当事人：成都××××展览有限公司法定代表人，王×× 　　　　　　　　　　　　　　　2021年11月25日}		
执法人 员签名	\multicolumn{3}{l}{成都市××××区消防救援大队：张××、李×× 　　　　　　　　　　　　　　　2021年11月25日}		
备注	\multicolumn{3}{l}{签订本确认书时，执法人员张××与王××互加微信并相互 确认已通过。}		

此文书附卷。

卷内备考表

本卷情况说明

    关于成都××××展览有限公司的临时查封，出具的法律文书及其他材料说明情况如下：

《消防监督检查记录》2 份；

《责令限期改正通知书》1 份；

《临时查封决定书》1 份；

《同意解除临时查封决定书》1 份；

《临时查封现场笔录》1 份；

《呈请临时查封审批表》1 份；

《呈请同意解除临时查封审批表》1 份；

《集体议案记录》1 份；

《送达回证》2 份；

《询问笔录》3 份；

《临时查封现场照片》1 份；

《解除查封现场照片》1 份；

《解除临时查封申请书》1 份；

《权利义务告知书》3 份；

《询问通知书》3 份；

《电子送达地址确认书》1 份；

    其他附件 6 份（套）（营业执照复印件 1 份、身份证复印件 3 份、申请进入被查封区域整改火灾隐患的申请书、《建设工程竣工验收消防备案受理凭证》）。

立卷人　张××

检查人　张××、李××

立卷时间　2021 年 12 月 30 日

第三部分

相关法律法规、部门规章、文件、标准

一　法律法规

中华人民共和国消防法

（1998 年 4 月 29 日第九届全国人民代表大会常务委员会第二次会议通过　2008 年 10 月 28 日第十一届全国人民代表大会常务委员会第五次会议修订　根据 2019 年 4 月 23 日第十三届全国人民代表大会常务委员会第十次会议《关于修改〈中华人民共和国建筑法〉等八部法律的决定》第一次修正　根据 2021 年 4 月 29 日第十三届全国人民代表大会常务委员会第二十八次会议《关于修改〈中华人民共和国道路交通安全法〉等八部法律的决定》第二次修正）

目录

第一章 总则

第一条 为了预防火灾和减少火灾危害，加强应急救援工作，保护人身、财产安全，维护公共安全，制定本法。

第二条 消防工作贯彻预防为主、防消结合的方针，按照政府统一领导、部门依法监管、单位全面负责、公民积极参与的原则，实行消防安全责任制，建立健全社会化的消防工作网络。

第三条 国务院领导全国的消防工作。地方各级人民政府负责本行政区域内的消防工作。

各级人民政府应当将消防工作纳入国民经济和社会发展计划，保障消防工作与经济社会发展相适应。

第四条 国务院应急管理部门对全国的消防工作实施监督管理。县级以上地方人民政府应急管理部门对本行政区域内的消防工作实施监督管理，并由本级人民政府消防救援机构负责实施。军事设施的消防工作，由其主管单位监督管理，消防救援机构协助；矿井地下部分、核电厂、海上石油天然气设施的消防工作，由其主管单位监督管理。

县级以上人民政府其他有关部门在各自的职责范围内，依照本法和其他相关法律、法规的规定做好消防工作。

法律、行政法规对森林、草原的消防工作另有规定的，从其规定。

第五条 任何单位和个人都有维护消防安全、保护消防设施、预防火灾、报告火警的义务。任何单位和成年人都有参加有组织的灭火工作的义务。

第六条 各级人民政府应当组织开展经常性的消防宣传教育，提高公民的消防安全意识。

机关、团体、企业、事业等单位，应当加强对本单位人员的消防宣传教育。

应急管理部门及消防救援机构应当加强消防法律、法规的宣传，并督促、指导、协助有关单位做好消防宣传教育工作。

教育、人力资源行政主管部门和学校、有关职业培训机构应当将消防知识纳入教育、教学、培训的内容。

新闻、广播、电视等有关单位，应当有针对性地面向社会进行消防宣传教育。

工会、共产主义青年团、妇女联合会等团体应当结合各自工作对象的特点，组织开展消防宣传教育。

村民委员会、居民委员会应当协助人民政府以及公安机关、应急管理等部门，加强消防宣传教育。

第七条 国家鼓励、支持消防科学研究和技术创新，推广使用先进的消防和应急救援技术、设备；鼓励、支持社会力量开展消防公益活动。

对在消防工作中有突出贡献的单位和个人，应当按照国家有关规定给予表彰和奖励。

第二章 火灾预防

第八条 地方各级人民政府应当将包括消防安全布局、消防站、消防供水、消防通信、消防车通道、消防装备等内容的消防规划纳入城乡规划，并负责组织实施。

城乡消防安全布局不符合消防安全要求的，应当调整、完善；公共消防设施、消防装备不足或者不适应实际需要的，应当增建、改建、配置或者进行技术改造。

第九条 建设工程的消防设计、施工必须符合国家工程建设消防技术标准。建设、设计、施工、工程监理等单位依法对建设工程的消防设计、施工质量负责。

第十条 对按照国家工程建设消防技术标准需要进行消防设计的建设工程，实行建设工程消防设计审查验收制度。

第十一条 国务院住房和城乡建设主管部门规定的特殊建设工程，建设单位应当将消防设计文件报送住房和城乡建设主管部门审查，住房和城乡建设主管部门依法对审查的结果负责。

前款规定以外的其他建设工程，建设单位申请领取施工许可证或者申请批准开工报告时应当提供满足施工需要的消防设计图纸及技术资料。

第十二条　特殊建设工程未经消防设计审查或者审查不合格的，建设单位、施工单位不得施工；其他建设工程，建设单位未提供满足施工需要的消防设计图纸及技术资料的，有关部门不得发放施工许可证或者批准开工报告。

第十三条　国务院住房和城乡建设主管部门规定应当申请消防验收的建设工程竣工，建设单位应当向住房和城乡建设主管部门申请消防验收。

前款规定以外的其他建设工程，建设单位在验收后应当报住房和城乡建设主管部门备案，住房和城乡建设主管部门应当进行抽查。

依法应当进行消防验收的建设工程，未经消防验收或者消防验收不合格的，禁止投入使用；其他建设工程经依法抽查不合格的，应当停止使用。

第十四条　建设工程消防设计审查、消防验收、备案和抽查的具体办法，由国务院住房和城乡建设主管部门规定。

第十五条　公众聚集场所投入使用、营业前消防安全检查实行告知承诺管理。公众聚集场所在投入使用、营业前，建设单位或者使用单位应当向场所所在地的县级以上地方人民政府消防救援机构申请消防安全检查，作出场所符合消防技术标准和管理规定的承诺，提交规定的材料，并对其承诺和材料的真实性负责。

消防救援机构对申请人提交的材料进行审查；申请材料齐全、符合法定形式的，应当予以许可。消防救援机构应当根据消防技术标准和管理规定，及时对作出承诺的公众聚集场所进行核查。

申请人选择不采用告知承诺方式办理的，消防救援机构应当自受理申请之日起十个工作日内，根据消防技术标准和管理规定，对该场所进行检查。经检查符合消防安全要求的，应当予以许可。

公众聚集场所未经消防救援机构许可的，不得投入使用、营业。消防安全检查的具体办法，由国务院应急管理部门制定。

第十六条　机关、团体、企业、事业等单位应当履行下列消防安全职责：

（一）落实消防安全责任制，制定本单位的消防安全制度、消防安全操作规程，制定灭火和应急疏散预案；

（二）按照国家标准、行业标准配置消防设施、器材，设置消防安全标志，并定期组织检验、维修，确保完好有效；

（三）对建筑消防设施每年至少进行一次全面检测，确保完好有效，检测记录应当完整准确，存档备查；

（四）保障疏散通道、安全出口、消防车通道畅通，保证防火防烟分区、防火间距符合消防技术标准；

（五）组织防火检查，及时消除火灾隐患；

（六）组织进行有针对性的消防演练；

（七）法律、法规规定的其他消防安全职责。

单位的主要负责人是本单位的消防安全责任人。

第十七条　县级以上地方人民政府消防救援机构应当将发生火灾可能性较大以及发生火灾可能造成重大的人身伤亡或者财产损失的单位，确定为本行政区域内的消防安全重点单位，并由应急管理部门报本级人民政府备案。

消防安全重点单位除应当履行本法第十六条规定的职责外，还应当履行下列消防安全职责：

（一）确定消防安全管理人，组织实施本单位的消防安全管理工作；

（二）建立消防档案，确定消防安全重点部位，设置防火标志，实行严格管理；

（三）实行每日防火巡查，并建立巡查记录；

（四）对职工进行岗前消防安全培训，定期组织消防安全培训和消防演练。

第十八条　同一建筑物由两个以上单位管理或者使用的，应当明确各方的消防安全责任，并确定责任人对共用的疏散通道、安全出口、建筑消防设施和消防车通道进行统一管理。

住宅区的物业服务企业应当对管理区域内的共用消防设施进行维护管理，提供消防安全防范服务。

第十九条　生产、储存、经营易燃易爆危险品的场所不得与居住场所设置在同一建筑物内，并应当与居住场所保持安全距离。

生产、储存、经营其他物品的场所与居住场所设置在同一建筑物内的，应当符合国家工程建设消防技术标准。

第二十条　举办大型群众性活动，承办人应当依法向公安机关申请安全许可，制定灭火和应急疏散预案并组织演练，明确消防安全责任分工，确定消防安全管理人员，保持消防设施和消防器材配置齐全、完好有效，保证疏散通道、安全出口、疏散指示标志、应急照明和消防车通道符合消防技术标准和管理规定。

第二十一条　禁止在具有火灾、爆炸危险的场所吸烟、使用明火。因施工等特殊情况需要使用明火作业的，应当按照规定事先办理审批手续，采取相应的消防安全措施；作业人员应当遵守消防安全规定。

进行电焊、气焊等具有火灾危险作业的人员和自动消防系统的操作人员，必须持证上岗，并遵守消防安全操作规程。

第二十二条　生产、储存、装卸易燃易爆危险品的工厂、仓库和专用车站、码头的设置，应当符合消防技术标准。易燃易爆气体和液体的充装站、供应站、调压站，应当设置在符合消防安全要求的位置，并符合防火防爆要求。

已经设置的生产、储存、装卸易燃易爆危险品的工厂、仓库和专用车站、码头，易燃易爆气体和液体的充装站、供应站、调压站，不再符合前款规定的，地方人民政府应当组织、协调有关部门、单位限期解决，消除安全隐患。

第二十三条　生产、储存、运输、销售、使用、销毁易燃易爆危险品，必须执行消防技术标准和管理规定。

进入生产、储存易燃易爆危险品的场所，必须执行消防安全规定。禁止非法携带易燃易爆危险品进入公共场所或者乘坐公共交通工具。

储存可燃物资仓库的管理，必须执行消防技术标准和管理规定。

第二十四条 消防产品必须符合国家标准；没有国家标准的，必须符合行业标准。禁止生产、销售或者使用不合格的消防产品以及国家明令淘汰的消防产品。

依法实行强制性产品认证的消防产品，由具有法定资质的认证机构按照国家标准、行业标准的强制性要求认证合格后，方可生产、销售、使用。实行强制性产品认证的消防产品目录，由国务院产品质量监督部门会同国务院应急管理部门制定并公布。

新研制的尚未制定国家标准、行业标准的消防产品，应当按照国务院产品质量监督部门会同国务院应急管理部门规定的办法，经技术鉴定符合消防安全要求的，方可生产、销售、使用。

依照本条规定经强制性产品认证合格或者技术鉴定合格的消防产品，国务院应急管理部门应当予以公布。

第二十五条 产品质量监督部门、工商行政管理部门、消防救援机构应当按照各自职责加强对消防产品质量的监督检查。

第二十六条 建筑构件、建筑材料和室内装修、装饰材料的防火性能必须符合国家标准；没有国家标准的，必须符合行业标准。

人员密集场所室内装修、装饰，应当按照消防技术标准的要求，使用不燃、难燃材料。

第二十七条 电器产品、燃气用具的产品标准，应当符合消防安全的要求。

电器产品、燃气用具的安装、使用及其线路、管路的设计、敷设、维护保养、检测，必须符合消防技术标准和管理规定。

第二十八条 任何单位、个人不得损坏、挪用或者擅自拆除、停用消防设施、器材，不得埋压、圈占、遮挡消火栓或者占用防火间距，不得占用、堵塞、封闭疏散通道、安全出口、消防车通道。人员密集场所的门窗不得设置影响逃生和灭火救援的障碍物。

第二十九条 负责公共消防设施维护管理的单位，应当保持消防供水、消防通信、消防车通道等公共消防设施的完好有效。在修建道路以及停电、停水、截断通信线路时有可能影响消防队灭火救援的，有关单位必须事先通知当地消防救援机构。

　　第三十条　地方各级人民政府应当加强对农村消防工作的领导，采取措施加强公共消防设施建设，组织建立和督促落实消防安全责任制。

　　第三十一条　在农业收获季节、森林和草原防火期间、重大节假日期间以及火灾多发季节，地方各级人民政府应当组织开展有针对性的消防宣传教育，采取防火措施，进行消防安全检查。

　　第三十二条　乡镇人民政府、城市街道办事处应当指导、支持和帮助村民委员会、居民委员会开展群众性的消防工作。村民委员会、居民委员会应当确定消防安全管理人，组织制定防火安全公约，进行防火安全检查。

　　第三十三条　国家鼓励、引导公众聚集场所和生产、储存、运输、销售易燃易爆危险品的企业投保火灾公众责任保险；鼓励保险公司承保火灾公众责任保险。

　　第三十四条　消防设施维护保养检测、消防安全评估等消防技术服务机构应当符合从业条件，执业人员应当依法获得相应的资格；依照法律、行政法规、国家标准、行业标准和执业准则，接受委托提供消防技术服务，并对服务质量负责。

第三章　消防组织

　　第三十五条　各级人民政府应当加强消防组织建设，根据经济社会发展的需要，建立多种形式的消防组织，加强消防技术人才培养，增强火灾预防、扑救和应急救援的能力。

　　第三十六条　县级以上地方人民政府应当按照国家规定建立国家综合性消防救援队、专职消防队，并按照国家标准配备消防装备，承担火灾扑救工作。

　　乡镇人民政府应当根据当地经济发展和消防工作的需要，建立专职消防队、志愿消防队，承担火灾扑救工作。

　　第三十七条　国家综合性消防救援队、专职消防队按照国家规定承担重大灾害事故和其他以抢救人员生命为主的应急救援工作。

第三十八条 国家综合性消防救援队、专职消防队应当充分发挥火灾扑救和应急救援专业力量的骨干作用；按照国家规定，组织实施专业技能训练，配备并维护保养装备器材，提高火灾扑救和应急救援的能力。

第三十九条 下列单位应当建立单位专职消防队，承担本单位的火灾扑救工作：

（一）大型核设施单位、大型发电厂、民用机场、主要港口；

（二）生产、储存易燃易爆危险品的大型企业；

（三）储备可燃的重要物资的大型仓库、基地；

（四）第一项、第二项、第三项规定以外的火灾危险性较大、距离国家综合性消防救援队较远的其他大型企业；

（五）距离国家综合性消防救援队较远、被列为全国重点文物保护单位的古建筑群的管理单位。

第四十条 专职消防队的建立，应当符合国家有关规定，并报当地消防救援机构验收。

专职消防队的队员依法享受社会保险和福利待遇。

第四十一条 机关、团体、企业、事业等单位以及村民委员会、居民委员会根据需要，建立志愿消防队等多种形式的消防组织，开展群众性自防自救工作。

第四十二条 消防救援机构应当对专职消防队、志愿消防队等消防组织进行业务指导；根据扑救火灾的需要，可以调动指挥专职消防队参加火灾扑救工作。

第四章 灭火救援

第四十三条 县级以上地方人民政府应当组织有关部门针对本行政区域内的火灾特点制定应急预案，建立应急反应和处置机制，为火灾扑救和应急救援工作提供人员、装备等保障。

第四十四条 任何人发现火灾都应当立即报警。任何单位、个人都应当无偿为报警提供便利，不得阻拦报警。严禁谎报火警。

人员密集场所发生火灾，该场所的现场工作人员应当立即组织、引导在场人员疏散。

任何单位发生火灾，必须立即组织力量扑救。邻近单位应当给予支援。

消防队接到火警，必须立即赶赴火灾现场，救助遇险人员，排除险情，扑灭火灾。

第四十五条 消防救援机构统一组织和指挥火灾现场扑救，应当优先保障遇险人员的生命安全。

火灾现场总指挥根据扑救火灾的需要，有权决定下列事项：

（一）使用各种水源；

（二）截断电力、可燃气体和可燃液体的输送，限制用火用电；

（三）划定警戒区，实行局部交通管制；

（四）利用临近建筑物和有关设施；

（五）为了抢救人员和重要物资，防止火势蔓延，拆除或者破损毗邻火灾现场的建筑物、构筑物或者设施等；

（六）调动供水、供电、供气、通信、医疗救护、交通运输、环境保护等有关单位协助灭火救援。

根据扑救火灾的紧急需要，有关地方人民政府应当组织人员、调集所需物资支援灭火。

第四十六条 国家综合性消防救援队、专职消防队参加火灾以外的其他重大灾害事故的应急救援工作，由县级以上人民政府统一领导。

第四十七条 消防车、消防艇前往执行火灾扑救或者应急救援任务，在确保安全的前提下，不受行驶速度、行驶路线、行驶方向和指挥信号的限制，其他车辆、船舶以及行人应当让行，不得穿插超越；收费公路、桥梁免收车辆通行费。交通管理指挥人员应当保证消防车、消防艇迅速通行。

赶赴火灾现场或者应急救援现场的消防人员和调集的消防装备、物资，需要铁路、水路或者航空运输的，有关单位应当优先运输。

第四十八条　消防车、消防艇以及消防器材、装备和设施，不得用于与消防和应急救援工作无关的事项。

第四十九条　国家综合性消防救援队、专职消防队扑救火灾、应急救援，不得收取任何费用。

单位专职消防队、志愿消防队参加扑救外单位火灾所损耗的燃料、灭火剂和器材、装备等，由火灾发生地的人民政府给予补偿。

第五十条　对因参加扑救火灾或者应急救援受伤、致残或者死亡的人员，按照国家有关规定给予医疗、抚恤。

第五十一条　消防救援机构有权根据需要封闭火灾现场，负责调查火灾原因，统计火灾损失。

火灾扑灭后，发生火灾的单位和相关人员应当按照消防救援机构的要求保护现场，接受事故调查，如实提供与火灾有关的情况。

消防救援机构根据火灾现场勘验、调查情况和有关的检验、鉴定意见，及时制作火灾事故认定书，作为处理火灾事故的证据。

第五章　监督检查

第五十二条　地方各级人民政府应当落实消防工作责任制，对本级人民政府有关部门履行消防安全职责的情况进行监督检查。

县级以上地方人民政府有关部门应当根据本系统的特点，有针对性地开展消防安全检查，及时督促整改火灾隐患。

第五十三条　消防救援机构应当对机关、团体、企业、事业等单位遵守消防法律、法规的情况依法进行监督检查。公安派出所可以负责日常消防监督检查、开展消防宣传教育，具体办法由国务院公安部门规定。

消防救援机构、公安派出所的工作人员进行消防监督检查，应当出示证件。

第五十四条　消防救援机构在消防监督检查中发现火灾隐患的，应当通知有关单位或者个人立即采取措施消除隐患；不及时消除隐患可能严重威胁公共安全的，消防救援机构应当依照规定对危险部位或者场所采取临时查封措施。

　　第五十五条　消防救援机构在消防监督检查中发现城乡消防安全布局、公共消防设施不符合消防安全要求，或者发现本地区存在影响公共安全的重大火灾隐患的，应当由应急管理部门书面报告本级人民政府。

　　接到报告的人民政府应当及时核实情况，组织或者责成有关部门、单位采取措施，予以整改。

　　第五十六条　住房和城乡建设主管部门、消防救援机构及其工作人员应当按照法定的职权和程序进行消防设计审查、消防验收、备案抽查和消防安全检查，做到公正、严格、文明、高效。

　　住房和城乡建设主管部门、消防救援机构及其工作人员进行消防设计审查、消防验收、备案抽查和消防安全检查等，不得收取费用，不得利用职务谋取利益；不得利用职务为用户、建设单位指定或者变相指定消防产品的品牌、销售单位或者消防技术服务机构、消防设施施工单位。

　　第五十七条　住房和城乡建设主管部门、消防救援机构及其工作人员执行职务，应当自觉接受社会和公民的监督。

　　任何单位和个人都有权对住房和城乡建设主管部门、消防救援机构及其工作人员在执法中的违法行为进行检举、控告。收到检举、控告的机关，应当按照职责及时查处。

第六章　法律责任

　　第五十八条　违反本法规定，有下列行为之一的，由住房和城乡建设主管部门、消防救援机构按照各自职权责令停止施工、停止使用或者停产停业，并处三万元以上三十万元以下罚款：

　　（一）依法应当进行消防设计审查的建设工程，未经依法审查或者审查不合格，擅自施工的；

　　（二）依法应当进行消防验收的建设工程，未经消防验收或者消防验收不合格，擅自投入使用的；

　　（三）本法第十三条规定的其他建设工程验收后经依法抽查不合格，

不停止使用的；

（四）公众聚集场所未经消防救援机构许可，擅自投入使用、营业的，或者经核查发现场所使用、营业情况与承诺内容不符的。

建设单位未依照本法规定在验收后报住房和城乡建设主管部门备案的，由住房和城乡建设主管部门责令改正，处五千元以下罚款。核查发现公众聚集场所使用、营业情况与承诺内容不符，经责令限期改正，逾期不整改或者整改后仍达不到要求的，依法撤销相应许可。

第五十九条 违反本法规定，有下列行为之一的，由住房和城乡建设主管部门责令改正或者停止施工，并处一万元以上十万元以下罚款：

（一）建设单位要求建筑设计单位或者建筑施工企业降低消防技术标准设计、施工的；

（二）建筑设计单位不按照消防技术标准强制性要求进行消防设计的；

（三）建筑施工企业不按照消防设计文件和消防技术标准施工，降低消防施工质量的；

（四）工程监理单位与建设单位或者建筑施工企业串通，弄虚作假，降低消防施工质量的。

第六十条 单位违反本法规定，有下列行为之一的，责令改正，处五千元以上五万元以下罚款：

（一）消防设施、器材或者消防安全标志的配置、设置不符合国家标准、行业标准，或者未保持完好有效的；

（二）损坏、挪用或者擅自拆除、停用消防设施、器材的；

（三）占用、堵塞、封闭疏散通道、安全出口或者有其他妨碍安全疏散行为的；

（四）埋压、圈占、遮挡消火栓或者占用防火间距的；

（五）占用、堵塞、封闭消防车通道，妨碍消防车通行的；

（六）人员密集场所在门窗上设置影响逃生和灭火救援的障碍物的；

（七）对火灾隐患经消防救援机构通知后不及时采取措施消除的。

个人有前款第二项、第三项、第四项、第五项行为之一的，处警告或者五百元以下罚款。

有本条第一款第三项、第四项、第五项、第六项行为，经责令改正拒不改正的，强制执行，所需费用由违法行为人承担。

第六十一条 生产、储存、经营易燃易爆危险品的场所与居住场所设置在同一建筑物内，或者未与居住场所保持安全距离的，责令停产停业，并处五千元以上五万元以下罚款。

生产、储存、经营其他物品的场所与居住场所设置在同一建筑物内，不符合消防技术标准的，依照前款规定处罚。

第六十二条 有下列行为之一的，依照《中华人民共和国治安管理处罚法》的规定处罚：

（一）违反有关消防技术标准和管理规定生产、储存、运输、销售、使用、销毁易燃易爆危险品的；

（二）非法携带易燃易爆危险品进入公共场所或者乘坐公共交通工具的；

（三）谎报火警的；

（四）阻碍消防车、消防艇执行任务的；

（五）阻碍消防救援机构的工作人员依法执行职务的。

第六十三条 违反本法规定，有下列行为之一的，处警告或者五百元以下罚款；情节严重的，处五日以下拘留：

（一）违反消防安全规定进入生产、储存易燃易爆危险品场所的；

（二）违反规定使用明火作业或者在具有火灾、爆炸危险的场所吸烟、使用明火的。

第六十四条 违反本法规定，有下列行为之一，尚不构成犯罪的，处十日以上十五日以下拘留，可以并处五百元以下罚款；情节较轻的，处警告或者五百元以下罚款：

（一）指使或者强令他人违反消防安全规定，冒险作业的；

（二）过失引起火灾的；

（三）在火灾发生后阻拦报警，或者负有报告职责的人员不及时报警的；

（四）扰乱火灾现场秩序，或者拒不执行火灾现场指挥员指挥，影响灭火救援的；

（五）故意破坏或者伪造火灾现场的；

（六）擅自拆封或者使用被消防救援机构查封的场所、部位的。

第六十五条　违反本法规定，生产、销售不合格的消防产品或者国家明令淘汰的消防产品的，由产品质量监督部门或者工商行政管理部门依照《中华人民共和国产品质量法》的规定从重处罚。

人员密集场所使用不合格的消防产品或者国家明令淘汰的消防产品的，责令限期改正；逾期不改正的，处五千元以上五万元以下罚款，并对其直接负责的主管人员和其他直接责任人员处五百元以上二千元以下罚款；情节严重的，责令停产停业。

消防救援机构对于本条第二款规定的情形，除依法对使用者予以处罚外，应当将发现不合格的消防产品和国家明令淘汰的消防产品的情况通报产品质量监督部门、工商行政管理部门。产品质量监督部门、工商行政管理部门应当对生产者、销售者依法及时查处。

第六十六条　电器产品、燃气用具的安装、使用及其线路、管路的设计、敷设、维护保养、检测不符合消防技术标准和管理规定的，责令限期改正；逾期不改正的，责令停止使用，可以并处一千元以上五千元以下罚款。

第六十七条　机关、团体、企业、事业等单位违反本法第十六条、第十七条、第十八条、第二十一条第二款规定的，责令限期改正；逾期不改正的，对其直接负责的主管人员和其他直接责任人员依法给予处分或者给予警告处罚。

第六十八条　人员密集场所发生火灾，该场所的现场工作人员不履行组织、引导在场人员疏散的义务，情节严重，尚不构成犯罪的，处五日以上十日以下拘留。

第六十九条　消防设施维护保养检测、消防安全评估等消防技术服务机构，不具备从业条件从事消防技术服务活动或者出具虚假文件的，由消防救援机构责令改正，处五万元以上十万元以下罚款，并对直接负责的主管人员和其他直接责任人员处一万元以上五万元以下罚款；不按照国家标准、行业标准开展消防技术服务活动的，责令改正，处五万元以下罚款，并对直接负责的主管人员和其他直接责任人员处一万元以下罚款；有违法所得的，并处没收违法所得；给他人造成损失的，依法承担赔偿责任；情节严重的，依法责令停止执业或者吊销相应资格；造成重大损失的，由相关部门吊销营业执照，并对有关责任人员采取终身市场禁入措施。

前款规定的机构出具失实文件，给他人造成损失的，依法承担赔偿责任；造成重大损失的，由消防救援机构依法责令停止执业或者吊销相应资格，由相关部门吊销营业执照，并对有关责任人员采取终身市场禁入措施。

第七十条　本法规定的行政处罚，除应当由公安机关依照《中华人民共和国治安管理处罚法》的有关规定决定的外，由住房和城乡建设主管部门、消防救援机构按照各自职权决定。

被责令停止施工、停止使用、停产停业的，应当在整改后向作出决定的部门或者机构报告，经检查合格，方可恢复施工、使用、生产、经营。

当事人逾期不执行停产停业、停止使用、停止施工决定的，由作出决定的部门或者机构强制执行。

责令停产停业，对经济和社会生活影响较大的，由住房和城乡建设主管部门或者应急管理部门报请本级人民政府依法决定。

第七十一条　住房和城乡建设主管部门、消防救援机构的工作人员滥用职权、玩忽职守、徇私舞弊，有下列行为之一，尚不构成犯罪的，依法给予处分：

（一）对不符合消防安全要求的消防设计文件、建设工程、场所准予审查合格、消防验收合格、消防安全检查合格的；

（二）无故拖延消防设计审查、消防验收、消防安全检查，不在法定期限内履行职责的；

（三）发现火灾隐患不及时通知有关单位或者个人整改的；

（四）利用职务为用户、建设单位指定或者变相指定消防产品的品牌、销售单位或者消防技术服务机构、消防设施施工单位的；

（五）将消防车、消防艇以及消防器材、装备和设施用于与消防和应急救援无关的事项的；

（六）其他滥用职权、玩忽职守、徇私舞弊的行为。

产品质量监督、工商行政管理等其他有关行政主管部门的工作人员在消防工作中滥用职权、玩忽职守、徇私舞弊，尚不构成犯罪的，依法给予处分。

第七十二条　违反本法规定，构成犯罪的，依法追究刑事责任。

第七章　附则

第七十三条　本法下列用语的含义：

（一）消防设施，是指火灾自动报警系统、自动灭火系统、消火栓系统、防烟排烟系统以及应急广播和应急照明、安全疏散设施等。

（二）消防产品，是指专门用于火灾预防、灭火救援和火灾防护、避难、逃生的产品。

（三）公众聚集场所，是指宾馆、饭店、商场、集贸市场、客运车站候车室、客运码头候船厅、民用机场航站楼、体育场馆、会堂以及公共娱乐场所等。

（四）人员密集场所，是指公众聚集场所，医院的门诊楼、病房楼，学校的教学楼、图书馆、食堂和集体宿舍，养老院，福利院，托儿所，幼儿园，公共图书馆的阅览室，公共展览馆、博物馆的展示厅，劳动密集型企业的生产加工车间和员工集体宿舍，旅游、宗教活动场所等。

第七十四条　本法自 2009 年 5 月 1 日起施行。

中华人民共和国行政处罚法

(1996 年 3 月 17 日第八届全国人民代表大会第四次会议通过 根据 2009 年 8 月 27 日第十一届全国人民代表大会常务委员会第十次会议《关于修改部分法律的决定》第一次修正 根据 2017 年 9 月 1 日第十二届全国人民代表大会常务委员会第二十九次会议《关于修改〈中华人民共和国法官法〉等八部法律的决定》第二次修正 2021 年 1 月 22 日第十三届全国人民代表大会常务委员会第二十五次会议修订)

目 录

第一章　总则

第一条　为了规范行政处罚的设定和实施，保障和监督行政机关有效实施行政管理，维护公共利益和社会秩序，保护公民、法人或者其他组织的合法权益，根据宪法，制定本法。

第二条　行政处罚是指行政机关依法对违反行政管理秩序的公民、法人或者其他组织，以减损权益或者增加义务的方式予以惩戒的行为。

第三条　行政处罚的设定和实施，适用本法。

第四条　公民、法人或者其他组织违反行政管理秩序的行为，应当给予行政处罚的，依照本法由法律、法规、规章规定，并由行政机关依照本法规定的程序实施。

第五条　行政处罚遵循公正、公开的原则。

设定和实施行政处罚必须以事实为依据，与违法行为的事实、性质、情节以及社会危害程度相当。

对违法行为给予行政处罚的规定必须公布；未经公布的，不得作为行政处罚的依据。

第六条　实施行政处罚，纠正违法行为，应当坚持处罚与教育相结合，教育公民、法人或者其他组织自觉守法。

第七条　公民、法人或者其他组织对行政机关所给予的行政处罚，享有陈述权、申辩权；对行政处罚不服的，有权依法申请行政复议或者提起行政诉讼。

公民、法人或者其他组织因行政机关违法给予行政处罚受到损害的，有权依法提出赔偿要求。

第八条　公民、法人或者其他组织因违法行为受到行政处罚，其违法行为对他人造成损害的，应当依法承担民事责任。

违法行为构成犯罪，应当依法追究刑事责任的，不得以行政处罚代替刑事处罚。

第二章　行政处罚的种类和设定

第九条　行政处罚的种类：

（一）警告、通报批评；

（二）罚款、没收违法所得、没收非法财物；

（三）暂扣许可证件、降低资质等级、吊销许可证件；

（四）限制开展生产经营活动、责令停产停业、责令关闭、限制从业；

（五）行政拘留；

（六）法律、行政法规规定的其他行政处罚。

第十条　法律可以设定各种行政处罚。

限制人身自由的行政处罚，只能由法律设定。

第十一条　行政法规可以设定除限制人身自由以外的行政处罚。

法律对违法行为已经作出行政处罚规定，行政法规需要作出具体规定的，必须在法律规定的给予行政处罚的行为、种类和幅度的范围内规定。

法律对违法行为未作出行政处罚规定，行政法规为实施法律，可以补充设定行政处罚。拟补充设定行政处罚的，应当通过听证会、论证会等形式广泛听取意见，并向制定机关作出书面说明。行政法规报送备案时，应当说明补充设定行政处罚的情况。

第十二条　地方性法规可以设定除限制人身自由、吊销营业执照以外的行政处罚。

法律、行政法规对违法行为已经作出行政处罚规定，地方性法规需要作出具体规定的，必须在法律、行政法规规定的给予行政处罚的行为、种类和幅度的范围内规定。

法律、行政法规对违法行为未作出行政处罚规定，地方性法规为实施法律、行政法规，可以补充设定行政处罚。拟补充设定行政处罚的，应当通过听证会、论证会等形式广泛听取意见，并向制定机关作出书面说明。地方性法规报送备案时，应当说明补充设定行政处罚的情况。

第十三条 国务院部门规章可以在法律、行政法规规定的给予行政处罚的行为、种类和幅度的范围内作出具体规定。

尚未制定法律、行政法规的，国务院部门规章对违反行政管理秩序的行为，可以设定警告、通报批评或者一定数额罚款的行政处罚。罚款的限额由国务院规定。

第十四条 地方政府规章可以在法律、法规规定的给予行政处罚的行为、种类和幅度的范围内作出具体规定。

尚未制定法律、法规的，地方政府规章对违反行政管理秩序的行为，可以设定警告、通报批评或者一定数额罚款的行政处罚。罚款的限额由省、自治区、直辖市人民代表大会常务委员会规定。

第十五条 国务院部门和省、自治区、直辖市人民政府及其有关部门应当定期组织评估行政处罚的实施情况和必要性，对不适当的行政处罚事项及种类、罚款数额等，应当提出修改或者废止的建议。

第十六条 除法律、法规、规章外，其他规范性文件不得设定行政处罚。

第三章 行政处罚的实施机关

第十七条 行政处罚由具有行政处罚权的行政机关在法定职权范围内实施。

第十八条 国家在城市管理、市场监管、生态环境、文化市场、交通运输、应急管理、农业等领域推行建立综合行政执法制度，相对集中行政处罚权。

国务院或者省、自治区、直辖市人民政府可以决定一个行政机关行使有关行政机关的行政处罚权。

限制人身自由的行政处罚权只能由公安机关和法律规定的其他机关行使。

第十九条 法律、法规授权的具有管理公共事务职能的组织可以在法定授权范围内实施行政处罚。

第二十条　行政机关依照法律、法规、规章的规定，可以在其法定权限内书面委托符合本法第二十一条规定条件的组织实施行政处罚。行政机关不得委托其他组织或者个人实施行政处罚。

委托书应当载明委托的具体事项、权限、期限等内容。委托行政机关和受委托组织应当将委托书向社会公布。

委托行政机关对受委托组织实施行政处罚的行为应当负责监督，并对该行为的后果承担法律责任。

受委托组织在委托范围内，以委托行政机关名义实施行政处罚；不得再委托其他组织或者个人实施行政处罚。

第二十一条　受委托组织必须符合以下条件：

（一）依法成立并具有管理公共事务职能；

（二）有熟悉有关法律、法规、规章和业务并取得行政执法资格的工作人员；

（三）需要进行技术检查或者技术鉴定的，应当有条件组织进行相应的技术检查或者技术鉴定。

第四章　行政处罚的管辖和适用

第二十二条　行政处罚由违法行为发生地的行政机关管辖。法律、行政法规、部门规章另有规定的，从其规定。

第二十三条　行政处罚由县级以上地方人民政府具有行政处罚权的行政机关管辖。法律、行政法规另有规定的，从其规定。

第二十四条　省、自治区、直辖市根据当地实际情况，可以决定将基层管理迫切需要的县级人民政府部门的行政处罚权交由能够有效承接的乡镇人民政府、街道办事处行使，并定期组织评估。决定应当公布。

承接行政处罚权的乡镇人民政府、街道办事处应当加强执法能力建设，按照规定范围、依照法定程序实施行政处罚。

有关地方人民政府及其部门应当加强组织协调、业务指导、执法监督，建立健全行政处罚协调配合机制，完善评议、考核制度。

第二十五条 两个以上行政机关都有管辖权的，由最先立案的行政机关管辖。

对管辖发生争议的，应当协商解决，协商不成的，报请共同的上一级行政机关指定管辖；也可以直接由共同的上一级行政机关指定管辖。

第二十六条 行政机关因实施行政处罚的需要，可以向有关机关提出协助请求。协助事项属于被请求机关职权范围内的，应当依法予以协助。

第二十七条 违法行为涉嫌犯罪的，行政机关应当及时将案件移送司法机关，依法追究刑事责任。对依法不需要追究刑事责任或者免予刑事处罚，但应当给予行政处罚的，司法机关应当及时将案件移送有关行政机关。

行政处罚实施机关与司法机关之间应当加强协调配合，建立健全案件移送制度，加强证据材料移交、接收衔接，完善案件处理信息通报机制。

第二十八条 行政机关实施行政处罚时，应当责令当事人改正或者限期改正违法行为。

当事人有违法所得，除依法应当退赔的外，应当予以没收。违法所得是指实施违法行为所取得的款项。法律、行政法规、部门规章对违法所得的计算另有规定的，从其规定。

第二十九条 对当事人的同一个违法行为，不得给予两次以上罚款的行政处罚。同一个违法行为违反多个法律规范应当给予罚款处罚的，按照罚款数额高的规定处罚。

第三十条 不满十四周岁的未成年人有违法行为的，不予行政处罚，责令监护人加以管教；已满十四周岁不满十八周岁的未成年人有违法行为的，应当从轻或者减轻行政处罚。

第三十一条 精神病人、智力残疾人在不能辨认或者不能控制自己行为时有违法行为的，不予行政处罚，但应当责令其监护人严加看管和治疗。间歇性精神病人在精神正常时有违法行为的，应当给予行政处罚。

尚未完全丧失辨认或者控制自己行为能力的精神病人、智力残疾人有违法行为的，可以从轻或者减轻行政处罚。

第三十二条　当事人有下列情形之一，应当从轻或者减轻行政处罚：

（一）主动消除或者减轻违法行为危害后果的；

（二）受他人胁迫或者诱骗实施违法行为的；

（三）主动供述行政机关尚未掌握的违法行为的；

（四）配合行政机关查处违法行为有立功表现的；

（五）法律、法规、规章规定其他应当从轻或者减轻行政处罚的。

第三十三条　违法行为轻微并及时改正，没有造成危害后果的，不予行政处罚。初次违法且危害后果轻微并及时改正的，可以不予行政处罚。

当事人有证据足以证明没有主观过错的，不予行政处罚。法律、行政法规另有规定的，从其规定。

对当事人的违法行为依法不予行政处罚的，行政机关应当对当事人进行教育。

第三十四条　行政机关可以依法制定行政处罚裁量基准，规范行使行政处罚裁量权。行政处罚裁量基准应当向社会公布。

第三十五条　违法行为构成犯罪，人民法院判处拘役或者有期徒刑时，行政机关已经给予当事人行政拘留的，应当依法折抵相应刑期。

违法行为构成犯罪，人民法院判处罚金时，行政机关已经给予当事人罚款的，应当折抵相应罚金；行政机关尚未给予当事人罚款的，不再给予罚款。

第三十六条　违法行为在二年内未被发现的，不再给予行政处罚；涉及公民生命健康安全、金融安全且有危害后果的，上述期限延长至五年。法律另有规定的除外。

前款规定的期限，从违法行为发生之日起计算；违法行为有连续或者继续状态的，从行为终了之日起计算。

第三十七条　实施行政处罚，适用违法行为发生时的法律、法规、规章的规定。但是，作出行政处罚决定时，法律、法规、规章已被修改或者废止，且新的规定处罚较轻或者不认为是违法的，适用新的规定。

第三十八条 行政处罚没有依据或者实施主体不具有行政主体资格的，行政处罚无效。

违反法定程序构成重大且明显违法的，行政处罚无效。

第五章 行政处罚的决定

第一节 一般规定

第三十九条 行政处罚的实施机关、立案依据、实施程序和救济渠道等信息应当公示。

第四十条 公民、法人或者其他组织违反行政管理秩序的行为，依法应当给予行政处罚的，行政机关必须查明事实；违法事实不清、证据不足的，不得给予行政处罚。

第四十一条 行政机关依照法律、行政法规规定利用电子技术监控设备收集、固定违法事实的，应当经过法制和技术审核，确保电子技术监控设备符合标准、设置合理、标志明显，设置地点应当向社会公布。

电子技术监控设备记录违法事实应当真实、清晰、完整、准确。行政机关应当审核记录内容是否符合要求；未经审核或者经审核不符合要求的，不得作为行政处罚的证据。

行政机关应当及时告知当事人违法事实，并采取信息化手段或者其他措施，为当事人查询、陈述和申辩提供便利。不得限制或者变相限制当事人享有的陈述权、申辩权。

第四十二条 行政处罚应当由具有行政执法资格的执法人员实施。执法人员不得少于两人，法律另有规定的除外。

执法人员应当文明执法，尊重和保护当事人合法权益。

第四十三条 执法人员与案件有直接利害关系或者有其他关系可能影响公正执法的，应当回避。

当事人认为执法人员与案件有直接利害关系或者有其他关系可能影响公正执法的，有权申请回避。

当事人提出回避申请的，行政机关应当依法审查，由行政机关负责人决定。决定作出之前，不停止调查。

第四十四条　行政机关在作出行政处罚决定之前，应当告知当事人拟作出的行政处罚内容及事实、理由、依据，并告知当事人依法享有的陈述、申辩、要求听证等权利。

第四十五条　当事人有权进行陈述和申辩。行政机关必须充分听取当事人的意见，对当事人提出的事实、理由和证据，应当进行复核；当事人提出的事实、理由或者证据成立的，行政机关应当采纳。

行政机关不得因当事人陈述、申辩而给予更重的处罚。

第四十六条　证据包括：

（一）书证；

（二）物证；

（三）视听资料；

（四）电子数据；

（五）证人证言；

（六）当事人的陈述；

（七）鉴定意见；

（八）勘验笔录、现场笔录。

证据必须经查证属实，方可作为认定案件事实的根据。

以非法手段取得的证据，不得作为认定案件事实的根据。

第四十七条　行政机关应当依法以文字、音像等形式，对行政处罚的启动、调查取证、审核、决定、送达、执行等进行全过程记录，归档保存。

第四十八条　具有一定社会影响的行政处罚决定应当依法公开。

公开的行政处罚决定被依法变更、撤销、确认违法或者确认无效的，行政机关应当在三日内撤回行政处罚决定信息并公开说明理由。

第四十九条　发生重大传染病疫情等突发事件，为了控制、减轻和消除突发事件引起的社会危害，行政机关对违反突发事件应对措施的行为，依法快速、从重处罚。

第五十条　行政机关及其工作人员对实施行政处罚过程中知悉的国家秘密、商业秘密或者个人隐私，应当依法予以保密。

第二节　简易程序

第五十一条　违法事实确凿并有法定依据，对公民处以二百元以下、对法人或者其他组织处以三千元以下罚款或者警告的行政处罚的，可以当场作出行政处罚决定。法律另有规定的，从其规定。

第五十二条　执法人员当场作出行政处罚决定的，应当向当事人出示执法证件，填写预定格式、编有号码的行政处罚决定书，并当场交付当事人。当事人拒绝签收的，应当在行政处罚决定书上注明。

前款规定的行政处罚决定书应当载明当事人的违法行为，行政处罚的种类和依据、罚款数额、时间、地点，申请行政复议、提起行政诉讼的途径和期限以及行政机关名称，并由执法人员签名或者盖章。

执法人员当场作出的行政处罚决定，应当报所属行政机关备案。

第五十三条　对当场作出的行政处罚决定，当事人应当依照本法第六十七条至第六十九条的规定履行。

第三节　普通程序

第五十四条　除本法第五十一条规定的可以当场作出的行政处罚外，行政机关发现公民、法人或者其他组织有依法应当给予行政处罚的行为的，必须全面、客观、公正地调查，收集有关证据；必要时，依照法律、法规的规定，可以进行检查。

符合立案标准的，行政机关应当及时立案。

第五十五条　执法人员在调查或者进行检查时，应当主动向当事人或者有关人员出示执法证件。当事人或者有关人员有权要求执法人员出示执法证件。执法人员不出示执法证件的，当事人或者有关人员有权拒绝接受调查或者检查。

当事人或者有关人员应当如实回答询问，并协助调查或者检查，不得拒绝或者阻挠。询问或者检查应当制作笔录。

第五十六条 行政机关在收集证据时，可以采取抽样取证的方法；在证据可能灭失或者以后难以取得的情况下，经行政机关负责人批准，可以先行登记保存，并应当在七日内及时作出处理决定，在此期间，当事人或者有关人员不得销毁或者转移证据。

第五十七条 调查终结，行政机关负责人应当对调查结果进行审查，根据不同情况，分别作出如下决定：

（一）确有应受行政处罚的违法行为的，根据情节轻重及具体情况，作出行政处罚决定；

（二）违法行为轻微，依法可以不予行政处罚的，不予行政处罚；

（三）违法事实不能成立的，不予行政处罚；

（四）违法行为涉嫌犯罪的，移送司法机关。

对情节复杂或者重大违法行为给予行政处罚，行政机关负责人应当集体讨论决定。

第五十八条 有下列情形之一，在行政机关负责人作出行政处罚的决定之前，应当由从事行政处罚决定法制审核的人员进行法制审核；未经法制审核或者审核未通过的，不得作出决定：

（一）涉及重大公共利益的；

（二）直接关系当事人或者第三人重大权益，经过听证程序的；

（三）案件情况疑难复杂、涉及多个法律关系的；

（四）法律、法规规定应当进行法制审核的其他情形。

行政机关中初次从事行政处罚决定法制审核的人员，应当通过国家统一法律职业资格考试取得法律职业资格。

第五十九条 行政机关依照本法第五十七条的规定给予行政处罚，应当制作行政处罚决定书。行政处罚决定书应当载明下列事项：

（一）当事人的姓名或者名称、地址；

（二）违反法律、法规、规章的事实和证据；

（三）行政处罚的种类和依据；

（四）行政处罚的履行方式和期限；

（五）申请行政复议、提起行政诉讼的途径和期限；

（六）作出行政处罚决定的行政机关名称和作出决定的日期。

行政处罚决定书必须盖有作出行政处罚决定的行政机关的印章。

第六十条 行政机关应当自行政处罚案件立案之日起九十日内作出行政处罚决定。法律、法规、规章另有规定的，从其规定。

第六十一条 行政处罚决定书应当在宣告后当场交付当事人；当事人不在场的，行政机关应当在七日内依照《中华人民共和国民事诉讼法》的有关规定，将行政处罚决定书送达当事人。

当事人同意并签订确认书的，行政机关可以采用传真、电子邮件等方式，将行政处罚决定书等送达当事人。

第六十二条 行政机关及其执法人员在作出行政处罚决定之前，未依照本法第四十四条、第四十五条的规定向当事人告知拟作出的行政处罚内容及事实、理由、依据，或者拒绝听取当事人的陈述、申辩，不得作出行政处罚决定；当事人明确放弃陈述或者申辩权利的除外。

第四节　听证程序

第六十三条 行政机关拟作出下列行政处罚决定，应当告知当事人有要求听证的权利，当事人要求听证的，行政机关应当组织听证：

（一）较大数额罚款；

（二）没收较大数额违法所得、没收较大价值非法财物；

（三）降低资质等级、吊销许可证件；

（四）责令停产停业、责令关闭、限制从业；

（五）其他较重的行政处罚；

（六）法律、法规、规章规定的其他情形。

当事人不承担行政机关组织听证的费用。

第六十四条 听证应当依照以下程序组织：

（一）当事人要求听证的，应当在行政机关告知后五日内提出；

（二）行政机关应当在举行听证的七日前，通知当事人及有关人员听证的时间、地点；

（三）除涉及国家秘密、商业秘密或者个人隐私依法予以保密外，听证公开举行；

（四）听证由行政机关指定的非本案调查人员主持；当事人认为主持人与本案有直接利害关系的，有权申请回避；

（五）当事人可以亲自参加听证，也可以委托一至二人代理；

（六）当事人及其代理人无正当理由拒不出席听证或者未经许可中途退出听证的，视为放弃听证权利，行政机关终止听证；

（七）举行听证时，调查人员提出当事人违法的事实、证据和行政处罚建议，当事人进行申辩和质证；

（八）听证应当制作笔录。笔录应当交当事人或者其代理人核对无误后签字或者盖章。当事人或者其代理人拒绝签字或者盖章的，由听证主持人在笔录中注明。

第六十五条　听证结束后，行政机关应当根据听证笔录，依照本法第五十七条的规定，作出决定。

第六章　行政处罚的执行

第六十六条　行政处罚决定依法作出后，当事人应当在行政处罚决定书载明的期限内，予以履行。

当事人确有经济困难，需要延期或者分期缴纳罚款的，经当事人申请和行政机关批准，可以暂缓或者分期缴纳。

第六十七条　作出罚款决定的行政机关应当与收缴罚款的机构分离。

除依照本法第六十八条、第六十九条的规定当场收缴的罚款外，作出行政处罚决定的行政机关及其执法人员不得自行收缴罚款。

当事人应当自收到行政处罚决定书之日起十五日内，到指定的银行或者通过电子支付系统缴纳罚款。银行应当收受罚款，并将罚款直接上缴国库。

第六十八条　依照本法第五十一条的规定当场作出行政处罚决定，有下列情形之一，执法人员可以当场收缴罚款：

（一）依法给予一百元以下罚款的；

（二）不当场收缴事后难以执行的。

第六十九条 在边远、水上、交通不便地区，行政机关及其执法人员依照本法第五十一条、第五十七条的规定作出罚款决定后，当事人到指定的银行或者通过电子支付系统缴纳罚款确有困难，经当事人提出，行政机关及其执法人员可以当场收缴罚款。

第七十条 行政机关及其执法人员当场收缴罚款的，必须向当事人出具国务院财政部门或者省、自治区、直辖市人民政府财政部门统一制发的专用票据；不出具财政部门统一制发的专用票据的，当事人有权拒绝缴纳罚款。

第七十一条 执法人员当场收缴的罚款，应当自收缴罚款之日起二日内，交至行政机关；在水上当场收缴的罚款，应当自抵岸之日起二日内交至行政机关；行政机关应当在二日内将罚款缴付指定的银行。

第七十二条 当事人逾期不履行行政处罚决定的，作出行政处罚决定的行政机关可以采取下列措施：

（一）到期不缴纳罚款的，每日按罚款数额的百分之三加处罚款，加处罚款的数额不得超出罚款的数额；

（二）根据法律规定，将查封、扣押的财物拍卖、依法处理或者将冻结的存款、汇款划拨抵缴罚款；

（三）根据法律规定，采取其他行政强制执行方式；

（四）依照《中华人民共和国行政强制法》的规定申请人民法院强制执行。

行政机关批准延期、分期缴纳罚款的，申请人民法院强制执行的期限，自暂缓或者分期缴纳罚款期限结束之日起计算。

第七十三条 当事人对行政处罚决定不服，申请行政复议或者提起行政诉讼的，行政处罚不停止执行，法律另有规定的除外。

当事人对限制人身自由的行政处罚决定不服，申请行政复议或者提起行政诉讼的，可以向作出决定的机关提出暂缓执行申请。符合法律规定情形的，应当暂缓执行。

当事人申请行政复议或者提起行政诉讼的，加处罚款的数额在行政复议或者行政诉讼期间不予计算。

第七十四条　除依法应当予以销毁的物品外，依法没收的非法财物必须按照国家规定公开拍卖或者按照国家有关规定处理。

罚款、没收的违法所得或者没收非法财物拍卖的款项，必须全部上缴国库，任何行政机关或者个人不得以任何形式截留、私分或者变相私分。

罚款、没收的违法所得或者没收非法财物拍卖的款项，不得同作出行政处罚决定的行政机关及其工作人员的考核、考评直接或者变相挂钩。除依法应当退还、退赔的外，财政部门不得以任何形式向作出行政处罚决定的行政机关返还罚款、没收的违法所得或者没收非法财物拍卖的款项。

第七十五条　行政机关应当建立健全对行政处罚的监督制度。县级以上人民政府应当定期组织开展行政执法评议、考核，加强对行政处罚的监督检查，规范和保障行政处罚的实施。

行政机关实施行政处罚应当接受社会监督。公民、法人或者其他组织对行政机关实施行政处罚的行为，有权申诉或者检举；行政机关应当认真审查，发现有错误的，应当主动改正。

第七章　法律责任

第七十六条　行政机关实施行政处罚，有下列情形之一，由上级行政机关或者有关机关责令改正，对直接负责的主管人员和其他直接责任人员依法给予处分：

（一）没有法定的行政处罚依据的；

（二）擅自改变行政处罚种类、幅度的；

（三）违反法定的行政处罚程序的；

（四）违反本法第二十条关于委托处罚的规定的；

（五）执法人员未取得执法证件的。

行政机关对符合立案标准的案件不及时立案的，依照前款规定予以处理。

第七十七条 行政机关对当事人进行处罚不使用罚款、没收财物单据或者使用非法定部门制发的罚款、没收财物单据的，当事人有权拒绝，并有权予以检举，由上级行政机关或者有关机关对使用的非法单据予以收缴销毁，对直接负责的主管人员和其他直接责任人员依法给予处分。

第七十八条 行政机关违反本法第六十七条的规定自行收缴罚款的，财政部门违反本法第七十四条的规定向行政机关返还罚款、没收的违法所得或者拍卖款项的，由上级行政机关或者有关机关责令改正，对直接负责的主管人员和其他直接责任人员依法给予处分。

第七十九条 行政机关截留、私分或者变相私分罚款、没收的违法所得或者财物的，由财政部门或者有关机关予以追缴，对直接负责的主管人员和其他直接责任人员依法给予处分；情节严重构成犯罪的，依法追究刑事责任。

执法人员利用职务上的便利，索取或者收受他人财物、将收缴罚款据为己有，构成犯罪的，依法追究刑事责任；情节轻微不构成犯罪的，依法给予处分。

第八十条 行政机关使用或者损毁查封、扣押的财物，对当事人造成损失的，应当依法予以赔偿，对直接负责的主管人员和其他直接责任人员依法给予处分。

第八十一条 行政机关违法实施检查措施或者执行措施，给公民人身或者财产造成损害、给法人或者其他组织造成损失的，应当依法予以赔偿，对直接负责的主管人员和其他直接责任人员依法给予处分；情节严重构成犯罪的，依法追究刑事责任。

第八十二条 行政机关对应当依法移交司法机关追究刑事责任的案件不移交，以行政处罚代替刑事处罚，由上级行政机关或者有关机关责令改正，对直接负责的主管人员和其他直接责任人员依法给予处分；情节严重构成犯罪的，依法追究刑事责任。

第八十三条 行政机关对应当予以制止和处罚的违法行为不予制止、处罚，致使公民、法人或者其他组织的合法权益、公共利益和社会秩序遭受损害的，对直接负责的主管人员和其他直接责任人员依法给予处分；情节严重构成犯罪的，依法追究刑事责任。

第八章　附则

第八十四条　外国人、无国籍人、外国组织在中华人民共和国领域内有违法行为，应当给予行政处罚的，适用本法，法律另有规定的除外。

第八十五条　本法中"二日""三日""五日""七日"的规定是指工作日，不含法定节假日。

第八十六条　本法自 2021 年 7 月 15 日起施行。

中华人民共和国行政强制法

（2011 年 6 月 30 日第十一届全国人民代表大会常务委员会第二十一次会议通过）

目录

第一章　总则

第一条　为了规范行政强制的设定和实施，保障和监督行政机关依法履行职责，维护公共利益和社会秩序，保护公民、法人和其他组织的合法权益，根据宪法，制定本法。

第二条　本法所称行政强制，包括行政强制措施和行政强制执行。

行政强制措施，是指行政机关在行政管理过程中，为制止违法行为、防止证据损毁、避免危害发生、控制危险扩大等情形，依法对公民的人身自由实施暂时性限制，或者对公民、法人或者其他组织的财物实施暂时性控制的行为。

行政强制执行，是指行政机关或者行政机关申请人民法院，对不履行行政决定的公民、法人或者其他组织，依法强制履行义务的行为。

第三条　行政强制的设定和实施，适用本法。

发生或者即将发生自然灾害、事故灾难、公共卫生事件或者社会安全事件等突发事件，行政机关采取应急措施或者临时措施，依照有关法律、行政法规的规定执行。

行政机关采取金融业审慎监管措施、进出境货物强制性技术监控措施，依照有关法律、行政法规的规定执行。

第四条　行政强制的设定和实施，应当依照法定的权限、范围、条件和程序。

第五条　行政强制的设定和实施，应当适当。采用非强制手段可以达到行政管理目的的，不得设定和实施行政强制。

第六条　实施行政强制，应当坚持教育与强制相结合。

第七条　行政机关及其工作人员不得利用行政强制权为单位或者个人谋取利益。

第八条　公民、法人或者其他组织对行政机关实施行政强制，享有陈述权、申辩权；有权依法申请行政复议或者提起行政诉讼；因行政机关违法实施行政强制受到损害的，有权依法要求赔偿。

公民、法人或者其他组织因人民法院在强制执行中有违法行为或者扩大强制执行范围受到损害的，有权依法要求赔偿。

第二章　行政强制的种类和设定

第九条　行政强制措施的种类：

（一）限制公民人身自由；

（二）查封场所、设施或者财物；

（三）扣押财物；

（四）冻结存款、汇款；

（五）其他行政强制措施。

第十条　行政强制措施由法律设定。

尚未制定法律，且属于国务院行政管理职权事项的，行政法规可以设定除本法第九条第一项、第四项和应当由法律规定的行政强制措施以外的其他行政强制措施。

尚未制定法律、行政法规，且属于地方性事务的，地方性法规可以设定本法第九条第二项、第三项的行政强制措施。

法律、法规以外的其他规范性文件不得设定行政强制措施。

第十一条　法律对行政强制措施的对象、条件、种类作了规定的，行政法规、地方性法规不得作出扩大规定。

法律中未设定行政强制措施的，行政法规、地方性法规不得设定行政强制措施。但是，法律规定特定事项由行政法规规定具体管理措施的，行政法规可以设定除本法第九条第一项、第四项和应当由法律规定的行政强制措施以外的其他行政强制措施。

第十二条　行政强制执行的方式：

（一）加处罚款或者滞纳金；

（二）划拨存款、汇款；

（三）拍卖或者依法处理查封、扣押的场所、设施或者财物；

（四）排除妨碍、恢复原状；

（五）代履行；

（六）其他强制执行方式。

第十三条 行政强制执行由法律设定。

法律没有规定行政机关强制执行的，作出行政决定的行政机关应当申请人民法院强制执行。

第十四条 起草法律草案、法规草案，拟设定行政强制的，起草单位应当采取听证会、论证会等形式听取意见，并向制定机关说明设定该行政强制的必要性、可能产生的影响以及听取和采纳意见的情况。

第十五条 行政强制的设定机关应当定期对其设定的行政强制进行评价，并对不适当的行政强制及时予以修改或者废止。

行政强制的实施机关可以对已设定的行政强制的实施情况及存在的必要性适时进行评价，并将意见报告该行政强制的设定机关。

公民、法人或者其他组织可以向行政强制的设定机关和实施机关就行政强制的设定和实施提出意见和建议。有关机关应当认真研究论证，并以适当方式予以反馈。

第三章　行政强制措施实施程序

第一节　一般规定

第十六条 行政机关履行行政管理职责，依照法律、法规的规定，实施行政强制措施。

违法行为情节显著轻微或者没有明显社会危害的，可以不采取行政强制措施。

第十七条 行政强制措施由法律、法规规定的行政机关在法定职权范围内实施。行政强制措施权不得委托。

依据《中华人民共和国行政处罚法》的规定行使相对集中行政处罚权的行政机关，可以实施法律、法规规定的与行政处罚权有关的行政强制措施。

行政强制措施应当由行政机关具备资格的行政执法人员实施，其他人员不得实施。

第十八条 行政机关实施行政强制措施应当遵守下列规定：

（一）实施前须向行政机关负责人报告并经批准；

（二）由两名以上行政执法人员实施；

（三）出示执法身份证件；

（四）通知当事人到场；

（五）当场告知当事人采取行政强制措施的理由、依据以及当事人依法享有的权利、救济途径；

（六）听取当事人的陈述和申辩；

（七）制作现场笔录；

（八）现场笔录由当事人和行政执法人员签名或者盖章，当事人拒绝的，在笔录中予以注明；

（九）当事人不到场的，邀请见证人到场，由见证人和行政执法人员在现场笔录上签名或者盖章；

（十）法律、法规规定的其他程序。

第十九条 情况紧急，需要当场实施行政强制措施的，行政执法人员应当在二十四小时内向行政机关负责人报告，并补办批准手续。行政机关负责人认为不应当采取行政强制措施的，应当立即解除。

第二十条 依照法律规定实施限制公民人身自由的行政强制措施，除应当履行本法第十八条规定的程序外，还应当遵守下列规定：

（一）当场告知或者实施行政强制措施后立即通知当事人家属实施行政强制措施的行政机关、地点和期限；

（二）在紧急情况下当场实施行政强制措施的，在返回行政机关后，立即向行政机关负责人报告并补办批准手续；

（三）法律规定的其他程序。

实施限制人身自由的行政强制措施不得超过法定期限。实施行政强制措施的目的已经达到或者条件已经消失，应当立即解除。

第二十一条 违法行为涉嫌犯罪应当移送司法机关的，行政机关应当将查封、扣押、冻结的财物一并移送，并书面告知当事人。

第二节　查封、扣押

第二十二条　查封、扣押应当由法律、法规规定的行政机关实施，其他任何行政机关或者组织不得实施。

第二十三条　查封、扣押限于涉案的场所、设施或者财物，不得查封、扣押与违法行为无关的场所、设施或者财物；不得查封、扣押公民个人及其所扶养家属的生活必需品。

当事人的场所、设施或者财物已被其他国家机关依法查封的，不得重复查封。

第二十四条　行政机关决定实施查封、扣押的，应当履行本法第十八条规定的程序，制作并当场交付查封、扣押决定书和清单。

查封、扣押决定书应当载明下列事项：

（一）当事人的姓名或者名称、地址；

（二）查封、扣押的理由、依据和期限；

（三）查封、扣押场所、设施或者财物的名称、数量等；

（四）申请行政复议或者提起行政诉讼的途径和期限；

（五）行政机关的名称、印章和日期。

查封、扣押清单一式二份，由当事人和行政机关分别保存。

第二十五条　查封、扣押的期限不得超过三十日；情况复杂的，经行政机关负责人批准，可以延长，但是延长期限不得超过三十日。法律、行政法规另有规定的除外。

延长查封、扣押的决定应当及时书面告知当事人，并说明理由。

对物品需要进行检测、检验、检疫或者技术鉴定的，查封、扣押的期间不包括检测、检验、检疫或者技术鉴定的期间。检测、检验、检疫或者技术鉴定的期间应当明确，并书面告知当事人。检测、检验、检疫或者技术鉴定的费用由行政机关承担。

第二十六条　对查封、扣押的场所、设施或者财物，行政机关应当妥善保管，不得使用或者损毁；造成损失的，应当承担赔偿责任。

对查封的场所、设施或者财物，行政机关可以委托第三人保管，第三人不得损毁或者擅自转移、处置。因第三人的原因造成的损失，行政机关先行赔付后，有权向第三人追偿。

因查封、扣押发生的保管费用由行政机关承担。

第二十七条 行政机关采取查封、扣押措施后，应当及时查清事实，在本法第二十五条规定的期限内作出处理决定。对违法事实清楚，依法应当没收的非法财物予以没收；法律、行政法规规定应当销毁的，依法销毁；应当解除查封、扣押的，作出解除查封、扣押的决定。

第二十八条 有下列情形之一的，行政机关应当及时作出解除查封、扣押决定：

（一）当事人没有违法行为；

（二）查封、扣押的场所、设施或者财物与违法行为无关；

（三）行政机关对违法行为已经作出处理决定，不再需要查封、扣押；

（四）查封、扣押期限已经届满；

（五）其他不再需要采取查封、扣押措施的情形。

解除查封、扣押应当立即退还财物；已将鲜活物品或者其他不易保管的财物拍卖或者变卖的，退还拍卖或者变卖所得款项。变卖价格明显低于市场价格，给当事人造成损失的，应当给予补偿。

第三节　冻结

第二十九条 冻结存款、汇款应当由法律规定的行政机关实施，不得委托给其他行政机关或者组织；其他任何行政机关或者组织不得冻结存款、汇款。

冻结存款、汇款的数额应当与违法行为涉及的金额相当；已被其他国家机关依法冻结的，不得重复冻结。

第三十条 行政机关依照法律规定决定实施冻结存款、汇款的，应当履行本法第十八条第一项、第二项、第三项、第七项规定的程序，并向金融机构交付冻结通知书。

金融机构接到行政机关依法作出的冻结通知书后，应当立即予以冻结，不得拖延，不得在冻结前向当事人泄露信息。

法律规定以外的行政机关或者组织要求冻结当事人存款、汇款的，金融机构应当拒绝。

第三十一条　依照法律规定冻结存款、汇款的，作出决定的行政机关应当在三日内向当事人交付冻结决定书。冻结决定书应当载明下列事项：

（一）当事人的姓名或者名称、地址；

（二）冻结的理由、依据和期限；

（三）冻结的账号和数额；

（四）申请行政复议或者提起行政诉讼的途径和期限；

（五）行政机关的名称、印章和日期。

第三十二条　自冻结存款、汇款之日起三十日内，行政机关应当作出处理决定或者作出解除冻结决定；情况复杂的，经行政机关负责人批准，可以延长，但是延长期限不得超过三十日。法律另有规定的除外。

延长冻结的决定应当及时书面告知当事人，并说明理由。

第三十三条　有下列情形之一的，行政机关应当及时作出解除冻结决定：

（一）当事人没有违法行为；

（二）冻结的存款、汇款与违法行为无关；

（三）行政机关对违法行为已经作出处理决定，不再需要冻结；

（四）冻结期限已经届满；

（五）其他不再需要采取冻结措施的情形。

行政机关作出解除冻结决定的，应当及时通知金融机构和当事人。金融机构接到通知后，应当立即解除冻结。

行政机关逾期未作出处理决定或者解除冻结决定的，金融机构应当自冻结期满之日起解除冻结。

第四章　行政机关强制执行程序

第一节　一般规定

第三十四条　行政机关依法作出行政决定后，当事人在行政机关决定的期限内不履行义务的，具有行政强制执行权的行政机关依照本章规定强制执行。

第三十五条　行政机关作出强制执行决定前，应当事先催告当事人履行义务。催告应当以书面形式作出，并载明下列事项：

（一）履行义务的期限；

（二）履行义务的方式；

（三）涉及金钱给付的，应当有明确的金额和给付方式；

（四）当事人依法享有的陈述权和申辩权。

第三十六条　当事人收到催告书后有权进行陈述和申辩。行政机关应当充分听取当事人的意见，对当事人提出的事实、理由和证据，应当进行记录、复核。当事人提出的事实、理由或者证据成立的，行政机关应当采纳。

第三十七条　经催告，当事人逾期仍不履行行政决定，且无正当理由的，行政机关可以作出强制执行决定。

强制执行决定应当以书面形式作出，并载明下列事项：

（一）当事人的姓名或者名称、地址；

（二）强制执行的理由和依据；

（三）强制执行的方式和时间；

（四）申请行政复议或者提起行政诉讼的途径和期限；

（五）行政机关的名称、印章和日期。

在催告期间，对有证据证明有转移或者隐匿财物迹象的，行政机关可以作出立即强制执行决定。

第三十八条　催告书、行政强制执行决定书应当直接送达当事人。当事人拒绝接收或者无法直接送达当事人的，应当依照《中华人民共和国民事诉讼法》的有关规定送达。

第三十九条　有下列情形之一的，中止执行：

（一）当事人履行行政决定确有困难或者暂无履行能力的；

（二）第三人对执行标的主张权利，确有理由的；

（三）执行可能造成难以弥补的损失，且中止执行不损害公共利益的；

（四）行政机关认为需要中止执行的其他情形。

中止执行的情形消失后，行政机关应当恢复执行。对没有明显社会危害，当事人确无能力履行，中止执行满三年未恢复执行的，行政机关不再执行。

第四十条　有下列情形之一的，终结执行：

（一）公民死亡，无遗产可供执行，又无义务承受人的；

（二）法人或者其他组织终止，无财产可供执行，又无义务承受人的；

（三）执行标的灭失的；

（四）据以执行的行政决定被撤销的；

（五）行政机关认为需要终结执行的其他情形。

第四十一条　在执行中或者执行完毕后，据以执行的行政决定被撤销、变更，或者执行错误的，应当恢复原状或者退还财物；不能恢复原状或者退还财物的，依法给予赔偿。

第四十二条　实施行政强制执行，行政机关可以在不损害公共利益和他人合法权益的情况下，与当事人达成执行协议。执行协议可以约定分阶段履行；当事人采取补救措施的，可以减免加处的罚款或者滞纳金。

执行协议应当履行。当事人不履行执行协议的，行政机关应当恢复强制执行。

第四十三条　行政机关不得在夜间或者法定节假日实施行政强制执行。但是，情况紧急的除外。

行政机关不得对居民生活采取停止供水、供电、供热、供燃气等方式迫使当事人履行相关行政决定。

第四十四条 对违法的建筑物、构筑物、设施等需要强制拆除的，应当由行政机关予以公告，限期当事人自行拆除。当事人在法定期限内不申请行政复议或者提起行政诉讼，又不拆除的，行政机关可以依法强制拆除。

第二节　金钱给付义务的执行

第四十五条 行政机关依法作出金钱给付义务的行政决定，当事人逾期不履行的，行政机关可以依法加处罚款或者滞纳金。加处罚款或者滞纳金的标准应当告知当事人。

加处罚款或者滞纳金的数额不得超出金钱给付义务的数额。

第四十六条 行政机关依照本法第四十五条规定实施加处罚款或者滞纳金超过三十日，经催告当事人仍不履行的，具有行政强制执行权的行政机关可以强制执行。

行政机关实施强制执行前，需要采取查封、扣押、冻结措施的，依照本法第三章规定办理。

没有行政强制执行权的行政机关应当申请人民法院强制执行。但是，当事人在法定期限内不申请行政复议或者提起行政诉讼，经催告仍不履行的，在实施行政管理过程中已经采取查封、扣押措施的行政机关，可以将查封、扣押的财物依法拍卖抵缴罚款。

第四十七条 划拨存款、汇款应当由法律规定的行政机关决定，并书面通知金融机构。金融机构接到行政机关依法作出划拨存款、汇款的决定后，应当立即划拨。

法律规定以外的行政机关或者组织要求划拨当事人存款、汇款的，金融机构应当拒绝。

第四十八条 依法拍卖财物，由行政机关委托拍卖机构依照《中华人民共和国拍卖法》的规定办理。

第四十九条 划拨的存款、汇款以及拍卖和依法处理所得的款项应当上缴国库或者划入财政专户。任何行政机关或者个人不得以任何形式截留、私分或者变相私分。

第三节　代履行

第五十条　行政机关依法作出要求当事人履行排除妨碍、恢复原状等义务的行政决定，当事人逾期不履行，经催告仍不履行，其后果已经或者将危害交通安全、造成环境污染或者破坏自然资源的，行政机关可以代履行，或者委托没有利害关系的第三人代履行。

第五十一条　代履行应当遵守下列规定：

（一）代履行前送达决定书，代履行决定书应当载明当事人的姓名或者名称、地址，代履行的理由和依据、方式和时间、标的、费用预算以及代履行人；

（二）代履行三日前，催告当事人履行，当事人履行的，停止代履行；

（三）代履行时，作出决定的行政机关应当派员到场监督；

（四）代履行完毕，行政机关到场监督的工作人员、代履行人和当事人或者见证人应当在执行文书上签名或者盖章。

代履行的费用按照成本合理确定，由当事人承担。但是，法律另有规定的除外。

代履行不得采用暴力、胁迫以及其他非法方式。

第五十二条　需要立即清除道路、河道、航道或者公共场所的遗洒物、障碍物或者污染物，当事人不能清除的，行政机关可以决定立即实施代履行；当事人不在场的，行政机关应当在事后立即通知当事人，并依法作出处理。

第五章　申请人民法院强制执行

第五十三条　当事人在法定期限内不申请行政复议或者提起行政诉讼，又不履行行政决定的，没有行政强制执行权的行政机关可以自期限届满之日起三个月内，依照本章规定申请人民法院强制执行。

第五十四条　行政机关申请人民法院强制执行前，应当催告当事人履行义务。催告书送达十日后当事人仍未履行义务的，行政机关可以向所在地有管辖权的人民法院申请强制执行；执行对象是不动产的，向不动产所在地有管辖权的人民法院申请强制执行。

第五十五条 行政机关向人民法院申请强制执行，应当提供下列材料：

（一）强制执行申请书；

（二）行政决定书及作出决定的事实、理由和依据；

（三）当事人的意见及行政机关催告情况；

（四）申请强制执行标的情况；

（五）法律、行政法规规定的其他材料。

强制执行申请书应当由行政机关负责人签名，加盖行政机关的印章，并注明日期。

第五十六条 人民法院接到行政机关强制执行的申请，应当在五日内受理。

行政机关对人民法院不予受理的裁定有异议的，可以在十五日内向上一级人民法院申请复议，上一级人民法院应当自收到复议申请之日起十五日内作出是否受理的裁定。

第五十七条 人民法院对行政机关强制执行的申请进行书面审查，对符合本法第五十五条规定，且行政决定具备法定执行效力的，除本法第五十八条规定的情形外，人民法院应当自受理之日起七日内作出执行裁定。

第五十八条 人民法院发现有下列情形之一的，在作出裁定前可以听取被执行人和行政机关的意见：

（一）明显缺乏事实根据的；

（二）明显缺乏法律、法规依据的；

（三）其他明显违法并损害被执行人合法权益的。

人民法院应当自受理之日起三十日内作出是否执行的裁定。裁定不予执行的，应当说明理由，并在五日内将不予执行的裁定送达行政机关。

行政机关对人民法院不予执行的裁定有异议的，可以自收到裁定之日起十五日内向上一级人民法院申请复议，上一级人民法院应当自收到复议申请之日起三十日内作出是否执行的裁定。

第五十九条　因情况紧急，为保障公共安全，行政机关可以申请人民法院立即执行。经人民法院院长批准，人民法院应当自作出执行裁定之日起五日内执行。

第六十条　行政机关申请人民法院强制执行，不缴纳申请费。强制执行的费用由被执行人承担。

人民法院以划拨、拍卖方式强制执行的，可以在划拨、拍卖后将强制执行的费用扣除。

依法拍卖财物，由人民法院委托拍卖机构依照《中华人民共和国拍卖法》的规定办理。

划拨的存款、汇款以及拍卖和依法处理所得的款项应当上缴国库或者划入财政专户，不得以任何形式截留、私分或者变相私分。

第六章　法律责任

第六十一条　行政机关实施行政强制，有下列情形之一的，由上级行政机关或者有关部门责令改正，对直接负责的主管人员和其他直接责任人员依法给予处分：

（一）没有法律、法规依据的；

（二）改变行政强制对象、条件、方式的；

（三）违反法定程序实施行政强制的；

（四）违反本法规定，在夜间或者法定节假日实施行政强 制执行的；

（五）对居民生活采取停止供水、供电、供热、供燃气等方式迫使当事人履行相关行政决定的；

（六）有其他违法实施行政强制情形的。

第六十二条　违反本法规定，行政机关有下列情形之一的，由上级行政机关或者有关部门责令改正，对直接负责的主管人员和其他直接责任人员依法给予处分：

（一）扩大查封、扣押、冻结范围的；

（二）使用或者损毁查封、扣押场所、设施或者财物的；

（三）在查封、扣押法定期间不作出处理决定或者未依法及时解除查封、扣押的；

（四）在冻结存款、汇款法定期间不作出处理决定或者未依法及时解除冻结的。

第六十三条 行政机关将查封、扣押的财物或者划拨的存款、汇款以及拍卖和依法处理所得的款项，截留、私分或者变相私分的，由财政部门或者有关部门予以追缴；对直接负责的主管人员和其他直接责任人员依法给予记大过、降级、撤职或者开除的处分。

行政机关工作人员利用职务上的便利，将查封、扣押的场所、设施或者财物据为己有的，由上级行政机关或者有关部门责令改正，依法给予记大过、降级、撤职或者开除的处分。

第六十四条 行政机关及其工作人员利用行政强制权为单位或者个人谋取利益的，由上级行政机关或者有关部门责令改正，对直接负责的主管人员和其他直接责任人员依法给予处分。

第六十五条 违反本法规定，金融机构有下列行为之一的，由金融业监督管理机构责令改正，对直接负责的主管人员和其他直接责任人员依法给予处分：

（一）在冻结前向当事人泄露信息的；

（二）对应当立即冻结、划拨的存款、汇款不冻结或者不划拨，致使存款、汇款转移的；

（三）将不应当冻结、划拨的存款、汇款予以冻结或者划拨的；

（四）未及时解除冻结存款、汇款的。

第六十六条 违反本法规定，金融机构将款项划入国库或者财政专户以外的其他账户的，由金融业监督管理机构责令改正，并处以违法划拨款项二倍的罚款；对直接负责的主管人员和其他直接责任人员依法给予处分。

违反本法规定，行政机关、人民法院指令金融机构将款项划入国库或者财政专户以外的其他账户的，对直接负责的主管人员和其他直接责任人员依法给予处分。

第六十七条 人民法院及其工作人员在强制执行中有违法行为或者扩大强制执行范围的，对直接负责的主管人员和其他直接责任人员依法给予处分。

第六十八条 违反本法规定，给公民、法人或者其他组织造成损失的，依法给予赔偿。

违反本法规定，构成犯罪的，依法追究刑事责任。

第七章 附则

第六十九条 本法中十日以内期限的规定是指工作日，不含法定节假日。

第七十条 法律、行政法规授权的具有管理公共事务职能的组织在法定授权范围内，以自己的名义实施行政强制，适用本法有关行政机关的规定。

第七十一条 本法自 2012 年 1 月 1 日起施行。

中华人民共和国行政许可法

（2003 年 8 月 27 日第十届全国人民代表大会常务委员会第四次会议通过　根据 2019 年 4 月 23 日第十三届全国人民代表大会常务委员会第十次会议《关于修改〈中华人民共和国建筑法〉等八部法律的决定》修正）

目录

第一章　总则

第一条　为了规范行政许可的设定和实施，保护公民、法人和其他组织的合法权益，维护公共利益和社会秩序，保障和监督行政机关有效实施行政管理，根据宪法，制定本法。

第二条　本法所称行政许可，是指行政机关根据公民、法人或者其他组织的申请，经依法审查，准予其从事特定活动的行为。

第三条　行政许可的设定和实施，适用本法。

有关行政机关对其他机关或者对其直接管理的事业单位的人事、财务、外事等事项的审批，不适用本法。

第四条　设定和实施行政许可，应当依照法定的权限、范围、条件和程序。

第五条　设定和实施行政许可，应当遵循公开、公平、公正、非歧视的原则。

有关行政许可的规定应当公布；未经公布的，不得作为实施行政许可的依据。行政许可的实施和结果，除涉及国家秘密、商业秘密或者个人隐私的外，应当公开。未经申请人同意，行政机关及其工作人员、参与专家评审等的人员不得披露申请人提交的商业秘密、未披露信息或者保密商务信息，法律另有规定或者涉及国家安全、重大社会公共利益的除外；行政机关依法公开申请人前述信息的，允许申请人在合理期限内提出异议。

符合法定条件、标准的，申请人有依法取得行政许可的平等权利，行政机关不得歧视任何人。

第六条　实施行政许可，应当遵循便民的原则，提高办事效率，提供优质服务。

第七条　公民、法人或者其他组织对行政机关实施行政许可，享有陈述权、申辩权；有权依法申请行政复议或者提起行政诉讼；其合法权益因行政机关违法实施行政许可受到损害的，有权依法要求赔偿。

第八条 公民、法人或者其他组织依法取得的行政许可受法律保护，行政机关不得擅自改变已经生效的行政许可。

行政许可所依据的法律、法规、规章修改或者废止，或者准予行政许可所依据的客观情况发生重大变化的，为了公共利益的需要，行政机关可以依法变更或者撤回已经生效的行政许可。由此给公民、法人或者其他组织造成财产损失的，行政机关应当依法给予补偿。

第九条 依法取得的行政许可，除法律、法规规定依照法定条件和程序可以转让的外，不得转让。

第十条 县级以上人民政府应当建立健全对行政机关实施行政许可的监督制度，加强对行政机关实施行政许可的监督检查。

行政机关应当对公民、法人或者其他组织从事行政许可事项的活动实施有效监督。

第二章　行政许可的设定

第十一条 设定行政许可，应当遵循经济和社会发展规律，有利于发挥公民、法人或者其他组织的积极性、主动性，维护公共利益和社会秩序，促进经济、社会和生态环境协调发展。

第十二条 下列事项可以设定行政许可：

（一）直接涉及国家安全、公共安全、经济宏观调控、生态环境保护以及直接关系人身健康、生命财产安全等特定活动，需要按照法定条件予以批准的事项；

（二）有限自然资源开发利用、公共资源配置以及直接关系公共利益的特定行业的市场准入等，需要赋予特定权利的事项；

（三）提供公众服务并且直接关系公共利益的职业、行业，需要确定具备特殊信誉、特殊条件或者特殊技能等资格、资质的事项；

（四）直接关系公共安全、人身健康、生命财产安全的重要设备、设施、产品、物品，需要按照技术标准、技术规范，通过检验、检测、检疫等方式进行审定的事项；

（五）企业或者其他组织的设立等，需要确定主体资格的事项；

（六）法律、行政法规规定可以设定行政许可的其他事项。

第十三条　本法第十二条所列事项，通过下列方式能够予以规范的，可以不设行政许可：

（一）公民、法人或者其他组织能够自主决定的；

（二）市场竞争机制能够有效调节的；

（三）行业组织或者中介机构能够自律管理的；

（四）行政机关采用事后监督等其他行政管理方式能够解决的。

第十四条　本法第十二条所列事项，法律可以设定行政许可。尚未制定法律的，行政法规可以设定行政许可。

必要时，国务院可以采用发布决定的方式设定行政许可。实施后，除临时性行政许可事项外，国务院应当及时提请全国人民代表大会及其常务委员会制定法律，或者自行制定行政法规。

第十五条　本法第十二条所列事项，尚未制定法律、行政法规的，地方性法规可以设定行政许可；尚未制定法律、行政法规和地方性法规的，因行政管理的需要，确需立即实施行政许可的，省、自治区、直辖市人民政府规章可以设定临时性的行政许可。临时性的行政许可实施满一年需要继续实施的，应当提请本级人民代表大会及其常务委员会制定地方性法规。

地方性法规和省、自治区、直辖市人民政府规章，不得设定应当由国家统一确定的公民、法人或者其他组织的资格、资质的行政许可；不得设定企业或者其他组织的设立登记及其前置性行政许可。其设定的行政许可，不得限制其他地区的个人或者企业到本地区从事生产经营和提供服务，不得限制其他地区的商品进入本地区市场。

第十六条　行政法规可以在法律设定的行政许可事项范围内，对实施该行政许可作出具体规定。

地方性法规可以在法律、行政法规设定的行政许可事项范围内，对实施该行政许可作出具体规定。

规章可以在上位法设定的行政许可事项范围内，对实施该行政许可作出具体规定。

法规、规章对实施上位法设定的行政许可作出的具体规定，不得增设行政许可；对行政许可条件作出的具体规定，不得增设违反上位法的其他条件。

第十七条 除本法第十四条、第十五条规定的外，其他规范性文件一律不得设定行政许可。

第十八条 设定行政许可，应当规定行政许可的实施机关、条件、程序、期限。

第十九条 起草法律草案、法规草案和省、自治区、直辖市人民政府规章草案，拟设定行政许可的，起草单位应当采取听证会、论证会等形式听取意见，并向制定机关说明设定该行政许可的必要性、对经济和社会可能产生的影响以及听取和采纳意见的情况。

第二十条 行政许可的设定机关应当定期对其设定的行政许可进行评价；对已设定的行政许可，认为通过本法第十三条所列方式能够解决的，应当对设定该行政许可的规定及时予以修改或者废止。

行政许可的实施机关可以对已设定的行政许可的实施情况及存在的必要性适时进行评价，并将意见报告该行政许可的设定机关。

公民、法人或者其他组织可以向行政许可的设定机关和实施机关就行政许可的设定和实施提出意见和建议。

第二十一条 省、自治区、直辖市人民政府对行政法规设定的有关经济事务的行政许可，根据本行政区域经济和社会发展情况，认为通过本法第十三条所列方式能够解决的，报国务院批准后，可以在本行政区域内停止实施该行政许可。

第三章　行政许可的实施机关

第二十二条 行政许可由具有行政许可权的行政机关在其法定职权范围内实施。

第二十三条 法律、法规授权的具有管理公共事务职能的组织，在法定授权范围内，以自己的名义实施行政许可。被授权的组织适用本法有关行政机关的规定。

第二十四条　行政机关在其法定职权范围内，依照法律、法规、规章的规定，可以委托其他行政机关实施行政许可。委托机关应当将受委托行政机关和受委托实施行政许可的内容予以公告。

委托行政机关对受委托行政机关实施行政许可的行为应当负责监督，并对该行为的后果承担法律责任。

受委托行政机关在委托范围内，以委托行政机关名义实施行政许可；不得再委托其他组织或者个人实施行政许可。

第二十五条　经国务院批准，省、自治区、直辖市人民政府根据精简、统一、效能的原则，可以决定一个行政机关行使有关行政机关的行政许可权。

第二十六条　行政许可需要行政机关内设的多个机构办理的，该行政机关应当确定一个机构统一受理行政许可申请，统一送达行政许可决定。

行政许可依法由地方人民政府两个以上部门分别实施的，本级人民政府可以确定一个部门受理行政许可申请并转告有关部门分别提出意见后统一办理，或者组织有关部门联合办理、集中办理。

第二十七条　行政机关实施行政许可，不得向申请人提出购买指定商品、接受有偿服务等不正当要求。

行政机关工作人员办理行政许可，不得索取或者收受申请人的财物，不得谋取其他利益。

第二十八条　对直接关系公共安全、人身健康、生命财产安全的设备、设施、产品、物品的检验、检测、检疫，除法律、行政法规规定由行政机关实施的外，应当逐步由符合法定条件的专业技术组织实施。专业技术组织及其有关人员对所实施的检验、检测、检疫结论承担法律责任。

第四章　行政许可的实施程序

第一节　申请与受理

第二十九条　公民、法人或者其他组织从事特定活动，依法需要取得行政许可的，应当向行政机关提出申请。申请书需要采用格式文本的，行政机关应当向申请人提供行政许可申请书格式文本。申请书格式文本中不得包含与申请行政许可事项没有直接关系的内容。

申请人可以委托代理人提出行政许可申请。但是，依法应当由申请人到行政机关办公场所提出行政许可申请的除外。

行政许可申请可以通过信函、电报、电传、传真、电子数据交换和电子邮件等方式提出。

第三十条　行政机关应当将法律、法规、规章规定的有关行政许可的事项、依据、条件、数量、程序、期限以及需要提交的全部材料的目录和申请书示范文本等在办公场所公示。

申请人要求行政机关对公示内容予以说明、解释的，行政机关应当说明、解释，提供准确、可靠的信息。

第三十一条　申请人申请行政许可，应当如实向行政机关提交有关材料和反映真实情况，并对其申请材料实质内容的真实性负责。行政机关不得要求申请人提交与其申请的行政许可事项无关的技术资料和其他材料。

行政机关及其工作人员不得以转让技术作为取得行政许可的条件；不得在实施行政许可的过程中，直接或者间接地要求转让技术。

第三十二条　行政机关对申请人提出的行政许可申请，应当根据下列情况分别作出处理：

（一）申请事项依法不需要取得行政许可的，应当即时告知申请人不受理；

（二）申请事项依法不属于本行政机关职权范围的，应当即时作出不予受理的决定，并告知申请人向有关行政机关申请；

（三）申请材料存在可以当场更正的错误的，应当允许申请人当场更正；

（四）申请材料不齐全或者不符合法定形式的，应当当场或者在五日内一次告知申请人需要补正的全部内容，逾期不告知的，自收到申请材料之日起即为受理；

（五）申请事项属于本行政机关职权范围，申请材料齐全、符合法定形式，或者申请人按照本行政机关的要求提交全部补正申请材料的，应当受理行政许可申请。

行政机关受理或者不予受理行政许可申请，应当出具加盖本行政机关专用印章和注明日期的书面凭证。

第三十三条　行政机关应当建立和完善有关制度，推行电子政务，在行政机关的网站上公布行政许可事项，方便申请人采取数据电文等方式提出行政许可申请；应当与其他行政机关共享有关行政许可信息，提高办事效率。

第二节　审查与决定

第三十四条　行政机关应当对申请人提交的申请材料进行审查。

申请人提交的申请材料齐全、符合法定形式，行政机关能够当场作出决定的，应当当场作出书面的行政许可决定。

根据法定条件和程序，需要对申请材料的实质内容进行核实的，行政机关应当指派两名以上工作人员进行核查。

第三十五条　依法应当先经下级行政机关审查后报上级行政机关决定的行政许可，下级行政机关应当在法定期限内将初步审查意见和全部申请材料直接报送上级行政机关。上级行政机关不得要求申请人重复提供申请材料。

第三十六条　行政机关对行政许可申请进行审查时，发现行政许可事项直接关系他人重大利益的，应当告知该利害关系人。申请人、利害关系人有权进行陈述和申辩。行政机关应当听取申请人、利害关系人的意见。

第三十七条　行政机关对行政许可申请进行审查后，除当场作出行政许可决定的外，应当在法定期限内按照规定程序作出行政许可决定。

第三十八条　申请人的申请符合法定条件、标准的，行政机关应当依法作出准予行政许可的书面决定。

行政机关依法作出不予行政许可的书面决定的，应当说明理由，并告知申请人享有依法申请行政复议或者提起行政诉讼的权利。

第三十九条　行政机关作出准予行政许可的决定，需要颁发行政许可证件的，应当向申请人颁发加盖本行政机关印章的下列行政许可证件：

（一）许可证、执照或者其他许可证书；

（二）资格证、资质证或者其他合格证书；

（三）行政机关的批准文件或者证明文件；

（四）法律、法规规定的其他行政许可证件。

行政机关实施检验、检测、检疫的，可以在检验、检测、检疫合格的设备、设施、产品、物品上加贴标签或者加盖检验、检测、检疫印章。

第四十条　行政机关作出的准予行政许可决定，应当予以公开，公众有权查阅。

第四十一条　法律、行政法规设定的行政许可，其适用范围没有地域限制的，申请人取得的行政许可在全国范围内有效。

第三节　期限

第四十二条　除可以当场作出行政许可决定的外，行政机关应当自受理行政许可申请之日起二十日内作出行政许可决定。二十日内不能作出决定的，经本行政机关负责人批准，可以延长十日，并应当将延长期限的理由告知申请人。但是，法律、法规另有规定的，依照其规定。

依照本法第二十六条的规定，行政许可采取统一办理或者联合办理、集中办理的，办理的时间不得超过四十五日；四十五日内不能办结的，经本级人民政府负责人批准，可以延长十五日，并应当将延长期限的理由告知申请人。

第四十三条　依法应当先经下级行政机关审查后报上级行政机关决

定的行政许可，下级行政机关应当自其受理行政许可申请之日起二十日内审查完毕。但是，法律、法规另有规定的，依照其规定。

第四十四条 行政机关作出准予行政许可的决定，应当自作出决定之日起十日内向申请人颁发、送达行政许可证件，或者加贴标签、加盖检验、检测、检疫印章。

第四十五条 行政机关作出行政许可决定，依法需要听证、招标、拍卖、检验、检测、检疫、鉴定和专家评审的，所需时间不计算在本节规定的期限内。行政机关应当将所需时间书面告知申请人。

第四节 听证

第四十六条 法律、法规、规章规定实施行政许可应当听证的事项，或者行政机关认为需要听证的其他涉及公共利益的重大行政许可事项，行政机关应当向社会公告，并举行听证。

第四十七条 行政许可直接涉及申请人与他人之间重大利益关系的，行政机关在作出行政许可决定前，应当告知申请人、利害关系人享有要求听证的权利；申请人、利害关系人在被告知听证权利之日起五日内提出听证申请的，行政机关应当在二十日内组织听证。

申请人、利害关系人不承担行政机关组织听证的费用。

第四十八条 听证按照下列程序进行：

（一）行政机关应当于举行听证的七日前将举行听证的时间、地点通知申请人、利害关系人，必要时予以公告；

（二）听证应当公开举行；

（三）行政机关应当指定审查该行政许可申请的工作人员以外的人员为听证主持人，申请人、利害关系人认为主持人与该行政许可事项有直接利害关系的，有权申请回避；

（四）举行听证时，审查该行政许可申请的工作人员应当提供审查意见的证据、理由，申请人、利害关系人可以提出证据，并进行申辩和质证；

（五）听证应当制作笔录，听证笔录应当交听证参加人确认无误后签字或者盖章。

行政机关应当根据听证笔录，作出行政许可决定。

第五节　变更与延续

第四十九条　被许可人要求变更行政许可事项的，应当向作出行政许可决定的行政机关提出申请；符合法定条件、标准的，行政机关应当依法办理变更手续。

第五十条　被许可人需要延续依法取得的行政许可的有效期的，应当在该行政许可有效期届满三十日前向作出行政许可决定的行政机关提出申请。但是，法律、法规、规章另有规定的，依照其规定。

行政机关应当根据被许可人的申请，在该行政许可有效期届满前作出是否准予延续的决定；逾期未作决定的，视为准予延续。

第六节　特别规定

第五十一条　实施行政许可的程序，本节有规定的，适用本节规定；本节没有规定的，适用本章其他有关规定。

第五十二条　国务院实施行政许可的程序，适用有关法律、行政法规的规定。

第五十三条　实施本法第十二条第二项所列事项的行政许可的，行政机关应当通过招标、拍卖等公平竞争的方式作出决定。但是，法律、行政法规另有规定的，依照其规定。

行政机关通过招标、拍卖等方式作出行政许可决定的具体程序，依照有关法律、行政法规的规定。

行政机关按照招标、拍卖程序确定中标人、买受人后，应当作出准予行政许可的决定，并依法向中标人、买受人颁发行政许可证件。

行政机关违反本条规定，不采用招标、拍卖方式，或者违反招标、拍卖程序，损害申请人合法权益的，申请人可以依法申请行政复议或者提起行政诉讼。

第五十四条　实施本法第十二条第三项所列事项的行政许可，赋予公民特定资格，依法应当举行国家考试的，行政机关根据考试成绩和其他法定条件作出行政许可决定；赋予法人或者其他组织特定的资格、资质的，行政机关根据申请人的专业人员构成、技术条件、经营业绩和管理水平等的考核结果作出行政许可决定。但是，法律、行政法规另有规定的，依照其规定。

公民特定资格的考试依法由行政机关或者行业组织实施，公开举行。行政机关或者行业组织应当事先公布资格考试的报名条件、报考办法、考试科目以及考试大纲。但是，不得组织强制性的资格考试的考前培训，不得指定教材或者其他助考材料。

第五十五条　实施本法第十二条第四项所列事项的行政许可的，应当按照技术标准、技术规范依法进行检验、检测、检疫，行政机关根据检验、检测、检疫的结果作出行政许可决定。

行政机关实施检验、检测、检疫，应当自受理申请之日起五日内指派两名以上工作人员按照技术标准、技术规范进行检验、检测、检疫。不需要对检验、检测、检疫结果作进一步技术分析即可认定设备、设施、产品、物品是否符合技术标准、技术规范的，行政机关应当当场作出行政许可决定。

行政机关根据检验、检测、检疫结果，作出不予行政许可决定的，应当书面说明不予行政许可所依据的技术标准、技术规范。

第五十六条　实施本法第十二条第五项所列事项的行政许可，申请人提交的申请材料齐全、符合法定形式的，行政机关应当当场予以登记。需要对申请材料的实质内容进行核实的，行政机关依照本法第三十四条第三款的规定办理。

第五十七条　有数量限制的行政许可，两个或者两个以上申请人的申请均符合法定条件、标准的，行政机关应当根据受理行政许可申请的先后顺序作出准予行政许可的决定。但是，法律、行政法规另有规定的，依照其规定。

第五章　行政许可的费用

第五十八条　行政机关实施行政许可和对行政许可事项进行监督检查，不得收取任何费用。但是，法律、行政法规另有规定的，依照其规定。

行政机关提供行政许可申请书格式文本，不得收费。

行政机关实施行政许可所需经费应当列入本行政机关的预算，由本级财政予以保障，按照批准的预算予以核拨。

第五十九条　行政机关实施行政许可，依照法律、行政法规收取费用的，应当按照公布的法定项目和标准收费；所收取的费用必须全部上缴国库，任何机关或者个人不得以任何形式截留、挪用、私分或者变相私分。财政部门不得以任何形式向行政机关返还或者变相返还实施行政许可所收取的费用。

第六章　监督检查

第六十条　上级行政机关应当加强对下级行政机关实施行政许可的监督检查，及时纠正行政许可实施中的违法行为。

第六十一条　行政机关应当建立健全监督制度，通过核查反映被许可人从事行政许可事项活动情况的有关材料，履行监督责任。

行政机关依法对被许可人从事行政许可事项的活动进行监督检查时，应当将监督检查的情况和处理结果予以记录，由监督检查人员签字后归档。公众有权查阅行政机关监督检查记录。

行政机关应当创造条件，实现与被许可人、其他有关行政机关的计算机档案系统互联，核查被许可人从事行政许可事项活动情况。

第六十二条　行政机关可以对被许可人生产经营的产品依法进行抽样检查、检验、检测，对其生产经营场所依法进行实地检查。检查时，行政机关可以依法查阅或者要求被许可人报送有关材料；被许可人应当如实提供有关情况和材料。

行政机关根据法律、行政法规的规定，对直接关系公共安全、人身健康、生命财产安全的重要设备、设施进行定期检验。对检验合格的，行政机关应当发给相应的证明文件。

第六十三条　行政机关实施监督检查，不得妨碍被许可人正常的生产经营活动，不得索取或者收受被许可人的财物，不得谋取其他利益。

第六十四条　被许可人在作出行政许可决定的行政机关管辖区域外违法从事行政许可事项活动的，违法行为发生地的行政机关应当依法将被许可人的违法事实、处理结果抄告作出行政许可决定的行政机关。

第六十五条　个人和组织发现违法从事行政许可事项的活动，有权向行政机关举报，行政机关应当及时核实、处理。

第六十六条　被许可人未依法履行开发利用自然资源义务或者未依法履行利用公共资源义务的，行政机关应当责令限期改正；被许可人在规定期限内不改正的，行政机关应当依照有关法律、行政法规的规定予以处理。

第六十七条　取得直接关系公共利益的特定行业的市场准入行政许可的被许可人，应当按照国家规定的服务标准、资费标准和行政机关依法规定的条件，向用户提供安全、方便、稳定和价格合理的服务，并履行普遍服务的义务；未经作出行政许可决定的行政机关批准，不得擅自停业、歇业。

被许可人不履行前款规定的义务的，行政机关应当责令限期改正，或者依法采取有效措施督促其履行义务。

第六十八条　对直接关系公共安全、人身健康、生命财产安全的重要设备、设施，行政机关应当督促设计、建造、安装和使用单位建立相应的自检制度。

行政机关在监督检查时，发现直接关系公共安全、人身健康、生命财产安全的重要设备、设施存在安全隐患的，应当责令停止建造、安装和使用，并责令设计、建造、安装和使用单位立即改正。

第六十九条　有下列情形之一的，作出行政许可决定的行政机关或者其上级行政机关，根据利害关系人的请求或者依据职权，可以撤销行政许可：

（一）行政机关工作人员滥用职权、玩忽职守作出准予行政许可决定的；

（二）超越法定职权作出准予行政许可决定的；

（三）违反法定程序作出准予行政许可决定的；

（四）对不具备申请资格或者不符合法定条件的申请人准予行政许可的；

（五）依法可以撤销行政许可的其他情形。

被许可人以欺骗、贿赂等不正当手段取得行政许可的，应当予以撤销。

依照前两款的规定撤销行政许可，可能对公共利益造成重大损害的，不予撤销。

依照本条第一款的规定撤销行政许可，被许可人的合法权益受到损害的，行政机关应当依法给予赔偿。依照本条第二款的规定撤销行政许可的，被许可人基于行政许可取得的利益不受保护。

第七十条 有下列情形之一的，行政机关应当依法办理有关行政许可的注销手续：

（一）行政许可有效期届满未延续的；

（二）赋予公民特定资格的行政许可，该公民死亡或者丧失行为能力的；

（三）法人或者其他组织依法终止的；

（四）行政许可依法被撤销、撤回，或者行政许可证件依法被吊销的；

（五）因不可抗力导致行政许可事项无法实施的；

（六）法律、法规规定的应当注销行政许可的其他情形。

第七章 法律责任

第七十一条 违反本法第十七条规定设定的行政许可，有关机关应当责令设定该行政许可的机关改正，或者依法予以撤销。

第七十二条　行政机关及其工作人员违反本法的规定，有下列情形之一的，由其上级行政机关或者监察机关责令改正；情节严重的，对直接负责的主管人员和其他直接责任人员依法给予行政处分：

（一）对符合法定条件的行政许可申请不予受理的；

（二）不在办公场所公示依法应当公示的材料的；

（三）在受理、审查、决定行政许可过程中，未向申请人、利害关系人履行法定告知义务的；

（四）申请人提交的申请材料不齐全、不符合法定形式，不一次告知申请人必须补正的全部内容的；

（五）违法披露申请人提交的商业秘密、未披露信息或者保密商务信息的；

（六）以转让技术作为取得行政许可的条件，或者在实施行政许可的过程中直接或者间接地要求转让技术的；

（七）未依法说明不受理行政许可申请或者不予行政许可的理由的；

（八）依法应当举行听证而不举行听证的。

第七十三条　行政机关工作人员办理行政许可、实施监督检查，索取或者收受他人财物或者谋取其他利益，构成犯罪的，依法追究刑事责任；尚不构成犯罪的，依法给予行政处分。

第七十四条　行政机关实施行政许可，有下列情形之一的，由其上级行政机关或者监察机关责令改正，对直接负责的主管人员和其他直接责任人员依法给予行政处分；构成犯罪的，依法追究刑事责任：

（一）对不符合法定条件的申请人准予行政许可或者超越法定职权作出准予行政许可决定的；

（二）对符合法定条件的申请人不予行政许可或者不在法定期限内作出准予行政许可决定的；

（三）依法应当根据招标、拍卖结果或者考试成绩择优作出准予行政许可决定，未经招标、拍卖或者考试，或者不根据招标、拍卖结果或者考试成绩择优作出准予行政许可决定的。

第七十五条　行政机关实施行政许可，擅自收费或者不按照法定项目和标准收费的，由其上级行政机关或者监察机关责令退还非法收取的费用；对直接负责的主管人员和其他直接责任人员依法给予行政处分。

截留、挪用、私分或者变相私分实施行政许可依法收取的费用的，予以追缴；对直接负责的主管人员和其他直接责任人员依法给予行政处分；构成犯罪的，依法追究刑事责任。

第七十六条　行政机关违法实施行政许可，给当事人的合法权益造成损害的，应当依照国家赔偿法的规定给予赔偿。

第七十七条　行政机关不依法履行监督职责或者监督不力，造成严重后果的，由其上级行政机关或者监察机关责令改正，对直接负责的主管人员和其他直接责任人员依法给予行政处分；构成犯罪的，依法追究刑事责任。

第七十八条　行政许可申请人隐瞒有关情况或者提供虚假材料申请行政许可的，行政机关不予受理或者不予行政许可，并给予警告；行政许可申请属于直接关系公共安全、人身健康、生命财产安全事项的，申请人在一年内不得再次申请该行政许可。

第七十九条　被许可人以欺骗、贿赂等不正当手段取得行政许可的，行政机关应当依法给予行政处罚；取得的行政许可属于直接关系公共安全、人身健康、生命财产安全事项的，申请人在三年内不得再次申请该行政许可；构成犯罪的，依法追究刑事责任。

第八十条　被许可人有下列行为之一的，行政机关应当依法给予行政处罚；构成犯罪的，依法追究刑事责任：

（一）涂改、倒卖、出租、出借行政许可证件，或者以其他形式非法转让行政许可的；

（二）超越行政许可范围进行活动的；

（三）向负责监督检查的行政机关隐瞒有关情况、提供虚假材料或者拒绝提供反映其活动情况的真实材料的；

（四）法律、法规、规章规定的其他违法行为。

第八十一条　公民、法人或者其他组织未经行政许可，擅自从事依法应当取得行政许可的活动的，行政机关应当依法采取措施予以制止，并依法给予行政处罚；构成犯罪的，依法追究刑事责任。

第八章　附则

第八十二条　本法规定的行政机关实施行政许可的期限以工作日计算，不含法定节假日。

第八十三条　本法自 2004 年 7 月 1 日起施行。

中华人民共和国行政诉讼法

（1989 年 4 月 4 日第七届全国人民代表大会第二次会议通过　根据 2014 年 11 月 1 日第十二届全国人民代表大会常务委员会第十一次会议《关于修改〈中华人民共和国行政诉讼法〉的决定》第一次修正　根据 2017 年 6 月 27 日第十二届全国人民代表大会常务委员会第二十八次会议《关于修改〈中华人民共和国民事诉讼法〉和〈中华人民共和国行政诉讼法〉的决定》第二次修正）

目　　录

第九章　涉外行政诉讼

第十章　附则

第一章　总则

第一条　为保证人民法院公正、及时审理行政案件,解决行政争议,保护公民、法人和其他组织的合法权益,监督行政机关依法行使职权,根据宪法,制定本法。

第二条　公民、法人或者其他组织认为行政机关和行政机关工作人员的行政行为侵犯其合法权益,有权依照本法向人民法院提起诉讼。

前款所称行政行为,包括法律、法规、规章授权的组织作出的行政行为。

第三条　人民法院应当保障公民、法人和其他组织的起诉权利,对应当受理的行政案件依法受理。

行政机关及其工作人员不得干预、阻碍人民法院受理行政案件。

被诉行政机关负责人应当出庭应诉。不能出庭的,应当委托行政机关相应的工作人员出庭。

第四条　人民法院依法对行政案件独立行使审判权,不受行政机关、社会团体和个人的干涉。

人民法院设行政审判庭,审理行政案件。

第五条　人民法院审理行政案件,以事实为根据,以法律为准绳。

第六条　人民法院审理行政案件,对行政行为是否合法进行审查。

第七条　人民法院审理行政案件,依法实行合议、回避、公开审判和两审终审制度。

第八条　当事人在行政诉讼中的法律地位平等。

第九条　各民族公民都有用本民族语言、文字进行行政诉讼的权利。

在少数民族聚居或者多民族共同居住的地区,人民法院应当用当地民族通用的语言、文字进行审理和发布法律文书。

人民法院应当对不通晓当地民族通用的语言、文字的诉讼参与人提供翻译。

第十条 当事人在行政诉讼中有权进行辩论。

第十一条 人民检察院有权对行政诉讼实行法律监督。

第二章　受案范围

第十二条 人民法院受理公民、法人或者其他组织提起的下列诉讼：

（一）对行政拘留、暂扣或者吊销许可证和执照、责令停产停业、没收违法所得、没收非法财物、罚款、警告等行政处罚不服的；

（二）对限制人身自由或者对财产的查封、扣押、冻结等行政强制措施和行政强制执行不服的；

（三）申请行政许可，行政机关拒绝或者在法定期限内不予答复，或者对行政机关作出的有关行政许可的其他决定不服的；

（四）对行政机关作出的关于确认土地、矿藏、水流、森林、山岭、草原、荒地、滩涂、海域等自然资源的所有权或者使用权的决定不服的；

（五）对征收、征用决定及其补偿决定不服的；

（六）申请行政机关履行保护人身权、财产权等合法权益的法定职责，行政机关拒绝履行或者不予答复的；

（七）认为行政机关侵犯其经营自主权或者农村土地承包经营权、农村土地经营权的；

（八）认为行政机关滥用行政权力排除或者限制竞争的；

（九）认为行政机关违法集资、摊派费用或者违法要求履行其他义务的；

（十）认为行政机关没有依法支付抚恤金、最低生活保障待遇或者社会保险待遇的；

（十一）认为行政机关不依法履行、未按照约定履行或者违法变更、解除政府特许经营协议、土地房屋征收补偿协议等协议的；

（十二）认为行政机关侵犯其他人身权、财产权等合法权益的。

除前款规定外，人民法院受理法律、法规规定可以提起诉讼的其他行政案件。

第十三条 人民法院不受理公民、法人或者其他组织对下列事项提起的诉讼：

（一）国防、外交等国家行为；

（二）行政法规、规章或者行政机关制定、发布的具有普遍约束力的决定、命令；

（三）行政机关对行政机关工作人员的奖惩、任免等决定；

（四）法律规定由行政机关最终裁决的行政行为。

第三章 管辖

第十四条 基层人民法院管辖第一审行政案件。

第十五条 中级人民法院管辖下列第一审行政案件：

（一）对国务院部门或者县级以上地方人民政府所作的行政行为提起诉讼的案件；

（二）海关处理的案件；

（三）本辖区内重大、复杂的案件；

（四）其他法律规定由中级人民法院管辖的案件。

第十六条 高级人民法院管辖本辖区内重大、复杂的第一审行政案件。

第十七条 最高人民法院管辖全国范围内重大、复杂的第一审行政案件。

第十八条 行政案件由最初作出行政行为的行政机关所在地人民法院管辖。经复议的案件，也可以由复议机关所在地人民法院管辖。

经最高人民法院批准，高级人民法院可以根据审判工作的实际情况，确定若干人民法院跨行政区域管辖行政案件。

第十九条 对限制人身自由的行政强制措施不服提起的诉讼，由被告所在地或者原告所在地人民法院管辖。

第二十条　因不动产提起的行政诉讼，由不动产所在地人民法院管辖。

第二十一条　两个以上人民法院都有管辖权的案件，原告可以选择其中一个人民法院提起诉讼。原告向两个以上有管辖权的人民法院提起诉讼的，由最先立案的人民法院管辖。

第二十二条　人民法院发现受理的案件不属于本院管辖的，应当移送有管辖权的人民法院，受移送的人民法院应当受理。受移送的人民法院认为受移送的案件按照规定不属于本院管辖的，应当报请上级人民法院指定管辖，不得再自行移送。

第二十三条　有管辖权的人民法院由于特殊原因不能行使管辖权的，由上级人民法院指定管辖。

人民法院对管辖权发生争议，由争议双方协商解决。协商不成的，报它们的共同上级人民法院指定管辖。

第二十四条　上级人民法院有权审理下级人民法院管辖的第一审行政案件。

下级人民法院对其管辖的第一审行政案件，认为需要由上级人民法院审理或者指定管辖的，可以报请上级人民法院决定。

第四章　诉讼参加人

第二十五条　行政行为的相对人以及其他与行政行为有利害关系的公民、法人或者其他组织，有权提起诉讼。

有权提起诉讼的公民死亡，其近亲属可以提起诉讼。

有权提起诉讼的法人或者其他组织终止，承受其权利的法人或者其他组织可以提起诉讼。

人民检察院在履行职责中发现生态环境和资源保护、食品药品安全、国有财产保护、国有土地使用权出让等领域负有监督管理职责的行政机关违法行使职权或者不作为，致使国家利益或者社会公共利益受到侵害的，应当向行政机关提出检察建议，督促其依法履行职责。行政机关不依法履行职责的，人民检察院依法向人民法院提起诉讼。

　　第二十六条　公民、法人或者其他组织直接向人民法院提起诉讼的，作出行政行为的行政机关是被告。

　　经复议的案件，复议机关决定维持原行政行为的，作出原行政行为的行政机关和复议机关是共同被告；复议机关改变原行政行为的，复议机关是被告。

　　复议机关在法定期限内未作出复议决定，公民、法人或者其他组织起诉原行政行为的，作出原行政行为的行政机关是被告；起诉复议机关不作为的，复议机关是被告。

　　两个以上行政机关作出同一行政行为的，共同作出行政行为的行政机关是共同被告。

　　行政机关委托的组织所作的行政行为，委托的行政机关是被告。

　　行政机关被撤销或者职权变更的，继续行使其职权的行政机关是被告。

　　第二十七条　当事人一方或者双方为二人以上，因同一行政行为发生的行政案件，或者因同类行政行为发生的行政案件、人民法院认为可以合并审理并经当事人同意的，为共同诉讼。

　　第二十八条　当事人一方人数众多的共同诉讼，可以由当事人推选代表人进行诉讼。代表人的诉讼行为对其所代表的当事人发生效力，但代表人变更、放弃诉讼请求或者承认对方当事人的诉讼请求，应当经被代表的当事人同意。

　　第二十九条　公民、法人或者其他组织同被诉行政行为有利害关系但没有提起诉讼，或者同案件处理结果有利害关系的，可以作为第三人申请参加诉讼，或者由人民法院通知参加诉讼。

　　人民法院判决第三人承担义务或者减损第三人权益的，第三人有权依法提起上诉。

　　第三十条　没有诉讼行为能力的公民，由其法定代理人代为诉讼。法定代理人互相推诿代理责任的，由人民法院指定其中一人代为诉讼。

　　第三十一条　当事人、法定代理人，可以委托一至二人作为诉讼代理人。

下列人员可以被委托为诉讼代理人：

（一）律师、基层法律服务工作者；

（二）当事人的近亲属或者工作人员；

（三）当事人所在社区、单位以及有关社会团体推荐的公民。

第三十二条　代理诉讼的律师，有权按照规定查阅、复制本案有关材料，有权向有关组织和公民调查，收集与本案有关的证据。对涉及国家秘密、商业秘密和个人隐私的材料，应当依照法律规定保密。

当事人和其他诉讼代理人有权按照规定查阅、复制本案庭审材料，但涉及国家秘密、商业秘密和个人隐私的内容除外。

第五章　证据

第三十三条　证据包括：

（一）书证；

（二）物证；

（三）视听资料；

（四）电子数据；

（五）证人证言；

（六）当事人的陈述；

（七）鉴定意见；

（八）勘验笔录、现场笔录。

以上证据经法庭审查属实，才能作为认定案件事实的根据。

第三十四条　被告对作出的行政行为负有举证责任，应当提供作出该行政行为的证据和所依据的规范性文件。

被告不提供或者无正当理由逾期提供证据，视为没有相应证据。但是，被诉行政行为涉及第三人合法权益，第三人提供证据的除外。

第三十五条　在诉讼过程中，被告及其诉讼代理人不得自行向原告、第三人和证人收集证据。

第三十六条　被告在作出行政行为时已经收集了证据，但因不可抗力等正当事由不能提供的，经人民法院准许，可以延期提供。

原告或者第三人提出了其在行政处理程序中没有提出的理由或者证据的，经人民法院准许，被告可以补充证据。

第三十七条　原告可以提供证明行政行为违法的证据。原告提供的证据不成立的，不免除被告的举证责任。

第三十八条　在起诉被告不履行法定职责的案件中，原告应当提供其向被告提出申请的证据。但有下列情形之一的除外：

（一）被告应当依职权主动履行法定职责的；

（二）原告因正当理由不能提供证据的。

在行政赔偿、补偿的案件中，原告应当对行政行为造成的损害提供证据。因被告的原因导致原告无法举证的，由被告承担举证责任。

第三十九条　人民法院有权要求当事人提供或者补充证据。

第四十条　人民法院有权向有关行政机关以及其他组织、公民调取证据。但是，不得为证明行政行为的合法性调取被告作出行政行为时未收集的证据。

第四十一条　与本案有关的下列证据，原告或者第三人不能自行收集的，可以申请人民法院调取：

（一）由国家机关保存而须由人民法院调取的证据；

（二）涉及国家秘密、商业秘密和个人隐私的证据；

（三）确因客观原因不能自行收集的其他证据。

第四十二条　在证据可能灭失或者以后难以取得的情况下，诉讼参加人可以向人民法院申请保全证据，人民法院也可以主动采取保全措施。

第四十三条　证据应当在法庭上出示，并由当事人互相质证。对涉及国家秘密、商业秘密和个人隐私的证据，不得在公开开庭时出示。

人民法院应当按照法定程序，全面、客观地审查核实证据。对未采纳的证据应当在裁判文书中说明理由。

以非法手段取得的证据，不得作为认定案件事实的根据。

第六章　起诉和受理

第四十四条　对属于人民法院受案范围的行政案件，公民、法人或者其他组织可以先向行政机关申请复议，对复议决定不服的，再向人民法院提起诉讼；也可以直接向人民法院提起诉讼。

法律、法规规定应当先向行政机关申请复议，对复议决定不服再向人民法院提起诉讼的，依照法律、法规的规定。

第四十五条　公民、法人或者其他组织不服复议决定的，可以在收到复议决定书之日起十五日内向人民法院提起诉讼。复议机关逾期不作决定的，申请人可以在复议期满之日起十五日内向人民法院提起诉讼。法律另有规定的除外。

第四十六条　公民、法人或者其他组织直接向人民法院提起诉讼的，应当自知道或者应当知道作出行政行为之日起六个月内提出。法律另有规定的除外。

因不动产提起诉讼的案件自行政行为作出之日起超过二十年，其他案件自行政行为作出之日起超过五年提起诉讼的，人民法院不予受理。

第四十七条　公民、法人或者其他组织申请行政机关履行保护其人身权、财产权等合法权益的法定职责，行政机关在接到申请之日起两个月内不履行的，公民、法人或者其他组织可以向人民法院提起诉讼。法律、法规对行政机关履行职责的期限另有规定的，从其规定。

公民、法人或者其他组织在紧急情况下请求行政机关履行保护其人身权、财产权等合法权益的法定职责，行政机关不履行的，提起诉讼不受前款规定期限的限制。

第四十八条　公民、法人或者其他组织因不可抗力或者其他不属于其自身的原因耽误起诉期限的，被耽误的时间不计算在起诉期限内。

公民、法人或者其他组织因前款规定以外的其他特殊情况耽误起诉期限的，在障碍消除后十日内，可以申请延长期限，是否准许由人民法院决定。

第四十九条　提起诉讼应当符合下列条件：

（一）原告是符合本法第二十五条规定的公民、法人或者其他组织；

（二）有明确的被告；

（三）有具体的诉讼请求和事实根据；

（四）属于人民法院受案范围和受诉人民法院管辖。

第五十条　起诉应当向人民法院递交起诉状，并按照被告人数提出副本。

书写起诉状确有困难的，可以口头起诉，由人民法院记入笔录，出具注明日期的书面凭证，并告知对方当事人。

第五十一条　人民法院在接到起诉状时对符合本法规定的起诉条件的，应当登记立案。

对当场不能判定是否符合本法规定的起诉条件的，应当接收起诉状，出具注明收到日期的书面凭证，并在七日内决定是否立案。不符合起诉条件的，作出不予立案的裁定。裁定书应当载明不予立案的理由。原告对裁定不服的，可以提起上诉。

起诉状内容欠缺或者有其他错误的，应当给予指导和释明，并一次性告知当事人需要补正的内容。不得未经指导和释明即以起诉不符合条件为由不接收起诉状。

对于不接收起诉状、接收起诉状后不出具书面凭证，以及不一次性告知当事人需要补正的起诉状内容的，当事人可以向上级人民法院投诉，上级人民法院应当责令改正，并对直接负责的主管人员和其他直接责任人员依法给予处分。

第五十二条　人民法院既不立案，又不作出不予立案裁定的，当事人可以向上一级人民法院起诉。上一级人民法院认为符合起诉条件的，应当立案、审理，也可以指定其他下级人民法院立案、审理。

第五十三条　公民、法人或者其他组织认为行政行为所依据的国务院部门和地方人民政府及其部门制定的规范性文件不合法，在对行政行为提起诉讼时，可以一并请求对该规范性文件进行审查。

前款规定的规范性文件不含规章。

第七章　审理和判决

第一节　一般规定

第五十四条　人民法院公开审理行政案件，但涉及国家秘密、个人隐私和法律另有规定的除外。

涉及商业秘密的案件，当事人申请不公开审理的，可以不公开审理。

第五十五条　当事人认为审判人员与本案有利害关系或者有其他关系可能影响公正审判，有权申请审判人员回避。

审判人员认为自己与本案有利害关系或者有其他关系，应当申请回避。

前两款规定，适用于书记员、翻译人员、鉴定人、勘验人。

院长担任审判长时的回避，由审判委员会决定；审判人员的回避，由院长决定；其他人员的回避，由审判长决定。当事人对决定不服的，可以申请复议一次。

第五十六条　诉讼期间，不停止行政行为的执行。但有下列情形之一的，裁定停止执行：

（一）被告认为需要停止执行的；

（二）原告或者利害关系人申请停止执行，人民法院认为该行政行为的执行会造成难以弥补的损失，并且停止执行不损害国家利益、社会公共利益的；

（三）人民法院认为该行政行为的执行会给国家利益、社会公共利益造成重大损害的；

（四）法律、法规规定停止执行的。

当事人对停止执行或者不停止执行的裁定不服的，可以申请复议一次。

第五十七条　人民法院对起诉行政机关没有依法支付抚恤金、最低生活保障金和工伤、医疗社会保险金的案件，权利义务关系明确、不先予执行将严重影响原告生活的，可以根据原告的申请，裁定先予执行。

当事人对先予执行裁定不服的，可以申请复议一次。复议期间不停止裁定的执行。

第五十八条　经人民法院传票传唤，原告无正当理由拒不到庭，或者未经法庭许可中途退庭的，可以按照撤诉处理；被告无正当理由拒不到庭，或者未经法庭许可中途退庭的，可以缺席判决。

第五十九条　诉讼参与人或者其他人有下列行为之一的，人民法院可以根据情节轻重，予以训诫、责令具结悔过或者处一万元以下的罚款、十五日以下的拘留；构成犯罪的，依法追究刑事责任：

（一）有义务协助调查、执行的人，对人民法院的协助调查决定、协助执行通知书，无故推拖、拒绝或者妨碍调查、执行的；

（二）伪造、隐藏、毁灭证据或者提供虚假证明材料，妨碍人民法院审理案件的；

（三）指使、贿买、胁迫他人作伪证或者威胁、阻止证人作证的；

（四）隐藏、转移、变卖、毁损已被查封、扣押、冻结的财产的；

（五）以欺骗、胁迫等非法手段使原告撤诉的；

（六）以暴力、威胁或者其他方法阻碍人民法院工作人员执行职务，或者以哄闹、冲击法庭等方法扰乱人民法院工作秩序的；

（七）对人民法院审判人员或者其他工作人员、诉讼参与人、协助调查和执行的人员恐吓、侮辱、诽谤、诬陷、殴打、围攻或者打击报复的。

人民法院对有前款规定的行为之一的单位，可以对其主要负责人或者直接责任人员依照前款规定予以罚款、拘留；构成犯罪的，依法追究刑事责任。

罚款、拘留须经人民法院院长批准。当事人不服的，可以向上一级人民法院申请复议一次。复议期间不停止执行。

第六十条　人民法院审理行政案件，不适用调解。但是，行政赔偿、补偿以及行政机关行使法律、法规规定的自由裁量权的案件可以调解。

调解应当遵循自愿、合法原则，不得损害国家利益、社会公共利益和他人合法权益。

第六十一条　在涉及行政许可、登记、征收、征用和行政机关对民事争议所作的裁决的行政诉讼中，当事人申请一并解决相关民事争议的，人民法院可以一并审理。

在行政诉讼中，人民法院认为行政案件的审理需以民事诉讼的裁判为依据的，可以裁定中止行政诉讼。

第六十二条 人民法院对行政案件宣告判决或者裁定前，原告申请撤诉的，或者被告改变其所作的行政行为，原告同意并申请撤诉的，是否准许，由人民法院裁定。

第六十三条 人民法院审理行政案件，以法律和行政法规、地方性法规为依据。地方性法规适用于本行政区域内发生的行政案件。

人民法院审理民族自治地方的行政案件，并以该民族自治地方的自治条例和单行条例为依据。

人民法院审理行政案件，参照规章。

第六十四条 人民法院在审理行政案件中，经审查认为本法第五十三条规定的规范性文件不合法的，不作为认定行政行为合法的依据，并向制定机关提出处理建议。

第六十五条 人民法院应当公开发生法律效力的判决书、裁定书，供公众查阅，但涉及国家秘密、商业秘密和个人隐私的内容除外。

第六十六条 人民法院在审理行政案件中，认为行政机关的主管人员、直接责任人员违法违纪的，应当将有关材料移送监察机关、该行政机关或者其上一级行政机关；认为有犯罪行为的，应当将有关材料移送公安、检察机关。

人民法院对被告经传票传唤无正当理由拒不到庭，或者未经法庭许可中途退庭的，可以将被告拒不到庭或者中途退庭的情况予以公告，并可以向监察机关或者被告的上一级行政机关提出依法给予其主要负责人或者直接责任人员处分的司法建议。

第二节　第一审普通程序

第六十七条 人民法院应当在立案之日起五日内，将起诉状副本发送被告。被告应当在收到起诉状副本之日起十五日内向人民法院提交作出行政行为的证据和所依据的规范性文件，并提出答辩状。人民法院应当在收到答辩状之日起五日内，将答辩状副本发送原告。

被告不提出答辩状的，不影响人民法院审理。

第六十八条　人民法院审理行政案件，由审判员组成合议庭，或者由审判员、陪审员组成合议庭。合议庭的成员，应当是三人以上的单数。

第六十九条　行政行为证据确凿，适用法律、法规正确，符合法定程序的，或者原告申请被告履行法定职责或者给付义务理由不成立的，人民法院判决驳回原告的诉讼请求。

第七十条　行政行为有下列情形之一的，人民法院判决撤销或者部分撤销，并可以判决被告重新作出行政行为：

（一）主要证据不足的；

（二）适用法律、法规错误的；

（三）违反法定程序的；

（四）超越职权的；

（五）滥用职权的；

（六）明显不当的。

第七十一条　人民法院判决被告重新作出行政行为的，被告不得以同一的事实和理由作出与原行政行为基本相同的行政行为。

第七十二条　人民法院经过审理，查明被告不履行法定职责的，判决被告在一定期限内履行。

第七十三条　人民法院经过审理，查明被告依法负有给付义务的，判决被告履行给付义务。

第七十四条　行政行为有下列情形之一的，人民法院判决确认违法，但不撤销行政行为：

（一）行政行为依法应当撤销，但撤销会给国家利益、社会公共利益造成重大损害的；

（二）行政行为程序轻微违法，但对原告权利不产生实际影响的。

行政行为有下列情形之一，不需要撤销或者判决履行的，人民法院判决确认违法：

（一）行政行为违法，但不具有可撤销内容的；

（二）被告改变原违法行政行为，原告仍要求确认原行政行为违法的；

（三）被告不履行或者拖延履行法定职责，判决履行没有意义的。

第七十五条 行政行为有实施主体不具有行政主体资格或者没有依据等重大且明显违法情形，原告申请确认行政行为无效的，人民法院判决确认无效。

第七十六条 人民法院判决确认违法或者无效的，可以同时判决责令被告采取补救措施；给原告造成损失的，依法判决被告承担赔偿责任。

第七十七条 行政处罚明显不当，或者其他行政行为涉及对款额的确定、认定确有错误的，人民法院可以判决变更。

人民法院判决变更，不得加重原告的义务或者减损原告的权益。但利害关系人同为原告，且诉讼请求相反的除外。

第七十八条 被告不依法履行、未按照约定履行或者违法变更、解除本法第十二条第一款第十一项规定的协议的，人民法院判决被告承担继续履行、采取补救措施或者赔偿损失等责任。

被告变更、解除本法第十二条第一款第十一项规定的协议合法，但未依法给予补偿的，人民法院判决给予补偿。

第七十九条 复议机关与作出原行政行为的行政机关为共同被告的案件，人民法院应当对复议决定和原行政行为一并作出裁判。

第八十条 人民法院对公开审理和不公开审理的案件，一律公开宣告判决。

当庭宣判的，应当在十日内发送判决书；定期宣判的，宣判后立即发给判决书。

宣告判决时，必须告知当事人上诉权利、上诉期限和上诉的人民法院。

第八十一条 人民法院应当在立案之日起六个月内作出第一审判决。有特殊情况需要延长的，由高级人民法院批准，高级人民法院审理第一审案件需要延长的，由最高人民法院批准。

第三节　简易程序

第八十二条　人民法院审理下列第一审行政案件，认为事实清楚、权利义务关系明确、争议不大的，可以适用简易程序：

（一）被诉行政行为是依法当场作出的；

（二）案件涉及款额二千元以下的；

（三）属于政府信息公开案件的。

除前款规定以外的第一审行政案件，当事人各方同意适用简易程序的，可以适用简易程序。

发回重审、按照审判监督程序再审的案件不适用简易程序。

第八十三条　适用简易程序审理的行政案件，由审判员一人独任审理，并应当在立案之日起四十五日内审结。

第八十四条　人民法院在审理过程中，发现案件不宜适用简易程序的，裁定转为普通程序。

第四节　第二审程序

第八十五条　当事人不服人民法院第一审判决的，有权在判决书送达之日起十五日内向上一级人民法院提起上诉。当事人不服人民法院第一审裁定的，有权在裁定书送达之日起十日内向上一级人民法院提起上诉。逾期不提起上诉的，人民法院的第一审判决或者裁定发生法律效力。

第八十六条　人民法院对上诉案件，应当组成合议庭，开庭审理。经过阅卷、调查和询问当事人，对没有提出新的事实、证据或者理由，合议庭认为不需要开庭审理的，也可以不开庭审理。

第八十七条　人民法院审理上诉案件，应当对原审人民法院的判决、裁定和被诉行政行为进行全面审查。

第八十八条　人民法院审理上诉案件，应当在收到上诉状之日起三个月内作出终审判决。有特殊情况需要延长的，由高级人民法院批准，高级人民法院审理上诉案件需要延长的，由最高人民法院批准。

第八十九条　人民法院审理上诉案件，按照下列情形，分别处理：

（一）原判决、裁定认定事实清楚，适用法律、法规正确的，判决或者裁定驳回上诉，维持原判决、裁定；

（二）原判决、裁定认定事实错误或者适用法律、法规错误的，依法改判、撤销或者变更；

（三）原判决认定基本事实不清、证据不足的，发回原审人民法院重审，或者查清事实后改判；

（四）原判决遗漏当事人或者违法缺席判决等严重违反法定程序的，裁定撤销原判决，发回原审人民法院重审。

原审人民法院对发回重审的案件作出判决后，当事人提起上诉的，第二审人民法院不得再次发回重审。

人民法院审理上诉案件，需要改变原审判决的，应当同时对被诉行政行为作出判决。

第五节　审判监督程序

第九十条　当事人对已经发生法律效力的判决、裁定，认为确有错误的，可以向上一级人民法院申请再审，但判决、裁定不停止执行。

第九十一条　当事人的申请符合下列情形之一的，人民法院应当再审：

（一）不予立案或者驳回起诉确有错误的；

（二）有新的证据，足以推翻原判决、裁定的；

（三）原判决、裁定认定事实的主要证据不足、未经质证或者系伪造的；

（四）原判决、裁定适用法律、法规确有错误的；

（五）违反法律规定的诉讼程序，可能影响公正审判的；

（六）原判决、裁定遗漏诉讼请求的；

（七）据以作出原判决、裁定的法律文书被撤销或者变更的；

（八）审判人员在审理该案件时有贪污受贿、徇私舞弊、枉法裁判行为的。

第九十二条　各级人民法院院长对本院已经发生法律效力的判决、

裁定，发现有本法第九十一条规定情形之一，或者发现调解违反自愿原则或者调解书内容违法，认为需要再审的，应当提交审判委员会讨论决定。

最高人民法院对地方各级人民法院已经发生法律效力的判决、裁定，上级人民法院对下级人民法院已经发生法律效力的判决、裁定，发现有本法第九十一条规定情形之一，或者发现调解违反自愿原则或者调解书内容违法的，有权提审或者指令下级人民法院再审。

第九十三条 最高人民检察院对各级人民法院已经发生法律效力的判决、裁定，上级人民检察院对下级人民法院已经发生法律效力的判决、裁定，发现有本法第九十一条规定情形之一，或者发现调解书损害国家利益、社会公共利益的，应当提出抗诉。

地方各级人民检察院对同级人民法院已经发生法律效力的判决、裁定，发现有本法第九十一条规定情形之一，或者发现调解书损害国家利益、社会公共利益的，可以向同级人民法院提出检察建议，并报上级人民检察院备案；也可以提请上级人民检察院向同级人民法院提出抗诉。

各级人民检察院对审判监督程序以外的其他审判程序中审判人员的违法行为，有权向同级人民法院提出检察建议。

第八章 执行

第九十四条 当事人必须履行人民法院发生法律效力的判决、裁定、调解书。

第九十五条 公民、法人或者其他组织拒绝履行判决、裁定、调解书的，行政机关或者第三人可以向第一审人民法院申请强制执行，或者由行政机关依法强制执行。

第九十六条 行政机关拒绝履行判决、裁定、调解书的，第一审人民法院可以采取下列措施：

（一）对应当归还的罚款或者应当给付的款额，通知银行从该行政机关的账户内划拨；

（二）在规定期限内不履行的，从期满之日起，对该行政机关负责人按日处五十元至一百元的罚款；

（三）将行政机关拒绝履行的情况予以公告；

（四）向监察机关或者该行政机关的上一级行政机关提出司法建议。接受司法建议的机关，根据有关规定进行处理，并将处理情况告知人民法院；

（五）拒不履行判决、裁定、调解书，社会影响恶劣的，可以对该行政机关直接负责的主管人员和其他直接责任人员予以拘留；情节严重，构成犯罪的，依法追究刑事责任。

第九十七条　公民、法人或者其他组织对行政行为在法定期限内不提起诉讼又不履行的，行政机关可以申请人民法院强制执行，或者依法强制执行。

第九章　涉外行政诉讼

第九十八条　外国人、无国籍人、外国组织在中华人民共和国进行行政诉讼，适用本法。法律另有规定的除外。

第九十九条　外国人、无国籍人、外国组织在中华人民共和国进行行政诉讼，同中华人民共和国公民、组织有同等的诉讼权利和义务。

外国法院对中华人民共和国公民、组织的行政诉讼权利加以限制的，人民法院对该国公民、组织的行政诉讼权利，实行对等原则。

第一百条　外国人、无国籍人、外国组织在中华人民共和国进行行政诉讼，委托律师代理诉讼的，应当委托中华人民共和国律师机构的律师。

第十章　附则

第一百零一条　人民法院审理行政案件，关于期间、送达、财产保全、开庭审理、调解、中止诉讼、终结诉讼、简易程序、执行等，以及人民检察院对行政案件受理、审理、裁判、执行的监督，本法没有规定的，适用《中华人民共和国民事诉讼法》的相关规定。

第一百零二条　人民法院审理行政案件，应当收取诉讼费用。诉讼费用由败诉方承担，双方都有责任的由双方分担。收取诉讼费用的具体办法另行规定。

第一百零三条　本法自 1990 年 10 月 1 日起施行。

中华人民共和国行政复议法

（1999 年 4 月 29 日第九届全国人民代表大会常务委员会第九次会议通过　根据 2009 年 8 月 27 日第十一届全国人民代表大会常务委员会第十次会议《关于修改部分法律的决定》第一次修正　根据 2017 年 9 月 1 日第十二届全国人民代表大会常务委员会第二十九次会议《关于修改〈中华人民共和国法官法〉等八部法律的决定》第二次修正）

目录

第一章　总则

第一条　为了防止和纠正违法的或者不当的具体行政行为，保护公民、法人和其他组织的合法权益，保障和监督行政机关依法行使职权，根据宪法，制定本法。

第二条　公民、法人或者其他组织认为具体行政行为侵犯其合法权益，向行政机关提出行政复议申请，行政机关受理行政复议申请、作出行政复议决定，适用本法。

第三条　依照本法履行行政复议职责的行政机关是行政复议机关。行政复议机关负责法制工作的机构具体办理行政复议事项，履行下列职责：

（一）受理行政复议申请；

（二）向有关组织和人员调查取证，查阅文件和资料；

（三）审查申请行政复议的具体行政行为是否合法与适当，拟订行政复议决定；

（四）处理或者转送对本法第七条所列有关规定的审查申请；

（五）对行政机关违反本法规定的行为依照规定的权限和程序提出处理建议；

（六）办理因不服行政复议决定提起行政诉讼的应诉事项；

（七）法律、法规规定的其他职责。

第四条　行政复议机关履行行政复议职责，应当遵循合法、公正、公开、及时、便民的原则，坚持有错必纠，保障法律、法规的正确实施。

第五条　公民、法人或者其他组织对行政复议决定不服的，可以依照行政诉讼法的规定向人民法院提起行政诉讼，但是法律规定行政复议决定为最终裁决的除外。

第二章　行政复议范围

第六条　有下列情形之一的，公民、法人或者其他组织可以依照本法申请行政复议：

（一）对行政机关作出的警告、罚款、没收违法所得、没收非法财物、责令停产停业、暂扣或者吊销许可证、暂扣或者吊销执照、行政拘留等行政处罚决定不服的；

（二）对行政机关作出的限制人身自由或者查封、扣押、冻结财产等行政强制措施决定不服的；

（三）对行政机关作出的有关许可证、执照、资质证、资格证等证书变更、中止、撤销的决定不服的；

（四）对行政机关作出的关于确认土地、矿藏、水流、森林、山岭、草原、荒地、滩涂、海域等自然资源的所有权或者使用权的决定不服的；

（五）认为行政机关侵犯合法的经营自主权的；

（六）认为行政机关变更或者废止农业承包合同，侵犯其合法权益的；

（七）认为行政机关违法集资、征收财物、摊派费用或者违法要求履行其他义务的；

（八）认为符合法定条件，申请行政机关颁发许可证、执照、资质证、资格证等证书，或者申请行政机关审批、登记有关事项，行政机关没有依法办理的；

（九）申请行政机关履行保护人身权利、财产权利、受教育权利的法定职责，行政机关没有依法履行的；

（十）申请行政机关依法发放抚恤金、社会保险金或者最低生活保障费，行政机关没有依法发放的；

（十一）认为行政机关的其他具体行政行为侵犯其合法权益的。

第七条 公民、法人或者其他组织认为行政机关的具体行政行为所依据的下列规定不合法，在对具体行政行为申请行政复议时，可以一并向行政复议机关提出对该规定的审查申请：

（一）国务院部门的规定；

（二）县级以上地方各级人民政府及其工作部门的规定；

（三）乡、镇人民政府的规定。

前款所列规定不含国务院部、委员会规章和地方人民政府规章。规章的审查依照法律、行政法规办理。

第八条 不服行政机关作出的行政处分或者其他人事处理决定的，依照有关法律、行政法规的规定提出申诉。

不服行政机关对民事纠纷作出的调解或者其他处理，依法申请仲裁或者向人民法院提起诉讼。

第三章　行政复议申请

第九条　公民、法人或者其他组织认为具体行政行为侵犯其合法权益的，可以自知道该具体行政行为之日起六十日内提出行政复议申请；但是法律规定的申请期限超过六十日的除外。

因不可抗力或者其他正当理由耽误法定申请期限的，申请期限自障碍消除之日起继续计算。

第十条　依照本法申请行政复议的公民、法人或者其他组织是申请人。

有权申请行政复议的公民死亡的，其近亲属可以申请行政复议。有权申请行政复议的公民为无民事行为能力人或者限制民事行为能力人的，其法定代理人可以代为申请行政复议。有权申请行政复议的法人或者其他组织终止的，承受其权利的法人或者其他组织可以申请行政复议。

同申请行政复议的具体行政行为有利害关系的其他公民、法人或者其他组织，可以作为第三人参加行政复议。

公民、法人或者其他组织对行政机关的具体行政行为不服申请行政复议的，作出具体行政行为的行政机关是被申请人。

申请人、第三人可以委托代理人代为参加行政复议。

第十一条　申请人申请行政复议，可以书面申请，也可以口头申请；口头申请的，行政复议机关应当当场记录申请人的基本情况、行政复议请求、申请行政复议的主要事实、理由和时间。

第十二条　对县级以上地方各级人民政府工作部门的具体行政行为不服的，由申请人选择，可以向该部门的本级人民政府申请行政复议，也可以向上一级主管部门申请行政复议。

对海关、金融、国税、外汇管理等实行垂直领导的行政机关和国家安全机关的具体行政行为不服的，向上一级主管部门申请行政复议。

第十三条　对地方各级人民政府的具体行政行为不服的，向上一级地方人民政府申请行政复议。

对省、自治区人民政府依法设立的派出机关所属的县级地方人民政府的具体行政行为不服的，向该派出机关申请行政复议。

第十四条 对国务院部门或者省、自治区、直辖市人民政府的具体行政行为不服的，向作出该具体行政行为的国务院部门或者省、自治区、直辖市人民政府申请行政复议。对行政复议决定不服的，可以向人民法院提起行政诉讼；也可以向国务院申请裁决，国务院依照本法的规定作出最终裁决。

第十五条 对本法第十二条、第十三条、第十四条规定以外的其他行政机关、组织的具体行政行为不服的，按照下列规定申请行政复议：

（一）对县级以上地方人民政府依法设立的派出机关的具体行政行为不服的，向设立该派出机关的人民政府申请行政复议；

（二）对政府工作部门依法设立的派出机构依照法律、法规或者规章规定，以自己的名义作出的具体行政行为不服的，向设立该派出机构的部门或者该部门的本级地方人民政府申请行政复议；

（三）对法律、法规授权的组织的具体行政行为不服的，分别向直接管理该组织的地方人民政府、地方人民政府工作部门或者国务院部门申请行政复议；

（四）对两个或者两个以上行政机关以共同的名义作出的具体行政行为不服的，向其共同上一级行政机关申请行政复议；

（五）对被撤销的行政机关在撤销前所作出的具体行政行为不服的，向继续行使其职权的行政机关的上一级行政机关申请行政复议。

有前款所列情形之一的，申请人也可以向具体行政行为发生地的县级地方人民政府提出行政复议申请，由接受申请的县级地方人民政府依照本法第十八条的规定办理。

第十六条 公民、法人或者其他组织申请行政复议，行政复议机关已经依法受理的，或者法律、法规规定应当先向行政复议机关申请行政复议、对行政复议决定不服再向人民法院提起行政诉讼的，在法定行政复议期限内不得向人民法院提起行政诉讼。

公民、法人或者其他组织向人民法院提起行政诉讼，人民法院已经依法受理的，不得申请行政复议。

第四章　行政复议受理

第十七条　行政复议机关收到行政复议申请后，应当在五日内进行审查，对不符合本法规定的行政复议申请，决定不予受理，并书面告知申请人；对符合本法规定，但是不属于本机关受理的行政复议申请，应当告知申请人向有关行政复议机关提出。

除前款规定外，行政复议申请自行政复议机关负责法制工作的机构收到之日起即为受理。

第十八条　依照本法第十五条第二款的规定接受行政复议申请的县级地方人民政府，对依照本法第十五条第一款的规定属于其他行政复议机关受理的行政复议申请，应当自接到该行政复议申请之日起七日内，转送有关行政复议机关，并告知申请人。接受转送的行政复议机关应当依照本法第十七条的规定办理。

第十九条　法律、法规规定应当先向行政复议机关申请行政复议、对行政复议决定不服再向人民法院提起行政诉讼的，行政复议机关决定不予受理或者受理后超过行政复议期限不作答复的，公民、法人或者其他组织可以自收到不予受理决定书之日起或者行政复议期满之日起十五日内，依法向人民法院提起行政诉讼。

第二十条　公民、法人或者其他组织依法提出行政复议申请，行政复议机关无正当理由不予受理的，上级行政机关应当责令其受理；必要时，上级行政机关也可以直接受理。

第二十一条　行政复议期间具体行政行为不停止执行；但是，有下列情形之一的，可以停止执行：

（一）被申请人认为需要停止执行的；

（二）行政复议机关认为需要停止执行的；

（三）申请人申请停止执行，行政复议机关认为其要求合理，决定停止执行的；

（四）法律规定停止执行的。

第五章　行政复议决定

第二十二条　行政复议原则上采取书面审查的办法，但是申请人提出要求或者行政复议机关负责法制工作的机构认为有必要时，可以向有关组织和人员调查情况，听取申请人、被申请人和第三人的意见。

第二十三条　行政复议机关负责法制工作的机构应当自行政复议申请受理之日起七日内，将行政复议申请书副本或者行政复议申请笔录复印件发送被申请人。被申请人应当自收到申请书副本或者申请笔录复印件之日起十日内，提出书面答复，并提交当初作出具体行政行为的证据、依据和其他有关材料。

申请人、第三人可以查阅被申请人提出的书面答复、作出具体行政行为的证据、依据和其他有关材料，除涉及国家秘密、商业秘密或者个人隐私外，行政复议机关不得拒绝。

第二十四条　在行政复议过程中，被申请人不得自行向申请人和其他有关组织或者个人收集证据。

第二十五条　行政复议决定作出前，申请人要求撤回行政复议申请的，经说明理由，可以撤回；撤回行政复议申请的，行政复议终止。

第二十六条　申请人在申请行政复议时，一并提出对本法第七条所列有关规定的审查申请的，行政复议机关对该规定有权处理的，应当在三十日内依法处理；无权处理的，应当在七日内按照法定程序转送有权处理的行政机关依法处理，有权处理的行政机关应当在六十日内依法处理。处理期间，中止对具体行政行为的审查。

第二十七条　行政复议机关在对被申请人作出的具体行政行为进行审查时，认为其依据不合法，本机关有权处理的，应当在三十日内依法处理；无权处理的，应当在七日内按照法定程序转送有权处理的国家机关依法处理。处理期间，中止对具体行政行为的审查。

第二十八条 行政复议机关负责法制工作的机构应当对被申请人作出的具体行政行为进行审查，提出意见，经行政复议机关的负责人同意或者集体讨论通过后，按照下列规定作出行政复议决定：

（一）具体行政行为认定事实清楚，证据确凿，适用依据正确，程序合法，内容适当的，决定维持；

（二）被申请人不履行法定职责的，决定其在一定期限内履行；

（三）具体行政行为有下列情形之一的，决定撤销、变更或者确认该具体行政行为违法；决定撤销或者确认该具体行政行为违法的，可以责令被申请人在一定期限内重新作出具体行政行为：

1. 主要事实不清、证据不足的；

2. 适用依据错误的；

3. 违反法定程序的；

4. 超越或者滥用职权的；

5. 具体行政行为明显不当的。

（四）被申请人不按照本法第二十三条的规定提出书面答复、提交当初作出具体行政行为的证据、依据和其他有关材料的，视为该具体行政行为没有证据、依据，决定撤销该具体行政行为。

行政复议机关责令被申请人重新作出具体行政行为的，被申请人不得以同一的事实和理由作出与原具体行政行为相同或者基本相同的具体行政行为。

第二十九条 申请人在申请行政复议时可以一并提出行政赔偿请求，行政复议机关对符合国家赔偿法的有关规定应当给予赔偿的，在决定撤销、变更具体行政行为或者确认具体行政行为违法时，应当同时决定被申请人依法给予赔偿。

申请人在申请行政复议时没有提出行政赔偿请求的，行政复议机关在依法决定撤销或者变更罚款，撤销违法集资、没收财物、征收财物、摊派费用以及对财产的查封、扣押、冻结等具体行政行为时，应当同时责令被申请人返还财产，解除对财产的查封、扣押、冻结措施，或者赔偿相应的价款。

第三十条 公民、法人或者其他组织认为行政机关的具体行政行为侵犯其已经依法取得的土地、矿藏、水流、森林、山岭、草原、荒地、滩涂、海域等自然资源的所有权或者使用权的，应当先申请行政复议；对行政复议决定不服的，可以依法向人民法院提起行政诉讼。

根据国务院或者省、自治区、直辖市人民政府对行政区划的勘定、调整或者征收土地的决定，省、自治区、直辖市人民政府确认土地、矿藏、水流、森林、山岭、草原、荒地、滩涂、海域等自然资源的所有权或者使用权的行政复议决定为最终裁决。

第三十一条 行政复议机关应当自受理申请之日起六十日内作出行政复议决定；但是法律规定的行政复议期限少于六十日的除外。情况复杂，不能在规定期限内作出行政复议决定的，经行政复议机关的负责人批准，可以适当延长，并告知申请人和被申请人；但是延长期限最多不超过三十日。

行政复议机关作出行政复议决定，应当制作行政复议决定书，并加盖印章。

行政复议决定书一经送达，即发生法律效力。

第三十二条 被申请人应当履行行政复议决定。

被申请人不履行或者无正当理由拖延履行行政复议决定的，行政复议机关或者有关上级行政机关应当责令其限期履行。

第三十三条 申请人逾期不起诉又不履行行政复议决定的，或者不履行最终裁决的行政复议决定的，按照下列规定分别处理：

（一）维持具体行政行为的行政复议决定，由作出具体行政行为的行政机关依法强制执行，或者申请人民法院强制执行；

（二）变更具体行政行为的行政复议决定，由行政复议机关依法强制执行，或者申请人民法院强制执行。

第六章　法律责任

第三十四条 行政复议机关违反本法规定，无正当理由不予受理依法提出的行政复议申请或者不按照规定转送行政复议申请的，或者在法定期限内不作出行政复议决定的，对直接负责的主管人员和其他直接责任人员依法给予警告、记过、记大过的行政处分；经责令受理仍不受理或者不按照规定转送行政复议申请，造成严重后果的，依法给予降级、撤职、开除的行政处分。

第三十五条　行政复议机关工作人员在行政复议活动中，徇私舞弊或者有其他渎职、失职行为的，依法给予警告、记过、记大过的行政处分；情节严重的，依法给予降级、撤职、开除的行政处分；构成犯罪的，依法追究刑事责任。

第三十六条　被申请人违反本法规定，不提出书面答复或者不提交作出具体行政行为的证据、依据和其他有关材料，或者阻挠、变相阻挠公民、法人或者其他组织依法申请行政复议的，对直接负责的主管人员和其他直接责任人员依法给予警告、记过、记大过的行政处分；进行报复陷害的，依法给予降级、撤职、开除的行政处分；构成犯罪的，依法追究刑事责任。

第三十七条　被申请人不履行或者无正当理由拖延履行行政复议决定的，对直接负责的主管人员和其他直接责任人员依法给予警告、记过、记大过的行政处分；经责令履行仍拒不履行的，依法给予降级、撤职、开除的行政处分。

第三十八条　行政复议机关负责法制工作的机构发现有无正当理由不予受理行政复议申请、不按照规定期限作出行政复议决定、徇私舞弊、对申请人打击报复或者不履行行政复议决定等情形的，应当向有关行政机关提出建议，有关行政机关应当依照本法和有关法律、行政法规的规定作出处理。

第七章　附则

第三十九条　行政复议机关受理行政复议申请，不得向申请人收取任何费用。行政复议活动所需经费，应当列入本机关的行政经费，由本级财政予以保障。

第四十条 行政复议期间的计算和行政复议文书的送达，依照民事诉讼法关于期间、送达的规定执行。

本法关于行政复议期间有关"五日""七日"的规定是指工作日，不含节假日。

第四十一条 外国人、无国籍人、外国组织在中华人民共和国境内申请行政复议，适用本法。

第四十二条 本法施行前公布的法律有关行政复议的规定与本法的规定不一致的，以本法的规定为准。

第四十三条 本法自 1999 年 10 月 1 日起施行。1990 年 12 月 24 日国务院发布、1994 年 10 月 9 日国务院修订发布的《行政复议条例》同时废止。

中华人民共和国国家赔偿法

(1994 年 5 月 12 日第八届全国人民代表大会常务委员会第七次会议通过　根据 2010 年 4 月 29 日第十一届全国人民代表大会常务委员会第十四次会议《关于修改〈中华人民共和国国家赔偿法〉的决定》第一次修正 根据 2012 年 10 月 26 日第十一届全国人民代表大会常务委员会第二十九次会议《关于修改〈中华人民共和国国家赔偿法〉的决定》第二次修正)

目录

第一章 总则

第一条 为保障公民、法人和其他组织享有依法取得国家赔偿的权利，促进国家机关依法行使职权，根据宪法，制定本法。

第二条 国家机关和国家机关工作人员行使职权，有本法规定的侵犯公民、法人和其他组织合法权益的情形，造成损害的，受害人有依照本法取得国家赔偿的权利。

本法规定的赔偿义务机关，应当依照本法及时履行赔偿义务。

第二章 行政赔偿

第一节 赔偿范围

第三条 行政机关及其工作人员在行使行政职权时有下列侵犯人身权情形之一的，受害人有取得赔偿的权利：

违法拘留或者违法采取限制公民人身自由的行政强制措施的；

非法拘禁或者以其他方法非法剥夺公民人身自由的；

以殴打、虐待等行为或者唆使、放纵他人以殴打、虐待等行为造成公民身体伤害或者死亡的；

违法使用武器、警械造成公民身体伤害或者死亡的；

造成公民身体伤害或者死亡的其他违法行为。

第四条 行政机关及其工作人员在行使行政职权时有下列侵犯财产权情形之一的，受害人有取得赔偿的权利：

违法实施罚款、吊销许可证和执照、责令停产停业、没收财物等行政处罚的；

违法对财产采取查封、扣押、冻结等行政强制措施的；

违法征收、征用财产的；

造成财产损害的其他违法行为。

第五条 属于下列情形之一的，国家不承担赔偿责任：

行政机关工作人员与行使职权无关的个人行为；

因公民、法人和其他组织自己的行为致使损害发生的；

法律规定的其他情形。

第二节 赔偿请求人和赔偿义务机关

第六条 受害的公民、法人和其他组织有权要求赔偿。

受害的公民死亡，其继承人和其他有扶养关系的亲属有权要求赔偿。

受害的法人或者其他组织终止的，其权利承受人有权要求赔偿。

第七条 行政机关及其工作人员行使行政职权侵犯公民、法人和其他组织的合法权益造成损害的，该行政机关为赔偿义务机关。

两个以上行政机关共同行使行政职权时侵犯公民、法人和其他组织的合法权益造成损害的，共同行使行政职权的行政机关为共同赔偿义务机关。

法律、法规授权的组织在行使授予的行政权力时侵犯公民、法人和其他组织的合法权益造成损害的，被授权的组织为赔偿义务机关。

受行政机关委托的组织或者个人在行使受委托的行政权力时侵犯公民、法人和其他组织的合法权益造成损害的，委托的行政机关为赔偿义务机关。

赔偿义务机关被撤销的，继续行使其职权的行政机关为赔偿义务机关；没有继续行使其职权的行政机关的，撤销该赔偿义务机关的行政机关为赔偿义务机关。

第八条 经复议机关复议的，最初造成侵权行为的行政机关为赔偿义务机关，但复议机关的复议决定加重损害的，复议机关对加重的部分履行赔偿义务。

第三节 赔偿程序

第九条 赔偿义务机关有本法第三条、第四条规定情形之一的，应当给予赔偿。

赔偿请求人要求赔偿应当先向赔偿义务机关提出，也可以在申请行政复议或者提起行政诉讼时一并提出。

第十条 赔偿请求人可以向共同赔偿义务机关中的任何一个赔偿义务机关要求赔偿，该赔偿义务机关应当先予赔偿。

第十一条 赔偿请求人根据受到的不同损害，可以同时提出数项赔偿要求。

第十二条 要求赔偿应当递交申请书，申请书应当载明下列事项：

受害人的姓名、性别、年龄、工作单位和住所，法人或者其他组织的名称、住所和法定代表人或者主要负责人的姓名、职务；

具体的要求、事实根据和理由；

申请的年、月、日。

赔偿请求人书写申请书确有困难的，可以委托他人代书；也可以口头申请，由赔偿义务机关记入笔录。

赔偿请求人不是受害人本人的，应当说明与受害人的关系，并提供相应证明。

赔偿请求人当面递交申请书的，赔偿义务机关应当当场出具加盖本行政机关专用印章并注明收讫日期的书面凭证。申请材料不齐全的，赔偿义务机关应当当场或者在五日内一次性告知赔偿请求人需要补正的全部内容。

第十三条 赔偿义务机关应当自收到申请之日起两个月内，作出是否赔偿的决定。赔偿义务机关作出赔偿决定，应当充分听取赔偿请求人的意见，并可以与赔偿请求人就赔偿方式、赔偿项目和赔偿数额依照本法第四章的规定进行协商。

赔偿义务机关决定赔偿的，应当制作赔偿决定书，并自作出决定之日起十日内送达赔偿请求人。

赔偿义务机关决定不予赔偿的，应当自作出决定之日起十日内书面通知赔偿请求人，并说明不予赔偿的理由。

第十四条 赔偿义务机关在规定期限内未作出是否赔偿的决定，赔偿请求人可以自期限届满之日起三个月内，向人民法院提起诉讼。

赔偿请求人对赔偿的方式、项目、数额有异议的，或者赔偿义务机关作出不予赔偿决定的，赔偿请求人可以自赔偿义务机关作出赔偿或者不予赔偿决定之日起三个月内，向人民法院提起诉讼。

第十五条　人民法院审理行政赔偿案件，赔偿请求人和赔偿义务机关对自己提出的主张，应当提供证据。

赔偿义务机关采取行政拘留或者限制人身自由的强制措施期间，被限制人身自由的人死亡或者丧失行为能力的，赔偿义务机关的行为与被限制人身自由的人的死亡或者丧失行为能力是否存在因果关系，赔偿义务机关应当提供证据。

第十六条　赔偿义务机关赔偿损失后，应当责令有故意或者重大过失的工作人员或者受委托的组织或者个人承担部分或者全部赔偿费用。

对有故意或者重大过失的责任人员，有关机关应当依法给予处分；构成犯罪的，应当依法追究刑事责任。

第三章　刑事赔偿

第一节　赔偿范围

第十七条　行使侦查、检察、审判职权的机关以及看守所、监狱管理机关及其工作人员在行使职权时有下列侵犯人身权情形之一的，受害人有取得赔偿的权利：

违反刑事诉讼法的规定对公民采取拘留措施的，或者依照刑事诉讼法规定的条件和程序对公民采取拘留措施，但是拘留时间超过刑事诉讼法规定的时限，其后决定撤销案件、不起诉或者判决宣告无罪终止追究刑事责任的；

对公民采取逮捕措施后，决定撤销案件、不起诉或者判决宣告无罪终止追究刑事责任的；

依照审判监督程序再审改判无罪，原判刑罚已经执行的；

刑讯逼供或者以殴打、虐待等行为或者唆使、放纵他人以殴打、虐待等行为造成公民身体伤害或者死亡的；

违法使用武器、警械造成公民身体伤害或者死亡的。

第十八条 行使侦查、检察、审判职权的机关以及看守所、监狱管理机关及其工作人员在行使职权时有下列侵犯财产权情形之一的，受害人有取得赔偿的权利：

违法对财产采取查封、扣押、冻结、追缴等措施的；

依照审判监督程序再审改判无罪，原判罚金、没收财产已经执行的。

第十九条 属于下列情形之一的，国家不承担赔偿责任：

因公民自己故意作虚伪供述，或者伪造其他有罪证据被羁押或者被判处刑罚的；

依照刑法第十七条、第十八条规定不负刑事责任的人被羁押的；

依照刑事诉讼法第十五条、第一百七十三条第二款、第二百七十三条第二款、第二百七十九条规定不追究刑事责任的人被羁押的；

行使侦查、检察、审判职权的机关以及看守所、监狱管理机关的工作人员与行使职权无关的个人行为；

因公民自伤、自残等故意行为致使损害发生的；

法律规定的其他情形。

第二节　赔偿请求人和赔偿义务机关

第二十条 赔偿请求人的确定依照本法第六条的规定。

第二十一条 行使侦查、检察、审判职权的机关以及看守所、监狱管理机关及其工作人员在行使职权时侵犯公民、法人和其他组织的合法权益造成损害的，该机关为赔偿义务机关。

对公民采取拘留措施，依照本法的规定应当给予国家赔偿的，作出拘留决定的机关为赔偿义务机关。

对公民采取逮捕措施后决定撤销案件、不起诉或者判决宣告无罪的，作出逮捕决定的机关为赔偿义务机关。

再审改判无罪的，作出原生效判决的人民法院为赔偿义务机关。二审改判无罪，以及二审发回重审后作无罪处理的，作出一审有罪判决的人民法院为赔偿义务机关。

第三节　赔偿程序

第二十二条　赔偿义务机关有本法第十七条、第十八条规定情形之一的，应当给予赔偿。

赔偿请求人要求赔偿，应当先向赔偿义务机关提出。

赔偿请求人提出赔偿请求，适用本法第十一条、第十二条的规定。

第二十三条　赔偿义务机关应当自收到申请之日起两个月内，作出是否赔偿的决定。赔偿义务机关作出赔偿决定，应当充分听取赔偿请求人的意见，并可以与赔偿请求人就赔偿方式、赔偿项目和赔偿数额依照本法第四章的规定进行协商。

赔偿义务机关决定赔偿的，应当制作赔偿决定书，并自作出决定之日起十日内送达赔偿请求人。

赔偿义务机关决定不予赔偿的，应当自作出决定之日起十日内书面通知赔偿请求人，并说明不予赔偿的理由。

第二十四条　赔偿义务机关在规定期限内未作出是否赔偿的决定，赔偿请求人可以自期限届满之日起三十日内向赔偿义务机关的上一级机关申请复议。

赔偿请求人对赔偿的方式、项目、数额有异议的，或者赔偿义务机关作出不予赔偿决定的，赔偿请求人可以自赔偿义务机关作出赔偿或者不予赔偿决定之日起三十日内，向赔偿义务机关的上一级机关申请复议。

赔偿义务机关是人民法院的，赔偿请求人可以依照本条规定向其上一级人民法院赔偿委员会申请作出赔偿决定。

第二十五条　复议机关应当自收到申请之日起两个月内作出决定。

赔偿请求人不服复议决定的，可以在收到复议决定之日起三十日内向复议机关所在地的同级人民法院赔偿委员会申请作出赔偿决定；复议机关逾期不作决定的，赔偿请求人可以自期限届满之日起三十日内向复议机关所在地的同级人民法院赔偿委员会申请作出赔偿决定。

第二十六条　人民法院赔偿委员会处理赔偿请求，赔偿请求人和赔偿义务机关对自己提出的主张，应当提供证据。

被羁押人在羁押期间死亡或者丧失行为能力的，赔偿义务机关的行为与被羁押人的死亡或者丧失行为能力是否存在因果关系，赔偿义务机关应当提供证据。

第二十七条　人民法院赔偿委员会处理赔偿请求，采取书面审查的办法。必要时，可以向有关单位和人员调查情况、收集证据。赔偿请求人与赔偿义务机关对损害事实及因果关系有争议的，赔偿委员会可以听取赔偿请求人和赔偿义务机关的陈述和申辩，并可以进行质证。

第二十八条　人民法院赔偿委员会应当自收到赔偿申请之日起三个月内作出决定；属于疑难、复杂、重大案件的，经本院院长批准，可以延长三个月。

第二十九条　中级以上的人民法院设立赔偿委员会，由人民法院三名以上审判员组成，组成人员的人数应当为单数。

赔偿委员会作赔偿决定，实行少数服从多数的原则。

赔偿委员会作出的赔偿决定，是发生法律效力的决定，必须执行。

第三十条　赔偿请求人或者赔偿义务机关对赔偿委员会作出的决定，认为确有错误的，可以向上一级人民法院赔偿委员会提出申诉。

赔偿委员会作出的赔偿决定生效后，如发现赔偿决定违反本法规定的，经本院院长决定或者上级人民法院指令，赔偿委员会应当在两个月内重新审查并依法作出决定，上一级人民法院赔偿委员会也可以直接审查并作出决定。

最高人民检察院对各级人民法院赔偿委员会作出的决定，上级人民检察院对下级人民法院赔偿委员会作出的决定，发现违反本法规定的，应当向同级人民法院赔偿委员会提出意见，同级人民法院赔偿委员会应当在两个月内重新审查并依法作出决定。

第三十一条　赔偿义务机关赔偿后，应当向有下列情形之一的工作人员追偿部分或者全部赔偿费用：

有本法第十七条第四项、第五项规定情形的；

在处理案件中有贪污受贿，徇私舞弊，枉法裁判行为的。

对有前款规定情形的责任人员，有关机关应当依法给予处分；构成犯罪的，应当依法追究刑事责任。

第四章　赔偿方式和计算标准

第三十二条　国家赔偿以支付赔偿金为主要方式。

能够返还财产或者恢复原状的，予以返还财产或者恢复原状。

第三十三条　侵犯公民人身自由的，每日赔偿金按照国家上年度职工日平均工资计算。

第三十四条　侵犯公民生命健康权的，赔偿金按照下列规定计算：

造成身体伤害的，应当支付医疗费、护理费，以及赔偿因误工减少的收入。减少的收入每日的赔偿金按照国家上年度职工日平均工资计算，最高额为国家上年度职工年平均工资的五倍；

造成部分或者全部丧失劳动能力的，应当支付医疗费、护理费、残疾生活辅助具费、康复费等因残疾而增加的必要支出和继续治疗所必需的费用，以及残疾赔偿金。残疾赔偿金根据丧失劳动能力的程度，按照国家规定的伤残等级确定，最高不超过国家上年度职工年平均工资的二十倍。造成全部丧失劳动能力的，对其扶养的无劳动能力的人，还应当支付生活费；

造成死亡的，应当支付死亡赔偿金、丧葬费，总额为国家上年度职工年平均工资的二十倍。对死者生前扶养的无劳动能力的人，还应当支付生活费。

前款第二项、第三项规定的生活费的发放标准，参照当地最低生活保障标准执行。被扶养的人是未成年人的，生活费给付至十八周岁止；其他无劳动能力的人，生活费给付至死亡时止。

第三十五条　有本法第三条或者第十七条规定情形之一，致人精神损害的，应当在侵权行为影响的范围内，为受害人消除影响，恢复名誉，赔礼道歉；造成严重后果的，应当支付相应的精神损害抚慰金。

第三十六条　侵犯公民、法人和其他组织的财产权造成损害的，按照下列规定处理：

处罚款、罚金、追缴、没收财产或者违法征收、征用财产的，返还财产；

查封、扣押、冻结财产的，解除对财产的查封、扣押、冻结，造成财产损坏或者灭失的，依照本条第三项、第四项的规定赔偿；

应当返还的财产损坏的，能够恢复原状的恢复原状，不能恢复原状的，按照损害程度给付相应的赔偿金；

应当返还的财产灭失的，给付相应的赔偿金；

财产已经拍卖或者变卖的，给付拍卖或者变卖所得的价款；变卖的价款明显低于财产价值的，应当支付相应的赔偿金；

吊销许可证和执照、责令停产停业的，赔偿停产停业期间必要的经常性费用开支；

返还执行的罚款或者罚金、追缴或者没收的金钱，解除冻结的存款或者汇款的，应当支付银行同期存款利息；

对财产权造成其他损害的，按照直接损失给予赔偿。

第三十七条 赔偿费用列入各级财政预算。

赔偿请求人凭生效的判决书、复议决定书、赔偿决定书或者调解书，向赔偿义务机关申请支付赔偿金。

赔偿义务机关应当自收到支付赔偿金申请之日起七日内，依照预算管理权限向有关的财政部门提出支付申请。财政部门应当自收到支付申请之日起十五日内支付赔偿金。

赔偿费用预算与支付管理的具体办法由国务院规定。

第五章　其他规定

第三十八条 人民法院在民事诉讼、行政诉讼过程中，违法采取对妨害诉讼的强制措施、保全措施或者对判决、裁定及其他生效法律文书执行错误，造成损害的，赔偿请求人要求赔偿的程序，适用本法刑事赔偿程序的规定。

第三十九条 赔偿请求人请求国家赔偿的时效为两年，自其知道或者应当知道国家机关及其工作人员行使职权时的行为侵犯其人身权、财产权之日起计算，但被羁押等限制人身自由期间不计算在内。在申请行政复议或者提起行政诉讼时一并提出赔偿请求的，适用行政复议法、行政诉讼法有关时效的规定。

赔偿请求人在赔偿请求时效的最后六个月内，因不可抗力或者其他障碍不能行使请求权的，时效中止。从中止时效的原因消除之日起，赔偿请求时效期间继续计算。

第四十条　外国人、外国企业和组织在中华人民共和国领域内要求中华人民共和国国家赔偿的，适用本法。

外国人、外国企业和组织的所属国对中华人民共和国公民、法人和其他组织要求该国国家赔偿的权利不予保护或者限制的，中华人民共和国与该外国人、外国企业和组织的所属国实行对等原则。

第六章　附则

第四十一条　赔偿请求人要求国家赔偿的，赔偿义务机关、复议机关和人民法院不得向赔偿请求人收取任何费用。

对赔偿请求人取得的赔偿金不予征税。

第四十二条　本法自 2013 年 1 月 1 日起施行。

中华人民共和国治安管理处罚法

（2005 年 8 月 28 日第十届全国人民代表大会常务委员会第十七次会议通过　根据 2012 年 10 月 26 日第十一届全国人民代表大会常务委员会第二十九次会议《关于修改〈中华人民共和国治安管理处罚法〉的决定》修正）

目录

第一章　总则

第一条　为维护社会治安秩序，保障公共安全，保护公民、法人和其他组织的合法权益，规范和保障公安机关及其人民警察依法履行治安管理职责，制定本法。

第二条　扰乱公共秩序，妨害公共安全，侵犯人身权利、财产权利，妨害社会管理，具有社会危害性，依照《中华人民共和国刑法》的规定构成犯罪的，依法追究刑事责任；尚不够刑事处罚的，由公安机关依照本法给予治安管理处罚。

第三条　治安管理处罚的程序，适用本法的规定；本法没有规定的，适用《中华人民共和国行政处罚法》的有关规定。

第四条　在中华人民共和国领域内发生的违反治安管理行为，除法律有特别规定的外，适用本法。

在中华人民共和国船舶和航空器内发生的违反治安管理行为，除法律有特别规定的外，适用本法。

第五条　治安管理处罚必须以事实为依据，与违反治安管理行为的性质、情节以及社会危害程度相当。

实施治安管理处罚，应当公开、公正，尊重和保障人权，保护公民的人格尊严。

办理治安案件应当坚持教育与处罚相结合的原则。

第六条　各级人民政府应当加强社会治安综合治理，采取有效措施，化解社会矛盾，增进社会和谐，维护社会稳定。

第七条　国务院公安部门负责全国的治安管理工作。县级以上地方各级人民政府公安机关负责本行政区域内的治安管理工作。

治安案件的管辖由国务院公安部门规定。

第八条　违反治安管理的行为对他人造成损害的，行为人或者其监护人应当依法承担民事责任。

第九条　对于因民间纠纷引起的打架斗殴或者损毁他人财物等违反

治安管理行为，情节较轻的，公安机关可以调解处理。经公安机关调解，当事人达成协议的，不予处罚。经调解未达成协议或者达成协议后不履行的，公安机关应当依照本法的规定对违反治安管理行为人给予处罚，并告知当事人可以就民事争议依法向人民法院提起民事诉讼。

第二章　处罚的种类和适用

第十条　治安管理处罚的种类分为：

（一）警告；

（二）罚款；

（三）行政拘留；

（四）吊销公安机关发放的许可证。

对违反治安管理的外国人，可以附加适用限期出境或者驱逐出境。

第十一条　办理治安案件所查获的毒品、淫秽物品等违禁品，赌具、赌资，吸食、注射毒品的用具以及直接用于实施违反治安管理行为的本人所有的工具，应当收缴，按照规定处理。

违反治安管理所得的财物，追缴退还被侵害人；没有被侵害人的，登记造册，公开拍卖或者按照国家有关规定处理，所得款项上缴国库。

第十二条　已满十四周岁不满十八周岁的人违反治安管理的，从轻或者减轻处罚；不满十四周岁的人违反治安管理的，不予处罚，但是应当责令其监护人严加管教。

第十三条　精神病人在不能辨认或者不能控制自己行为的时候违反治安管理的，不予处罚，但是应当责令其监护人严加看管和治疗。间歇性的精神病人在精神正常的时候违反治安管理的，应当给予处罚。

第十四条　盲人或者又聋又哑的人违反治安管理的，可以从轻、减轻或者不予处罚。

第十五条　醉酒的人违反治安管理的，应当给予处罚。

醉酒的人在醉酒状态中，对本人有危险或者对他人的人身、财产或者公共安全有威胁的，应当对其采取保护性措施约束至酒醒。

第十六条　有两种以上违反治安管理行为的，分别决定，合并执行。行政拘留处罚合并执行的，最长不超过二十日。

第十七条　共同违反治安管理的，根据违反治安管理行为人在违反治安管理行为中所起的作用，分别处罚。

教唆、胁迫、诱骗他人违反治安管理的，按照其教唆、胁迫、诱骗的行为处罚。

第十八条　单位违反治安管理的，对其直接负责的主管人员和其他直接责任人员依照本法的规定处罚。其他法律、行政法规对同一行为规定给予单位处罚的，依照其规定处罚。

第十九条　违反治安管理有下列情形之一的，减轻处罚或者不予处罚：

（一）情节特别轻微的；

（二）主动消除或者减轻违法后果，并取得被侵害人谅解的；

（三）出于他人胁迫或者诱骗的；

（四）主动投案，向公安机关如实陈述自己的违法行为的；

（五）有立功表现的。

第二十条　违反治安管理有下列情形之一的，从重处罚：

（一）有较严重后果的；

（二）教唆、胁迫、诱骗他人违反治安管理的；

（三）对报案人、控告人、举报人、证人打击报复的；

（四）六个月内曾受过治安管理处罚的。

第二十一条　违反治安管理行为人有下列情形之一，依照本法应当给予行政拘留处罚的，不执行行政拘留处罚：

（一）已满十四周岁不满十六周岁的；

（二）已满十六周岁不满十八周岁，初次违反治安管理的；

（三）七十周岁以上的；

（四）怀孕或者哺乳自己不满一周岁婴儿的。

第二十二条　违反治安管理行为在六个月内没有被公安机关发现的，不再处罚。

前款规定的期限，从违反治安管理行为发生之日起计算；违反治安管理行为有连续或者继续状态的，从行为终了之日起计算。

第三章 违反治安管理的行为和处罚

第一节 扰乱公共秩序的行为和处罚

第二十三条 有下列行为之一的，处警告或者二百元以下罚款；情节较重的，处五日以上十日以下拘留，可以并处五百元以下罚款：

（一）扰乱机关、团体、企业、事业单位秩序，致使工作、生产、营业、医疗、教学、科研不能正常进行，尚未造成严重损失的；

（二）扰乱车站、港口、码头、机场、商场、公园、展览馆或者其他公共场所秩序的；

（三）扰乱公共汽车、电车、火车、船舶、航空器或者其他公共交通工具上的秩序的；

（四）非法拦截或者强登、扒乘机动车、船舶、航空器以及其他交通工具，影响交通工具正常行驶的；

（五）破坏依法进行的选举秩序的。

聚众实施前款行为的，对首要分子处十日以上十五日以下拘留，可以并处一千元以下罚款。

第二十四条 有下列行为之一，扰乱文化、体育等大型群众性活动秩序的，处警告或者二百元以下罚款；情节严重的，处五日以上十日以下拘留，可以并处五百元以下罚款：

（一）强行进入场内的；

（二）违反规定，在场内燃放烟花爆竹或者其他物品的；

（三）展示侮辱性标语、条幅等物品的；

（四）围攻裁判员、运动员或者其他工作人员的；

（五）向场内投掷杂物，不听制止的；

（六）扰乱大型群众性活动秩序的其他行为。

因扰乱体育比赛秩序被处以拘留处罚的，可以同时责令其十二个月内不得进入体育场馆观看同类比赛；违反规定进入体育场馆的，强行带离现场。

第二十五条　有下列行为之一的，处五日以上十日以下拘留，可以并处五百元以下罚款；情节较轻的，处五日以下拘留或者五百元以下罚款：

（一）散布谣言，谎报险情、疫情、警情或者以其他方法故意扰乱公共秩序的；

（二）投放虚假的爆炸性、毒害性、放射性、腐蚀性物质或者传染病病原体等危险物质扰乱公共秩序的；

（三）扬言实施放火、爆炸、投放危险物质扰乱公共秩序的。

第二十六条　有下列行为之一的，处五日以上十日以下拘留，可以并处五百元以下罚款；情节较重的，处十日以上十五日以下拘留，可以并处一千元以下罚款：

（一）结伙斗殴的；

（二）追逐、拦截他人的；

（三）强拿硬要或者任意损毁、占用公私财物的；

（四）其他寻衅滋事行为。

第二十七条　有下列行为之一的，处十日以上十五日以下拘留，可以并处一千元以下罚款；情节较轻的，处五日以上十日以下拘留，可以并处五百元以下罚款：

（一）组织、教唆、胁迫、诱骗、煽动他人从事邪教、会道门活动或者利用邪教、会道门、迷信活动，扰乱社会秩序、损害他人身体健康的；

（二）冒用宗教、气功名义进行扰乱社会秩序、损害他人身体健康活动的。

第二十八条　违反国家规定，故意干扰无线电业务正常进行的，或者对正常运行的无线电台（站）产生有害干扰，经有关主管部门指出后，拒不采取有效措施消除的，处五日以上十日以下拘留；情节严重的，处十日以上十五日以下拘留。

第二十九条　有下列行为之一的，处五日以下拘留；情节较重的，处五日以上十日以下拘留：

（一）违反国家规定，侵入计算机信息系统，造成危害的；

（二）违反国家规定，对计算机信息系统功能进行删除、修改、增加、干扰，造成计算机信息系统不能正常运行的；

（三）违反国家规定，对计算机信息系统中存储、处理、传输的数据和应用程序进行删除、修改、增加的；

（四）故意制作、传播计算机病毒等破坏性程序，影响计算机信息系统正常运行的。

第二节　妨害公共安全的行为和处罚

第三十条　违反国家规定，制造、买卖、储存、运输、邮寄、携带、使用、提供、处置爆炸性、毒害性、放射性、腐蚀性物质或者传染病病原体等危险物质的，处十日以上十五日以下拘留；情节较轻的，处五日以上十日以下拘留。

第三十一条　爆炸性、毒害性、放射性、腐蚀性物质或者传染病病原体等危险物质被盗、被抢或者丢失，未按规定报告的，处五日以下拘留；故意隐瞒不报的，处五日以上十日以下拘留。

第三十二条　非法携带枪支、弹药或者弩、匕首等国家规定的管制器具的，处五日以下拘留，可以并处五百元以下罚款；情节较轻的，处警告或者二百元以下罚款。

非法携带枪支、弹药或者弩、匕首等国家规定的管制器具进入公共场所或者公共交通工具的，处五日以上十日以下拘留，可以并处五百元以下罚款。

第三十三条　有下列行为之一的，处十日以上十五日以下拘留：

（一）盗窃、损毁油气管道设施、电力电信设施、广播电视设施、水利防汛工程设施或者水文监测、测量、气象测报、环境监测、地质监测、地震监测等公共设施的；

（二）移动、损毁国家边境的界碑、界桩以及其他边境标志、边境设施或者领土、领海标志设施的；

（三）非法进行影响国（边）界线走向的活动或者修建有碍国（边）境管理的设施的。

第三十四条 盗窃、损坏、擅自移动使用中的航空设施，或者强行进入航空器驾驶舱的，处十日以上十五日以下拘留。

在使用中的航空器上使用可能影响导航系统正常功能的器具、工具，不听劝阻的，处五日以下拘留或者五百元以下罚款。

第三十五条 有下列行为之一的，处五日以上十日以下拘留，可以并处五百元以下罚款；情节较轻的，处五日以下拘留或者五百元以下罚款：

（一）盗窃、损毁或者擅自移动铁路设施、设备、机车车辆配件或者安全标志的；

（二）在铁路线路上放置障碍物，或者故意向列车投掷物品的；

（三）在铁路线路、桥梁、涵洞处挖掘坑穴、采石取沙的；

（四）在铁路线路上私设道口或者平交过道的。

第三十六条 擅自进入铁路防护网或者火车来临时在铁路线路上行走坐卧、抢越铁路，影响行车安全的，处警告或者二百元以下罚款。

第三十七条 有下列行为之一的，处五日以下拘留或者五百元以下罚款；情节严重的，处五日以上十日以下拘留，可以并处五百元以下罚款：

（一）未经批准，安装、使用电网的，或者安装、使用电网不符合安全规定的；

（二）在车辆、行人通行的地方施工，对沟井坎穴不设覆盖物、防围和警示标志的，或者故意损毁、移动覆盖物、防围和警示标志的；

（三）盗窃、损毁路面井盖、照明等公共设施的。

第三十八条 举办文化、体育等大型群众性活动，违反有关规定，有发生安全事故危险的，责令停止活动，立即疏散。对组织者处五日以上十日以下拘留，并处二百元以上五百元以下罚款；情节较轻的，处五日以下拘留或者五百元以下罚款。

第三十九条 旅馆、饭店、影剧院、娱乐场、运动场、展览馆或者其他供社会公众活动的场所的经营管理人员，违反安全规定，致使该场所有发生安全事故危险，经公安机关责令改正，拒不改正的，处五日以下拘留。

第三节　侵犯人身权利、财产权利的行为和处罚

第四十条　有下列行为之一的，处十日以上十五日以下拘留，并处五百元以上一千元以下罚款；情节较轻的，处五日以上十日以下拘留，并处二百元以上五百元以下罚款：

（一）组织、胁迫、诱骗不满十六周岁的人或者残疾人进行恐怖、残忍表演的；

（二）以暴力、威胁或者其他手段强迫他人劳动的；

（三）非法限制他人人身自由、非法侵入他人住宅或者非法搜查他人身体的。

第四十一条　胁迫、诱骗或者利用他人乞讨的，处十日以上十五日以下拘留，可以并处一千元以下罚款。

反复纠缠、强行讨要或者以其他滋扰他人的方式乞讨的，处五日以下拘留或者警告。

第四十二条　有下列行为之一的，处五日以下拘留或者五百元以下罚款；情节较重的，处五日以上十日以下拘留，可以并处五百元以下罚款：

（一）写恐吓信或者以其他方法威胁他人人身安全的；

（二）公然侮辱他人或者捏造事实诽谤他人的；

（三）捏造事实诬告陷害他人，企图使他人受到刑事追究或者受到治安管理处罚的；

（四）对证人及其近亲属进行威胁、侮辱、殴打或者打击报复的；

（五）多次发送淫秽、侮辱、恐吓或者其他信息，干扰他人正常生活的；

（六）偷窥、偷拍、窃听、散布他人隐私的。

第四十三条　殴打他人的，或者故意伤害他人身体的，处五日以上

十日以下拘留，并处二百元以上五百元以下罚款；情节较轻的，处五日以下拘留或者五百元以下罚款。

有下列情形之一的，处十日以上十五日以下拘留，并处五百元以上一千元以下罚款：

（一）结伙殴打、伤害他人的；

（二）殴打、伤害残疾人、孕妇、不满十四周岁的人或者六十周岁以上的人的；

（三）多次殴打、伤害他人或者一次殴打、伤害多人的。

第四十四条　猥亵他人的，或者在公共场所故意裸露身体，情节恶劣的，处五日以上十日以下拘留；猥亵智力残疾人、精神病人、不满十四周岁的人或者有其他严重情节的，处十日以上十五日以下拘留。

第四十五条　有下列行为之一的，处五日以下拘留或者警告：

（一）虐待家庭成员，被虐待人要求处理的；

（二）遗弃没有独立生活能力的被扶养人的。

第四十六条　强买强卖商品，强迫他人提供服务或者强迫他人接受服务的，处五日以上十日以下拘留，并处二百元以上五百元以下罚款；情节较轻的，处五日以下拘留或者五百元以下罚款。

第四十七条　煽动民族仇恨、民族歧视，或者在出版物、计算机信息网络中刊载民族歧视、侮辱内容的，处十日以上十五日以下拘留，可以并处一千元以下罚款。

第四十八条　冒领、隐匿、毁弃、私自开拆或者非法检查他人邮件的，处五日以下拘留或者五百元以下罚款。

第四十九条　盗窃、诈骗、哄抢、抢夺、敲诈勒索或者故意损毁公私财物的，处五日以上十日以下拘留，可以并处五百元以下罚款；情节较重的，处十日以上十五日以下拘留，可以并处一千元以下罚款。

第四节　妨害社会管理的行为和处罚

第五十条　有下列行为之一的，处警告或者二百元以下罚款；情节严重的，处五日以上十日以下拘留，可以并处五百元以下罚款：

（一）拒不执行人民政府在紧急状态情况下依法发布的决定、命令的；

（二）阻碍国家机关工作人员依法执行职务的；

（三）阻碍执行紧急任务的消防车、救护车、工程抢险车、警车等车辆通行的；

（四）强行冲闯公安机关设置的警戒带、警戒区的。

阻碍人民警察依法执行职务的，从重处罚。

第五十一条　冒充国家机关工作人员或者以其他虚假身份招摇撞骗的，处五日以上十日以下拘留，可以并处五百元以下罚款；情节较轻的，处五日以下拘留或者五百元以下罚款。

冒充军警人员招摇撞骗的，从重处罚。

第五十二条　有下列行为之一的，处十日以上十五日以下拘留，可以并处一千元以下罚款；情节较轻的，处五日以上十日以下拘留，可以并处五百元以下罚款：

（一）伪造、变造或者买卖国家机关、人民团体、企业、事业单位或者其他组织的公文、证件、证明文件、印章的；

（二）买卖或者使用伪造、变造的国家机关、人民团体、企业、事业单位或者其他组织的公文、证件、证明文件的；

（三）伪造、变造、倒卖车票、船票、航空客票、文艺演出票、体育比赛入场券或者其他有价票证、凭证的；

（四）伪造、变造船舶户牌，买卖或者使用伪造、变造的船舶户牌，或者涂改船舶发动机号码的。

第五十三条　船舶擅自进入、停靠国家禁止、限制进入的水域或者岛屿的，对船舶负责人及有关责任人员处五百元以上一千元以下罚款；情节严重的，处五日以下拘留，并处五百元以上一千元以下罚款。

第五十四条　有下列行为之一的，处十日以上十五日以下拘留，并处五百元以上一千元以下罚款；情节较轻的，处五日以下拘留或者五百元以下罚款：

（一）违反国家规定，未经注册登记，以社会团体名义进行活动，被取缔后，仍进行活动的；

（二）被依法撤销登记的社会团体，仍以社会团体名义进行活动的；

（三）未经许可，擅自经营按照国家规定需要由公安机关许可的行业的。

有前款第三项行为的，予以取缔。

取得公安机关许可的经营者，违反国家有关管理规定，情节严重的，公安机关可以吊销许可证。

第五十五条　煽动、策划非法集会、游行、示威，不听劝阻的，处十日以上十五日以下拘留。

第五十六条　旅馆业的工作人员对住宿的旅客不按规定登记姓名、身份证件种类和号码的，或者明知住宿的旅客将危险物质带入旅馆，不予制止的，处二百元以上五百元以下罚款。

旅馆业的工作人员明知住宿的旅客是犯罪嫌疑人员或者被公安机关通缉的人员，不向公安机关报告的，处二百元以上五百元以下罚款；情节严重的，处五日以下拘留，可以并处五百元以下罚款。

第五十七条　房屋出租人将房屋出租给无身份证件的人居住的，或者不按规定登记承租人姓名、身份证件种类和号码的，处二百元以上五百元以下罚款。

房屋出租人明知承租人利用出租房屋进行犯罪活动，不向公安机关报告的，处二百元以上五百元以下罚款；情节严重的，处五日以下拘留，可以并处五百元以下罚款。

第五十八条　违反关于社会生活噪声污染防治的法律规定，制造噪声干扰他人正常生活的，处警告；警告后不改正的，处二百元以上五百元以下罚款。

第五十九条　有下列行为之一的，处五百元以上一千元以下罚款；情节严重的，处五日以上十日以下拘留，并处五百元以上一千元以下罚款：

（一）典当业工作人员承接典当的物品，不查验有关证明、不履行登记手续，或者明知是违法犯罪嫌疑人、赃物，不向公安机关报告的；

（二）违反国家规定，收购铁路、油田、供电、电信、矿山、水利、测量和城市公用设施等废旧专用器材的；

（三）收购公安机关通报寻查的赃物或者有赃物嫌疑的物品的；

（四）收购国家禁止收购的其他物品的。

第六十条　有下列行为之一的，处五日以上十日以下拘留，并处二百元以上五百元以下罚款：

（一）隐藏、转移、变卖或者损毁行政执法机关依法扣押、查封、冻结的财物的；

（二）伪造、隐匿、毁灭证据或者提供虚假证言、谎报案情，影响行政执法机关依法办案的；

（三）明知是赃物而窝藏、转移或者代为销售的；

（四）被依法执行管制、剥夺政治权利或者在缓刑、暂予监外执行中的罪犯或者被依法采取刑事强制措施的人，有违反法律、行政法规或者国务院有关部门的监督管理规定的行为。

第六十一条　协助组织或者运送他人偷越国（边）境的，处十日以上十五日以下拘留，并处一千元以上五千元以下罚款。

第六十二条　为偷越国（边）境人员提供条件的，处五日以上十日以下拘留，并处五百元以上二千元以下罚款。

偷越国（边）境的，处五日以下拘留或者五百元以下罚款。

第六十三条　有下列行为之一的，处警告或者二百元以下罚款；情节较重的，处五日以上十日以下拘留，并处二百元以上五百元以下罚款：

（一）刻划、涂污或者以其他方式故意损坏国家保护的文物、名胜古迹的；

（二）违反国家规定，在文物保护单位附近进行爆破、挖掘等活动，危及文物安全的。

第六十四条　有下列行为之一的，处五百元以上一千元以下罚款；情节严重的，处十日以上十五日以下拘留，并处五百元以上一千元以下罚款：

（一）偷开他人机动车的；

（二）未取得驾驶证驾驶或者偷开他人航空器、机动船舶的。

第六十五条　有下列行为之一的，处五日以上十日以下拘留；情节严重的，处十日以上十五日以下拘留，可以并处一千元以下罚款：

（一）故意破坏、污损他人坟墓或者毁坏、丢弃他人尸骨、骨灰的；

（二）在公共场所停放尸体或者因停放尸体影响他人正常生活、工作秩序，不听劝阻的。

第六十六条　卖淫、嫖娼的，处十日以上十五日以下拘留，可以并处五千元以下罚款；情节较轻的，处五日以下拘留或者五百元以下罚款。

在公共场所拉客招嫖的，处五日以下拘留或者五百元以下罚款。

第六十七条　引诱、容留、介绍他人卖淫的，处十日以上十五日以下拘留，可以并处五千元以下罚款；情节较轻的，处五日以下拘留或者五百元以下罚款。

第六十八条　制作、运输、复制、出售、出租淫秽的书刊、图片、影片、音像制品等淫秽物品或者利用计算机信息网络、电话以及其他通信工具传播淫秽信息的，处十日以上十五日以下拘留，可以并处三千元以下罚款；情节较轻的，处五日以下拘留或者五百元以下罚款。

第六十九条　有下列行为之一的，处十日以上十五日以下拘留，并处五百元以上一千元以下罚款：

（一）组织播放淫秽音像的；

（二）组织或者进行淫秽表演的；

（三）参与聚众淫乱活动的。

明知他人从事前款活动，为其提供条件的，依照前款的规定处罚。

第七十条　以营利为目的，为赌博提供条件的，或者参与赌博赌资较大的，处五日以下拘留或者五百元以下罚款；情节严重的，处十日以上十五日以下拘留，并处五百元以上三千元以下罚款。

第七十一条　有下列行为之一的，处十日以上十五日以下拘留，可以并处三千元以下罚款；情节较轻的，处五日以下拘留或者五百元以下罚款：

（一）非法种植罂粟不满五百株或者其他少量毒品原植物的；

（二）非法买卖、运输、携带、持有少量未经灭活的罂粟等毒品原植物种子或者幼苗的；

（三）非法运输、买卖、储存、使用少量罂粟壳的。

有前款第一项行为，在成熟前自行铲除的，不予处罚。

第七十二条 有下列行为之一的，处十日以上十五日以下拘留，可以并处二千元以下罚款；情节较轻的，处五日以下拘留或者五百元以下罚款：

（一）非法持有鸦片不满二百克、海洛因或者甲基苯丙胺不满十克或者其他少量毒品的；

（二）向他人提供毒品的；

（三）吸食、注射毒品的；

（四）胁迫、欺骗医务人员开具麻醉药品、精神药品的。

第七十三条 教唆、引诱、欺骗他人吸食、注射毒品的，处十日以上十五日以下拘留，并处五百元以上二千元以下罚款。

第七十四条 旅馆业、饮食服务业、文化娱乐业、出租汽车业等单位的人员，在公安机关查处吸毒、赌博、卖淫、嫖娼活动时，为违法犯罪行为人通风报信的，处十日以上十五日以下拘留。

第七十五条 饲养动物，干扰他人正常生活的，处警告；警告后不改正的，或者放任动物恐吓他人的，处二百元以上五百元以下罚款。

驱使动物伤害他人的，依照本法第四十三条第一款的规定处罚。

第七十六条 有本法第六十七条、第六十八条、第七十条的行为，屡教不改的，可以按照国家规定采取强制性教育措施。

第四章　处罚程序

第一节　调查

第七十七条 公安机关对报案、控告、举报或者违反治安管理行为人主动投案，以及其他行政主管部门、司法机关移送的违反治安管理案件，应当及时受理，并进行登记。

第七十八条 公安机关受理报案、控告、举报、投案后，认为属于违反治安管理行为的，应当立即进行调查；认为不属于违反治安管理行为的，应当告知报案人、控告人、举报人、投案人，并说明理由。

第七十九条　公安机关及其人民警察对治安案件的调查，应当依法进行。严禁刑讯逼供或者采用威胁、引诱、欺骗等非法手段收集证据。

以非法手段收集的证据不得作为处罚的根据。

第八十条　公安机关及其人民警察在办理治安案件时，对涉及的国家秘密、商业秘密或者个人隐私，应当予以保密。

第八十一条　人民警察在办理治安案件过程中，遇有下列情形之一的，应当回避；违反治安管理行为人、被侵害人或者其法定代理人也有权要求他们回避：

（一）是本案当事人或者当事人的近亲属的；

（二）本人或者其近亲属与本案有利害关系的；

（三）与本案当事人有其他关系，可能影响案件公正处理的。

人民警察的回避，由其所属的公安机关决定；公安机关负责人的回避，由上一级公安机关决定。

第八十二条　需要传唤违反治安管理行为人接受调查的，经公安机关办案部门负责人批准，使用传唤证传唤。对现场发现的违反治安管理行为人，人民警察经出示工作证件，可以口头传唤，但应当在询问笔录中注明。

公安机关应当将传唤的原因和依据告知被传唤人。对无正当理由不接受传唤或者逃避传唤的人，可以强制传唤。

第八十三条　对违反治安管理行为人，公安机关传唤后应当及时询问查证，询问查证的时间不得超过八小时；情况复杂，依照本法规定可能适用行政拘留处罚的，询问查证的时间不得超过二十四小时。

公安机关应当及时将传唤的原因和处所通知被传唤人家属。

第八十四条　询问笔录应当交被询问人核对；对没有阅读能力的，应当向其宣读。记载有遗漏或者差错的，被询问人可以提出补充或者更正。被询问人确认笔录无误后，应当签名或者盖章，询问的人民警察也应当在笔录上签名。

被询问人要求就被询问事项自行提供书面材料的，应当准许；必要时，人民警察也可以要求被询问人自行书写。

询问不满十六周岁的违反治安管理行为人，应当通知其父母或者其他监护人到场。

第八十五条 人民警察询问被侵害人或者其他证人，可以到其所在单位或者住处进行；必要时，也可以通知其到公安机关提供证言。

人民警察在公安机关以外询问被侵害人或者其他证人，应当出示工作证件。

询问被侵害人或者其他证人，同时适用本法第八十四条的规定。

第八十六条 询问聋哑的违反治安管理行为人、被侵害人或者其他证人，应当有通晓手语的人提供帮助，并在笔录上注明。

询问不通晓当地通用的语言文字的违反治安管理行为人、被侵害人或者其他证人，应当配备翻译人员，并在笔录上注明。

第八十七条 公安机关对与违反治安管理行为有关的场所、物品、人身可以进行检查。检查时，人民警察不得少于二人，并应当出示工作证件和县级以上人民政府公安机关开具的检查证明文件。对确有必要立即进行检查的，人民警察经出示工作证件，可以当场检查，但检查公民住所应当出示县级以上人民政府公安机关开具的检查证明文件。

检查妇女的身体，应当由女性工作人员进行。

第八十八条 检查的情况应当制作检查笔录，由检查人、被检查人和见证人签名或者盖章；被检查人拒绝签名的，人民警察应当在笔录上注明。

第八十九条 公安机关办理治安案件，对与案件有关的需要作为证据的物品，可以扣押；对被侵害人或者善意第三人合法占有的财产，不得扣押，应当予以登记。对与案件无关的物品，不得扣押。

对扣押的物品，应当会同在场见证人和被扣押物品持有人查点清楚，当场开列清单一式二份，由调查人员、见证人和持有人签名或者盖章，一份交给持有人，另一份附卷备查。

对扣押的物品，应当妥善保管，不得挪作他用；对不宜长期保存的物品，按照有关规定处理。经查明与案件无关的，应当及时退还；经核实属于他人合法财产的，应当登记后立即退还；满六个月无人对该财产主张权利或者无法查清权利人的，应当公开拍卖或者按照国家有关规定处理，所得款项上缴国库。

第九十条　为了查明案情，需要解决案件中有争议的专门性问题的，应当指派或者聘请具有专门知识的人员进行鉴定；鉴定人鉴定后，应当写出鉴定意见，并且签名。

第二节　决定

第九十一条　治安管理处罚由县级以上人民政府公安机关决定；其中警告、五百元以下的罚款可以由公安派出所决定。

第九十二条　对决定给予行政拘留处罚的人，在处罚前已经采取强制措施限制人身自由的时间，应当折抵。限制人身自由一日，折抵行政拘留一日。

第九十三条　公安机关查处治安案件，对没有本人陈述，但其他证据能够证明案件事实的，可以作出治安管理处罚决定。但是，只有本人陈述，没有其他证据证明的，不能作出治安管理处罚决定。

第九十四条　公安机关作出治安管理处罚决定前，应当告知违反治安管理行为人作出治安管理处罚的事实、理由及依据，并告知违反治安管理行为人依法享有的权利。

违反治安管理行为人有权陈述和申辩。公安机关必须充分听取违反治安管理行为人的意见，对违反治安管理行为人提出的事实、理由和证据，应当进行复核；违反治安管理行为人提出的事实、理由或者证据成立的，公安机关应当采纳。

公安机关不得因违反治安管理行为人的陈述、申辩而加重处罚。

第九十五条　治安案件调查结束后，公安机关应当根据不同情况，分别作出以下处理：

（一）确有依法应当给予治安管理处罚的违法行为的，根据情节轻重及具体情况，作出处罚决定；

（二）依法不予处罚的，或者违法事实不能成立的，作出不予处罚决定；

（三）违法行为已涉嫌犯罪的，移送主管机关依法追究刑事责任；

（四）发现违反治安管理行为人有其他违法行为的，在对违反治安管理行为作出处罚决定的同时，通知有关行政主管部门处理。

第九十六条　公安机关作出治安管理处罚决定的，应当制作治安管理处罚决定书。决定书应当载明下列内容：

（一）被处罚人的姓名、性别、年龄、身份证件的名称和号码、住址；

（二）违法事实和证据；

（三）处罚的种类和依据；

（四）处罚的执行方式和期限；

（五）对处罚决定不服，申请行政复议、提起行政诉讼的途径和期限；

（六）作出处罚决定的公安机关的名称和作出决定的日期。

决定书应当由作出处罚决定的公安机关加盖印章。

第九十七条　公安机关应当向被处罚人宣告治安管理处罚决定书，并当场交付被处罚人；无法当场向被处罚人宣告的，应当在二日内送达被处罚人。决定给予行政拘留处罚的，应当及时通知被处罚人的家属。

有被侵害人的，公安机关应当将决定书副本抄送被侵害人。

第九十八条　公安机关作出吊销许可证以及处二千元以上罚款的治安管理处罚决定前，应当告知违反治安管理行为人有权要求举行听证；违反治安管理行为人要求听证的，公安机关应当及时依法举行听证。

第九十九条　公安机关办理治安案件的期限，自受理之日起不得超过三十日；案情重大、复杂的，经上一级公安机关批准，可以延长三十日。

为了查明案情进行鉴定的期间，不计入办理治安案件的期限。

第一百条　违反治安管理行为事实清楚，证据确凿，处警告或者二百元以下罚款的，可以当场作出治安管理处罚决定。

第一百零一条　当场作出治安管理处罚决定的，人民警察应当向违反治安管理行为人出示工作证件，并填写处罚决定书。处罚决定书应当当场交付被处罚人；有被侵害人的，并将决定书副本抄送被侵害人。

前款规定的处罚决定书，应当载明被处罚人的姓名、违法行为、处罚依据、罚款数额、时间、地点以及公安机关名称，并由经办的人民警察签名或者盖章。

当场作出治安管理处罚决定的，经办的人民警察应当在二十四小时内报所属公安机关备案。

第一百零二条　被处罚人对治安管理处罚决定不服的，可以依法申请行政复议或者提起行政诉讼。

第三节　执行

第一百零三条　对被决定给予行政拘留处罚的人，由作出决定的公安机关送达拘留所执行。

第一百零四条　受到罚款处罚的人应当自收到处罚决定书之日起十五日内，到指定的银行缴纳罚款。但是，有下列情形之一的，人民警察可以当场收缴罚款：

（一）被处五十元以下罚款，被处罚人对罚款无异议的；

（二）在边远、水上、交通不便地区，公安机关及其人民警察依照本法的规定作出罚款决定后，被处罚人向指定的银行缴纳罚款确有困难，经被处罚人提出的；

（三）被处罚人在当地没有固定住所，不当场收缴事后难以执行的。

第一百零五条　人民警察当场收缴的罚款，应当自收缴罚款之日起二日内，交至所属的公安机关；在水上、旅客列车上当场收缴的罚款，应当自抵岸或者到站之日起二日内，交至所属的公安机关；公安机关应当自收到罚款之日起二日内将罚款缴付指定的银行。

第一百零六条　人民警察当场收缴罚款的，应当向被处罚人出具省、自治区、直辖市人民政府财政部门统一制发的罚款收据；不出具统一制发的罚款收据的，被处罚人有权拒绝缴纳罚款。

第一百零七条　被处罚人不服行政拘留处罚决定，申请行政复议、提起行政诉讼的，可以向公安机关提出暂缓执行行政拘留的申请。公安机关认为暂缓执行行政拘留不致发生社会危险的，由被处罚人或者其近亲属提出符合本法第一百零八条规定条件的担保人，或者按每日行政拘留二百元的标准交纳保证金，行政拘留的处罚决定暂缓执行。

第一百零八条 担保人应当符合下列条件：

（一）与本案无牵连；

（二）享有政治权利，人身自由未受到限制；

（三）在当地有常住户口和固定住所；

（四）有能力履行担保义务。

第一百零九条 担保人应当保证被担保人不逃避行政拘留处罚的执行。

担保人不履行担保义务，致使被担保人逃避行政拘留处罚的执行的，由公安机关对其处三千元以下罚款。

第一百一十条 被决定给予行政拘留处罚的人交纳保证金，暂缓行政拘留后，逃避行政拘留处罚的执行的，保证金予以没收并上缴国库，已经作出的行政拘留决定仍应执行。

第一百一十一条 行政拘留的处罚决定被撤销，或者行政拘留处罚开始执行的，公安机关收取的保证金应当及时退还交纳人。

第五章 执法监督

第一百一十二条 公安机关及其人民警察应当依法、公正、严格、高效办理治安案件，文明执法，不得徇私舞弊。

第一百一十三条 公安机关及其人民警察办理治安案件，禁止对违反治安管理行为人打骂、虐待或者侮辱。

第一百一十四条 公安机关及其人民警察办理治安案件，应当自觉接受社会和公民的监督。

公安机关及其人民警察办理治安案件，不严格执法或者有违法违纪行为的，任何单位和个人都有权向公安机关或者人民检察院、行政监察机关检举、控告；收到检举、控告的机关，应当依据职责及时处理。

第一百一十五条 公安机关依法实施罚款处罚，应当依照有关法律、行政法规的规定，实行罚款决定与罚款收缴分离；收缴的罚款应当全部上缴国库。

第一百一十六条　人民警察办理治安案件，有下列行为之一的，依法给予行政处分；构成犯罪的，依法追究刑事责任：

（一）刑讯逼供、体罚、虐待、侮辱他人的；

（二）超过询问查证的时间限制人身自由的；

（三）不执行罚款决定与罚款收缴分离制度或者不按规定将罚没的财物上缴国库或者依法处理的；

（四）私分、侵占、挪用、故意损毁收缴、扣押的财物的；

（五）违反规定使用或者不及时返还被侵害人财物的；

（六）违反规定不及时退还保证金的；

（七）利用职务上的便利收受他人财物或者谋取其他利益的；

（八）当场收缴罚款不出具罚款收据或者不如实填写罚款数额的；

（九）接到要求制止违反治安管理行为的报警后，不及时出警的；

（十）在查处违反治安管理活动时，为违法犯罪行为人通风报信的；

（十一）有徇私舞弊、滥用职权，不依法履行法定职责的其他情形的。

办理治安案件的公安机关有前款所列行为的，对直接负责的主管人员和其他直接责任人员给予相应的行政处分。

第一百一十七条　公安机关及其人民警察违法行使职权，侵犯公民、法人和其他组织合法权益的，应当赔礼道歉；造成损害的，应当依法承担赔偿责任。

第六章　附则

第一百一十八条　本法所称以上、以下、以内，包括本数。

第一百一十九条　本法自 2006 年 3 月 1 日起施行。1986 年 9 月 5 日公布、1994 年 5 月 12 日修订公布的《中华人民共和国治安管理处罚条例》同时废止。

中华人民共和国刑法（节选）^①

第一编　总则

第一章　刑法的任务、基本原则和适用范围

第一条 【立法宗旨】为了惩罚犯罪，保护人民，根据宪法，结合我国同犯罪作斗争的具体经验及实际情况，制定本法。

第二条 【本法任务】中华人民共和国刑法的任务，是用刑罚同一切犯罪行为作斗争，以保卫国家安全，保卫人民民主专政的政权和社会主义制度，保护国有财产和劳动群众集体所有的财产，保护公民私人所有的财产，保护公民的人身权利、民主权利和其他权利，维护社会秩序、经济秩序，保障社会主义建设事业的顺利进行。

第三条 【罪刑法定原则】法律明文规定为犯罪行为的，依照法律定罪处刑；法律没有明文规定为犯罪行为的，不得定罪处刑。

第四条 【平等适用刑法原则】对任何人犯罪，在适用法律上一律平等。不允许任何人有超越法律的特权。

第五条 【罪刑相适应原则】刑罚的轻重，应当与犯罪分子所犯罪行和承担的刑事责任相适应。

第六条 【属地管辖】凡在中华人民共和国领域内犯罪的，除法律有特别规定的以外，都适用本法。

凡在中华人民共和国船舶或者航空器内犯罪的，也适用本法。

---

① 节选自《中华人民共和国刑法修正案（十一）》，2020 年 12 月 26 日中华人民共和国第十三届全国人大常委会第二十四次会议通过，2020 年 12 月 26 日中华人民共和国主席令（第六十六号）公布，自 2021 年 3 月 1 日起施行。

犯罪的行为或者结果有一项发生在中华人民共和国领域内的，就认为是在中华人民共和国领域内犯罪。

第七条　【属人管辖】中华人民共和国公民在中华人民共和国领域外犯本法规定之罪的，适用本法，但是按本法规定的最高刑为三年以下有期徒刑的，可以不予追究。

中华人民共和国国家工作人员和军人在中华人民共和国领域外犯本法规定之罪的，适用本法。

第八条　【保护管辖】外国人在中华人民共和国领域外对中华人民共和国国家或者公民犯罪，而按本法规定的最低刑为三年以上有期徒刑的，可以适用本法，但是按照犯罪地的法律不受处罚的除外。

第九条　【普遍管辖】对于中华人民共和国缔结或者参加的国际条约所规定的罪行，中华人民共和国在所承担条约义务的范围内行使刑事管辖权的，适用本法。

第十条　【对外国刑事判决的消极承认】凡在中华人民共和国领域外犯罪，依照本法应当负刑事责任的，虽然经过外国审判，仍然可以依照本法追究，但是在外国已经受过刑罚处罚的，可以免除或者减轻处罚。

第十一条　【刑事管辖豁免】享有外交特权和豁免权的外国人的刑事责任，通过外交途径解决。

第十二条　【从旧兼从轻】中华人民共和国成立以后本法施行以前的行为，如果当时的法律不认为是犯罪的，适用当时的法律；如果当时的法律认为是犯罪的，依照本法总则第四章第八节的规定应当追诉的，按照当时的法律追究刑事责任，但是如果本法不认为是犯罪或者处刑较轻的，适用本法。

本法施行以前，依照当时的法律已经作出的生效判决，继续有效。

第二编　分则

第二章　危害公共安全罪

第一百一十四条　【放火罪；决水罪；爆炸罪；投放危险物质罪；以危险方法危害公共安全罪（既遂）】放火、决水、爆炸以及投放毒害性、放射性、传染病病原体等物质或者以其他危险方法危害公共安全，尚未造成严重后果的，处三年以上十年以下有期徒刑。

第一百一十五条　【放火罪；决水罪；爆炸罪；投放危险物质罪；以危险方法危害公共安全罪（结果加重犯）】放火、决水、爆炸以及投放毒害性、放射性、传染病病原体等物质或者以其他危险方法致人重伤、死亡或者使公私财产遭受重大损失的，处十年以上有期徒刑、无期徒刑或者死刑。

【失火罪；过失决水罪；过失爆炸罪；过失投放危险物质罪；过失以危险方法危害公共安全罪】过失犯前款罪的，处三年以上七年以下有期徒刑；情节较轻的，处三年以下有期徒刑或者拘役。

第一百三十五条之一　【大型群众性活动重大安全事故罪】举办大型群众性活动违反安全管理规定，因而发生重大伤亡事故或者造成其他严重后果的，对直接负责的主管人员和其他直接责任人员，处三年以下有期徒刑或者拘役；情节特别恶劣的，处三年以上七年以下有期徒刑。

第一百三十六条　【危险物品肇事罪】违反爆炸性、易燃性、放射性、毒害性、腐蚀性物品的管理规定，在生产、储存、运输、使用中发生重大事故，造成严重后果的，处三年以下有期徒刑或者拘役；后果特别严重的，处三年以上七年以下有期徒刑。

第一百三十九条　【消防责任事故罪】违反消防管理法规，经消防监督机构通知采取改正措施而拒绝执行，造成严重后果的，对直接责任人员，处三年以下有期徒刑或者拘役；后果特别严重的，处三年以上七年以下有期徒刑。

第一百三十九条之一　【不报、谎报安全事故罪】在安全事故发生后，负有报告职责的人员不报或者谎报事故情况，贻误事故抢救，情节严重的，处三年以下有期徒刑或者拘役；情节特别严重的，处三年以上七年以下有期徒刑。

中华人民共和国政府信息公开条例

（2007 年 4 月 5 日中华人民共和国国务院令第 492 号公布

2019 年 4 月 3 日中华人民共和国国务院令第 711 号修订

自 2019 年 5 月 15 日起施行）

第一章　总则

第一条　为了保障公民、法人和其他组织依法获取政府信息，提高政府工作的透明度，建设法治政府，充分发挥政府信息对人民群众生产、生活和经济社会活动的服务作用，制定本条例。

第二条　本条例所称政府信息，是指行政机关在履行行政管理职能过程中制作或者获取的，以一定形式记录、保存的信息。

第三条　各级人民政府应当加强对政府信息公开工作的组织领导。

国务院办公厅是全国政府信息公开工作的主管部门，负责推进、指导、协调、监督全国的政府信息公开工作。

县级以上地方人民政府办公厅（室）是本行政区域的政府信息公开工作主管部门，负责推进、指导、协调、监督本行政区域的政府信息公开工作。

实行垂直领导的部门的办公厅（室）主管本系统的政府信息公开工作。

第四条　各级人民政府及县级以上人民政府部门应当建立健全本行政机关的政府信息公开工作制度，并指定机构（以下统称政府信息公开工作机构）负责本行政机关政府信息公开的日常工作。

政府信息公开工作机构的具体职能是：

（一）办理本行政机关的政府信息公开事宜；

（二）维护和更新本行政机关公开的政府信息；

（三）组织编制本行政机关的政府信息公开指南、政府信息公开目录和政府信息公开工作年度报告；

（四）组织开展对拟公开政府信息的审查；

（五）本行政机关规定的与政府信息公开有关的其他职能。

第五条 行政机关公开政府信息，应当坚持以公开为常态、不公开为例外，遵循公正、公平、合法、便民的原则。

第六条 行政机关应当及时、准确地公开政府信息。

行政机关发现影响或者可能影响社会稳定、扰乱社会和经济管理秩序的虚假或者不完整信息的，应当发布准确的政府信息予以澄清。

第七条 各级人民政府应当积极推进政府信息公开工作，逐步增加政府信息公开的内容。

第八条 各级人民政府应当加强政府信息资源的规范化、标准化、信息化管理，加强互联网政府信息公开平台建设，推进政府信息公开平台与政务服务平台融合，提高政府信息公开在线办理水平。

第九条 公民、法人和其他组织有权对行政机关的政府信息公开工作进行监督，并提出批评和建议。

第二章 公开的主体和范围

第十条 行政机关制作的政府信息，由制作该政府信息的行政机关负责公开。行政机关从公民、法人和其他组织获取的政府信息，由保存该政府信息的行政机关负责公开；行政机关获取的其他行政机关的政府信息，由制作或者最初获取该政府信息的行政机关负责公开。法律、法规对政府信息公开的权限另有规定的，从其规定。

行政机关设立的派出机构、内设机构依照法律、法规对外以自己名义履行行政管理职能的，可以由该派出机构、内设机构负责与所履行行政管理职能有关的政府信息公开工作。

两个以上行政机关共同制作的政府信息，由牵头制作的行政机关负责公开。

第十一条 行政机关应当建立健全政府信息公开协调机制。行政机关公开政府信息涉及其他机关的，应当与有关机关协商、确认，保证行政机关公开的政府信息准确一致。

行政机关公开政府信息依照法律、行政法规和国家有关规定需要批准的，经批准予以公开。

第十二条 行政机关编制、公布的政府信息公开指南和政府信息公开目录应当及时更新。

政府信息公开指南包括政府信息的分类、编排体系、获取方式和政府信息公开工作机构的名称、办公地址、办公时间、联系电话、传真号码、互联网联系方式等内容。

政府信息公开目录包括政府信息的索引、名称、内容概述、生成日期等内容。

第十三条 除本条例第十四条、第十五条、第十六条规定的政府信息外，政府信息应当公开。

行政机关公开政府信息，采取主动公开和依申请公开的方式。

第十四条 依法确定为国家秘密的政府信息，法律、行政法规禁止公开的政府信息，以及公开后可能危及国家安全、公共安全、经济安全、社会稳定的政府信息，不予公开。

第十五条 涉及商业秘密、个人隐私等公开会对第三方合法权益造成损害的政府信息，行政机关不得公开。但是，第三方同意公开或者行政机关认为不公开会对公共利益造成重大影响的，予以公开。

第十六条 行政机关的内部事务信息，包括人事管理、后勤管理、内部工作流程等方面的信息，可以不予公开。

行政机关在履行行政管理职能过程中形成的讨论记录、过程稿、磋商信函、请示报告等过程性信息以及行政执法案卷信息，可以不予公开。法律、法规、规章规定上述信息应当公开的，从其规定。

第十七条 行政机关应当建立健全政府信息公开审查机制，明确审查的程序和责任。

行政机关应当依照《中华人民共和国保守国家秘密法》以及其他法律、法规和国家有关规定对拟公开的政府信息进行审查。

行政机关不能确定政府信息是否可以公开的，应当依照法律、法规和国家有关规定报有关主管部门或者保密行政管理部门确定。

第十八条　行政机关应当建立健全政府信息管理动态调整机制，对本行政机关不予公开的政府信息进行定期评估审查，对因情势变化可以公开的政府信息应当公开。

第三章　主动公开

第十九条　对涉及公众利益调整、需要公众广泛知晓或者需要公众参与决策的政府信息，行政机关应当主动公开。

第二十条　行政机关应当依照本条例第十九条的规定，主动公开本行政机关的下列政府信息：

（一）行政法规、规章和规范性文件；

（二）机关职能、机构设置、办公地址、办公时间、联系方式、负责人姓名；

（三）国民经济和社会发展规划、专项规划、区域规划及相关政策；

（四）国民经济和社会发展统计信息；

（五）办理行政许可和其他对外管理服务事项的依据、条件、程序以及办理结果；

（六）实施行政处罚、行政强制的依据、条件、程序以及本行政机关认为具有一定社会影响的行政处罚决定；

（七）财政预算、决算信息；

（八）行政事业性收费项目及其依据、标准；

（九）政府集中采购项目的目录、标准及实施情况；

（十）重大建设项目的批准和实施情况；

（十一）扶贫、教育、医疗、社会保障、促进就业等方面的政策、措施及其实施情况；

（十二）突发公共事件的应急预案、预警信息及应对情况；

（十三）环境保护、公共卫生、安全生产、食品药品、产品质量的监督检查情况；

（十四）公务员招考的职位、名额、报考条件等事项以及录用结果；

（十五）法律、法规、规章和国家有关规定规定应当主动公开的其他政府信息。

第二十一条 除本条例第二十条规定的政府信息外，设区的市级、县级人民政府及其部门还应当根据本地方的具体情况，主动公开涉及市政建设、公共服务、公益事业、土地征收、房屋征收、治安管理、社会救助等方面的政府信息；乡（镇）人民政府还应当根据本地方的具体情况，主动公开贯彻落实农业农村政策、农田水利工程建设运营、农村土地承包经营权流转、宅基地使用情况审核、土地征收、房屋征收、筹资筹劳、社会救助等方面的政府信息。

第二十二条 行政机关应当依照本条例第二十条、第二十一条的规定，确定主动公开政府信息的具体内容，并按照上级行政机关的部署，不断增加主动公开的内容。

第二十三条 行政机关应当建立健全政府信息发布机制，将主动公开的政府信息通过政府公报、政府网站或者其他互联网政务媒体、新闻发布会以及报刊、广播、电视等途径予以公开。

第二十四条 各级人民政府应当加强依托政府门户网站公开政府信息的工作，利用统一的政府信息公开平台集中发布主动公开的政府信息。政府信息公开平台应当具备信息检索、查阅、下载等功能。

第二十五条 各级人民政府应当在国家档案馆、公共图书馆、政务服务场所设置政府信息查阅场所，并配备相应的设施、设备，为公民、法人和其他组织获取政府信息提供便利。

行政机关可以根据需要设立公共查阅室、资料索取点、信息公告栏、电子信息屏等场所、设施，公开政府信息。

行政机关应当及时向国家档案馆、公共图书馆提供主动公开的政府信息。

第二十六条　属于主动公开范围的政府信息，应当自该政府信息形成或者变更之日起 20 个工作日内及时公开。法律、法规对政府信息公开的期限另有规定的，从其规定。

第四章　依申请公开

第二十七条　除行政机关主动公开的政府信息外，公民、法人或者其他组织可以向地方各级人民政府、对外以自己名义履行行政管理职能的县级以上人民政府部门（含本条例第十条第二款规定的派出机构、内设机构）申请获取相关政府信息。

第二十八条　本条例第二十七条规定的行政机关应当建立完善政府信息公开申请渠道，为申请人依法申请获取政府信息提供便利。

第二十九条　公民、法人或者其他组织申请获取政府信息的，应当向行政机关的政府信息公开工作机构提出，并采用包括信件、数据电文在内的书面形式；采用书面形式确有困难的，申请人可以口头提出，由受理该申请的政府信息公开工作机构代为填写政府信息公开申请。

政府信息公开申请应当包括下列内容：

（一）申请人的姓名或者名称、身份证明、联系方式；

（二）申请公开的政府信息的名称、文号或者便于行政机关查询的其他特征性描述；

（三）申请公开的政府信息的形式要求，包括获取信息的方式、途径。

第三十条　政府信息公开申请内容不明确的，行政机关应当给予指导和释明，并自收到申请之日起 7 个工作日内一次性告知申请人作出补正，说明需要补正的事项和合理的补正期限。答复期限自行政机关收到补正的申请之日起计算。申请人无正当理由逾期不补正的，视为放弃申请，行政机关不再处理该政府信息公开申请。

第三十一条　行政机关收到政府信息公开申请的时间，按照下列规定确定：

（一）申请人当面提交政府信息公开申请的，以提交之日为收到申请之日；

（二）申请人以邮寄方式提交政府信息公开申请的，以行政机关签收之日为收到申请之日；以平常信函等无须签收的邮寄方式提交政府信息公开申请的，政府信息公开工作机构应当于收到申请的当日与申请人确认，确认之日为收到申请之日；

（三）申请人通过互联网渠道或者政府信息公开工作机构的传真提交政府信息公开申请的，以双方确认之日为收到申请之日。

第三十二条　依申请公开的政府信息公开会损害第三方合法权益的，行政机关应当书面征求第三方的意见。第三方应当自收到征求意见书之日起15个工作日内提出意见。第三方逾期未提出意见的，由行政机关依照本条例的规定决定是否公开。第三方不同意公开且有合理理由的，行政机关不予公开。行政机关认为不公开可能对公共利益造成重大影响的，可以决定予以公开，并将决定公开的政府信息内容和理由书面告知第三方。

第三十三条　行政机关收到政府信息公开申请，能够当场答复的，应当当场予以答复。

行政机关不能当场答复的，应当自收到申请之日起20个工作日内予以答复；需要延长答复期限的，应当经政府信息公开工作机构负责人同意并告知申请人，延长的期限最长不得超过20个工作日。

行政机关征求第三方和其他机关意见所需时间不计算在前款规定的期限内。

第三十四条　申请公开的政府信息由两个以上行政机关共同制作的，牵头制作的行政机关收到政府信息公开申请后可以征求相关行政机关的意见，被征求意见机关应当自收到征求意见书之日起15个工作日内提出意见，逾期未提出意见的视为同意公开。

第三十五条　申请人申请公开政府信息的数量、频次明显超过合理范围，行政机关可以要求申请人说明理由。行政机关认为申请理由不合理的，告知申请人不予处理；行政机关认为申请理由合理，但是无法在本条例第三十三条规定的期限内答复申请人的，可以确定延迟答复的合理期限并告知申请人。

第三十六条　对政府信息公开申请，行政机关根据下列情况分别作出答复：

（一）所申请公开信息已经主动公开的，告知申请人获取该政府信息的方式、途径；

（二）所申请公开信息可以公开的，向申请人提供该政府信息，或者告知申请人获取该政府信息的方式、途径和时间；

（三）行政机关依据本条例的规定决定不予公开的，告知申请人不予公开并说明理由；

（四）经检索没有所申请公开信息的，告知申请人该政府信息不存在；

（五）所申请公开信息不属于本行政机关负责公开的，告知申请人并说明理由；能够确定负责公开该政府信息的行政机关的，告知申请人该行政机关的名称、联系方式；

（六）行政机关已就申请人提出的政府信息公开申请作出答复、申请人重复申请公开相同政府信息的，告知申请人不予重复处理；

（七）所申请公开信息属于工商、不动产登记资料等信息，有关法律、行政法规对信息的获取有特别规定的，告知申请人依照有关法律、行政法规的规定办理。

第三十七条　申请公开的信息中含有不应当公开或者不属于政府信息的内容，但是能够作区分处理的，行政机关应当向申请人提供可以公开的政府信息内容，并对不予公开的内容说明理由。

第三十八条　行政机关向申请人提供的信息，应当是已制作或者获取的政府信息。除依照本条例第三十七条的规定能够作区分处理的外，需要行政机关对现有政府信息进行加工、分析的，行政机关可以不予提供。

第三十九条　申请人以政府信息公开申请的形式进行信访、投诉、举报等活动，行政机关应当告知申请人不作为政府信息公开申请处理并可以告知通过相应渠道提出。

申请人提出的申请内容为要求行政机关提供政府公报、报刊、书籍等公开出版物的，行政机关可以告知获取的途径。

第四十条 行政机关依申请公开政府信息，应当根据申请人的要求及行政机关保存政府信息的实际情况，确定提供政府信息的具体形式；按照申请人要求的形式提供政府信息，可能危及政府信息载体安全或者公开成本过高的，可以通过电子数据以及其他适当形式提供，或者安排申请人查阅、抄录相关政府信息。

第四十一条 公民、法人或者其他组织有证据证明行政机关提供的与其自身相关的政府信息记录不准确的，可以要求行政机关更正。有权更正的行政机关审核属实的，应当予以更正并告知申请人；不属于本行政机关职能范围的，行政机关可以转送有权更正的行政机关处理并告知申请人，或者告知申请人向有权更正的行政机关提出。

第四十二条 行政机关依申请提供政府信息，不收取费用。但是，申请人申请公开政府信息的数量、频次明显超过合理范围的，行政机关可以收取信息处理费。

行政机关收取信息处理费的具体办法由国务院价格主管部门会同国务院财政部门、全国政府信息公开工作主管部门制定。

第四十三条 申请公开政府信息的公民存在阅读困难或者视听障碍的，行政机关应当为其提供必要的帮助。

第四十四条 多个申请人就相同政府信息向同一行政机关提出公开申请，且该政府信息属于可以公开的，行政机关可以纳入主动公开的范围。

对行政机关依申请公开的政府信息，申请人认为涉及公众利益调整、需要公众广泛知晓或者需要公众参与决策的，可以建议行政机关将该信息纳入主动公开的范围。行政机关经审核认为属于主动公开范围的，应当及时主动公开。

第四十五条 行政机关应当建立健全政府信息公开申请登记、审核、办理、答复、归档的工作制度，加强工作规范。

第五章　监督和保障

第四十六条　各级人民政府应当建立健全政府信息公开工作考核制度、社会评议制度和责任追究制度，定期对政府信息公开工作进行考核、评议。

第四十七条　政府信息公开工作主管部门应当加强对政府信息公开工作的日常指导和监督检查，对行政机关未按照要求开展政府信息公开工作的，予以督促整改或者通报批评；需要对负有责任的领导人员和直接责任人员追究责任的，依法向有权机关提出处理建议。

公民、法人或者其他组织认为行政机关未按照要求主动公开政府信息或者对政府信息公开申请不依法答复处理的，可以向政府信息公开工作主管部门提出。政府信息公开工作主管部门查证属实的，应当予以督促整改或者通报批评。

第四十八条　政府信息公开工作主管部门应当对行政机关的政府信息公开工作人员定期进行培训。

第四十九条　县级以上人民政府部门应当在每年1月31日前向本级政府信息公开工作主管部门提交本行政机关上一年度政府信息公开工作年度报告并向社会公布。

县级以上地方人民政府的政府信息公开工作主管部门应当在每年3月31日前向社会公布本级政府上一年度政府信息公开工作年度报告。

第五十条　政府信息公开工作年度报告应当包括下列内容：

（一）行政机关主动公开政府信息的情况；

（二）行政机关收到和处理政府信息公开申请的情况；

（三）因政府信息公开工作被申请行政复议、提起行政诉讼的情况；

（四）政府信息公开工作存在的主要问题及改进情况，各级人民政府的政府信息公开工作年度报告还应当包括工作考核、社会评议和责任追究结果情况；

（五）其他需要报告的事项。

全国政府信息公开工作主管部门应当公布政府信息公开工作年度报

告统一格式，并适时更新。

第五十一条　公民、法人或者其他组织认为行政机关在政府信息公开工作中侵犯其合法权益的，可以向上一级行政机关或者政府信息公开工作主管部门投诉、举报，也可以依法申请行政复议或者提起行政诉讼。

第五十二条　行政机关违反本条例的规定，未建立健全政府信息公开有关制度、机制的，由上一级行政机关责令改正；情节严重的，对负有责任的领导人员和直接责任人员依法给予处分。

第五十三条　行政机关违反本条例的规定，有下列情形之一的，由上一级行政机关责令改正；情节严重的，对负有责任的领导人员和直接责任人员依法给予处分；构成犯罪的，依法追究刑事责任：

（一）不依法履行政府信息公开职能；

（二）不及时更新公开的政府信息内容、政府信息公开指南和政府信息公开目录；

（三）违反本条例规定的其他情形。

第六章　附则

第五十四条　法律、法规授权的具有管理公共事务职能的组织公开政府信息的活动，适用本条例。

第五十五条　教育、卫生健康、供水、供电、供气、供热、环境保护、公共交通等与人民群众利益密切相关的公共企事业单位，公开在提供社会公共服务过程中制作、获取的信息，依照相关法律、法规和国务院有关主管部门或者机构的规定执行。全国政府信息公开工作主管部门根据实际需要可以制定专门的规定。

前款规定的公共企事业单位未依照相关法律、法规和国务院有关主管部门或者机构的规定公开在提供社会公共服务过程中制作、获取的信息，公民、法人或者其他组织可以向有关主管部门或者机构申诉，接受申诉的部门或者机构应当及时调查处理并将处理结果告知申诉人。

第五十六条　本条例自 2019 年 5 月 15 日起施行。

优化营商环境条例

（2019 年 10 月 8 日国务院第 66 次常务会议通过　2019 年 10 月 2 日中华人民共和国国务院令第 722 号公布　自 2020 年 1 月 1 日起施行）

第一章　总则

第一条　为了持续优化营商环境，不断解放和发展社会生产力，加快建设现代化经济体系，推动高质量发展，制定本条例。

第二条　本条例所称营商环境，是指企业等市场主体在市场经济活动中所涉及的体制机制性因素和条件。

第三条　国家持续深化简政放权、放管结合、优化服务改革，最大限度减少政府对市场资源的直接配置，最大限度减少政府对市场活动的直接干预，加强和规范事中事后监管，着力提升政务服务能力和水平，切实降低制度性交易成本，更大激发市场活力和社会创造力，增强发展动力。

各级人民政府及其部门应当坚持政务公开透明，以公开为常态、不公开为例外，全面推进决策、执行、管理、服务、结果公开。

第四条　优化营商环境应当坚持市场化、法治化、国际化原则，以市场主体需求为导向，以深刻转变政府职能为核心，创新体制机制、强化协同联动、完善法治保障，对标国际先进水平，为各类市场主体投资兴业营造稳定、公平、透明、可预期的良好环境。

第五条　国家加快建立统一开放、竞争有序的现代市场体系，依法促进各类生产要素自由流动，保障各类市场主体公平参与市场竞争。

第六条 国家鼓励、支持、引导非公有制经济发展，激发非公有制经济活力和创造力。

国家进一步扩大对外开放，积极促进外商投资，平等对待内资企业、外商投资企业等各类市场主体。

第七条 各级人民政府应当加强对优化营商环境工作的组织领导，完善优化营商环境的政策措施，建立健全统筹推进、督促落实优化营商环境工作的相关机制，及时协调、解决优化营商环境工作中的重大问题。

县级以上人民政府有关部门应当按照职责分工，做好优化营商环境的相关工作。县级以上地方人民政府根据实际情况，可以明确优化营商环境工作的主管部门。

国家鼓励和支持各地区、各部门结合实际情况，在法治框架内积极探索原创性、差异化的优化营商环境具体措施；对探索中出现失误或者偏差，符合规定条件的，可以予以免责或者减轻责任。

第八条 国家建立和完善以市场主体和社会公众满意度为导向的营商环境评价体系，发挥营商环境评价对优化营商环境的引领和督促作用。

开展营商环境评价，不得影响各地区、各部门正常工作，不得影响市场主体正常生产经营活动或者增加市场主体负担。

任何单位不得利用营商环境评价谋取利益。

第九条 市场主体应当遵守法律法规，恪守社会公德和商业道德，诚实守信、公平竞争，履行安全、质量、劳动者权益保护、消费者权益保护等方面的法定义务，在国际经贸活动中遵循国际通行规则。

第二章　市场主体保护

第十条 国家坚持权利平等、机会平等、规则平等，保障各种所有制经济平等受到法律保护。

第十一条 市场主体依法享有经营自主权。对依法应当由市场主体自主决策的各类事项，任何单位和个人不得干预。

第十二条 国家保障各类市场主体依法平等使用资金、技术、人力资源、土地使用权及其他自然资源等各类生产要素和公共服务资源。

各类市场主体依法平等适用国家支持发展的政策。政府及其有关部门在政府资金安排、土地供应、税费减免、资质许可、标准制定、项目申报、职称评定、人力资源政策等方面，应当依法平等对待各类市场主体，不得制定或者实施歧视性政策措施。

第十三条 招标投标和政府采购应当公开透明、公平公正，依法平等对待各类所有制和不同地区的市场主体，不得以不合理条件或者产品产地来源等进行限制或者排斥。

政府有关部门应当加强招标投标和政府采购监管，依法纠正和查处违法违规行为。

第十四条 国家依法保护市场主体的财产权和其他合法权益，保护企业经营者人身和财产安全。

严禁违反法定权限、条件、程序对市场主体的财产和企业经营者个人财产实施查封、冻结和扣押等行政强制措施；依法确需实施前述行政强制措施的，应当限定在所必需的范围内。

禁止在法律、法规规定之外要求市场主体提供财力、物力或者人力的摊派行为。市场主体有权拒绝任何形式的摊派。

第十五条 国家建立知识产权侵权惩罚性赔偿制度，推动建立知识产权快速协同保护机制，健全知识产权纠纷多元化解决机制和知识产权维权援助机制，加大对知识产权的保护力度。

国家持续深化商标注册、专利申请便利化改革，提高商标注册、专利申请审查效率。

第十六条 国家加大中小投资者权益保护力度，完善中小投资者权益保护机制，保障中小投资者的知情权、参与权，提升中小投资者维护合法权益的便利度。

第十七条 除法律、法规另有规定外，市场主体有权自主决定加入或者退出行业协会商会等社会组织，任何单位和个人不得干预。

除法律、法规另有规定外，任何单位和个人不得强制或者变相强制市场主体参加评比、达标、表彰、培训、考核、考试以及类似活动，不得借前述活动向市场主体收费或者变相收费。

第十八条　国家推动建立全国统一的市场主体维权服务平台，为市场主体提供高效、便捷的维权服务。

第三章　市场环境

第十九条　国家持续深化商事制度改革，统一企业登记业务规范，统一数据标准和平台服务接口，采用统一社会信用代码进行登记管理。

国家推进"证照分离"改革，持续精简涉企经营许可事项，依法采取直接取消审批、审批改为备案、实行告知承诺、优化审批服务等方式，对所有涉企经营许可事项进行分类管理，为企业取得营业执照后开展相关经营活动提供便利。除法律、行政法规规定的特定领域外，涉企经营许可事项不得作为企业登记的前置条件。

政府有关部门应当按照国家有关规定，简化企业从申请设立到具备一般性经营条件所需办理的手续。在国家规定的企业开办时限内，各地区应当确定并公开具体办理时间。

企业申请办理住所等相关变更登记的，有关部门应当依法及时办理，不得限制。除法律、法规、规章另有规定外，企业迁移后其持有的有效许可证件不再重复办理。

第二十条　国家持续放宽市场准入，并实行全国统一的市场准入负面清单制度。市场准入负面清单以外的领域，各类市场主体均可以依法平等进入。

各地区、各部门不得另行制定市场准入性质的负面清单。

第二十一条　政府有关部门应当加大反垄断和反不正当竞争执法力度，有效预防和制止市场经济活动中的垄断行为、不正当竞争行为以及滥用行政权力排除、限制竞争的行为，营造公平竞争的市场环境。

第二十二条　国家建立健全统一开放、竞争有序的人力资源市场体系，打破城乡、地区、行业分割和身份、性别等歧视，促进人力资源有序社会性流动和合理配置。

第二十三条　政府及其有关部门应当完善政策措施、强化创新服务，鼓励和支持市场主体拓展创新空间，持续推进产品、技术、商业模式、管理等创新，充分发挥市场主体在推动科技成果转化中的作用。

第二十四条　政府及其有关部门应当严格落实国家各项减税降费政策，及时研究解决政策落实中的具体问题，确保减税降费政策全面、及时惠及市场主体。

第二十五条　设立政府性基金、涉企行政事业性收费、涉企保证金，应当有法律、行政法规依据或者经国务院批准。对政府性基金、涉企行政事业性收费、涉企保证金以及实行政府定价的经营服务性收费，实行目录清单管理并向社会公开，目录清单之外的前述收费和保证金一律不得执行。推广以金融机构保函替代现金缴纳涉企保证金。

第二十六条　国家鼓励和支持金融机构加大对民营企业、中小企业的支持力度，降低民营企业、中小企业综合融资成本。

金融监督管理部门应当完善对商业银行等金融机构的监管考核和激励机制，鼓励、引导其增加对民营企业、中小企业的信贷投放，并合理增加中长期贷款和信用贷款支持，提高贷款审批效率。

商业银行等金融机构在授信中不得设置不合理条件，不得对民营企业、中小企业设置歧视性要求。商业银行等金融机构应当按照国家有关规定规范收费行为，不得违规向服务对象收取不合理费用。商业银行应当向社会公开开设企业账户的服务标准、资费标准和办理时限。

第二十七条　国家促进多层次资本市场规范健康发展，拓宽市场主体融资渠道，支持符合条件的民营企业、中小企业依法发行股票、债券以及其他融资工具，扩大直接融资规模。

第二十八条　供水、供电、供气、供热等公用企事业单位应当向社会公开服务标准、资费标准等信息，为市场主体提供安全、便捷、稳定和价格合理的服务，不得强迫市场主体接受不合理的服务条件，不得以任何名义收取不合理费用。各地区应当优化报装流程，在国家规定的报装办理时限内确定并公开具体办理时间。

政府有关部门应当加强对公用企事业单位运营的监督管理。

第二十九条 行业协会商会应当依照法律、法规和章程，加强行业自律，及时反映行业诉求，为市场主体提供信息咨询、宣传培训、市场拓展、权益保护、纠纷处理等方面的服务。

国家依法严格规范行业协会商会的收费、评比、认证等行为。

第三十条 国家加强社会信用体系建设，持续推进政务诚信、商务诚信、社会诚信和司法公信建设，提高全社会诚信意识和信用水平，维护信用信息安全，严格保护商业秘密和个人隐私。

第三十一条 地方各级人民政府及其有关部门应当履行向市场主体依法作出的政策承诺以及依法订立的各类合同，不得以行政区划调整、政府换届、机构或者职能调整以及相关责任人更替等为由违约毁约。因国家利益、社会公共利益需要改变政策承诺、合同约定的，应当依照法定权限和程序进行，并依法对市场主体因此受到的损失予以补偿。

第三十二条 国家机关、事业单位不得违约拖欠市场主体的货物、工程、服务等账款，大型企业不得利用优势地位拖欠中小企业账款。

县级以上人民政府及其有关部门应当加大对国家机关、事业单位拖欠市场主体账款的清理力度，并通过加强预算管理、严格责任追究等措施，建立防范和治理国家机关、事业单位拖欠市场主体账款的长效机制。

第三十三条 政府有关部门应当优化市场主体注销办理流程，精简申请材料、压缩办理时间、降低注销成本。对设立后未开展生产经营活动或者无债权债务的市场主体，可以按照简易程序办理注销。对有债权债务的市场主体，在债权债务依法解决后及时办理注销。

县级以上地方人民政府应当根据需要建立企业破产工作协调机制，协调解决企业破产过程中涉及的有关问题。

第四章 政务服务

第三十四条 政府及其有关部门应当进一步增强服务意识，切实转变工作作风，为市场主体提供规范、便利、高效的政务服务。

第三十五条 政府及其有关部门应当推进政务服务标准化，按照减环节、减材料、减时限的要求，编制并向社会公开政务服务事项（包括行政权力事项和公共服务事项，下同）标准化工作流程和办事指南，细化量化政务服务标准，压缩自由裁量权，推进同一事项实行无差别受理、同标准办理。没有法律、法规、规章依据，不得增设政务服务事项的办理条件和环节。

第三十六条　政府及其有关部门办理政务服务事项，应当根据实际情况，推行当场办结、一次办结、限时办结等制度，实现集中办理、就近办理、网上办理、异地可办。需要市场主体补正有关材料、手续的，应当一次性告知需要补正的内容；需要进行现场踏勘、现场核查、技术审查、听证论证的，应当及时安排、限时办结。

法律、法规、规章以及国家有关规定对政务服务事项办理时限有规定的，应当在规定的时限内尽快办结；没有规定的，应当按照合理、高效的原则确定办理时限并按时办结。各地区可以在国家规定的政务服务事项办理时限内进一步压减时间，并应当向社会公开；超过办理时间的，办理单位应当公开说明理由。

地方各级人民政府已设立政务服务大厅的，本行政区域内各类政务服务事项一般应当进驻政务服务大厅统一办理。对政务服务大厅中部门分设的服务窗口，应当创造条件整合为综合窗口，提供一站式服务。

第三十七条　国家加快建设全国一体化在线政务服务平台（以下称一体化在线平台），推动政务服务事项在全国范围内实现"一网通办"。除法律、法规另有规定或者涉及国家秘密等情形外，政务服务事项应当按照国务院确定的步骤，纳入一体化在线平台办理。

国家依托一体化在线平台，推动政务信息系统整合，优化政务流程，促进政务服务跨地区、跨部门、跨层级数据共享和业务协同。政府及其有关部门应当按照国家有关规定，提供数据共享服务，及时将有关政务服务数据上传至一体化在线平台，加强共享数据使用全过程管理，确保共享数据安全。

国家建立电子证照共享服务系统，实现电子证照跨地区、跨部门共享和全国范围内互信互认。各地区、各部门应当加强电子证照的推广应用。

各地区、各部门应当推动政务服务大厅与政务服务平台全面对接融合。市场主体有权自主选择政务服务办理渠道，行政机关不得限定办理渠道。

第三十八条 政府及其有关部门应当通过政府网站、一体化在线平台，集中公布涉及市场主体的法律、法规、规章、行政规范性文件和各类政策措施，并通过多种途径和方式加强宣传解读。

第三十九条 国家严格控制新设行政许可。新设行政许可应当按照行政许可法和国务院的规定严格设定标准，并进行合法性、必要性和合理性审查论证。对通过事中事后监管或者市场机制能够解决以及行政许可法和国务院规定不得设立行政许可的事项，一律不得设立行政许可，严禁以备案、登记、注册、目录、规划、年检、年报、监制、认定、认证、审定以及其他任何形式变相设定或者实施行政许可。

法律、行政法规和国务院决定对相关管理事项已作出规定，但未采取行政许可管理方式的，地方不得就该事项设定行政许可。对相关管理事项尚未制定法律、行政法规的，地方可以依法就该事项设定行政许可。

第四十条 国家实行行政许可清单管理制度，适时调整行政许可清单并向社会公布，清单之外不得违法实施行政许可。

国家大力精简已有行政许可。对已取消的行政许可，行政机关不得继续实施或者变相实施，不得转由行业协会商会或者其他组织实施。

对实行行政许可管理的事项，行政机关应当通过整合实施、下放审批层级等多种方式，优化审批服务，提高审批效率，减轻市场主体负担。符合相关条件和要求的，可以按照有关规定采取告知承诺的方式办理。

第四十一条 县级以上地方人民政府应当深化投资审批制度改革，根据项目性质、投资规模等分类规范投资审批程序，精简审批要件，简化技术审查事项，强化项目决策与用地、规划等建设条件落实的协同，实行与相关审批在线并联办理。

第四十二条 设区的市级以上地方人民政府应当按照国家有关规定，优化工程建设项目（不包括特殊工程和交通、水利、能源等领域的重大工程）审批流程，推行并联审批、多图联审、联合竣工验收等方式，简化审批手续，提高审批效能。

在依法设立的开发区、新区和其他有条件的区域，按照国家有关规定推行区域评估，由设区的市级以上地方人民政府组织对一定区域内压覆重要矿产资源、地质灾害危险性等事项进行统一评估，不再对区域内的市场主体单独提出评估要求。区域评估的费用不得由市场主体承担。

第四十三条　作为办理行政审批条件的中介服务事项（以下称法定行政审批中介服务）应当有法律、法规或者国务院决定依据；没有依据的，不得作为办理行政审批的条件。中介服务机构应当明确办理法定行政审批中介服务的条件、流程、时限、收费标准，并向社会公开。

国家加快推进中介服务机构与行政机关脱钩。行政机关不得为市场主体指定或者变相指定中介服务机构；除法定行政审批中介服务外，不得强制或者变相强制市场主体接受中介服务。行政机关所属事业单位、主管的社会组织及其举办的企业不得开展与本机关所负责行政审批相关的中介服务，法律、行政法规另有规定的除外。

行政机关在行政审批过程中需要委托中介服务机构开展技术性服务的，应当通过竞争性方式选择中介服务机构，并自行承担服务费用，不得转嫁给市场主体承担。

第四十四条　证明事项应当有法律、法规或者国务院决定依据。

设定证明事项，应当坚持确有必要、从严控制的原则。对通过法定证照、法定文书、书面告知承诺、政府部门内部核查和部门间核查、网络核验、合同凭证等能够办理，能够被其他材料涵盖或者替代，以及开具单位无法调查核实的，不得设定证明事项。

政府有关部门应当公布证明事项清单，逐项列明设定依据、索要单位、开具单位、办理指南等。清单之外，政府部门、公用企事业单位和服务机构不得索要证明。各地区、各部门之间应当加强证明的互认共享，避免重复索要证明。

第四十五条　政府及其有关部门应当按照国家促进跨境贸易便利化的有关要求，依法削减进出口环节审批事项，取消不必要的监管要求，优化简化通关流程，提高通关效率，清理规范口岸收费，降低通关成本，推动口岸和国际贸易领域相关业务统一通过国际贸易"单一窗口"办理。

第四十六条 税务机关应当精简办税资料和流程，简并申报缴税次数，公开涉税事项办理时限，压减办税时间，加大推广使用电子发票的力度，逐步实现全程网上办税，持续优化纳税服务。

第四十七条 不动产登记机构应当按照国家有关规定，加强部门协作，实行不动产登记、交易和缴税一窗受理、并行办理，压缩办理时间，降低办理成本。在国家规定的不动产登记时限内，各地区应当确定并公开具体办理时间。

国家推动建立统一的动产和权利担保登记公示系统，逐步实现市场主体在一个平台上办理动产和权利担保登记。纳入统一登记公示系统的动产和权利范围另行规定。

第四十八条 政府及其有关部门应当按照构建亲清新型政商关系的要求，建立畅通有效的政企沟通机制，采取多种方式及时听取市场主体的反映和诉求，了解市场主体生产经营中遇到的困难和问题，并依法帮助其解决。

建立政企沟通机制，应当充分尊重市场主体意愿，增强针对性和有效性，不得干扰市场主体正常生产经营活动，不得增加市场主体负担。

第四十九条 政府及其有关部门应当建立便利、畅通的渠道，受理有关营商环境的投诉和举报。

第五十条 新闻媒体应当及时、准确宣传优化营商环境的措施和成效，为优化营商环境创造良好舆论氛围。

国家鼓励对营商环境进行舆论监督，但禁止捏造虚假信息或者歪曲事实进行不实报道。

第五章 监管执法

第五十一条 政府有关部门应当严格按照法律法规和职责，落实监管责任，明确监管对象和范围、厘清监管事权，依法对市场主体进行监管，实现监管全覆盖。

第五十二条 国家健全公开透明的监管规则和标准体系。国务院有关部门应当分领域制定全国统一、简明易行的监管规则和标准，并向社会公开。

第五十三条 政府及其有关部门应当按照国家关于加快构建以信用为基础的新型监管机制的要求，创新和完善信用监管，强化信用监管的支撑保障，加强信用监管的组织实施，不断提升信用监管效能。

第五十四条 国家推行"双随机、一公开"监管，除直接涉及公共安全和人民群众生命健康等特殊行业、重点领域外，市场监管领域的行政检查应当通过随机抽取检查对象、随机选派执法检查人员、抽查事项及查处结果及时向社会公开的方式进行。针对同一检查对象的多个检查事项，应当尽可能合并或者纳入跨部门联合抽查范围。

对直接涉及公共安全和人民群众生命健康等特殊行业、重点领域，依法依规实行全覆盖的重点监管，并严格规范重点监管的程序；对通过投诉举报、转办交办、数据监测等发现的问题，应当有针对性地进行检查并依法依规处理。

第五十五条 政府及其有关部门应当按照鼓励创新的原则，对新技术、新产业、新业态、新模式等实行包容审慎监管，针对其性质、特点分类制定和实行相应的监管规则和标准，留足发展空间，同时确保质量和安全，不得简单化予以禁止或者不予监管。

第五十六条 政府及其有关部门应当充分运用互联网、大数据等技术手段，依托国家统一建立的在线监管系统，加强监管信息归集共享和关联整合，推行以远程监管、移动监管、预警防控为特征的非现场监管，提升监管的精准化、智能化水平。

第五十七条 国家建立健全跨部门、跨区域行政执法联动响应和协作机制，实现违法线索互联、监管标准互通、处理结果互认。

国家统筹配置行政执法职能和执法资源，在相关领域推行综合行政执法，整合精简执法队伍，减少执法主体和执法层级，提高基层执法能力。

第五十八条　行政执法机关应当按照国家有关规定，全面落实行政执法公示、行政执法全过程记录和重大行政执法决定法制审核制度，实现行政执法信息及时准确公示、行政执法全过程留痕和可回溯管理、重大行政执法决定法制审核全覆盖。

第五十九条　行政执法中应当推广运用说服教育、劝导示范、行政指导等非强制性手段，依法慎重实施行政强制。采用非强制性手段能够达到行政管理目的的，不得实施行政强制；违法行为情节轻微或者社会危害较小的，可以不实施行政强制；确需实施行政强制的，应当尽可能减少对市场主体正常生产经营活动的影响。

开展清理整顿、专项整治等活动，应当严格依法进行，除涉及人民群众生命安全、发生重特大事故或者举办国家重大活动，并报经有权机关批准外，不得在相关区域采取要求相关行业、领域的市场主体普遍停产、停业的措施。

禁止将罚没收入与行政执法机关利益挂钩。

第六十条　国家健全行政执法自由裁量基准制度，合理确定裁量范围、种类和幅度，规范行政执法自由裁量权的行使。

第六章　法治保障

第六十一条　国家根据优化营商环境需要，依照法定权限和程序及时制定或者修改、废止有关法律、法规、规章、行政规范性文件。

优化营商环境的改革措施涉及调整实施现行法律、行政法规等有关规定的，依照法定程序经有权机关授权后，可以先行先试。

第六十二条　制定与市场主体生产经营活动密切相关的行政法规、规章、行政规范性文件，应当按照国务院的规定，充分听取市场主体、行业协会商会的意见。

除依法需要保密外，制定与市场主体生产经营活动密切相关的行政法规、规章、行政规范性文件，应当通过报纸、网络等向社会公开征求意见，并建立健全意见采纳情况反馈机制。向社会公开征求意见的期限一般不少于 30 日。

第六十三条 制定与市场主体生产经营活动密切相关的行政法规、规章、行政规范性文件，应当按照国务院的规定进行公平竞争审查。

制定涉及市场主体权利义务的行政规范性文件，应当按照国务院的规定进行合法性审核。

市场主体认为地方性法规同行政法规相抵触，或者认为规章同法律、行政法规相抵触的，可以向国务院书面提出审查建议，由有关机关按照规定程序处理。

第六十四条 没有法律、法规或者国务院决定和命令依据的，行政规范性文件不得减损市场主体合法权益或者增加其义务，不得设置市场准入和退出条件，不得干预市场主体正常生产经营活动。

涉及市场主体权利义务的行政规范性文件应当按照法定要求和程序予以公布，未经公布的不得作为行政管理依据。

第六十五条 制定与市场主体生产经营活动密切相关的行政法规、规章、行政规范性文件，应当结合实际，确定是否为市场主体留出必要的适应调整期。

政府及其有关部门应当统筹协调、合理把握规章、行政规范性文件等的出台节奏，全面评估政策效果，避免因政策叠加或者相互不协调对市场主体正常生产经营活动造成不利影响。

第六十六条 国家完善调解、仲裁、行政裁决、行政复议、诉讼等有机衔接、相互协调的多元化纠纷解决机制，为市场主体提供高效、便捷的纠纷解决途径。

第六十七条 国家加强法治宣传教育，落实国家机关普法责任制，提高国家工作人员依法履职能力，引导市场主体合法经营、依法维护自身合法权益，不断增强全社会的法治意识，为营造法治化营商环境提供基础性支撑。

第六十八条 政府及其有关部门应当整合律师、公证、司法鉴定、调解、仲裁等公共法律服务资源，加快推进公共法律服务体系建设，全面提升公共法律服务能力和水平，为优化营商环境提供全方位法律服务。

第六十九条　政府和有关部门及其工作人员有下列情形之一的，依法依规追究责任：

（一）违法干预应当由市场主体自主决策的事项；

（二）制定或者实施政策措施不依法平等对待各类市场主体；

（三）违反法定权限、条件、程序对市场主体的财产和企业经营者个人财产实施查封、冻结和扣押等行政强制措施；

（四）在法律、法规规定之外要求市场主体提供财力、物力或者人力；

（五）没有法律、法规依据，强制或者变相强制市场主体参加评比、达标、表彰、培训、考核、考试以及类似活动，或者借前述活动向市场主体收费或者变相收费；

（六）违法设立或者在目录清单之外执行政府性基金、涉企行政事业性收费、涉企保证金；

（七）不履行向市场主体依法作出的政策承诺以及依法订立的各类合同，或者违约拖欠市场主体的货物、工程、服务等账款；

（八）变相设定或者实施行政许可，继续实施或者变相实施已取消的行政许可，或者转由行业协会商会或者其他组织实施已取消的行政许可；

（九）为市场主体指定或者变相指定中介服务机构，或者违法强制市场主体接受中介服务；

（十）制定与市场主体生产经营活动密切相关的行政法规、规章、行政规范性文件时，不按照规定听取市场主体、行业协会商会的意见；

（十一）其他不履行优化营商环境职责或者损害营商环境的情形。

第七十条　公用企事业单位有下列情形之一的，由有关部门责令改正，依法追究法律责任：

（一）不向社会公开服务标准、资费标准、办理时限等信息；

（二）强迫市场主体接受不合理的服务条件；

（三）向市场主体收取不合理费用。

第七十一条　行业协会商会、中介服务机构有下列情形之一的，由有关部门责令改正，依法追究法律责任：

（一）违法开展收费、评比、认证等行为；

（二）违法干预市场主体加入或者退出行业协会商会等社会组织；

（三）没有法律、法规依据，强制或者变相强制市场主体参加评比、达标、表彰、培训、考核、考试以及类似活动，或者借前述活动向市场主体收费或者变相收费；

（四）不向社会公开办理法定行政审批中介服务的条件、流程、时限、收费标准；

（五）违法强制或者变相强制市场主体接受中介服务。

第七章　附则

第七十二条　本条例自 2020 年 1 月 1 日起施行。

四川省消防条例

（1999 年 10 月 14 日四川省第九届人民代表大会常务委员会第十一次会议通过　根据 2002 年 5 月 30 日四川省第九届人民代表大会常务委员会第二十九次会议《关于修改〈四川省消防条例〉的决定》第一次修正　根据 2004 年 9 月 24 日四川省第十届人民代表大会常务委员会第十一次会议《关于修改〈四川省消防条例〉的决定》第二次修正　2011 年 5 月 27 日四川省第十一届人民代表大会常务委员会第二十三次会议修订）

第一章　总则

第一条　为了预防火灾和减少火灾危害，加强应急救援工作，保护人身、财产安全，维护公共安全，根据《中华人民共和国消防法》和有关法律、行政法规的规定，结合四川省实际，制定本条例。

第二条　本省行政区域内的消防工作和相关应急救援工作适用本条例。法律、行政法规另有规定的，从其规定。

第三条　消防工作贯彻预防为主、防消结合的方针，按照政府统一领导、部门依法监管、单位全面负责、公民积极参与的原则，实行消防安全责任制，建立健全社会化的消防工作网络。

第四条　地方各级人民政府负责本行政区域内的消防工作，将消防工作纳入国民经济和社会发展规划，保障消防工作与经济社会发展相适应。

县级以上地方各级人民政府公安机关依法对本行政区域内的消防工

作实施监督管理，并由公安机关消防机构负责实施。

第五条　机关、团体、企业、事业等单位应当依法履行消防安全职责，增强检查消除火灾隐患、组织扑救初起火灾、组织人员疏散逃生和消防宣传教育培训的能力，保障消防安全。

第六条　任何单位和个人都有维护消防安全、保护消防设施、预防火灾、报告火警的义务。任何单位和成年人都有参加有组织的灭火工作的义务。

鼓励单位和个人对违反消防法律法规造成火灾隐患的行为进行投诉举报。

鼓励有关部门和机构将单位的消防安全信息纳入社会信用体系。

鼓励社会团体、企业、事业单位、其他组织及个人采取捐赠物资、资金或者提供技术支持等形式资助消防事业。捐赠物资、资金的使用应当向社会公示，接受监督。

第七条　每年 11 月 9 日为消防安全活动日。

第二章　消防安全责任

第八条　县级以上地方各级人民政府履行下列职责：

（一）组织开展经常性的消防宣传教育，提高公民的消防安全意识；

（二）设立消防安全委员会，定期研究解决消防工作重大问题，组织综合应急救援工作；

（三）将消防工作纳入国民经济和社会发展规划及政府年度工作计划，实施绩效考核；

（四）组织政府有关部门开展有针对性的消防安全检查；

（五）保障公共消防事业发展所需经费；

（六）组织制定火灾事故应急预案，建立、落实处置机制；

（七）法律、法规规定的其他职责。

第九条　乡镇人民政府、城市街道办事处履行下列职责：

（一）执行消防法律法规，落实消防安全责任制，定期督促检查；

（二）组织开展经常性的消防宣传教育，提高公民的消防安全意识；

（三）组织消防安全检查，督促整改火灾隐患；

（四）组织、指导、督促村（居）民委员会和辖区单位开展消防工作；

（五）根据需要建立多种形式的消防组织，增强火灾预防、扑救和应急救援能力；

（六）辖区发生火灾事故时，组织协调灭火救援，做好相应工作；

（七）上级人民政府交办的其他消防工作。

第十条　发展和改革部门应当将公共消防设施建设列入地方固定资产投资计划。

财政部门应当将公共消防事业发展所需经费列入财政预算，及时拨付。

城乡规划建设主管部门应当将消防专项规划列入城乡规划，将公共消防设施纳入城乡基础设施建设和改造计划，并组织实施。

国土资源部门应当将消防站、消防训练基地和灭火救援装备储备基地等公共消防设施用地纳入土地利用总体规划，依法保障其建设用地需要。

产品质量监督、工商行政管理部门按照各自职责对消防产品生产、销售实施监督。

安全生产监督管理部门负责易燃易爆危险化学品安全监督管理工作，组织编制和实施易燃易爆危险化学品事故应急救援预案，开展事故调查。

民政、教育、文化、卫生、体育、商务、旅游、宗教、人民防空、广播电影电视等部门应当根据本部门、本系统、本行业的特点，有针对性地开展消防安全检查，及时督促整改火灾隐患。

第十一条　县级以上地方各级人民政府公安机关消防机构履行下列职责：

（一）实施消防监督检查，督促整改火灾隐患，查处消防违法行为；

（二）负责公安消防队和政府专职消防队的管理，对单位专职消防队、志愿消防队进行业务指导；

（三）实施建设工程消防设计审核、消防验收和备案抽查；

（四）实施公众聚集场所投入使用、营业前消防安全检查；

（五）对消防技术服务机构和执业人员的资质、资格实施审核，并对其执业情况实施监督；

（六）组织、指挥火灾扑救，调查火灾原因，统计火灾损失；

（七）参加相关应急救援工作；

（八）开展消防宣传教育培训；

（九）组织、推动消防科学技术研究，推广、使用先进消防技术和器材装备；

（十）法律、法规规定的其他职责。

第十二条 公安派出所履行下列职责：

（一）对辖区单位实施日常消防监督检查，督促、指导村（居）民委员会和单位、治安群防力量开展消防工作；

（二）开展消防宣传教育；

（三）受理消防安全举报、投诉，进行核查处理；

（四）依据本条例规定查处消防违法行为；

（五）维护火灾现场秩序，协助公安机关消防机构开展火灾事故调查，调查适用简易程序的火灾事故；

（六）法律、法规规定的其他职责。

第十三条 村（居）民委员会履行下列职责：

（一）确定消防安全管理人，实施消防安全管理；

（二）组织村（居）民制定防火安全公约，并公布实施；

（三）指导、督促住宅区的业主大会或者业主代表大会、业主委员会和物业服务企业合理安排消防安全投入；

（四）根据需要建立志愿消防队，配备必要的消防装备；

（五）组织村（居）民推选消防安全员，负责住宅区的日常消防安全监督；

（六）组织开展防火安全检查和消防宣传教育，宣传家庭防火和应急逃生知识。

第三章　消防安全宣传教育

第十四条　地方各级人民政府应当组织开展经常性的消防宣传教育，提高公民消防安全意识。

公安机关及其消防机构应当加强消防法律、法规的宣传，并督促、指导、协助有关部门和单位做好消防宣传教育、消防演习和应急疏散演练。

教育行政主管部门应当对学校管理人员和教职工进行消防安全知识培训，并督导学校将消防安全知识纳入教学内容。

民政部门应当督促村（居）民委员会和社会福利机构开展消防安全教育培训工作。

人力资源和社会保障部门应当将消防安全知识纳入职业培训机构培训内容。

文化、卫生、体育、广播电影电视等各行业主管部门应当将消防法律法规、火灾预防、火灾扑救、人员疏散逃生和自救互救等消防安全知识纳入本行业相关执业人员的岗位培训和继续教育。

新闻、广播、影视等有关单位应当有针对性地开展公益性消防安全宣传教育。

第十五条　机关、团体、企业、事业等单位应当定期开展消防宣传教育，对新上岗的职工进行岗前消防安全培训，对在职职工至少每十二个月进行一次消防安全培训。

高层建筑、地下工程、公众聚集场所从业人员的消防安全培训应当至少每六个月进行一次。

公共交通运营单位应当加强对工作人员的消防安全培训，使其能够熟练使用消防器材，并在火灾等突发事件发生时，引导、协助乘客及时疏散。

第十六条　学校、学前教育单位和职业培训机构应当将消防及应急避险知识纳入教学、培训内容，并确定消防安全教员或者聘请兼职消防辅导员。

　　各类学校在学期初和学期末，应当组织师生开展专题消防安全宣传教育；对寄宿学生应当开展经常性的安全用火用电、疏散逃生教育。

　　第十七条　村（居）民委员会应当将安全用火用电、火灾报警、初起火灾扑救、逃生自救等消防安全常识纳入消防宣传教育内容，开展经常性的消防宣传教育；在传统节日和重大活动期间，应当根据季节和活动特点，有针对性地开展消防宣传教育。

　　村（居）民委员会确定的消防安全管理人员，具体负责消防安全宣传教育工作。

　　第十八条　下列人员应当接受专业消防安全培训：

　　（一）公众聚集场所和易燃易爆场所涉及消防安全的从业人员；

　　（二）消防安全管理人，专、兼职消防员，消防控制室值班人员；

　　（三）消防工程施工管理人员、消防设施的安装、维护、操作人员；

　　（四）消防技术服务机构从业人员；

　　（五）从事电焊、气焊等具有火灾危险作业的人员；

　　（六）按照法律、法规规定应当接受专业消防安全培训的其他人员。

　　前款第（二）、（三）、（四）项规定的人员应当经国家职业技能鉴定合格，依法取得消防职业资格。

　　第十九条　高层建筑、地下工程的管理使用单位和人员密集场所、易燃易爆场所应当制定灭火和应急疏散预案，并按照预案至少每六个月组织一次演练，其他单位应当制定灭火和应急疏散预案，至少每十二个月组织一次演练。

　　第二十条　公安消防队、政府专职消防队因防火、灭火救援需要，到辖区单位进行必要的现场查看或者模拟训练的，有关单位应当予以支持配合。

　　第二十一条　在"119"消防安全活动日，地方各级人民政府应当组织相关部门针对本系统、本行业特点开展消防宣传和演练。广播、电视、报纸、网络等新闻媒体应当进行公益性消防宣传。

　　各级公安机关及其消防机构应当开展消防知识宣传、灭火演练及消防站对公众开放等活动。

第四章 火灾预防

第二十二条 地方各级人民政府应当将消防规划纳入城乡规划，保证公共消防设施与其他市政设施统一规划、同步建设。

城乡消防规划应当将下列内容确定为强制性内容：

（一）易燃易爆危险品的生产、储存、装卸场所的消防安全布局及其防灾缓冲隔离地带，易燃易爆危险品运输车辆的行驶路线；

（二）消防站、消防训练基地和灭火救援装备储备基地、消防取水码头的布局；

（三）消防供水、消防通信、消防装备；

（四）消防车通道，应急疏散、救援通道和场地；

（五）风景名胜区、历史文化遗产的消防保护措施。

第二十三条 开发区、工矿区和旅游度假区公共消防设施的规划、建设应当符合有关消防技术标准。

统一规划建设的农村住宅聚集区编制建设规划应当有消防专项规划的内容，建设消火栓或者消防水池，修建消防车通道。

农村场镇设有集中生产生活供水管网的，应当设置室外消火栓；没有集中生产生活供水管网的，应当设置消防水池；利用河流、池塘等天然水源作为消防水源的，应当设置可靠的取水设施，满足火灾扑救需要。农村场镇内主要道路，应当满足消防车通行需要。

第二十四条 消防站、消防训练基地和灭火救援装备储备基地等公共消防设施用地，依法实行行政划拨。

任何单位和个人不得侵占公共消防设施用地或者擅自改变其使用用途。

第二十五条 建设、供水、供电、通信等负责公共消防设施维护管理的部门和单位应当加强消防供水、消防车通道、消防通信等公共消防设施的维护管理，保持完好有效。

固定电话和移动电话业务经营单位，应当免费向用户提供火警报警电话服务。无线电管理部门应当保障消防无线通信专频专用，不受干扰。

第二十六条　建设工程的消防设计、施工、监理单位应当具备相应资质，依法对消防设计、施工质量负责。

第二十七条　依法应当进行消防设计、竣工验收备案的建设工程，建设单位应当报公安机关消防机构备案，并如实填报工程信息。

依法不需要取得施工许可的建设工程，建设单位向公安机关消防机构申请消防设计备案的，公安机关消防机构应当受理。

第二十八条　经公安机关消防机构审核的建设工程消防设计需要变更的，建设单位应当报原审核的公安机关消防机构重新审核。

已经备案的建设工程消防设计发生变更的，建设单位应当将变更后的消防设计文件报原受理公安机关消防机构重新备案。

第二十九条　建筑物、构筑物应当符合国家消防技术标准。任何单位和个人不得擅自改变建筑物、构筑物的防火条件，不得设置影响逃生和灭火救援的障碍物。

提倡居民住宅户配备灭火器和家庭用火灾探测报警器。

第三十条　施工单位负责建设工程施工现场的消防安全，应当遵守下列规定：

（一）制定并落实消防安全制度、消防安全操作规程，明确消防安全管理人员；

（二）规范用火用电管理，临时用电设备和电线符合安全要求；进行电焊气焊等作业应当由经培训并取得资格证书的人员按标准规范操作；

（三）设置与施工进度相适应的临时消防水源和消防车通道；

（四）配置消防设施、器材，设置消防安全标志；

（五）施工暂设的安全网、围网、施工保温材料符合消防技术标准和管理规定；

（六）不得在建设工程内设置宿舍。

高层建筑建设工程的施工单位在开工前应当将施工现场消防安全措施和保卫方案向公安机关消防机构备案。

　　第三十一条　文物古建筑单位、宗教活动场所应当建立消防安全管理制度，明确消防安全责任人员，配备消防设施、器材，落实消防安全保护措施，强化火源、电源管理。定期开展消防安全培训、灭火和应急疏散演练。

　　在文物古建筑、宗教活动场所举办庆典、宗教等活动时，应当采取相应的消防安全措施，并确定专人进行现场监护。

　　第三十二条　建筑构件、建筑材料、建筑保温材料、室内外装修装饰材料，应当符合国家标准、行业标准和国家有关规定。

　　第三十三条　高层建筑、地下工程和公众聚集场所的管理使用单位应当履行下列消防安全职责：

　　（一）成立消防安全组织或者配备防火负责人统一管理消防工作；

　　（二）在出入口、电梯口、防火门等醒目位置设置提示火灾危险性、安全逃生路线、安全出口、消防设施器材使用方法的明显标志和警示标语；

　　（三）设置安全疏散路线指导图；

　　（四）不得在高层建筑周边和扑救场地上空设置妨碍登高消防车作业的建筑设施设备；

　　（五）向公安消防机构报告消防安全措施和消防安全责任落实情况。

　　第三十四条　同一建筑物由两个以上单位使用的，共用各方应当共同制定管理办法，设立专门机构或者委托物业服务企业，对共用的疏散通道、安全出口、建筑消防设施、消防车通道进行统一管理。未实行统一管理的，其所在地的村（居）民委员会应当督促、指导共用各方确定消防安全管理人，履行消防安全职责。

　　共用建筑消防设施的检测、维修、更新和改造费用，在保修期内的由建设单位承担。保修期满后，由共用各方按照约定方式解决；没有约定或者约定不明的，由各产权人按照其所有的产权建筑面积占建筑总面积的比例承担。

　　第三十五条　实行承包、租赁或者委托经营、管理时，产权人应当提供符合消防安全要求的建筑物，当事人应当约定各方的消防安全责任。

第三十六条　物业服务企业应当按照物业服务合同，在委托管理的范围内履行消防安全管理职责，提供消防安全防范服务，并依法履行消防安全义务。

第三十七条　居民住宅区的物业服务企业或者管理单位应当在管理范围内履行下列消防安全职责：

（一）制定消防安全管理制度，开展消防安全宣传教育；

（二）制定灭火和应急疏散预案，定期开展演练；

（三）保障疏散通道、安全出口、消防车通道畅通；

（四）对管理区域内的共用消防设施、器材进行维护管理，确保完好有效。

居民住宅区的物业服务企业或者管理单位应当开展防火检查，消除火灾隐患；对发现妨害公共消防安全的行为应当予以制止，对不听制止的，应当及时向公安机关消防机构或者公安派出所报告。

没有委托物业服务或者无管理单位的居民住宅区，社区居民委员会和公安派出所应当加强消防安全指导和协调。

第三十八条　公共交通运输工具应当按照规定配置消防安全防护系统等消防设施、器材并保持完好有效。

城市轨道交通运营单位应当设置与城市轨道交通消防安全相适应的专业灭火、救援设备和疏散设施，并建立重点部位的消防安全管理制度。

隧道、高速公路、大中型桥梁应当设置必要的防火、灭火和抢险救援设施、设备。

第三十九条　单位和场所使用的消防产品应当符合国家标准或者行业标准。新研制的尚未制定国家标准、行业标准的，可以制定适用地方标准或者应当经技术鉴定合格。

质量技术监督、工商行政管理和公安机关消防机构应当每年按产品项目抽取一定比例的消防产品，送有资质的检验机构进行质量检验。

公安机关消防机构应当对消防产品的使用和维修情况进行监督检查，并将检查结果及时向社会公布。

公安机关消防机构在建设工程消防验收、备案抽查和消防监督检查时，建设单位或者使用单位应当提供消防产品来源证明。

第四十条 自动消防设施应当由具有相应资质的单位和人员定期进行维护、检测。维护情况应当每六个月书面报告公安机关消防机构，特殊重大情况及时报告；全面检测至少每十二个月进行一次，检测报告应当报送公安机关消防机构。

消防控制室应当保持不得少于两名值班人员二十四小时不间断值班。

第四十一条 从事消防产品技术鉴定、消防设施检测、电气防火技术检测、消防安全监测等的消防技术服务机构，应当经省公安机关消防机构审核取得相应的资质，并对接受委托提供的消防技术服务质量负责。

消防技术服务机构不得出租、出借或者以其他方式非法转让资质、资格证书，不得超越资质范围从事消防技术服务活动。

第四十二条 消防技术服务机构应当符合下列条件：

（一）具有法人资格；

（二）具有相应的消防专业检测、监测设施、设备和场地；

（三）具有相应数量取得执业资格的专业技术人员；

（四）具有健全的企业管理规章制度和消防技术服务质量保证体系。

第四十三条 申请消防技术服务机构资质，应当向省公安机关消防机构提出书面申请，并提交下列资料：

（一）法人资格证照、法定代表人身份证明；

（二）从事消防技术服务所需的设施、设备清单和产权证明；

（三）办公场所和消防专业检测、监测场地的物权证明；

（四）专业技术人员的身份证明、职称证明和职业资格证书以及人员名录、劳动合同；

（五）企业管理规章制度和消防技术服务质量保证体系文件。

省公安机关消防机构受理消防技术服务机构的资质申请后，应当在二十个工作日内对申请进行审核、实地核查、组织评审。符合条件的，发给资质证书；不符合条件的，应当书面说明理由。

第四十四条 禁止在具有火灾、爆炸危险的场所吸烟、使用明火。因施工等特殊情况需要使用明火作业的，必须经动火场所消防安全责任人或者消防安全管理人批准,并落实监护人员,实施现场监护。动火作业完成后,及时进行现场清理,并记录签字、存档备查。

公共娱乐场所室内严禁燃放烟花爆竹,营业期间禁止动火施工。

第四十五条 根据社会公共利益和消防安全的需要,大型公众聚集场所、城区内的加油(气)站应当投保火灾公众责任保险。国家有规定的从其规定。

鼓励和引导其他公众聚集场所和生产、储存、运输、销售易燃易爆危险品的企业投保火灾公众责任保险。

第四十六条 公安机关消防机构在消防监督检查中发现本地区存在影响公共安全的重大火灾隐患,应当由公安机关书面报告本级人民政府。

接到报告的人民政府应当自接到报告之日起十个工作日内作出书面决定,并及时组织相关部门、单位采取措施消除隐患。

第五章 消防组织和应急救援队伍

第四十七条 地方各级人民政府应当根据经济和社会发展的需要,建立公安消防队、政府专职消防队、志愿消防队等多种形式的消防队伍。公安消防队、政府专职消防队的建设按照国家《城市消防站建设标准》执行。

公安机关消防机构负责政府专职消防队人员、经费、业务、队伍建设的管理,对单位专职消防队、志愿消防队进行业务指导。

第四十八条 下列地区应当组建政府专职消防队:

(一)消防站数量未达到国家《城市消防站建设标准》规定的城市;

(二)全国重点镇、历史文化名镇、建成区面积超过五平方公里、生产总值超过十亿元或者易燃易爆企业密集的乡镇;

(三)远离消防站的国家级旅游风景区。

第四十九条 除《中华人民共和国消防法》第三十九条规定的单位外,下列单位应当组建单位专职消防队:

(一)火灾危险性较大、距离消防队较远的中型企业;

（二）列为省重点文物保护的古建筑群的管理单位；

（三）城市轨道交通的运营单位。

公路超长隧道或者隧道群的管理单位应当根据消防工作的需要组建专职消防队，或者依托自身相应组织配备消防车辆、装备和器材，承担火灾扑救和应急救援工作。

单位专职消防队建设参照国家《城市消防站建设标准》中普通消防站标准执行。

对建立专职消防队的企业，当地人民政府及相关职能部门应当制定优惠政策给予扶持。

第五十条 专职消防队应当报省公安机关消防机构验收。专职消防队建立后不得擅自撤销，确需撤销的，应当征求省公安机关消防机构意见。

第五十一条 乡镇人民政府、城市街道办事处应当建立志愿消防队，县级人民政府应当为其配备并及时更新基本的消防装备、设施、器材。

乡镇人民政府、城市街道办事处应当组织、指导和支持村（居）民委员会和辖区单位建立多种形式消防队伍。县级人民政府应当对村（居）民志愿消防队伍购置、更新消防装备、器材给予适当补助。

乡镇人民政府、城市街道办事处、公安派出所、村（居）民委员会应当按季度组织、指导志愿消防队开展业务培训和演练。

机关、团体、企业、事业等单位根据需要建立志愿消防队，配备必要的装备器材。

第五十二条 县级以上地方各级人民政府应当以公安消防队伍为依托，建立综合性应急救援队伍。

第五十三条 公安机关消防机构、政府专职消防队和依托公安消防队伍组建的综合应急救援队伍的营房、装备、器材和业务经费列入同级财政预算予以保障。

单位专职消防队的营房、装备和日常工作所需经费由本单位负责。

乡镇人民政府、城市街道办事处每年应当统计志愿消防队人员名单，报县级公安机关消防机构审核后，由县级地方人民政府为其购买人身意外伤害保险，配备必要的防护装备和器材，减少志愿消防队员的人身风险。

第五十四条　地方各级人民政府及有关部门应当按照国家有关消防员职业健康标准，做好消防员职业健康管理工作，保护消防员身体健康和生命安全。

对因扑救火灾及参加应急救援受伤、致残或者死亡的人员，按照国家有关规定享受相应的医疗、工伤待遇和抚恤，地方人民政府可以给予适当补助。符合革命烈士、见义勇为条件的，按照规定办理。

第六章　灭火和应急救援

第五十五条　公安消防队、专职消防队应当二十四小时值班备勤，接到报警或者命令立即出动。专职消防队应当接受公安机关消防机构统一调度。

第五十六条　发生可能造成重大人员伤亡、财产损失或者社会影响的火灾，当地人民政府接到报告后，其负责人应当赶赴现场，组织协调有关部门，调集人员、物资支援灭火。

灭火总指挥员由公安机关消防机构现场的最高行政领导担任，统一组织和指挥火灾扑救，并可以根据火场需要依法决定采取紧急措施。

建设、供水、供电、供气、通信等部门和单位，应当按照各自职责协助公安机关消防机构做好火灾扑救工作。

第五十七条　火灾发生后，公安机关负责火场外围警戒、维护火场秩序和通往火场的道路交通秩序。

支援火灾扑救的单位、个人，应当服从公安机关消防机构统一指挥。

火灾扑灭后，公安机关消防机构有权封闭火灾现场，未经公安机关消防机构同意，任何单位和个人不得擅自进入、清理、撤除火灾现场。

第五十八条　消防车、抢险救援车、保障车等消防特种车辆在参加火灾扑救、应急救援和消防训练往返收费路桥时免缴通行费。

第五十九条　公安消防队、政府专职消防队扑救火灾和参加应急救援，不收取费用。

其他形式消防队伍参加责任区以外的火灾扑救及应急救援，所损耗的燃料、灭火剂和器材装备等，经公安机关消防机构核定后，按照下列规定补偿：

（一）被施救单位参加保险的，从保险公司赔付费用中给付；

（二）被施救单位未参加保险的，由受益单位给予补偿；

（三）保险赔付费给付不足或者受益单位无能力补偿的，受益单位所在地县级人民政府应当给予补偿；

（四）对跨地区调动执行灭火、应急救援任务的装备物资消耗，省、市（州）财政部门可以给予适当补助。

第六十条　重大灾害事故的应急救援工作，由县级以上地方各级人民政府统一领导。

重大灾害事故发生后，有关人民政府应当根据应急救援工作的需要，调动综合应急救援队伍等力量进行应急救援处置。

第六十一条　综合应急救援队伍执行重大突发事件的应急救援任务，突发事件发生地人民政府应当提供必需的设备、物资和生活保障，及时补充应急救援装备及其损耗。

第七章　法律责任

第六十二条　消防技术服务机构违反本条例资质管理规定，未取得相应资质从事消防技术服务的，出租、出借或者以其他方式非法转让资质及超越资质范围从事经营活动的，责令停止违法行为，处五万元以上十万元以下罚款，并对其直接负责的主管人员和其他直接责任人员处一万元以上五万元以下罚款；有违法所得的，并处没收违法所得。

第六十三条　建设单位违反本条例第二十七条第一款规定的，责令限期改正，处五千元以下罚款；逾期不改正的，责令停止施工、停止使用。

第六十四条　违反本条例第二十八条规定，建设单位擅自变更经公安机关消防机构审核合格的建设工程消防设计施工的，责令停止施工，并处三万元以上十五万元以下的罚款，情节严重的，并处十五万元以上三十万元以下罚款；擅自变更已经依法备案的建设工程消防设计施工的，责令限期改正，处五千元以下罚款。

第六十五条 施工单位违反本条例第三十条规定，责令限期改正；违反第一款第（一）项规定，逾期不改正的，对其直接负责的主管人员和其他直接责任人员依法给予处分或者给予警告处罚；违反第一款第（二）、（三）、（四）、（五）、（六）项和第二款规定，逾期不改正的，责令停止施工，并处五千元以上三万元以下罚款。

第六十六条 违反本条例第三十二条规定的，责令限期改正，处五千元以上三万元以下罚款，逾期不改正的，责令停止使用、停产停业。

第六十七条 违反本条例第三十七条第一款规定，居民住宅区的物业服务企业或者管理单位未保持疏散通道、安全出口、消防车通道畅通，未保持管理区域内的共用消防设施、器材完好有效的，责令改正，处五千元以上二万元以下罚款，情节严重的，处二万元以上五万元以下罚款。

第六十八条 违反本条例第三十九条第一款规定的，责令限期改正；逾期不改正的，处五千元以上五万元以下罚款，并对直接负责的主管人员和其他直接责任人员处五百元以上二千元以下罚款。

第六十九条 城市轨道交通运营单位违反本条例规定，未设置与城市轨道交通消防安全相适应的专业灭火、救援设备和疏散设施的，责令改正，处五万元罚款。

第七十条 单位或者个人违反本条例规定，有下列行为之一的，责令改正或者责令停止违法行为，对个人处警告或者五百元以下罚款；对单位处一千元以上一万元以下罚款：

（一）公众聚集场所营业期间常闭式防火门处于开启状态、防火卷帘下堆放物品的；

（二）消防控制室无人值班的；

（三）擅自改变建筑物、构筑物防火条件的；

（四）设置影响逃生和灭火救援障碍物的；

（五）公共交通工具未按规定配置消防设施、器材或者未保持完好有效的；

（六）在公共娱乐场所室内燃放烟花爆竹或者营业期间动火施工的；

（七）起火单位或者个人不报或者故意延误报告火灾情况的；

（八）未按要求对自动消防设施进行检测的；

（九）维护保养单位履行职责不到位，导致自动消防设施无法正常使用的；

（十）相关人员未经专业消防安全培训合格或者未取得相应消防职业资格上岗的。

第七十一条　个人经营的场所消防设施、器材或者消防安全标志的配置、设置不符合消防技术标准或者未保持完好有效的，责令改正，处警告或者五百元以下罚款。

第七十二条　违反消防安全规定造成火灾或者致使火灾损失扩大的，对责任单位处五千元以上五万元以下罚款，并对直接负责的主管人员处五百元以下罚款。

第七十三条　机关、团体、企业、事业等单位有下列行为之一的，责令限期改正；逾期不改正的，处一千元以上五千元以下罚款：

（一）未制定消防安全制度、消防安全操作规程的；

（二）未制定灭火和应急疏散预案并按规定组织有针对性的消防演练的；

（三）未按规定组织防火检查的。

第七十四条　《中华人民共和国消防法》和本条例规定的行政处罚，除法律另有规定外，由公安机关消防机构决定；对单位给予警告或者二千元以下罚款、对个人给予警告或者五百元以下罚款的行政处罚，可以由公安派出所决定。

对经济和社会影响较大的城市供电、供水、供气和重要的基建工程、交通、邮政、电信枢纽及其他重要单位责令停产停业的，由公安机关消防机构提出意见，并由公安机关报请本级人民政府依法决定。

第七十五条　公安机关消防机构的工作人员滥用职权、玩忽职守、徇私舞弊，有下列行为之一，尚不构成犯罪的，依法给予处分：

（一）对不符合消防安全要求的消防设计文件、建设工程、场所准予审核合格、消防验收合格、消防安全检查合格的；

（二）无故拖延消防设计审核、消防验收、消防安全检查，不在法定期限内履行职责的；

（三）发现火灾隐患不及时通知有关单位或者个人整改的；

（四）利用职务为用户、建设单位指定或者变相指定消防产品的品牌、销售单位或者消防技术服务机构、消防设施施工单位的；

（五）将消防车、消防艇以及消防器材、装备和设施用于与消防和应急救援无关的事项的；

（六）其他滥用职权、玩忽职守、徇私舞弊的行为。

公安派出所的工作人员有前款第（三）、（四）、（六）项行为之一，尚不构成犯罪的，依法给予处分。

建设、产品质量监督、工商行政管理等其他有关行政主管部门的工作人员在消防工作中滥用职权、玩忽职守、徇私舞弊，尚不构成犯罪的，依法给予处分。

第七十六条　违反本条例规定，构成犯罪的，依法追究刑事责任。

第八章　附则

第七十七条　本条例所规定的单位，是指机关、团体、企业、事业等单位，以及生产经营场所符合消防安全重点单位界定标准的个体工商户。

对消防安全重点单位和大型公众聚集场所的界定标准由省人民政府制定。

第七十八条　本条例自 2011 年 8 月 1 日起施行。

四川省物业管理条例

（2012 年 3 月 29 日四川省第十一届人民代表大会常务委员会第二十九次会议通过　2021 年 9 月 29 日四川省第十三届人民代表大会常务委员会第三十次会议修订）

目录

第一章　总则

第一条　为了规范物业管理活动，维护业主、物业服务人等物业管理各方的合法权益，营造安全、舒适、文明、和谐的居住和工作环境，增强人民群众的获得感幸福感安全感，构建共建共治共享的基层社会治理体系，根据《中华人民共和国民法典》《物业管理条例》等法律、行政法规，结合四川省实际，制定本条例。

第二条　本条例适用于四川省行政区域内的物业管理活动及其监督管理。

本条例所称物业管理，是指业主通过选聘物业服务人或者自行管理等方式，对物业服务区域内的建筑物及其附属设施进行维修、养护、管理，维护物业服务区域内的环境卫生和秩序的活动。物业服务人包括物业服务企业和其他管理人。

第三条　物业管理应当遵循公开、公平、公正、诚信的原则，坚持依法管理、业主自治、市场竞争、政府引导，推动物业管理标准化、专业化、智能化、绿色化发展。

第四条　建立中国共产党基层组织领导下的居（村）民委员会、业主委员会、物业服务人等协调运行机制，形成社区治理合力。

第五条　县级以上地方人民政府应当加强对物业管理活动及其监督管理工作的领导，建立保障机制，将物业服务纳入现代服务业发展规划，推动物业服务行业向现代服务业发展。

县（市、区）人民政府应当明确街道办事处（乡镇人民政府）承担指导和监督物业管理活动的工作机构和人员，并保障工作经费。

鼓励地方各级人民政府通过购买服务方式委托符合条件的物业服务人承担社区治理相关服务。

第六条　县级以上地方人民政府住房城乡建设主管部门负责物业管理活动的指导和监督管理，加强对街道办事处（乡镇人民政府）物业管理工作人员的培训。

县级以上地方人民政府发展改革、经济和信息化、公安、民政、司法行政、财政、自然资源、生态环境、卫生健康、应急、市场监管等有关部门按照各自职责做好物业管理活动的相关监督管理工作。

第七条 街道办事处（乡镇人民政府）履行以下职责：

（一）组织、指导、协调本辖区内业主大会的设立和业主委员会选举、换届；

（二）指导、督促业主大会、业主委员会、物业服务人依法履行职责；

（三）调解处理物业管理纠纷，协调社区建设与物业管理的关系；

（四）法律、法规规定的与物业管理活动相关的其他职责。

居（村）民委员会指导物业服务人和业主委员会工作，根据需要设立环境和物业管理委员会，依法协助街道办事处（乡镇人民政府）开展相关工作。

第八条 街道办事处（乡镇人民政府）负责落实县级以上地方人民政府依法采取的应急措施，指导物业服务人、业主委员会开展应对工作，所需物资和资金纳入政府应急体系管理。

物业服务人应当执行政府依法实施的应急处置措施和其他管理措施，积极配合开展相关工作。对于物业服务人执行政府依法实施的应急处置措施和其他管理措施，业主、物业使用人以及相关人员应当依法予以配合。

第九条 物业服务行业组织应当在县级以上地方人民政府住房城乡建设主管部门的指导和监督下，推进行业标准化建设，依法加强行业自律管理，促进行业规范发展，维护物业服务人的合法权益。

第二章 物业服务区域及设施

第十条 物业服务区域的划分，应当以建设用地规划许可证确定的红线图范围为基础，综合考虑共用设施设备、建筑物规模、社区建设等因素，遵循规划在先、自然分割、功能完善、便民利民的原则划定。县（市、区）人民政府住房城乡建设主管部门应当建立物业服务区域档案。

第十一条 新建物业按照下列规定划分物业服务区域：

（一）分期建设或者两个以上单位共同建设的整体规划项目，应当按照其整体规划建设项目确定的用地范围，划分为一个物业服务区域；

（二）住宅和非住宅等不同物业类型，具有独立的配套设施设备并能够独立管理的，可以划分为不同的物业服务区域。

建设单位应当在办理商品房预售许可或者现房销售前，持建设用地规划许可证、建设工程规划许可证、项目规划设计方案等资料，向项目所在地县（市、区）人民政府住房城乡建设主管部门办理物业服务区域备案。住房城乡建设主管部门应当自受理之日起二十日内予以备案。对不符合物业服务区域划分规定的，应当告知建设单位重新划分。经备案的物业服务区域，由县（市、区）人民政府住房城乡建设主管部门及时告知物业所在地街道办事处（乡镇人民政府）。

建设单位应当将经备案的物业服务区域以书面说明和图纸形式在房屋销售现场的显著位置公示。

第十二条 已建成物业按照下列规定划分物业服务区域：

（一）已分割成两个以上相对封闭区域的，在明确共用设施设备管理、维护责任的情况下，可以划分为不同的物业服务区域；

（二）建筑规模较小且地理上自然相连的物业，可以合并为一个物业服务区域。

第十三条 物业已投入使用但未划分物业服务区域的，或者已经划分物业服务区域需要调整的，经业主委员会或者人数占比百分之十以上的业主书面申请，由县（市、区）人民政府住房城乡建设主管部门征求街道办事处（乡镇人民政府）、居（村）民委员会、业主代表意见后，提出物业服务区域划分或者调整的建议方案，由业主共同决定后划定，并在相应区域内公告。

第十四条 建设单位在新建物业时应当分别配置具备水、电、通风、采光、卫生间等基本使用功能和办公条件的物业服务用房、业主委员会用房。物业服务用房按照房屋建筑总面积的千分之二，且不低于一百平方米配置；业主委员会用房按照不低于三十平方米配置。物业服务用房、业主委员会用房位于地面的部分不低于总面积百分之五十。

自然资源主管部门在核发建设工程规划许可证时，应当在许可证附件（图）中载明物业服务用房、业主委员会用房面积。住房城乡建设主管部门核发房屋预售许可证、不动产登记机构办理不动产登记时，应当注明物业服务用房、业主委员会用房室号。

物业服务用房、业主委员会用房、共用设施设备配套用房属于全体业主共有，分别交由物业服务人、业主委员会和专业经营单位无偿使用，任何组织和个人不得擅自变更用途。

第十五条　新建物业各类配套建筑应当按照工程建设强制性标准和规范同步规划设计、同步验收。

建设单位在新建物业时应当按照国家标准或者相关要求配置邮件和快递送达设施、老年人活动场地等便民服务设施，保障业主便捷使用。

第十六条　新建物业应当按照有关标准配置机动车、非机动车专用停放车位（库），依据新能源发展规划和业主需要，为安装停车充电基础设施预留场地、空间，配置相应的接入条件。

已建成有条件的物业可以根据业主需要按照标准和技术规范要求，经业主共同决定，逐步改造建设停车充电与换电设施。

第三章　业主、业主大会和业主委员会

第一节　业主

第十七条　业主在物业管理活动中根据法律法规规定、管理规约和物业服务合同约定，享有业主权利，承担业主义务。

不动产登记簿记载的房屋所有权人为业主。

尚未依法办理房屋所有权登记，但符合下列情况之一的，在物业管理活动中享有业主权利、承担业主义务：

（一）因人民法院、仲裁机构的法律文书或者人民政府的征收决定等取得房屋所有权的；

（二）因继承取得房屋所有权的；

（三）因合法建造等事实行为取得房屋所有权的；

（四）基于与建设单位之间的商品房买卖民事法律行为已经合法占有建筑物专有部分的；

（五）法律法规规定的其他情形。

已经达到交付使用条件，尚未出售或者尚未向买受人交付的专有部分，建设单位为业主。

第十八条 物业使用人根据法律、法规、管理规约、业主大会依法作出的决定，以及其与业主的约定，享有相应权利，承担相应义务。

物业使用人包括物业承租人、借用人、居住权人等。

第十九条 下列事项由业主共同决定：

（一）制定和修改业主大会议事规则；

（二）制定和修改管理规约；

（三）选举业主委员会或者更换业主委员会成员；

（四）选聘和解聘物业服务人；

（五）使用建筑物及其附属设施的维修资金；

（六）筹集建筑物及其附属设施的维修资金；

（七）改建、重建建筑物及其附属设施；

（八）改变共有部分的用途或者利用共有部分从事经营活动；

（九）在物业服务区域公共空间安装个人身份和生物特征识别设备；

（十）物业服务区域划分与调整；

（十一）实施自行管理；

（十二）物业费调整；

（十三）设立业主代表大会以及确定其职责；

（十四）有关共有和共同管理权利的其他重大事项。

提交业主共同决定的事项，应当尊重社会公德，不得违反法律、法规的规定和损害社会公共利益。

第二十条 业主共同决定事项，应当由专有部分面积占比三分之二以上的业主且人数占比三分之二以上的业主参与表决。决定本条例第十九条第一款第六项至第八项规定的事项，应当经参与表决专有部分面积四分之三以上的业主且参与表决人数四分之三以上的业主同意。决定本条例第十九条第一款规定的其他事项，应当经参与表决专有部分面积过半数的业主且参与表决人数过半数的业主同意。

专有部分面积，按照不动产登记簿记载的面积计算；尚未进行登记的，按照测绘机构的实测面积计算；尚未进行实测的，按照房屋买卖合同记载的面积计算。

业主人数，按照专有部分的数量计算，一个专有部分按照一人计算。但建设单位尚未出售和虽已出售但尚未交付的部分，以及同一买受人拥有一个以上专有部分的，按照一人计算。

第二十一条　管理规约应当包含以下事项：

（一）有关物业的使用、维护、管理；

（二）业主的共同利益和应当履行的义务；

（三）违反管理规约应当承担的责任；

（四）其他事项。

制定管理规约，应当尊重社会公德，不得违反法律、法规的规定和损害社会公共利益。

第二十二条　业主大会议事规则应当包含以下事项：

（一）业主大会的议事方式、表决程序；

（二）业主委员会的组成、职责、届期、工作经费及其开支范围和开支金额、成员工作补贴标准和任职条件及资格终止情形、设立候补委员的规定；

（三）业主大会和业主委员会印章、业主共有资金账户的使用和管理；

（四）业主委员会换届；

（五）其他事项。

制定业主大会议事规则，不得违反法律、法规的规定。

第二十三条　业主可以委托他人参加业主大会会议。被委托人应当提供委托人和本人身份证明材料、委托人签署的授权委托书、委托人不动产产权证明的复制件，按照受委托事项、时间、权限，代表业主行使权利。

第二节 业主大会

第二十四条 一个物业服务区域设立一个业主大会，符合下列情形之一的，应当召开首次业主大会会议：

（一）交付的专有部分面积达到建筑物总面积百分之五十以上或者交付的房屋套数达到总套数百分之五十以上；

（二）首套房屋交付已满二年且交付的房屋套数达到总套数百分之二十以上；

（三）前期物业服务合同到期前九十日或者前期物业服务合同依法解除的。

分期开发的物业服务区域，先期开发建设的区域内交付使用的物业符合前款规定条件之一的，应当召开首次业主大会会议。

业主人数较少且经全体业主一致同意，可以不设立业主大会，由业主共同履行业主大会、业主委员会职责。

第二十五条 符合本条例第二十四条规定应当召开首次业主大会会议情形之一的，建设单位应当在三十日内向物业所在地街道办事处（乡镇人民政府）提出设立业主大会的书面报告，并在物业服务区域内公告。建设单位提交的书面报告应当附筹备首次业主大会会议所需的下列资料：

（一）物业服务区域划分备案情况；

（二）物业服务区域内建筑物面积清册；

（三）包括专有部分面积、业主姓名和联系方式等内容的业主名册；

（四）建筑规划总平面图；

（五）物业服务用房、业主委员会用房配置证明；

（六）其他有关的文件资料。

建设单位未按时书面报告设立业主大会的，同一物业服务区域内二十名以上业主联名可以向物业所在地街道办事处（乡镇人民政府）提出设立业主大会的书面申请，并提供业主身份证明材料。

第二十六条 街道办事处（乡镇人民政府）应当在收到设立业主大会的书面报告或者书面申请后十日内，向商品房销售主管部门、建设单位或者物业服务人核实是否符合召开首次业主大会会议的情形。符合的，应当在收到书面报告或者书面申请后三十日内指导成立业主大会筹备组，筹备召开首次业主大会会议；不符合的，应当告知原因，并在该物业服务区域显著位置公示。筹备组发布的通知或者公告，应当加盖街道办事处（乡镇人民政府）印章。

筹备组一般由业主代表和街道办事处（乡镇人民政府）、社区（村）党组织、居（村）民委员会、辖区公安派出所、建设单位代表组成。筹备组人数应当为单数，其中业主代表人数不低于筹备组总人数的二分之一。

筹备组中的业主代表由街道办事处（乡镇人民政府）根据业主自荐或者推荐确定，并在物业服务区域显著位置公示。筹备组组长由街道办事处（乡镇人民政府）、居（村）民委员会代表担任。

建设单位、业主、物业服务人应当对筹备组筹备工作和召开首次业主大会会议给予配合，不得阻扰。

第二十七条 筹备组应当履行下列职责：

（一）确定召开首次业主大会会议的时间、地点、内容和形式；

（二）拟定管理规约草案和业主大会议事规则草案；

（三）确认业主身份、人数和业主专有部分面积；

（四）拟定业主委员会选举办法草案；

（五）审核业主委员会成员候选人资格，提出候选人建议名单；

（六）依法确定首次业主大会会议表决规则；

（七）召开首次业主大会会议的其他准备工作。

前款第一项至第六项的内容应当在首次业主大会会议召开十五日前在物业服务区域显著位置公示。业主对公示内容提出异议的，筹备组应当予以复核并将复核结果书面告知提出异议者。

需要查询建筑物面积清册、核实业主身份等事项的，自然资源、住房城乡建设等有关主管部门应当依法予以协助。

筹备组不得将业主资料用于与筹备无关的活动。

第二十八条 筹备组应当自公告成立之日起六个月内组织召开首次业主大会会议，逾期不能召开的，筹备组自行解散。

　　筹备组应当在业主委员会依法成立之日起十日内，将筹备经费的使用情况在物业服务区域显著位置公示，在向业主委员会移交筹备期间的全部资料后解散。

　　剩余筹备经费应当纳入业主共有资金账户。

　　第二十九条　首次业主大会会议筹备经费由建设单位承担。新建物业的建设单位应当在办理商品房预售许可或者现房销售前，将筹备经费交至街道办事处（乡镇人民政府）设立的专用账户，供业主大会筹备组使用。老旧小区以及建设单位已经不存在的物业服务区域筹备首次业主大会会议的，县（市、区）人民政府可以给予补助。

　　筹备经费标准由市（州）人民政府根据实际情况制定。

　　第三十条　业主大会会议分为定期会议和临时会议。业主大会每年至少召开一次定期会议，具体召开次数由业主大会议事规则约定。专有部分面积占比百分之二十以上的业主或者人数占比百分之二十以上的业主提议，或者出现业主大会议事规则约定的其他情形时，业主委员会应当召集业主大会临时会议。

　　业主委员会未按照规定召集业主大会会议的，二十名以上业主联名可以请求街道办事处（乡镇人民政府）责令限期召开，逾期仍未召开的，由街道办事处（乡镇人民政府）组织召开。

　　第三十一条　省人民政府住房城乡建设主管部门应当会同自然资源主管部门建立全省统一、分级管理、无偿使用的电子投票表决系统。

　　业主大会会议表决可以通过电子投票表决系统或者书面方式进行。对无法使用电子投票表决系统或者书面方式进行投票表决的老年人、残疾人等业主，筹备组、业主委员会等应当入户提供帮助。

　　业主签收书面表决票或者在投票表决期间登录电子投票表决系统的，视为参与表决。业主参与表决，应当作出同意、不同意、弃权的意思表示，未作出意思表示的视为弃权。

第三节　业主委员会

　　第三十二条　业主委员会是业主大会的执行机构，由业主大会选举产生，五人至十五人单数组成，每届任期不超过五年，具体任期由业主大会决定。业主委员会主任、副主任由本届业主委员会在其成员中推选产生。业主委员会成员出缺时，设有候补委员的，由候补委员依次递补。

业主委员会召开会议应当有过半数成员出席，作出的决定应当经全体成员过半数同意。

业主委员会的决定应当自作出之日起三日内在物业服务区域显著位置公告，并通过互联网方式告知业主。

第三十三条 业主委员会成员应当为本物业服务区域内的自然人业主或者单位业主授权的代表，并符合下列条件：

（一）具有完全民事行为能力；

（二）遵纪守法、公正廉洁、热心公益事业、责任心强，并提交书面承诺；

（三）具备履行职责的健康条件和相应的时间；

（四）法律、法规规定的其他条件。

有下列情形之一的，不得担任业主委员会成员：

（一）被人民法院纳入失信被执行人名单的；

（二）在物业管理活动中，违反相关法律、法规受到行政处罚或者被追究刑事责任的；

（三）本人、配偶以及本人和配偶的近亲属在本物业服务区域的物业服务人任职的；

（四）法律、法规规定或者业主大会议事规则约定其他不宜担任业主委员会成员的情形。

第三十四条 业主委员会成员候选人可以通过下列方式产生：

（一）十名以上业主联名推荐；

（二）社区（村）党组织、居（村）民委员会根据业主自荐和小区党组织的建议等，在奉公守法、公道正派、热心公益的业主中进行推荐。

社区（村）党组织引导业主中的党员积极参选业主委员会成员，通过法定程序担任业主委员会成员。

第三十五条 业主委员会应当自选举产生之日起三十日内持以下材

料向物业所在地街道办事处（乡镇人民政府）备案：

（一）业主大会设立和业主委员会选举的情况；

（二）业主大会表决通过的管理规约、业主大会议事规则；

（三）业主大会决定的其他重大事项。

备案材料齐备的，街道办事处（乡镇人民政府）应当在收到备案材料十五个工作日内发出备案通知书，并抄送公安派出所、县（市、区）人民政府住房城乡建设主管部门。

业主委员会办理备案后，应当依法刻制业主大会、业主委员会印章。业主委员会持备案通知书、印章等向物业所在地县（市、区）人民政府市场监管部门申请办理业主大会社会信用代码登记，开设业主共有资金账户，在共有资金账户中设立业主委员会工作经费和补贴科目。

本条例施行前开设的业主委员会资金账户，按照前款规定依法变更为业主共有资金账户。

业主委员会应当将相关情况在物业服务区域显著位置公告。

第三十六条　业主委员会应当履行下列职责：

（一）执行业主大会的决定和决议，维护业主共同权益；

（二）召集业主大会会议，报告业主委员会履职情况；

（三）制定业主委员会财务、印章、会议等管理制度，并建立相关档案；

（四）拟定共有部分经营方案和共有资金使用与管理办法并提请业主共同决定；

（五）拟定物业服务人选聘、续聘、解聘方案并提请业主共同决定；

（六）代表业主与业主大会选聘的物业服务人签订物业服务合同，与退出的物业服务人进行交接；

（七）听取业主、物业使用人的意见和建议，监督和协助物业服务人履行物业服务合同；

（八）调解业主之间因物业使用、维护和管理产生的纠纷；

（九）支持、配合居（村）民委员会依法履行职责，接受社区（村）党组织、居（村）民委员会的指导和监督；

（十）监督管理规约的实施；

（十一）法律、法规规定和业主大会赋予的其他职责。

第三十七条 业主委员会应当及时在物业服务区域显著位置和通过互联网方式公示下列事项，并将相关资料存档：

（一）管理规约、业主大会议事规则；

（二）业主大会和业主委员会的决定；

（三）物业服务合同；

（四）物业共有部分的使用和经营收益的收支情况；

（五）业主大会和业主委员会工作经费的收支情况；

（六）建筑物及其附属设施的维修资金的筹集、使用情况；

（七）业主委员会成员支付物业费、交存建筑物及其附属设施的维修资金等情况；

（八）法律、法规规定和管理规约约定的其他应当向业主公开的情况和资料。

前款第一项、第三项的事项应当持续公示；前款第二项的事项应当在作出决定之日起三日内公示，公示期不少于三十日；前款第四项至第八项的事项，应当每半年至少公示一次，公示期不少于三十日。

第三十八条 业主委员会及其成员不得有下列行为：

（一）挪用、侵占业主共有财产；

（二）抬高、虚增、截留由业主支付的建筑物及其附属设施的维修资金、电梯检测维修费用以及业主共同支付的其他费用；

（三）索取、收受建设单位、物业服务人或者利害关系人的不正当利益；

（四）明示、暗示物业服务人减免物业费；

（五）泄露业主信息或者将业主信息用于与物业管理无关的活动；

（六）转移、隐匿、篡改、毁弃或者、拖延提供物业管理有关文件、资料；

（七）擅自使用业主大会、业主委员会印章；

（八）拒不执行业主共同决定的事项；

（九）违反法律、法规规定或者侵害业主合法权益的其他行为。

有前款行为的，业主、利害关系人有权向有关部门举报，有关部门应当依法处理。

第三十九条 业主大会、业主委员会应当依法履行职责。业主大会、业主委员会作出的决定违反法律、法规的，物业所在地的街道办事处（乡镇人民政府）或者县（市、区）人民政府住房城乡建设主管部门自收到投诉或者发现之日起三十日内，应当依法作出处理决定，并通告全体业主。

第四十条 业主委员会成员有下列情形之一的，其资格终止：

（一）不再是本物业服务区域的业主的；

（二）单位业主终止其代表资格的；

（三）被依法追究刑事责任或者被人民法院纳入失信被执行人名单的；

（四）有本条例第三十八条规定的禁止性行为之一且受到行政处罚的；

（五）本人、配偶以及本人和配偶的近亲属在本物业服务区域的物业服务人任职的；

（六）以书面形式向业主大会或者业主委员会提出辞职之日起满三十日的；

（七）法律、法规规定或者业主大会议事规则约定的其他情形。

业主大会议事规则可以对业主委员会主任、财务负责人离任审计事项作出约定。

业主委员会应当在业主委员会成员资格终止之日起七日内，将有关情况在物业服务区域显著位置公示。资格终止的业主委员会成员应当在终止之日起七日内向业主委员会移交由其保管的文件资料及财物。

第四十一条 经专有部分面积占比百分之二十以上的业主且人数占比百分之二十以上的业主联名，可以向业主委员会提出罢免业主委员会部分成员的书面建议，业主委员会应当自收到罢免建议之日起三十日内提请业主大会表决。业主委员会未按时提请业主大会表决的，提出罢免建议的业主可以请求街道办事处（乡镇人民政府）责令限期召开业主大会会议；逾期未召开的，由街道办事处（乡镇人民政府）组织召开。

业主可以依照前款规定，向街道办事处（乡镇人民政府）提出罢免业主委员会全体成员的书面建议，街道办事处（乡镇人民政府）应当组织召开业主大会会议进行表决。

第四十二条 业主委员会成员资格终止或者被罢免的，由业主委员会依照业主大会议事规则增补、公示，并向业主大会、街道办事处（乡镇人民政府）报告。未及时增补、公示、报告的，由街道办事处（乡镇人民政府）责令限期处理。

业主委员会成员不足总数的二分之一或者存在无法正常履行职责的其他情形，二十名以上业主联名可以书面向街道办事处（乡镇人民政府）要求组织提前换届，街道办事处（乡镇人民政府）应当组织召开业主大会会议，选举新一届业主委员会成员。

第四十三条 业主委员会应当在距任期届满三个月前书面报告街道办事处（乡镇人民政府），在街道办事处（乡镇人民政府）指导下，按照业主大会议事规则组建换届小组，召开业主大会会议，选举产生新一届业主委员会。

业主委员会未按期报告并组建换届小组的，街道办事处（乡镇人民政府）应当发出换届通知书，督促其履行职责。业主委员会任期届满未组建换届小组的，街道办事处（乡镇人民政府）应当参照本条例关于首次业主大会会议筹备组的规定组建换届小组。业主委员会阻碍、拒绝换届的，作出的相关决议无效。

第四十四条 换届期间业主委员会不得就选聘、续聘、解聘物业服务人、使用建筑物及其附属设施的维修资金等共同管理事项组织召开业主大会会议，但发生危及房屋安全或者人身财产安全的紧急情况，需要立即使用建筑物及其附属设施的维修资金的除外。

第四十五条 新一届业主委员会产生之日起十日内，上一届业主委员会应当在街道办事处（乡镇人民政府）监督下将其保管的有关凭证、档案等文件资料、印章及其他属于全体业主共有的财物，移交给新一届业主委员会。拒不移交的，新一届业主委员会可以请求街道办事处（乡镇人民政府）责令移交。有侵占公共财物、隐匿会计账簿等违法行为的，由公安机关依法调查、处理。

业主委员会任期届满，换届未产生新一届业主委员会的，原业主委员会应当向街道办事处（乡镇人民政府）指定单位移交前款资料，由指定单位代为保管。

第四十六条　经业主共同决定，可以从下列渠道筹集工作经费和工作补贴用于业主委员会开展工作：

（一）共有部分经营收益；

（二）全体业主共同交纳；

（三）业主自愿捐赠等其他方式。

市（州）人民政府可以结合本地实际，制定业主委员会成员工作补贴标准的指导意见。

第四十七条　不能依法选举产生业主委员会的物业服务区域，专有部分面积占比百分之十以上的业主且人数占比百分之十以上的业主向街道办事处（乡镇人民政府）提出书面申请，街道办事处（乡镇人民政府）应当组建该物业服务区域的物业管理委员会。物业管理委员会作为临时机构，任期一般不超过二年，依照本条例规定履行业主委员会相应职责，组织业主共同决定物业管理事项，推进选举业主委员会等。

市（州）人民政府可以结合本地实际，制定物业管理委员会的组建、职责、解散以及监督管理的具体办法。

第四十八条　县级以上地方人民政府住房城乡建设主管部门、街道办事处（乡镇人民政府）应当定期组织开展业主委员会成员培训，提升其履职能力。

县级以上地方人民政府可以按照国家有关规定对本辖区内模范履职的业主委员会、业主委员会成员给予表彰。

第四章　物业服务人

第四十九条　一个物业服务区域由一个物业服务人提供物业服务。

第五十条　物业服务人应当具备为业主提供物业服务的能力，在一个物业服务区域实行独立核算制度。

第五十一条　物业服务人应当按照物业服务合同的约定提供物业服务，并且履行下列义务：

（一）及时向业主、物业使用人告知安全、合理使用物业的注意事项；

（二）听取业主的意见和建议，接受业主监督；

（三）按规定向行业主管部门报送信用信息、统计报表等相关资料；

（四）支持、配合居（村）民委员会依法履行职责；

（五）发现有安全风险隐患的，及时设置警示标志，采取措施消除安全隐患或者向相关单位报告；

（六）对违反有关治安、环保、规划、消防等法律法规的行为，应当及时采取合理措施制止，向有关行政主管部门报告并协助处理；

（七）对业主、物业使用人违反管理规约的行为进行劝阻，并及时报告业主委员会；

（八）履行生活垃圾分类管理责任人责任，指导、监督业主和物业使用人进行生活垃圾分类；

（九）配合国家机关开展相关工作；

（十）法律、法规作出的其他规定。

第五十二条　物业服务人应当向业主大会、业主委员会报告下列信息，并在物业服务区域显著位置公示：

（一）物业服务人的营业执照（执业证照）、投诉电话及物业服务人和项目负责人的信用信息；

（二）物业服务内容和质量要求，收费项目、标准和方式，合同履行情况；

（三）电梯、消防等具有专业技术要求的设施设备的维修保养单位名称、联系方式、维修保养记录以及安全运行状况；

（四）供水二次加压调节水箱清洗记录及水箱水质检测报告；

（五）业主共有部分的经营收益收支情况和建筑物及其附属设施的维

修资金使用情况；

（六）物业服务用房使用情况；

（七）实施酬金制收费的，公布物业服务资金收支情况；

（八）法律、法规规定和物业服务合同约定其他应当公示的信息。

前款第一项至第四项的事项应当持续公开；其他事项，应当每半年至少公示一次，公示期不少于三十日。

业主对公示内容提出异议的，物业服务人应当及时答复。

第五十三条 物业服务人不得有下列行为：

（一）违反物业服务合同减少服务内容，降低服务标准，擅自设置收费项目和提高收费标准；

（二）擅自利用业主共有部分开展经营活动；

（三）挪用、侵占、隐瞒业主共有部分收益；

（四）抬高、虚增、截留由业主支付的建筑物及其附属设施的维修资金、电梯检测维修费用以及业主共同支付的其他费用；

（五）泄露业主信息；

（六）强制业主通过指纹、人脸识别等生物信息方式使用共用设施设备；

（七）采取停止供水、供电、供气等方式催交物业费；

（八）与业主委员会成员串通，损害业主利益；

（九）其他损害业主合法权益的情形。

第五章 物业服务

第五十四条 住宅物业的建设单位应当按照国家有关规定通过招投标方式选聘前期物业服务人。

建设单位与物业服务人签订前期物业服务合同，合同期限最长不超过两年。合同期限自首套房交付之日起计算。建设单位依法与物业服务人订立的前期物业服务合同约定的服务期限届满前，业主委员会或者业主与新物业服务人订立的物业服务合同生效的，前期物业服务合同终止。

第五十五条　建设单位在房屋销售前，应当参照省人民政府住房城乡建设主管部门制作的示范文本，制定临时管理规约和前期物业服务合同，向县（市、区）人民政府住房城乡建设主管部门备案。

第五十六条　新建物业实行物业交付承接查验制度。承接新建物业前，物业服务人和建设单位在新建物业竣工验收后，应当按照国家、省相关规定和前期物业服务合同的约定，共同对物业共有部分和其相应的物业档案进行查验。

物业承接查验应当邀请买受人代表以及物业所在地县（市、区）人民政府住房城乡建设主管部门、街道办事处（乡镇人民政府）代表参加，可以聘请相关专业机构协助进行。买受人代表应当由县（市、区）人民政府住房城乡建设主管部门从公开报名的买受人中确定。

物业承接查验后，建设单位应当与物业服务人签订物业承接查验协议，物业承接查验协议作为前期物业服务合同的补充协议。

物业服务人不得承接未经查验的物业。建设单位与物业服务人不得恶意串通、弄虚作假，在物业承接查验活动中共同侵害业主利益。

第五十七条　物业服务人应当自物业承接后三十日内，将查验文件向物业所在地的县（市、区）人民政府住房城乡建设主管部门备案，并在物业服务区域显著位置公示，公示期不少于三十日。

第五十八条　业主委员会根据业主共同决定通过招投标方式选聘物业服务人的，应当在街道办事处（乡镇人民政府）或者县（市、区）人民政府住房城乡建设主管部门监督指导下进行；未产生业主委员会的，经业主共同决定，可以委托街道办事处（乡镇人民政府）或者县（市、区）人民政府住房城乡建设主管部门组织公开招投标选聘物业服务人。

物业服务招标投标办法及配套文本由省人民政府住房城乡建设主管部门制定。

第五十九条　业主、业主委员会应当与选聘的物业服务人签订书面物业服务合同。物业服务人应当自签订物业服务合同之日起三十日内，将物业服务合同抄报街道办事处（乡镇人民政府）和县（市、区）人民政府住房城乡建设主管部门。

第六十条 物业服务合同的内容一般包括物业服务事项、服务质量、服务费用的标准和收取办法、建筑物及其附属设施的维修资金的使用、物业服务用房的管理和使用、服务期限、双方权利义务、服务交接、履约保障、违约责任等条款。物业费的测算清单应当作为物业服务合同的附件。

物业服务人公开作出的有利于业主的服务承诺，为物业服务合同的组成部分。

第六十一条 物业服务事项包含下列内容：

（一）建筑物共有部位的维护和管理；

（二）共用设施设备的日常运行、维护和管理；

（三）共用部位环境卫生的维护；

（四）秩序维护、安全防范、车辆停放管理等事项；

（五）物业服务档案和物业档案的管理；

（六）法律、法规规定和物业服务合同约定的其他事项。

物业服务人可以就超出物业服务合同约定的服务与相关业主另行约定。

第六十二条 已竣工验收但尚未出售或者未交付给买受人的物业，物业费由建设单位承担。

建设单位与业主按照约定交付方式已交付物业的，物业费按照约定承担；已交付业主的物业未达到该物业买卖合同约定的交付条件，整改期间的物业费由建设单位承担。

第六十三条 物业服务收费标准应当遵循合理、公平、公开、质价相符的原则，由合同双方当事人予以约定。预收物业费的，不得超过合同有效期的剩余期限。不定期物业服务合同，不得约定预收物业费。

前期物业服务、保障性住房物业服务收费标准由市（州）或者县（市、区）人民政府根据省人民政府定价目录，结合当地实际，综合考虑物业服务质量、服务成本等因素制定政府指导价并公布。政府指导价实行动态调整。

同一物业服务区域内同一物业类型、同一物业服务内容和标准的，物业服务收费应当执行同一价格标准。

第六十四条　物业服务收费标准应当保持相对稳定。有下列情形，需要调整物业服务收费标准的，物业服务人应当与业主委员会、业主协商，并经业主共同决定：

（一）公共服务产品能耗价格、共用设施设备维修养护费用等物业服务成本变动的；

（二）业主要求物业服务内容和物业服务标准变动的；

（三）与物业服务有关的政策性费用调整的。

双方可以委托第三方评估机构对服务质量和服务价格及价格调整方案进行评估，并公示评估结果。

第六十五条　物业服务人应当建立、保存下列档案和资料：

（一）物业竣工验收、承接查验资料；

（二）共有部分经营管理档案；

（三）共有部分管理、运行、维修、养护记录；

（四）供水二次加压调节水箱清洗记录及水箱水质检测报告；

（五）业主名册；

（六）对业主装饰装修的管理资料；

（七）供水、供电、垃圾清运等书面协议；

（八）物业收费财务凭证；

（九）安全风险隐患排查以及处置记录、应急预案以及演练档案；

（十）物业服务活动相关的其他资料。

第六十六条　物业服务合同解除或者终止后，物业服务人应当与业主委员会、决定自行管理的业主或者其指定人，按照法律、法规规定和合同约定办理退出交接事宜，并履行下列交接义务：

（一）移交物业档案；

（二）移交物业服务期间形成的物业服务档案或者采用数字化管理形成的电子资料、数据；

（三）移交建筑物及其附属设施的维修资金使用情况资料；

（四）移交物业服务用房；

（五）分项清算预收、代收的有关费用；

（六）如实告知物业的使用和管理状况；

（七）法律、法规规定和物业服务合同约定的其他事项。

第六十七条　物业服务人应当按照法律、法规规定和合同约定，建立安全防范制度和应急预案，健全安全防范措施，履行安全防范责任。

物业服务区域内发生安全事故或者其他紧急情况时，物业服务人应当及时采取应急措施，并向有关主管部门或者相关专业经营单位报告，协助做好救助工作。

第六十八条　物业服务合同解除或者终止后，物业服务人不得以业主欠交物业费、阶段工作未完成、对业主共同决定有异议、其他纠纷未解决等为由拒绝退出及办理交接，不得以任何理由阻挠新物业服务人进场服务。

物业服务人违反前款规定，不得请求业主支付物业服务合同解除或者终止后的物业费；造成业主损失的，应当赔偿损失。

物业服务人退出物业服务项目管理办法由省人民政府住房城乡建设主管部门制定。

第六十九条　物业服务人拒不办理退出交接手续、拒绝退出物业服务区域的，业主可以请求县（市、区）人民政府住房城乡建设主管部门责令物业服务人限期移交、退出。县（市、区）人民政府住房城乡建设主管部门应当自收到请求之日起三个工作日内责令物业服务人限期移交、退出。物业服务人有破坏设施设备、毁坏账册或者物业服务档案等违法行为的，由公安机关依法调查、处理。

第七十条　经业主共同决定可以对物业服务区域内的建筑物及其附属设施实施自行管理。

实施自行管理的，由全体业主通过管理规约就管理事项、管理人、管理方式以及责任承担等共同作出约定并公示。

管理人应当自业主共同决定实施自行管理之日起三十日内，将相关材料抄报街道办事处（乡镇人民政府）和县（市、区）人民政府住房城乡建设主管部门。业主自行管理的，街道办事处（乡镇人民政府）和有关部门应当依法支持。

第七十一条　实施自行管理的，管理人可以将物业服务区域内的秩序维护、清洁卫生、园林绿化、共用设施设备的维修养护等事项委托给第三方。电梯、消防等涉及人身、财产安全的设施设备，应当依法委托专业性服务组织进行管理维护。

第七十二条　实施自行管理的，管理人应当将业主支付的物业费纳入业主共有资金账户进行管理，规范业主共有资金使用，及时向全体业主公开管理、使用情况，接受业主监督。

第七十三条　县（市、区）人民政府应当建立应急物业服务保障机制。物业服务区域突发失管状态或者因物业服务合同终止引发重大矛盾纠纷，街道办事处（乡镇人民政府）应当确定应急物业服务人，提供维持业主基本生活服务事项的应急服务。

街道办事处（乡镇人民政府）应当将应急物业服务的服务内容、期限、费用等内容在物业服务区域显著位置公示，应急物业服务期间的物业费按照原标准执行。

街道办事处（乡镇人民政府）应当自确定应急物业服务人之日起六个月内组织业主依法选聘新物业服务人，协调应急物业服务人与新物业服务人做好交接。

第六章　物业的使用与维护

第七十四条　物业服务区域内禁止下列行为：

（一）房屋装饰装修损坏房屋承重结构、主体结构；

（二）违章搭建建筑物和构筑物；

（三）侵占、损坏楼道、公共园林绿地等物业共有部分；

（四）擅自改变住宅、车库、绿地或者其他附属设施的使用性质；

（五）随意堆放、倾倒垃圾、杂物；

（六）堆放易燃、易爆、剧毒、放射性、腐蚀性物品，排放有毒、有害物质；

（七）占用、堵塞、封闭避难层、疏散通道，消防车通道和安全出口；

（八）超过规定标准排放噪声或者产生振动；

（九）在公共门厅、疏散走道、楼梯间、安全出口停放电动自行车或者为电动自行车充电，用电梯轿厢运载电动自行车；

（十）从建筑物中抛掷物品；

（十一）毁坏电梯及其安全保护装置、警示标志等相关设施设备；

（十二）违反规定饲养动物；

（十三）法律、法规和管理规约禁止的其他行为。

第七十五条 任何单位和个人不得擅自占用、挖掘物业服务区域内的道路、场地。

因维修物业或者公共利益的需要，确需临时占用、挖掘道路、场地的，应当告知业主委员会和物业服务人，并及时在物业服务区域显著位置公示。未产生业主委员会的，应当向居（村）民委员会报告。

施工现场应当设置明显警示标志和采取安全措施。临时占用、挖掘道路、场地的，应当及时恢复原状。

第七十六条 业主不得违反法律、法规以及管理规约，将住宅改变为经营性用房。业主将住宅改变为经营性用房的，除遵守法律、法规以及管理规约外，应当经有利害关系的业主一致同意。

业主专有部分出现危害安全、妨碍公共利益及其他影响物业正常使用情形时，业主或者物业使用人应当及时养护、维修，相邻业主应当提供便利。

物业服务人发现业主专有部分或者业主、物业使用人的搁置物、悬挂物等存在安全隐患的，应当通知业主或者物业使用人及时处理。

第七十七条 业主转让、出租物业或者设立居住权的，应当将管理规约、物业服务收费标准等事项告知买受人、承租人或者居住权人，并自合同签订之日起十五日内，将物业转让、出租或者设立居住权的相关情况告知业主委员会和物业服务人。

第七十八条 业主装饰装修房屋的，应当事先告知物业服务人，遵守物业服务人提示的合理注意事项，并配合其进行必要的现场检查。

业主、物业使用人装饰装修房屋过程中产生的建筑垃圾，由业主、物业使用人负责清理。

物业服务人应当对装饰装修活动开展日常巡查和监督并建立档案。发现装饰装修违反相关规定破坏房屋承重结构、主体结构的，物业服务人应当及时劝阻，采取合理措施制止，并向住房城乡建设主管部门报告和协助处理。

第七十九条　物业服务区域内的电梯由物业服务人按照合同约定和特种设备有关法律、法规的规定，承担特种设备使用单位职责。

电梯的日常维护保养单位，应当对电梯安全性能负责，严格依照法律、法规和维保合同约定的维保服务标准、零部件更换费用承担方式、故障报修和应急救援到达时间等履行相应义务，保证电梯的安全运行。

第八十条　物业服务区域内依法配建的人民防空工程，应当按照设计文件在实地标注。物业服务人应当加强防空地下室及其设施设备的日常管理维护，确保其处于良好使用状态。

平时开发利用人防工程设施，不得影响其战时防空效能和应急避难功能。

第八十一条　物业服务区域内按照规划设置的车位（库），应当首先满足业主的需要。建设单位在销售房屋时，应当将车位（库）规划配建数量、位置、租售价格等信息在房屋销售现场公示并书面告知买受人。

建设单位出租（售）车位（库）的，应当至少提前十五日在物业服务区域显著位置和通过互联网方式公示拟出租（售）车位（库）的数量、相关证明文件和租售价格及承租（购买）人条件等信息。

已经建成并交付使用的物业服务区域，经业主共同决定，可以重新划定车位，但不得占用疏散通道、安全出口、消防车通道、消防车登高操作场地，不得妨碍行人和其他车辆通行。

公安、消防、救护、环卫、邮政、工程抢险等特种车辆执行任务，需在物业服务区域内临时停放的，不得收费。

第八十二条　利用共有部分开展经营活动，经业主共同决定，可以授权业主委员会管理，也可以以合同方式委托物业服务人或者其他经营主体经营。

利用共有部分产生的收入，在扣除合理成本之后，收益属于业主共有。业主共有部分收益应当优先用于业主公共支出，也可以按照业主大会的决定使用。

第八十三条　共有部分收益应当单独列账。业主大会应当设立业主共有资金账户，共有部分收益应当及时转入该账户。共有资金账户由业主委员会管理。

经业主共同决定可以对共有部分收益等共有资金进行审计，审计费用在共有部分收益中列支。

物业服务区域专有部分面积占比百分之二十以上的业主或者人数占比百分之二十以上的业主对共有部分收益收支情况提出书面异议的，可以组织业主审计小组或者委托第三方机构进行财务审计，街道办事处（乡镇人民政府）应当进行指导监督。

街道办事处（乡镇人民政府）应当每年开展一次对共有资金使用和收支情况的检查，检查情况应当在物业服务区域显著位置公示。

第八十四条　物业服务区域内的供水、供电、供气等专业经营单位提供产品服务的费用，业主专有部分使用的，由业主承担；物业服务人使用的，由物业服务人承担；部分业主或者全体业主共同使用的，由相关业主共同分担。但已纳入物业服务成本的，不得要求业主再次分担。

供水、供电、供气等专业经营单位应当按照国家核准的价格、计量装置的记录和合同约定向产权分割后的最终用户计收有关费用，用户应当按照合同约定按时足额交纳费用。

任何单位和个人不得强制物业服务人代收代缴有关费用或者要求物业服务人提供无偿服务。

供水、供电、供气等专业经营单位应当在物业服务区域显著位置公示服务范围和联系方式。物业服务人和业主应当为专业经营单位提供便利和协助。

第八十五条　建设单位应当按照国家规定及合同约定的保修期限和

保修范围承担物业的保修责任。

物业保修期限和保修范围内发生质量问题的，物业服务人应当向建设单位发出保修通知，建设单位应当履行保修责任。建设单位拖延履行的，不得以保修期届满为由拒绝履行保修责任。

建设单位委托物业服务人保修的，应当与物业服务人签订委托协议并在物业服务区域显著位置公示。

第八十六条 物业保修期内，因建设工程质量问题发生的维修等费用，由建设单位承担，不得从建筑物及其附属设施的维修资金中列支。

物业保修期满后，物业共有部分的维修、更新、改造费用，由共有该物业的业主按照各自拥有的物业专有部分面积比例分摊。

第八十七条 新建物业服务区域内的供水、供电、供气等共用设施设备及相关管线，应当按照国家、行业和地方技术标准和规范设计、施工。

供水、供电、供气共用设施设备及相关管线由专业经营单位依法组织具有资质的单位安装施工并通过竣工验收的，由供水、供电、供气专业经营单位进行维修养护。供水、供电、供气共用设施设备及相关管线建设所需费用依照工程计价有关规定确定，由建设单位承担。

供水、供电共用设施设备及相关管线由建设单位依法组织有资质的单位安装施工并通过竣工验收的，经业主共同决定，由业主委员会或者受委托的物业服务人等与专业经营单位签订移交协议后，可以将共用设施设备及相关管线移交给专业经营单位进行维修养护。

本条第二款、第三款所称的供电共用设施设备及相关管线，是指建筑区划红线至物业服务区域内的变压器之间（含变压器）的管线、开关（柜）、计量装置、变压器及配套辅助设施等高压共用设施设备及相关管线。

专业经营单位维修养护的共用设施设备及相关管线，其维修、养护、更新和改造等费用由专业经营单位承担，相关费用纳入企业经营成本。价格主管部门在制定专业经营单位收费价格时，应当计入上述成本。尚在保修期内的，上述费用由建设单位承担。

第八十八条　住宅物业和住宅区内的非住宅物业出售时，物业出售人和买受人应当按照国家和省的相关规定交存首期建筑物及其附属设施的维修资金。商品房销售监管机构在销售网签备案、不动产登记机构在进行不动产权登记时，应当核验首期建筑物及其附属设施的维修资金交存情况。

未交存首期建筑物及其附属设施的维修资金或者余额不足首期筹集金额百分之三十的，业主应当按照国家和省的相关规定、管理规约约定和全体业主的共同决定，及时补交或者再次筹集建筑物及其附属设施的维修资金。

业主转让房屋时，其交存的建筑物及其附属设施的维修资金余额不予退还，一并转让给买受人。房屋灭失的，应当返还建筑物及其附属设施的维修资金账户中对应房屋的结余资金。

第八十九条　建设单位未按照本条例第二十五条规定报告设立业主大会前，物业共有部分需要维修、更新和改造的，建设单位应当承担物业维修、更新和改造责任，不得动用建筑物及其附属设施的维修资金。

第九十条　县级以上地方人民政府应当制定和完善建筑物及其附属设施的维修资金的管理办法，方便建筑物及其附属设施的维修资金的提取使用。

发生下列严重影响物业使用的紧急情况，需要立即对物业共有部分进行紧急维修、更新、改造的，业主大会或者业主委员会可以按照紧急程序申请使用建筑物及其附属设施的维修资金：

（一）屋面、墙体防水损坏造成严重渗漏的；

（二）电梯故障危及人身安全、严重影响业主生活的；

（三）楼体外墙墙面有脱落危险，危及人身财产安全的；

（四）消防设施设备严重损坏构成重大火灾隐患或者消火栓系统、自动灭火系统严重损坏不具备灭火功能的；

（五）共用排水设施塌陷、堵塞、破裂等严重影响业主生活或者危及财产安全的；

（六）尚未移交给专业经营单位运营管理和维护的供水水泵（水箱）

损坏或者水管爆裂导致供水中断的；

（七）尚未移交给专业经营单位运营管理和维护的供配电系统设施设备发生故障，造成停电或者漏电，严重影响业主生活或者危及人身财产安全的；

（八）业主委员会核实有其他严重影响业主生活或者危及人身财产安全的。

第九十一条 申请使用建筑物及其附属设施的维修资金的紧急程序，按照下列规定进行：

（一）由业主委员会提出申请。未产生业主委员会或者业主委员会不履行职责的，居（村）民委员会应当根据业主的要求代为提出申请；

（二）县（市、区）人民政府住房城乡建设主管部门收到申请后，应当在三个工作日内作出审核决定并办理相关手续；

（三）建筑物及其附属设施的维修资金管理机构按照相关规定审核同意后，在建筑物及其附属设施的维修资金中直接列支；

（四）应急维修工程竣工验收后，组织维修的单位应当将使用维修资金总额及业主分摊情况在物业服务区域显著位置公示。

相关主体未及时提出申请，且已出现严重影响业主生活或者危及人身财产安全情形的，县（市、区）人民政府住房城乡建设主管部门、街道办事处（乡镇人民政府）应当组织代为维修，代为维修费用按照前款第三项、第四项规定在建筑物及其附属设施的维修资金中列支并公示。

第七章 监督管理

第九十二条 省人民政府住房城乡建设主管部门应当会同有关部门建立健全物业服务标准，完善物业服务质量评价体系，规范物业服务行为，提高物业服务满意度。

第九十三条 省人民政府住房城乡建设主管部门应当建立全省统一的物业管理信用信息监管平台，与全国公共信用信息共享平台（四川）实现互联互通，制定物业服务人信用等级评价体系，建立业主委员会、物业服务人等信用信息档案，并依法向社会公开。

第九十四条　省人民政府住房城乡建设主管部门应当会同有关部门根据本条例制定（临时）管理规约、业主大会议事规则、（前期）物业服务合同等示范文本，供建设单位、业主、业主大会、业主委员会、物业服务人参照使用。管理规约、业主大会议事规则、前期物业服务合同等与示范文本内容不一致的，应当在备案时作出书面说明。

第九十五条　县级以上地方人民政府住房城乡建设主管部门建立物业服务第三方评估制度。业主、业主大会、建设单位、物业服务人等可以委托评估机构对物业承接和查验、物业服务标准和费用测算、物业服务质量等进行评估，评估结果应当向全体业主公布。

第九十六条　县（市、区）人民政府应当建立健全物业管理违法行为投诉、举报处理制度，并在本行政区域内各物业服务区域显著位置公布相关行政主管部门负责执法事项、联系单位、举报电话。

县（市、区）人民政府有关行政主管部门接到投诉、举报的，应当及时依法处理。业主、业主委员会、物业服务人等有关单位和个人应当予以配合和协助，不得拒绝或者阻碍监督检查人员依法开展工作。

第九十七条　县（市、区）人民政府应当建立健全人民调解、行业调解、行政调解、司法调解等相衔接的物业管理活动纠纷多元调处、化解机制，加强纠纷源头治理。

街道办事处（乡镇人民政府）应当建立健全物业管理联席会议等相关协调工作机制，协调处理在业主大会设立、业主委员会选举及换届、物业服务人交接等物业管理活动中出现的重大矛盾纠纷。

发生物业管理争议后，当事人双方可以通过自行协商解决；协商不成的，可以向基层人民调解委员会或者街道办事处（乡镇人民政府）申请调解，也可以直接提起诉讼或者依法申请仲裁。

第八章　法律责任

第九十八条　违反本条例规定的行为，法律、法规已有法律责任规定的，从其规定。

第九十九条　建设单位违反本条例规定，有下列行为之一的，由县级以上地方人民政府住房城乡建设主管部门予以处罚：

（一）违反本条例第二十五条规定，未按时报告设立业主大会的，或者违反本条例第二十九条规定，拒不承担首次业主大会会议筹备经费的，责令限期改正；逾期未改正的，处五万元以上十五万元以下罚款。

（二）违反本条例第五十六条关于物业承接查验规定的，责令限期改正；逾期未改正的，处三万元以上十万元以下罚款；给业主造成损害的，应当依法承担赔偿责任。

（三）违反本条例第八十五条规定，在保修期不履行保修义务或者拖延履行保修义务的，责令限期改正；逾期未改正的，处十万元以上二十万元以下罚款。

第一百条　物业服务人违反本条例规定，有下列行为之一的，由县（市、区）人民政府住房城乡建设主管部门予以处罚：

（一）违反本条例第五十一条第三项规定，未按规定报送信用信息、统计报表等相关资料的，责令限期改正；逾期未改正的，处一千元以上五千元以下罚款。

（二）违反本条例第五十二条规定，未在物业服务区域显著位置公示相关信息的，给予警告，责令限期改正；逾期未改正的，处一万元以上三万元以下罚款。

（三）违反本条例第五十三条规定，挪用、侵占、隐瞒业主共有部分收益的，责令改正，所得收益退还全体业主，并处所得收益二倍以下罚款；抬高、虚增、截留由业主支付的维修资金、电梯检测维修费用以及业主共同支付的其他费用的，责令改正，没收违法所得，依法赔偿相关损失，并处五万元以上二十万元以下罚款；采用停止供水、供电、供气等方式催交物业费的，责令立即改正，给予警告，并处二万元以上五万元以下罚款。

（四）违反本条例第五十六条关于物业承接查验规定的，责令限期改正；逾期未改正的，处三万元以上十万元以下罚款；给业主造成损害的，应当依法承担赔偿责任。

（五）违反本条例第五十七条、第五十九条、第六十五条规定之一，未按时将查验文件备案并公示，或者未按时将物业服务合同抄报街道办事处（乡镇人民政府）和县（市、区）人民政府住房城乡建设主管部门，或者未建立、保存相关档案和资料的，责令限期改正；逾期未改正的，处一万元以上五万元以下罚款。

（六）违反本条例第六十九条规定，经县（市、区）人民政府住房城乡建设主管部门责令限期移交、退出，逾期仍不移交或者退出的，对拒不移交有关资料或者财物的，对物业服务人予以通报，处一万元以上十万元以下罚款，对拒不退出物业服务区域的，自责令规定时间届满次日起处每日一万元罚款，且二年内不得承接新的物业项目。

第一百零一条　业主委员会成员未履行本条例规定相关职责的，由物业所在地街道办事处（乡镇人民政府）责令限期履行；逾期未履行的，予以通报。

业主委员会成员有违反本条例第三十八条规定行为之一的，由物业所在地的县级以上地方人民政府住房城乡建设主管部门给予警告，可处五千元以上二万元以下罚款，有违法所得的，没收违法所得。给业主造成损害的，应当承担相应的赔偿责任；构成犯罪的，依法追究刑事责任。

第一百零二条　物业服务区域内有下列行为之一的，物业服务人应当及时采取合理措施制止，拒不改正的，物业服务人应当向有关部门报告并协助处理，有关部门按照下列规定予以处罚：

（一）违反本条例第七十四条第三项规定，侵占、损坏楼道、公共园林绿地等物业共有部分的，由县（市、区）人民政府住房城乡建设主管部门责令限期改正，恢复原状，给予警告；对个人可处一千元以上一万元以下罚款，对单位可处五万元以上二十万元以下罚款。

（二）违反本条例七十四条第九项规定，在公共门厅、疏散走道、楼梯间、安全出口停放电动自行车或者为电动自行车充电，用电梯轿厢运载电动自行车的，由消防救援机构责令改正，对单位处五千元以上五万元以下罚款，对个人处警告或者五百元以下罚款。

（三）违反本条例七十四条第十一项规定，毁坏电梯及其安全保护装置、警示标志等相关设施设备的，由县（市、区）人民政府市场监管部门责令限期整改，并可对相关责任人处一万元以上五万元以下罚款。

第一百零三条 供水、供电、供气等专业经营单位未按本条例第八十七条规定履行维修、养护、更新和改造等义务的，由县（市、区）人民政府住房城乡建设主管部门责令限期改正，逾期未改正的，处十万元以上三十万元以下罚款。

第一百零四条 县级以上地方人民政府住房城乡建设主管部门、街道办事处（乡镇人民政府）或者其他有关部门及其工作人员有下列情形之一的，由其所在单位、主管部门、上级机关或者监察机关责令改正；情节严重的，对直接负责的主管人员和其他直接责任人员依法给予处分；给当事人合法权益造成损害的，依法承担赔偿责任；构成犯罪的，依法追究刑事责任：

（一）未按照规定履行监督管理职责的；

（二）违法干预业主依法成立业主大会和选举业主委员会的；

（三）对物业服务活动中的投诉，不及时受理、依法处理的；

（四）发现违法行为或者接到举报后不及时查处的；

（五）其他滥用职权、玩忽职守或者徇私舞弊的行为。

第九章 附则

第一百零五条 街道办事处（乡镇人民政府）组织、推动老旧小区（院落）建立物业管理机制，负责老旧小区（院落）召开首次业主大会会议的筹备工作。

尚未实现水、电、气等计量装置专有部分一户一表分户计量的老旧小区（院落），业主、物业使用人、物业服务人和专业经营单位应当配合地方人民政府采取措施逐步改造，实现分户计量。

第一百零六条 本条例自 2022 年 5 月 1 日起施行。

四川省公共消防设施条例

（2004 年 4 月 16 日四川省第十届人民代表大会常务委员会
第八次会议通过　2021 年 9 月 29 日四川省第十三届人民
代表大会常务委员会第三十次会议修订）

第一条　为了加强公共消防设施建设管理，提高城乡抗御火灾和其
他灾害事故的能力，维护公共安全，根据《中华人民共和国消防法》等
法律、法规的规定，结合四川省实际，制定本条例。

第二条　四川省行政区域内公共消防设施的规划、建设、维护、使
用和管理，适用本条例。

本条例所称的公共消防设施，是指为保护人身、财产安全所需，保
障消防安全的必要公共设施，通常包括：

（一）消防站、消防通信指挥中心；

（二）消防训练基地、灭火救援装备储备基地；

（三）市政消火栓、消防水池、消防取水码头、取水平台、消防供水
管网等消防供水设施；

（四）消防车通道；

（五）消防通信设施；

（六）其他公共消防设施。

第三条　公共消防设施建设应当纳入国民经济和社会发展计划，并
列入年度固定资产投资计划，保证公共消防设施与经济建设和社会发展
相适应。

公共消防设施建设应当纳入国土空间规划，与城乡基础设施同步规
划、同步设计、同步建设、同步投入使用。

公共消防设施不足、未按照规划建设或者不适应城乡发展要求的，

应当增建、改建、配置或者进行技术改造。

第四条　县级以上地方人民政府负责组织编制或者修订消防专项规划，审查批准公共消防设施建设政府投资年度计划，保障公共消防设施建设的投入，按照国土空间规划、消防专项规划和国家有关标准及规定，统筹协调公共消防设施的建设。

政府规划建设的公共消防设施建设维护经费列入年度预算。

第五条　县级以上地方人民政府应当加强对本行政区域内公共消防设施建设管理工作的领导，具体确定公共消防设施建设、维护、管理的责任主体及其职责。

县级以上地方人民政府有关行政主管部门应当在各自职责范围内做好消防工作。

第六条　县级以上地方人民政府应当对本级人民政府有关部门和下级人民政府履行公共消防设施规划、建设、管理和维护工作职责的情况进行监督和检查，并纳入年度考核。

第七条　地方各级人民政府应当加强公共消防设施保护宣传教育和科学普及，增强公众保护意识，引导公众依法参与公共消防设施保护工作。

消防救援机构应当加强公共消防设施法律、法规的宣传，并督促、指导、协助有关单位做好宣传教育工作。

新闻媒体应当开展公共消防设施保护的宣传，对违反公共消防设施保护法律、法规的行为进行舆论监督。

教育、人力资源行政主管部门和学校、有关职业培训机构应当将公共消防设施保护纳入教育、教学、培训的内容。

第八条　县级以上地方人民政府应当组织消防救援机构、应急、公安、住房城乡建设、自然资源、生态环境、交通运输、水利、卫生健康、气象、地震等部门和供水、供电、供气、通信、医疗救护等单位，建立常态化协作机制和火灾与应急救援联动机制。

第九条　乡（镇）人民政府、街道办事处应当将保护公共消防设施纳入消防安全网格化管理内容，健全网格员培训机制。对本辖区内公共消防设施的规划建设和维护管理情况实施定期排查，每半年不少于一次，排查清单应当及时报告县级消防救援机构。发现公共消防设施损坏的，应当及时通知维护管理单位维修，并向县级人民政府相关行政主管部门报告。

村（居）民委员会协助各级人民政府和有关部门做好公共消防设施网格化管理，鼓励在村规民约、居民公约等制度中纳入公共消防设施保护相关内容，引导村（居）民自觉遵守。

第十条　履行消防安全管理责任的单位应当管理、维护好本单位消防设施，确保消防设施正常使用，定期进行应急演练，遇到突发事件及时报告当地消防救援机构并进行应急处理。

第十一条　县级以上地方人民政府及其有关部门应当将公共消防设施同步纳入城市数字化管理，建立信息共享机制。

第十二条　政府规划建设的公共消防设施用地属公益性用地，实行行政划拨。国土空间规划和消防专项规划确定的公共消防设施用地，不得擅自改变土地使用性质或者挪作他用。

第十三条　县级以上地方人民政府应当按照国家规定、国土空间规划和消防专项规划建设城市消防站、乡镇（街道）消防站（队）、专业消防站、消防通信指挥中心、消防训练基地和灭火救援装备储备基地。

县级以上地方人民政府应当对老旧城区、大型棚户区、文物古建筑集中区、商业集中区、人流物流集中区、工业园区、高新技术区等火灾风险高危地区和村（社区），加强公共消防设施的改造，按照规定组建微型消防站，配备并及时更新必要的消防装备和器材，与消防救援机构实行联勤联训。

专职消防队和微型消防站的建设应当符合国家、行业和地方标准要求，依法承担火灾扑救和应急救援工作。

第十四条　县级以上地方人民政府在城乡供水管道的安装或者改造时，应当按照城乡消防规划和国家有关标准要求，统一安装市政消火栓，设置醒目标志，实施物联动态管理，确保消防用水。

县级以上地方人民政府应当充分利用天然水源修建市政消防取水码

头、取水平台等配套的取水设施；供水管网不能满足消防用水的，应当修建消防水池，确保火灾扑救和应急救援需要。

供水单位以及政府确定的责任主体应当按照消防技术标准和管理规定，落实市政消火栓、消防水池和配套的取水设施等市政消防给水设施的建设和维护保养要求。市政消火栓不足的应当及时补建。所需费用由当地人民政府予以保障。

任何单位和个人不得危害市政消防给水设施安全，不得擅自连接城市公共消防供水管网系统，不得盗用城市公共消防供水。

第十五条　供水单位应当建立包含供水管网分布图、管径、压力、流量等基本信息在内的市政消火栓技术档案，每年更新市政消火栓基础信息，推送当地消防救援机构并录入城市数字化管理平台。

供水单位应当按照国家有关技术标准要求，保持消防供水设施的水量和水压；火灾现场需要临时加压供水的，应当及时予以配合。

第十六条　商业集中区、危险化学品工业园区和轨道交通运营单位，应当按照规定配备专业灭火、救援设备，实行统一管理、统一调配使用。在临近轨道站点、隧道出入口的区域，建设消防水池或者取水码头，满足灭火救援用水需要。

鼓励大型住宅区、公共建筑群、大型商业综合体、大型公共文化场所和建筑高度超过一百米的公共建筑，以及城市与森林、草原接壤地带，建设高于国家标准的消防供水、消防车通道等设施。

第十七条　城市道路应当符合国家消防技术标准；县、乡公路及村主要道路应当满足消防车通行要求。不符合要求的应当逐步改造。

第十八条　公安机关交通管理部门应当依法加强道路交通秩序管理，保障消防车通行。

单位或者住宅区物业服务企业应当设置消防车通道和消防车登高操作场地禁止占用标志；没有物业服务企业或者管理单位的住宅区，在消防救援机构的指导下，由乡（镇）人民政府或者街道办事处组织设置；发现消防车通道和消防车登高操作场地被占用的，应当及时制止、向有关部门举报并疏通。

第十九条　严禁任何单位和个人实施下列行为：

（一）在城市道路和县、乡公路及村主要道路上堆放土石、柴草、树木、稻谷等，造成道路阻塞，妨碍消防车通行；

（二）占用、堵塞或者封闭消防车通道，妨碍消防车通行；

（三）在消防车通道设置固定隔离桩、栏杆等障碍设施或者在其净空四米以下设置广告牌、管线等障碍物；

（四）占用消防车登高操作场地或者在消防车登高操作场地设置妨碍消防车操作的障碍物；

（五）其他妨碍消防车通行或者操作的行为。

第二十条　通信运营单位负责 119 火警、指挥调度等语音、图像、数据通信专用线路的建设和维护，确保消防通信畅通，为消防救援机构提供相关技术服务。

无线电管理部门应当优先保障消防救援机构使用频率需求，加强消防无线通信频率的监测保护，协调处理消防频率干扰。

任何单位和个人不得干扰消防通信。

第二十一条　任何单位和个人都有保护公共消防设施的义务。不得损坏、挪用或者擅自拆除、停用公共消防设施，不得埋压、圈占、遮挡市政消火栓。

因工程建设等原因可能影响公共消防设施使用或者妨碍消防车通行的，建设单位应当在施工前四十八小时书面通知当地消防救援机构，并落实相应的应急保障措施；需要拆迁、销毁公共消防设施的，应当有补建方案或者替代方案并报当地消防救援机构。

第二十二条　各级消防救援机构和其他相关行政主管部门应当依法采取动态抽查等形式，对公共消防设施的建设管理情况进行监督、检查，发现公共消防设施未保持完好有效的，应当及时通知、指导相关部门和单位采取有效措施予以整改。

第二十三条　消防救援机构在消防监督检查中发现公共消防设施不符合消防安全要求的，应当按照规定书面报告本级人民政府。接到报告的人民政府应当及时核实情况，责令有关部门或者单位立即采取有效措施整改；对无故拖延整改或者整改后仍然不符合要求的，予以问责追究。

第二十四条　地方各级人民政府、相关职能部门和单位有下列行为之一，造成严重后果的，由有权机关对相关责任人员给予处分；构成犯罪的，依法追究刑事责任：

（一）未按照国家规定、国土空间规划和消防专项规划以及相关技术标准建设城市消防站、乡镇（街道）消防站（队）、专业消防站、微型消防站、消防通信指挥中心、消防训练基地和灭火救援装备储备基地的；

（二）未按照城乡消防规划和国家有关标准安装、维修市政消火栓的；

（三）未按照规定修建消防水池、配套取水设施，或者消防水池、配套取水设施无法保证火灾扑救和应急救援需要的；

（四）公共消防设施不符合消防安全要求，拒绝执行或者拖延执行政府整改命令，或者整改后仍然不符合要求的；

（五）擅自改变公共消防设施用途的；

（六）相关部门、单位未履行本级人民政府确定的公共消防设施其他建设管理职责的。

第二十五条　单位违反本条例规定，有下列行为之一的，由消防救援机构责令改正，处五千元以上五万元以下罚款：

（一）未按照规定维护市政消火栓、消防水池、取水设施等，导致不能正常使用的；

（二）未按照规定建设、维护火警信号传输线路，延误灭火救援的；

（三）因工程建设等原因影响公共消防设施使用或者妨碍消防车通行，未落实应急保障措施的；

（四）拆迁、销毁公共消防设施，没有补建方案或者替代方案的；

（五）违反本条例第十九条第（二）、（三）、（四）、（五）项规定的。

个人有前款第五项行为的，处警告或者五百元以下罚款。

第二十六条　违反本条例规定，在火灾现场有下列行为之一，扰乱火灾现场秩序，或者拒不执行火灾现场指挥员指挥，影响灭火救援的，依照《中华人民共和国消防法》的规定处罚：

（一）拒绝消防救援机构使用水源的；

（二）有条件临时加压供水，但拒不按照火灾现场指挥员的命令加压供水的；

（三）占用、堵塞、封闭消防车通道或者占用消防车登高操作场地，拒不改正的。

第二十七条　违反本条例规定的其他行为，法律、法规已有处罚规定的，从其规定。

第二十八条　本条例自 2021 年 11 月 9 日起施行。

成都市消防条例

（2000 年 8 月 31 日成都市第十三届人民代表大会常务委员
会第十六次会议通过　2000 年 11 月 30 日四川省第九届人
民代表大会常务委员会第二十次会议批准　根据 2006 年 6
月 8 日成都市第十四届人民代表大会常务委员会第二十五
次会议通过　2006 年 9 月 28 日四川省第十届人民代表大
会常务委员会第二十三次会议批准的《成都市人民代表大
会常务委员会关于修改〈成都市消防条例〉的决定》修正
2010 年 6 月 18 日成都市第十五届人民代表大会常务委员
会第十七次会议修订　2010 年 7 月 24 日四川省第十一届
人民代表大会常务委员会第十七次会议批准）

第一章　总则

第一条　为了预防和减少火灾危害，加强应急救援工作，保护人身、
财产安全，维护公共安全，根据《中华人民共和国消防法》和有关法律、
法规的规定，结合成都市实际，制定本条例。

第二条　本市行政区域内的单位和个人，应当遵守本条例。

第三条　消防工作贯彻预防为主、防消结合的方针，按照政府统一
领导、部门依法监管、单位全面负责、公民积极参与的原则，实行消防
安全责任制，建立健全社会化的消防工作网络。

第四条　本市各级人民政府负责本行政区域内的消防工作。

市和区（市）县人民政府应当将消防工作纳入国民经济和社会发展
计划，保障消防工作与经济建设和社会发展相适应。

市和区（市）县人民政府有关部门应当在各自的职责范围内，依照法律、法规的规定做好消防工作。

第五条　市和区（市）县公安机关对本行政区域内的消防工作实施监督管理，公安机关消防机构负责实施。

第二章　火灾预防

第一节　消防安全职责

第六条　市和区（市）县人民政府应当履行下列职责：

（一）按照国家规定建立公安消防队、专职消防队，增强火灾预防、扑救和应急救援的能力；

（二）建立消防工作联席会议制度，研究并协调解决消防工作中的重大问题；

（三）对本级政府有关部门履行消防安全职责的情况进行监督检查；

（四）将公共消防设施建设和消防工作业务经费纳入同级财政预算，保障资金投入；

（五）组织政府有关部门开展有针对性的消防安全检查、消防宣传教育；

（六）法律、法规规定的其他消防安全职责。

镇（乡）人民政府、街道办事处应当组织、督促本区域内的单位做好消防工作；指导、支持和帮助社区居民委员会、村民委员会开展群众性消防工作；定期组织消防安全检查，督促消除火灾隐患；协调、配合火灾事故处理。

第七条　公安机关消防机构应当履行下列职责：

（一）开展消防监督检查，督促整改火灾隐患；

（二）负责建设工程消防设计审核、消防验收、备案抽查以及公众聚集场所投入使用、营业前的消防安全检查；

（三）确定本行政区域内的消防安全重点单位；

（四）负责消防产品使用环节的监督检查；

（五）开展消防安全宣传，组织消防安全培训；

（六）承担火灾扑救工作，调查火灾原因，统计火灾损失；

（七）参加重大灾害事故和其他以抢救人员生命为主的应急救援工作；

（八）管理、指导消防队伍建设和训练；

（九）法律、法规规定的其他职责。

第八条 公安派出所应当进行日常消防监督检查，负责消防安全宣传教育、保护火灾现场、配合火灾事故调查等消防安全工作，并确定专（兼）职消防民警。

第九条 社区居民委员会、村民委员会应当确定消防安全管理人，健全消防安全管理制度，组织居（村）民制定防火安全公约，宣传防火、灭火和应急逃生知识，进行防火安全检查，督促整改火灾隐患。

第十条 机关、团体、企业、事业单位的主要负责人是消防安全责任人，对本单位的消防安全工作全面负责。

单位应当落实逐级消防安全责任制和岗位消防安全责任制，明确逐级和岗位消防安全职责，确定各级、各岗位的消防安全责任人。

第十一条 消防安全重点单位除应当履行《中华人民共和国消防法》第十六条、第十七条规定的职责外，还应当履行下列消防安全职责：

（一）将消防安全重点单位标志在显著位置标识；

（二）每季度向公安机关消防机构报告本单位消防安全状况和履行消防安全义务的情况；

（三）确定本单位的消防安全管理人，并自确定或变更之日起十五个工作日内报公安机关消防机构备案。

第二节 消防监督管理

第十二条 市人民政府应当将包括消防安全布局、消防站、消防供水、消防通信、消防车通道、消防装备等内容的消防规划纳入城乡规划，并负责组织实施。

消防规划由市规划行政主管部门会同市公安机关消防机构共同组织编制，区（市）县人民政府参与编制。

第十三条 规划行政主管部门在规划中应当规划公共消防设施建设

用地，国土资源行政主管部门应当按照规划依法提供消防用地。

第十四条　市和区（市）县人民政府应当组织有关部门依照消防规划和技术标准，建设、配置和维护消防站、消防车通道、消防通信、消火栓等公共消防设施。

公共消防设施、消防装备不足或者不适应实际需要的，公安机关应当书面报告本级人民政府。接到报告的人民政府应当及时核实，组织有关部门增建、改建、配置或者进行技术改造。

第十五条　大型人员密集场所建设工程和其他特殊建设工程的建设单位，应当将消防设计文件报公安机关消防机构审核。未经依法审核或者审核不合格的，负责审批该工程施工许可的部门不得给予施工许可，建设单位、施工单位不得施工。

除前款规定外，其他需要进行消防设计的新建、改建、扩建等建设工程，建设单位应当自依法取得施工许可之日起七个工作日内，将消防设计文件报公安机关消防机构备案，公安机关消防机构应当依法进行抽查。对被抽查到的建设工程，建设单位应当按照规定报送抽查资料。经抽查不合格的建筑工程，施工单位应当停止施工，进行整改。

第十六条　建设工程消防设计经公安机关消防机构审核合格或者已经依法备案，需要变更的，建设单位应当重新申请消防设计审核或者重新备案。

第十七条　按照国家工程建设消防技术标准需要进行消防设计的建设工程竣工后，建设单位应当依照下列规定申请消防验收或者备案：

（一）公安机关消防机构审核的建设工程竣工后，建设单位应当委托具备相应资质的消防技术服务机构对消防设施、电气以及有防火性能要求的建筑装修材料进行检测，检测合格后，建设单位应当向公安机关消防机构申请消防验收。未经验收或者验收不合格的，禁止投入使用；

（二）其他建设工程竣工后，建设单位应当在竣工验收后七个工作日内报公安机关消防机构备案，公安机关消防机构应当依法进行抽查。对被抽查到的建设工程，建设单位应当按照规定报送抽查资料。经抽查不合格的，应当停止使用，进行整改。

第十八条 建设工程施工单位应当依照经公安机关消防机构审核合格或者备案的消防设计文件施工。

建设工程施工现场的消防安全由施工单位指定专人负责。施工单位应当制定并落实消防安全管理制度，配备必要的消防设施和器材。

第十九条 建设工程先期竣工部分需要投入使用的，公安机关消防机构可以根据建设单位的申请，按照国家有关建设工程消防验收的规定进行局部消防验收。

第二十条 任何单位或者个人不得擅自改变建筑物使用性质，降低防火条件。

第二十一条 建设工程消防设计、施工、安全评估、检测以及建筑消防设施维护保养等消防技术服务机构及其执业人员应当依法取得相应的资质、资格，依照国家法律、法规和相关规定提供消防技术服务，并对出具的结论负责。

第二十二条 建筑物设有自动消防设施的，产权单位或管理单位应当与具有相应资质的单位签订维护保养合同，落实维护保养责任，保证自动消防设施正常运行。

设有自动消防设施的产权单位或管理单位，应当对自动消防设施每年进行一次全面检测，并将检测情况及时报公安机关消防机构备案。

建筑物设有消防控制室的，产权单位或管理单位应当按照有关管理规定确保消防控制室二十四小时有专人值班。

第二十三条 户外广告、灯杆、架空管线、绿化景观等的设置不得影响消防车通行、火灾扑救和人员逃生，不得破坏建筑物防火条件。

第二十四条 建筑物的公共消防安全应当实施统一管理。

建筑物实行物业管理的，公共消防安全工作由物业管理单位负责。

未实行物业管理的，产权人和使用人应当成立消防安全组织进行管理。

第二十五条 建筑物公共消防安全设施设备维修、更新或改造等所需经费，按照相关法律法规的规定，由专项维修资金列支。

未设立专项维修资金的，由产权人按照约定承担；没有约定或约定不明确的，由产权人按照专有部分比例共同承担。

第二十六条　产权人提供的建筑物实行承包、租赁或者委托经营、管理的，应当符合消防安全要求。

承包人、承租人或受委托人应当约定各方的消防安全职责，没有约定或约定不明确的，在其使用、管理范围内履行相应的消防安全职责。

第二十七条　统一规划建设的农村住宅区，应当满足防火间距要求，设置必要的消防设施。

农村主要道路，应当满足消防车通行需要。

农村设有生产生活供水管网的，应当设置室外消火栓；利用河流、池塘等天然水源作为消防水源的，应当设置消防取水设施；没有生产生活供水管网和天然水源的，应当设置消防水池，满足火灾扑救需要。

第二十八条　幼儿园、中小学校、福利院、养老院、特殊教育学校、

第二十九条　公共交通运营企业应当按照国家标准、行业标准或企业

标准为投入使用的公共交通车辆配置消防安全防护系统等消防设施、器材。

第三十条　建筑面积在三百平方米以上的餐饮场所，分散使用罐装液化气作燃料的，应当采用集中供气方式，有条件的，应当使用管道天然气，并符合国家有关消防技术规范的要求。

第三十一条　公共娱乐场所在营业期间，严禁进行电焊、气焊、油漆粉刷等施工和设备检修作业。

人员密集场所在营业、使用期间，严禁使用电焊、气焊等明火作业。因施工等特殊情况需要使用明火作业的，应当按照规定事先办理审批手续，将施工区和使用区进行有效的防火分隔，清除动火区域的易燃、可燃物，配置消防器材，进行专人监护，保证施工和使用范围的消防安全。

人员密集场所的毗邻区域使用电焊、气焊等明火作业的，按照本条第一款、第二款的规定执行。

第三十二条　公众聚集场所和生产、运输、储存、销售易燃易爆危险物品的单位，应当依照有关法律法规的规定投保火灾公众责任保险。

第三十三条　单位应当组织下列人员参加公安机关消防机构组织的

消防安全培训：

（一）消防安全责任人、管理人；

（二）专、兼职消防人员；

（三）消防工程的设计、施工、监理、检测人员；

（四）消防设施安装、维护、检测、操作人员，消防控制室值班人员以及消防技术服务机构的执业人员；

（五）易燃易爆危险物品的作业、管理人员以及进行电焊、气焊等具有火灾危险作业的人员；

（六）公众聚集场所的管理人员；

（七）法律、法规规定的其他人员。

第三章　灭火救援

第三十四条　市和区（市）县人民政府应当组织有关部门针对本行政区域内的火灾特点制定应急预案，建立应急反应和处置机制，统一领导火灾扑救和应急救援工作，配置消防应急救援装备。

第三十五条　消防车、抢险救援车在赶赴火灾或抢险救援现场时，在确保安全的前提下，不受行驶速度、行驶路线、行驶方向和指挥信号的限制，其他车辆以及行人应当避让，不得穿插、超越、阻挠。对妨碍灭火救援的障碍物，公安机关消防机构可以实施破拆。

交通管理指挥人员应当保证消防车和抢险救援车优先通行。

第三十六条　公安消防队、专职消防队接到出警命令后必须立即出动，赶赴火灾、应急救援现场。

火灾现场总指挥员由在场的公安机关消防机构负责人担任，统一组织和指挥火灾扑救，并根据火灾现场需要，有权依法采取紧急措施。

在扑救重大火灾和进行重大的抢险救援时，公安机关消防机构应当立即报告本级人民政府，并由到场的政府负责人组织协调有关部门、人员，调集所需物资进行灭火、救援。

公安消防队、专职消防队参加火灾以外的其他重大灾害事故的应急救援工作，由县级以上人民政府统一领导。

第三十七条　发生火灾时，公安机关应当负责警戒火灾现场，维护交通、治安秩序。

医疗、防疫、交通、通讯、供电、供水、供气、气象、环保等单位应当配合灭火和抢险救援。

第三十八条　公安机关消防机构可以根据需要封闭火灾现场。未经公安机关消防机构许可，任何单位和个人不得擅自进入、清理、撤除火灾现场。

有关单位和个人应当如实向公安机关消防机构提供火灾现场情况、接受火灾事故调查。任何单位和个人不得阻碍火灾调查工作。

第三十九条　公安消防队、专职消防队扑救火灾、应急救援，不得收取任何费用。

单位专职消防队、志愿消防队参加外单位火灾扑救、应急救援所损耗的燃料、灭火剂和器材、装备等，由事故发生地的区（市）县人民政府给予补偿。

第四十条　对因参加扑救火灾、应急救援或者消防训练受伤、致残或者死亡的人员，按照国家有关规定给予医疗、抚恤。

第四章　法律责任

第四十一条　违反本条例第十一条第（二）项、第（三）项规定的，责令改正，处警告或者五百元以上二千元以下罚款。

第四十二条　违反本条例第十五条、第十七条规定，建设单位未依法报公安机关消防机构备案或者未按照规定报送抽查材料的，责令限期改正，处一千元以上五千元以下罚款。

第四十三条　违反本条例第十六条规定，擅自变更经公安机关消防机构审核合格的建设工程消防设计的，责令停止施工，并处一万元以上十万元以下罚款。

擅自变更已经依法备案的建设工程消防设计的，责令停止施工，并处一千元以上五千元以下罚款。

第四十四条 违反本条例第二十条规定的，处二千元以上二万元以下罚款。

第四十五条 违反本条例第二十二条第一款、第二款规定的，责令限期改正，逾期不改正的，处一千元以上一万元以下罚款。

违反本条例第二十二条第三款规定的，责令改正，处一千元以上五千元以下罚款。

第四十六条 违反本条例第二十三条规定的，责令改正，处一千元以上一万元以下罚款。

第四十七条 违反本条例第二十九条规定的，责令改正，处一千元以上一万元以下罚款。

第四十八条 违反本条例第三十条规定的，责令限期改正，逾期不改正的，处二千元以上二万元以下罚款。

第四十九条 违反本条例第三十一条第一款规定的，责令改正，处二千元以上二万元以下罚款。

违反本条例第三十一条第二款规定的，责令改正，处一千元以上一万元以下罚款。

第五十条 违反本条例第三十三条规定的，责令限期改正，逾期不改正的，处五百元以上二千元以下罚款。

第五十一条 违反本条例第三十八条第一款规定的，处二千元以下罚款。

第五十二条 公安机关消防机构及其他行政机关工作人员在消防工作中滥用职权、玩忽职守、徇私舞弊的，依法给予行政处分；构成犯罪的，依法追究刑事责任。

第五十三条 违反本条例规定的行为，法律、法规另有规定的，从其规定。

第五章　附则

第五十四条 本条例自 2010 年 11 月 9 日起施行。

成都市物业管理条例

(2007 年 8 月 10 日成都市第十四届人民代表大会常务委员
会第三十四次会议通过 2007 年 9 月 27 日四川省第十届
人民代表大会常务委员会第三十次会议批准)

第一章 总则

第一条 为了规范物业管理活动,维护业主、物业服务企业及其他
管理人的合法权益,根据《中华人民共和国物权法》、国务院《物业管理
条例》等法律、法规,结合成都市实际,制定本条例。

第二条 本条例适用于本市行政区域内物业的管理、使用、服务及
其监督管理活动。

第三条 市房产行政主管部门负责全市物业管理活动的监督管理工
作,区(市)县房产行政主管部门负责其辖区内物业管理活动的监督管
理工作。

规划、建设、城管、公安、工商、价格、民政等行政主管部门应当
按照其法定职责协同实施本条例。

街道办事处、乡(镇)人民政府负责组织、指导本辖区内的业主依
法设立业主大会,协调物业管理与社区建设之间的关系,配合调解处理
物业管理中的投诉,指导监督业主大会、业主委员会依法履行职责。

社区居民委员会应当按照有关规定对业主大会、业主委员会进行指
导和监督。

第四条 市物业管理行业协会应当加强行业建设,建立行业服务、
协调、激励和惩戒等机制,促进物业管理业科学、规范、和谐发展。

第五条 本市提倡依靠科技进步提高物业服务水平；对于采用新技术、新方法节能降耗的，政府给予鼓励。

第二章　建筑区划

第一节　建筑区划的划分与调整

第六条 新建建设项目，包括分期建设或者由两个以上单位共同开发建设的项目，其设置的附属设施设备是共用的，应当划分为一个建筑区划。但该建设项目内已按规划分割成两个以上自然院落或者封闭区域的，在明确附属设施设备管理、维护责任的情况下，可以分别划分为独立的建筑区划。

第七条 开发建设单位在申请办理建设工程规划许可证的同时，应当持建设项目规划设计方案，向区（市）县房产行政主管部门提出划分建筑区划的要求。

区（市）县房产行政主管部门应当自受理之日起 5 个工作日内在征求街道办事处、乡（镇）人民政府及社区居民委员会的意见后进行划分，并告知开发建设单位。

第八条 确需调整建筑区划的，由区（市）县房产行政主管部门会同街道办事处、乡（镇）人民政府及社区居民委员会，按照本条例第六条的规定，结合当地社区的布局，拟定调整方案，经各相关建筑区划业主大会分别同意后进行划分；尚未设立业主大会的建筑区划，由全体业主共同决定。

业主大会或者全体业主决定前款事项的，应当经该建筑区划内专有部分占建筑物总面积过半数的业主且占总人数过半数的业主同意。

尚未划分建筑区划的，应当按照前款比例征得相关业主同意后，按照本条第一款规定执行。

第九条 建筑区划划分、调整后，市或区（市）县房产行政主管部门应当在不动产登记簿上予以相应注记，开发建设单位应当向物业买受人明示。

建筑区划调整后，区（市）县房产行政主管部门应当在相关建筑区划内公告。

第二节 附属设施设备的配置

第十条 新建建筑区划内，开发建设单位应当按照下列规定配置物业服务用房：

（一）建筑面积不低于建设工程规划许可证载明的房屋总建筑面积的2‰，并不得少于80平方米；

（二）配置物业服务企业或其他管理人用房和业主委员会议事活动用房，其中业主委员会议事活动用房建筑面积不得少于30平方米；

（三）具备水、电等基本使用功能，且位于地面以上部分不低于50%。

物业服务用房配置不符合前款规定的，规划行政主管部门不予核发建设工程规划许可证。

第十一条 新建住宅建筑区划内的水、电、气计量装置应当实行专有部分一户门号一贸易结算表、共有部分独立计量表；安全防范、消防、环卫、邮政、信息等附属设施设备的配置应当符合物业使用的基本条件。

第十二条 新建住宅建筑区划机动车停放库（位）与住户数的最低比例标准，由市规划行政主管部门制定。

本市鼓励开发建设单位投资建设住宅建筑区划内机动车停放库（位），具体办法由市价格行政主管部门会同有关部门制定。

第三节 新建住宅的交付使用

第十三条 本市实行新建住宅交付使用监管制度。新建住宅建筑区划内建设工程竣工验收合格后，其附属设施设备应当具备下列条件后，方可交付使用：

（一）住宅生活用水纳入城乡自来水管网，并供水到户。

（二）住宅用电按照电力部门的供电方案，纳入城市供电网络，不得使用临时施工用电。

（三）住宅的雨水、污水排放纳入永久性城乡雨水、污水排放系统。确因客观条件所限需采取临时性排放措施的，应当经水务、环保部门审核同意，并确定临时排放的期限。

（四）住宅区附近有燃气管网的，完成住宅室内、室外燃气管道的敷设并与燃气管网镶接。住宅区附近没有燃气管网的，完成住宅室内燃气管道的敷设，并负责落实燃气供应渠道。

（五）住宅区内电话通信线、有线电视线和宽带数据传输信息端口敷设到户，安防等设施设备按设计规范配置到位。

（六）住宅区与城市道路或者公路之间有直达的道路相连。

（七）按照规划要求完成教育、医疗保健、环卫、邮政、农贸市场及其他商业服务、社区服务和管理等公共服务设施的配套建设。住宅建设工程分期建设，上述设施尚未建成的，应当有可供过渡使用的相应公共服务设施。

（八）按照住宅设计规范预留设置空调器外机和冷凝水排放管的位置。

（九）按照规划要求完成住宅区内的绿化建设。

（十）按照规划要求完成住宅区内停车库（位）的配置。

（十一）住宅建设工程分期建设的，已建成的住宅周边场地清洁、道路平整，与施工工地有明显有效的隔离措施。

（十二）法律、法规规定的其他条件。

个人建造的自住房屋不适用前款规定。

第十四条　新建住宅交付使用前，开发建设单位应当向市或区（市）县房产行政主管部门办理新建住宅交付使用备案手续，并提供新建住宅建设工程竣工验收文件和本条例第十三条第一款所列附属设施设备符合交付使用条件的相关文件、资料。

第四节　新建住宅物业保修金

第十五条　本市实行新建住宅物业保修金监管制度。保修金监管实行统一交存、权属不变、专款专用、政府监管的原则。市房产行政主管部门应当对保修金的交存、使用、管理和退还实施统一监督管理。

　　第十六条　新建住宅物业、住宅区内的非住宅物业以及与单幢住宅楼结构相连的非住宅物业，其开发建设单位应当在申请新建住宅不动产权属登记前，按照住宅物业建筑安装总造价 2% 的比例，一次性向保修金监管账户交存保修金，作为该住宅物业保修期内保修费用的保证。保修金监管账户以建筑区划为单位设立专户。开发建设单位在办理新建住宅物业不动产权属登记时，应当提供专户银行出具的住宅物业保修金全额交存证明。保修金存储期限与物业的法定保修期限一致。

　　第十七条　开发建设单位应当按照法定的保修期限、范围，承担住宅物业的保修责任；开发建设单位可以自行组织维修，也可以委托他人进行维修。

　　第十八条　开发建设单位不履行保修义务的，业主或者业主委员会可以提出申请，经市或区（市）县房产行政主管部门核实后，由业主委员会或者社区居民委员会组织维修，其费用在保修金中垫支。未设立业主大会的建筑区划，其物业共有部分出现质量问题时，社区居民委员会可以依照前款规定申请动用保修金垫支维修费用。市或区（市）县房产行政主管部门应当在保修金动用后 3 个工作日内书面通知开发建设单位。

　　第十九条　业主、业主委员会或者社区居民委员会按照本条例第十八条规定程序动用保修金后，开发建设单位应当在收到房产行政主管部门的通知之日起 15 日内足额补存。开发建设单位对维修责任承担持有异议的，可以在前款规定期限内依法提起民事诉讼或者申请仲裁，由人民法院或者仲裁委员会确定的责任人补存保修金。逾期不起诉或申请仲裁的，视为其认可承担维修责任。

　　第二十条　物业保修期间，开发建设单位因破产、解散、被撤销等原因消亡的，保修金监管机构应将保修金本息余额提存。物业出现保修范围内的质量问题时，业主、业主委员会或者社区居民委员会可以按照本条例第十八条规定申请动用保修金。

　　第二十一条　符合下列条件之一的，保修金存储期满后本息余额退还开发建设单位；开发建设单位已消亡的，保修金本息余额依法列入清算财产：

（一）未出现属于保修范围内的物业质量问题；

（二）出现物业质量问题，但开发建设单位已按相关规定进行维修并经验收合格，或者与业主就维修费用承担达成和解协议并履行给付义务；

（三）出现物业质量问题且双方就责任承担发生争议，但开发建设单位已按人民法院或者仲裁委员会的法律文书履行义务。

第二十二条　保修金存储期满前 30 日，保修金监管机构应将拟退还保修金事项在相关建筑区划内书面公示。

第二十三条　保修金监管机构应当每年定期向相关建筑区划的业主和开发建设单位公布该建筑区划保修金的交存、使用情况，接受业主和开发建设单位的监督。

第三章　物业的管理主体与物业使用

第一节　业主大会筹备组

第二十四条　同一建筑区划内，符合下列条件之一的，应当召开首次业主大会会议，设立一个业主大会：

（一）专有部分交付的建筑面积达到建筑物总面积 50%以上；

（二）首次交付专有部分之日起满两年且入住的建筑面积达到建筑物总面积 20%以上。

业主总人数在 100 人以内且经全体业主一致同意，决定不设立业主大会的，由业主共同履行管理职责。

第二十五条　符合本条例第二十四条第一款规定条件之一的建筑区划，其开发建设单位应当书面报告区（市）县房产行政主管部门。报告应当包含下列相关文件资料：

（一）建筑区划划分意见书；

（二）业主名册；

（三）建筑规划总平面图；

（四）附属设施设备交付使用备案证明；

（五）物业服务用房配置证明；

（六）住宅物业保修金交存证明；

（七）建筑物及其附属设施的专项维修资金筹集证明；

（八）其他必要的文件资料。

第二十六条　区（市）县房产行政主管部门应当在接到本条例第二十五条规定的报告之日起 5 个工作日内，抄送街道办事处、乡（镇）人民政府。开发建设单位未及时书面报告的，业主可以向区（市）县房产行政主管部门或者街道办事处、乡（镇）人民政府提出设立业主大会的书面要求。街道办事处、乡（镇）人民政府应当在收到报告或者要求之日起 15 个工作日内组织业主成立业主大会筹备组，筹备召开首次业主大会会议。

第二十七条　筹备组由开发建设单位、业主和街道办事处、乡（镇）人民政府派员组成，其中业主所占比例不得低于筹备组总人数的三分之二。筹备组组长由街道办事处、乡（镇）人民政府派员担任。筹备组应当自成立之日起 3 日内在建筑区划内书面公告其成员名单和工作职责。

第二十八条　筹备组履行下列职责：

（一）确定召开首次业主大会会议的时间、地点和内容；

（二）草拟管理规约、业主大会议事规则、业主委员会工作规则；

（三）确认业主身份和核计业主人数、专有部分面积；

（四）确定业主委员会委员候选人条件和选举办法；

（五）组织产生首届业主委员会委员候选人；

（六）完成召开首次业主大会会议的其他准备工作。

前款第（一）至（五）项所列内容，筹备组应当在召开首次业主大会会议 15 日前以书面形式在建筑区划内公示。业主对业主身份、人数或者专有部分面积等提出异议的，筹备组应当予以复核并告知异议人复核结果。

第二十九条　筹备组应当自成立之日起 30 日内组织召开首次业主大会会议。自业主大会依法设立之日起，筹备组职责自行终止。筹备组的必要经费由开发建设单位承担。

第二节　业主大会与业主委员会

第三十条　业主在业主大会会议上的投票权，按照国家有关规定行使。业主身份以及专有部分面积的确定，以不动产登记簿或者其他能够证明其权属的合法有效文件为依据。单个业主拥有多个或者数人共有一个物业专有部分的，其业主投票权人数按一人计算。业主拒付物业服务费、不缴存建筑物专项维修资金的，管理规约、业主大会议事规则可以对其在物业管理中投票权的行使予以约束。

第三十一条　业主大会自首次业主大会会议表决通过管理规约、业主大会议事规则、业主委员会工作规则并选举产生业主委员会之日起设立。业主大会依法设立后，业主委员会应当就业主大会设立事项向区（市）县房产行政主管部门备案；并依法刻制和使用业主大会、业主委员会印章。市人民政府应当根据本条例，制定对业主大会监督管理的具体规定。

第三十二条　业主大会会议由业主委员会组织召开。

业主委员会不依法、依约履行召开业主大会会议职责的，区（市）县房产行政主管部门应当责令其限期召开；逾期不召开的，街道办事处、乡（镇）人民政府可以组织业主召开业主大会会议。

除前两款规定外，任何单位和个人不得擅自召集业主大会会议。

第三十三条　同一建筑区划内有两幢以上建筑物的，可以以幢、单元为单位设立业主小组。业主小组由该幢、单元的全体业主组成。

业主小组履行下列职责：

（一）讨论业主大会拟讨论的事项；

（二）推选业主代表出席业主大会会议，表达本小组业主的意愿；

（三）讨论、决定本幢、本单元物业共有部分的经营、收益分配及维修等事项。

业主小组行使前款规定职责的程序，参照本建筑区划业主大会议事规则执行。

第三十四条　业主大会会议可以采用集体讨论的形式，也可以采用书面征求意见的形式。

采用集体讨论形式的，可以按照本条例第三十三条规定，推选业主代表参加业主大会会议；也可以由业主决定以其他方式推选业主代表参加业主大会会议。

业主可以委托代理人参加业主大会会议，代理人应当持业主书面委托书并根据委托内容进行投票表决。

第三十五条 管理规约应当对下列主要事项作出约定：

（一）建筑物及其附属设施设备的使用、维护、管理；

（二）建筑物及其附属设施的专项维修资金的筹集、使用方案；

（三）共有部分的经营与收益分配；

（四）业主的其他权利与义务；

（五）违反规约应当承担的责任。

管理规约自业主大会表决通过之日起生效，对全体业主及使用人均具有约束力。

第三十六条 管理规约、业主大会议事规则、业主委员会工作规则不得与法律、法规相抵触，其示范文本由市房产行政主管部门拟订。

第三十七条 业主大会设立后，业主委员会应当将下列事项告知开发建设单位、物业服务企业或者其他管理人：

（一）管理规约；

（二）业主大会议事规则；

（三）业主委员会工作规则；

（四）业主大会、业主委员会的其他决定。

开发建设单位在销售该建筑区划内的专有部分时，应当向买受人明示前款所列事项，并将其作为房屋买卖合同的附件。

第三十八条 业主委员会是业主大会的执行机构，由业主大会会议选举产生，向业主大会负责并报告工作，受业主、业主大会监督。业主委员会由人数为奇数的若干名委员组成，每名委员具有同等表决权，每届任期为3至5年；委员的条件、人数、任期等具体事项由业主大会议事规则规定。

第三十九条 业主委员会讨论、决定物业管理公共事项，应当召开委员会会议，并于会议召开 3 日前在建筑区划内以书面形式公告会议议程，听取业主的意见和建议。业主委员会决定事项，应当经全体委员半数以上签字同意通过。业主委员会应当将业主大会、业主委员会的决定在作出之日起 3 日内以书面形式在建筑区划内公告。

第四十条 业主委员会委员应当忠实履行职责，定期参加房产行政主管部门组织的物业管理培训，接受街道办事处、乡（镇）人民政府以及房产行政主管部门的指导与监督。业主委员会不得从事物业服务经营活动，其委员及其近亲属不得在为本建筑区划提供物业服务的物业服务企业、机构中任职。

第四十一条 业主委员会委员有下列情形之一的，其委员资格自行终止：

（一）不再是该建筑区划内的业主；

（二）丧失民事行为能力；

（三）被依法限制人身自由半年以上；

（四）法律、法规以及管理规约规定的其他情形。

第四十二条 业主委员会委员有下列情形之一的，由业主大会决定是否终止其委员资格：

（一）以书面方式向业主大会提出辞职请求；

（二）拒不履行委员职责；

（三）业主委员会半数以上委员或者 20% 以上业主提议撤销其委员资格；

（四）违章搭建、拒付物业服务费等侵害他人合法权益；

（五）因其他原因不适合继续享有委员资格的。

第四十三条 业主委员会任期届满 60 日前，应当召开业主大会会议进行换届选举。

业主委员会任期届满仍未换届改选的，区（市）县房产行政主管部门应当责令其限期改正；逾期不改正的，街道办事处、乡（镇）人民政府可以组织业主召开业主大会会议进行换届选举。

第四十四条　业主大会会议选举产生出新一届业主委员会之日起10日内，前业主委员会委员应当将其保管的有关凭证、档案等文件资料、印章及其他属于全体业主共有的财物，移交给新一届业主委员会，并完成交接工作。业主委员会委员资格届内终止的，应当在终止之日起5日内向本届业主委员会移交由其保管的前款所列文件资料及财物。

第四十五条　经业主大会决定，可以从下列渠道筹集专项用于业主委员会开展工作的经费：

（一）全体业主共有部分物业经营收益；

（二）全体业主共同交纳；

（三）业主自愿捐赠等其他合法方式。

工作经费归全体业主共有。业主委员会应当妥善保管并定期书面公告其收支情况，并接受业主大会、业主的监督。

第四十六条　两个以上建筑区划共用附属设施设备的，应当建立业主委员会联席会议制度。

业主委员会联席会议由街道办事处、乡（镇）人民政府和区（市）县房产行政主管部门、相关建筑区划的业主委员会、社区居民委员会、物业服务企业或者其他管理人组成。联席会议由街道办事处、乡（镇）人民政府负责召集。

第三节　物业的使用与维护

第四十七条　业主、使用人应当合理正当地使用专有部分，禁止从事下列危及建筑物安全或者损害他人合法权益的行为：

（一）改变房屋承重结构；

（二）违法搭建建筑物、构筑物；

（三）堆放易燃、易爆、剧毒、含有放射性物质的物品或者超负重的物品；

（四）排放、制造超过规定标准的噪音、振动；

（五）违反规定饲养家禽、宠物；

（六）违反规定倾倒垃圾、污水或者抛掷杂物；

（七）法律、法规、规章以及管理规约禁止的其他行为。

第四十八条　业主、使用人应当按照规划行政主管部门批准或者不动产登记簿载明的用途使用住宅，不得擅自改变其使用性质。确需改变的，除遵守法律、法规以及管理规约外，应当经有利害关系的业主同意；并依法经规划、国土、卫生、环保、消防等行政主管部门审批。

第四十九条　通道、楼梯、物业服务用房等属于业主共有，禁止任何单位、个人侵占、处分或者改作他用。

利用共有部分进行经营的，应当符合法律、法规和管理规约的规定，并由业主大会或者相关业主共同决定。

业主委员会、业主小组应当分别定期公布全体业主共有部分、部分业主共有部分物业经营收益的收支情况。

第五十条　物业服务企业或者其他管理人发现本条例第四十七条、第四十八条或者第四十九条第一款规定行为之一的，应当予以劝阻；劝阻无效的，应当在 24 小时内书面告知业主委员会或者有关行政主管部门。

第五十一条　建筑区划内停放车辆，不得占用消防通道，不得妨碍行人和其他车辆的正常通行。

机动车停放位在优先满足业主停车需要的前提下有空余的，可以临时出租给建筑区划外的单位、个人。

第五十二条　利用物业共有部分设置机动车停放位的，其车位设置、管理、收费等事项由业主大会决定。

业主大会决定收取场地使用费的，可以委托物业服务企业或者其他管理人收取，并支付一定比例的报酬。业主对机动车辆有保管要求的，可以与物业服务企业或者其他管理人另行约定。

第五十三条　物业应当定期维修养护。物业出现法律、法规、规章规定的应当维修养护的情形时，业主或者其他责任人应当及时履行维修养护义务。专有部分保修期满后的维修责任，由业主自行承担；共有部分保修期满后的维修责任，由相关业主按专有部分面积比例共同承担。发生危及他人房屋使用安全或者公共安全的紧急情况时，物业服务企业或者其他管理人应当立即组织抢修、更新或者采取应急防范措施,并及时通知业主委员会,费用由相关责任人承担。

第五十四条 供水、供电、供气、供热、通信、有线电视等单位,应当依法承担物业管理区域内相关管线和设施设备维修、养护的责任。

第五十五条 本市建立建筑物及其附属设施的专项维修资金,专项用于建筑物及其附属设施保修期满后共有部分的维修、更新、改造。

专项维修资金的建立,应当遵循业主所有、统一缴存、专户存储、业主决策、专款专用、统筹监管的原则。首次专项维修资金由开发建设单位和买受人缴存。

建筑物及其附属设施专项维修资金管理办法,由市人民政府制定。

第五十六条 因维修物业、设置管线等需要,必须进入专有部分的,业主、使用人不得拒绝。

供水、供电、供气、信息、环卫、邮政等专业单位进入建筑区划提供服务的,业主、物业服务企业或者其他管理人应当予以配合。

第四章 (前期)物业服务合同

第一节 一般规定

第五十七条 业主可以根据所在建筑区划的实际情况,通过公开、公平、公正的市场竞争机制,依法选聘符合相应条件的物业服务企业提供物业服务。

第五十八条 从事物业服务咨询、顾问、代理、认证等经营活动的机构和在本市行政区域内从事物业服务活动的外地企业或者其他管理人,应当向市房产行政主管部门备案。

第五十九条 本市实行物业服务项目经理责任制,建筑区划的物业服务负责人应当由物业服务项目经理担任。

物业服务企业应当按规定聘请相应专业服务人员从事相关专业服务工作;其他管理人受聘提供物业服务的,应当遵守法律、法规、规章的规定和行业规范。市房产行政主管部门应当加强物业服务相关从业人员的培训与监督管理，建立本市统一的物业服务项目经理及物业维修、秩序维护等相关专业服务人员的执业名册和其他管理人、服务机构名录，向公众提供查询服务；应当制定、公布物业服务力量配备指导标准。

第六十条 本市实行物业服务重大事件报告制度。建筑区划内发生下列情况之一的，物业服务企业或者其他管理人应当按照有关规定及时向相关行政主管部门、专业单位报告：

（一）发生火灾、水患、爆炸或者自然灾害等造成人身伤亡或者危及建筑物安全；

（二）建筑物及其附属设施设备发生安全隐患，且在8小时内难以排除，严重危及业主、使用人及建筑物安全；

（三）物业服务人员擅自集体撤离建筑区划，造成物业服务中断，严重影响业主和使用人正常生活；

（四）发生群体性事件；

（五）发生业主、使用人重大伤亡事件；

（六）其他严重影响业主、使用人正常生活的事件。

第六十一条 开发建设单位、业主委员会委员、物业服务企业或者其他管理人应当分别建立并妥善保管物业档案、业主大会与业主委员会档案以及物业服务档案。

第六十二条 开发建设单位、物业服务企业、其他管理人、服务机构及其从业人员应当按规定申报其在物业管理活动中的信用信息。市房产行政主管部门应当加强物业管理信用体系的建设，对物业管理信用信息的征集、披露、评估、使用等实施统一监督管理。区（市）县房产行政主管部门应当会同街道办事处、乡（镇）人民政府建立业主委员会委员在物业管理中的信用档案，并纳入全市物业管理信用体系。

第六十三条 物业服务企业、其他管理人及服务机构应当按照有关规定向市或区（市）县房产行政主管部门报送统计报表。

第二节 前期物业服务合同

第六十四条 开发建设单位与物业买受人签订的房屋买卖合同，应当包含下列内容：

（一）前期物业服务合同；

（二）临时管理规约；

（三）建设项目规划总平面布局图；

（四）建筑区划划分意见书；

（五）物业共有部分清册；

（六）房屋使用说明书。

前款第（一）、（二）、（六）项应当参照市房产行政主管部门拟定的示范文本制定。

第六十五条　开发建设单位在办理商品房销售手续时，应当向房产行政主管部门提交包含下列主要内容的前期物业管理方案：

（一）临时管理规约样本；

（二）选聘物业服务企业的证明文件；

（三）前期物业服务合同。

第六十六条　在业主、业主大会首次选聘物业服务企业或者其他管理人之前，开发建设单位应当通过招投标方式选聘具有相应条件和相应专业服务人员的物业服务企业，提供前期物业服务。

建筑物总面积在 5 万平方米以上或者国有投资占 50% 以上的建筑区划，应当采用公开招投标方式。

第六十七条　有下列情形之一的，可以采用协议方式选聘：

（一）因保密或者国家安全方面有特别要求；

（二）住宅建筑区划房屋总建筑面积低于 3 万平方米；

（三）投标人少于 3 个。

符合前款第（一）项规定的，开发建设单位应当提交有关部门的证明资料，并向市房产行政主管部门备案；符合前款第（二）项或者第（三）项规定的，应当报经市或区（市）县房产行政主管部门核准。

第三节　物业服务合同

第六十八条　物业服务合同由业主委员会与业主大会选聘的物业服

务企业或者其他管理人签订。合同中的下列主要内容应当事先提交业主大会会议表决通过，但业主大会已授权业主委员会决定的除外：

（一）物业服务事项；

（二）物业服务质量及费用标准；

（三）合同期限；

（四）违约责任。

第六十九条 物业服务合同应当约定建筑区划内的下列物业公共服务事项：

（一）建筑物共有部位及设施设备的使用、管理和维护；

（二）公共绿化的维护；

（三）公共区域环境卫生的维护；

（四）公共区域的秩序维护；

（五）物业使用中对禁止行为的告知、劝阻、报告等义务；

（六）物业维修、更新、改造费用的账务管理；

（七）物业服务档案和物业档案的保管；

（八）其他物业公共服务事项。

物业服务合同应当对物业服务企业或者其他管理人在有关业主、使用人人身、财产安全防范方面的义务和责任作出明确约定。

物业服务合同示范文本由市房产行政主管部门会同其他相关行政主管部门拟订。

第七十条 物业服务收费按不同物业的使用性质和特点，实行政府指导价、市场调节价，其计费模式、标准由物业服务委托双方订立物业服务合同具体约定。

物业服务企业或者其他管理人应当对物业服务事项、服务质量和相应的收费项目、收费标准实行明码标价。实行酬金制收费方式的，应当按规定对物业服务的各项资金建账立制，定期公布其收支情况。

市物业管理行业协会应当制定各类物业的服务等级指导标准等行业规范，定期公布实行市场调节价的各类物业服务费用信息；并可以受委托按照行业规范对物业服务企业或者其他管理人提供的物业服务质量进行评价。

第七十一条　物业服务合同可以约定履约保证金并专户存储，作为物业服务企业或者其他管理人履行合同的保证。

第七十二条　物业服务企业或者其他管理人承接建筑区划的物业服务时，应当对建筑区划内共有部分及其相应的档案进行查验，发现共有部分与原设计方案不符或者有质量问题的，应当书面告知开发建设单位、业主委员会；并按照国家、省和市的有关规定，与开发建设单位或者业主委员会办理相应手续。

开发建设单位、业主委员会应当予以配合；承接查验中确认的问题，相关责任人应当及时整改。

第七十三条　物业服务企业或者其他管理人应当按照有关规定与开发建设单位或者业主委员会办理物业档案和物业服务档案、业主名册等资料的移交手续。

物业服务企业或者其他管理人应当自办理移交手续之日起30日内，持相关资料向区（市）县房产行政主管部门备案。

第七十四条　业主委员会应在物业服务合同期限届满60日前组织召开业主大会会议，对是否续聘物业服务企业或者其他管理人进行表决。双方续约的，应当重新签订物业服务合同；不再续约且需以委托方式管理的，业主大会应当及时依法选聘其他物业服务企业或者其他管理人。

业主大会选聘物业服务企业或者其他管理人前，应当召开业主大会会议，对选聘方式、具体实施者、物业服务合同的主要内容等进行表决。

第七十五条　有下列情形之一的，物业服务企业或者其他管理人应当退出建筑区划的物业服务，不得以物业服务中的债权债务纠纷未解决、阶段工作未完成等为由拒绝退出：

（一）物业服务合同依法、依约解除；

（二）物业服务合同期满未续约；

（三）法律、法规、规章规定不得继续从事物业服务活动的其他情形。

第七十六条　物业服务企业或者其他管理人退出建筑区划的物业服

务，应当在办理规定退出手续的同时，履行下列交接义务：

（一）移交保管的物业档案、物业服务档案等资料和物业服务用房，实行酬金制的，还应当移交服务期间的财务档案；

（二）撤出建筑区划内的物业服务人员；

（三）清退预收、代收的有关费用；

（四）法律、法规规定的其他事项。

第七十七条 新建建筑区划内，供水、供电、供气、信息、环卫等专业单位应当按下列规定向最终用户收取有关费用：

（一）业主自用的向业主收取；

（二）物业服务企业或者其他管理人使用的向物业服务企业或者其他管理人收取；

（三）部分业主共同使用的，由相关业主分摊；

（四）全体业主共同使用的，由全体业主分摊。

专业单位不得强制物业服务企业或者其他管理人代收有关费用，不得因物业服务企业或者其他管理人拒绝代收而停止提供服务。物业服务企业或者其他管理人接受委托代收有关费用的，可以根据双方约定向委托单位收取代收费用，不得向业主收取手续费等额外费用。

第七十八条 专有部分所有权转移时，双方当事人应当对物业服务费用和建筑物及其附属设施专项维修资金的分摊作出约定，并在办理不动产登记时出示结算约定或者结算凭据。

第七十九条 本节第六十九条至第七十五条关于物业服务合同的规定，适用于前期物业服务合同。

第五章 法律责任

第八十条 业主、使用人、业主大会、业主委员会、物业服务企业或者其他管理人、开发建设单位之间在物业管理活动中发生争议的，可以自行协商解决；不能协商解决的，可以要求街道办事处、乡（镇）人民政府调解或者依法提起民事诉讼或申请仲裁。

业主、使用人、业主委员会、物业服务企业或者其他管理人等对违反本条例的行为，可以向有关部门投诉、举报，有关部门应当及时调查、核实，并依法处理。

第八十一条　违反本条例第十三条第一款规定的，由市或者区（市）县房产行政主管部门责令停止交付使用；拒不停止的，处以交付使用住宅销售额1‰以上3‰以下罚款，并将其纳入物业管理信用体系，向社会公布。

第八十二条　开发建设单位未按本条例规定交存、补存住宅物业保修金的，由市房产行政主管部门责令限期改正；逾期不改正的，处以1万元以上5万元以下罚款，并自逾期之日起按日加收滞纳部分0.3‰的滞纳金。

第八十三条　违反本条例第二十五条规定的，由区（市）县房产行政主管部门责令限期改正，给予警告；拒不改正的，处以1万元以上5万元以下罚款。

第八十四条　业主委员会委员违反本条例第四十四条或者第六十一条规定的，由区（市）县房产行政主管部门责令限期改正；逾期不改正的，处以2 000元以上1万元以下罚款。

第八十五条　违反本条例第四十八条规定，擅自改变住宅使用性质的，由规划行政主管部门责令限期改正，并处以5 000元以上3万元以下罚款。

第八十六条　违反本条例第五十九条第一款、第二款规定的，由市或区（市）县房产行政主管部门责令限期改正；逾期不改正的，处以1万元以上5万元以下罚款。

第八十七条　违反本条例第六十条规定的，由区（市）县房产行政主管部门给予警告，并处以5 000元以上2万元以下罚款。

第八十八条　开发建设单位、物业服务企业或者其他管理人违反本条例第六十一条规定的，由市或区（市）县房产行政主管部门处以1万元以上3万元以下罚款。

第八十九条　开发建设单位、物业服务企业、其他管理人、服务机构违反本条例第六十二条第一款规定的，由市或区（市）县房产行政主管部门处以 5 000 元以上 2 万元以下罚款。

第九十条 违反本条例第六十三条规定的，由区（市）县房产行政主管部门责令限期补报；逾期不报的，给予警告，并处以 2 000 元以上 1 万元以下罚款。

第九十一条 违反本条例第六十六条或者第六十七条第一款第（二）、第（三）项规定的，由市或区（市）县房产行政主管部门责令改正，给予警告，并处以 2 万元以上 10 万元以下罚款。

第九十二条 违反本条例第七十二条或者第七十三条第一款规定的，由区（市）县房产行政主管部门责令改正，并处以 1 万元以上 5 万元以下的罚款。

第九十三条 违反本条例第七十五条或者第七十六条规定的，由市或区（市）县房产行政主管部门责令限期改正；拒不改正的，处以 2 万元以上 10 万元以下罚款。

第九十四条 违反本条例的行为，法律、法规另有处罚规定的，从其规定；构成犯罪的，依法追究刑事责任。

第九十五条 房产行政主管部门及其他行政主管部门的工作人员滥用职权、玩忽职守、徇私舞弊的，按有关规定给予行政处分。

第六章　附则

第九十六条 划定为一个建筑区划的建设项目分期开发的，其前期物业服务招投标应当以该建筑区划为范围；先期开发建设的区域内交付使用的物业符合本条例第二十四条第一款规定条件之一的，应当设立业主大会，业主委员会组成人数应当按照分期开发建设的房屋建筑面积比例，在业主大会议事规则中予以约定；业主委员会应当根据分期建设的条件，按照业主大会议事规则的约定，增补业主委员会委员；业主大会可以就整个建筑区划的物业管理事项作出决定。

第九十七条 本条例所称物业管理，是指建筑区划内的业主通过选聘物业服务企业或者其他管理人，由业主和物业服务企业或者其他管理人按照物业服务合同约定，对建筑区划内共有部分进行维修、养护、管理，维护相关区域内的环境卫生和秩序的活动。

　　本条例所称物业服务企业，是指依法设立、具备独立法人资格和规定条件，依据（前期）物业服务合同从事物业服务活动的企业。

　　本条例所称使用人，是指建筑区划内建筑物的承租人、实际使用人。

　　第九十八条　旧住宅区经给排水、供电、供气、信息、环卫等专项整治后，委托物业服务企业或者其他管理人管理物业的，依照本条例相关规定执行。

　　业主未委托物业服务企业或者其他管理人，而自行管理建筑物及其附属设施，包括雇佣、委托他人提供专项物业服务的，依照本条例第二章、第三章的相关规定执行。

　　其他管理人的管理办法，由市房产行政主管部门另行制定、公布。

　　第九十九条　本条例自 2008 年 1 月 1 日起施行。

二　部门规章

消防监督检查规定^①

目录

第一章　总则

第一条　为了加强和规范消防监督检查工作，督促机关、团体、企业、事业等单位（以下简称单位）履行消防安全职责，依据《中华人民共和国消防法》，制定本规定。

第二条　本规定适用于公安机关消防机构和公安派出所依法对单位遵守消防法律、法规情况进行消防监督检查。

第三条　直辖市、市（地区、州、盟）、县（市辖区、县级市、旗）公安机关消防机构具体实施消防监督检查，确定本辖区内的消防安全重点单位并由所属公安机关报本级人民政府备案。

公安派出所可以对居民住宅区的物业服务企业、居民委员会、村民

---

① 2009 年 4 月 30 日中华人民共和国公安部令第 107 号发布，根据 2012 年 7 月 17 日《公安部关于修改〈消防监督检查规定〉的决定》（公安部令第 120 号）修订，自 2012 年 11 月 1 日起施行。

委员会履行消防安全职责的情况和上级公安机关确定的单位实施日常消防监督检查。

公安派出所日常消防监督检查的单位范围由省级公安机关消防机构、公安派出所工作主管部门共同研究拟定，报省级公安机关确定。

第四条　上级公安机关消防机构应当对下级公安机关消防机构实施消防监督检查的情况进行指导和监督。

公安机关消防机构应当与公安派出所共同做好辖区消防监督工作，并对公安派出所开展日常消防监督检查工作进行指导，定期对公安派出所民警进行消防监督业务培训。

第五条　对消防监督检查的结果，公安机关消防机构可以通过适当方式向社会公告；对检查发现的影响公共安全的火灾隐患应当定期公布，提示公众注意消防安全。

第二章　消防监督检查的形式和内容

第六条　消防监督检查的形式有：

（一）对公众聚集场所在投入使用、营业前的消防安全检查；

（二）对单位履行法定消防安全职责情况的监督抽查；

（三）对举报投诉的消防安全违法行为的核查；

（四）对大型群众性活动举办前的消防安全检查；

（五）根据需要进行的其他消防监督检查。

第七条　公安机关消防机构根据本地区火灾规律、特点等消防安全需要组织监督抽查；在火灾多发季节，重大节日、重大活动前或者期间，应当组织监督抽查。

消防安全重点单位应当作为监督抽查的重点，非消防安全重点单位必须在监督抽查的单位数量中占有一定比例。对属于人员密集场所的消防安全重点单位每年至少监督检查一次。

第八条　公众聚集场所在投入使用、营业前，建设单位或者使用单位应当向场所所在地的县级以上人民政府公安机关消防机构申请消防安全检查，并提交下列材料：

（一）消防安全检查申报表；

（二）营业执照复印件或者工商行政管理机关出具的企业名称预先核准通知书；

（三）依法取得的建设工程消防验收或者进行竣工验收消防备案的法律文件复印件；

（四）消防安全制度、灭火和应急疏散预案、场所平面布置图；

（五）员工岗前消防安全教育培训记录和自动消防系统操作人员取得的消防行业特有工种职业资格证书复印件；

（六）法律、行政法规规定的其他材料。

依照《建设工程消防监督管理规定》不需要进行竣工验收消防备案的公众聚集场所申请消防安全检查的，还应当提交场所室内装修消防设计施工图、消防产品质量合格证明文件，以及装修材料防火性能符合消防技术标准的证明文件、出厂合格证。

公安机关消防机构对消防安全检查的申请，应当按照行政许可有关规定受理。

第九条　对公众聚集场所投入使用、营业前进行消防安全检查，应当检查下列内容：

（一）建筑物或者场所是否依法通过消防验收合格或者进行竣工验收消防备案抽查合格；依法进行竣工验收消防备案但没有进行备案抽查的建筑物或者场所是否符合消防技术标准；

（二）消防安全制度、灭火和应急疏散预案是否制定；

（三）自动消防系统操作人员是否持证上岗，员工是否经过岗前消防安全培训；

（四）消防设施、器材是否符合消防技术标准并完好有效；

（五）疏散通道、安全出口和消防车通道是否畅通；

（六）室内装修材料是否符合消防技术标准；

（七）外墙门窗上是否设置影响逃生和灭火救援的障碍物。

第十条　对单位履行法定消防安全职责情况的监督抽查，应当根据单位的实际情况检查下列内容：

（一）建筑物或者场所是否依法通过消防验收或者进行竣工验收消防备案，公众聚集场所是否通过投入使用、营业前的消防安全检查；

（二）建筑物或者场所的使用情况是否与消防验收或者进行竣工验收消防备案时确定的使用性质相符；

（三）消防安全制度、灭火和应急疏散预案是否制定；

（四）消防设施、器材和消防安全标志是否定期组织维修保养，是否完好有效；

（五）电器线路、燃气管路是否定期维护保养、检测；

（六）疏散通道、安全出口、消防车通道是否畅通，防火分区是否改变，防火间距是否被占用；

（七）是否组织防火检查、消防演练和员工消防安全教育培训，自动消防系统操作人员是否持证上岗；

（八）生产、储存、经营易燃易爆危险品的场所是否与居住场所设置在同一建筑物内；

（九）生产、储存、经营其他物品的场所与居住场所设置在同一建筑物内的，是否符合消防技术标准；

（十）其他依法需要检查的内容。

对人员密集场所还应当抽查室内装修材料是否符合消防技术标准、外墙门窗上是否设置影响逃生和灭火救援的障碍物。

第十一条　对消防安全重点单位履行法定消防安全职责情况的监督抽查，除检查本规定第十条规定的内容外，还应当检查下列内容：

（一）是否确定消防安全管理人；

（二）是否开展每日防火巡查并建立巡查记录；

（三）是否定期组织消防安全培训和消防演练；

（四）是否建立消防档案、确定消防安全重点部位。

对属于人员密集场所的消防安全重点单位，还应当检查单位灭火和应急疏散预案中承担灭火和组织疏散任务的人员是否确定。

第十二条　在大型群众性活动举办前对活动现场进行消防安全检查，

应当重点检查下列内容：

（一）室内活动使用的建筑物（场所）是否依法通过消防验收或者进行竣工验收消防备案，公众聚集场所是否通过使用、营业前的消防安全检查；

（二）临时搭建的建筑物是否符合消防安全要求；

（三）是否制定灭火和应急疏散预案并组织演练；

（四）是否明确消防安全责任分工并确定消防安全管理人员；

（五）活动现场消防设施、器材是否配备齐全并完好有效；

（六）活动现场的疏散通道、安全出口和消防车通道是否畅通；

（七）活动现场的疏散指示标志和应急照明是否符合消防技术标准并完好有效。

第十三条 对大型的人员密集场所和其他特殊建设工程的施工现场进行消防监督检查，应当重点检查施工单位履行下列消防安全职责的情况：

（一）是否明确施工现场消防安全管理人员，是否制定施工现场消防安全制度、灭火和应急疏散预案；

（二）在建工程内是否设置人员住宿、可燃材料及易燃易爆危险品储存等场所；

（三）是否设置临时消防给水系统、临时消防应急照明，是否配备消防器材，并确保完好有效；

（四）是否设有消防车通道并畅通；

（五）是否组织员工消防安全教育培训和消防演练；

（六）施工现场人员宿舍、办公用房的建筑构件燃烧性能、安全疏散是否符合消防技术标准。

第三章　消防监督检查的程序

第十四条 公安机关消防机构实施消防监督检查时，检查人员不得少于两人，并出示执法身份证件。

消防监督检查应当填写检查记录，如实记录检查情况。

第十五条　对公众聚集场所投入使用、营业前的消防安全检查，公安机关消防机构应当自受理申请之日起十个工作日内进行检查，自检查之日起三个工作日内作出同意或者不同意投入使用或者营业的决定，并送达申请人。

第十六条　对大型群众性活动现场在举办前进行的消防安全检查，公安机关消防机构应当在接到本级公安机关治安部门书面通知之日起三个工作日内进行检查，并将检查记录移交本级公安机关治安部门。

第十七条　公安机关消防机构接到对消防安全违法行为的举报投诉，应当及时受理、登记，并按照《公安机关办理行政案件程序规定》的相关规定处理。

第十八条　公安机关消防机构应当按照下列时限，对举报投诉的消防安全违法行为进行实地核查：

（一）对举报投诉占用、堵塞、封闭疏散通道、安全出口或者其他妨碍安全疏散行为，以及擅自停用消防设施的，应当在接到举报投诉后二十四小时内进行核查；

（二）对举报投诉本款第一项以外的消防安全违法行为，应当在接到举报投诉之日起三个工作日内进行核查。

核查后，对消防安全违法行为应当依法处理。处理情况应当及时告知举报投诉人；无法告知的，应当在受理登记中注明。

第十九条　在消防监督检查中，公安机关消防机构对发现的依法应当责令立即改正的消防安全违法行为，应当当场制作、送达责令立即改正通知书，并依法予以处罚；对依法应当责令限期改正的，应当自检查之日起三个工作日内制作、送达责令限期改正通知书，并依法予以处罚。

对违法行为轻微并当场改正完毕，依法可以不予行政处罚的，可以口头责令改正，并在检查记录上注明。

第二十条　对依法责令限期改正的，应当根据改正违法行为的难易程度合理确定改正期限。

公安机关消防机构应当在责令限期改正期限届满或者收到当事人的

复查申请之日起三个工作日内进行复查。对逾期不改正的，依法予以处罚。

第二十一条 在消防监督检查中，发现城乡消防安全布局、公共消防设施不符合消防安全要求，或者发现本地区存在影响公共安全的重大火灾隐患的，公安机关消防机构应当组织集体研究确定，自检查之日起七个工作日内提出处理意见，由所属公安机关书面报告本级人民政府解决；对影响公共安全的重大火灾隐患，还应当在确定之日起三个工作日内制作、送达重大火灾隐患整改通知书。

重大火灾隐患判定涉及复杂或者疑难技术问题的，公安机关消防机构应当在确定前组织专家论证。组织专家论证的，前款规定的期限可以延长十个工作日。

第二十二条 公安机关消防机构在消防监督检查中发现火灾隐患，应当通知有关单位或者个人立即采取措施消除；对具有下列情形之一，不及时消除可能严重威胁公共安全的，应当对危险部位或者场所予以临时查封：

（一）疏散通道、安全出口数量不足或者严重堵塞，已不具备安全疏散条件的；

（二）建筑消防设施严重损坏，不再具备防火灭火功能的；

（三）人员密集场所违反消防安全规定，使用、储存易燃易爆危险品的；

（四）公众聚集场所违反消防技术标准，采用易燃、可燃材料装修，可能导致重大人员伤亡的；

（五）其他可能严重威胁公共安全的火灾隐患。

临时查封期限不得超过三十日。临时查封期限届满后，当事人仍未消除火灾隐患的，公安机关消防机构可以再次依法予以临时查封。

第二十三条 临时查封应当由公安机关消防机构负责人组织集体研究决定。决定临时查封的，应当研究确定查封危险部位或者场所的范围、期限和实施方法，并自检查之日起三个工作日内制作、送达临时查封决定书。

情况紧急、不当场查封可能严重威胁公共安全的，消防监督检查人员可以在口头报请公安机关消防机构负责人同意后当场对危险部位或者场所实施临时查封，并在临时查封后二十四小时内由公安机关消防机构负责人组织集体研究，制作、送达临时查封决定书。经集体研究认为不应当采取临时查封措施的，应当立即解除。

第二十四条 临时查封由公安机关消防机构负责人组织实施。需要公安机关其他部门或者公安派出所配合的，公安机关消防机构应当报请所属公安机关组织实施。

实施临时查封应当遵守下列规定：

（一）实施临时查封时，通知当事人到场，当场告知当事人采取临时查封的理由、依据以及当事人依法享有的权利、救济途径，听取当事人的陈述和申辩；

（二）当事人不到场的，邀请见证人到场，由见证人和消防监督检查人员在现场笔录上签名或者盖章；

（三）在危险部位或者场所及其有关设施、设备上加贴封条或者采取其他措施，使危险部位或者场所停止生产、经营或者使用；

（四）对实施临时查封情况制作现场笔录，必要时，可以进行现场照相或者录音录像。

实施临时查封后，当事人请求进入被查封的危险部位或者场所整改火灾隐患的，应当允许。但不得在被查封的危险部位或者场所生产、经营或者使用。

第二十五条 火灾隐患消除后，当事人应当向作出临时查封决定的公安机关消防机构申请解除临时查封。公安机关消防机构应当自收到申请之日起三个工作日内进行检查，自检查之日起三个工作日内作出是否同意解除临时查封的决定，并送达当事人。

对检查确认火灾隐患已消除的，应当作出解除临时查封的决定。

第二十六条 对当事人有《中华人民共和国消防法》第六十条第一款第三项、第四项、第五项、第六项规定的消防安全违法行为，经责令改正拒不改正的，公安机关消防机构应当按照《中华人民共和国行政强制法》第五十一条、第五十二条的规定组织强制清除或者拆除相关障碍物、妨碍物，所需费用由违法行为人承担。

第二十七条　当事人不执行公安机关消防机构作出的停产停业、停止使用、停止施工决定的，作出决定的公安机关消防机构应当自履行期限届满之日起三个工作日内催告当事人履行义务。当事人收到催告书后有权进行陈述和申辩。公安机关消防机构应当充分听取当事人的意见，记录、复核当事人提出的事实、理由和证据。当事人提出的事实、理由或者证据成立的，应当采纳。

经催告，当事人逾期仍不履行义务且无正当理由的，公安机关消防机构负责人应当组织集体研究强制执行方案，确定执行的方式和时间。强制执行决定书应当自决定之日起三个工作日内制作、送达当事人。

第二十八条　强制执行由作出决定的公安机关消防机构负责人组织实施。需要公安机关其他部门或者公安派出所配合的，公安机关消防机构应当报请所属公安机关组织实施；需要其他行政部门配合的，公安机关消防机构应当提出意见，并由所属公安机关报请本级人民政府组织实施。

实施强制执行应当遵守下列规定：

（一）实施强制执行时，通知当事人到场，当场向当事人宣读强制执行决定，听取当事人的陈述和申辩；

（二）当事人不到场的，邀请见证人到场，由见证人和消防监督检查人员在现场笔录上签名或者盖章；

（三）对实施强制执行过程制作现场笔录，必要时，可以进行现场照相或者录音录像；

（四）除情况紧急外，不得在夜间或者法定节假日实施强制执行；

（五）不得对居民生活采取停止供水、供电、供热、供燃气等方式迫使当事人履行义务。

有《中华人民共和国行政强制法》第三十九条、第四十条规定的情形之一的，中止执行或者终结执行。

第二十九条　对被责令停止施工、停止使用、停产停业处罚的当事人申请恢复施工、使用、生产、经营的，公安机关消防机构应当自收到书面申请之日起三个工作日内进行检查，自检查之日起三个工作日内作出决定，送达当事人。

对当事人已改正消防安全违法行为、具备消防安全条件的，公安机关消防机构应当同意恢复施工、使用、生产、经营；对违法行为尚未改正、不具备消防安全条件的，应当不同意恢复施工、使用、生产、经营，并说明理由。

第四章　公安派出所日常消防监督检查

第三十条　公安派出所对其日常监督检查范围的单位，应当每年至少进行一次日常消防监督检查。

公安派出所对群众举报投诉的消防安全违法行为，应当及时受理，依法处理；对属于公安机关消防机构管辖的，应当依照《公安机关办理行政案件程序规定》在受理后及时移送公安机关消防机构处理。

第三十一条　公安派出所对单位进行日常消防监督检查，应当检查下列内容：

（一）建筑物或者场所是否依法通过消防验收或者进行竣工验收消防备案，公众聚集场所是否依法通过投入使用、营业前的消防安全检查；

（二）是否制定消防安全制度；

（三）是否组织防火检查、消防安全宣传教育培训、灭火和应急疏散演练；

（四）消防车通道、疏散通道、安全出口是否畅通，室内消火栓、疏散指示标志、应急照明、灭火器是否完好有效；

（五）生产、储存、经营易燃易爆危险品的场所是否与居住场所设置在同一建筑物内。

对设有建筑消防设施的单位，公安派出所还应当检查单位是否对建筑消防设施定期组织维修保养。

对居民住宅区的物业服务企业进行日常消防监督检查，公安派出所除检查本条第一款第（二）至（四）项内容外，还应当检查物业服务企业对管理区域内共用消防设施是否进行维护管理。

第三十二条 公安派出所对居民委员会、村民委员会进行日常消防监督检查，应当检查下列内容：

（一）消防安全管理人是否确定；

（二）消防安全工作制度、村（居）民防火安全公约是否制定；

（三）是否开展消防宣传教育、防火安全检查；

（四）是否对社区、村庄消防水源（消火栓）、消防车通道、消防器材进行维护管理；

（五）是否建立志愿消防队等多种形式消防组织。

第三十三条 公安派出所民警在日常消防监督检查时，发现被检查单位有下列行为之一的，应当责令依法改正：

（一）未制定消防安全制度、未组织防火检查和消防安全教育培训、消防演练的；

（二）占用、堵塞、封闭疏散通道、安全出口的；

（三）占用、堵塞、封闭消防车通道，妨碍消防车通行的；

（四）埋压、圈占、遮挡消火栓或者占用防火间距的；

（五）室内消火栓、灭火器、疏散指示标志和应急照明未保持完好有效的；

（六）人员密集场所在外墙门窗上设置影响逃生和灭火救援的障碍物的；

（七）违反消防安全规定进入生产、储存易燃易爆危险品场所的；

（八）违反规定使用明火作业或者在具有火灾、爆炸危险的场所吸烟、使用明火的；

（九）生产、储存和经营易燃易爆危险品的场所与居住场所设置在同一建筑物内的；

（十）未对建筑消防设施定期组织维修保养的。

公安派出所发现被检查单位的建筑物未依法通过消防验收，或者进行竣工验收消防备案，擅自投入使用的；公众聚集场所未依法通过使用、营业前的消防安全检查，擅自使用、营业的，应当在检查之日起五个工作日内书面移交公安机关消防机构处理。

公安派出所民警进行日常消防监督检查，应当填写检查记录，记录发现的消防安全违法行为、责令改正的情况。

第三十四条　公安派出所在日常消防监督检查中，发现存在严重威胁公共安全的火灾隐患，应当在责令改正的同时书面报告乡镇人民政府或者街道办事处和公安机关消防机构。

第五章　执法监督

第三十五条　公安机关消防机构应当健全消防监督检查工作制度，建立执法档案，定期进行执法质量考评，落实执法过错责任追究。

公安机关消防机构及其工作人员进行消防监督检查，应当自觉接受单位和公民的监督。

第三十六条　公安机关消防机构及其工作人员在消防监督检查中有下列情形的，对直接负责的主管人员和其他直接责任人员应当依法给予处分；构成犯罪的，依法追究刑事责任：

（一）不按规定制作、送达法律文书，不按照本规定履行消防监督检查职责，拒不改正的；

（二）对不符合消防安全条件的公众聚集场所准予消防安全检查合格的；

（三）无故拖延消防安全检查，不在法定期限内履行职责的；

（四）未按照本规定组织开展消防监督抽查的；

（五）发现火灾隐患不及时通知有关单位或者个人整改的；

（六）利用消防监督检查职权为用户指定消防产品的品牌、销售单位或者指定消防技术服务机构、消防设施施工、维修保养单位的；

（七）接受被检查单位、个人财物或者其他不正当利益的；

（八）其他滥用职权、玩忽职守、徇私舞弊的行为。

第三十七条　公安机关消防机构工作人员的近亲属严禁在其管辖的

区域或者业务范围内经营消防公司、承揽消防工程、推销消防产品。

违反前款规定的，按照有关规定对公安机关消防机构工作人员予以处分。

第六章 附则

第三十八条 具有下列情形之一的，应当确定为火灾隐患：

（一）影响人员安全疏散或者灭火救援行动，不能立即改正的；

（二）消防设施未保持完好有效，影响防火灭火功能的；

（三）擅自改变防火分区，容易导致火势蔓延、扩大的；

（四）在人员密集场所违反消防安全规定，使用、储存易燃易爆危险品，不能立即改正的；

（五）不符合城市消防安全布局要求，影响公共安全的；

（六）其他可能增加火灾实质危险性或者危害性的情形。

重大火灾隐患按照国家有关标准认定。

第三十九条 有固定生产经营场所且具有一定规模的个体工商户，应当纳入消防监督检查范围。具体标准由省、自治区、直辖市公安机关消防机构确定并公告。

第四十条 铁路、港航、民航公安机关和国有林区的森林公安机关在管辖范围内实施消防监督检查参照本规定执行。

第四十一条 执行本规定所需要的法律文书式样，由公安部制定。

第四十二条 本规定自 2009 年 5 月 1 日起施行。2004 年 6 月 9 日发布的《消防监督检查规定》（公安部令第 73 号）同时废止。

火灾事故调查规定^①

目录

第一章　总则

第一条　为了规范火灾事故调查，保障公安机关消防机构依法履行职责，保护火灾当事人的合法权益，根据《中华人民共和国消防法》，制定本规定。

---

① 2009 年 4 月 30 日中华人民共和国公安部令第 108 号发布，根据 2012 年 7 月 17 日《公安部关于修改〈火灾事故调查规定〉的决定》（公安部令第 121 号）修订，自 2012 年 11 月 1 日起施行。

第二条　公安机关消防机构调查火灾事故，适用本规定。

第三条　火灾事故调查的任务是调查火灾原因，统计火灾损失，依法对火灾事故作出处理，总结火灾教训。

第四条　火灾事故调查应当坚持及时、客观、公正、合法的原则。

任何单位和个人不得妨碍和非法干预火灾事故调查。

第二章　管辖

第五条　火灾事故调查由县级以上人民政府公安机关主管，并由本级公安机关消防机构实施；尚未设立公安机关消防机构的，由县级人民政府公安机关实施。

公安派出所应当协助公安机关火灾事故调查部门维护火灾现场秩序，保护现场，控制火灾肇事嫌疑人。

铁路、港航、民航公安机关和国有林区的森林公安机关消防机构负责调查其消防监督范围内发生的火灾。

第六条　火灾事故调查由火灾发生地公安机关消防机构按照下列分工进行：

（一）一次火灾死亡十人以上的，重伤二十人以上或者死亡、重伤二十人以上的，受灾五十户以上的，由省、自治区人民政府公安机关消防机构负责组织调查；

（二）一次火灾死亡一人以上的，重伤十人以上的，受灾三十户以上的，由设区的市或者相当于同级的人民政府公安机关消防机构负责组织调查；

（三）一次火灾重伤十人以下或者受灾三十户以下的，由县级人民政府公安机关消防机构负责调查。

直辖市人民政府公安机关消防机构负责组织调查一次火灾死亡三人以上的，重伤二十人以上或者死亡、重伤二十人以上的，受灾五十户以上的火灾事故，直辖市的区、县级人民政府公安机关消防机构负责调查其他火灾事故。

仅有财产损失的火灾事故调查，由省级人民政府公安机关结合本地实际作出管辖规定，报公安部备案。

第七条 跨行政区域的火灾，由最先起火地的公安机关消防机构按照本规定第六条的分工负责调查，相关行政区域的公安机关消防机构予以协助。

对管辖权发生争议的，报请共同的上一级公安机关消防机构指定管辖。县级人民政府公安机关负责实施的火灾事故调查管辖权发生争议的，由共同的上一级主管公安机关指定。

第八条 上级公安机关消防机构应当对下级公安机关消防机构火灾事故调查工作进行监督和指导。

上级公安机关消防机构认为必要时，可以调查下级公安机关消防机构管辖的火灾。

第九条 公安机关消防机构接到火灾报警，应当及时派员赶赴现场，并指派火灾事故调查人员开展火灾事故调查工作。

第十条 具有下列情形之一的，公安机关消防机构应当立即报告主管公安机关通知具有管辖权的公安机关刑侦部门，公安机关刑侦部门接到通知后应当立即派员赶赴现场参加调查；涉嫌放火罪的，公安机关刑侦部门应当依法立案侦查，公安机关消防机构予以协助：

（一）有人员死亡的火灾；

（二）国家机关、广播电台、电视台、学校、医院、养老院、托儿所、幼儿园、文物保护单位、邮政和通信、交通枢纽等部门和单位发生的社会影响大的火灾；

（三）具有放火嫌疑的火灾。

第十一条 军事设施发生火灾需要公安机关消防机构协助调查的，由省级人民政府公安机关消防机构或者公安部消防局调派火灾事故调查专家协助。

第三章 简易程序

第十二条 同时具有下列情形的火灾，可以适用简易调查程序：

（一）没有人员伤亡的；

（二）直接财产损失轻微的；

（三）当事人对火灾事故事实没有异议的；

（四）没有放火嫌疑的。

前款第二项的具体标准由省级人民政府公安机关确定，报公安部备案。

第十三条 适用简易调查程序的，可以由一名火灾事故调查人员调查，并按照下列程序实施：

（一）表明执法身份，说明调查依据；

（二）调查走访当事人、证人，了解火灾发生过程、火灾烧损的主要物品及建筑物受损等与火灾有关的情况；

（三）查看火灾现场并进行照相或者录像；

（四）告知当事人调查的火灾事故事实，听取当事人的意见，当事人提出的事实、理由或者证据成立的，应当采纳；

（五）当场制作火灾事故简易调查认定书，由火灾事故调查人员、当事人签字或者捺指印后交付当事人。

火灾事故调查人员应当在二日内将火灾事故简易调查认定书报所属公安机关消防机构备案。

第四章 一般程序

第一节 一般规定

第十四条 除依照本规定适用简易调查程序的外，公安机关消防机构对火灾进行调查时，火灾事故调查人员不得少于两人。必要时，可以聘请专家或者专业人员协助调查。

第十五条 公安部和省级人民政府公安机关应当成立火灾事故调查专家组，协助调查复杂、疑难的火灾。专家组的专家协助调查火灾的，应当出具专家意见。

第十六条 火灾发生地的县级公安机关消防机构应当根据火灾现场

情况，排除现场险情，保障现场调查人员的安全，并初步划定现场封闭范围，设置警戒标志，禁止无关人员进入现场，控制火灾肇事嫌疑人。

公安机关消防机构应当根据火灾事故调查需要，及时调整现场封闭范围，并在现场勘验结束后及时解除现场封闭。

第十七条 封闭火灾现场的，公安机关消防机构应当在火灾现场对封闭的范围、时间和要求等予以公告。

第十八条 公安机关消防机构应当自接到火灾报警之日起三十日内作出火灾事故认定；情况复杂、疑难的，经上一级公安机关消防机构批准，可以延长三十日。

火灾事故调查中需要进行检验、鉴定的，检验、鉴定时间不计入调查期限。

第二节 现场调查

第十九条 火灾事故调查人员应当根据调查需要，对发现、扑救火灾人员，熟悉起火场所、部位和生产工艺人员，火灾肇事嫌疑人和被侵害人等知情人员进行询问。对火灾肇事嫌疑人可以依法传唤。必要时，可以要求被询问人到火灾现场进行指认。

询问应当制作笔录，由火灾事故调查人员和被询问人签名或者捺指印。被询问人拒绝签名和捺指印的，应当在笔录中注明。

第二十条 勘验火灾现场应当遵循火灾现场勘验规则，采取现场照相或者录像、录音，制作现场勘验笔录和绘制现场图等方法记录现场情况。

对有人员死亡的火灾现场进行勘验的，火灾事故调查人员应当对尸体表面进行观察并记录，对尸体在火灾现场的位置进行调查。

现场勘验笔录应当由火灾事故调查人员、证人或者当事人签名。证人、当事人拒绝签名或者无法签名的，应当在现场勘验笔录上注明。现场图应当由制图人、审核人签字。

第二十一条 现场提取痕迹、物品，应当按照下列程序实施：

（一）量取痕迹、物品的位置、尺寸，并进行照相或者录像；

（二）填写火灾痕迹、物品提取清单，由提取人、证人或者当事人签名；证人、当事人拒绝签名或者无法签名的，应当在清单上注明；

（三）封装痕迹、物品，粘贴标签，标明火灾名称和封装痕迹、物品的名称、编号及其提取时间，由封装人、证人或者当事人签名；证人、当事人拒绝签名或者无法签名的，应当在标签上注明。

提取的痕迹、物品，应当妥善保管。

第二十二条 根据调查需要，经负责火灾事故调查的公安机关消防机构负责人批准，可以进行现场实验。现场实验应当照相或者录像，制作现场实验报告，并由实验人员签字。现场实验报告应当载明下列事项：

（一）实验的目的；

（二）实验时间、环境和地点；

（三）实验使用的仪器或者物品；

（四）实验过程；

（五）实验结果；

（六）其他与现场实验有关的事项。

第三节　检验、鉴定

第二十三条 现场提取的痕迹、物品需要进行专门性技术鉴定的，公安机关消防机构应当委托依法设立的鉴定机构进行，并与鉴定机构约定鉴定期限和鉴定检材的保管期限。

公安机关消防机构可以根据需要委托依法设立的价格鉴证机构对火灾直接财产损失进行鉴定。

第二十四条 有人员死亡的火灾，为了确定死因，公安机关消防机构应当立即通知本级公安机关刑事科学技术部门进行尸体检验。公安机关刑事科学技术部门应当出具尸体检验鉴定文书，确定死亡原因。

第二十五条 卫生行政主管部门许可的医疗机构具有执业资格的医生出具的诊断证明，可以作为公安机关消防机构认定人身伤害程度的依据。但是，具有下列情形之一的，应当由法医进行伤情鉴定：

（一）受伤程度较重，可能构成重伤的；

（二）火灾受伤人员要求作鉴定的；

（三）当事人对伤害程度有争议的；

（四）其他应当进行鉴定的情形。

第二十六条　对受损单位和个人提供的由价格鉴证机构出具的鉴定意见，公安机关消防机构应当审查下列事项：

（一）鉴证机构、鉴证人是否具有资质、资格；

（二）鉴证机构、鉴证人是否盖章签名；

（三）鉴定意见依据是否充分；

（四）鉴定是否存在其他影响鉴定意见正确性的情形。

对符合规定的，可以作为证据使用；对不符合规定的，不予采信。

第四节　火灾损失统计

第二十七条　受损单位和个人应当于火灾扑灭之日起七日内向火灾发生地的县级公安机关消防机构如实申报火灾直接财产损失，并附有效证明材料。

第二十八条　公安机关消防机构应当根据受损单位和个人的申报、依法设立的价格鉴证机构出具的火灾直接财产损失鉴定意见以及调查核实情况，按照有关规定，对火灾直接经济损失和人员伤亡进行如实统计。

第五节　火灾事故认定

第二十九条　公安机关消防机构应当根据现场勘验、调查询问和有关检验、鉴定意见等调查情况，及时作出起火原因的认定。

第三十条　对起火原因已经查清的，应当认定起火时间、起火部位、起火点和起火原因；对起火原因无法查清的，应当认定起火时间、起火点或者起火部位以及有证据能够排除和不能排除的起火原因。

第三十一条　公安机关消防机构在作出火灾事故认定前，应当召集当事人到场，说明拟认定的起火原因，听取当事人意见；当事人不到场的，应当记录在案。

第三十二条　公安机关消防机构应当制作火灾事故认定书，自作出之日起七日内送达当事人，并告知当事人申请复核的权利。无法送达的，可以在作出火灾事故认定之日起七日内公告送达。公告期为二十日，公告期满即视为送达。

第三十三条 对较大以上的火灾事故或者特殊的火灾事故，公安机关消防机构应当开展消防技术调查，形成消防技术调查报告，逐级上报至省级人民政府公安机关消防机构，重大以上的火灾事故调查报告报公安部消防局备案。调查报告应当包括下列内容：

（一）起火场所概况；

（二）起火经过和火灾扑救情况；

（三）火灾造成的人员伤亡、直接经济损失统计情况；

（四）起火原因和灾害成因分析；

（五）防范措施。

火灾事故等级的确定标准按照公安部的有关规定执行。

第三十四条 公安机关消防机构作出火灾事故认定后，当事人可以申请查阅、复制、摘录火灾事故认定书、现场勘验笔录和检验、鉴定意见，公安机关消防机构应当自接到申请之日起七日内提供，但涉及国家秘密、商业秘密、个人隐私或者移交公安机关其他部门处理的依法不予提供，并说明理由。

第六节 复核

第三十五条 当事人对火灾事故认定有异议的，可以自火灾事故认定书送达之日起十五日内，向上一级公安机关消防机构提出书面复核申请；对省级人民政府公安机关消防机构作出的火灾事故认定有异议的，向省级人民政府公安机关提出书面复核申请。

复核申请应当载明申请人的基本情况，被申请人的名称，复核请求，申请复核的主要事实、理由和证据，申请人的签名或者盖章，申请复核的日期。

第三十六条 复核机构应当自收到复核申请之日起七日内作出是否受理的决定并书面通知申请人。有下列情形之一的，不予受理：

（一）非火灾当事人提出复核申请的；

（二）超过复核申请期限的；

（三）复核机构维持原火灾事故认定或者直接作出火灾事故复核认定的；

（四）适用简易调查程序作出火灾事故认定的。

公安机关消防机构受理复核申请的，应当书面通知其他当事人，同时通知原认定机构。

第三十七条 原认定机构应当自接到通知之日起十日内，向复核机构作出书面说明，并提交火灾事故调查案卷。

第三十八条 复核机构应当对复核申请和原火灾事故认定进行书面审查，必要时，可以向有关人员进行调查；火灾现场尚存且未被破坏的，可以进行复核勘验。

复核审查期间，复核申请人撤回复核申请的，公安机关消防机构应当终止复核。

第三十九条 复核机构应当自受理复核申请之日起三十日内，作出复核决定，并按照本规定第三十二条规定的时限送达申请人、其他当事人和原认定机构。对需要向有关人员进行调查或者火灾现场复核勘验的，经复核机构负责人批准，复核期限可以延长三十日。

原火灾事故认定主要事实清楚、证据确实充分、程序合法，起火原因认定正确的，复核机构应当维持原火灾事故认定。

原火灾事故认定具有下列情形之一的，复核机构应当直接作出火灾事故复核认定或者责令原认定机构重新作出火灾事故认定，并撤销原认定机构作出的火灾事故认定：

（一）主要事实不清，或者证据不确实充分的；

（二）违反法定程序，影响结果公正的；

（三）认定行为存在明显不当，或者起火原因认定错误的；

（四）超越或者滥用职权的。

第四十条 原认定机构接到重新作出火灾事故认定的复核决定后，应当重新调查，在十五日内重新作出火灾事故认定。

复核机构直接作出火灾事故认定和原认定机构重新作出火灾事故认定前，应当向申请人、其他当事人说明重新认定情况；原认定机构重新作出的火灾事故认定书，应当按照本规定第三十二条规定的时限送达当事人，并报复核机构备案。

复核以一次为限。当事人对原认定机构重新作出的火灾事故认定，可以按照本规定第三十五条的规定申请复核。

第五章　　火灾事故调查的处理

第四十一条　公安机关消防机构在火灾事故调查过程中，应当根据下列情况分别作出处理：

（一）涉嫌失火罪、消防责任事故罪的，按照《公安机关办理刑事案件程序规定》立案侦查；涉嫌其他犯罪的，及时移送有关主管部门办理；

（二）涉嫌消防安全违法行为的，按照《公安机关办理行政案件程序规定》调查处理；涉嫌其他违法行为的，及时移送有关主管部门调查处理；

（三）依照有关规定应当给予处分的，移交有关主管部门处理。

对经过调查不属于火灾事故的，公安机关消防机构应当告知当事人处理途径并记录在案。

第四十二条　公安机关消防机构向有关主管部门移送案件的，应当在本级公安机关消防机构负责人批准后的二十四小时内移送，并根据案件需要附下列材料：

（一）案件移送通知书；

（二）案件调查情况；

（三）涉案物品清单；

（四）询问笔录，现场勘验笔录，检验、鉴定意见以及照相、录像、录音等资料；

（五）其他相关材料。

构成放火罪需要移送公安机关刑侦部门处理的，火灾现场应当一并移交。

第四十三条　公安机关其他部门应当自接受公安机关消防机构移送的涉嫌犯罪案件之日起十日内，进行审查并作出决定。依法决定立案的，应当书面通知移送案件的公安机关消防机构；依法不予立案的，应当说明理由，并书面通知移送案件的公安机关消防机构，退回案卷材料。

第四十四条　公安机关消防机构及其工作人员有下列行为之一的，依照有关规定给予责任人员处分；构成犯罪的，依法追究刑事责任：

（一）指使他人错误认定或者故意错误认定起火原因的；

（二）瞒报火灾、火灾直接经济损失、人员伤亡情况的；

（三）利用职务上的便利，索取或者非法收受他人财物的；

（四）其他滥用职权、玩忽职守、徇私舞弊的行为。

第六章　附则

第四十五条　本规定中下列用语的含义：

（一）"当事人"，是指与火灾发生、蔓延和损失有直接利害关系的单位和个人。

（二）"户"，用于统计居民、村民住宅火灾，按照公安机关登记的家庭户统计。

（三）本规定中十五日以内（含本数）期限的规定是指工作日，不含法定节假日。

（四）本规定所称的"以上"含本数、本级，"以下"不含本数。

第四十六条　火灾事故调查中有关回避、证据、调查取证、鉴定等要求，本规定没有规定的，按照《公安机关办理行政案件程序规定》执行。

第四十七条　执行本规定所需要的法律文书式样，由公安部制定。

第四十八条　本规定自 2009 年 5 月 1 日起施行。1999 年 3 月 15 日发布施行的《火灾事故调查规定》（公安部令第 37 号）和 2008 年 3 月 18 日发布施行的《火灾事故调查规定修正案》（公安部令第 100 号）同时废止。

消防产品监督管理规定

目录

第一章　总则

第一条　为了加强消防产品监督管理，提高消防产品质量，依据《中华人民共和国消防法》《中华人民共和国产品质量法》《中华人民共和国认证认可条例》等有关法律、行政法规，制定本规定。

第二条　在中华人民共和国境内生产、销售、使用消防产品，以及对消防产品质量实施监督管理，适用本规定。

本规定所称消防产品是指专门用于火灾预防、灭火救援和火灾防护、避难、逃生的产品。

第三条　消防产品必须符合国家标准；没有国家标准的，必须符合行业标准。未制定国家标准、行业标准的，应当符合消防安全要求，并符合保障人体健康、人身财产安全的要求和企业标准。

第四条　国家质量监督检验检疫总局、国家工商行政管理总局和公安部按照各自职责对生产、流通和使用领域的消防产品质量实施监督管理。

县级以上地方质量监督部门、工商行政管理部门和公安机关消防机构按照各自职责对本行政区域内生产、流通和使用领域的消防产品质量实施监督管理。

第二章　市场准入

第五条　依法实行强制性产品认证的消防产品，由具有法定资质的认证机构按照国家标准、行业标准的强制性要求认证合格后，方可生产、销售、使用。

消防产品认证机构应当将消防产品强制性认证有关信息报国家认证认可监督管理委员会和公安部消防局。

实行强制性产品认证的消防产品目录由国家质量监督检验检疫总局、国家认证认可监督管理委员会会同公安部制定并公布，消防产品认证基本规范、认证规则由国家认证认可监督管理委员会制定并公布。

第六条　国家认证认可监督管理委员会应当按照《中华人民共和国认证认可条例》的有关规定，经评审并征求公安部消防局意见后，指定从事消防产品强制性产品认证活动的机构以及与认证有关的检查机构、实验室，并向社会公布。

第七条　消防产品认证机构及其工作人员应当按照有关规定从事认证活动，客观公正地出具认证结论，对认证结果负责。不得增加、减少、遗漏或者变更认证基本规范、认证规则规定的程序。

第八条　从事消防产品强制性产品认证活动的检查机构、实验室及其工作人员，应当确保检查、检测结果真实、准确，并对检查、检测结论负责。

第九条　新研制的尚未制定国家标准、行业标准的消防产品，经消防产品技术鉴定机构技术鉴定符合消防安全要求的，方可生产、销售、使用。消防安全要求由公安部制定。

消防产品技术鉴定机构应当具备国家认证认可监督管理委员会依法认定的向社会出具具有证明作用的数据和结果的消防产品实验室资格或者从事消防产品合格评定活动的认证机构资格。消防产品技术鉴定机构名录由公安部公布。

公安机关消防机构和认证认可监督管理部门按照各自职责对消防产品技术鉴定机构进行监督。

公安部会同国家认证认可监督管理委员会参照消防产品认证机构和实验室管理工作规则，制定消防产品技术鉴定工作程序和规范。

第十条 消防产品技术鉴定应当遵守以下程序：

（一）委托人向消防产品技术鉴定机构提出书面委托，并提供有关文件资料；

（二）消防产品技术鉴定机构依照有关规定对文件资料进行审核；

（三）文件资料经审核符合要求的，消防产品技术鉴定机构按照消防安全要求和有关规定，组织实施消防产品型式检验和工厂检查；

（四）经鉴定认为消防产品符合消防安全要求的，技术鉴定机构应当在接受委托之日起九十日内颁发消防产品技术鉴定证书，并将消防产品有关信息报公安部消防局；认为不符合消防安全要求的，应当书面通知委托人，并说明理由。

消防产品检验时间不计入技术鉴定时限。

第十一条 消防产品技术鉴定机构及其工作人员应当按照有关规定开展技术鉴定工作，对技术鉴定结果负责。

第十二条 消防产品技术鉴定证书有效期为三年。

有效期届满，生产者需要继续生产消防产品的，应当在有效期届满前的六个月内，依照本规定第十条的规定，重新申请消防产品技术鉴定证书。

第十三条 在消防产品技术鉴定证书有效期内，消防产品的生产条件、检验手段、生产技术或者工艺发生变化，对性能产生重大影响的，生产者应当重新委托消防产品技术鉴定。

第十四条 在消防产品技术鉴定证书有效期内，相关消防产品的国家标准、行业标准颁布施行的，生产者应当保证生产的消防产品符合国家标准、行业标准。

前款规定的消防产品被列入强制性产品认证目录的，应当按照本规定实施强制性产品认证。未列入强制性产品认证目录的，在技术鉴定证书有效期届满后，不再实行技术鉴定。

第十五条　消防产品技术鉴定机构应当对其鉴定合格的产品实施有效的跟踪调查，鉴定合格的产品不能持续符合技术鉴定要求的，技术鉴定机构应当暂停其使用直至撤销鉴定证书，并予公布。

第十六条　经强制性产品认证合格或者技术鉴定合格的消防产品，公安部消防局应当予以公布。

第三章　产品质量责任和义务

第十七条　消防产品生产者应当对其生产的消防产品质量负责，建立有效的质量管理体系，保持消防产品的生产条件，保证产品质量、标志、标识符合相关法律法规和标准要求。不得生产应当获得而未获得市场准入资格的消防产品、不合格的消防产品或者国家明令淘汰的消防产品。

消防产品生产者应当建立消防产品销售流向登记制度，如实记录产品名称、批次、规格、数量、销售去向等内容。

第十八条　消防产品销售者应当建立并执行进货检查验收制度，验明产品合格证明和其他标识，不得销售应当获得而未获得市场准入资格的消防产品、不合格的消防产品或者国家明令淘汰的消防产品。

销售者应当采取措施，保持销售产品的质量。

第十九条　消防产品使用者应当查验产品合格证明、产品标识和有关证书，选用符合市场准入的、合格的消防产品。

建设工程设计单位在设计中选用的消防产品，应当注明产品规格、性能等技术指标，其质量要求应当符合国家标准、行业标准。当需要选用尚未制定国家标准、行业标准的消防产品时，应当选用经技术鉴定合格的消防产品。

建设工程施工企业应当按照工程设计要求、施工技术标准、合同的约定和消防产品有关技术标准，对进场的消防产品进行现场检查或者检验，如实记录进货来源、名称、批次、规格、数量等内容；现场检查或者检验不合格的，不得安装。现场检查记录或者检验报告应当存档备查。建设工程施工企业应当建立安装质量管理制度，严格执行有关标准、施工规范和相关要求，保证消防产品的安装质量。

工程监理单位应当依照法律、行政法规及有关技术标准、设计文件和建设工程承包合同对建设工程使用的消防产品的质量及其安装质量实施监督。

机关、团体、企业、事业等单位应当按照国家标准、行业标准定期组织对消防设施、器材进行维修保养，确保完好有效。

第四章　监督检查

第二十条　质量监督部门、工商行政管理部门依据《中华人民共和国产品质量法》以及相关规定对生产领域、流通领域的消防产品质量进行监督检查。

第二十一条　公安机关消防机构对使用领域的消防产品质量进行监督检查，实行日常监督检查和监督抽查相结合的方式。

第二十二条　公安机关消防机构在消防监督检查和建设工程消防监督管理工作中，对使用领域的消防产品质量进行日常监督检查，按照公安部《消防监督检查规定》《建设工程消防监督管理规定》执行。

第二十三条　公安机关消防机构对使用领域的消防产品质量进行专项监督抽查，由省级以上公安机关消防机构制定监督抽查计划，由县级以上地方公安机关消防机构具体实施。

第二十四条　公安机关消防机构对使用领域的消防产品质量进行监督抽查，应当检查下列内容：

（一）列入强制性产品认证目录的消防产品是否具备强制性产品认证

证书，新研制的尚未制定国家标准、行业标准的消防产品是否具备技术
鉴定证书；

（二）按照强制性国家标准或者行业标准的规定，应当进行型式检验
和出厂检验的消防产品，是否具备型式检验合格和出厂检验合格的证明
文件；

（三）消防产品的外观标志、规格型号、结构部件、材料、性能参
数、生产厂名、厂址与产地等是否符合有关规定；

（四）消防产品的关键性能是否符合消防产品现场检查判定规则的
要求；

（五）法律、行政法规规定的其他内容。

第二十五条　公安机关消防机构实施消防产品质量监督抽查时，检
查人员不得少于两人，并应当出示执法身份证件。

实施消防产品质量监督抽查应当填写检查记录，由检查人员、被检
查单位管理人员签名；被检查单位管理人员对检查记录有异议或者拒绝
签名的，检查人员应当在检查记录中注明。

第二十六条　公安机关消防机构应当根据本规定和消防产品现场检
查判定规则，实施现场检查判定。对现场检查判定为不合格的，应当在
三日内将判定结论送达被检查人。被检查人对消防产品现场检查判定结
论有异议的，公安机关消防机构应当在五日内依照有关规定将样品送符
合法定条件的产品质量检验机构进行监督检验，并自收到检验结果之日
起三日内，将检验结果告知被检查人。

检验抽取的样品由被检查人无偿供给，其数量不得超过检验的合理
需要。检验费用在规定经费中列支，不得向被检查人收取。

第二十七条　被检查人对公安机关消防机构抽样送检的产品检验结
果有异议的，可以自收到检验结果之日起五日内向实施监督检查的公安
机关消防机构提出书面复检申请。

公安机关消防机构受理复检申请，应当当场出具受理凭证。

公安机关消防机构受理复检申请后，应当在五日内将备用样品送检，
自收到复检结果之日起三日内，将复检结果告知申请人。

复检申请以一次为限。复检合格的，费用列入监督抽查经费；不合格的，费用由申请人承担。

第二十八条 质量监督部门、工商行政管理部门接到对消防产品质量问题的举报投诉，应当按职责及时依法处理。对不属于本部门职责范围的，应当及时移交或者书面通报有关部门。

公安机关消防机构接到对消防产品质量问题的举报投诉，应当及时受理、登记，并按照公安部《公安机关办理行政案件程序规定》的相关规定和本规定中消防产品质量监督检查程序处理。

公安机关消防机构对举报投诉的消防产品质量问题进行核查后，对消防安全违法行为应当依法处理。核查、处理情况应当在三日内告知举报投诉人；无法告知的，应当在受理登记中注明。

第二十九条 公安机关消防机构发现使用依法应当获得市场准入资格而未获得准入资格的消防产品或者不合格的消防产品、国家明令淘汰的消防产品等使用领域消防产品质量违法行为，应当依法责令限期改正。

公安机关消防机构应当在收到当事人复查申请或者责令限期改正期限届满之日起三日内进行复查。复查应当填写记录。

第三十条 公安机关消防机构对发现的使用领域消防产品质量违法行为，应当依法查处，并及时将有关情况书面通报同级质量监督部门、工商行政管理部门；质量监督部门、工商行政管理部门应当对生产者、销售者依法及时查处。

第三十一条 质量监督部门、工商行政管理部门和公安机关消防机构应当按照有关规定，向社会公布消防产品质量监督检查情况、重大消防产品质量违法行为的行政处罚情况等信息。

第三十二条 任何单位和个人在接受质量监督部门、工商行政管理部门和公安机关消防机构依法开展的消防产品质量监督检查时，应当如实提供有关情况和资料。

任何单位和个人不得擅自转移、变卖、隐匿或者损毁被采取强制措施的物品，不得拒绝依法进行的监督检查。

第五章　法律责任

第三十三条　生产、销售不合格的消防产品或者国家明令淘汰的消防产品的，由质量监督部门或者工商行政管理部门依照《中华人民共和国产品质量法》的规定从重处罚。

第三十四条　有下列情形之一的，由公安机关消防机构责令改正，依照《中华人民共和国消防法》第五十九条处罚：

（一）建设单位要求建设工程施工企业使用不符合市场准入的消防产品、不合格的消防产品或者国家明令淘汰的消防产品的；

（二）建设工程设计单位选用不符合市场准入的消防产品，或者国家明令淘汰的消防产品进行消防设计的；

（三）建设工程施工企业安装不符合市场准入的消防产品、不合格的消防产品或者国家明令淘汰的消防产品的；

（四）工程监理单位与建设单位或者建设工程施工企业串通，弄虚作假，安装、使用不符合市场准入的消防产品、不合格的消防产品或者国家明令淘汰的消防产品的。

第三十五条　消防产品技术鉴定机构出具虚假文件的，由公安机关消防机构责令改正，依照《中华人民共和国消防法》第六十九条处罚。

第三十六条　人员密集场所使用不符合市场准入的消防产品的，由公安机关消防机构责令限期改正；逾期不改正的，依照《中华人民共和国消防法》第六十五条第二款处罚。

非人员密集场所使用不符合市场准入的消防产品、不合格的消防产品或者国家明令淘汰的消防产品的，由公安机关消防机构责令限期改正；逾期不改正的，对非经营性场所处五百元以上一千元以下罚款，对经营性场所处五千元以上一万元以下罚款，并对直接负责的主管人员和其他直接责任人员处五百元以下罚款。

第三十七条　公安机关消防机构及其工作人员进行消防产品监督执法，应当严格遵守廉政规定，坚持公正、文明执法，自觉接受单位和公民的监督。

公安机关及其工作人员不得指定消防产品的品牌、销售单位，不得参与或者干预建设工程消防产品的招投标活动，不得接受被检查单位、个人的财物或者其他不正当利益。

第三十八条 质量监督部门、工商行政管理部门、公安机关消防机构工作人员在消防产品监督管理中滥用职权、玩忽职守、徇私舞弊的，依法给予处分。

第三十九条 违反本规定，构成犯罪的，依法追究刑事责任。

第六章　附则

第四十条 消防产品目录由公安部消防局制定并公布。

第四十一条 消防产品进出口检验监管，由出入境检验检疫部门按照有关规定执行。

消防产品属于《中华人民共和国特种设备安全监察条例》规定的特种设备的，还应当遵守特种设备安全监察有关规定。

第四十二条 本规定中的"三日""五日"是指工作日，不含法定节假日。

第四十三条 公安机关消防机构执行本规定所需要的法律文书式样，由公安部制定。

第四十四条 本规定自 2013 年 1 月 1 日起施行。

机关、团体、企业、事业单位
消防安全管理规定

第一章　总则

第一条　为了加强和规范机关、团体、企业、事业单位的消防安全管理，预防火灾和减少火灾危害，根据《中华人民共和国消防法》，制定本规定。

第二条　本规定适用于中华人民共和国境内的机关、团体、企业、事业单位（以下统称单位）自身的消防安全管理。

法律、法规另有规定的除外。

第三条　单位应当遵守消防法律、法规、规章（以下统称消防法规），贯彻预防为主、防消结合的消防工作方针，履行消防安全职责，保障消防安全。

第四条　法人单位的法定代表人或者非法人单位的主要负责人是单位的消防安全责任人，对本单位的消防安全工作全面负责。

第五条　单位应当落实逐级消防安全责任制和岗位消防安全责任制，明确逐级和岗位消防安全职责，确定各级、各岗位的消防安全责任人。

第二章　消防安全责任

第六条　单位的消防安全责任人应当履行下列消防安全职责：

（一）贯彻执行消防法规，保障单位消防安全符合规定，掌握本单位的消防安全情况；

（二）将消防工作与本单位的生产、科研、经营、管理等活动统筹安排，批准实施年度消防工作计划；

（三）为本单位的消防安全提供必要的经费和组织保障；

（四）确定逐级消防安全责任，批准实施消防安全制度和保障消防安全的操作规程；

（五）组织防火检查，督促落实火灾隐患整改，及时处理涉及消防安全的重大问题；

（六）根据消防法规的规定建立专职消防队、义务消防队；

（七）组织制定符合本单位实际的灭火和应急疏散预案，并实施演练。

第七条　单位可以根据需要确定本单位的消防安全管理人。消防安全管理人对单位的消防安全责任人负责，实施和组织落实下列消防安全管理工作：

（一）拟订年度消防工作计划，组织实施日常消防安全管理工作；

（二）组织制订消防安全制度和保障消防安全的操作规程并检查督促其落实；

（三）拟订消防安全工作的资金投入和组织保障方案；

（四）组织实施防火检查和火灾隐患整改工作；

（五）组织实施对本单位消防设施、灭火器材和消防安全标志的维护保养，确保其完好有效，确保疏散通道和安全出口畅通；

（六）组织管理专职消防队和义务消防队；

（七）在员工中组织开展消防知识、技能的宣传教育和培训，组织灭火和应急疏散预案的实施和演练；

（八）单位消防安全责任人委托的其他消防安全管理工作。

消防安全管理人应当定期向消防安全责任人报告消防安全情况，及时报告涉及消防安全的重大问题。未确定消防安全管理人的单位，前款规定的消防安全管理工作由单位消防安全责任人负责实施。

第八条　实行承包、租赁或者委托经营、管理时，产权单位应当提供符合消防安全要求的建筑物，当事人在订立的合同中依照有关规定明确各方的消防安全责任；消防车通道、涉及公共消防安全的疏散设施和其他建筑消防设施应当由产权单位或者委托管理的单位统一管理。

承包、承租或者受委托经营、管理的单位应当遵守本规定，在其使用、管理范围内履行消防安全职责。

第九条　对于有两个以上产权单位和使用单位的建筑物，各产权单位、使用单位对消防车通道、涉及公共消防安全的疏散设施和其他建筑消防设施应当明确管理责任，可以委托统一管理。

第十条　居民住宅区的物业管理单位应当在管理范围内履行下列消防安全职责：

（一）制定消防安全制度，落实消防安全责任，开展消防安全宣传教育；

（二）开展防火检查，消除火灾隐患；

（三）保障疏散通道、安全出口、消防车通道畅通；

（四）保障公共消防设施、器材以及消防安全标志完好有效。

其他物业管理单位应当对受委托管理范围内的公共消防安全管理工作负责。

第十一条　举办集会、焰火晚会、灯会等具有火灾危险的大型活动的主办单位、承办单位以及提供场地的单位，应当在订立的合同中明确各方的消防安全责任。

第十二条　建筑工程施工现场的消防安全由施工单位负责。实行施工总承包的，由总承包单位负责。分包单位向总承包单位负责，服从总承包单位对施工现场的消防安全管理。

对建筑物进行局部改建、扩建和装修的工程，建设单位应当与施工单位在订立的合同中明确各方对施工现场的消防安全责任。

第三章　消防安全管理

第十三条　下列范围的单位是消防安全重点单位，应当按照本规定的要求，实行严格管理：

（一）商场（市场）、宾馆（饭店）、体育场（馆）、会堂、公共娱乐场所等公众聚集场所（以下统称公众聚集场所）；

（二）医院、养老院和寄宿制的学校、托儿所、幼儿园；

（三）国家机关；

（四）广播电台、电视台和邮政、通信枢纽；

（五）客运车站、码头、民用机场；

（六）公共图书馆、展览馆、博物馆、档案馆以及具有火灾危险性的文物保护单位；

（七）发电厂（站）和电网经营企业；

（八）易燃易爆化学物品的生产、充装、储存、供应、销售单位；

（九）服装、制鞋等劳动密集型生产、加工企业；

（十）重要的科研单位；

（十一）其他发生火灾可能性较大以及一旦发生火灾可能造成重大人身伤亡或者财产损失的单位。

高层办公楼（写字楼）、高层公寓楼等高层公共建筑，城市地下铁道、地下观光隧道等地下公共建筑和城市重要的交通隧道，粮、棉、木材、百货等物资集中的大型仓库和堆场，国家和省级等重点工程的施工现场，应当按照本规定对消防安全重点单位的要求，实行严格管理。

第十四条　消防安全重点单位及其消防安全责任人、消防安全管理人应当报当地公安消防机构备案。

第十五条　消防安全重点单位应当设置或者确定消防工作的归口管理职能部门，并确定专职或者兼职的消防管理人员；其他单位应当确定专职或者兼职消防管理人员，可以确定消防工作的归口管理职能部门。归口管理职能部门和专兼职消防管理人员在消防安全责任人或者消防安全管理人的领导下开展消防安全管理工作。

第十六条　公众聚集场所应当在具备下列消防安全条件后，向当地公安消防机构申报进行消防安全检查，经检查合格后方可开业使用：

（一）依法办理建筑工程消防设计审核手续，并经消防验收合格；

（二）建立健全消防安全组织，消防安全责任明确；

（三）建立消防安全管理制度和保障消防安全的操作规程；

（四）员工经过消防安全培训；

（五）建筑消防设施齐全、完好有效；

（六）制定灭火和应急疏散预案。

第十七条　举办集会、焰火晚会、灯会等具有火灾危险的大型活动，主办或者承办单位应当在具备消防安全条件后，向公安消防机构申报对活动现场进行消防安全检查，经检查合格后方可举办。

第十八条　单位应当按照国家有关规定，结合本单位的特点，建立健全各项消防安全制度和保障消防安全的操作规程，并公布执行。

单位消防安全制度主要包括以下内容：消防安全教育、培训；防火巡查、检查；安全疏散设施管理；消防（控制室）值班；消防设施、器材维护管理；火灾隐患整改；用火、用电安全管理；易燃易爆危险物品和场所防火防爆；专职和义务消防队的组织管理；灭火和应急疏散预案演练；燃气和电气设备的检查和管理（包括防雷、防静电）；消防安全工作考评和奖惩；其他必要的消防安全内容。

第十九条　单位应当将容易发生火灾、一旦发生火灾可能严重危及人身和财产安全以及对消防安全有重大影响的部位确定为消防安全重点部位，设置明显的防火标志，实行严格管理。

第二十条　单位应当对动用明火实行严格的消防安全管理。禁止在具有火灾、爆炸危险的场所使用明火；因特殊情况需要进行电、气焊等明火作业的，动火部门和人员应当按照单位的用火管理制度办理审批手续，落实现场监护人，在确认无火灾、爆炸危险后方可动火施工。动火施工人员应当遵守消防安全规定，并落实相应的消防安全措施。

公众聚集场所或者两个以上单位共同使用的建筑物局部施工需要使用明火时，施工单位和使用单位应当共同采取措施，将施工区和使用区进行防火分隔，清除动火区域的易燃、可燃物，配置消防器材，专人监护，保证施工及使用范围的消防安全。

公共娱乐场所在营业期间禁止动火施工。

第二十一条　单位应当保障疏散通道、安全出口畅通，并设置符合国家规定的消防安全疏散指示标志和应急照明设施，保持防火门、防火卷帘、消防安全疏散指示标志、应急照明、机械排烟送风、火灾事故广播等设施处于正常状态。

严禁下列行为：

（一）占用疏散通道；

（二）在安全出口或者疏散通道上安装栅栏等影响疏散的障碍物；

（三）在营业、生产、教学、工作等期间将安全出口上锁、遮挡或者将消防安全疏散指示标志遮挡、覆盖；

（四）其他影响安全疏散的行为。

第二十二条 单位应当遵守国家有关规定，对易燃易爆危险物品的生产、使用、储存、销售、运输或者销毁实行严格的消防安全管理。

第二十三条 单位应当根据消防法规的有关规定，建立专职消防队、义务消防队，配备相应的消防装备、器材，并组织开展消防业务学习和灭火技能训练，提高预防和扑救火灾的能力。

第二十四条 单位发生火灾时，应当立即实施灭火和应急疏散预案，务必做到及时报警，迅速扑救火灾，及时疏散人员。邻近单位应当给予支援。任何单位、人员都应当无偿为报火警提供便利，不得阻拦报警。

单位应当为公安消防机构抢救人员、扑救火灾提供便利和条件。

火灾扑灭后，起火单位应当保护现场，接受事故调查，如实提供火灾事故的情况，协助公安消防机构调查火灾原因，核定火灾损失，查明火灾事故责任。未经公安消防机构同意，不得擅自清理火灾现场。

第四章　防火检查

第二十五条 消防安全重点单位应当进行每日防火巡查，并确定巡查的人员、内容、部位和频次。其他单位可以根据需要组织防火巡查。巡查的内容应当包括：

（一）用火、用电有无违章情况；

（二）安全出口、疏散通道是否畅通，安全疏散指示标志、应急照明是否完好；

（三）消防设施、器材和消防安全标志是否在位、完整；

（四）常闭式防火门是否处于关闭状态，防火卷帘下是否堆放物品影响使用；

（五）消防安全重点部位的人员在岗情况；

（六）其他消防安全情况。

公众聚集场所在营业期间的防火巡查应当至少每两小时一次；营业结束时应当对营业现场进行检查，消除遗留火种。医院、养老院、寄宿制的学校、托儿所、幼儿园应当加强夜间防火巡查，其他消防安全重点单位可以结合实际组织夜间防火巡查。

防火巡查人员应当及时纠正违章行为，妥善处置火灾危险，无法当场处置的，应当立即报告。发现初起火灾应当立即报警并及时扑救。

防火巡查应当填写巡查记录，巡查人员及其主管人员应当在巡查记录上签名。

第二十六条　机关、团体、事业单位应当至少每季度进行一次防火检查，其他单位应当至少每月进行一次防火检查。检查的内容应当包括：

（一）火灾隐患的整改情况以及防范措施的落实情况；

（二）安全疏散通道、疏散指示标志、应急照明和安全出口情况；

（三）消防车通道、消防水源情况；

（四）灭火器材配置及有效情况；

（五）用火、用电有无违章情况；

（六）重点工种人员以及其他员工消防知识的掌握情况；

（七）消防安全重点部位的管理情况；

（八）易燃易爆危险物品和场所防火防爆措施的落实情况以及其他重要物资的防火安全情况；

（九）消防（控制室）值班情况和设施运行、记录情况；

（十）防火巡查情况；

（十一）消防安全标志的设置情况和完好、有效情况；

（十二）其他需要检查的内容。

防火检查应当填写检查记录。检查人员和被检查部门负责人应当在检查记录上签名。

　　第二十七条　单位应当按照建筑消防设施检查维修保养有关规定的要求，对建筑消防设施的完好有效情况进行检查和维修保养。

　　第二十八条　设有自动消防设施的单位，应当按照有关规定定期对其自动消防设施进行全面检查测试，并出具检测报告，存档备查。

　　第二十九条　单位应当按照有关规定定期对灭火器进行维护保养和维修检查。对灭火器应当建立档案资料，记明配置类型、数量、设置位置、检查维修单位（人员）、更换药剂的时间等有关情况。

第五章　火灾隐患整改

　　第三十条　单位对存在的火灾隐患，应当及时予以消除。

　　第三十一条　对下列违反消防安全规定的行为，单位应当责成有关人员当场改正并督促落实：

　　（一）违章进入生产、储存易燃易爆危险物品场所的；

　　（二）违章使用明火作业或者在具有火灾、爆炸危险的场所吸烟、使用明火等违反禁令的；

　　（三）将安全出口上锁、遮挡，或者占用、堆放物品影响疏散通道畅通的；

　　（四）消火栓、灭火器材被遮挡影响使用或者被挪作他用的；

　　（五）常闭式防火门处于开启状态，防火卷帘下堆放物品影响使用的；

　　（六）消防设施管理、值班人员和防火巡查人员脱岗的；

　　（七）违章关闭消防设施、切断消防电源的；

　　（八）其他可以当场改正的行为。

　　违反前款规定的情况以及改正情况应当有记录并存档备查。

　　第三十二条　对不能当场改正的火灾隐患，消防工作归口管理职能部门或者专兼职消防管理人员应当根据本单位的管理分工，及时将存在的火灾隐患向单位的消防安全管理人或者消防安全责任人报告，提出整改方案。消防安全管理人或者消防安全责任人应当确定整改的措施、期限以及负责整改的部门、人员，并落实整改资金。

在火灾隐患未消除之前，单位应当落实防范措施，保障消防安全。不能确保消防安全，随时可能引发火灾或者一旦发生火灾将严重危及人身安全的，应当将危险部位停产停业整改。

第三十三条　火灾隐患整改完毕，负责整改的部门或者人员应当将整改情况记录报送消防安全责任人或者消防安全管理人签字确认后存档备查。

第三十四条　对于涉及城市规划布局而不能自身解决的重大火灾隐患，以及机关、团体、事业单位确无能力解决的重大火灾隐患，单位应当提出解决方案并及时向其上级主管部门或者当地人民政府报告。

第三十五条　对公安消防机构责令限期改正的火灾隐患，单位应当在规定的期限内改正并写出火灾隐患整改复函，报送公安消防机构。

第六章　消防安全宣传教育和培训

第三十六条　单位应当通过多种形式开展经常性的消防安全宣传教育。消防安全重点单位对每名员工应当至少每年进行一次消防安全培训。宣传教育和培训内容应当包括：

（一）有关消防法规、消防安全制度和保障消防安全的操作规程；

（二）本单位、本岗位的火灾危险性和防火措施；

（三）有关消防设施的性能、灭火器材的使用方法；

（四）报火警、扑救初起火灾以及自救逃生的知识和技能。

公众聚集场所对员工的消防安全培训应当至少每半年进行一次，培训的内容还应当包括组织、引导在场群众疏散的知识和技能。

单位应当组织新上岗和进入新岗位的员工进行上岗前的消防安全培训。

第三十七条　公众聚集场所在营业、活动期间，应当通过张贴图画、广播、闭路电视等向公众宣传防火、灭火、疏散逃生等常识。

学校、幼儿园应当通过寓教于乐等多种形式对学生和幼儿进行消防安全常识教育。

第三十八条 下列人员应当接受消防安全专门培训：

（一）单位的消防安全责任人、消防安全管理人；

（二）专、兼职消防管理人员；

（三）消防控制室的值班、操作人员；

（四）其他依照规定应当接受消防安全专门培训的人员。

前款规定中的第（三）项人员应当持证上岗。

第七章　灭火、应急疏散预案和演练

第三十九条 消防安全重点单位制定的灭火和应急疏散预案应当包括下列内容：

（一）组织机构，包括：灭火行动组、通讯联络组、疏散引导组、安全防护救护组；

（二）报警和接警处置程序；

（三）应急疏散的组织程序和措施；

（四）扑救初起火灾的程序和措施；

（五）通讯联络、安全防护救护的程序和措施。

第四十条 消防安全重点单位应当按照灭火和应急疏散预案，至少每半年进行一次演练，并结合实际，不断完善预案。其他单位应当结合本单位实际，参照制定相应的应急方案，至少每年组织一次演练。

消防演练时，应当设置明显标识并事先告知演练范围内的人员。

第八章　消防档案

第四十一条 消防安全重点单位应当建立健全消防档案。消防档案应当包括消防安全基本情况和消防安全管理情况。消防档案应当翔实，全面反映单位消防工作的基本情况，并附有必要的图表，根据情况变化及时更新。

单位应当对消防档案统一保管、备查。

第四十二条　消防安全基本情况应当包括以下内容：

（一）单位基本概况和消防安全重点部位情况；

（二）建筑物或者场所施工、使用或者开业前的消防设计审核、消防验收以及消防安全检查的文件、资料；

（三）消防管理组织机构和各级消防安全责任人；

（四）消防安全制度；

（五）消防设施、灭火器材情况；

（六）专职消防队、义务消防队人员及其消防装备配备情况；

（七）与消防安全有关的重点工种人员情况；

（八）新增消防产品、防火材料的合格证明材料；

（九）灭火和应急疏散预案。

第四十三条　消防安全管理情况应当包括以下内容：

（一）公安消防机构填发的各种法律文书；

（二）消防设施定期检查记录、自动消防设施全面检查测试的报告以及维修保养的记录；

（三）火灾隐患及其整改情况记录；

（四）防火检查、巡查记录；

（五）有关燃气、电气设备检测（包括防雷、防静电）等记录资料；

（六）消防安全培训记录；

（七）灭火和应急疏散预案的演练记录；

（八）火灾情况记录；

（九）消防奖惩情况记录。

前款规定中的第（二）、（三）、（四）、（五）项记录，应当记明检查的人员、时间、部位、内容、发现的火灾隐患以及处理措施等；第（六）项记录，应当记明培训的时间、参加人员、内容等；第（七）项记录，应当记明演练的时间、地点、内容、参加部门以及人员等。

第四十四条　其他单位应当将本单位的基本概况、公安消防机构填发的各种法律文书、与消防工作有关的材料和记录等统一保管备查。

第九章 奖惩

第四十五条 单位应当将消防安全工作纳入内部检查、考核、评比内容。对在消防安全工作中成绩突出的部门（班组）和个人，单位应当给予表彰奖励。对未依法履行消防安全职责或者违反单位消防安全制度的行为，应当依照有关规定对责任人员给予行政纪律处分或者其他处理。

第四十六条 违反本规定，依法应当给予行政处罚的，依照有关法律、法规予以处罚；构成犯罪的，依法追究刑事责任。

第十章 附则

第四十七条 公安消防机构对本规定的执行情况依法实施监督，并对自身滥用职权、玩忽职守、徇私舞弊的行为承担法律责任。

第四十八条 本规定自 2002 年 5 月 1 日起施行。本规定施行以前公安部发布的规章中的有关规定与本规定不一致的，以本规定为准。

高层民用建筑消防安全管理规定

第一章　总则

第一条　为了加强高层民用建筑消防安全管理，预防火灾和减少火灾危害，根据《中华人民共和国消防法》等法律、行政法规和国务院有关规定，制定本规定。

第二条　本规定适用于已经建成且依法投入使用的高层民用建筑（包括高层住宅建筑和高层公共建筑）的消防安全管理。

第三条　高层民用建筑消防安全管理贯彻预防为主、防消结合的方针，实行消防安全责任制。

建筑高度超过100米的高层民用建筑应当实行更加严格的消防安全管理。

第二章　消防安全职责

第四条　高层民用建筑的业主、使用人是高层民用建筑消防安全责任主体，对高层民用建筑的消防安全负责。高层民用建筑的业主、使用人是单位的，其法定代表人或者主要负责人是本单位的消防安全责任人。

高层民用建筑的业主、使用人可以委托物业服务企业或者消防技术服务机构等专业服务单位（以下统称消防服务单位）提供消防安全服务，并应当在服务合同中约定消防安全服务的具体内容。

第五条　同一高层民用建筑有两个及以上业主、使用人的，各业主、使用人对其专有部分的消防安全负责，对共有部分的消防安全共同负责。

同一高层民用建筑有两个及以上业主、使用人的，应当共同委托物业服务企业，或者明确一个业主、使用人作为统一管理人，对共有部分的消防安全实行统一管理，协调、指导业主、使用人共同做好整栋建筑的消防安全工作，并通过书面形式约定各方消防安全责任。

第六条　高层民用建筑以承包、租赁或者委托经营、管理等形式交由承包人、承租人、经营管理人使用的，当事人在订立承包、租赁、委托管理等合同时，应当明确各方消防安全责任。委托方、出租方依照法律规定，可以对承包方、承租方、受托方的消防安全工作统一协调、管理。

实行承包、租赁或者委托经营、管理时，业主应当提供符合消防安全要求的建筑物，督促使用人加强消防安全管理。

第七条　高层公共建筑的业主单位、使用单位应当履行下列消防安全职责：

（一）遵守消防法律法规，建立和落实消防安全管理制度；

（二）明确消防安全管理机构或者消防安全管理人员；

（三）组织开展防火巡查、检查，及时消除火灾隐患；

（四）确保疏散通道、安全出口、消防车通道畅通；

（五）对建筑消防设施、器材定期进行检验、维修，确保完好有效；

（六）组织消防宣传教育培训，制定灭火和应急疏散预案，定期组织消防演练；

（七）按照规定建立专职消防队、志愿消防队（微型消防站）等消防组织；

（八）法律、法规规定的其他消防安全职责。

委托物业服务企业，或者明确统一管理人实施消防安全管理的，物业服务企业或者统一管理人应当按照约定履行前款规定的消防安全职责，业主单位、使用单位应当督促并配合物业服务企业或者统一管理人做好消防安全工作。

第八条　高层公共建筑的业主、使用人、物业服务企业或者统一管理人应当明确专人担任消防安全管理人，负责整栋建筑的消防安全管理工作，并在建筑显著位置公示其姓名、联系方式和消防安全管理职责。

高层公共建筑的消防安全管理人应当履行下列消防安全管理职责：

（一）拟订年度消防工作计划，组织实施日常消防安全管理工作；

（二）组织开展防火检查、巡查和火灾隐患整改工作；

（三）组织实施对建筑共用消防设施设备的维护保养；

（四）管理专职消防队、志愿消防队（微型消防站）等消防组织；

（五）组织开展消防安全的宣传教育和培训；

（六）组织编制灭火和应急疏散综合预案并开展演练。

高层公共建筑的消防安全管理人应当具备与其职责相适应的消防安全知识和管理能力。对建筑高度超过 100 米的高层公共建筑，鼓励有关单位聘用相应级别的注册消防工程师或者相关工程类中级及以上专业技术职务的人员担任消防安全管理人。

第九条　高层住宅建筑的业主、使用人应当履行下列消防安全义务：

（一）遵守住宅小区防火安全公约和管理规约约定的消防安全事项；

（二）按照不动产权属证书载明的用途使用建筑；

（三）配合消防服务单位做好消防安全工作；

（四）按照法律规定承担消防服务费用以及建筑消防设施维修、更新和改造的相关费用；

（五）维护消防安全，保护消防设施，预防火灾，报告火警，成年人参加有组织的灭火工作；

（六）法律、法规规定的其他消防安全义务。

第十条　接受委托的高层住宅建筑的物业服务企业应当依法履行下列消防安全职责：

（一）落实消防安全责任，制定消防安全制度，拟订年度消防安全工作计划和组织保障方案；

（二）明确具体部门或者人员负责消防安全管理工作；

（三）对管理区域内的共用消防设施、器材和消防标志定期进行检测、维护保养，确保完好有效；

（四）组织开展防火巡查、检查，及时消除火灾隐患；

（五）保障疏散通道、安全出口、消防车通道畅通，对占用、堵塞、封闭疏散通道、安全出口、消防车通道等违规行为予以制止；制止无效的，及时报告消防救援机构等有关行政管理部门依法处理；

（六）督促业主、使用人履行消防安全义务；

（七）定期向所在住宅小区业主委员会和业主、使用人通报消防安全情况，提示消防安全风险；

（八）组织开展经常性的消防宣传教育；

（九）制定灭火和应急疏散预案，并定期组织演练；

（十）法律、法规规定和合同约定的其他消防安全职责。

第十一条 消防救援机构和其他负责消防监督检查的机构依法对高层民用建筑进行消防监督检查，督促业主、使用人、受委托的消防服务单位等落实消防安全责任；对监督检查中发现的火灾隐患，通知有关单位或者个人立即采取措施消除隐患。

消防救援机构应当加强高层民用建筑消防安全法律、法规的宣传，督促、指导有关单位做好高层民用建筑消防安全宣传教育工作。

第十二条 村民委员会、居民委员会应当依法组织制定防火安全公约，对高层民用建筑进行防火安全检查，协助人民政府和有关部门加强消防宣传教育；对老年人、未成年人、残疾人等开展有针对性的消防宣传教育，加强消防安全帮扶。

第十三条 供水、供电、供气、供热、通信、有线电视等专业运营单位依法对高层民用建筑内由其管理的设施设备消防安全负责，并定期进行检查和维护。

第三章　消防安全管理

第十四条 高层民用建筑施工期间，建设单位应当与施工单位明确施工现场的消防安全责任。施工期间应当严格落实现场防范措施，配置消防器材，指定专人监护，采取防火分隔措施，不得影响其他区域的人员安全疏散和建筑消防设施的正常使用。

高层民用建筑的业主、使用人不得擅自变更建筑使用功能、改变防火防烟分区，不得违反消防技术标准使用易燃、可燃装修装饰材料。

第十五条　高层民用建筑的业主、使用人或者物业服务企业、统一管理人应当对动用明火作业实行严格的消防安全管理，不得在具有火灾、爆炸危险的场所使用明火；因施工等特殊情况需要进行电焊、气焊等明火作业的，应当按照规定办理动火审批手续，落实现场监护人，配备消防器材，并在建筑主入口和作业现场显著位置公告。作业人员应当依法持证上岗，严格遵守消防安全规定，清除周围及下方的易燃、可燃物，采取防火隔离措施。作业完毕后，应当进行全面检查，消除遗留火种。

高层公共建筑内的商场、公共娱乐场所不得在营业期间动火施工。

高层公共建筑内应当确定禁火禁烟区域，并设置明显标志。

第十六条　高层民用建筑内电器设备的安装使用及其线路敷设、维护保养和检测应当符合消防技术标准及管理规定。

高层民用建筑业主、使用人或者消防服务单位，应当安排专业机构或者电工定期对管理区域内由其管理的电器设备及线路进行检查；对不符合安全要求的，应当及时维修、更换。

第十七条　高层民用建筑内燃气用具的安装使用及其管路敷设、维护保养和检测应当符合消防技术标准及管理规定。禁止违反燃气安全使用规定，擅自安装、改装、拆除燃气设备和用具。

高层民用建筑使用燃气应当采用管道供气方式。禁止在高层民用建筑地下部分使用液化石油气。

第十八条　禁止在高层民用建筑内违反国家规定生产、储存、经营甲、乙类火灾危险性物品。

第十九条　设有建筑外墙外保温系统的高层民用建筑，其管理单位应当在主入口及周边相关显著位置，设置提示性和警示性标识，标示外墙外保温材料的燃烧性能、防火要求。对高层民用建筑外墙外保温系统破损、开裂和脱落的，应当及时修复。高层民用建筑在进行外墙外保温系统施工时，建设单位应当采取必要的防火隔离以及限制住人和使用的措施，确保建筑内人员安全。

禁止使用易燃、可燃材料作为高层民用建筑外墙外保温材料。禁止在其建筑内及周边禁放区域燃放烟花爆竹；禁止在其外墙周围堆放可燃物。对于使用难燃外墙外保温材料或者采用与基层墙体、装饰层之间有空腔的建筑外墙外保温系统的高层民用建筑，禁止在其外墙动火用电。

第二十条　高层民用建筑的电缆井、管道井等竖向管井和电缆桥架应当在每层楼板处进行防火封堵，管井检查门应当采用防火门。

禁止占用电缆井、管道井，或者在电缆井、管道井等竖向管井堆放杂物。

第二十一条　高层民用建筑的户外广告牌、外装饰不得采用易燃、可燃材料，不得妨碍防烟排烟、逃生和灭火救援，不得改变或者破坏建筑立面防火结构。

禁止在高层民用建筑外窗设置影响逃生和灭火救援的障碍物。

建筑高度超过 50 米的高层民用建筑外墙上设置的装饰、广告牌应当采用不燃材料并易于破拆。

第二十二条　禁止在消防车通道、消防车登高操作场地设置构筑物、停车泊位、固定隔离桩等障碍物。

禁止在消防车通道上方、登高操作面设置妨碍消防车作业的架空管线、广告牌、装饰物等障碍物。

第二十三条　高层公共建筑内餐饮场所的经营单位应当及时对厨房灶具和排油烟罩设施进行清洗，排油烟管道每季度至少进行一次检查、清洗。

高层住宅建筑的公共排油烟管道应当定期检查，并采取防火措施。

第二十四条　除为满足高层民用建筑的使用功能所设置的自用物品暂存库房、档案室和资料室等附属库房外，禁止在高层民用建筑内设置其他库房。

高层民用建筑的附属库房应当采取相应的防火分隔措施，严格遵守有关消防安全管理规定。

第二十五条　高层民用建筑内的锅炉房、变配电室、空调机房、自备发电机房、储油间、消防水泵房、消防水箱间、防排烟风机房等设备用房应当按照消防技术标准设置，确定为消防安全重点部位，设置明显的防火标志，实行严格管理，并不得占用和堆放杂物。

第二十六条　高层民用建筑消防控制室应当由其管理单位实行 24 小时值班制度，每班不应少于 2 名值班人员。

消防控制室值班操作人员应当依法取得相应等级的消防行业特有工种职业资格证书，熟练掌握火警处置程序和要求，按照有关规定检查自动消防设施、联动控制设备运行情况，确保其处于正常工作状态。

消防控制室内应当保存高层民用建筑总平面布局图、平面布置图和消防设施系统图及控制逻辑关系说明、建筑消防设施维修保养记录和检测报告等资料。

第二十七条　高层公共建筑内有关单位、高层住宅建筑所在社区居民委员会或者物业服务企业按照规定建立的专职消防队、志愿消防队（微型消防站）等消防组织，应当配备必要的人员、场所和器材、装备，定期进行消防技能培训和演练，开展防火巡查、消防宣传，及时处置、扑救初起火灾。

第二十八条　高层民用建筑的疏散通道、安全出口应当保持畅通，禁止堆放物品、锁闭出口、设置障碍物。平时需要控制人员出入或者设有门禁系统的疏散门，应当保证发生火灾时易于开启，并在现场显著位置设置醒目的提示和使用标识。

高层民用建筑的常闭式防火门应当保持常闭，闭门器、顺序器等部件应当完好有效；常开式防火门应当保证发生火灾时自动关闭并反馈信号。

禁止圈占、遮挡消火栓，禁止在消火栓箱内堆放杂物，禁止在防火卷帘下堆放物品。

第二十九条　高层民用建筑内应当在显著位置设置标识，指示避难层（间）的位置。

禁止占用高层民用建筑避难层（间）和避难走道或者堆放杂物，禁止锁闭避难层（间）和避难走道出入口。

第三十条　高层公共建筑的业主、使用人应当按照国家标准、行业标准配备灭火器材以及自救呼吸器、逃生缓降器、逃生绳等逃生疏散设施器材。

　　高层住宅建筑应当在公共区域的显著位置摆放灭火器材，有条件的配置自救呼吸器、逃生绳、救援哨、疏散用手电筒等逃生疏散设施器材。

　　鼓励高层住宅建筑的居民家庭制定火灾疏散逃生计划，并配置必要的灭火和逃生疏散器材。

　　第三十一条　高层民用建筑的消防车通道、消防车登高操作场地、灭火救援窗、灭火救援破拆口、消防车取水口、室外消火栓、消防水泵接合器、常闭式防火门等应当设置明显的提示性、警示性标识。消防车通道、消防车登高操作场地、防火卷帘下方还应当在地面标识出禁止占用的区域范围。消火栓箱、灭火器箱上应当张贴使用方法的标识。

　　高层民用建筑的消防设施配电柜电源开关、消防设备用房内管道阀门等应当标识开、关状态；对需要保持常开或者常闭状态的阀门，应当采取铅封等限位措施。

　　第三十二条　不具备自主维护保养检测能力的高层民用建筑业主、使用人或者物业服务企业应当聘请具备从业条件的消防技术服务机构或者消防设施施工安装企业对建筑消防设施进行维护保养和检测；存在故障、缺损的，应当立即组织维修、更换，确保完好有效。

　　因维修等需要停用建筑消防设施的，高层民用建筑的管理单位应当严格履行内部审批手续，制定应急方案，落实防范措施，并在建筑入口处等显著位置公告。

　　第三十三条　高层公共建筑消防设施的维修、更新、改造的费用，由业主、使用人按照有关法律规定承担，共有部分按照专有部分建筑面积所占比例承担。

　　高层住宅建筑的消防设施日常运行、维护和维修、更新、改造费用，由业主依照法律规定承担；委托消防服务单位的，消防设施的日常运行、维护和检测费用应当纳入物业服务或者消防技术服务专项费用。共用消防设施的维修、更新、改造费用，可以依法从住宅专项维修资金列支。

　　第三十四条　高层民用建筑应当进行每日防火巡查，并填写巡查记录。其中，高层公共建筑内公众聚集场所在营业期间应当至少每2小时进行一次防火巡查，医院、养老院、寄宿制学校、幼儿园应当进行白天和夜间防火巡查，高层住宅建筑和高层公共建筑内的其他场所可以结合实际确定防火巡查的频次。

防火巡查应当包括下列内容：

（一）用火、用电、用气有无违章情况；

（二）安全出口、疏散通道、消防车通道畅通情况；

（三）消防设施、器材完好情况，常闭式防火门关闭情况；

（四）消防安全重点部位人员在岗在位等情况。

第三十五条 高层住宅建筑应当每月至少开展一次防火检查，高层公共建筑应当每半个月至少开展一次防火检查，并填写检查记录。

防火检查应当包括下列内容：

（一）安全出口和疏散设施情况；

（二）消防车通道、消防车登高操作场地和消防水源情况；

（三）灭火器材配置及有效情况；

（四）用火、用电、用气和危险品管理制度落实情况；

（五）消防控制室值班和消防设施运行情况；

（六）人员教育培训情况；

（七）重点部位管理情况；

（八）火灾隐患整改以及防范措施的落实等情况。

第三十六条 对防火巡查、检查发现的火灾隐患，高层民用建筑的业主、使用人、受委托的消防服务单位，应当立即采取措施予以整改。

对不能当场改正的火灾隐患，应当明确整改责任、期限，落实整改措施，整改期间应当采取临时防范措施，确保消防安全；必要时，应当暂时停止使用危险部位。

第三十七条 禁止在高层民用建筑公共门厅、疏散走道、楼梯间、安全出口停放电动自行车或者为电动自行车充电。

鼓励在高层住宅小区内设置电动自行车集中存放和充电的场所。电动自行车存放、充电场所应当独立设置，并与高层民用建筑保持安全距离；确需设置在高层民用建筑内的，应当与该建筑的其他部分进行防火分隔。

电动自行车存放、充电场所应当配备必要的消防器材，充电设施应当具备充满自动断电功能。

第三十八条 鼓励高层民用建筑推广应用物联网和智能化技术手段对电气、燃气消防安全和消防设施运行等进行监控和预警。

未设置自动消防设施的高层住宅建筑，鼓励因地制宜安装火灾报警和喷水灭火系统、火灾应急广播以及可燃气体探测、无线手动火灾报警、无线声光火灾警报等消防设施。

第三十九条 高层民用建筑的业主、使用人或者消防服务单位、统一管理人应当每年至少组织开展一次整栋建筑的消防安全评估。消防安全评估报告应当包括存在的消防安全问题、火灾隐患以及改进措施等内容。

第四十条 鼓励、引导高层公共建筑的业主、使用人投保火灾公众责任保险。

第四章　消防宣传教育和灭火疏散预案

第四十一条 高层公共建筑内的单位应当每半年至少对员工开展一次消防安全教育培训。

高层公共建筑内的单位应当对本单位员工进行上岗前消防安全培训，并对消防安全管理人员、消防控制室值班人员和操作人员、电工、保安员等重点岗位人员组织专门培训。

高层住宅建筑的物业服务企业应当每年至少对居住人员进行一次消防安全教育培训，进行一次疏散演练。

第四十二条 高层民用建筑应当在每层的显著位置张贴安全疏散示意图，公共区域电子显示屏应当播放消防安全提示和消防安全知识。

高层公共建筑除遵守本条第一款规定外，还应当在首层显著位置提示公众注意火灾危险，以及安全出口、疏散通道和灭火器材的位置。

高层住宅小区除遵守本条第一款规定外，还应当在显著位置设置消防安全宣传栏，在高层住宅建筑单元入口处提示安全用火、用电、用气，以及电动自行车存放、充电等消防安全常识。

第四十三条　高层民用建筑应当结合场所特点，分级分类编制灭火和应急疏散预案。

规模较大或者功能业态复杂，且有两个及以上业主、使用人或者多个职能部门的高层公共建筑，有关单位应当编制灭火和应急疏散总预案，各单位或者职能部门应当根据场所、功能分区、岗位实际编制专项灭火和应急疏散预案或者现场处置方案（以下统称分预案）。

灭火和应急疏散预案应当明确应急组织机构，确定承担通信联络、灭火、疏散和救护任务的人员及其职责，明确报警、联络、灭火、疏散等处置程序和措施。

第四十四条　高层民用建筑的业主、使用人、受委托的消防服务单位应当结合实际，按照灭火和应急疏散总预案和分预案分别组织实施消防演练。

高层民用建筑应当每年至少进行一次全要素综合演练，建筑高度超过 100 米的高层公共建筑应当每半年至少进行一次全要素综合演练。编制分预案的，有关单位和职能部门应当每季度至少进行一次综合演练或者专项灭火、疏散演练。

演练前，有关单位应当告知演练范围内的人员并进行公告；演练时，应当设置明显标识；演练结束后，应当进行总结评估，并及时对预案进行修订和完善。

第四十五条　高层公共建筑内的人员密集场所应当按照楼层、区域确定疏散引导员，负责在火灾发生时组织、引导在场人员安全疏散。

第四十六条　火灾发生时，发现火灾的人员应当立即拨打 119 电话报警。

火灾发生后，高层民用建筑的业主、使用人、消防服务单位应当迅速启动灭火和应急疏散预案，组织人员疏散，扑救初起火灾。

火灾扑灭后，高层民用建筑的业主、使用人、消防服务单位应当组织保护火灾现场，协助火灾调查。

第五章　法律责任

第四十七条　违反本规定，有下列行为之一的，由消防救援机构责令改正，对经营性单位和个人处 2 000 元以上 10 000 元以下罚款，对非经营性单位和个人处 500 元以上 1 000 元以下罚款：

（一）在高层民用建筑内进行电焊、气焊等明火作业，未履行动火审批手续、进行公告，或者未落实消防现场监护措施的；

（二）高层民用建筑设置的户外广告牌、外装饰妨碍防烟排烟、逃生和灭火救援，或者改变、破坏建筑立面防火结构的；

（三）未设置外墙外保温材料提示性和警示性标识，或者未及时修复破损、开裂和脱落的外墙外保温系统的；

（四）未按照规定落实消防控制室值班制度，或者安排不具备相应条件的人员值班的；

（五）未按照规定建立专职消防队、志愿消防队等消防组织的；

（六）因维修等需要停用建筑消防设施未进行公告、未制定应急预案或者未落实防范措施的；

（七）在高层民用建筑的公共门厅、疏散走道、楼梯间、安全出口停放电动自行车或者为电动自行车充电，拒不改正的。

第四十八条　违反本规定的其他消防安全违法行为，依照《中华人民共和国消防法》第六十条、第六十一条、第六十四条、第六十五条、第六十六条、第六十七条、第六十八条、第六十九条和有关法律法规予以处罚；构成犯罪的，依法追究刑事责任。

第四十九条　消防救援机构及其工作人员在高层民用建筑消防监督检查中，滥用职权、玩忽职守、徇私舞弊的，对直接负责的主管人员和其他直接责任人员依法给予处分；构成犯罪的，依法追究刑事责任。

第六章　附则

第五十条　本规定下列用语的含义：

（一）高层住宅建筑，是指建筑高度大于 27 米的住宅建筑。

（二）高层公共建筑，是指建筑高度大于 24 米的非单层公共建筑，包括宿舍建筑、公寓建筑、办公建筑、科研建筑、文化建筑、商业建筑、体育建筑、医疗建筑、交通建筑、旅游建筑、通信建筑等。

（三）业主，是指高层民用建筑的所有权人，包括单位和个人。

（四）使用人，是指高层民用建筑的承租人和其他实际使用人，包括单位和个人。

第五十一条　本规定自 2021 年 8 月 1 日起施行。

社会消防技术服务管理规定

第一章 总 则

第一条 为规范社会消防技术服务活动，维护消防技术服务市场秩序，促进提高消防技术服务质量，根据《中华人民共和国消防法》，制定本规定。

第二条 在中华人民共和国境内从事社会消防技术服务活动、对消防技术服务机构实施监督管理，适用本规定。

本规定所称消防技术服务机构是指从事消防设施维护保养检测、消防安全评估等社会消防技术服务活动的企业。

第三条 消防技术服务机构及其从业人员开展社会消防技术服务活动应当遵循客观独立、合法公正、诚实信用的原则。

本规定所称消防技术服务从业人员，是指依法取得注册消防工程师资格并在消防技术服务机构中执业的专业技术人员，以及按照有关规定取得相应消防行业特有工种职业资格，在消防技术服务机构中从事社会消防技术服务活动的人员。

第四条 消防技术服务行业组织应当加强行业自律管理，规范从业行为，促进提升服务质量。

消防技术服务行业组织不得从事营利性社会消防技术服务活动，不得从事或者通过消防技术服务机构进行行业垄断。

第二章 从业条件

第五条 从事消防设施维护保养检测的消防技术服务机构，应当具备下列条件：

（一）取得企业法人资格；

（二）工作场所建筑面积不少于200平方米；

（三）消防技术服务基础设备和消防设施维护保养检测设备配备符合有关规定要求；

（四）注册消防工程师不少于2人，其中一级注册消防工程师不少于1人；

（五）取得消防设施操作员国家职业资格证书的人员不少于6人，其中中级技能等级以上的不少于2人；

（六）健全的质量管理体系。

第六条　从事消防安全评估的消防技术服务机构，应当具备下列条件：

（一）取得企业法人资格；

（二）工作场所建筑面积不少于100平方米；

（三）消防技术服务基础设备和消防安全评估设备配备符合有关规定要求；

（四）注册消防工程师不少于2人，其中一级注册消防工程师不少于1人；

（五）健全的消防安全评估过程控制体系。

第七条　同时从事消防设施维护保养检测、消防安全评估的消防技术服务机构，应当具备下列条件：

（一）取得企业法人资格；

（二）工作场所建筑面积不少于200平方米；

（三）消防技术服务基础设备和消防设施维护保养检测、消防安全评估设备配备符合规定的要求；

（四）注册消防工程师不少于2人，其中一级注册消防工程师不少于1人；

（五）取得消防设施操作员国家职业资格证书的人员不少于6人，其中中级技能等级以上的不少于2人；

（六）健全的质量管理和消防安全评估过程控制体系。

第八条 消防技术服务机构可以在全国范围内从业。

第三章　社会消防技术服务活动

第九条 消防技术服务机构及其从业人员应当依照法律法规、技术标准和从业准则，开展下列社会消防技术服务活动，并对服务质量负责：

（一）消防设施维护保养检测机构可以从事建筑消防设施维护保养、检测活动；

（二）消防安全评估机构可以从事区域消防安全评估、社会单位消防安全评估、大型活动消防安全评估等活动，以及消防法律法规、消防技术标准、火灾隐患整改、消防安全管理、消防宣传教育等方面的咨询活动。

消防技术服务机构出具的结论文件，可以作为消防救援机构实施消防监督管理和单位（场所）开展消防安全管理的依据。

第十条 消防设施维护保养检测机构应当按照国家标准、行业标准规定的工艺、流程开展维护保养检测，保证经维护保养的建筑消防设施符合国家标准、行业标准。

第十一条 消防技术服务机构应当依法与从业人员签订劳动合同，加强对所属从业人员的管理。注册消防工程师不得同时在两个以上社会组织执业。

第十二条 消防技术服务机构应当设立技术负责人，对本机构的消防技术服务实施质量监督管理，对出具的书面结论文件进行技术审核。技术负责人应当具备一级注册消防工程师资格。

第十三条 消防技术服务机构承接业务，应当与委托人签订消防技术服务合同，并明确项目负责人。项目负责人应当具备相应的注册消防工程师资格。

消防技术服务机构不得转包、分包消防技术服务项目。

第十四条 消防技术服务机构出具的书面结论文件应当由技术负责

人、项目负责人签名并加盖执业印章，同时加盖消防技术服务机构印章。

消防设施维护保养检测机构对建筑消防设施进行维护保养后，应当制作包含消防技术服务机构名称及项目负责人、维护保养日期等信息的标识，在消防设施所在建筑的醒目位置上予以公示。

第十五条　消防技术服务机构应当对服务情况作出客观、真实、完整的记录，按消防技术服务项目建立消防技术服务档案。

消防技术服务档案保管期限为 6 年。

第十六条　消防技术服务机构应当在其经营场所的醒目位置公示营业执照、工作程序、收费标准、从业守则、注册消防工程师注册证书、投诉电话等事项。

第十七条　消防技术服务机构收费应当遵守价格管理法律法规的规定。

第十八条　消防技术服务机构在从事社会消防技术服务活动中，不得有下列行为：

（一）不具备从业条件，从事社会消防技术服务活动；

（二）出具虚假、失实文件；

（三）消防设施维护保养检测机构的项目负责人或者消防设施操作员未到现场实地开展工作；

（四）泄露委托人商业秘密；

（五）指派无相应资格从业人员从事社会消防技术服务活动；

（六）冒用其他消防技术服务机构名义从事社会消防技术服务活动；

（七）法律、法规、规章禁止的其他行为。

第四章　监督管理

第十九条　县级以上人民政府消防救援机构依照有关法律、法规和本规定，对本行政区域内的社会消防技术服务活动实施监督管理。

消防技术服务机构及其从业人员对消防救援机构依法进行的监督管理应当协助和配合，不得拒绝或者阻挠。

第二十条 应急管理部消防救援局应当建立和完善全国统一的社会消防技术服务信息系统，公布消防技术服务机构及其从业人员的有关信息，发布从业、诚信和监督管理信息，并为社会提供有关信息查询服务。

第二十一条 县级以上人民政府消防救援机构对社会消防技术服务活动开展监督检查的形式有：

（一）结合日常消防监督检查工作，对消防技术服务质量实施监督抽查；

（二）根据需要实施专项检查；

（三）发生火灾事故后实施倒查；

（四）对举报投诉和交办移送的消防技术服务机构及其从业人员的违法从业行为进行核查。

开展社会消防技术服务活动监督检查可以根据实际需要，通过网上核查、服务单位实地核查、机构办公场所现场检查等方式实施。

第二十二条 消防救援机构在对单位（场所）实施日常消防监督检查时，可以对为该单位（场所）提供服务的消防技术服务机构的服务质量实施监督抽查。抽查内容为：

（一）是否冒用其他消防技术服务机构名义从事社会消防技术服务活动；

（二）从事相关社会消防技术服务活动的人员是否具有相应资格；

（三）是否按照国家标准、行业标准维护保养、检测建筑消防设施，经维护保养的建筑消防设施是否符合国家标准、行业标准；

（四）消防设施维护保养检测机构的项目负责人或者消防设施操作员是否到现场实地开展工作；

（五）是否出具虚假、失实文件；

（六）出具的书面结论文件是否由技术负责人、项目负责人签名、盖章，并加盖消防技术服务机构印章；

（七）是否与委托人签订消防技术服务合同；

（八）是否在经其维护保养的消防设施所在建筑的醒目位置公示消防技术服务信息。

第二十三条 消防救援机构根据消防监督管理需要，可以对辖区内从业的消防技术服务机构进行专项检查。专项检查应当随机抽取检查对象，随机选派检查人员，检查情况及查处结果及时向社会公开。专项检查可以抽查下列内容：

（一）是否具备从业条件；

（二）所属注册消防工程师是否同时在两个以上社会组织执业；

（三）从事相关社会消防技术服务活动的人员是否具有相应资格；

（四）是否转包、分包消防技术服务项目；

（五）是否出具虚假、失实文件；

（六）是否设立技术负责人、明确项目负责人，出具的书面结论文件是否由技术负责人、项目负责人签名、盖章，并加盖消防技术服务机构印章；

（七）是否与委托人签订消防技术服务合同；

（八）是否在经营场所公示营业执照、工作程序、收费标准、从业守则、注册消防工程师注册证书、投诉电话等事项；

（九）是否建立和保管消防技术服务档案。

第二十四条 发生有人员死亡或者造成重大社会影响的火灾，消防救援机构开展火灾事故调查时，应当对为起火单位（场所）提供服务的消防技术服务机构实施倒查。

消防救援机构组织调查其他火灾，可以根据需要对为起火单位（场所）提供服务的消防技术服务机构实施倒查。

倒查按照本规定第二十二条、第二十三条的抽查内容实施。

第二十五条 消防救援机构及其工作人员不得设立消防技术服务机构，不得参与消防技术服务机构的经营活动，不得指定或者变相指定消防技术服务机构，不得利用职务接受有关单位或者个人财物，不得滥用行政权力排除、限制竞争。

第五章 法律责任

第二十六条 消防技术服务机构违反本规定，冒用其他消防技术服务机构名义从事社会消防技术服务活动的，责令改正，处 2 万元以上 3 万元以下罚款。

第二十七条　消防技术服务机构违反本规定，有下列情形之一的，责令改正，处 1 万元以上 2 万元以下罚款：

（一）所属注册消防工程师同时在两个以上社会组织执业的；

（二）指派无相应资格从业人员从事社会消防技术服务活动的；

（三）转包、分包消防技术服务项目的。

对有前款第一项行为的注册消防工程师，处 5 000 元以上 1 万元以下罚款。

第二十八条　消防技术服务机构违反本规定，有下列情形之一的，责令改正，处 1 万元以下罚款：

（一）未设立技术负责人、未明确项目负责人的；

（二）出具的书面结论文件未经技术负责人、项目负责人签名、盖章，或者未加盖消防技术服务机构印章的；

（三）承接业务未依法与委托人签订消防技术服务合同的；

（四）消防设施维护保养检测机构的项目负责人或者消防设施操作员未到现场实地开展工作的；

（五）未建立或者保管消防技术服务档案的；

（六）未公示营业执照、工作程序、收费标准、从业守则、注册消防工程师注册证书、投诉电话等事项的。

第二十九条　消防技术服务机构不具备从业条件从事社会消防技术服务活动或者出具虚假文件、失实文件的，或者不按照国家标准、行业标准开展社会消防技术服务活动的，由消防救援机构依照《中华人民共和国消防法》第六十九条的有关规定处罚。

第三十条　消防设施维护保养检测机构未按照本规定要求在经其维护保养的消防设施所在建筑的醒目位置上公示消防技术服务信息的，责令改正，处 5 000 元以下罚款。

第三十一条　消防救援机构对消防技术服务机构及其从业人员实施积分信用管理，具体办法由应急管理部消防救援局制定。

第三十二条　消防技术服务机构有违反本规定的行为，给他人造成损失的，依法承担赔偿责任；经维护保养的建筑消防设施不能正常运行，发生火灾时未发挥应有作用，导致伤亡、损失扩大的，从重处罚；构成犯罪的，依法追究刑事责任。

第三十三条　本规定中的行政处罚由违法行为地设区的市级、县级人民政府消防救援机构决定。

第三十四条　消防技术服务机构及其从业人员对消防救援机构在消防技术服务监督管理中作出的具体行政行为不服的，可以依法申请行政复议或者提起行政诉讼。

第三十五条　消防救援机构的工作人员设立消防技术服务机构，或者参与消防技术服务机构的经营活动，或者指定、变相指定消防技术服务机构，或者利用职务接受有关单位、个人财物，或者滥用行政权力排除、限制竞争，或者有其他滥用职权、玩忽职守、徇私舞弊的行为，依照有关规定给予处分；构成犯罪的，依法追究刑事责任。

第六章　附则

第三十六条　保修期内的建筑消防设施由施工单位进行维护保养的，不适用本规定。

第三十七条　本规定所称虚假文件，是指消防技术服务机构未提供服务或者以篡改结果方式出具的消防技术文件，或者出具的与当时实际情况严重不符、结论定性严重偏离客观实际的消防技术文件。

本规定所称失实文件，是指消防技术服务机构出具的与当时实际情况部分不符、结论定性部分偏离客观实际的消防技术文件。

第三十八条　本规定中的"以上""以下"均含本数。

第三十九条　执行本规定所需要的文书式样，以及消防技术服务机构应当配备的仪器、设备、设施目录，由应急管理部制定。

第四十条　本规定自 2021 年 11 月 9 日起施行。

附表 1 ［源自《消防技术服务机构从业条件》（应急〔2019〕88 号）］①

消防技术服务基础设备配备要求

序号	设备名称	单位	配备数量	备注
1	计算机	套	3	每套中包括光盘刻录机、移动存储器各 1 个
2	打印机	台	1	激光打印机
3	传真机	台	1	适用普通纸
4	照相机	台	3	不低于 800 万像素
5	录音录像设备	个	2	用于现场记录，记录时间不少于 10 h
6	对讲机	对	2	通话距离不小于 1 000 m；含防爆型一对
7	消防技术服务专用车辆	台	2	满足装载相关专业设备和开展消防技术服务要求，并设置消防技术服务机构标识
8	个人防护和劳动保护装备	按照实际需要配备		
注：打印机、传真机等可配备同时满足相应要求的一体机。				

---

① 《社会消防技术服务管理规定》第五条第（三）项、第六条第（三项）、第七条第（三）项分别规定各类消防技术服务机构的设备配备应符合"有关规定要求"。与此相关的内容在《消防技术服务机构从业条件》（应急〔2019〕88 号）附表内有明确体现，故引用《消防技术服务机构从业条件》的附表作为此处的"附表 1""附表 2""附表 3"，以体现"有关规定要求"。

附表 2 ［源自《消防技术服务机构从业条件》（应急〔2019〕88 号）］

消防设施维护保养检测设备配备要求

序号	设备名称	单位	配备数量	备注
1	秒表	个	3	量程不小于 15 min；精度：0.1 s
2	卷尺	个	4	量程不小于 30 m；精度：1 mm；2 个。量程不小于 5 m；精度：1 mm；2 个
3	游标卡尺	个	3	量程不小于 150 mm；精度：0.02 mm
4	钢直尺	个	3	量程不小于 50 cm；精度：1 mm
5	直角尺	个	3	主要用于对消防软管卷盘的检查
6	电子秤	个	1	量程不小于 30 kg
7	测力计	个	1	量程：50 N～500 N；精度：±0.5%
8	强光手电	个	4	警用充电式，LED 冷光源
9	激光测距仪	个	3	量程不小于 50 m；精度：3 mm
10	数字照度计	个	3	量程不小于 2 000 Lx；精度：±5%
11	数字声级计	个	3	量程：30 dB～130 dB；精度：1.5 B
12	数字风速计	个	3	量程：0 m/s～45 m/s；精度：±3%
13	数字微压计	个	1	量程：0 Pa～3 000 Pa；精度：±3%，具有清零功能，并配有检测软管
14	数字温湿度计	个	1	用于环境温湿度检测
15	超声波流量计	个	1	测量管经范围：0～300 mm；精度：±1%
16	数字坡度仪	个	1	量程：0°±90°；精度：±0.1°
17	垂直度测定仪	个	1	量程：0～500 mm；精度：±0.2 um
18	消火栓测压接头	套	3	压力表量程：0 MPa～1.6 MPa；精度：1.6 级

序号	设备名称	单位	配备数量	备注
19	喷水末墙试水接头	套	3	压力表量程：0 MPa~0.6 MPa；精度：1.6 级
20	接地电阻测量仪	个	2	量程：0 Ω~1 000 Ω；精度：±2%
21	绝缘电阻测量仪	个	2	量程：1 MΩ~2 000 MΩ；精度：±2%
22	数字万用表	个	3	可测量交直流电压、电流、电阻、电容等
23	感烟探测器功能试验器	个	3	检测杆高度不小于 2.5 m，加配聚烟罩，内置电源线，连续工作时间不低于 2 h
24	感温探测器功能试验器	个	3	检测杆高度不小于 2.5 m，内置电源线；连续工作时间不低于 2 h
25	线型光束感烟探测器滤光片	套	1	减光值分别为 0.4 dB 和 10.0 dB 各一片；具备手持功能
26	火焰振测器功能试验器	套	1	红外线波长大于或等于 850 nm，紫外线波长小于或等于 280 nm。检测杆高度不小于 2.5 m
27	漏电电流检测仪	个	1	量程：0 A~2 A；精度：0.1 mA
28	便携式可燃气体检测仪	个	1	可检测一氧化碳、氢气、氨气、液化石油气、甲烷等可燃气体浓度
29	数字压力表	个	1	量程：0 MPa~20 MPa；精度 0.4 级；具有清零功能
30	细水雾末端试水装置	套	1	压力表量程：0 MPa~20 MPa；精度：0.4 级

注：其他常用五金工具、电工工具等，按实际需要配备。

附表 3 [源自《消防技术服务机构从业条件》(应急〔2019〕88号)]

消防安全评估设备配备要求

序号	设备名称	单位	配备数量	备注
1	计算机	套	2	满足评估业务需要
2	评估软件	套	2	满足评估业务需要〔评估需要的软件包括而不仅限于：人员疏散能力模拟分析软件、烟气流动模拟分析软件（CFD）、结构安全计算分析软件等〕
3	烟气分析仪	台	1	满足评估业务需要
4	烟密度仪	台	1	满足评估业务需要
5	辐射热通量计	台	1	满足评估业务需要

注册消防工程师管理规定

第一章　总则

第一条　为了加强对注册消防工程师的管理，规范注册消防工程师的执业行为，保障消防安全技术服务与管理质量，根据《中华人民共和国消防法》，制定本规定。

第二条　取得注册消防工程师资格证书人员的注册、执业和继续教育及其监督管理，适用本规定。

第三条　本规定所称注册消防工程师，是指取得相应级别注册消防工程师资格证书并依法注册后，从事消防设施维护保养检测、消防安全评估和消防安全管理等工作的专业技术人员。

第四条　注册消防工程师实行注册执业管理制度。注册消防工程师分为一级注册消防工程师和二级注册消防工程师。

第五条　公安部消防局对全国注册消防工程师的注册、执业和继续教育实施指导和监督管理。

县级以上地方公安机关消防机构对本行政区域内注册消防工程师的注册、执业和继续教育实施指导和监督管理。

第六条　注册消防工程师应当严格遵守有关法律、法规和国家标准、行业标准，恪守职业道德和执业准则，增强服务意识和社会责任感，不断提高专业素质和业务水平。

第七条　鼓励依托消防协会成立注册消防工程师行业协会。注册消防工程师行业协会应当依法登记和开展活动，加强行业自律管理，规范执业行为，促进行业健康发展。

注册消防工程师行业协会不得从事营利性社会消防技术服务活动，

不得通过制定行业规则或者其他方式妨碍公平竞争，损害他人利益和社会公共利益。

第二章　注册

第八条　取得注册消防工程师资格证书的人员，必须经过注册，方能以相应级别注册消防工程师的名义执业。

未经注册，不得以注册消防工程师的名义开展执业活动。

第九条　省、自治区、直辖市公安机关消防机构（以下简称省级公安机关消防机构）是一级、二级注册消防工程师的注册审批部门。

第十条　注册消防工程师的注册分为初始注册、延续注册和变更注册。

第十一条　申请注册的人员，应当同时具备以下条件：

（一）依法取得注册消防工程师资格证书；

（二）受聘于一个消防技术服务机构或者消防安全重点单位，并担任技术负责人、项目负责人或者消防安全管理人；

（三）无本规定第二十三条所列情形。

第十二条　申请注册的人员，应当通过聘用单位向单位所在地（企业工商注册地）的省级或者地市级公安机关消防机构提交注册申请材料。

申请注册的人员，拟在消防技术服务机构的分支机构所在地开展执业活动的，应当通过该分支机构向其所在地的省级或者地市级公安机关消防机构提交注册申请材料。

第十三条　公安机关消防机构收到注册申请材料后，对申请材料齐全、符合法定形式的，应当出具受理凭证；不予受理的，应当出具不予受理凭证并载明理由。对申请材料不齐全或者不符合法定形式的，应当当场或者在五日内一次告知申请人需要补正的全部内容，逾期不告知的，自收到申请材料之日起即为受理。

地市级公安机关消防机构受理注册申请后，应当在三日内将申请材料送至省级公安机关消防机构。

第十四条　省级公安机关消防机构应当自受理之日起二十日内对申请人条件和注册申请材料进行审查并作出注册决定。在规定的期限内不能作出注册决定的，经省级公安机关消防机构负责人批准，可以延长十日，并应当将延长期限的理由告知申请人。

第十五条　省级公安机关消防机构应当自作出注册决定之日起十日内颁发相应级别的注册证、执业印章，并向社会公告；对作出不予注册决定的，应当出具不予注册决定书并载明理由。

注册消防工程师的注册证、执业印章式样由公安部消防局统一制定，省级公安机关消防机构组织制作。

第十六条　注册证、执业印章的有效期为三年，自作出注册决定之日起计算。

申请人领取一级注册消防工程师注册证、执业印章时，已经取得二级注册消防工程师注册证、执业印章的，应当同时将二级注册消防工程师注册证、执业印章交回。

第十七条　申请初始注册的，应当自取得注册消防工程师资格证书之日起一年内提出。

本规定施行前已经取得注册消防工程师资格但尚未注册的，应当在本规定施行之日起一年内提出申请。

逾期未申请初始注册的，应当参加继续教育，并在达到继续教育的要求后方可申请初始注册。

第十八条　申请初始注册应当提交下列材料：

（一）初始注册申请表；

（二）申请人身份证明材料、注册消防工程师资格证书等复印件；

（三）聘用单位消防技术服务机构资质证书副本复印件或者消防安全重点单位证明材料；

（四）与聘用单位签订的劳动合同或者聘用文件复印件，社会保险证明或者人事证明复印件。

聘用单位同时申请消防技术服务机构资质的，申请人无须提供前款第三项规定的材料。

逾期申请初始注册的，还应当提交达到继续教育要求的证明材料。

第十九条　注册有效期满需继续执业的，应当在注册有效期届满三个月前，按照本规定第十二条的规定申请延续注册，并提交下列材料：

（一）延续注册申请表；

（二）原注册证、执业印章；

（三）与聘用单位签订的劳动合同或者聘用文件复印件，社会保险证明或者人事证明复印件；

（四）符合本规定第二十九条第二款规定的执业业绩证明材料；

（五）继续教育的证明材料。

第二十条　注册消防工程师在注册有效期内发生下列情形之一的，应当按照本规定第十二条的规定申请变更注册：

（一）变更聘用单位的；

（二）聘用单位名称变更的；

（三）注册消防工程师姓名变更的。

第二十一条　申请变更注册，应当提交变更注册申请表、原注册证和执业印章，以及下列变更事项证明材料：

（一）注册消防工程师变更聘用单位的，提交新聘用单位的消防技术服务机构资质证书副本复印件或者消防安全重点单位证明材料，与新聘用单位签订的劳动合同或者聘用文件复印件，社会保险证明或者人事证明复印件，与原聘用单位解除（终止）工作关系证明；

（二）注册消防工程师聘用单位名称变更的，提交变更后的单位工商营业执照等证明文件复印件；

（三）注册消防工程师姓名变更的，提交户籍信息变更材料。

变更注册后，有效期仍延续原注册有效期。原注册有效期届满在半年以内的，可以同时提出延续注册申请；准予延续的，注册有效期重新计算。

第二十二条　注册消防工程师在申请变更注册之日起，至注册审批部门准予其变更注册之前不得执业。

第二十三条　申请人有下列情形之一的，不予注册：

（一）不具有完全民事行为能力或者年龄超过七十周岁的；

（二）申请在非消防技术服务机构、非消防安全重点单位，或者两个以上消防技术服务机构、消防安全重点单位注册的；

（三）刑事处罚尚未执行完毕，或者因违法执业行为受到刑事处罚，自刑事处罚执行完毕之日起至申请注册之日止不满五年的；

（四）未达到继续教育、执业业绩要求的；

（五）因存在本规定第五十条违法行为被撤销注册，自撤销注册之日起至申请注册之日止不满三年的；

（六）因存在本规定第五十五条第二项、第五十六条、第五十七条违法执业行为之一被注销注册，自注销注册之日起至申请注册之日止不满三年的；

（七）因存在本规定第五十五条第一项、第三项违法执业行为之一被注销注册，自注销注册之日起至申请注册之日止不满一年的；

（八）因违法执业行为受到公安机关消防机构行政处罚，未履行完毕的。

第二十四条　注册消防工程师注册证、执业印章遗失的，应当及时向原注册审批部门备案。

注册消防工程师注册证或者执业印章遗失、污损需要补办、更换的，应当持聘用单位和本人共同出具的遗失说明，或者污损的原注册证、执业印章，向原注册审批部门申请补办、更换。原注册审批部门应当自受理之日起十日内办理完毕。补办、更换的注册证、执业印章有效期延续原注册有效期。

第三章　执业

第二十五条　注册证、执业印章是注册消防工程师的执业凭证，由注册消防工程师本人保管、使用。

第二十六条　一级注册消防工程师可以在全国范围内执业；二级注册消防工程师可以在注册所在省、自治区、直辖市范围内执业。

第二十七条　一级注册消防工程师的执业范围包括：

（一）消防技术咨询与消防安全评估；

（二）消防安全管理与消防技术培训；

（三）消防设施维护保养检测（含灭火器维修）；

（四）消防安全监测与检查；

（五）火灾事故技术分析；

（六）公安部或者省级公安机关规定的其他消防安全技术工作。

第二十八条　二级注册消防工程师的执业范围包括：

（一）除 100 米以上公共建筑、大型的人员密集场所、大型的危险化学品单位外的火灾高危单位消防安全评估；

（二）除 250 米以上公共建筑、大型的危险化学品单位外的消防安全管理；

（三）单体建筑面积 4 万平方米以下建筑的消防设施维护保养检测（含灭火器维修）；

（四）消防安全监测与检查；

（五）公安部或者省级公安机关规定的其他消防安全技术工作。

省级公安机关消防机构应当结合实际，根据上款规定确定本地区二级注册消防工程师的具体执业范围。

第二十九条　注册消防工程师的执业范围应当与其聘用单位业务范围和本人注册级别相符合，本人的执业范围不得超越其聘用单位的业务范围。

受聘于消防技术服务机构的注册消防工程师，每个注册有效期应当至少参与完成 3 个消防技术服务项目；受聘于消防安全重点单位的注册消防工程师，一个年度内应当至少签署 1 个消防安全技术文件。

注册消防工程师的聘用单位应当加强对本单位注册消防工程师的管理，对其执业活动依法承担法律责任。

第三十条　下列消防安全技术文件应当以注册消防工程师聘用单位的名义出具，并由担任技术负责人、项目负责人或者消防安全管理人的注册消防工程师签名，加盖执业印章：

（一）消防技术咨询、消防安全评估、火灾事故技术分析等书面结论文件；

（二）消防安全重点单位年度消防工作综合报告；

（三）消防设施维护保养检测书面结论文件；

（四）灭火器维修合格证；

（五）法律、法规规定的其他消防安全技术文件。

修改经注册消防工程师签名盖章的消防安全技术文件，应当由原注册消防工程师进行；因特殊情况，原注册消防工程师不能进行修改的，应当由其他相应级别的注册消防工程师修改，并签名、加盖执业盖章，对修改部分承担相应的法律责任。

第三十一条　注册消防工程师享有下列权利：

（一）使用注册消防工程师称谓；

（二）保管和使用注册证和执业印章；

（三）在规定的范围内开展执业活动；

（四）对违反相关法律、法规和国家标准、行业标准的行为提出劝告，拒绝签署违反国家标准、行业标准的消防安全技术文件；

（五）参加继续教育；

（六）依法维护本人的合法执业权利。

第三十二条　注册消防工程师应当履行下列义务：

（一）遵守和执行法律、法规和国家标准、行业标准；

（二）接受继续教育，不断提高消防安全技术能力；

（三）保证执业活动质量，承担相应的法律责任；

（四）保守知悉的国家秘密和聘用单位的商业、技术秘密。

第三十三条　注册消防工程师不得有下列行为：

（一）同时在两个以上消防技术服务机构，或者消防安全重点单位执业；

（二）以个人名义承接执业业务、开展执业活动；

（三）在聘用单位出具的虚假、失实消防安全技术文件上签名、加盖执业印章；

（四）变造、倒卖、出租、出借，或者以其他形式转让资格证书、注册证或者执业印章；

（五）超出本人执业范围或者聘用单位业务范围开展执业活动；

（六）不按照国家标准、行业标准开展执业活动，减少执业活动项目内容、数量，或者降低执业活动质量；

（七）违反法律、法规规定的其他行为。

第四章　继续教育

第三十四条　注册消防工程师在每个注册有效期内应当达到继续教育要求。具有注册消防工程师资格证书的非注册人员，应当持续参加继续教育，并达到继续教育要求。

第三十五条　公安部消防局统一管理全国注册消防工程师的继续教育工作，组织制定一级注册消防工程师的继续教育规划和计划。

省级公安机关消防机构负责本行政区域内一级、二级注册消防工程师继续教育的组织实施和管理，组织制定二级注册消防工程师的继续教育规划和计划。省级公安机关消防机构可以委托教育培训机构实施继续教育。

第三十六条　注册消防工程师继续教育可以按照注册级别，采取集中面授、网络教学等多种形式进行。

第三十七条　对达到继续教育要求的注册消防工程师，实施继续教育培训的机构应当出具证明材料。

第五章　监督管理

第三十八条　县级以上公安机关消防机构依照有关法律、法规和本规定，对本行政区域内注册消防工程师的执业活动实施监督管理。

注册消防工程师及其聘用单位对公安机关消防机构依法进行的监督管理应当协助与配合，不得拒绝或者阻挠。

第三十九条 省级公安机关消防机构应当制定对注册消防工程师执业活动的监督抽查计划。县级以上地方公安机关消防机构应当根据监督抽查计划，结合日常消防监督检查工作，对注册消防工程师的执业活动实施监督抽查。

公安机关消防机构对注册消防工程师的执业活动实施监督抽查时，检查人员不得少于两人，并应当表明执法身份。

第四十条 公安机关消防机构对发现的注册消防工程师违法执业行为，应当责令立即改正或者限期改正，并依法查处。

公安机关消防机构对注册消防工程师作出处理决定后，应当在作出处理决定之日起七日内将违法执业事实、处理结果或者处理建议抄告原注册审批部门。原注册审批部门收到抄告后，应当依法作出责令停止执业、注销注册或者吊销注册证等处理。

第四十一条 公安机关消防机构工作人员滥用职权、玩忽职守作出准予注册决定的，作出决定的公安机关消防机构或者其上级公安机关消防机构可以撤销注册。

第四十二条 注册消防工程师有下列情形之一的，注册审批部门应当予以注销注册，并将其注册证、执业印章收回或者公告作废：

（一）不具有完全民事行为能力或者年龄超过七十周岁的；

（二）申请注销注册或者注册有效期满超过三个月未延续注册的；

（三）被撤销注册、吊销注册证的；

（四）在一个注册有效期内有本规定第五十五条第二项、第五十六条、第五十七条所列情形一次以上，或者第五十五条第一项、第三项所列情形两次以上的；

（五）执业期间受到刑事处罚的；

（六）聘用单位破产、解散、被撤销，或者被注销消防技术服务机构资质的；

（七）与聘用单位解除（终止）工作关系超过三个月的；

（八）法律、行政法规规定的其他情形。

被注销注册的人员在具备初始注册条件后，可以重新申请初始注册。

第四十三条 公安机关消防机构实施监督检查时，有权采取下列措施：

（一）查看注册消防工程师的注册证、执业印章、签署的消防安全技术文件和社会保险证明；

（二）查阅注册消防工程师聘用单位、服务单位相关资料，询问有关事项；

（三）实地抽查注册消防工程师执业活动情况，核查执业活动质量；

（四）法律、行政法规规定的其他措施。

第四十四条 公安机关消防机构实施监督检查时，应当重点抽查下列情形：

（一）注册消防工程师聘用单位是否符合要求；

（二）注册消防工程师是否具备注册证、执业印章；

（三）是否存在违反本规定第三十条、第三十三条规定的情形。

第四十五条 公安机关消防机构对注册消防工程师执业活动中的违法行为除给予行政处罚外，实行违法行为累积记分制度。

累积记分管理的具体办法，由公安部制定。

第四十六条 注册消防工程师聘用单位应当建立本单位注册消防工程师的执业档案，并确保执业档案真实、准确、完整。

第四十七条 任何单位和个人都有权对注册消防工程师执业活动中的违法行为和公安机关消防机构及其工作人员监督管理工作中的违法行为进行举报、投诉。

公安机关消防机构接到举报、投诉后，应当及时进行核查、处理。

第六章 法律责任

第四十八条 注册消防工程师及其聘用单位违反本规定的行为，法律、法规已经规定法律责任的，依照有关规定处理。

第四十九条 隐瞒有关情况或者提供虚假材料申请注册的，公安机关消防机构不予受理或者不予许可，申请人在一年内不得再次申请注册；

聘用单位为申请人提供虚假注册申请材料的，同时对聘用单位处一万元以上三万元以下罚款。

第五十条　申请人以欺骗、贿赂等不正当手段取得注册消防工程师资格注册的，原注册审批部门应当撤销其注册，并处一万元以下罚款；申请人在三年内不得再次申请注册。

第五十一条　未经注册擅自以注册消防工程师名义执业，或者被依法注销注册后继续执业的，责令停止违法活动，处一万元以上三万元以下罚款。

第五十二条　注册消防工程师有需要变更注册的情形，未经注册审批部门准予变更注册而继续执业的，责令改正，处一千元以上一万元以下罚款。

第五十三条　注册消防工程师聘用单位出具的消防安全技术文件，未经注册消防工程师签名或者加盖执业印章的，责令改正，处一千元以上一万元以下罚款。

第五十四条　注册消防工程师未按照国家标准、行业标准开展执业活动，减少执业活动项目内容、数量，或者执业活动质量不符合国家标准、行业标准的，责令改正，处一千元以上一万元以下罚款。

第五十五条　注册消防工程师有下列行为之一的，责令改正，处一万元以上二万元以下罚款：

（一）以个人名义承接执业业务、开展执业活动的；

（二）变造、倒卖、出租、出借或者以其他形式转让资格证书、注册证、执业印章的；

（三）超出本人执业范围或者聘用单位业务范围开展执业活动的。

第五十六条　注册消防工程师同时在两个以上消防技术服务机构或者消防安全重点单位执业的，依据《社会消防技术服务管理规定》第四十七条第二款的规定处罚。

第五十七条　注册消防工程师在聘用单位出具的虚假、失实消防安全技术文件上签名或者加盖执业印章的，依据《中华人民共和国消防法》第六十九条的规定处罚。

第五十八条　本规定规定的行政处罚，除第五十条、第五十七条另有规定的外，由违法行为地的县级以上公安机关消防机构决定。

第五十九条　注册消防工程师对公安机关消防机构在注册消防工程师监督管理中作出的具体行政行为不服的，可以依法申请行政复议或者提起行政诉讼。

第六十条　公安机关消防机构工作人员有下列行为之一，尚不构成犯罪的，依法给予处分；构成犯罪的，依法追究刑事责任：

（一）超越法定职权、违反法定程序或者对不符合法定条件的申请人准予注册的；

（二）对符合法定条件的申请人不予受理、注册或者拖延办理的；

（三）利用职务上的便利，索取或者收受他人财物或者谋取不正当利益的；

（四）不依法履行监督管理职责或者发现违法行为不依法处理的。

第七章　附则

第六十一条　本规定中的"日"是指工作日，不含法定节假日；"以上""以下"包括本数、本级。

第六十二条　本规定自 2017 年 10 月 1 日起施行。

消防执法工作手册

Law Enforcement of Fire Prevention Manual

（下册）

成都市消防救援支队 编著

西南财经大学出版社
Southwestern University of Finance & Economics Press

中国·成都

执法质量是执法工作的生命线

目　录

三　规范性文件

消防安全责任制实施办法

第一章　总则

第一条　为深入贯彻《中华人民共和国消防法》《中华人民共和国安全生产法》和党中央、国务院关于安全生产及消防安全的重要决策部署，按照政府统一领导、部门依法监管、单位全面负责、公民积极参与的原则，坚持党政同责、一岗双责、齐抓共管、失职追责，进一步健全消防安全责任制，提高公共消防安全水平，预防火灾和减少火灾危害，保障人民群众生命财产安全，制定本办法。

第二条　地方各级人民政府负责本行政区域内的消防工作，政府主要负责人为第一责任人，分管负责人为主要责任人，班子其他成员对分管范围内的消防工作负领导责任。

第三条　国务院公安部门对全国的消防工作实施监督管理。县级以上地方人民政府公安机关对本行政区域内的消防工作实施监督管理。县级以上人民政府其他有关部门按照管行业必须管安全、管业务必须管安全、管生产经营必须管安全的要求，在各自职责范围内依法依规做好本行业、本系统的消防安全工作。

第四条　坚持安全自查、隐患自除、责任自负。机关、团体、企业、事业等单位是消防安全的责任主体，法定代表人、主要负责人或实际控制人是本单位、本场所消防安全责任人，对本单位、本场所消防安全全面负责。

消防安全重点单位应当确定消防安全管理人，组织实施本单位的消防安全管理工作。

第五条　坚持权责一致、依法履职、失职追责。对不履行或不按规定履行消防安全职责的单位和个人，依法依规追究责任。

第二章　地方各级人民政府消防工作职责

第六条　县级以上地方各级人民政府应当落实消防工作责任制，履行下列职责：

（一）贯彻执行国家法律法规和方针政策，以及上级党委、政府关于消防工作的部署要求，全面负责本地区消防工作，每年召开消防工作会议，研究部署本地区消防工作重大事项。每年向上级人民政府专题报告本地区消防工作情况。健全由政府主要负责人或分管负责人牵头的消防工作协调机制，推动落实消防工作责任。

（二）将消防工作纳入经济社会发展总体规划，将包括消防安全布局、消防站、消防供水、消防通信、消防车通道、消防装备等内容的消防规划纳入城乡规划，并负责组织实施，确保消防工作与经济社会发展相适应。

（三）督促所属部门和下级人民政府落实消防安全责任制，在农业收获季节、森林和草原防火期间、重大节假日和重要活动期间以及火灾多发季节，组织开展消防安全检查。推动消防科学研究和技术创新，推广使用先进消防和应急救援技术、设备。组织开展经常性的消防宣传工作。大力发展消防公益事业。采取政府购买公共服务等方式，推进消防教育培训、技术服务和物防、技防等工作。

（四）建立常态化火灾隐患排查整治机制，组织实施重大火灾隐患和区域性火灾隐患整治工作。实行重大火灾隐患挂牌督办制度。对报请挂牌督办的重大火灾隐患和停产停业整改报告，在7个工作日内作出同意或不同意的决定，并组织有关部门督促隐患单位采取措施予以整改。

（五）依法建立公安消防队和政府专职消防队。明确政府专职消防队公益属性，采取招聘、购买服务等方式招录政府专职消防队员，建设营房，配齐装备；按规定落实其工资、保险和相关福利待遇。

（六）组织领导火灾扑救和应急救援工作。组织制定灭火救援应急预案，定期组织开展演练；建立灭火救援社会联动和应急反应处置机制，落实人员、装备、经费和灭火药剂等保障，根据需要调集灭火救援所需工程机械和特殊装备。

（七）法律、法规、规章规定的其他消防工作职责。

第七条 省、自治区、直辖市人民政府除履行第六条规定的职责外，还应当履行下列职责：

（一）定期召开政府常务会议、办公会议，研究部署消防工作。

（二）针对本地区消防安全特点和实际情况，及时提请同级人大及其常委会制定、修订地方性法规，组织制定、修订政府规章、规范性文件。

（三）将消防安全的总体要求纳入城市总体规划，并严格审核。

（四）加大消防投入，保障消防事业发展所需经费。

第八条 市、县级人民政府除履行第六条规定的职责外，还应当履行下列职责：

（一）定期召开政府常务会议、办公会议，研究部署消防工作。

（二）科学编制和严格落实城乡消防规划，预留消防队站、训练设施等建设用地。加强消防水源建设，按照规定建设市政消防供水设施，制定市政消防水源管理办法，明确建设、管理维护部门和单位。

（三）在本级政府预算中安排必要的资金，保障消防站、消防供水、消防通信等公共消防设施和消防装备建设，促进消防事业发展。

（四）将消防公共服务事项纳入政府民生工程或为民办实事工程；在社会福利机构、幼儿园、托儿所、居民家庭、小旅馆、群租房以及住宿与生产、储存、经营合用的场所推广安装简易喷淋装置、独立式感烟火灾探测报警器。

（五）定期分析评估本地区消防安全形势，组织开展火灾隐患排查整治工作；对重大火灾隐患，应当组织有关部门制定整改措施，督促限期消除。

（六）加强消防宣传教育培训，有计划地建设公益性消防科普教育基地，开展消防科普教育活动。

（七）按照立法权限，针对本地区消防安全特点和实际情况，及时提请同级人大及其常委会制定、修订地方性法规，组织制定、修订地方政府规章、规范性文件。

第九条　乡镇人民政府消防工作职责：

（一）建立消防安全组织，明确专人负责消防工作，制定消防安全制度，落实消防安全措施。

（二）安排必要的资金，用于公共消防设施建设和业务经费支出。

（三）将消防安全内容纳入镇总体规划、乡规划，并严格组织实施。

（四）根据当地经济发展和消防工作的需要建立专职消防队、志愿消防队，承担火灾扑救、应急救援等职能，并开展消防宣传、防火巡查、隐患查改。

（五）因地制宜落实消防安全"网格化"管理的措施和要求，加强消防宣传和应急疏散演练。

（六）部署消防安全整治，组织开展消防安全检查，督促整改火灾隐患。

（七）指导村（居）民委员会开展群众性的消防工作，确定消防安全管理人，制定防火安全公约，根据需要建立志愿消防队或微型消防站，开展防火安全检查、消防宣传教育和应急疏散演练，提高城乡消防安全水平。

街道办事处应当履行前款第（一）、（四）、（五）、（六）、（七）项职责，并保障消防工作经费。

第十条　开发区管理机构、工业园区管理机构等地方人民政府的派出机关，负责管理区域内的消防工作，按照本办法履行同级别人民政府的消防工作职责。

第十一条　地方各级人民政府主要负责人应当组织实施消防法律法规、方针政策和上级部署要求，定期研究部署消防工作，协调解决本行政区域内的重大消防安全问题。

地方各级人民政府分管消防安全的负责人应当协助主要负责人，综合协调本行政区域内的消防工作，督促检查各有关部门、下级政府落实消防工作的情况。班子其他成员要定期研究部署分管领域的消防工作，组织工作督查，推动分管领域火灾隐患排查整治。

第三章　县级以上人民政府工作部门消防安全职责

第十二条　县级以上人民政府工作部门应当按照谁主管、谁负责的原则，在各自职责范围内履行下列职责：

（一）根据本行业、本系统业务工作特点，在行业安全生产法规政策、规划计划和应急预案中纳入消防安全内容，提高消防安全管理水平。

（二）依法督促本行业、本系统相关单位落实消防安全责任制，建立消防安全管理制度，确定专（兼）职消防安全管理人员，落实消防工作经费；开展针对性消防安全检查治理，消除火灾隐患；加强消防宣传教育培训，每年组织应急演练，提高行业从业人员消防安全意识。

（三）法律、法规和规章规定的其他消防安全职责。

第十三条　具有行政审批职能的部门，对审批事项中涉及消防安全的法定条件要依法严格审批，凡不符合法定条件的，不得核发相关许可证照或批准开办。对已经依法取得批准的单位，不再具备消防安全条件的应当依法予以处理。

（一）公安机关负责对消防工作实施监督管理，指导、督促机关、团体、企业、事业等单位履行消防工作职责。依法实施建设工程消防设计审核、消防验收，开展消防监督检查，组织针对性消防安全专项治理，实施消防行政处罚。组织和指挥火灾现场扑救，承担或参加重大灾害事故和其他以抢救人员生命为主的应急救援工作。依法组织或参与火灾事故调查处理工作，办理失火罪和消防责任事故罪案件。组织开展消防宣传教育培训和应急疏散演练。

（二）教育部门负责学校、幼儿园管理中的行业消防安全。指导学校消防安全教育宣传工作，将消防安全教育纳入学校安全教育活动统筹安排。

（三）民政部门负责社会福利、特困人员供养、救助管理、未成年人保护、婚姻、殡葬、救灾物资储备、烈士纪念、军休军供、优抚医院、光荣院、养老机构等民政服务机构审批或管理中的行业消防安全。

（四）人力资源社会保障部门负责职业培训机构、技工院校审批或管理中的行业消防安全。做好政府专职消防队员、企业专职消防队员依法参加工伤保险工作。将消防法律法规和消防知识纳入公务员培训、职业培训内容。

（五）城乡规划管理部门依据城乡规划配合制定消防设施布局专项规划，依据规划预留消防站规划用地，并负责监督实施。

（六）住房城乡建设部门负责依法督促建设工程责任单位加强对房屋建筑和市政基础设施工程建设的安全管理，在组织制定工程建设规范以及推广新技术、新材料、新工艺时，应充分考虑消防安全因素，满足有关消防安全性能及要求。

（七）交通运输部门负责在客运车站、港口、码头及交通工具管理中依法督促有关单位落实消防安全主体责任和有关消防工作制度。

（八）文化部门负责文化娱乐场所审批或管理中的行业消防安全工作，指导、监督公共图书馆、文化馆（站）、剧院等文化单位履行消防安全职责。

（九）卫生计生部门负责医疗卫生机构、计划生育技术服务机构审批或管理中的行业消防安全。

（十）工商行政管理部门负责依法对流通领域消防产品质量实施监督管理，查处流通领域消防产品质量违法行为。

（十一）质量技术监督部门负责依法督促特种设备生产单位加强特种设备生产过程中的消防安全管理，在组织制定特种设备产品及使用标准时，应充分考虑消防安全因素，满足有关消防安全性能及要求，积极推广消防新技术在特种设备产品中的应用。按照职责分工对消防产品质量实施监督管理，依法查处消防产品质量违法行为。做好消防安全相关标准制修订工作，负责消防相关产品质量认证监督管理工作。

（十二）新闻出版广电部门负责指导新闻出版广播影视机构消防安全管理，协助监督管理印刷业、网络视听节目服务机构消防安全。督促新闻媒体发布针对性消防安全提示，面向社会开展消防宣传教育。

（十三）安全生产监督管理部门要严格依法实施有关行政审批，凡不符合法定条件的，不得核发有关安全生产许可。

第十四条　具有行政管理或公共服务职能的部门，应当结合本部门职责为消防工作提供支持和保障。

（一）发展改革部门应当将消防工作纳入国民经济和社会发展中长期规划。地方发展改革部门应当将公共消防设施建设列入地方固定资产投资计划。

（二）科技部门负责将消防科技进步纳入科技发展规划和中央财政科技计划（专项、基金等）并组织实施。组织指导消防安全重大科技攻关、基础研究和应用研究，会同有关部门推动消防科研成果转化应用。将消防知识纳入科普教育内容。

（三）工业和信息化部门负责指导督促通信业、通信设施建设以及民用爆炸物品生产、销售的消防安全管理。依据职责负责危险化学品生产、储存的行业规划和布局。将消防产业纳入应急产业同规划、同部署、同发展。

（四）司法行政部门负责指导监督监狱系统、司法行政系统强制隔离戒毒场所的消防安全管理。将消防法律法规纳入普法教育内容。

（五）财政部门负责按规定对消防资金进行预算管理。

（六）商务部门负责指导、督促商贸行业的消防安全管理工作。

（七）房地产管理部门负责指导、督促物业服务企业按照合同约定做好住宅小区共用消防设施的维护管理工作，并指导业主依照有关规定使用住宅专项维修资金对住宅小区共用消防设施进行维修、更新、改造。

（八）电力管理部门依法对电力企业和用户执行电力法律、行政法规的情况进行监督检查，督促企业严格遵守国家消防技术标准，落实企业主体责任。推广采用先进的火灾防范技术设施，引导用户规范用电。

（九）燃气管理部门负责加强城镇燃气安全监督管理工作，督促燃气经营者指导用户安全用气并对燃气设施定期进行安全检查、排除隐患，会同有关部门制定燃气安全事故应急预案，依法查处燃气经营者和燃气用户等各方主体的燃气违法行为。

（十）人防部门负责对人民防空工程的维护管理进行监督检查。

（十一）文物部门负责文物保护单位、世界文化遗产和博物馆的行业消防安全管理。

（十二）体育、宗教事务、粮食等部门负责加强体育类场馆、宗教活动场所、储备粮储存环节等消防安全管理，指导开展消防安全标准化管理。

（十三）银行、证券、保险等金融监管机构负责督促银行业金融机构、证券业机构、保险机构及服务网点、派出机构落实消防安全管理。保险监管机构负责指导保险公司开展火灾公众责任保险业务，鼓励保险机构发挥火灾风险评估管控和火灾事故预防功能。

（十四）农业、水利、交通运输等部门应当将消防水源、消防车通道等公共消防设施纳入相关基础设施建设工程。

（十五）互联网信息、通信管理等部门应当指导网站、移动互联网媒体等开展公益性消防安全宣传。

（十六）气象、水利、地震部门应当及时将重大灾害事故预警信息通报公安消防部门。

（十七）负责公共消防设施维护管理的单位应当保持消防供水、消防通信、消防车通道等公共消防设施的完好有效。

第四章　单位消防安全职责

第十五条　机关、团体、企业、事业等单位应当落实消防安全主体责任，履行下列职责：

（一）明确各级、各岗位消防安全责任人及其职责，制定本单位的消防安全制度、消防安全操作规程、灭火和应急疏散预案。定期组织开展灭火和应急疏散演练，进行消防工作检查考核，保证各项规章制度落实。

（二）保证防火检查巡查、消防设施器材维护保养、建筑消防设施检测、火灾隐患整改、专职或志愿消防队和微型消防站建设等消防工作所需资金的投入。生产经营单位安全费用应当保证适当比例用于消防工作。

（三）按照相关标准配备消防设施、器材，设置消防安全标志，定期检验维修，对建筑消防设施每年至少进行一次全面检测，确保完好有效。设有消防控制室的，实行 24 小时值班制度，每班不少于 2 人，并持证上岗。

（四）保障疏散通道、安全出口、消防车通道畅通，保证防火防烟分区、防火间距符合消防技术标准。人员密集场所的门窗不得设置影响逃生和灭火救援的障碍物。保证建筑构件、建筑材料和室内装修装饰材料等符合消防技术标准。

（五）定期开展防火检查、巡查，及时消除火灾隐患。

（六）根据需要建立专职或志愿消防队、微型消防站，加强队伍建设，定期组织训练演练，加强消防装备配备和灭火药剂储备，建立与公安消防队联勤联动机制，提高扑救初起火灾能力。

（七）消防法律、法规、规章以及政策文件规定的其他职责。

第十六条　消防安全重点单位除履行第十五条规定的职责外，还应当履行下列职责：

（一）明确承担消防安全管理工作的机构和消防安全管理人并报知当地公安消防部门，组织实施本单位消防安全管理。消防安全管理人应当经过消防培训。

（二）建立消防档案，确定消防安全重点部位，设置防火标志，实行严格管理。

（三）安装、使用电器产品、燃气用具和敷设电气线路、管线必须符合相关标准和用电、用气安全管理规定，并定期维护保养、检测。

（四）组织员工进行岗前消防安全培训，定期组织消防安全培训和疏散演练。

（五）根据需要建立微型消防站，积极参与消防安全区域联防联控，提高自防自救能力。

（六）积极应用消防远程监控、电气火灾监测、物联网技术等技防物防措施。

第十七条　对容易造成群死群伤火灾的人员密集场所、易燃易爆单位和高层、地下公共建筑等火灾高危单位，除履行第十五条、第十六条规定的职责外，还应当履行下列职责：

（一）定期召开消防安全工作例会，研究本单位消防工作，处理涉及消防经费投入、消防设施设备购置、火灾隐患整改等重大问题。

（二）鼓励消防安全管理人取得注册消防工程师执业资格，消防安全责任人和特有工种人员须经消防安全培训；自动消防设施操作人员应取得建（构）筑物消防员资格证书。

（三）专职消防队或微型消防站应当根据本单位火灾危险特性配备相应的消防装备器材，储备足够的灭火救援药剂和物资，定期组织消防业务学习和灭火技能训练。

（四）按照国家标准配备应急逃生设施设备和疏散引导器材。

（五）建立消防安全评估制度，由具有资质的机构定期开展评估，评估结果向社会公开。

（六）参加火灾公众责任保险。

第十八条　同一建筑物由两个以上单位管理或使用的，应当明确各方的消防安全责任，并确定责任人对共用的疏散通道、安全出口、建筑消防设施和消防车通道进行统一管理。

物业服务企业应当按照合同约定提供消防安全防范服务，对管理区域内的共用消防设施和疏散通道、安全出口、消防车通道进行维护管理，及时劝阻和制止占用、堵塞、封闭疏散通道、安全出口、消防车通道等行为，劝阻和制止无效的，立即向公安机关等主管部门报告。定期开展防火检查巡查和消防宣传教育。

第十九条　石化、轻工等行业组织应当加强行业消防安全自律管理，推动本行业消防工作，引导行业单位落实消防安全主体责任。

第二十条　消防设施检测、维护保养和消防安全评估、咨询、监测等消防技术服务机构和执业人员应当依法获得相应的资质、资格，依法依规提供消防安全技术服务，并对服务质量负责。

第二十一条　建设工程的建设、设计、施工和监理等单位应当遵守消防法律、法规、规章和工程建设消防技术标准，在工程设计使用年限内对工程的消防设计、施工质量承担终身责任。

第五章　责任落实

第二十二条　国务院每年组织对省级人民政府消防工作完成情况进行考核，考核结果交由中央干部主管部门，作为对各省级人民政府主要负责人和领导班子综合考核评价的重要依据。

第二十三条　地方各级人民政府应当建立健全消防工作考核评价体系，明确消防工作目标责任，纳入日常检查、政务督查的重要内容，组织年度消防工作考核，确保消防安全责任落实。加强消防工作考核结果运用，建立与主要负责人、分管负责人和直接责任人履职评定、奖励惩处相挂钩的制度。

第二十四条　地方各级消防安全委员会、消防安全联席会议等消防工作协调机制应当定期召开成员单位会议，分析研判消防安全形势，协调指导消防工作开展，督促解决消防工作重大问题。

第二十五条　各有关部门应当建立单位消防安全信用记录，纳入全国信用信息共享平台，作为信用评价、项目核准、用地审批、金融扶持、财政奖补等方面的参考依据。

第二十六条　公安机关及其工作人员履行法定消防工作职责时，应当做到公正、严格、文明、高效。

公安机关及其工作人员进行消防设计审核、消防验收和消防安全检查等，不得收取费用，不得谋取利益，不得利用职务指定或者变相指定消防产品的品牌、销售单位或者消防技术服务机构、消防设施施工单位。

国务院公安部门要加强对各地公安机关及其工作人员进行消防设计审核、消防验收和消防安全检查等行为的监督管理。

第二十七条　地方各级人民政府和有关部门不依法履行职责，在涉及消防安全行政审批、公共消防设施建设、重大火灾隐患整改、消防力量发展等方面工作不力、失职渎职的，依法依规追究有关人员的责任，涉嫌犯罪的，移送司法机关处理。

第二十八条　因消防安全责任不落实发生一般及以上火灾事故的，依法依规追究单位直接责任人、法定代表人、主要负责人或实际控制人的责任，对履行职责不力、失职渎职的政府及有关部门负责人和工作人员实行问责，涉嫌犯罪的，移送司法机关处理。

发生造成人员死亡或产生社会影响的一般火灾事故的，由事故发生地县级人民政府负责组织调查处理；发生较大火灾事故的，由事故发生地设区的市级人民政府负责组织调查处理；发生重大火灾事故的，由事故发生地省级人民政府负责组织调查处理；发生特别重大火灾事故的，由国务院或国务院授权有关部门负责组织调查处理。

第六章　附则

第二十九条　具有固定生产经营场所的个体工商户，参照本办法履行单位消防安全职责。

第三十条　微型消防站是单位、社区组建的有人员、有装备，具备扑救初起火灾能力的志愿消防队。具体标准由公安消防部门确定。

第三十一条　本办法自印发之日起施行。地方各级人民政府、国务院有关部门等可结合实际制定具体实施办法。

消防救援机构办理行政案件程序规定

目录

第一章　总则

第一条　为了规范消防救援机构办理行政案件程序，保障消防救援机构在办理行政案件中正确履行职责，促进严格规范公正文明执法，保护公民、法人或者其他组织的合法权益，根据《中华人民共和国行政处罚法》《中华人民共和国行政强制法》《中华人民共和国消防法》等法律法规，结合消防执法工作实际，制定本规定。

第二条　本规定所称行政案件，是指消防救援机构依照法律、法规、规章的规定对消防安全违法行为实施行政处罚以及行政强制执行的案件。

　　消防行政许可、消防监督检查、消防产品监督检查、行政强制措施、火灾事故调查中有关管辖、回避、期间、送达、调查取证等一般性程序参照本规定执行。法律、法规、规章另有规定的，从其规定。

第三条　本规定所称执法人员是指具有消防行政执法资格的消防救援机构在编在职工作人员。

第四条　办理行政案件应当以事实为依据，遵循合法、公正、公开、及时的原则，尊重和保障人权，保护公民的人格尊严。

第五条　办理行政案件应当坚持处罚与教育相结合，教育公民、法人或者其他组织自觉守法。

　　办理行政案件，在少数民族聚居或者多民族共同居住的地区，应当使用当地通用的语言进行询问。对不通晓当地通用语言文字的当事人，应当为其提供翻译。

第六条 消防救援机构及其执法人员对办理行政案件过程中知悉的国家秘密、商业秘密或者个人隐私，应当依法予以保密。

第七条 本规定所称的行政处罚种类包括：

（一）警告；

（二）罚款；

（三）没收违法所得；

（四）责令停产停业、责令停止使用；

（五）责令停止执业、吊销资格；

（六）法律、行政法规规定的其他行政处罚。

第八条 消防救援机构执法人员在办案中玩忽职守、徇私舞弊、滥用职权、索取或者收受他人财物的，依法给予处分；构成犯罪的，依法追究刑事责任。

第九条 消防救援机构依照法律、法规、规章在法定权限内书面委托实施行政处罚的组织在办理行政案件时，适用本规定。

法律、法规授权的履行消防监督管理职能的组织，以及按照国家综合行政执法制度相对集中行使包括消防在内的行政处罚权的组织，在办理行政案件时，可以参照本规定。

第十条 消防救援机构在实施行政处罚、行政强制时，执法人员不得少于两人。法律另有规定的除外。

第十一条 执法人员在调查或者进行检查时，应当主动向当事人或者有关人员出示执法证件。

第十二条 消防救援机构在办理行政案件时，应当按照规定执行行政执法公示、执法全过程记录、重大执法决定法制审核制度。公开的行政处罚决定被依法变更、撤销、确认违法或者确认无效的，应当在三日内撤回行政处罚决定信息并公开说明理由。

第十三条 消防救援机构应当加强执法信息化建设，提高执法效率和规范化水平。

第二章　一般规定

第一节　管辖

第十四条　行政案件由违法行为发生地的消防救援机构管辖。违法行为有连续、持续或者继续状态的，违法行为连续、持续或者继续实施的地方都属于违法行为发生地。

第十五条　行政案件由直辖市、市（地区、州、盟）、县（市辖区、县级市、旗）消防救援机构按照法律、行政法规、部门规章规定和管辖分工办理。

第十六条　两个以上消防救援机构都有权管辖的行政案件，由最先立案的消防救援机构管辖。必要时，可以由主要违法行为发生地消防救援机构管辖。

第十七条　对管辖发生争议的，应当协商解决，协商不成的，报请共同的上一级消防救援机构指定管辖；也可以直接由共同的上一级消防救援机构指定管辖。

对于重大、复杂的案件，上级消防救援机构可以直接办理或者指定管辖。

上级消防救援机构直接办理或者指定管辖的，应当通知被指定管辖的消防救援机构和其他有关的消防救援机构。

原办理案件的消防救援机构自收到上级消防救援机构通知之日起不再行使管辖权，并在二日内将案卷材料移送直接办理的上级消防救援机构或者被指定管辖的消防救援机构，及时通知当事人。

第二节　回避

第十八条　消防救援机构负责人、执法人员有下列情形之一的，应当主动提出回避申请，当事人及其法定代理人有权对其提出回避申请：

（一）是本案当事人近亲属的；

（二）本人或者其近亲属与本案有直接利害关系的；

（三）与本案有其他关系，可能影响案件公正处理的。

第十九条 执法人员的回避，由其所属的消防救援机构负责人决定；消防救援机构负责人的回避，由上一级消防救援机构负责人决定。

第二十条 当事人及其法定代理人要求消防救援机构负责人、执法人员回避的，应当以书面或者口头形式提出申请，并说明理由；口头提出申请的，消防救援机构应当记录在案。

消防救援机构应当在收到申请之日起二日内作出决定并通知申请人。

第二十一条 消防救援机构负责人、执法人员具有应当回避的情形，本人没有申请回避，当事人及其法定代理人也没有申请其回避的，有权决定其回避的消防救援机构可以指令其回避。

第二十二条 在行政案件调查过程中，鉴定人、翻译人员需要回避的，适用本章的规定。

鉴定人、翻译人员的回避，由指派或者聘请的消防救援机构决定。

第二十三条 在消防救援机构作出回避决定前，执法人员不得停止对行政案件的调查。

作出回避决定后，被决定回避的消防救援机构负责人、执法人员不得再参与该行政案件的调查、审核和审批工作。

第二十四条 被决定回避的消防救援机构负责人、执法人员、鉴定人和翻译人员，在回避决定作出前所进行的与案件有关的活动是否有效，由作出回避决定的消防救援机构根据是否影响案件依法公正处理等情况决定。

第三节 时效、期间和送达

第二十五条 违法行为在二年内未被发现的，不再给予行政处罚；涉及公民生命健康安全、金融安全且有危害后果的，上述期限延长至五年。法律另有规定的除外。

前款规定的期限，从违法行为发生之日起计算；违法行为有连续或者继续状态的，从行为终了之日起计算。

第二十六条 期间以时、日、月、年计算，期间开始之时或者日不计算在内。法律文书送达的期间不包括在途时间。期间的最后一日是节假日的，以节假日后的第一日为期满日期。

第二十七条　消防救援机构依照简易程序作出当场行政处罚决定的，应当将决定书当场交付当事人，并由当事人在决定书上签名或者捺指印；当事人拒绝签收的，由执法人员在行政处罚决定书上注明。

除简易程序外的其他行政处罚决定，应当在作出决定的七日内将决定书送达当事人。

强制执行决定，应当自决定之日起三日内送达当事人。

法律、法规、规章对法律文书送达期间有专门规定的，按照有关规定执行。

第二十八条　送达法律文书应当首先采取直接送达方式，当场交付受送达人，由受送达人在附卷的法律文书或者送达回证上注明收到日期，并签名、捺指印或者盖章，受送达人的签收日期为送达日期。

受送达人是公民且本人不在场的，交其同住并具有行为能力的成年家属签收；受送达人是法人或者其他组织的，应当由法人的法定代表人、该组织的主要负责人或者办公室、收发室、值班室等负责收件的人员签收或者盖章；当事人指定代收人的，交代收人签收。

受送达人的同住成年家属，法人或者其他组织负责收件的人员或者代收人在附卷法律文书上签收的日期为送达日期。

第二十九条　受送达人拒绝接收的，消防救援机构可以邀请受送达人住所地的居民委员会、村民委员会等基层组织的工作人员或者受送达人所在单位的工作人员作见证人，说明情况，在送达回证上注明拒收事由和日期，由执法人员、见证人签名或者盖章，将法律文书留在受送达人的住所；也可以把法律文书留在受送达人的住所，并采取拍照、录像等方式记录送达过程，即视为送达。

第三十条　直接送达有困难的，消防救援机构可以邮寄送达或者委托其他消防救援机构代为送达。

邮寄送达的，以回执上注明的收件日期为送达日期。法律文书在期满前交邮的，不算过期。

委托送达的，受委托的消防救援机构按照直接送达或者留置送达方式送达法律文书，并及时将送达回证交回委托的消防救援机构。

第三十一条　经受送达人同意，消防救援机构可以采用传真、电子邮件、移动通信、互联网通信工具等能够确认其即时收悉的特定系统，电子送达法律文书，但法律法规规定不能电子送达的除外。受送达人同意采用电子送达的，应当在电子送达地址确认书中予以确认。

采取电子送达方式送达的，以系统显示发送成功的日期为送达日期，但受送达人证明到达其确认的特定系统的日期与消防救援机构系统显示发送成功的日期不一致的，以受送达人证明到达其特定系统的日期为准。

第三十二条　受送达人下落不明或者用上述方式无法送达的，消防救援机构采取公告方式送达，说明公告送达的原因，并在案卷中记明原因和经过。公告送达的范围和方式应当便于公民知晓，可以在受送达人住所地张贴公告，也可以在报纸、消防救援机构门户网站、信息网络等媒体上刊登公告，发出公告日期以最后张贴或者刊登的日期为准，经过六十日公告期满，即视为送达。在受送达人住所地张贴公告的，应当采取拍照、录像等方式记录张贴过程。

法律、法规、规章对公告送达的期限有专门规定的，按照有关规定执行。

第三章　调查取证

第一节　基本要求

第三十三条　消防救援机构办理行政案件进行调查时，应当全面、客观、公正地收集、调取证据材料，并依法予以审查、核实。

第三十四条　需要调查的案件事实包括：

（一）当事人的基本情况；

（二）违法行为是否存在；

（三）违法行为是否为当事人实施；

（四）实施违法行为的时间、地点、手段、后果以及其他情节；

（五）当事人有无法定从重、从轻、减轻以及不予行政处罚的情形；

（六）与案件有关的其他事实。

第三十五条　需要向有关单位和个人调取证据的，经消防救援机构负责人批准，开具调取证据通知书，明确调取的证据和提供时限，并依法制作清单。

被调取人应当在通知书上盖章或者签名（捺指印），被调取人拒绝的，消防救援机构应当注明。必要时，消防救援机构应当采用录音、录像等方式固定证据内容及取证过程。

第三十六条　可以用于证明案件事实的材料，都是证据。消防救援机构办理行政案件的证据包括：

（一）书证；

（二）物证；

（三）视听资料；

（四）电子数据；

（五）证人证言；

（六）当事人陈述和申辩；

（七）鉴定意见；

（八）勘验笔录、检查笔录、现场笔录。

证据必须经查证属实，方可作为认定案件事实的根据。

第三十七条　书证应当符合下列要求：

（一）书证应当为原件。收集原件确有困难的，可以收集与原件核对无误的复制件、影印件或者抄录件；

（二）证明同一内容的多页书证的复制件、影印件、抄录件，应当由持有人加盖骑缝章或者逐页签名或者捺指印，并注明总页数；

（三）取得书证原件的节录本的，应当保持文件内容的完整性，注明出处和节录地点、日期，并有节录人的签名或者捺指印；

（四）书证的复制件、影印件或者抄录件，应当注明出具时间、证据来源，经核对无异后标明"经核对与原件一致"，并由被调查对象或者证据提供人签名、捺指印或者盖章；

（五）有关部门出具的证明材料作为证据的，证明材料上应当加盖出具部门的印章并注明日期；

（六）当事人或者证据提供人拒绝在证据复制件、各式笔录及其他需要其确认的证据材料上签名或者盖章的，应当采用拍照、录像等方式记录，在相关证据材料上注明拒绝情况和日期，由执法人员签名或者盖章。

书证有更改不能作出合理解释的，或者书证的副本、复制件不能反映书证原件及其内容的，不能作为证据使用。

其他部门收集并移交消防救援机构的证人证言、当事人陈述和申辩等言词证据，按照书证的有关要求执行。

第三十八条　物证应当符合下列要求：

（一）物证应当为原物。在原物不便搬运、不易保存或者依法应当由有关部门保管、处理或者依法应当返还时，可以拍摄或者制作足以反映原物外形或者内容的照片、录像，经与原物核实无误或者经鉴定证明为真实的，可以作为证据使用；

（二）原物为数量较多的种类物，可以收集其中的一部分，也可以采用拍照、抽样等方式收集。拍照取证的，应当对物证的现场方位、全貌以及重点部位特征等进行拍照或者录像；抽样取证的，应当通知当事人到场，当事人拒不到场或者暂时难以确定当事人的，可以由在场的无利害关系人见证；

（三）收集物证，应当载明获取该物证的时间、原物存放地点、发现地点等要素，并对现场尽可能以拍照、录像等方式予以同步记录；

（四）拍摄物证的照片或者录像应当存入案卷。

第三十九条　视听资料应当符合下列要求：

（一）应为视听资料的原始载体；

（二）注明制作的时间和方法、制作人、证明对象等；

（三）声音资料还应当附有该声音内容的文字记录。

收集视听资料原始载体确有困难的，可以收集与原件核对无误的复制件。视听资料的复制件，应当注明制作过程、制作时间等，并由执法人员、制作人、原件持有人签名或者盖章。持有人无法或者拒绝签名的，应当注明情况。

第四十条　电子数据应当符合下列要求：

（一）应为电子数据的原始载体；

（二）注明制作时间和方法、制作人、证明对象等；

（三）收集原始载体确有困难的，可以采用拷贝复制、打印、拍照、录像等方式提取或者固定电子数据。

提取电子数据应当制作笔录，载明有关原因、制作过程和方法、制作时间等情况，并附电子数据清单，由执法人员、制作人、电子数据持有人签名。持有人无法或者拒绝签名的，应当注明情况。

消防救援机构可以利用互联网信息系统或者电子技术设备收集、固定消防安全违法行为证据。用来收集、固定消防安全违法行为证据的互联网信息系统或者电子技术设备应当符合相关规定，保证所收集、固定电子数据的真实性、完整性。

第四十一条　证人证言应当符合下列要求：

（一）载明证人的姓名、年龄、性别、身份证件种类及号码、职业、住址等基本情况；

（二）证人应当逐页签名或者捺指印；

（三）注明出具日期；

（四）附有居民身份证复印件等证明证人身份的文件。证人口头陈述的，执法人员应当制作询问笔录。

第四十二条　当事人陈述和申辩应当符合下列要求：

（一）口头主张的，执法人员应当在询问笔录或者行政处罚告知笔录中记录；

（二）自行提供书面材料的，当事人应当在其提供书面材料的结尾处签名、捺指印或者盖章，对打印的书面材料应当逐页签名、捺指印或者盖章，并附有居民身份证复印件等证明当事人身份的文件；执法人员收到书面材料后，应当在首页写明收到日期，并签名。

第四十三条　鉴定意见应当符合下列要求：

（一）载明委托人和委托鉴定的事项，提交鉴定的相关材料；

（二）载明鉴定的依据和使用的科学技术手段，结论性意见；

（三）有鉴定人的签名，鉴定机构的盖章，载明鉴定时间；

（四）通过分析获得的鉴定意见，应当说明分析过程；

（五）附鉴定机构和鉴定人的资质证明或者其他证明文件。多人参加鉴定，对鉴定意见有不同意见的，应当注明。

第四十四条 勘验笔录应当符合下列要求：

（一）载明勘验时间，现场地点，勘验人员，气象条件，现场保护情况等；

（二）客观记录现场方位、建筑结构和周围环境，现场勘验情况，有关的痕迹和物品的情况，尸体的位置、特征和数量等；

（三）载明提取痕迹、物品情况，制图和照相的情况；

（四）由勘验人员、当事人或者见证人签名。当事人、见证人拒绝签名或者无法签名的，应当在现场勘验笔录上注明。现场图应当由制图人、审核人签名。

第四十五条 检查笔录应当符合下列要求：

（一）载明检查的时间、地点；

（二）客观记录检查情况；

（三）由执法人员、当事人或者见证人签名。当事人拒绝或者不能签名的，应当在笔录中注明原因。

检查中提取物证、书证的，应当在检查笔录中反映其名称、特征、数量、来源及处理情况，并依法制作清单。

进行多次检查的，应当在制作首次检查笔录后，逐次制作补充检查笔录。

第四十六条 现场笔录应当符合下列要求：

（一）载明事件发生的时间和地点，执法人员、当事人或者见证人的基本情况；

（二）客观记录执法人员现场工作的事由和目的、过程和结果等情况；

（三）由执法人员、当事人或者见证人签名。当事人拒绝或者不能签名的，应当在笔录中注明原因。

实施行政强制措施时制作现场笔录的，还应当记录执法人员告知当事人采取行政强制措施的理由、依据以及当事人依法享有的权利、救济途径，并听取其陈述和申辩的情况。

第四十七条　立案前核查或者监督检查过程中依法取得的证据材料，可以作为案件的证据。

对于移送的案件，移送机关依职权调查收集的证据材料，可以作为案件的证据。

第二节　询问

第四十八条　执法人员在调查时，可以询问当事人及其他有关人员。执法人员不得少于两人，并应当向当事人或者有关人员出示执法证件。询问应当个别进行，并制作笔录。

第四十九条　询问当事人，可以在现场、到其住所或者单位进行，也可以书面、电话或者当场通知其到消防救援机构或者其他指定地点进行。当事人是单位的，应当依法对其直接负责的主管人员和其他直接责任人员进行询问。

询问其他人员，可以在现场进行，也可以到其单位、学校、住所、居住地居（村）民委员会或者其提出的地点进行。必要时，也可以书面、电话或者当场通知其到消防救援机构提供证言。

第五十条　首次询问时，应当问明被询问人的姓名、出生日期、户籍所在地、现住址、身份证件种类及号码，对违法嫌疑人还应当询问是否受过消防行政处罚；必要时，还可以载明其家庭主要成员、工作单位、文化程度、民族等情况。

被询问人为外国人的，首次询问时还应当问明其国籍、出入境证件种类及号码、签证种类等情况；必要时，还可以载明其在华关系人、入境时间、入境事由等情况。

第五十一条　询问时，应当采取制作权利义务告知书方式或者直接在询问笔录中以问答的方式，告知被询问人必须如实提供证据、证言和故意作伪证或者隐匿证据应负的法律责任，对与本案无关的问题有拒绝回答的权利。

询问当事人时，应当听取当事人的陈述和申辩。对当事人的陈述和申辩，应当核查。

被询问人请求自行提供书面材料的，应当准许。必要时，执法人员可以要求当事人和其他有关人员自行书写。

第五十二条　询问未成年人时，应当通知其父母或者其他监护人到场，其父母或者其他监护人不能到场的，也可以通知未成年人的其他成年亲属，所在学校、单位、居住地基层组织或者未成年人保护组织的代表到场，并将有关情况记录在案。确实无法通知或者通知后未到场的，应当在询问笔录中注明。

第五十三条　询问聋哑人时，应当有通晓手语的人提供帮助，并在询问笔录中注明被询问人的聋哑情况以及翻译人员的姓名、住址、工作单位和联系方式。

对不通晓当地通用的语言文字的被询问人，应当为其配备翻译人员，并在询问笔录中注明翻译人员的姓名、住址、工作单位和联系方式。

询问精神病人、智力残疾人或者有其他交流障碍的人员时，应当在被询问人的成年亲属或者监护人见证下进行询问，并在询问笔录中注明。

第五十四条　询问笔录应当如实地记录询问过程和询问内容，对询问人提出的问题，被询问人拒绝回答的，应当注明。

询问笔录应当交被询问人核对，对阅读有困难的，应当向其宣读。记录有误或者遗漏的，应当允许被询问人更正或者补充，修改和补充部分应当由被询问人捺指印。

被询问人确认执法人员制作的笔录无误的，应当在询问笔录上逐页签名或者捺指印。被询问人确认自行书写的笔录无误的，应当在结尾处签名或者捺指印。拒绝签名或者捺指印的，执法人员应当在询问笔录中注明。

执法人员应当在询问笔录上签名，翻译人员应当在询问笔录的结尾处签名。

第三节　抽样取证

第五十五条　执法人员实施抽样取证时，应符合以下要求：

（一）采用随机的方式，抽取样品的数量以能够认定本品的品质特征为限；

（二）有被抽样物品的持有人或者见证人在场，并查点清楚，制作抽样单；

（三）对抽样取证的现场、被抽样物品及被抽取的样品进行拍照或者对抽样过程进行录像。

第五十六条　消防救援机构对抽取的样品，应当及时进行检验。检验结果应当及时告知当事人。

对抽样取证检验结果有异议的，可以按照有关规定进行复检。对抽取的样品，经检验不属于证据的，应当及时返还；样品

因检验造成破坏或者损耗而无法退还的，应当向被检查人说明情况。

第四节　先行登记保存

第五十七条　证据可能灭失或者以后难以取得的，经消防救援机构负责人批准，可以依法先行登记保存。

第五十八条　先行登记保存有关证据，应当当场清点，制作先行登记保存清单，由当事人和执法人员签名或者盖章，当场交当事人一份，并当场交付先行登记保存决定书。必要时，应当对采取证据保全措施的证据进行拍照或者对采取证据保全的过程进行录像。

先行登记保存期间，当事人或者有关人员不得损坏、销毁或者转移证据。

第五十九条　对先行登记保存的证据，消防救援机构应当于先行登记保存之日起七日内采取以下措施：

（一）及时采取记录、复制、拍照、录像等证据保全措施；

（二）需要鉴定、检验的，及时送交有关部门鉴定、检验；

（三）不再需要采取登记保存措施的，通知当事人解除先行登记保存

措施。

逾期未作出处理决定的，视为先行登记保存措施自动解除。

第五节　勘验、检查

第六十条　对于火灾现场和其他场所进行勘验，应当提取与案件有关的证据材料，确定调查方向和范围。

现场勘验参照火灾事故调查现场勘验的有关规定执行。

第六十一条　消防救援机构在办理行政案件过程中，为了查清违法事实，固定和补充证据，可以对与违法行为有关的场所、物品进行检查，并制作检查笔录。

消防救援机构依法开展的消防监督检查，依照法律、法规、规章的规定执行。

第六十二条　检查场所或者物品时，应当避免对被检查物品造成不必要的损坏。

检查时，应当有当事人或者其他见证人在场。

第六十三条　检查笔录由执法人员、当事人或者见证人签名；当事人不在场或者拒绝签名的，执法人员应当在检查笔录中注明。

进行多次检查的，应当在首次制作检查笔录后，逐次补充制作检查笔录。

检查时的全程录音录像可以替代检查笔录，但应当对视听资料的关键内容和相应时间段等作文字说明。

第六节　鉴定

第六十四条　为了查明案情，需要对执法中专门性技术问题进行鉴定的，应当委托具有法定鉴定资格的机构或者指派、聘请具有专门知识的人员进行鉴定。

没有法定鉴定机构的，可以委托其他具备鉴定条件的机构进行鉴定。

需要聘请消防救援机构以外的人进行鉴定的，应当制作鉴定聘请书。

第六十五条　消防救援机构应当为鉴定提供必要的条件，及时送交有关检材和比对样本等原始材料，介绍与鉴定有关的情况，明确提出要求鉴定解决的问题。

禁止强迫或者暗示鉴定人作出某种鉴定意见。

第六十六条　消防救援机构认为必要时，可以决定重新鉴定。同一行政案件的同一事项重新鉴定以一次为限。

第六十七条　存在下列情形之一的，应当进行重新鉴定：

（一）鉴定程序违法或者违反相关专业技术要求，可能影响鉴定意见正确性的；

（二）鉴定机构和鉴定人不具备相应资质和条件的；

（三）鉴定意见明显依据不足的；

（四）故意作虚假鉴定的；

（五）应当回避而没有回避的；

（六）检材虚假或者被损坏的；

（七）其他应当重新鉴定的。

重新鉴定的，消防救援机构应当另行委托鉴定机构或者指派、聘请鉴定人。

第七节　证据审查

第六十八条　消防救援机构应当对证据进行审查，进行全面、客观和公正的分析判断，审查证据的合法性、客观性、关联性，判断证据的证明力。

第六十九条　消防救援机构应当从以下方面审查证据的合法性：

（一）证据是否符合法定形式；

（二）证据的取得是否符合法律、法规、规章和司法解释的要求；

（三）影响证据合法性的其他因素。

第七十条　消防救援机构应当从以下方面审查证据的客观性：

（一）证据形成的原因和发现、收集证据时的客观环境；

（二）证据是否为原件，复制件与原件是否相符；

（三）提供证据的人或者证人与当事人是否具有利害关系；

（四）影响证据客观性的其他因素。

第七十一条 消防救援机构应当从以下方面审查证据的关联性：

（一）证据的证明对象是否与案件事实有内在联系，以及关联程度；

（二）证据证明的事实对案件主要情节和案件性质的影响程度；

（三）证据之间是否互相印证，形成证据链。

第七十二条 下列证据材料不能作为定案的根据：

（一）以非法手段取得的证据；

（二）被进行技术处理而无法辨明真伪的证据材料；

（三）不能正确表达意志的证人提供的证言；

（四）不具备合法性和真实性的其他证据材料。

第四章 简易程序和快速办理

第一节 简易程序

第七十三条 违法事实确凿并有法定依据，对公民处以二百元以下、对法人或者其他组织处以三千元以下罚款或者警告的行政处罚的，可以当场作出行政处罚决定。法律另有规定的，从其规定。

第七十四条 当场行政处罚，应当按照下列程序实施：

（一）向当事人出示执法证件；

（二）收集证据；

（三）口头告知当事人拟作出行政处罚决定内容及事实、理由和依据，并告知当事人依法享有的陈述权和申辩权；

（四）充分听取当事人的陈述和申辩。当事人提出的事实、理由或者证据成立的，应当采纳；

（五）填写预定格式、编有号码的当场行政处罚决定书并交付当事人。

前款规定的行政处罚决定书应当载明当事人的违法行为，行政处罚的种类和依据、罚款数额、时间、地点，申请行政复议、提起行政诉讼的途径和期限以及作出行政处罚决定的消防救援机构名称，并由执法人员签名或者盖章。

第七十五条　执法人员当场作出行政处罚决定的，应当在作出决定之日起二日内将行政处罚决定书报所属消防救援机构备案。

第二节　快速办理

第七十六条　对不适用简易程序，但事实清楚，当事人自愿认错认罚，且对违法事实和法律适用没有异议的行政处罚案件，消防救援机构可以通过简化取证方式和审核审批手续等措施快速办理。

第七十七条　行政处罚案件具有下列情形之一的，不适用快速办理：

（一）对个人处两千元以上罚款的，对单位处一万元以上罚款的；

（二）当事人系盲、聋、哑人，未成年人或者疑似精神病人、智力残疾人的；

（三）依法适用听证程序的；

（四）依法可能没收违法所得的；

（五）其他不宜快速办理的。

第七十八条　消防救援机构快速办理行政处罚案件，应当符合以下规定：

（一）通过快速办理案件权利义务告知书告知当事人快速办理的相关规定，征得其同意，并由其签名确认；

（二）当事人在自行书写材料或者询问笔录中承认违法事实、认错认罚，并有视音频记录、电子数据、消防监督检查记录等关键证据能够相互印证的，消防救援机构可以不再开展其他调查取证工作；

（三）行政处罚决定由执法人员提出处理意见，可以经法制审核后，报消防救援机构负责人审批；

（四）履行处罚前告知程序。可以采用口头方式，由执法人员在案卷材料中注明告知情况，并由当事人签名确认；

（五）制作处罚决定书并送达当事人。

第七十九条　对快速办理的行政处罚案件，消防救援机构可以根据当事人认错悔改、积极主动改正违法行为等情节，依法对当事人从轻、减轻处罚或者不予行政处罚。

第八十条　快速办理的行政处罚案件应当填写立案登记表，自立案之日起七日内作出处理决定。

第八十一条　消防救援机构快速办理行政处罚案件时，发现不适宜快速办理的，应当告知当事人。快速办理阶段依法收集的证据，可以作为定案的根据。

第五章　普通程序

第一节　立案

第八十二条　消防救援机构在消防监督管理工作中，或者通过其他部门移送等途径，发现公民、法人或者其他组织有依法应当给予行政处罚的消防安全违法行为的，应当及时立案。

第八十三条　立案应当填写立案审批表，载明案件基本情况，由消防救援机构负责人批准。

第二节　处罚决定

第八十四条　适用普通程序办理的行政处罚案件，承办人在调查结束后，认为案件事实清楚，主要证据齐全的，应当提出处理意见，经法制审核后，报消防救援机构负责人审批，作出决定。

按照规定需要承办部门负责人审核的，应当在法制审核前完成。

第八十五条　法制审核后，法制部门或者法制员应当根据不同情况，分别作出以下处理：

（一）经审核合格的，提出审核意见，报消防救援机构负责人审批；

（二）事实不清、证据不足、文书不完备或者需要查清、补充有关事项的，提出工作建议或者意见，退回承办部门或者承办人补充办理；

（三）定性不准、处理意见不适当或者严重违反法定程序的，提出处理意见，退回承办部门或者承办人依法处理。

初次从事行政处罚决定法制审核的人员，应当通过国家统一法律职业资格考试取得法律职业资格。

第八十六条 对情节复杂或者给予较大数额罚款、责令停止使用、责令停产停业、责令停止执业、吊销资格、没收较大数额违法所得等行政处罚，消防救援机构负责人应当组织集体讨论决定。

第八十七条 消防救援机构在作出行政处罚决定之前，应当告知当事人拟作出的行政处罚内容及事实、理由、依据，并告知当事人依法享有的陈述、申辩、要求听证等权利。

第八十八条 当事人有权进行陈述和申辩。消防救援机构必须充分听取当事人的意见，对当事人提出的事实、理由和证据，应当进行复核；当事人提出的事实、理由或者证据成立的，消防救援机构应当采纳。

消防救援机构不得因当事人陈述、申辩而给予更重的处罚。

第八十九条 消防救援机构根据行政处罚案件的不同情况分别作出下列决定：

（一）确有应受行政处罚的违法行为的，根据情节轻重及具体情况，作出行政处罚决定；

（二）确有违法行为，但有依法不予行政处罚情形的，作出不予行政处罚决定；

（三）违法事实不能成立的，作出不予行政处罚决定；

（四）违法行为涉嫌构成犯罪的，移送司法机关。

第九十条 消防救援机构作出行政处罚决定，应当制作行政处罚决定书。行政处罚决定书应当载明下列事项：

（一）当事人的姓名或者名称、地址等基本情况；

（二）违反法律、法规、规章的事实和证据；

（三）行政处罚的种类和依据；

（四）行政处罚的履行方式和期限；

（五）申请行政复议或者提起行政诉讼的途径和期限；

（六）作出行政处罚决定的消防救援机构名称和作出决定的日期。

行政处罚决定书应当盖有作出行政处罚决定的消防救援机构的印章。

第九十一条 一个当事人有两种以上违法行为的，分别决定，合并执行，可以制作一份决定书，分别写明对每种违法行为的处理内容和合并执行的内容。

一个案件有多个违法行为人的，分别决定，可以制作一式多份决定书，写明给予每个人的处理决定，分别送达每一个违法行为人。

第九十二条　行政处罚案件应当自立案之日起六十日内作出行政处罚决定；案情复杂、期限届满不能终结的案件，经消防救援机构负责人同意，可以延长三十日。

办理其他行政案件，有法定办案期限的，按照相关法律法规办理。

为了查明案情进行鉴定、检验的期间，不计入办案期限。

第六章　听证程序

第九十三条　消防救援机构拟作出下列行政处罚决定，应当告知当事人有要求举行听证的权利：

（一）较大数额罚款；

（二）没收较大数额违法所得；

（三）责令停止执业、吊销资格；

（四）责令停止使用、停产停业；

（五）法律、法规、规章规定当事人可以要求举行听证的其他情形。

前款第一项所称"较大数额罚款"，是指对个人处以二千元以上罚款，对单位处以三万元以上罚款。对依照地方性法规或者地方政府规章作出的罚款处罚，适用听证的罚款数额按照地方规定执行。前款第二项所称的"较大数额违法所得"适用较大数额罚款的规定。

第九十四条　对适用听证程序的行政处罚案件，消防救援机构在提出处罚意见后，应当告知当事人拟作出的行政处罚和有要求举行听证的权利。

当事人要求听证的，应当在消防救援机构告知后五日内提出申请。逾期视为放弃要求听证的权利。

当事人明确放弃听证权利的，消防救援机构可以直接作出行政处罚或者不予行政处罚决定。当事人放弃听证权利应当在行政处罚告知笔录中载明，并且由当事人或者其代理人签字或者盖章确认。

第九十五条　消防救援机构对符合听证条件的，应当自收到听证申请之日起十日内举行。

第九十六条　消防救援机构应当在举行听证的七日前将举行听证通知书送达听证申请人，并将举行听证的时间、地点通知其他听证参加人。

第九十七条　听证申请人不能按期参加听证的，可以申请延期，是否准许，由听证主持人决定。

消防救援机构变更听证日期或者场所的，应当按照前条规定通知或者公告。

第九十八条　听证由消防救援机构法制部门组织实施。

未设置法制部门的，由非本案承办人员组织听证。必要时，可以由上级消防救援机构派员组织听证。

第九十九条　听证设听证主持人一名，负责组织听证；记录员一名，具体承担听证准备和制作听证笔录工作。必要时，可以设听证员一至二名，协助听证主持人进行听证。

听证主持人由消防救援机构负责人指定；记录员由听证主持人指定。

本案承办人员不得担任听证主持人、听证员或者记录员。

第一百条　听证主持人在听证活动中履行下列职责：

（一）决定举行听证的时间、地点；

（二）决定听证是否公开举行；

（三）要求听证参加人到场参加听证、提供或者补充证据；

（四）就案件的事实、理由、证据、程序、处罚依据等相关内容组织质证和辩论；

（五）决定听证的延期、中止或者终止；

（六）维持听证秩序，对违反听证会场纪律的，应当警告制止；对不听制止，干扰听证正常进行的旁听人员，责令其退场；

（七）听证员、记录员的回避；

（八）其他有关职责。

第一百零一条　听证参加人包括：

（一）当事人及其代理人；

（二）本案承办人员；

（三）证人、鉴定人；

（四）翻译人员；

（五）其他有关人员。

第一百零二条　当事人在听证活动中享有下列权利：

（一）申请回避；

（二）参加听证，也可以委托一至二人代理参加听证；

（三）进行陈述、申辩和质证；

（四）核对、补正听证笔录；

（五）依法享有的其他权利。

第一百零三条　与听证案件处理结果有直接利害关系的其他公民、法人或者其他组织，作为第三人申请参加听证的，应当允许。为查明案情，必要时，听证主持人可以通知其参加听证。

第一百零四条　除涉及国家秘密、商业秘密或者个人隐私依法予以保密外，听证应当公开举行。

第一百零五条　听证按照下列程序进行：

（一）宣布案由和听证纪律；核对听证参加人是否到场，并核实身份；宣布听证员、记录员和翻译人员名单，告知当事人有申请回避、申辩和质证的权利；对不公开听证的，宣布不公开听证的理由；

（二）承办人员提出当事人的违法事实、出示证据，说明拟作出的行政处罚的内容及法律依据；

（三）当事人或者其委托代理人对案件的事实、证据、适用的法律等进行陈述、申辩和质证，提交新的证据材料；第三人可以陈述事实，提供证据；

（四）听证主持人就案件的有关问题向当事人或者其委托代理人、承办人员、证人询问；

（五）承办人员、当事人或者其委托代理人进行辩论与质证；

（六）当事人或者其委托代理人、第三人和承办人员作最后陈述；

（七）听证主持人宣布听证结束。

第一百零六条　有下列情形之一，应当中止听证：

（一）需要通知新的证人到会、调取新的证据或者需要重新鉴定的；

（二）因回避致使听证不能继续进行的；

（三）当事人因不可抗力或者有其他正当理由暂时无法继续参加听证的；

（四）其他需要中止听证的。

中止听证，应当在听证笔录中写明情况，由听证主持人签名。中止听证的情形消除后，听证主持人应当及时恢复听证。

第一百零七条　有下列情形之一，应当终止听证：

（一）听证申请人撤回听证申请的；

（二）听证申请人及其代理人无正当理由拒不出席或者未经听证主持人允许，中途退出听证的；

（三）听证申请人死亡或者作为听证申请人的法人或者其他组织被撤销、解散的，没有权利、义务承受人的；

（四）听证过程中，听证申请人或者其代理人扰乱听证秩序，不听劝阻，致使听证无法正常进行的；

（五）其他需要终止听证的。

听证终止，应当在听证笔录中写明情况，由听证主持人签名。

第一百零八条　记录员应当将举行听证的情况记入听证笔录。听证笔录应当载明下列内容：

（一）案由；

（二）听证的时间、地点和方式；

（三）听证人员和听证参加人的身份情况；

（四）承办人员陈述的事实、证据和法律依据以及行政处罚意见；

（五）听证申请人或者其代理人的陈述和申辩；

（六）第三人陈述的事实和理由；

（七）承办人员、听证申请人或者其代理人、第三人辩论与质证的内容；

（八）证人陈述的事实；

（九）听证申请人、第三人、承办人员的最后陈述意见；

（十）其他事项。

听证笔录经听证参加人审核无误或者补正后，由听证参加人当场签名或者盖章；拒绝签名或者盖章的，在听证笔录中注明情况。

听证笔录经听证主持人审阅后，由听证主持人、听证员和记录员签名。

第一百零九条　听证结束后，听证主持人应当写出听证报告书，提出处理意见和建议，连同听证笔录一并报送消防救援机构负责人。

听证报告书应当包括下列内容：

（一）案由；

（二）听证人员和听证参加人的基本情况；

（三）听证的时间、地点和方式；

（四）听证会的基本情况；

（五）案件事实；

（六）处理意见和建议。

第一百一十条　听证结束后，消防救援机构应当根据听证笔录，依照本规定第八十六条、第八十九条的规定，作出决定。

第七章　执行

第一节　一般规定

第一百一十一条　消防救援机构依法作出行政处理决定后，被处理人应当在行政决定的期限内予以履行。

被处理人逾期不履行的，作出行政处理决定的消防救援机构依法强制执行或者申请人民法院强制执行。

第一百一十二条　当事人对行政处理决定不服，申请行政复议或者提起行政诉讼的，行政处理决定不停止执行，但法律另有规定的除外。

第一百一十三条　消防救援机构在依法作出强制执行决定或者申请人民法院强制执行前，应当事先催告当事人履行行政决定。催告以书面形式作出，并直接送达当事人。当事人拒绝接受或者无法直接送达当事人的，依照本规定第二章的有关规定送达。

催告书应当载明下列事项：

（一）履行义务的期限；

（二）履行义务的方式；

（三）涉及金钱给付的，应当有明确的金额和给付方式；

（四）当事人依法享有的陈述权和申辩权。

第一百一十四条　当事人收到催告书后有权进行陈述和申辩。消防救援机构应当充分听取当事人的意见，记录、复核当事人提出的事实、理由和证据。当事人提出的事实、理由或者证据成立的，应当采纳。

第一百一十五条　经催告，当事人无正当理由逾期仍不履行行政决定，法律规定由消防救援机构强制执行的，消防救援机构可以作出强制执行决定。

强制执行决定应当以书面形式作出，并载明下列事项：

（一）当事人的姓名或者名称、地址；

（二）强制执行的理由和依据；

（三）强制执行的方式和时间；

（四）申请行政复议或者提起行政诉讼的途径和期限；

（五）作出决定的消防救援机构名称、印章和日期。

第一百一十六条　具有下列情形之一的，中止强制执行：

（一）当事人履行行政决定确有困难或者暂无履行能力的；

（二）第三人对执行标的主张权利，确有理由的；

（三）执行可能造成难以弥补的损失，且中止执行不损害公共利益的；

（四）其他需要中止执行的。

中止执行的情形消失后，消防救援机构应当恢复执行。对没有明显社会危害，当事人确无能力履行，中止执行满三年未恢复执行的，不再执行。

第一百一十七条　具有下列情形之一的，终结强制执行：

（一）公民死亡，无遗产可供执行，又无义务承受人的；

（二）单位终止，无财产可供执行，又无义务承受人的；

（三）执行标的灭失的；

（四）据以执行的行政决定被撤销的；

（五）其他需要终结执行的。

第一百一十八条 在执行中或者执行完毕后，据以执行的行政决定被撤销、变更，或者执行错误，应当恢复原状或者退还财物；不能恢复原状或者退还财物的，依法给予赔偿。

第一百一十九条 消防救援机构不得在夜间或者法定节假日实施行政强制执行。但是，情况紧急的除外。

消防救援机构不得对居民生活采取停止供水、供电、供热、供燃气等方式迫使当事人履行相关行政决定。

第二节 罚款的执行

第一百二十条 消防救援机构作出罚款决定，被处罚人应当自收到行政处罚决定书之日起十五日内，到指定的银行缴纳罚款；具备条件的，也可以通过网上支付等方式缴纳罚款。

第一百二十一条 当场作出行政处罚决定，符合《中华人民共和国行政处罚法》规定当场收缴罚款情形的，可以当场收缴罚款。

第一百二十二条 消防救援机构及其执法人员当场收缴罚款的，必须向当事人出具国务院财政部门或者省、自治区、直辖市人民政府财政部门统一制发的专用票据；不出具财政部门统一制发的专用票据的，当事人有权拒绝缴纳罚款。

第一百二十三条 执法人员当场收缴的罚款，应当自收缴罚款之日起二日内，交至所属消防救援机构；消防救援机构应当在二日内将罚款缴付指定的银行。

第一百二十四条 当事人确有经济困难，经当事人申请和作出处罚决定的消防救援机构批准，可以暂缓或者分期缴纳罚款。

第一百二十五条 当事人未在规定期限内缴纳罚款的，消防救援机构可以每日按罚款数额的百分之三加处罚款。加处罚款的标准应当告知被处罚人。

加处罚款的数额不得超出原罚款的数额。

当事人申请行政复议或者提起行政诉讼的，加处罚款的数额在行政复议或者行政诉讼期间不予计算。

第一百二十六条　当事人在法定期限内不申请行政复议或者提起行政诉讼，又不履行行政决定的，消防救援机构可以自期限届满之日起三个月内，依法申请人民法院强制执行。

消防救援机构批准延期、分期缴纳罚款的，申请人民法院强制执行的期限，自暂缓或者分期缴纳罚款期限结束之日起计算。

申请人民法院强制执行前，消防救援机构应当催告当事人履行义务，催告书送达十日后当事人仍未履行义务的，消防救援机构可以向人民法院申请强制执行。

第一百二十七条　消防救援机构向人民法院申请强制执行，应当提供下列材料：

（一）强制执行申请书；

（二）行政处罚决定书及作出决定的事实、理由和依据；

（三）当事人的意见及消防救援机构催告情况；

（四）申请强制执行标的情况；

（五）法律、法规规定的其他材料。

强制执行申请书应当由作出处理决定的消防救援机构负责人签名，加盖消防救援机构印章，并注明日期。

第一百二十八条　消防救援机构对人民法院不予受理强制执行申请、不予强制执行的裁定有异议的，可以在十五日内向上一级人民法院申请复议。

第三节　其他处理决定的执行

第一百二十九条　消防救援机构作出吊销资格处罚的，应当对被吊销的资格证予以收缴。当事人拒不缴销证件的，可以公告宣布作废。

第一百三十条　消防救援机构作出没收违法所得行政处罚的，除依法应当退赔的外，应当依法予以没收，并按照国家有关规定上缴。

第一百三十一条 当事人不执行消防救援机构作出的责令停产停业、停止使用决定的，作出决定的消防救援机构应当自履行期限届满之日起三日内催告当事人履行义务。当事人收到催告书后有权进行陈述和申辩。消防救援机构应当充分听取当事人的意见，记录、复核当事人提出的事实、理由和证据。当事人提出的事实、理由或者证据成立的，应当采纳。

经催告，当事人逾期仍不履行义务且无正当理由的，消防救援机构负责人应当组织集体研究强制执行方案，确定执行的方式和时间。强制执行决定书应当自决定之日起三日内制作、送达当事人。

第一百三十二条 消防救援机构实施强制执行应当遵守下列规定：

（一）实施强制执行时，通知当事人到场，当场向当事人宣读强制执行决定，听取当事人的陈述和申辩；

（二）当事人不到场的，邀请见证人到场，由见证人和现场执法人员在现场笔录上签名或者盖章；

（三）对实施强制执行过程制作现场笔录，必要时，可以进行现场拍照或者录音录像。

第一百三十三条 对当事人有《中华人民共和国消防法》第六十条第一款第三项、第四项、第五项、第六项规定的消防安全违法行为，经责令改正拒不改正的，消防救援机构应当按照有关法律法规规定实施代履行或者委托没有利害关系的第三人代履行。

第一百三十四条 消防救援机构实施代履行的，应当自责令改正拒不改正之日起三日内催告当事人履行义务。

第一百三十五条 代履行应当遵守下列规定：

（一）代履行前送达决定书，代履行决定书应当载明当事人的姓名或者名称、地址，代履行的理由和依据、方式和时间、标的、费用预算以及代履行人；

（二）代履行三日前，催告当事人履行，当事人履行的，停止代履行；

（三）代履行时，作出决定的消防救援机构应当派员到场监督，并制作现场笔录；

（四）代履行完毕，消防救援机构到场监督的工作人员、代履行人和当事人或者见证人应当在执行文书上签名或者盖章。

代履行的费用按照成本合理确定，由当事人承担。但是，法律另有规定的除外。

代履行不得采用暴力、胁迫以及其他非法方式。

第一百三十六条　需要立即清除疏散通道、消防车通道等影响逃生和灭火救援的障碍物，当事人不能清除的，消防救援机构可以决定立即实施代履行；当事人不在场的，消防救援机构应当在事后立即通知当事人，并依法作出处理。

第八章　案件终结

第一百三十七条　行政案件具有下列情形之一的，应当予以结案：

（一）作出不予行政处罚决定的；

（二）作出行政处罚等处理决定，且已执行的；

（三）作出终止案件调查决定的；

（四）案件移送有管辖权的行政机关、司法机关或者监察机关的；

（五）作出处理决定后，因执行对象灭失、死亡、终止等客观原因导致无法执行或者无须执行的；

（六）其他应予结案的情形。

申请人民法院强制执行，人民法院受理的，按照结案处理。人民法院强制执行完毕后，消防救援机构应当及时将相关案卷材料归档。

第一百三十八条　经过调查，发现行政案件具有下列情形之一的，经消防救援机构负责人批准，作出终止案件调查决定：

（一）违法行为已过追责期限的；

（二）涉嫌违法的公民死亡，或者法人、其他组织终止的；

（三）没有违法事实的；

（四）其他需要终止调查的情形。

第一百三十九条　对在办理行政案件过程中形成的文书材料，应当按照"一案一卷"原则建立案卷，并按照有关规定在结案后将案卷妥善存档保管。

第九章　案件移送

第一百四十条　消防救援机构发现所查处的案件不属于本部门管辖的，应当移送有管辖权的其他部门。

第一百四十一条　消防救援机构发现消防安全违法行为涉嫌犯罪的，应当按照有关规定依法移送司法机关。

第十章　附则

第一百四十二条　本规定所称"以上""以下""内"皆包括本数或者本级。

本规定中十日以内期限的规定是指工作日，不含法定节假日。

第一百四十三条　消防救援机构办理涉外案件，应当按照国家有关办理涉外案件的法律、法规、规章的规定执行。

第一百四十四条　执行本规定所需要的法律文书式样，由应急管理部统一制定。办理行政案件中需要的其他法律文书，由各省、自治区、直辖市消防救援机构统一制定。

第一百四十五条　法律、法规、规章对办理行政案件程序另有规定的，从其规定。

第一百四十六条　本规定自 2021 年 11 月 9 日起施行。

附件：

消防行政法律文书式样

中华人民共和国应急管理部

二〇二一年十月

消防行政法律文书制作与使用说明

一、一般要求

1. 本说明中所称文书，是指与《消防救援机构办理行政案件程序规定》相配套的消防行政法律文书式样。

2. 文书由各省、自治区、直辖市消防救援总队按照规定的式样自行印制，并由法制部门监制和管理。尽可能使用计算机制作。采用计算机制作文书的，阿拉伯数字字体用 Times New Roman；除《当场行政处罚决定书》外，文书名称字体用 2 号小标宋简体，

正文文字字体一般用 3 号仿宋。

文书制作时统一使用国际标准 A4 型纸，《当场行政处罚决定书》可以采用 130 毫米×160 毫米的版心尺寸制作。

3. 制作文书应当完整、准确、规范，符合相应的要求。

4. 文书上方注明的"（**此处印制消防救援机构名称**）"处，印制使用该文书的消防救援机构名称。依法不具有独立执法主体资格的消防救援机构内设部门使用文书时应当以其所属消防救援机构的名义，所使用的文书应当印制其所属消防救援机构的名称。

5. 文书填写应当使用钢笔（碳素笔）和能够长期保持字迹的墨水，做到字迹清楚、文字规范、文面整洁。文书设定的栏目，应当逐项填写；摘要填写的，应当简明、准确；不需要填写的，应当划去，不能留白。签名和注明日期，必须清楚无误。

6. 文书所留空白不够记录时，可加附页。所加附页也应当按照文书所列项目要求制作，由相关人员签名或者捺指印，并按顺序编页码。

7.《当场行政处罚决定书》《先行登记保存清单》等当场出具的文书可以采用复写形式。

8. 文书中的记录内容应当准确、具体、详细，涉及案件关键事实和重要线索的，应当尽量记录原话。描述时间、方位、状态等的记录，应当依次有序、准确清楚。记录中应当避免使用推测性词句，防止发生词句歧义。

9. 文书文号，即"×消　字〔　〕第　号"处，应当按照以下要求填写："×"处填写制作文书的消防救援机构代字；"消　字"间的空白处填写文书类别的简称，如：立案审、立案登、移案、询通、调证、登保决、鉴聘、听通、当罚决、不罚决、行罚决、行罚缴决、催、强执决、代履决、强执申、送证、电送确、终决等；"〔　〕"处填写年度；"第　号"处填写该文书的顺序编号。

10. 文书中所称"**姓名**"，是指公民法定身份证件或者居民户口簿上载明的姓名。对外国人，应当填写其合法身份证件上的姓名，必要时，注明汉语译名。

11. 文书中所称"**出生日期**"以公历（阳历）为准，除有特别说明外，一律具体到日。"**年龄**"以公历（阳历）周岁为准。

12. 文书中所称"**工作单位**"，是指机关、团体、企业、事业等单位或个体工商户的名称，填写时应当写登记核准的全称。

13. 文书中所称"**文化程度**"，是指国家承认的学历，分为研究生（博士、硕士）、大学、大专、中专、高中、初中、小学、文盲等。

14. 文书中所称的"**身份证件种类及号码**"，是指居民身份证、驾驶证、军官证、护照等法定身份证件的种类及号码。

15. 文书中所称"**现住址**"，是指现在的经常居住地。

16. 文书中"_____一案"的横线处填写案件名称，即："**当事人**"加上"**违法行为名称**"，违法行为名称应填写规范名称。

17. 文书中"**现查明_____**"的横线处填写违法事实情况。

18. 文书中的证据应当写明证据名称。为保护证人，对外使用的文书中，证人证言可以不写明证人姓名。

19. 填写法律依据时，应当写明所依据的法律、法规、规章的全称并具体到条、款、项。

20. 文书落款处注明的"（**消防救援机构名称及印章**）"处，应当印制消防救援机构名称，并加盖消防救援机构印章。各类清单中注明的"（**消防救援机构印章**）"处，应当加盖消防救援机构印章，可以不印制消防救援机构名称。

21. 需要当事人签名确认的文书应当由其本人签名，不能签名的，可以捺指印；当事人是单位的，由法定代表人、主要负责人或者其授权的人员签名，或者加盖单位印章。

22. 文书中的"／"表示其前后内容可供选择，在使用中应当将不用的部分划去或者不打印。

23. 文书中"□"表示其内容供选择，在使用中应当在选定的"□"中打钩。

24. 文书中的法律救济途径告知部分，应当在相应的横线处写明当事人申请行政复议的具体行政复议机关名称或者提起行政诉讼的具体法院名称。

25. 各类清单中"**编号**"栏一律使用阿拉伯数字填写，按材料、物品的排列顺序从"1"开始逐次填写；"**名称**"栏填写材料、物品的名称；"**数量**"栏填写材料、物品的数量，使用阿拉伯数字填写；"**特征**"栏填写物品的品牌、型号、颜色、新旧、规格等特点。表格多余部分应当用斜对角线划去。

26.《询问笔录》《行政处罚告知笔录》《听证笔录》中内容的记录采取问答形式，每段应当以"**问：**""**答：**"为句首开始，回答的内容以第一人称"**我**"记录。

27. 文书内容不得涂改，必须更正的，应当由当事人签名或者捺指印确认，或者重新制作。

二、具体要求

28.《立案审批表》（附《接受证据清单》）（式样一），是消防救援机构立案时使用的文书。《接受证据清单》作为《立案审批表》的附件，用于在立案时登记举报人提交、其他单位移送等情况时取得的证据。"**案件来源**"栏由执法人员在相应的"□"中打钩选定。"**简要案情**"栏填写简要案情基本情况，主要包括违法行为时间、地点、简要过程、后果和现状；接受证据的，应当在该栏中注明"**接受证据情况见所附《接受证据清单》**"，并按照要求制作《接受证据清单》。"**立案意见**"是执法人员在初步判定案件性质、管辖权限以及可否追究法律责任等情况后提出的处理建议，由执法人员在相应的"□"内打钩选定，选择"**其他**"情形的，应当在其后横线处注明具体情况。"**立案审批**"栏由消防救援机构负责人签署审批意见，根据具体情况填写"**同意**"或者其他处理意见，并指定两名以上执法人员作为承办人负责调查处理，签名并注明日期。有承办部门的，承办部门意见也签署在此栏。

29.《立案登记表》（附《接受证据清单》）（式样二），是消防救援机构快速办理行政处罚案件立案时使用的文书。《接受证据清单》作为《立案登记表》的附件，用于在立案时登记举报人提交、其他单位移送等情况时取得的证据。"**案件来源**"栏由执法人员在相应的"□"中打钩选定。"**简要案情**"栏填写简要案情基本情况，主要包括违法行为时间、地点、简要过程、后果和现状；接受证据的，应当在该栏中注明"**接受证据情况见所附《接受证据清单》**"，并按照要求制作《接受证据清单》。"**立案意见**"是执法人员在初步判定案件性质、管辖权限以及可否追究法律责任等情况后提出的处理建议，由执法人员在相应的"□"内打钩选定，选择"其他"情形的，应当在其后横线处注明具体情况。

30.《移送案件通知书》（附《移送证据清单》）（式样三），是消防救援机构将不属于本单位管辖的案件，移送给其他单位处理时使用的文书。

31.《询问通知书》（式样四），是消防救援机构通知当事人接受询问时使用的文书。消防救援机构可以在询问前根据需要使用该文书。文书抬头部分横线处填写当事人姓名，当事人是单位的，填写法定代表人、主要负责人或者其授权的人员姓名。

32.《询问笔录》（附《权利义务告知书》）（式样五），是消防救援机构执法人员询问当事人（违法嫌疑人）、其他有关人员（证人），记载询问经过时使用的文书。询问笔录应当全面、准确记录案件事实，着重记录消防违法行为的时间、地点、情节、后果及证据。询问时，执法人员应当告知被询问人依法享有的权利和承担的义务，可以采取制作《权利义务告知书》方式或者直接在《询问笔录》中以问答方式予以体现。

首次询问时，应当问明被询问人的姓名、性别、年龄、出生日期、身份证件种类及号码、户籍所在地、现住址、联系方式；询问违法嫌疑人时还应当询问是否受过消防行政处罚，注明曾经被处罚时间、案由及种类；必要时，还应当问明其家庭主要成员、工作单位、文化程度、民族、身体状况等情况。当事人为外国人的，首次询问时还应当问明其国籍、出入境证件种类及号码、签证种类等情况；必要时，还应当问明其在华关系人、入境时间、入境事由等情况。

"**第__次**"的横线处填写中文数字，"**第__页 共__页**"的横线处填写阿拉伯数字。《询问笔录》应当由被询问人逐页签字或者捺指印，末尾应当由被询问人写明"**以上笔录我看过，与我说的相符**"。笔录中记录被询问人回答的内容有改动的，应当由被询问人在改动处捺指印确认。询问人员应当在《询问笔录》上签名。翻译人员应当在《询问笔录》的结尾处签名。

33.《检查笔录》《现场笔录》（式样六）。《检查笔录》是消防救援机构在办理行政案件过程中，为了查清违法事实，固定和补充证据，对与违法行为有关的场所、物品进行检查时所做的笔录。《现场笔录》是消防救援机构实施行政强制时记录实施过程及内容制作的笔录。

文书名称中横线处选择填写"**检查**"或者"**现场**"字样。"**检查对象**"处填写被检查、临时查封、强制执行的单位或者个体工商户名称。"**当事人/见证人基本情况**"处填写当事人或者见证人的姓名、性别、身份证件种类及号码，并由执法人员、当事人或者见证人在笔录末尾签名；被检查人或者当事人在场的，不需要见证人。"**事由和目的**"处根据具体情况填写，如：《检查笔录》中可以填写"××一案，通过检查进一步查清案件事实，收集违法证据"；《现场笔录》中可以填写"实施临时查封或者强制执行，记录实施过程及现场情况"。"**过程和结果**"处根据实际情况填写。

制作《检查笔录》时，应当写明是否当场检查，记录检查的过程以及发现涉及案件事实的有关情况；检查中提取物证、书证的，应当在《检查笔录》中反映其名称、特征、数量、来源及处理情况；进行多次检查的，应当在制作首次检查笔录后，逐次补充制作笔录。制作《现场笔录》时，应当写明现场概况、现场人员情况，客观记录执法人员现场工作的过程和结果。

34.《调取证据通知书》（附《调取证据清单》）（式样七），是消防救援机构向有关单位或者个人调取与案件有关的证据时使用的文书。《调取证据清单》是消防救援机构使用《调取证据通知书》调取到证据后，给证据持有人开具的清单。

35.《先行登记保存决定书》（附《先行登记保存清单》）（式样八），适用于先行登记保存证据保全措施。《先行登记保存清单》应与《先行登记保存决定书》配套使用。

36.《鉴定聘请书》（式样九），是消防救援机构聘请消防救援机构以外的鉴定人时使用的文书。抬头部分横线处填写被聘请人的单位名称。"**接收人**"后由鉴定人签名，并加盖单位印章。

37.《行政处罚告知笔录》（式样十），是消防救援机构适用普通程序作出行政处罚决定前履行告知义务时使用的文书。该文书分为处罚前告知和听证告知两部分，需完整打印；拟作出的行政处罚不需要听证的，不填写听证告知部分。"**执行告知单位**"处填写消防救援机构名称。"**告知人**"处填写承办人员姓名。"**被告知人**"处填写被告知人的姓名或者单位名称。"**单位法定代表人／主要负责人**"处填写被告知单位的法定代表人或者主要负责人姓名。"**现将拟作出行政处罚决定的内容及事实、理由、依据告知如下**"处填写行政处罚的种类，如"**责令停产停业**"等；罚款应当告知具体金额，如"**罚款三万元**"等。"**向__提出**"的横线处填写受理听证申请的消防救援机构名称。被告知人不要求听证的，应在"**听证告知**"部分写明"**我不要求听证**"；被告知人主动放弃听证权利的，应在"听证告知"部分写明"**我不要求听证，并且主动放弃对本案要求听证的权利**"。

38.《快速办理案件权利义务告知书》（附《自行书写材料》）（式样十一），对行政案件适用快速办理程序，当事人自愿认错认罚，消防救援机构告知当事人快速办理案件的程序和其权利义务等内容的文书。末尾横线处应当由当事人写明"**我已阅读上述告知事项，同意适用快速办理程序**"。当事人是单位的，应当由法定代表人或者主要负责人书写。

《自行书写材料》，是消防救援机构快速办理行政案件中，通过简化取证方式，以当事人自行书写的材料替代普通程序中的

《询问笔录》所使用的格式文本。当事人是单位的，应当由法定代表人或者主要负责人书写。

39.《举行听证通知书》（式样十二），是消防救援机构通知听证申请人及有关人员参加听证时使用的文书。抬头部分横线处填写被通知人的姓名或者单位名称，以下内容依次填写举行听证的时间、地点和案件名称。

40.《听证笔录》（式样十三），是对听证过程和内容的记录。"**听证主持人**""**听证员**""**记录员**""**承办人员**"处填写上述人员的姓名、工作单位及职务。"**听证申请人**"处，听证申请人是个人的，填写其姓名、性别、年龄、现住址和工作单位；是单位的，填写单位名称和地址。"**法定代表人**"处填写法定代表人的姓名、性别、年龄。听证申请人有委托代理人的，应当在"**委托代理人**"处填写委托代理人的姓名、性别、年龄和工作单位。"**第三人**"处填写第三人的姓名、性别、年龄、现住址和工作单位，并注明与本案是何种利害关系。第三人有委托代理人的，在"**第三人的委托代理人**"处填写代理人的姓名、性别、年龄和工作单位。

41.《听证报告书》（式样十四），是听证结束后，听证主持人就听证情况以及对该案的处理意见和建议向消防救援机构负责人报告时使用的文书。该文书相关项目的填写应当与《听证笔录》一致。"**听证会基本情况**"处填写听证会的基本情况，当事人和案件承办人员的主要理由；听证员有不同意见的，也应当注明。"**听证后认定的案件事实及处理意见和**

建议"处填写听证会查明的案件主要事实、对该听证案件的具体处理意见和建议，包括建议采用原处理意见，或者提出新的处理意见等。

42.《当场行政处罚决定书》（式样十五），是消防救援机构进行当场行政处罚时使用的文书。"**违法行为人**"处，违法行为人是个人的，填写其姓名、性别、年龄、出生日期、身份证件种类及号码、户籍所在地、现住址等基本信息；是单位的，填写单位名称、地址、法定代表人、统一社会信用代码等基本信息。"**现查明＿**"的横线处填写具体违法事实和违反的法律条款。"**以上事实有＿**"的横线处填写存在违法事实的证据情况。"**根据＿**"的横线处填写法律依据。"**决定给予＿**"的横线处填写决定的内容，包括处罚种类、罚款金额。"**执行方式**"处应当勾选具体的执行方式。附卷的《当场行政处罚决定书》应当由被处罚人签名或者盖章，写明"当场行政处罚决定书已向我宣告并送达"的，可以不再使用《送达回证》。拒绝签名、盖章的，由承办人员在文书上注明。

43.《不予行政处罚决定书》（式样十六），是消防救援机构依法作出不予行政处罚决定时使用的文书。"**当事人**"处，当事人是个人的，填写其姓名、性别、年龄、出生日期、身份证件种类及号码、户籍所在地、现住址等基本信息；是单位的，填写单位名称、地址、法定代表人、统一社会信用代码等基本信息。"**现查明＿**"的横线处填写违法事实不能成立，或者确有违法行为但有依法不予行政处罚情形的具体情况。"**以上事实有＿**"的横线处填写不予行政处罚的证据情况。"**根据＿**"的横线处填写法律依据，根据具体情况填写《中华人民共和国行政处罚法》第三十条、第三十一条、第三十三条等。附卷的《不予行政处罚决定书》应当由当事人签名或者盖章，写明"**不予行政处罚决定书已向我宣告并送达**"的，可以不再使用《送达回证》。拒绝签名、盖章的，由承办人员在文书上注明。

44.《行政处罚决定书》（附《没收违法所得清单》）（式样十七），是消防救援机构对被处罚人予以行政处罚时使用的文书。"**违法行为人**"处，被处罚人是个人的，填写其姓名、性别、年龄、出生日期、身份证件种类及号码、户籍所在地、现住址等基本信息；是单位的，填写单位名称、地址、法定代表人、统一社会信用代码等基本信息。"**现查明__**"的横线处填写具体违法事实和违反的法律条款。"**以上事实有__**"的横线处填写存在违法事实的证据情况。"**根据__**"的横线处填写法律依据。"**现决定**"处填写决定内容，包括处罚种类、罚款金额。"**执行方式和期限__**"的横线处应当注明具体的方式和期限。同时没收违法所得的，应当附《没收违法所得清单》，并在《行政处罚决定书》中注明。附卷的《行政处罚决定书》应当由被处罚人签名或者盖章，写明"**行政处罚决定书已向我宣告并送达**"的，可以不再使用《送达回证》。拒绝签名、盖章的，由承办人员在文书上注明。

45.《行政处罚延期/分期缴纳罚款决定书》（式样十八），是消防救援机构作出行政处罚罚款决定后，被处罚人确有经济困难，向作出处罚决定的消防救援机构提出暂缓或者分期缴纳罚款的申请，消防救援机构对其申请作出决定时使用的文书。"**被处罚人**"处，被处罚人是个人的，填写其姓名、性别、年龄、出生日期、身份证件种类及号码、户籍所在地、现住址等基本信息；是单位的，填写单位名称、地址、法定代表人、统一社会信用代码等基本信息。同意延期缴纳罚款的，勾选"**同意你（单位）延期缴纳罚款**"，并写明同意延长的具体期限；同意分期缴纳罚款的，勾选"**同意你（单位）分期缴纳罚款**"，并写明分期缴纳罚款的期数和每期缴纳罚款的具体期限和金额。不同意延期/分期缴纳罚款的，勾选"**你（单位）不符合《中华人民共和国行政处罚法》第六十六条第二款之规定，不同意你（单位）延期/分期缴纳罚款**"。

46.《催告书》（式样十九），是消防救援机构在作出强制执行决定或者向法院申请强制执行前，依法催告当事人履行行政决定义务时使用的文书。主要适用于消防救援机构强制执行停产停业、停止使用决定和代履行清除或者拆除相关障碍物、妨碍物前的催告程序，以及申请法院强制执行罚款、没收违法所得决定前的催告程序。

"**当事人**"处，当事人是个人的，填写其姓名、性别、年龄、出生日期、身份证件种类及号码、户籍所在地、现住址等基本信息；是单位的，填写单位名称、地址、法定代表人、统一社会信用代码等基本信息。"**消**

防救援机构于__年__月__日作出的__决定，文书名称及文号为__"栏，根据消防救援机构前期发出的相应《行政处罚决定书》《责令立即改正通知书》《责令限期改正通知书》等法律文书的具体内容填写。"**履行方式__**"的横线处填写停产停业、停止使用，拆除、清除妨碍物、障碍物，缴纳罚款及加处的罚款等具体要求。

47.《行政强制执行决定书》（式样二十），是消防救援机构依法决定强制执行时使用的文书。"**被处理人**"处，被处理人是个人的，填写其姓名、性别、年龄、出生日期、身份证件种类及号码、户籍所在地、现住址等基本信息；是单位的，填写单位名称、地址、法定代表人、统一社会信用代码等基本信息。"**强制执行方式____**"的横线处填写强制执行的具体方式、方法、手段，强制执行停产停业、停止使用的方式一般为张贴封条、上锁、封堵，以及其他能够确保当事人停产停业、停止使用的措施。

48.《代履行决定书》（式样二十一），是消防救援机构决定代履行时使用的文书。对当事人有《中华人民共和国消防法》第六十条第一款第三项、第四项、第五项、第六项规定的消防安全违法行为，经责令改正拒不改正的，消防救援机构应当按照《中华人民共和国消防法》第六十条第三款的规定决定代履行，使用本文书。

"**当事人**"处，当事人是个人的，填写其姓名、性别、年龄、出生日期、身份证件种类及号码、户籍所在地、现住址等基本信息；是单位的，填写单位名称、地址、法定代表人、统一社会信用代码等基本信息。"**作出____**"的横线处，根据消防救援机构前期发出的相应《责令立即改正通知书》《责令限期改正通知书》等法律文书填写。"**要求你（单位）____**"的横线处填写当事人需要承担的具体义务，即具体履行措施。勾选"**经催告后你（单位）仍不履行**"的为代履行一般规定，应当在代履行三日前催告当事人履行义务，当事人履行的，停止代履行。勾选"**需要立即清除疏散通道、消防车通道影响逃生和灭火救援的障碍物**"的为立即实施代履行，消防救援机构可以决定立即实施代履行。"**决定由__**"的横线处填写执行代履行的单位名称，为消防救援机构或者没有利害关系的第三人。**"代履行方式"** 处填写拟采取的具体行政强制执行的方式、方法、手段等。

49.《强制执行申请书》（式样二十二），是消防救援机构依法申请法院强制执行时使用的文书。"＿＿**法院**"的横线处填写管辖法院的名称。**"特申请你院对以下事项强制执行＿＿＿＿"** 的横线处填写被执行人基本情况，强制执行罚款、没收违法所得的数额，如有加处罚款的，说明执行总数额。

50.《送达回证》（式样二十三），是消防救援机构在送达法律文书时使用的文书。可以用于直接送达、留置送达、委托送达、邮寄送达、公告送达等方式，填写时在相应的 "□" 中打钩选定。采取直接送达方式的，可以由受送达人在附卷的法律文书上注明收到日期，并签名、捺指印或者盖章，也可以使用《送达回证》。

51.《电子送达地址确认书》（式样二十四），是消防救援机构在受送达人同意可以采用电子邮件、传真、微信、短信等送达媒介电子送达法律文书时，由受送达人填写电子送达地址并进行确认时使用的文书。

52.《终止案件调查决定书》（式样二十五），是消防救援机构依法终止案件调查时使用的文书。

消防行政法律文书式样目录

1. 立案审批表（附：接受证据清单）

2. 立案登记表（附：接受证据清单）

3. 移送案件通知书（附：移送证据清单）

4. 询问通知书

5. 询问笔录（附：权利义务告知书）

6. 检查/现场笔录

7. 调取证据通知书（附：调取证据清单）

8. 先行登记保存决定书（附：先行登记保存清单）

9. 鉴定聘请书

10. 行政处罚告知笔录

11. 快速办理案件权利义务告知书（附：自行书写材料）

12. 举行听证通知书

13. 听证笔录

14. 听证报告书

15. 当场行政处罚决定书

16. 不予行政处罚决定书

17. 行政处罚决定书（附：没收违法所得清单）

18. 行政处罚延期/分期缴纳罚款决定书

19. 催告书

20. 行政强制执行决定书

21. 代履行决定书

22. 强制执行申请书

23. 送达回证

24. 电子送达地址确认书

25. 终止案件调查决定书

式样一

立案审批表

（消防救援机构名称及印章）　　　×消立案审字〔　〕第　号

案件来源	□1. 消防监督管理工作中发现 □2. 公民、法人或者其他组织举报经核实的 □3. 移送 □4. 其他：_____				
案由					
当事人基本情况	个人	姓名		性别	出生日期
		身份证件种类		证件号码	
		住址		联系方式	
	单位	名称		法定代表人	
		地址		联系方式	
		统一社会信用代码			
简要案情：					
立案意见	□属我单位管辖的行政案件，建议及时调查处理。 □不属于我单位管辖，建议移送_____处理。 □不属于消防救援机构职责范围，不予调查处理。 □其他：_____ 执法人员：　　　　　　　　　　　　　年　月　日				
立案审批	消防救援机构负责人：　　　　　　　　　年　月　日				

此文书附卷。

接受证据清单

编号	名称	数量	特征	备注

提交人：	保管人：	执法人员： （消防救援机构印章）
年　月　日	年　月　日	年　月　日

一式三份，一份交提交人，一份交保管人，一份附卷。

式样二

立案登记表

（消防救援机构名称及印章）　　×消立案审字〔　〕第　号

案件来源	□1. 消防监督管理工作中发现 □2. 公民、法人或者其他组织举报经核实的 □3. 移送 □4. 其他：_____					
案由						
当事人基本情况	个人	姓名		性别		出生日期	
		身份证件种类		证件号码			
		住址			联系方式		
	单位	名称			法定代表人		
		地址			联系方式		
		统一社会信用代码					
简要案情：							
立案意见	□属我单位管辖的行政案件，建议及时调查处理。 □不属于我单位管辖，建议移送_____处理。 □不属于消防救援机构职责范围，不予调查处理。 □其他：_____ 执法人员：　　　　　　　　　　　　年　月　日					

此文书附卷。

接受证据清单

编号	名称	数量	特征	备注

提交人：	保管人：	执法人员： （消防救援机构印章）
年　月　日	年　月　日	年　月　日

一式三份，一份交提交人，一份交保管人，一份附卷。

式样三

（此处印制消防救援机构名称）

移送案件通知书

×消移案字〔　〕第号

_____：

　　我单位于___年___月_____日对_____

_____一案立案调查，

在调查中发现_____，该案属于你单位管辖范围。

根据_____之规定，现移送你单位处理。

　　　附：移送证据清单

（消防救援机构名称及印章）

年　月　日

接收单位：

年　月　日

一式两份，一份交接收单位，一份附卷。

移送证据清单

编号	名称	数量	特征	备注

接收人：	保管人：	执法人员：
		（消防救援机构印章）
年　月　日	年　月　日	年　月　日

一式三份，一份交持有人，一份交保管人，一份附卷。

式样四

（此处印制消防救援机构名称）

询问通知书

×消询通字〔　〕第　号

_____：

　　为调查了解_____一案，请你于____年____月_____日____时____分，到_____接受询问调查。依据《中华人民共和国行政处罚法》第五十五条之规定，你有如实回询问、协助调查的义务。

　　请携带以下材料：

　　1. _____；

　　2. _____；

　　3. _____。

执法人员：_____、_____

联系方式：_____

（消防救援机构名称及印章）

年　月　日

本通知书已收到。

当事人：

年　月　日

一式两份，一份交当事人，一份附卷。

询问笔录

时间：____年___月___日_时_分至___年___月___日_时_分

地点：_____

询问人（签名）：_____、_____　工作单位：_____

记录人（签名）：_____　工作单位：_____

被询问人姓名：_____　性别：___　年龄：___　出生日期：_____

身份证件种类及号码：_____

户籍所在地：_____

现住址：_____　联系方式：_____

问：_____

答：_____

_____

_____

_____

_____

_____

_____

_____

第___页　共___页

（此处印制消防救援机构名称）

权利义务告知书

根据有关法律法规，你享有以下权利：

一、消防救援机构负责人、办案人员、鉴定人和翻译人有下列情形之一的，你有权要求回避：

（一）是本案的当事人或者当事人的近亲属；

（二）本人或其近亲属与本案有直接利害关系；

（三）与本案当事人有其他关系，可能影响案件公正处理。

二、有陈述和申辩的权利。

三、对与本案无关的问题，有拒绝回答的权利。

四、对询问笔录记载有遗漏或差错的，有提出补充或者更正的权利。

五、对消防救援机构及办案人员侵犯当事人权利的行为，有申诉、控告的权利。

根据有关法律法规，你应履行下列义务：

一、必须如实提供证据、证言，作伪证或者隐匿证据的，依法承担相应法律责任。

二、确认笔录无误后，应当逐页签名或捺指印。

本告知书于＿＿年＿＿月＿＿日＿＿时＿＿分向我告知。

被告知人：

式样六
第＿次记录

（此处印制消防救援机构名称）

检查/现场笔录

时间：＿＿年＿＿月＿＿日＿时＿分至＿＿＿年＿＿＿月＿＿＿日＿时＿分

地点：＿＿＿＿＿＿＿＿＿＿＿＿＿＿＿＿＿＿＿＿＿＿＿＿＿＿＿＿＿

执法人员姓名及工作单位：＿＿＿＿＿＿＿＿＿＿＿＿＿＿＿＿＿＿＿＿

检查对象：＿＿＿＿＿＿＿＿＿＿＿＿＿＿＿＿＿＿＿＿＿＿＿＿＿＿＿

当事人/见证人基本情况（姓名、性别、身份证件种类及号码）：

＿＿＿＿＿＿＿＿＿＿＿＿＿＿＿＿＿＿＿＿＿＿＿＿＿＿＿＿＿＿＿＿＿

　　事由和目的：＿＿＿＿＿＿＿＿＿＿＿＿＿＿＿＿＿＿＿＿＿＿＿＿

＿＿＿＿＿＿＿＿＿＿＿＿＿＿＿＿＿＿＿＿＿＿＿＿＿＿＿＿＿＿＿＿＿

　　过程和结果：＿＿＿＿＿＿＿＿＿＿＿＿＿＿＿＿＿＿＿＿＿＿＿＿

＿＿＿＿＿＿＿＿＿＿＿＿＿＿＿＿＿＿＿＿＿＿＿＿＿＿＿＿＿＿＿＿＿

＿＿＿＿＿＿＿＿＿＿＿＿＿＿＿＿＿＿＿＿＿＿＿＿＿＿＿＿＿＿＿＿＿

＿＿＿＿＿＿＿＿＿＿＿＿＿＿＿＿＿＿＿＿＿＿＿＿＿＿＿＿＿＿＿＿＿

＿＿＿＿＿＿＿＿＿＿＿＿＿＿＿＿＿＿＿＿＿＿＿＿＿＿＿＿＿＿＿＿＿

＿＿＿＿＿＿＿＿＿＿＿＿＿＿＿＿＿＿＿＿＿＿＿＿＿＿＿＿＿＿＿＿＿

＿＿＿＿＿＿＿＿＿＿＿＿＿＿＿＿＿＿＿＿＿＿＿＿＿＿＿＿＿＿＿＿＿

执法人员：　　　　　　　　　　　　　　　　　　年　月　日

当事人或者见证人：　　　　　　　　　　　　　　年　月　日

式样七

（此处印制消防救援机构名称）

调取证据通知书

×消调证字〔　〕第　号

_____：

　　根据《中华人民共和国行政处罚法》等规定，现调取与_____

_____一案有关的下列证据：

_____

_____。

　　请你（单位）自收到本通知书之日起_____日内配合消防救援

机构完成调取证据工作。伪造、隐匿或者毁灭证据的，将受法律追究。

　　附：调取证据清单

（消防救援机构名称及印章）

年　月　日

本通知书已收到。

证据持有人：

年　月　日

一式两份，一份交证据持有人，一份附卷。

调取证据清单

编号	名称	数量	特征	备注

持有人：	保管人：	执法人员： （消防救援机构印章）
年　月　日	年　月　日	年　月　日

一式三份，一份交持有人，一份交保管人，一份附卷。

式样八

（此处印制消防救援机构名称）

先行登记保存决定书

×消调证字〔　〕第　号

当事人（姓名、身份证件种类及号码/单位名称、法定代表人、统一社会信用代码及其姓名）：＿＿＿＿＿＿＿＿＿＿＿＿＿＿

＿＿＿＿＿＿＿＿＿＿＿＿＿＿＿＿＿＿＿＿＿＿＿＿＿＿＿

＿＿＿＿＿＿＿＿＿＿＿＿＿＿＿＿＿＿＿＿＿＿＿＿＿＿＿

地址及联系方式：＿＿＿＿＿＿＿＿＿＿＿＿＿＿＿＿＿＿＿

因调查＿＿＿＿＿＿＿＿＿＿＿＿＿＿＿＿＿＿＿＿一案，根据《中华人民共和国行政处罚法》第五十六条之规定，决定对先行登记保存清单中的物品予以先行登记保存＿＿＿日（自＿＿＿年＿月＿日至＿＿＿年＿＿月＿＿日），保存地点＿＿＿，在此期间，当事人或者有关人员不得销毁或者转移证据。

如不服本决定，可以在收到本决定书之日起六十日内向＿＿＿＿＿＿＿＿申请行政复议或者在六个月内依法向＿＿＿＿＿＿＿＿＿＿＿法院提起行政诉讼。

附：先行登记保存清单

（消防救援机构名称及印章）

年　月　日

当事人：

年　月　日

一式两份，一份交当事人，一份附卷。

先行登记保存清单

编号	名称	数量	物品特证或者场所地址	备注

接收人：	保管人：	执法人员： （消防救援机构印章）
年 月 日	年 月 日	年 月 日

一式三份，一份交当事人，一份交保管人，一份附卷。

式样九

（此处印制消防救援机构名称）

鉴定聘请书

×消鉴聘字〔　　〕第　　号

_____：

　　为了查明_____一案，

特聘请你（单位）对_____进

行鉴定。请于____年____月____日前将书面鉴定意见送交我单位。

（消防救援机构名称及印章）

年　月　日

　　本聘请书已收到。

接收人：

年　月　日

　　一式两份，一份交被聘请人，一份附卷。

式样十

（此处印制消防救援机构名称）

行政处罚告知笔录

执行告知单位：＿＿＿＿＿＿＿＿＿ 告知人：＿＿＿＿＿＿＿

被告知人：＿＿＿＿＿＿＿ 单位法定代表人／主要负责人：＿＿＿＿＿＿

告知内容：

□**处罚前告知**

根据《中华人民共和国行政处罚法》第四十四条之规定，现将拟作出行政处罚决定的内容及事实、理由、依据告知如下：＿＿＿＿＿＿＿＿

＿＿＿＿＿＿＿＿＿＿＿＿＿＿＿＿＿＿＿＿＿＿＿＿＿＿＿＿＿

＿＿＿＿＿＿＿＿＿＿＿＿＿＿＿＿＿＿＿＿＿＿＿＿＿＿＿＿＿

＿＿＿＿＿＿＿＿＿＿＿＿＿＿＿＿＿＿＿＿＿＿＿＿＿＿＿＿＿

问：对上述告知事项，你（单位）是否提出陈述和申辩？（对被告知人的陈述和申辩可附页记录，被告知人提供书面陈述、申辩材料的，应当附上，并在本告知笔录中注明）

答：＿＿＿＿＿＿＿＿＿＿＿＿＿＿＿＿＿＿＿＿＿＿＿＿＿

＿＿＿＿＿＿＿＿＿＿＿＿＿＿＿＿＿＿＿＿＿＿＿＿＿＿＿＿＿

＿＿＿＿＿＿＿＿＿＿＿＿＿＿＿＿＿＿＿＿＿＿＿＿＿＿＿＿＿

＿＿＿＿＿＿＿＿＿＿＿＿＿＿＿＿＿＿＿＿＿＿＿＿＿＿＿＿＿

＿＿＿＿＿＿＿＿＿＿＿＿＿＿＿＿＿＿＿＿＿＿＿＿＿＿＿＿＿

＿＿＿＿＿＿＿＿＿＿＿＿＿＿＿＿＿＿＿＿＿＿＿＿＿＿＿＿＿

对你提出的陈述和申辩，消防救援机构将进行复核。

被告知人：

年 月 日 时 分

□听证告知

根据《中华人民共和国行政处罚法》第六十三条之规定，你（单位）有权要求听证。如果要求听证，你（单位）应在被告知后五日内向_____提出，逾期视为放弃要求听证权利。

问：对上述告知事项，你是否要求听证？

答：_____

_____

消防救援机构对符合听证条件的，自收到听证申请之日起十日内举行听证；对放弃听证的，依法作出处理决定。

被告知人：

年　月　日　时　分

式样十一

（此处印制消防救援机构名称）

快速办理案件权利义务告知书

因本案件符合消防行政案件快速办理的相关条件，我单位拟采用快速办理的方式进行办理，现将有关事项告知如下：

一、消防救援机构采用以下形式进行调查取证：

（一）由当事人自行书写材料或通过格式化询问笔录等方式进行询问；

（二）通过录音录像方式调查取证。

二、案件办理过程中，当事人有以下权利和义务：

（一）申请回避的权利、使用本民族语言文字接受询问的权利、不通晓当地通用的语言文字的被询问人有要求配备翻译人员的权利、聋哑人有要求通晓手语的人提供帮助的权利；

（二）对案件事实有如实陈述的义务，诬告或者作伪证应当承担相应的法律责任；

（三）有陈述和申辩的权利；

（四）有核对询问笔录的权利，认为笔录有遗漏、差错的，有权要求补充或者更正。没有阅读能力的被询问人有要求办案人员如实宣读询问笔录的权利。被询问人应当在询问笔录上逐页签名或者捺指印；

（五）书写的内容涉及国家秘密、商业秘密或者个人隐私，消防救援机构将予以保密；

（六）对消防救援机构及其执法人员的违法违纪行为，有权向上一级消防救援机构或者人民检察院、监察机关检举、控告。

当事人：

年 月 日

自行书写材料

一、当事人的基本情况：（姓名、性别、年龄、出生日期、身份证件种类及号码、户籍所在地、现住址、联系方式/单位名称、地址、法定代表人、统一社会信用代码、联系方式）

二、关于违法经过的叙述：（当事人书写时应简明扼要，写清楚违法行为发生的时间、地点、起因、经过、结果，对消防救援机构处理该案件的态度及意见或者建议等）

_____

_____

_____

_____

_____

_____

_____

_____

_____

_____

_____

书写时间：___年__月__日_时_分至___年__月__日_时_分

书写地点：_____

书 写 人：　　　　　　　　　　　　　　年　月　日

执法人员：　　　　　　　　　　　　　　年　月　日

式样十二

（此处印制消防救援机构名称）

举行听证通知书

×消听通字〔　〕第　号

_____：

　　根据《中华人民共和国行政处罚法》第六十四条之规定，我单位定于___年___月___日___时___分在_____就_____一案举行听证会，请按时出席。听证申请人（代理人）无正当理由拒不出席的，终止听证。

　　特此通知。

（消防救援机构名称及印章）

年　月　日

申请人：

　　　　年　月　日

一式两份，一份交听证申请人，一份附卷。

（此处印制消防救援机构名称）

听证笔录

案由：_____

时间：___年__月__日__时__分至___年__月__日__时__分

地点：_____ 举行方式：_____

听证主持人：_____

听证员：_____

记录员：_____

听证申请人：_____

法定代表人：_____

委托代理人：_____

证人：_____ 鉴定人：_____

翻译人员：_____ 其他有关人员：_____

第三人：_____

第三人的委托代理人：_____

承办人员（签名）：_____

听证内容记录（可加页）：_____

_____

_____

_____

_____

_____

听证申请人或者其委托代理人（签名）：_____

第三人或者其委托代理人（签名）：_____

证　　人（签名）：_____鉴定人（签名）：_____

翻译人员（签名）：_____听证员（签名）：_____

听证主持人（签名）：_____记录员（签名）：_____

年　　月　　日

第__页共__页

式样十四

（此处印制消防救援机构名称）

听证报告书

案由：_____

时间：_____年__月__日_时_分至___年__月__日_ 时__分

地点：_____

举行方式：_____

听证主持人：_____听证员：_____记录员：_____

听证申请人：_____

法定代表人：_____委托代理人：_____

第三人及其委托代理人：_____

本案承办人员：_____

听证会基本情况：_____

_____

_____

_____

_____

_____

听证后认定的案件事实及处理意见和建议：_____

_____

_____

_____

听证主持人：

年　　月　　日

第__页共__页

（此处印制消防救援机构名称）

当场行政处罚决定书

×消当罚决字〔　〕第　号

违法行为人（姓名、性别、年龄、出生日期、身份证件种类及号码、户籍所在地、现住址/单位名称、地址、法定代表人、统一社会信用代码）：＿＿＿＿＿＿＿＿＿＿＿＿＿＿＿＿＿＿＿＿＿＿＿＿＿

现查明＿＿＿＿＿＿＿＿＿＿＿＿＿＿＿＿＿＿＿＿＿＿＿＿＿

＿＿＿＿＿＿＿＿＿＿＿＿＿＿＿＿＿＿＿＿＿＿＿＿＿＿＿，

以上事实有＿＿＿＿＿＿＿＿＿＿＿＿＿＿＿＿＿＿＿＿＿＿＿

＿＿＿＿＿＿＿＿＿＿＿＿＿＿＿＿＿＿＿＿等证据证实。

根据＿＿＿＿＿＿＿＿＿＿＿＿＿＿＿＿＿之规定，现决定＿＿＿＿＿＿＿＿＿＿＿＿＿＿＿＿＿＿＿的处罚。

执行方式：□警告□当场收缴罚款□被处罚人持本决定书在十五日内到＿＿＿＿＿＿＿＿＿＿＿＿银行缴纳罚款。逾期不缴纳的，每日按罚款数额的百分之三加处罚款，加处罚款的数额不超过罚款的数额。

如不服本决定，可以在收到本决定书之日起六十日内向＿＿＿＿＿＿＿＿＿＿＿申请行政复议或者在六个月内依法向＿＿＿＿＿＿＿＿＿＿＿法院提起行政诉讼。

处罚地点：＿＿＿＿＿＿＿＿＿＿＿＿＿＿＿＿＿＿

执法人员：＿＿＿＿＿＿＿＿＿＿＿＿＿＿＿＿＿＿

（消防救援机构名称及印章）

年　月　日

处罚前已口头告知违法行为人拟作出处罚的内容及事实、理由和依据，并告知违法行为人依法享有陈述权和申辩权。

当场行政处罚决定书已向我宣告并送达。

被处罚人：

年　月　日

一式两份，一份交被处罚人，一份交所属消防救援机构备案。

式样十六

（此处印制消防救援机构名称）

不予行政处罚决定书

×消不罚决字〔　〕第　号

当事人（姓名、性别、年龄、出生日期、身份证件种类及号码、户籍所在地、现住址/单位名称、地址、法定代表人、统一社会信用代码）：_____

_____

现查明_____

_____，

以上事实有_____

_____等证据证实。

根据_____之规定，现决定不予行政处罚。

如不服本决定，可以在收到本决定书之日起六十日内向_____申请行政复议或者在六个月内依法向_____法院提起行政诉讼。

（消防救援机构名称及印章）

年　月　日

不予行政处罚决定书已向我宣告并送达。

当事人：

年　月　日

一式两份，一份交当事人，一份附卷。

（此处印制消防救援机构名称）

行政处罚决定书

×消行罚决字〔　〕第　号

违法行为人（姓名、性别、年龄、出生日期、身份证件种类及号码、户籍所在地、现住址/单位名称、地址、法定代表人、统一社会信用代码）：_____

现查明_____

_____，

以上事实有_____

_____等证据证实。

根据_____之规定，现决定

_____。

执行方式和期限_____

_____。

逾期不缴纳的，每日按罚款数额的百分之三加处罚款，加处罚款的数额不超过罚款的数额。

如不服本决定，可以在收到本决定书之日起六十日内向_____

_____申请行政复议或者在六个月内依法向_____

_____法院提起行政诉讼。

附：_____清单。

（消防救援机构名称及印章）

年　月　日

行政处罚决定书已向我宣告并送达。

被处罚人：

年　月　日

一式三份，被处罚人和执行单位各一份，一份附卷。

没收违法所得清单

编号	名称	金额	特征	备注
			.	

被处罚人：	保管人：	执法人员：
		（消防救援机构印章）
年　月　日	年　月　日	年　月　日

一式三份，一份交被处罚人，一份交保管人，一份附卷。

式样十八

（此处印制消防救援机构名称）

行政处罚延期/分期缴纳罚款决定书

×消行罚缴决字〔 〕第 号

被处罚人（姓名、性别、年龄、出生日期、身份证件种类及号码、户籍所在地、现住址/单位名称、地址、法定代表人、统一社会信用代码）：_____

_____

_____年___月___日，我单位向你（单位）送达了《行政处罚决定书》（×消行罚决字〔 〕第 号），依法对你（单位）作出罚款的决定，根据你（单位）的申请，我单位依据《中华人民共和国行政处罚法》第六十六条第二款之规定，现决定：

□同意你（单位）延期缴纳罚款。延长至_____年___月___日。

□同意你（单位）分__期缴纳罚款。第__期至___年_月_日前，缴纳罚款_____元（大写），第__期至___年_月___日前，缴纳罚款_____元（大写）。

□你（单位）不符合《中华人民共和国行政处罚法》第六十六条第二款之规定，不同意你（单位）延期/分期缴纳罚款。

逾期不缴纳罚款的，每日按罚款数额的百分之三加处罚款，加处罚款的数额不超过罚款的数额。

（消防救援机构名称及印章）
年 月 日

延期/分期缴纳罚款决定书已向我宣告并送达。
被处罚人：
年 月 日

一式三份，被处罚人和执行单位各一份，一份附卷。

式样十九

（此处印制消防救援机构名称）

催告书

×消行罚决字〔　〕第　号

当事人（姓名、性别、年龄、出生日期、身份证件种类及号码、户籍所在地、现住址/单位名称、地址、法定代表人、统一社会信用代码）：_____

_____

根据《中华人民共和国行政强制法》第三十五条和第五十四条之规定，限你（单位）于_____年___月___日前履行消防救援机构于_____年___月___日作出的决定，文书名称及文号为：_____。

履行方式：_____

_____（涉及金钱给付的，应当注明金额和给付方式）。

对以上事项，你（单位）有权进行陈述和申辩，无正当理由逾期不履行的，将依法强制执行。

（消防救援机构名称及印章）

年　月　日

被催告人：

年　月　日

一式二份，一份交当事人，一份附卷。

式样二十

（此处印制消防救援机构名称）

行政强制执行决定书

×消强执决字〔　〕第　号

被处理人（姓名、性别、年龄、出生日期、身份证件种类及号码、户籍所在地、现住址/单位名称、地址、法定代表人、统一社会信用代码）：＿＿＿＿＿＿＿＿＿＿＿＿＿＿＿＿＿＿＿＿＿＿＿＿＿＿＿

＿＿＿＿＿＿＿＿＿＿＿＿＿＿＿＿＿＿＿＿＿＿＿＿＿＿＿＿＿

因你(单位)经催告无正当理由逾期未履行消防救援机构于＿＿＿年＿＿月＿＿日作出的行政处罚决定（决定书文号：×消行罚决字〔　〕第　号）。

根据《中华人民共和国消防法》＿＿＿＿＿＿＿＿＿＿＿之规定，决定于＿＿＿年＿＿月＿＿日强制执行。

强制执行方式：＿＿＿＿＿＿＿＿＿＿＿＿＿＿＿＿＿＿＿

如不服本决定，可以在收到本决定书之日起六十日内向＿＿＿＿＿＿＿＿＿申请行政复议或者六个月内依法向＿＿＿＿＿＿＿＿＿法院提起行政诉讼。

（消防救援机构名称及印章）

年　月　日

被执行人：

年　月　日

一式二份，一份交被执行人，一份附卷。

式样二十一

（此处印制消防救援机构名称）

代履行决定书

×消代履决字〔　〕第　号

当事人（姓名、性别、年龄、出生日期、身份证件种类及号码、户籍所在地、现住址/单位名称、地址、法定代表人、统一社会信用代码）：＿＿＿＿＿＿＿＿＿＿＿＿＿＿＿＿＿＿＿＿＿＿＿＿＿＿

＿＿＿＿＿＿＿＿＿＿＿＿＿＿＿＿＿＿＿＿＿＿＿＿＿＿＿＿＿

我单位于＿＿＿年＿＿月＿＿日作出＿＿＿＿＿＿＿＿（文书文号：＿＿＿＿＿＿），要求你（单位）＿＿＿＿＿＿＿＿＿＿。

□经催告后你（单位）仍不履行。依据《中华人民共和国消防法》第六十条第三款之规定，决定＿＿＿＿＿＿＿＿＿＿＿＿＿＿由于＿＿＿年＿＿月＿＿日代履行。

□需要立即清除疏散通道、消防车通道影响逃生和灭火救援的障碍物，因你（单位）不能清除，依据《中华人民共和国行政强制法》第五十二条之规定，决定由＿＿＿＿＿＿＿＿＿＿＿立即代履行。

代履行方式：＿＿＿＿＿＿＿＿＿＿＿＿＿＿＿＿＿＿＿＿。

代履行费用（预算）：＿＿＿元（大写：＿＿元），根据《中华人民共和国行政强制法》第五十一条第二款之规定，由你（单位）承担。请你（单位）在收到本决定书后＿＿日内预付代履行预算费用（开户行：＿＿＿＿＿＿＿＿＿账号：＿＿＿＿＿＿＿＿＿＿）。代履行费用据实决算后，多退少补。

如不服本决定，可以在收到决定书之日起六十日内向＿＿＿＿＿＿＿＿＿＿＿申请行政复议或者六个月内依法向＿＿＿＿＿＿法院提起行政诉讼。

（消防救援机构名称及印章）

年　月　日

当事人：

年　月　日

一式二份，一份交当事人，一份附卷。

式样二十二

（此处印制消防救援机构名称）

强制执行申请书

×消强执申字〔　〕第　号

_____法院：

我单位于___年___月___日对_____

作出_____的行政处罚决定

（×消行罚决字〔　〕第　号），经依法催告（×消催字〔　〕第　号），

当事人无正当理由逾期仍未履行义务。

根据《中华人民共和国行政强制法》第五十三条和第五十四条之

规定，特申请你院对以下事项强制执行：

_____

_____。

附：1. 行政处罚决定书　　2. 当事人的意见

3. 催告书　　　　　　4. 申请强制执行标的情况

5. 法律、行政法规规定的其他材料：_____。

（消防救援机构名称及印章）

年　月　日

消防救援机构负责人：

年　月　日

一式二份，一份交法院，一份附卷。

式样二十三

（此处印制消防救援机构名称）

送达回证

×消送证字〔 〕第 号

送达的文书名称及文号	
受送达人	
送达地点	
送达人单位及送达人签名	
送达方式	□1. 直接送达　　□2. 留置送达　　□3. 委托送达 □4. 邮寄送达　　□5. 公告送达
签收人	□1. 受送达人　　□2. 委托代理人 □3. 代收人（与受送达人关系_____） 　　　　　　　　　_____（签名）
送达时间	年 月 日 时 分
见证人及其单位或住址	_____ _____（签名）　　年 月 日
备注	

此文书附卷。

（此处印制消防救援机构名称）

电子送达地址确认书

×消送证字〔 〕第   号

受送达人		身份证件 种类及号码	
受送达人 提供的 电子送达 地址	请选具体的电子送达方式： □电子邮件，邮箱地址：_____ □传真，传真号码：_____ □微信，微信号：_____ □短信，手机号：_____ □其他途径：_____		
受送达人 确认	本人同意消防救援机构以上述方式向我（单位）送达有关文书，并保证上述送达地址真实、准确、有效，本人通过上述途径均能知悉有关送达内容。 　　　　　　　　　　　　当事人： 　　　　　　　　　　　　　　年　月　日		
执法人员 签名	 　　　　　　　　　　　　　　年　月　日		
备注			

此文书附卷。

式样二十五

（此处印制消防救援机构名称）

终止案件调查决定书

×消终决字〔　〕第　号

因 _____ 一案具有

□违法行为已过追究时效

□涉嫌违法的公民死亡，或者法人、其他组织终止

□没有违法事实的

□其他：_____

的情形，现决定终止调查。

（消防救援机构名称及印章）

年　月　日

当事人：

年　月　日

一式二份，一份交当事人，一份附卷。

应急管理部关于贯彻实施新修改《中华人民共和国消防法》全面实行公众聚集场所投入使用营业前消防安全检查告知承诺管理的通知

各省、自治区、直辖市应急管理厅（局）、消防救援总队，新疆生产建设兵团应急管理局：

2021年4月29日，第十三届全国人民代表大会常务委员会第二十八次会议审议通过了修改《中华人民共和国消防法》的决定，于4月29日公布，并自公布之日起施行。为做好新修改的《中华人民共和国消防法》（以下简称《消防法》）的贯彻实施，全面实行公众聚集场所投入使用、营业前消防安全检查告知承诺管理等制度，现就有关要求通知如下。

一、充分认识《消防法》修改实施的重要意义。此次修改是全面贯彻落实中央决策部署，深化"证照分离"改革和消防执法改革，推进"放管服"改革的重要举措，对于持续优化营商环境，释放市场主体创业创新活力，强化事中事后监管，改革消防监督管理工作具有重要意义。本次《消防法》主要修改内容为：一是全面实行公众聚集场所投入使用、营业前消防安全检查告知承诺管理；二是取消消防技术服务机构资质许可，同时对相应违法行为设定了法律责任。各单位要提高政治站位，充分认识贯彻实施新修改的《消防法》的重大意义，抓好贯彻落实工作。

二、全面实行公众聚集场所投入使用、营业前消防安全检查告知承诺管理。公众聚集场所投入使用、营业前消防安全检查，申请人可自主选择采用告知承诺制方式办理，或者选择不采用告知承诺方式办理。消防救援机构要通过政务服务网站等方式向社会公布《公众聚集场所消防安全要求》（附件 1），并向社会公布实行告知承诺管理的范围、依据、条件、程序、期限等。告知承诺管理的流程包含申请、受理及许可、现场核查三个步骤。

（一）申请。消防救援机构应当提供《公众聚集场所投入使用、营业消防安全告知承诺书》（附件 2）文本，告知许可条件和需要提交的材料。申请人可以通过场所所在地的消防业务受理窗口或者消防在线政务服务平台，填写《公众聚集场所投入使用、营业消防安全告知承诺书》，作出符合消防安全要求、具备许可条件的承诺，并提交营业执照、场所平面布置图、场所消防设施平面图、消防安全制度、灭火和应急疏散预案，以及法律、行政法规规定的其他材料。

（二）受理及许可。消防救援机构对申请人提交的《公众聚集场所投入使用、营业消防安全告知承诺书》及相关材料进行审查。申请材料齐全、符合法定形式的，应当予以许可，并出具《公众聚集场所投入使用、营业前消防安全检查意见书》；依法不予受理的，出具不予受理凭证。对到消防业务受理窗口提出申请的，应当当场作出决定；对通过消防在线政务服务平台提出申请的，应当自收到申请之日起一个工作日内办结。公众聚集场所未经消防救援机构许可的，不得投入使用、营业。

（三）现场核查。消防救援机构对取得许可的公众聚集场所应当自作出许可之日起 20 个工作日内，按照《公众聚集场所投入使用、营业消防安全检查规则》（附件 3）进行核查，现场核查应当通知场所法定代表人或者主要负责人到场。对核查未发现与《公众聚集场所投入使用、营业消防安全告知承诺书》承诺内容不符的，将该单位（场所）纳入"双随机"抽查范围；对核查发现与承诺内容不符的，应当依法予以处罚，符合临时查封条件的，应当依法予以临时查封，同时自核查之日起 3 个工作日内制作送达《公众聚集场所消防安全检查责令限期改正通知书》。消防救援机构应当在责令限期改正期满或者收到当事人的复查申请之日起 3 个工作日内进行复查。对逾期不整改或者整改后仍达不到要求的，依法撤销许可。

申请人选择不采用告知承诺方式办理的，可以通过场所所在地的消防业务受理窗口或者消防在线政务服务平台，向消防救援机构提交消防安全检查申报表、营业执照、场所平面布置图、场所消防设施平面图、消防安全制度、灭火和应急疏散预案，以及法律、行政法规规定的其他材料。消防救援机构应当自受理申请之日起10个工作日内，按照《公众聚集场所投入使用、营业消防安全检查规则》对该场所进行检查，自检查之日起3个工作日内作出决定。对符合消防安全要求的，应当予以许可，并出具《公众聚集场所投入使用、营业前消防安全检查意见书》；对不符合消防安全要求的，出具《不同意投入使用、营业决定书》。

三、加强对消防技术服务活动的监督管理。取消消防技术服务机构资质许可后，各级消防救援机构要依法督促、指导消防技术服务机构落实主体责任，加强行业自律、规范从业行为，在具备从业条件后依照法律、行政法规、国家标准、行业标准和执业准则，提供消防技术服务，并对服务质量负责。要结合日常消防监督检查，对消防技术服务机构的从业条件和服务质量实施监督抽查，在开展火灾事故调查时倒查消防技术服务机构责任，对不具备从业条件从事消防技术服务活动或者出具虚假、失实文件的，以及不按照国家标准、行业标准开展技术服务活动的，依法予以处罚。情节严重的，依法责令停止执业或者吊销相应资格；造成重大损失的，由相关部门吊销营业执照，并对有关责任人员采取终身市场禁入措施。对严重违法失信的，应当记入信用记录，纳入全国信用信息平台，实施联合惩戒。

四、开展新修改《消防法》的宣传教育。要组织全体消防监督执法人员和消防业务受理窗口人员加强对《消防法》修改内容的学习，准确把握立法精神，加深对条文的理解认识，统一贯彻执行标准。要充分利用报刊、广播、电视、互联网等媒体，通过群众喜闻乐见的形式做好法律条文宣传解读工作，加强对企业和群众的指导帮扶和技术服务，切实让法律制度红利落实落地。

各地要抓紧做好相关法规、规章、规范性文件的清理工作，对与

《消防法》修改内容相抵触的，要尽快修改完善。此前发布的有关规定，与本通知规定不一致的，按照本通知执行。各地在贯彻实施中遇到的问题，请及时向应急管理部消防救援局反馈。

附件：1. 公众聚集场所消防安全要求
　　　2. 公众聚集场所投入使用、营业消防安全告知承诺书及相关律文书式样
　　　3. 公众聚集场所投入使用、营业消防安全检查规则

应急管理部

2021 年 5 月 11 日

附件 1

公众聚集场所消防安全要求

为规范公众聚集场所消防安全管理工作，落实单位消防安全责任，提升消防安全管理水平，依据有关法律法规和消防技术标准，制定本要求。

公众聚集场所是指宾馆、饭店、商场、集贸市场、客运车站候车室、客运码头候船厅、民用机场航站楼、体育场馆、会堂以及公共娱乐场所。其中，公共娱乐场所是指向公众开放的下列室内场所：影剧院、录像厅、礼堂等演出、放映场所；舞厅、卡拉 OK 厅等歌舞娱乐场所；具有娱乐功能的夜总会、音乐茶座和餐饮场所；游艺、游乐场所；保龄球馆、旱冰场、桑拿浴室等营业性健身、休闲场所。

一、消防安全责任

公众聚集场所的消防安全由本单位全面负责，实行消防安全责任制。

（一）场所所在建筑应当为合法建筑，场所在投入使用、营业前，应当依法取得营业执照等合法手续。

（二）公众聚集场所应当明确逐级和岗位消防安全职责，确定各级、各岗位的消防安全责任人员和责任范围。

（三）公众聚集场所的消防安全责任人应当由法定代表人、主要负责人担任，并落实下列消防安全职责：

1. 贯彻执行消防法律法规，保障场所消防安全条件符合规定，掌握本场所的消防安全情况；

2. 将消防安全管理与本场所的经营、管理等活动统筹安排，批准实施年度消防工作计划；

3. 为本场所的消防安全提供必要的经费和组织保障；

4. 确定逐级消防安全责任，批准实施消防安全制度和保障消防安全的操作规程；

5. 组织防火检查，督促落实火灾隐患整改，及时处理涉及消防安全的重大问题；

6. 依照规定建立专职消防队、志愿消防队（微型消防站）；

7. 组织制定符合本场所实际的灭火和应急疏散预案，并实施演练。

（四）公众聚集场所应当依法确定消防安全管理人，负责场所消防工作。消防安全管理人负责组织落实下列消防安全管理工作：

1. 拟定年度消防工作计划，组织实施日常消防安全管理工作；

2. 组织制定消防安全管理制度和保障消防安全的操作规程并检查督促落实；

3. 拟定消防安全工作的资金投入和组织保障方案；

4. 组织实施防火检查和火灾隐患整改工作；

5. 组织实施对本场所（责任区域）消防设施、灭火器材和消防安全标志的维护保养，确保其完好有效，确保疏散走道和安全出口畅通；

6. 组织管理专职消防队、志愿消防队（微型消防站）；

7. 组织员工开展消防知识、技能的宣传教育和培训，组织灭火和应急疏散预案的实施和演练；

8. 消防安全责任人委托的其他消防安全管理工作。

（五）消防安全责任人、消防安全管理人应当熟悉消防法律法规和消防技术标准，具备与本单位所从事的经营活动相应的消防安全知识和管理能力。鼓励公众聚集场所聘用注册消防工程师从事消防安全管理工作。

（六）公众聚集场所实行承包、租赁或者委托经营、管理时，当事人订立的相关租赁或承包合同应当依照有关法规明确各方的消防安全责任。承包人、承租人或者受委托经营、管理者，在其使用、管理范围内应当履行消防安全责任人的职责。

（七）对于有两个或者两个以上产权者和使用者的公众聚集场所所在建筑，除应当依法履行自身消防管理职责外，还应当明确消防车道、消防车登高操作场地、涉及公共消防安全的疏散设施和其他共用的建筑消防设施的管理责任。

二、消防安全技术条件

公众聚集场所及其所在建筑总平面布局、平面布置、防火分区及防火分隔、安全疏散、内外部装修、消防水源、消防设施、器材及标志、电气线路等应当符合消防法律法规和消防技术标准（要点详见附件〔1〕）。《公众聚集场所消防技术标准要点》的相关要求与新颁布实施的消防技术标准不一致时，执行新消防技术标准的规定。

三、消防安全管理

公众聚集场所应当依法履行消防安全职责，落实消防安全管理措施（要点详见附件〔2〕），提升消防安全水平：

1. 建立消防安全制度和操作规程；

2. 严格用火用电用油用气管理；

3. 定期对消防设施器材进行检验、维修，确保完好有效；

4. 保障疏散通道、安全出口、消防车通道畅通，保证防火防烟分区、防火间距不被破坏、占用；

5. 确定消防安全重点部位，实行严格管理；

6. 落实消防控制室值班管理；

7. 开展防火巡查、检查，及时消除火灾隐患；

8. 定期开展消防宣传和教育培训；

9. 制定灭火和应急疏散预案，定期组织消防演练；

10. 按照规定建立专职消防队或者志愿消防队（微型消防站）；

11. 依照规定建立健全消防档案。

附件：1. 公众聚集场所消防技术标准要点

　　　2. 公众聚集场所消防安全管理要点

　　　3. 相关消防法律、规章及技术标准（略）

附件〔1〕

公众聚集场所消防技术标准要点

本要点为现行消防技术标准中具有普遍性的规定，除本要点外，公众聚集场所及其所在建筑的其他防火要求应当符合现行消防技术标准。公众聚集场所及其所在建筑采取特殊消防设计时，其防火要求可按特殊消防设计确定的相关技术措施执行。

一、总平面布局

（一）防火间距

1. 为防止着火建筑的火势向相邻建筑蔓延，两幢高层建筑之间防火间距不应小于 13 m；高层建筑与一、二级耐火等级的单、多层建筑（包括高层建筑裙房）之间防火间距不应小于 9 m；两幢一、二级耐火等级的单、多层建筑（包括高层建筑裙房）之间防火间距不应小于 6 m。

2. 建筑周边扩建附属用房不应占用防火间距，两幢建筑之间不应存在扩建屋顶、雨棚、围栏，堆放可燃物，设置封闭连廊等改变或占用防火间距的情况。

（二）消防车道

1. 为满足消防车通行和扑救建筑火灾的需要，消防车道的净宽度和净空高度均不应小于 4.0 m，转弯半径应满足消防车转弯的要求。

2. 消防车道路面不应设置妨碍消防车通行的停车泊位、路桩、隔离墩、地锁等障碍物，并设有"严禁占用"等标志。

3. 消防车道两侧、上方不应有影响消防车通行和作业的电力设施、架空管线、广告牌、围墙、栅栏、树木等障碍物。

4. 回车场地面及周围不应设置有妨碍消防车回车操作的障碍物。

5. 控制车辆、人员进出的栅栏、栏杆等应具有紧急情况下开启的措施。

（三）消防车登高操作场地

1. 为满足扑救建筑火灾和救助建筑中遇困人员需要，高层建筑应至少沿一个长边或周边长度的1/4且不小于一个长边长度的底边布置消防车登高操作场地，场地的长度和宽度分别不应小于15 m和10 m；建筑高度大于50 m的建筑，场地的长度和宽度分别不应小于20 m和10 m。

2. 为方便消防救援人员进入建筑内部实施灭火救援，消防车登高操作场地相对应的位置，每层均应设置可供消防救援人员进入的窗口，间距不宜大于20 m，净高度和净宽度均不应小于1.0 m。窗口的玻璃应易于破碎，并应设置可在室外识别的明显标志。

3. 为使消防救援人员能尽快安全到达着火层，建筑与消防车登高操作场地相对应的范围内直通室外的楼梯或者直通楼梯间的入口不应被占用、堵塞、封闭，并应设有警示标志。

4. 不应占用消防车登高操作场地或改变用途，消防车登高操作场地与建筑之间不应设置妨碍消防车操作的树木、架空管线等障碍物。

二、平面布置

（一）一般要求

1. 不应在公众聚集场所（旅馆除外）的经营、储存等区域设置人员居住场所。

2. 为避免造成重大人员伤亡和财产损失，公众聚集场所内严禁附设经营、存放和使用甲、乙类火灾危险性物品的商店、作坊和储藏间等。

3. 公众聚集场所内不应设置生产场所和库房（为满足建筑使用功能的附属库房除外）。

4. 公众聚集场所的上一层、下一层或贴邻，不应设置燃油或燃气锅炉、油浸变压器、充有可燃油的高压电容器和多油开关。

5. 液化石油气火灾危险性大，为防止燃气积聚在室内产生火灾或爆炸隐患，设置在地下、半地下室的公众聚集场所严禁使用液化石油气。

6. 为减少气体运输过程中产生的危险因素，位于高层建筑内的公众聚集场所使用可燃气体燃料时，应采用管道供气。

7. 使用可燃气体的房间或部位宜靠外墙设置。

8. 公众聚集场所附属的冷库应设置在地上，确需设在地下时，只允许设置在地下一层。冷库的隔热材料应为不燃材料，采用难燃材料时应用不燃材料做防护层，穿过隔热材料的电气线路应采取金属管保护。

（二）商店

1. 三、四级耐火等级建筑的耐火性能较低，商店建筑采用三级耐火等级建筑时，不应超过2层；采用四级耐火等级建筑时，应为单层。

2. 为便于人员快速疏散，营业厅设置在三级耐火等级的建筑内时，应布置在首层或二层；设置在四级耐火等级的建筑内时，应布置在首层。

3. 为保证人员疏散安全和便于火灾扑救，营业厅不应设置在地下三层及以下楼层。地下或半地下营业厅不应经营、储存和展示甲、乙类火灾危险性物品。

4. 商店的附属库房应采用耐火极限不低于3.00 h的隔墙与营业、办公部分分隔，通向营业厅的门应为甲级防火门。

（三）儿童活动场所

1. 儿童的行为能力较弱，需要其他人协助进行疏散，为便于火灾时快速疏散人员，儿童活动场所不应设置在地下或半地下；设置在一、二级耐火等级的建筑内时，应布置在首层、二层或三层；设置在三级耐火等级的建筑内时，应布置在首层或二层；设置在四级耐火等级的建筑内时，应布置在首层。

2. 为进一步提高疏散的可靠性，避免与其他楼层和场所的疏散人员混合，儿童活动场所设置在高层建筑内时，应设置独立的安全出口和疏散楼梯；设置在多层建筑内时，安全出口和疏散楼梯至少1个独立设置。

（四）剧场、电影院、礼堂

1. 剧院、电影院和礼堂人员密集，需重点考虑安全疏散，采用三级耐火等级建筑时，不应超过2层。

2. 剧院、电影院和礼堂设置在其他民用建筑内时，要采用防火隔墙将这些场所与其他场所分隔，疏散楼梯尽量独立设置，每个防火分区至少应设置1个独立的安全出口和疏散楼梯，并应采用耐火极限不低于2.00 h的防火隔墙和甲级防火门与其他区域分隔。

3. 设置在三级耐火等级的建筑内时，不应布置在三层及以上楼层；

设置在地下或半地下时，不应设置在地下三层及以下楼层。

4. 设置在一、二级耐火等级的建筑内且观众厅布置在四层及以上楼层时，为方便人员安全疏散和灭火救援，一个厅、室的疏散门不应少于2个，且每个观众厅的建筑面积不宜大于400 m²。

5. 设置在高层建筑内时，为提高场所的消防安全性，应设置火灾自动报警系统及自动喷水灭火系统等自动灭火系统。

（五）歌舞娱乐放映游艺场所

1. 歌舞娱乐放映游艺场所人员密集，人员组成复杂，为便于人员安全疏散，不应布置在地下二层及以下楼层；布置在地下一层时，地下一层的地面与室外出入口地坪的高差不应大于10 m。

2. 布置在地下或四层及以上楼层时，一个厅、室的建筑面积不应大于200 m²。

3. 为避免火灾在不同厅、室之间或在不同使用功能场所之间蔓延，歌舞娱乐放映游艺场所厅、室之间及与建筑的其他部位之间，应采用耐火极限不低于2.00 h的防火隔墙和1.00 h的不燃性楼板分隔，设置在厅、室墙上的门和该场所与建筑内其他部位相通的门均应采用乙级防火门。

（六）餐饮场所

1. 厨房应采用耐火极限不低于2.00 h的防火隔墙与其他部位分隔，墙上的门、窗应采用乙级防火门、窗或防火卷帘。

2. 供厨房使用的丙类液体燃料，其储罐应布置在建筑外，当设置中间罐时，中间罐的容量不应大于1 m³，并应设置在一、二级耐火等级的单独房间内，房间门应采用甲级防火门。中间罐下部设置防止油品流散的设施。

3. 厨房区采用液化石油气瓶组供气时，应设置独立的瓶组间，瓶组间不应与住宅建筑、重要公共建筑和其他高层公共建筑贴邻。液化石油气气瓶的总容积不大于1 m³的瓶组间与所服务的其他建筑贴邻时，应采用自然气化方式供气。在瓶组间的总出气管道上应设置紧急事故自动切断阀。瓶组间应设置可燃气体浓度报警装置。

4. 餐厅建筑面积大于1 000 m²的餐馆或食堂，其烹饪操作间的排油烟罩及烹饪部位应设置自动灭火装置，并应在燃气或燃油管道上设置与自动灭火装置联动的自动切断装置。

（七）设备用房

1. 公众聚集场所所在建筑的燃油或燃气锅炉房、变压器室、柴油发电机房应设置在首层或地下一层的靠外墙部位。采用相对密度（与空气密度的比值）不小于 0.75 的可燃气体为燃料的锅炉，不得设置在地下或半地下。

2. 锅炉房、变压器室的疏散门均应直通室外或安全出口。

3. 锅炉房、变压器室、柴油发电机房等与其他部位之间应采用耐火极限不低于 2.00 h 的防火隔墙和 1.50 h 的不燃性楼板分隔，房间门应采用甲级防火门。

4. 燃油锅炉房、柴油发电机房内设置储油间时，总储油量不应大于 1 m³，且储油间应采用耐火极限不低于 3.00 h 的防火隔墙与锅炉间、发电机间分隔；确需在防火隔墙上设置门时，应采用甲级防火门。

5. 油浸变压器、多油开关室、高压电容器室应设置防止油品流散的设施。油浸变压器下面应设置能储存变压器全部油量的事故储油设施。

6. 燃油或燃气锅炉房、油浸变压器室、充有可燃油的高压电容器和多油开关室应设置火灾报警装置和灭火设施。

7. 燃油或燃气锅炉房应设置独立的通风系统，燃气锅炉房应设置爆炸泄压设施。

三、防火分区及防火分隔

（一）一般要求

1. 同一建筑内设置多种使用功能场所时，为保证火灾不会相互蔓延，不同使用功能场所之间应进行防火分隔。

2. 为保证防火分区的完整性，不应破坏防火分区，擅自拆除防火墙及墙上防火门窗、防火卷帘等围护构件或改变其位置及类型。

3. 防火门开启方向上不应有影响开启的障碍物，常闭防火门门扇不应使用插销、门吸、木楔等物件保持开启状态，常开防火门不应采用插销将门扇固定在开启位置。

4. 防火卷帘导轨应无变形、轨道内无阻碍卷帘下降的障碍物，防火卷帘下方不应有影响卷帘正常下降的障碍物，地面应标注明显的警示标志。

5. 不得采用夹芯材料为易燃、可燃、难燃的彩钢板作为室内分隔或搭建临时建（构）筑物。非承重外墙、房间隔墙、屋面板采用金属夹芯板时，芯材应为不燃材料，且耐火极限应符合要求。

（二）防火分区

1. 为将火势控制在一定的范围内，建筑应划分防火分区，高层建筑防火分区的建筑面积不应大于 1 500 m^2；耐火等级为一、二级的单、多层建筑，其防火分区的建筑面积不应大于 2 500 m^2；耐火等级为三级的单、多层建筑，其防火分区的建筑面积不应大于 1 200 m^2；耐火等级为四级的单、多层建筑，其防火分区的建筑面积不应大于 600 m^2；地下或半地下建筑（室）防火分区的建筑面积不应大于 500 m^2。建筑内设置自动灭火系统时，可按上述规定增加 1.0 倍；局部设置时，防火分区的增加面积可按该局部面积的 1.0 倍计算。

2. 一、二级耐火等级建筑内的商店营业厅，根据使用功能及消防设施和建筑装修情况对其防火分区大小做适当调整，当设置自动灭火系统和火灾自动报警系统并采用不燃或难燃装修材料时，其每个防火分区的最大允许建筑面积应符合下列规定：设置在高层建筑内时，不应大于 4 000 m^2；设置在单层建筑或仅设置在多层建筑的首层内时，不应大于 10 000 m^2；设置在地下或半地下时，不应大于 2 000 m^2。

3. 考虑到安全疏散和灭火救援的需要，地下或半地下商店总建筑面积不应大于 20 000 m^2；当总建筑面积确需大于 20 000 m^2 时，应采用无门、窗、洞口的防火墙、耐火极限不低于 2.00 h 的楼板将商店分隔为多个建筑面积不大于 20 000 m^2 的区域。相邻区域局部连通时，应采用下沉式广场等室外开敞空间、防火隔间、避难走道、防烟楼梯间等方式进行连通。

（三）防火分隔及封堵

1. 建筑内上、下层之间不应开设连通的开口，当确需设置自动扶梯、敞开楼梯等上、下层相连通的开口，且上、下层相连通的建筑面积叠加计算后大于单个防火分区最大允许建筑面积时，应划分防火分区；当设置中庭时，开口周围应设置防火隔墙、防火玻璃隔墙、防火卷帘等，且中庭内不应布置可燃物。

2. 为防止火灾通过各类竖井垂直蔓延，电缆井、管道井、排烟道、排气道、垃圾道等竖向井道井壁上的检查门应采用丙级防火门，电缆井、管道井应在每层楼板处采用不低于楼板耐火极限的不燃材料或防火封堵材料封堵，防火封堵部位不应开裂、脱落。

3. 不应在电缆井、管道井等竖向井道内堆放可燃物。

四、安全疏散

（一）一般要求

1. 为使人员在建筑着火后能有多个不同方向的疏散路线可供选择和疏散，建筑内的安全出口和疏散门应分散布置；而且为避免两个疏散出口之间距离过近，在火灾中实际上只能起到1个出口的作用，建筑内每个防火分区或一个防火分区的每个楼层以及每个房间相邻两个疏散门最近边缘之间的水平距离不应小于5 m。

2. 为保证人员疏散的可靠性，每个防火分区或一个防火分区的每个楼层，其安全出口的数量应经计算确定，且不应少于2个。

3. 为方便人员逃生和灭火救援，窗口、阳台等部位不得设置封闭的金属栅栏，确需设置时，应能从内部易于开启；窗口、阳台等部位宜根据其高度设置适用的辅助疏散逃生设施。

4. 设置在建筑内经常有人通行处的防火门，宜采用常开防火门，但为避免烟气或火势的影响，常开防火门应能在火灾时自行关闭；除允许设置常开防火门的位置外，其他位置的防火门均应采用常闭防火门，常闭防火门应在其明显位置设置"保持防火门关闭"等提示标识。

5. 为避免在火灾情况下人员因为疏散门而出现阻滞或无法疏散的情况，除允许开启方向不限的疏散门外，其他疏散门应采用向疏散方向开启的平开门，不应采用推拉门、卷帘门、吊门、转门和折叠门。

6. 平时需要控制人员出入或设有门禁系统的疏散门，应有保证火灾时人员疏散畅通的可靠措施。

7. 各楼层的明显位置应设置安全疏散指示图，指示图上应标明疏散路线、安全出口、人员所在位置和必要的文字说明。

8. 不应占用、堵塞、封闭疏散走道、安全出口，疏散走道上方不应设置影响人员疏散的管道、门垛等突出物，不得在疏散走道、门厅、楼梯间、前室、安全出口处等公共区域停放电动自行车或为其充电。

（二）疏散距离

1. 安全疏散距离是控制安全疏散设计的基本要素，疏散距离越短，人员的疏散过程越安全。该距离的确定既要考虑人员疏散的安全，也要兼顾建筑功能和平面布置的要求，对不同火灾危险性场所和不同耐火等级建筑应有所区别。

2. 一、二级耐火等级建筑内的歌舞娱乐放映游艺场所、高层旅馆、其他场所，当直通疏散走道的房间疏散门位于两个安全出口之间时，房间疏散门至最近安全出口的直线距离分别不应大于 25 m、30 m、40 m。

3. 一、二级耐火等级单、多层建筑，房间内任一点至房间疏散门的直线距离不应大于 22 m；高层建筑房间内任一点至房间疏散门的直线距离不应大于 20 m。一、二级耐火等级建筑内的歌舞娱乐放映游艺场所、高层旅馆，房间内任一点至房间疏散门的直线距离分别不应大于 9 m、15 m。

4. 一、二级耐火等级建筑内的观众厅、餐厅、营业厅等，其室内任一点至最近疏散门或安全出口的直线距离不应大于 30 m；当疏散门不能直通室外地面或疏散楼梯间时，应采用长度不大于 10 m 的疏散走道通至最近的安全出口。

5. 建筑物内全部设置自动喷水灭火系统时，其安全疏散距离可在上述规定基础上增加 25%。

（三）疏散宽度

1. 为保证人员疏散的基本需要，应确定建筑中疏散门、安全出口与疏散走道和疏散楼梯的最小净宽度，同时应根据公众聚集场所及其所在建筑内的疏散人数和百人疏散宽度指标计算出总疏散宽度。

2. 单、多层建筑疏散走道的净宽度不应小于 1.10 m，单面布房的高层建筑和双面布房的高层建筑，其疏散走道的净宽度分别不应小于 1.30 m 和 1.40 m。

3. 单、多层建筑和高层建筑疏散楼梯的净宽度分别不应小于 1.10 m 和 1.20 m。

4. 人员密集的公共场所、观众厅的疏散门不应设置门槛，其净宽度不应小于 1.40 m，且紧靠门口内外各 1.40 m 范围内不应设置踏步。

5. 室外疏散通道的净宽度不应小于 3.00 m，并应直接通向宽敞地带。

6. 剧场、电影院、礼堂、体育馆等场所的观众厅内疏散走道的净宽度应按每 100 人不小于 0.60 m 计算，且不应小于 1.00 m。

7. 观众厅座位数不大于 2 500 座的一、二级耐火等级剧场、电影院、礼堂等场所，其疏散楼梯的净宽度应按每 100 人不小于 0.75 m 计算；观众厅座位数分别为 3 000 座~5 000 座、5 001 座~10 000 座、10 001 座~20 000 座的体育馆，其疏散楼梯的净宽度应分别按每 100 人不小于 0.5 m、0.43 m 和 0.37 m 计算。

8. 除剧场、电影院、礼堂、体育馆外的其他一、二级耐火等级公共建筑，建筑层数分别为 1~2 层、3 层、大于等于 4 层的地上楼层，每层的房间疏散门、安全出口、疏散走道和疏散楼梯的每 100 人最小疏散净宽度应分别按 0.65 m、0.75 m 和 1.0 m 计算；与地面出入口地面的高差不大于 10 m 和大于 10 m 的地下楼层，该值应分别按 0.75 m 和 1.0 m 计算。

9. 地下或半地下人员密集的厅、室和歌舞娱乐放映游艺场所，其房间疏散门、安全出口、疏散走道和疏散楼梯的各自总净宽度，应根据疏散人数按每 100 人不小于 1.00 m 计算确定。

（四）疏散人数

1. 疏散人数的确定是场所疏散设计的基础参数之一，其数量可通过人员密度乘以场所建筑面积计算得到。

2. 歌舞娱乐放映游艺场所中录像厅的疏散人数，应根据厅、室的建筑面积按不小于 1.0 人/m² 计算；其他歌舞娱乐放映游艺场所的疏散人数，应根据厅、室的建筑面积按不小于 0.5 人/m^2 计算。

3. 商店的疏散人数应按每层营业厅的建筑面积乘以人员密度计算，地下第二层、地下第一层、地上第一层和第二层、地上第三层、地上第四层及以上各层的商店营业厅内的人员密度分别为 0.56 人/m^2、0.60 人/m^2、0.43~0.60 人/m^2、0.39~0.54 人/m^2、0.30~0.42 人/m^2。对于建材商店、家具和灯饰展示建筑，其人员密度可按上述值的 30%确定。

4. 饮食建筑中用餐区域的疏散人数宜按每个座位占用面积计算确定：餐馆 1.3 m^2/座，快餐店 1.0 m^2/座，饮品店 1.5 m^2/座。

（五）疏散楼梯间

1. 一类高层公共建筑和建筑高度大于 32 m 的二类高层公共建筑，其疏散楼梯应采用防烟楼梯间。

2. 高层公共建筑裙房和建筑高度不大于 32 m 的二类高层公共建筑，设置歌舞娱乐放映游艺场所的建筑，宾馆、商店、图书馆、展览建筑、会议中心及类似使用功能的建筑，6 层及以上的其他建筑，其疏散楼梯应采用封闭楼梯间。

3. 室内地面与室外出入口地坪高差大于 10 m 或 3 层及以上的地下、半地下建筑（室），其疏散楼梯应采用防烟楼梯间；其他地下或半地下建筑（室），其疏散楼梯应采用封闭楼梯间；在首层采用耐火极限不低于 2.00 h 的防火隔墙与其他部位分隔并应直通室外，确需在隔墙上开门时，应采用乙级防火门。

4. 建筑的地下或半地下部分与地上部分不应共用楼梯间，确需共用楼梯间时，应在首层采用耐火极限不低于 2.00 h 的防火隔墙和乙级防火门将地下或半地下部分与地上部分的连通部位完全分隔，并应设置明显的标志。

5. 封闭楼梯间、防烟楼梯间及其前室内不应设置可燃气体管道，不应设置甲、乙、丙类液体管道。

6. 疏散楼梯间内不应设置烧水间、可燃材料储藏室、垃圾道，不应有影响疏散的凸出物或其他障碍物。

7. 封闭楼梯间、防烟楼梯间及其前室，不应设置卷帘，除楼梯间的出入口和外窗外，楼梯间的墙上不应开设其他门、窗、洞口；楼梯间的门应采用乙级防火门，并应向疏散方向开启。如果在首层将走道和门厅等包括在楼梯间内形成扩大的楼梯间，应采用乙级防火门等与其他走道和房间分隔。

8. 防烟楼梯间应设置防烟设施；防烟楼梯间前室的使用面积不应小于 6.0 m²，与消防电梯间前室合用时，合用前室的使用面积不应小于 10.0 m²。

9. 通向避难层的疏散楼梯应在避难层分隔、同层错位或上下层断开；除通向避难层错位的疏散楼梯外，建筑内的疏散楼梯间在各层的平面位置不应改变。

五、内部装修

（一）一般要求

1. 场所内部装修应当按照消防技术标准的要求使用不燃、难燃材料，避免采用燃烧时产生大量浓烟或有毒气体的材料。

2. 为保证消防设施和疏散指示标志的使用功能，建筑内部装修不应擅自减少、改动、拆除、遮挡消防设施、疏散指示标志、安全出口、疏散出口、疏散走道和防火分区、防烟分区等。

3. 厨房内火源较多，对装修材料的燃烧性能应严格要求，厨房的顶棚、墙面、地面均应采用不燃性装修材料。

4. 为保证人员在竖向疏散时的安全性，疏散楼梯间和前室的顶棚、墙面和地面均应采用不燃性装修材料。

5. 为保证疏散指示标志和安全出口易于辨认，避免人员在紧急情况下发生错误判断，疏散走道和安全出口的顶棚、墙面不应采用影响人员安全疏散的镜面反光材料。

6. 为避免照明灯具、电加热器具等引发火灾，照明灯具及电气设备、线路的高温部位，当靠近难燃性、可燃性、易燃性装修材料或构件时，应采取隔热、散热等防火保护措施，与窗帘、帷幕、幕布、软包等装修材料的距离不应小于 500 mm；灯饰应采用难燃性或不燃性材料。

7. 为避免电气设备引发火灾，建筑内部的配电箱、控制面板、接线盒、开关、插座等不应直接安装在可燃性、易燃性装修材料上；用于顶棚和墙面装修的木质类板材，当内部含有电器、电线等物体时，应采用难燃性或不燃性材料。

8. 为避免采用电加热供暖系统的室内场所，如汗蒸房等发生火灾，当室内顶棚、墙面、地面和隔断装修材料内部安装电加热供暖系统时，室内采用的装修材料和绝热材料应为不燃性。当室内顶棚、墙面、地面和隔断装修材料内部安装水暖（或蒸汽）供暖系统时，其顶棚采用的装修材料和绝热材料应为不燃性材料，其他部位的装修材料和绝热材料应为不燃性或难燃性。

9. 为了避免饰物引发火灾，建筑内部不宜设置采用易燃性装饰材料制成的壁挂、布艺等，当确需设置时，不应靠近电气线路、火源或热源，或采取隔离措施。

10. 无窗房间不利于人员疏散和灭火救援，其内部装修材料的燃烧性能等级除不燃性外，应在相关规定的基础上提高一级。

（二）单、多层民用建筑

1. 民用机场航站楼的顶棚和墙面应采用不燃性装修材料。

2. 建筑面积大于 10 000 m² 的客运车站候车室、客运码头候船厅的顶棚和墙面应采用不燃性装修材料；其他客运车站候车室、客运码头候船厅的顶棚应采用不燃性装修材料。

3. 观众厅的顶棚应采用不燃性装修材料。

4. 大于 3 000 座位的体育馆的顶棚和墙面应采用不燃性装修材料，其他体育馆的顶棚应采用不燃性装修材料。

5. 商店营业厅的顶棚应采用不燃性装修材料。

6. 宾馆设置送回风道（管）的集中空气调节系统时，客房及公共活动用房的顶棚应采用不燃性装修材料。

7. 歌舞娱乐游艺场所的顶棚应采用不燃性装修材料。

8. 营业面积大于 100 m² 的餐饮场所的顶棚应采用不燃性装修材料。

（三）高层民用建筑

1. 民用机场航站楼的顶棚和墙面应采用不燃性装修材料。

2. 建筑面积大于 10 000 m² 的客运车站候车室、客运码头候船厅的顶棚和墙面应采用不燃性装修材料；其他客运车站候车室、客运码头候船厅的顶棚应采用不燃性装修材料。

3. 建筑面积大于 400 m² 的观众厅的顶棚和墙面应采用不燃性装修材料；其他观众厅的顶棚应采用不燃性装修材料。

4. 商店营业厅的顶棚应采用不燃性装修材料。

5. 宾馆的客房及公共活动用房的顶棚应采用不燃性装修材料。

6. 歌舞娱乐游艺场所的顶棚应采用不燃性装修材料。

7. 餐饮场所的顶棚应采用不燃性装修材料。

（四）地下建筑

1. 观众厅、商店营业厅的顶棚、墙面和地面应采用不燃性装修材料。

2. 宾馆的客房及公共活动用房的顶棚应采用不燃性装修材料。

3. 歌舞娱乐游艺场所的顶棚和墙面应采用不燃性装修材料。

4. 餐饮场所的顶棚、墙面和地面应采用不燃性装修材料。

六、消防水源

（一）设置要求

1. 消防水源可取自市政给水管网、消防水池、天然水源等，天然水源为河流、海洋、地下水等，也包括景观水池、游泳池、池塘等，同时要有保证在任何情况下均能满足消防给水系统所需的水量和水质的技术措施。

2. 公众聚集场所所在建筑符合下列规定之一时，应设置消防水池：

（1）当生产、生活用水量达到最大时，市政给水管网或入户引入管不能满足室内、室外消防给水设计流量；

（2）当采用一路消防供水或只有一条入户引入管，且室外消火栓设计流量大于 20 L/s 或建筑高度大于 50 m 时；

（3）市政消防给水设计流量小于建筑室内外消防给水设计流量。

3. 公众聚集场所所在建筑的消防水泵房应符合下列规定：

（1）单独建造的消防水泵房，其耐火等级不应低于二级；

（2）附设在建筑内的消防水泵房，不应设置在地下三层及以下或室内地面与室外出入口地坪高差大于 10 m 的地下楼层；

（3）疏散门应直通室外或安全出口。

（二）外观要求

1. 消防水池的排污管、溢流管应引向集水井，通气孔应畅通。

2. 消防水池浮球控制阀的启闭性能应良好。向下按压浮球时，浮球控制阀应开启并保持进水通畅；松开浮球时，浮球控制阀应关闭并保持无水流出。

3. 消防水池供消防车取水的取水口保护措施应完好、标志应清晰。

（三）功能要求

1. 先确认消防水池液位计上端阀处于开启状态、下端排水阀处于关闭状态，然后打开液位计进水阀，观察浮标的升起高度，读取水池液位高度，依据水池截面积，计算实有储水量。

2. 根据计算结果，判断实有储水量应满足设计要求。

3. 关闭液位计进水阀，打开排水阀，排出液位计内余水。

4. 设有电子水位仪的，可直接读取储水量。

七、室外消火栓系统和水泵接合器

（一）设置要求

1. 室外消火栓是设置在建筑物外消防给水管网上的供水设施，也是消防车到场后需要使用的基本消防设施之一，公众聚集场所所在建筑的周围应设置室外消火栓系统。

2. 消防水泵接合器主要用于连接消防车，向室内消火栓给水系统、自动喷水或固定消防炮等水灭火系统或设施供水，自动喷水灭火系统、固定消防炮灭火系统等应设置消防水泵接合器；超过 5 层的公共建筑，高层建筑，超过 2 层或建筑面积大于 10 000 m² 的地下建筑（室），其室内消火栓给水系统应设置消防水泵接合器。

（二）外观要求

1. 消火栓组件不应缺损，栓口不应漏水，地下消火栓地面标志应醒目、清晰。

2. 容易被车辆等撞击的地上式室外消火栓，其防撞措施应完好；地下消火栓所在地面涂刷、设置的防止占用、停放车辆的标志、措施应完好。

3. 消火栓不应被圈占、挪用、埋压，或被拆除；消火栓安装井应无积水，消火栓控制阀门应处于开启状态、操作应方便。

4. 水泵接合器标志牌（所属系统和服务区域）应醒目、清晰，相关组件应完好有效。

5. 距室外消火栓、水泵接合器 2.0 m 范围内不得设置影响其正常使用的障碍物。

（三）功能要求

1. 使用消火栓扳手检查消火栓闷盖、阀杆操作应灵活；使用专门工具检查地下消火栓井盖应能顺利开启，井内应无积水以及妨碍操作的杂物等。

2. 使用消火栓测试接头，打开消火栓阀杆，检查消火栓供水压力应满足设计要求；条件许可的情况下，同时打开多只室外消火栓管网上的消火栓，检查其最不利情况下供水压力和能力应满足设计要求。

3. 采用消防泵组供水的，模拟消火栓启泵按钮动作，检查消防泵组应能自动启动，启动后水泵供水压力及流量应符合设计要求。

八、室内消火栓系统

（一）设置要求

室内消火栓是建筑内主要灭火、控火设备，下列建筑或场所应设置室内消火栓系统：

1. 位于高层建筑内的公众聚集场所；

2. 体积大于 5 000 m³ 的车站、码头、机场的候车（船、机）建筑、商店建筑、旅馆建筑；

3. 特等、甲等剧场，超过 800 个座位的其他等级的剧场和电影院等以及超过 1 200 个座位的礼堂、体育馆建筑；

4. 位于建筑高度大于 15 m 或体积大于 10 000 m³ 的单、多层民用建筑内的公众聚集场所。

（二）外观要求

1. 消火栓箱标志应醒目、清晰，本体及周围不应存在影响辨认的障碍物，箱体内应张贴操作说明。

2. 消火栓箱不应上锁，水带、水枪、消火栓、消火栓启泵按钮等配件应齐全；水带应无霉变、粘连、涂胶层应无开裂；消防接口与水带连接应牢固，密封垫应完好；消火栓接口、手轮应完好，用于减压、稳压的孔板等应完好；消火栓启泵按钮接线应完好；击打锤应在位；有巡检指示功能的按钮，其巡检指示灯应定期闪亮。

3. 消火栓箱内配置的消防软管卷盘组件应完整，胶管与小水枪、阀门等连接应牢固，胶管无粘连、开裂；支架的转动机构灵活，转动角度满足使用要求；阀门操作手柄完好。

（三）功能要求

1. 消火栓栓口的安装高度应便于消防水带的连接和使用，其距地面高度宜为 1.1 m；其出水方向应便于消防水带的敷设，并宜与设置消火栓的墙面成 90°角或向下。

2. 检查箱门的开启应灵活、开启角度不应小于 120°；转动消火栓本体，旋转型消火栓旋转机构应灵活；拉出消防软管卷盘，卷盘运转应灵活，胶管展开后未出现折弯等影响出水的现象。

3. 使用消火栓测试装置，检查任一个消火栓栓口动压不应大于 0.50 MPa；高层建筑、室内净空超过 8 m 的场所，消火栓栓口动压不应小于 0.35 MPa，其他场所消火栓栓口动压不应小于 0.25 MPa。

4. 消防软管卷盘的操作应方便、连接处无渗漏；检查消防水带在压力状态下应能正常供水、各接口处无渗漏。

5. 模拟消火栓按钮动作，指示灯（回答灯）应点亮，也可在消防控制室查看到联动控制器收到的反馈信息，或在消防泵房观察到消防泵被启动。

九、自动喷水灭火系统

（一）设置要求

自动喷水灭火系统对于扑救和控制建筑物内的初期火灾，减少损失、保障人身安全，具有十分明显的作用，下列建筑或场所应设置自动喷水灭火系统：

1. 特等、甲等剧场，超过 1 500 个座位的乙等剧场，超过 2 000 个座位的会堂或礼堂，超过 3 000 个座位的体育馆，超过 5 000 人的体育场的室内人员休息室与器材间等；

2. 任一层建筑面积大于 1 500 m^2 或总建筑面积大于 3 000 m^2 的商店、餐饮和旅馆建筑；

3. 总建筑面积大于 500 m^2 的地下或半地下商店；

4. 位于地下或半地下或地上四层及以上楼层的歌舞娱乐放映游艺场所，位于首层、二层和三层且任一层建筑面积大于 300 m^2 的地上歌舞娱乐放映游艺场所；

5. 位于高层建筑及其地下、半地下室的公众聚集场所。

（二）外观要求

1. 对于湿式系统，不设吊顶的场所，当配水支管布置在梁下时，应采用直立型洒水喷头；吊顶下布置的洒水喷头，应采用下垂型洒水喷头或吊顶型洒水喷头。

2. 喷头本体不应变形，且无附着物、悬挂物；喷头周围不应存在影响及时响应火灾温度的障碍物；喷头周围及下方不应存在影响洒水的障碍物。

3. 水流指示器前阀门应完全开启、标志应清晰正确，采用信号阀的，当其关闭时应能向消防控制室发出报警信号；连接水流指示器的信号模块应处于正常工作状态；水流指示器与信号模块间连接线应牢固，线路保护措施应完好。

4. 管网上标示区域、流向、系统属性的标志应清晰，管道上不应承载其他建筑构件、装修材料，管道及连接处应无锈蚀、变形，管道支吊架、防护套管等应完好。

（三）功能要求

以公众聚集场所内设置较为普遍的闭式自动喷水灭火系统为例：

1. 打开水流指示器所辖区域的末端试水装置，设置在消防控制室内的火灾报警控制器、安装在楼层前室等部位的火灾显示盘应能接收并显示水流指示器报警信号；关闭末端试水装置，复位火灾探测报警系统，水流指示器应能恢复至正常工作状态。

2. 开启末端试水装置，观察压力表，当湿式报警阀进口水压大于0.14 MPa、放水流量大于 1 L/s 时，报警阀应及时启动；带延迟器的水力警铃应在 5~90 s 内发出报警铃声，不带延迟器的水力警铃应在 15 s 内发出报警铃声；压力开关应及时动作，启动消防泵并反馈信号。

3. 使用秒表计时，以自动或手动方式启动消防水泵，消防水泵应在55 s 内投入正常运行。

十、火灾自动报警系统

（一）设置要求

1. 火灾自动报警系统能起到早期发现和通报火警信息，及时通知人员进行疏散、灭火的作用，下列建筑或场所应设置火灾自动报警系统：

（1）任一层建筑面积大于 1 500 m² 或总建筑面积大于 3 000 m² 的商店和客运建筑，总建筑面积大于 500 m² 的地下或半地下商店；

（2）特等、甲等剧场，座位数超过 1 500 个的其他等级的剧场或电影院，座位数超过 2 000 个的会堂或礼堂，座位数超过 3 000 个的体育馆；

（3）任一层建筑面积大于 1 500 m² 或总建筑面积大于 3 000 m² 的儿童活动场所；

（4）歌舞娱乐放映游艺场所；

（5）位于一类高层公共建筑内的公众聚集场所；

（6）位于二类高层公共建筑内建筑面积大于 500 m² 的商业营业厅。

2. 卡拉 OK 厅及其包房内，应当设置声音或者视像警报，保证在火灾发生初期，将各卡拉 OK 房间的画面、音响消除，播送火灾警报，引导人们安全疏散。

（二）外观要求

1. 探测器表面应无影响探测功能的障碍物（如感温原件表面涂覆涂料，点型感烟探测器烟气通道被涂料、胶带纸、防尘罩等堵塞）；探测器周围应无影响探测器及时报警的障碍物（如突出顶棚的装修隔断、空调出风口等）；具有巡检指示功能的探测器，其巡检指示灯应正常闪亮。

2. 手动火灾报警按钮标识应清晰，面板无破损；具有巡检指示功能的手动报警按钮的指示灯应正常闪亮；带有电话插孔的手动报警按钮，其保护措施应完好、插孔内无影响通话的杂物；手动报警按钮周围不应存在影响辨识和操作的障碍物。

（三）功能要求

1. 点型感烟/感温火灾探测器

（1）利用模拟发烟器、点燃的香烟向其侧面滤网施加烟气（点型感烟火灾探测器）或将电吹风通电，向探测器的热敏元件施加热气流（点型感温火灾探测器），模拟产生火灾信号，探测器火警确认灯应点亮（红色，或由绿色闪亮变为红色常亮）；火灾报警控制器应收到其输出的火警信号，显示信息准确；其报警确认灯应能保护至火灾报警控制器实施复位操作。

（2）将探头从底座上拆离，模拟探测器故障，火灾报警控制器应接收到其发出的故障信号，显示信息准确；恢复火灾探测器，火灾报警控制器应自动撤销故障报警信号。

2. 手动火灾报警按钮

（1）手动按下（拉下）型手动火灾报警按钮，直接压下面板，报警确认灯应点亮（红色）；火灾报警控制器应接收到其发出的火警信号，显示信息应准确；使用专门复位工具进行复位操作，其复位功能应正常，复位后，报警确认灯应熄灭。

（2）手动按碎（击打）型手动火灾报警按钮，按照产品使用说明进行模拟报警操作，报警确认灯应被点亮（红色）；火灾报警控制器应接收到其发出的火警信号，信息显示准确；使按钮恢复原状，报警确认灯应熄灭。

十一、防烟排烟系统

（一）设置要求

1. 火灾时，可通过开启外窗等自然通风设施将烟气排出，亦可采用机械加压送风的防烟设施，使烟气不致侵入疏散楼梯、避难层（间）内。场所内下列部位应设置防烟设施：

（1）防烟楼梯间及其前室；

（2）消防电梯间前室或合用前室；

（3）避难走道的前室、避难层（间）。

2. 及时排除烟气，对保证人员安全疏散，控制烟气蔓延，便于扑救火灾具有重要作用。下列场所或部位应设置排烟设施：

（1）设置在一、二、三层且房间建筑面积大于 $100\ m^2$ 的歌舞娱乐放映游艺场所，设置在四层及以上楼层、地下或半地下的歌舞娱乐放映游艺场所；

（2）公众聚集场所内总建筑面积大于 $200\ m^2$ 或一个房间建筑面积大于 $50\ m^2$，且经常有人停留或可燃物较多的地下或半地下建筑（室）、地上建筑内的无窗房间；

（3）公众聚集场所内建筑面积大于 $100\ m^2$ 且经常有人停留的地上房间，建筑面积大于 $300\ m^2$ 且可燃物较多的地上房间；

（4）中庭以及长度大于 $20\ m$ 的疏散走道。

3. 设置排烟系统的场所或部位应采用挡烟垂壁、结构梁及隔墙等划分防烟分区。防烟分区不应跨越防火分区。当场所的空间净高分别小于等于 $3\ m$、大于 $3\ m$ 但小于等于 $6\ m$、大于 $6\ m$ 时，防烟分区最大允许面积分别为 $500\ m^2$、$1\ 000\ m^2$、$2\ 000\ m^2$，防烟分区长边最大允许长度分别为 $24\ m$、$36\ m$、$60\ m$（具有自然对流条件时为 $75\ m$）。

（二）外观要求

1. 排烟窗窗体组件应无变形、缺损，窗扇开启方向上不应存在影响完全开启的障碍物，窗口两侧不应存在影响烟气流通的障碍物。

2. 排烟口应设置在顶棚或靠近顶棚的墙面上，且与附近安全出口沿走道方向相邻边缘之间的最小水平距离不应小于1.5 m。设在顶棚上的排烟口，距可燃构件或可燃物的距离不应小于1.0 m。

3. 排烟阀、排烟防火阀格栅、盖板等组件应完好；消防联动控制线路保护措施应完好、控制模块处于工作状态；其与风管的连接应严密，与可燃构件的隔热措施应完好。

4. 排烟风管应无变形、破损，与可燃构件之间的隔热措施应完好，风管上无堆放、敷设其他物品、管线等。

5. 成组布置的挡烟垂壁不应存在局部缺损，挡烟垂壁上部不应存在便于烟气流通的开口部位、空洞等，翻转式、垂直下降式垂壁的下行方向及周围不应存在影响其动作的障碍物。

（三）功能要求

1. 具有远距离手动执行机构的排烟窗，检查其操作应灵活、应能完全开启排烟窗；具有自动控制开启功能的排烟窗，应模拟产生自动开启条件，检查排烟窗能否自动开启、开启面积是否符合要求、信号反馈是否正确等。

2. 排烟风机

（1）手动启动功能

将风机控制柜的转换开关置于"手动"状态，按下风机控制柜面板上"启动"按钮，现场观察风机应能正常启动、运转应顺畅、控制柜面板指示灯显示应正确；风机运行信号应能正确反馈至消防控制室；用纸张测试风向，风机应向外排烟；按下"停止"按钮，风机应能停止工作、停机信号能反馈至消防控制室。

（2）排烟口联锁启动功能确认风机控制柜的转换开关置于"自动"状态，手动打开任意一个排烟阀（口），现场查看排烟阀控制模块动作信号灯应点亮；在风机房查看，风机应自动启动，在消防控制室查看，相关信号应能正确反馈至消防控制室。手动关闭排烟风机进风侧排烟防火阀，观察风机是否能自动停止，相关信号是否能正确反馈至消防控制室。

（3）火灾探测联动启动功能确认风机控制柜的转换开关置于"自

动"状态，模拟防烟分区内火灾探测器发出火灾信号，查看电动挡烟垂壁能否自动释放，释放后形成的防烟分区是否严密；查看排烟口是否能自动完全开启；风机能否自动启动，相关信号显示、反馈是否正确。

十二、消防应急照明和疏散指示标志

（一）消防应急照明设置要求

1. 设置疏散照明可以使人们在正常照明电源被切断后，仍能以较快的速度逃生，是保证和有效引导人员疏散的设施。下列部位应设置疏散照明：

（1）封闭楼梯间、防烟楼梯间及其前室、消防电梯间的前室或合用前室、避难走道、避难层（间）；

（2）观众厅和建筑面积大于 200 m^2 的营业厅、餐厅等；

（3）建筑面积大于 100 m^2 的地下或半地下公共活动场所；

（4）公共建筑内的疏散走道。

2. 公众聚集场所内疏散照明的地面最低照度不应低于 3.01×，其楼梯间、前室或合用前室、避难走道的地面最低照度不应低于 10.01×。

3. 消防控制室、消防水泵房、自备发电机房、配电室、防排烟机房以及发生火灾时仍需正常工作的消防设备房应设置备用照明，其作业面的最低照度不应低于正常照明的照度。

4. 根据建筑实践和火灾中人的行为习惯，疏散照明灯具应设置在出口的顶部、墙面的上部或顶棚上；备用照明灯具应设置在墙面的上部或顶棚上。

5. 建筑内消防应急照明灯和灯光疏散标志备用电源的连续供电时间应符合下列规定：建筑高度大于 100 m 的建筑，不应少于 1.5 h；建筑面积大于 10 000 m^2 的公共建筑和总面积大于 20 000 m^2 的地下、半地下建筑，不应少于 1.0 h；其他建筑，不应少于 0.5 h。

（二）疏散指示标志设置要求

1. 疏散指示标志要便于人们辨认，并符合一般人行走时目视前方的习惯，能起诱导作用，要防止被烟气遮挡。公众聚集场所的安全出口和疏散门的正上方，以及在疏散走道及其转角处距地面高度 1.0 m 以下的墙面或地面上应设置灯光疏散指示标志。

2. 下列建筑或场所应在疏散走道和主要疏散路径的地面上增设能保持视觉连续的灯光疏散指示标志或蓄光疏散指示标志，该标志是辅助疏散指示标志，不能作为主要的疏散指示标志：

（1）总建筑面积大于 5 000 m^2 的地上商店；

（2）总建筑面积大于 500 m^2 的地下或半地下商店；

（3）歌舞娱乐放映游艺场所；

（4）座位数超过 1 500 个的电影院、剧场，座位数超过 3 000 个的体育馆、会堂或礼堂；

（5）车站、码头建筑和民用机场航站楼中建筑面积大于 3 000 m^2 的候车、候船厅和航站楼的公共区域。

（三）外观要求

1. 消防应急灯具（包括照明灯具和标志灯具）外观不应有破损，安装牢固，消防应急灯具与供电线路之间不应使用插头连接。

2. 消防应急灯具产品标志、身份证标识应清晰齐全。

3. 消防应急灯具工作状态指示应正常（处于主电工作状态，绿色指示灯点亮；处于故障状态，黄色指示灯点亮；处于充电状态，红色指示灯点亮）。

4. 埋地安装的消防应急灯，其保护措施应完好。

5. 消防应急灯具周围不应存在影响光线照射的障碍物。

6. 安装在顶棚下方、靠近吊顶的墙面上的标志灯具周围不应存在影响观察的悬挂物、货物堆垛、商品货架等。

7. 安装在门两侧的标志灯具不应被开启的门扇或其他装饰物品、装修隔断遮挡。

8. 安装在疏散走道及墙面上的标志灯具，其面板不应被涂覆、遮挡、损坏。

9. 埋地安装的标志灯具，其金属构件不应锈蚀，面板罩内不应有积水、雾气，其突出地面部分不应影响人员疏散。

10. 带有指示箭头的标志灯具，其指向应正确、有效。

（四）功能要求

1. 按下试验按钮（或开关），非集中控制型消防应急灯具、集中电源消防应急灯具能够自动转入应急工作工况，应急照明转换时间不超过 5 s。

2. 切断正常供电的交流电源后，消防应急灯具能够顺利转入应急工作状态。

十三、消防供配电和电气线路

1. 一类高层民用建筑的消防用电应按一级负荷供电；二类高层民用建筑的消防用电应按二级负荷供电；座位数超过 1 500 个的电影院、剧场，座位数超过 3 000 个的体育馆，任一层建筑面积大于 3 000 m² 的商店和展览建筑，室外消防用水量大于 25 L/s 的其他公共建筑的消防用电应按二级负荷供电。

2. 按一、二级负荷供电的消防设备，其配电箱应独立设置；消防配电设备应设置明显标志。

3. 配电线路不得穿越通风管道内腔或直接敷设在通风管道外壁上，穿金属导管保护的配电线路可紧贴通风管道外壁敷设。配电线路敷设在有可燃物的闷顶、吊顶内时，应采取穿金属导管、采用封闭式金属槽盒等防火保护措施。

4. 开关、插座和照明灯具靠近可燃物时，应采取隔热、散热等防火措施。

卤钨灯和额定功率不小于 100 W 的白炽灯泡的吸顶灯、槽灯、嵌入式灯，其引入线应采用瓷管、矿棉等不燃材料作隔热保护。

额定功率不小于 60 W 的白炽灯、卤钨灯、高压钠灯、金属卤化物灯、荧光高压汞灯（包括电感镇流器）等，不应直接安装在可燃物体上或采取其他防火措施。

5. 可燃材料储藏间内宜使用低温照明灯具，并应对灯具的发热部件采取隔热等防火措施，不应使用卤钨灯等高温照明灯具。

6. 电线电缆外保护层、绝缘层应无破损、老化现象，电线电缆连接处保护措施应完好，电线电缆标志应清晰、完整。

7. 电缆桥架无变形，盖板无缺损，桥架内防火分隔措施应完好。

8. 金属管、硬质阻燃塑料管无变形、连接处未松动、脱开，涂刷防火涂料的金属管不存在涂层开裂、脱落现象。

十四、灭火器

（一）配置要求

1. 公众聚集场所内应设置灭火器。

2. 公众聚集场所存在不同火灾种类时，应选用通用型灭火器（俗称ABC 干粉灭火器）。

3. 每个灭火器设置点配置的灭火器不得少于 2 具、不宜多于 5 具，每具灭火器规格通常不应低于 4 kg，每个设置位置距离最远保护对象一般不应超过 15 m~20 m。

（二）外观要求

1. 灭火器关于灭火剂、驱动气体的种类、充装压力、总质量、灭火级别、制造厂名和生产日期等标志及操作说明应无残缺、清晰明了。

2. 灭火器出厂年月、水压试验压力应以永久性标识（钢印）打在灭火器不受内压的底圈或颈圈等处。

3. 维修日期标识应清晰、完好。

4. 灭火器的零部件应齐全、无松动、脱落或损伤；铅封、销闩等保险装置不应有损坏或遗失；喷射软管应完好，不应有明显龟裂，喷嘴不应堵塞。

5. 灭火器的筒体应无明显的损伤（磕伤、划伤）、缺陷、锈蚀（特别是筒底和焊缝）。

6. 灭火器的驱动气体压力应在工作压力范围内（贮压式灭火器查看压力指示器是否指示在绿区范围内，红区欠压，黄区过压）。

7. 灭火器不应被开启、喷射过。

（三）功能要求

随机选择 1~2 具不同类别的灭火器进行实际喷射，测试灭火效果及有效喷射时间是否符合产品要求。

十五、消防电梯

（一）设置要求

1. 消防电梯供消防救援人员处置火灾时使用，便于消防救援人员携带灭火救援装备、器材快速接近着火区域。下列建筑和场所内应设置消防电梯：一类高层公共建筑和建筑高度大于 32 m 的二类高层公共建筑及其地下或半地下室；其他埋深大于 10 m 且总建筑面积大于 3 000 m² 的地下或半地下建筑（室）。

2. 消防电梯应分别设置在不同防火分区内，且每个防火分区不应少于 1 台。相邻两个防火分区可共用 1 台消防电梯。避难层内应设置消防电梯出口。

3. 消防电梯应设置前室，并应符合下列规定：

（1）前室宜靠外墙设置，并应在首层直通室外或经过长度不大于 30 m 的通道通向室外；

（2）前室的使用面积不应小于 6.0 m²；与防烟楼梯间合用的前室，使用面积不应小于 10.0 m²；

（3）除前室的出入口、前室内设置的正压送风口外，前室内不应开设其他门、窗、洞口；

（4）前室或合用前室的门应采用乙级防火门，不应设置卷帘。

4. 消防电梯井、机房与相邻电梯井、机房之间应设置耐火极限不低于 2.00 h 的防火隔墙，隔墙上的门应采用甲级防火门。

5. 消防电梯的井底应设置排水设施，排水井的容量不应小于 2 m³，排水泵的排水量不应小于 10 L/s。

6. 消防电梯的供电，应在其配电线路的最末一级配电箱处设置自动切换装置；消防电梯的动力与控制电缆、电线、控制面板应采取防水措施。

7. 在建筑首层的消防电梯入口处应设置供消防救援人员专用的操作按钮。

8. 消防电梯轿厢的内部装修应采用不燃材料，轿厢内应设置专用消防对讲电话。

（二）功能要求

1. 消防电梯应能每层停靠。

2. 消防电梯的载重量不应小于 800 kg。

3. 消防电梯从首层至顶层的运行时间不宜大于 60 s。

十六、消防控制室

消防控制室是建筑物内防火、灭火设施的显示、控制中心，也是建筑火灾扑救时的指挥中心，设置的位置要便于安全进出，耐火等级要保证建筑发生火灾时其内部的消防控制装置和设备免受火灾的威胁。

1. 设置火灾自动报警系统和自动灭火系统，或者设置火灾自动报警系统和机械防（排）烟设施的建筑（群）应设置消防控制室。

2. 单独建造的消防控制室，其耐火等级不应低于二级；附设在建筑内的消防控制室，应采用耐火极限不低于 2.00 h 的防火隔墙和 1.50 h 的楼板与其他部位分隔。

3. 附设在建筑内的消防控制室，应设置在建筑内首层或地下一层，并宜布置在靠外墙部位。

4. 消防控制室不应设置在电磁场干扰较强及其他可能影响消防控制设备正常工作的房间附近。

5. 消防控制室的疏散门应直通室外或安全出口，开向建筑内的门应采用乙级防火门。

6. 消防控制室的供电，应在其配电线路的最末一级配电箱处设置自动切换装置。

7. 消防控制室内严禁穿过与消防设施无关的电气线路及管路；消防控制室送、回风管的穿墙处应设防火阀。

8. 消防控制室内应设置消防应急照明，其最低照度不应低于正常照明的照度。

9. 消防控制室应采取挡水措施；设置在地下时，还应采取防淹措施。

附件〔2〕

公众聚集场所消防安全管理要点

本要点为现行消防法律法规中具有普遍性的规定，公众聚集场所的具体消防安全管理要求详见现行消防法律法规和规范性文件。

一、消防安全制度和操作规程

1. 消防安全制度主要包括以下内容：

（1）用火、用电、用油、用气安全管理；

（2）消防设施、器材维护管理；

（3）消防（控制室）值班；

（4）防火检查、巡查；

（5）火灾隐患整改；

（6）消防安全宣传教育培训；

（7）灭火和应急疏散预案制定及消防演练；

（8）专职消防队、志愿消防队（微型消防站）；

（9）消防安全工作考评和奖惩；

（10）其他必要的消防安全内容。

2. 消防安全操作规程主要包括以下内容：

（1）消防设施操作和维护保养规程；

（2）变配电室操作规程；

（3）电气线路、设备安装操作规程；

（4）燃油燃气设备使用操作规程；

（5）电焊、气焊和明火作业操作规程；

（6）特定设备的安全操作规程；

（7）火警处置规程；

（8）其他必要的消防安全操作规程。

3. 消防安全制度和消防安全操作规程根据单位实际情况的变化及时

修订完善。

二、用火、用电、用油、用气安全管理

1. 明确用火、动火管理的责任部门和责任人，用火、动火的审批范围、程序和要求，电气焊工的岗位资格及其职责要求等内容。

2. 用火、动火安全管理应符合下列要求：

（1）禁止在具有火灾、爆炸危险的场所吸烟、使用明火；禁止在室内燃放冷焰火、烟花爆竹等类似物品；

（2）不应使用明火照明或取暖，如特殊情况需要时应有专人看护；

（3）因特殊情况需要进行电、气焊等明火作业的，实施动火的部门和人员应按照制度规定办理动火审批手续，清除明火或散发火花地点周围及下方的易燃、可燃物，配置消防器材，落实现场监护人，在确认无火灾、爆炸危险后方可动火施工；

（4）需要动火施工的区域与使用、营业区之间应进行防火分隔；

（5）商店、公共娱乐场所禁止在营业期间进行动火施工。

3. 用电安全管理应符合下列要求：

（1）电器产品应选用合格产品，并符合消防安全要求；

（2）电器产品的安装使用及其线路的设计、敷设、维护保养、检测，应由专业电工操作；

（3）不得随意乱接电线或超负荷用电；

（4）定期对电气线路、设备进行检查、检测；

（5）电器产品靠近可燃物时，应采取隔热、散热等防火措施；

（6）营业结束时，应切断营业场所的非必要电源。

4. 用油、用气安全管理应符合下列要求：

（1）使用合格正规的气源、气瓶和燃气、燃油器具；

（2）可能散发可燃气体或蒸气的场所，应设置可燃气体探测报警装置；

（3）建筑内以及厨房、锅炉房等部位内的燃油、燃气管道及其法兰接头、阀门，应定期检查、检测和保养；

（4）营业结束时，应关闭燃油、燃气设备的供油、供气入户阀门；

（5）燃气燃烧器具的安装、使用及其管路的设计、维护、保养、检测，必须符合国家有关标准和管理规定，并由经考核合格的安装、维修人员实施作业。

三、消防设施、器材维护管理

1. 购买和使用质量合格且取得国家规定市场准入资格的消防产品，消防产品的出厂合格证、质量标识等资料应当齐全。

2. 建筑消防设施的管理应当明确主管部门和相关人员的责任，建立完善的管理制度。

3. 设置消防安全标识，便于识别消防设施、器材的种类、使用方法、注意事项以及火灾时便于使用和引导人员安全疏散。

4. 在明显位置、疏散楼梯入口处应设置本场所（本层）的安全疏散指示图，标明疏散路线、安全出口和疏散门、人员所在位置和必要的文字说明。营业厅、展览厅、歌舞厅等面积较大场所内疏散走道与营业区、展区之间应在地面上设置明显的界线标识。

5. 不得损坏、挪用、擅自拆除消防设施、器材。设有自动消防设施的公众聚集场所，应当每月进行维护保养，确保其完好有效和处于正常运行状态。主要消防设施、器材上应张贴载有维护保养单位和维护保养情况的标识。

（1）确保消防水池、气压水罐或高位消防水箱等消防储水设施水量或水位符合设计要求；确保消防水泵、防排烟风机、防火卷帘等消防用电设备的配电柜的主备电源开关处于自动（转换）位置；

（2）确保消防设施和消防电源始终处于正常运行状态，不得擅自关停或长期带故障工作；需要维修时，应采取确保消防安全的措施，维修完成后，应立即恢复到正常运行状态；

（3）建筑消防设施电源开关、管道阀门均应指示正常运行位置，并标识开、关的状态；对需要保持常开或常闭状态的阀门，应当采取铅封、标识等限位措施。

6. 展品、商品、货柜、广告箱牌等的设置不得影响防火门、防火卷帘、室内消火栓、灭火剂喷头、机械排烟口和送风口、自然排烟窗、火灾探测器、手动火灾报警按钮、声光报警装置等消防设施的正常使用。

四、消防安全重点部位管理

1. 将容易发生火灾、一旦发生火灾可能严重危及人身和财产安全以及对消防安全有重大影响的部位确定为消防安全重点部位，设置明显的防火标志，实行严格管理。

2. 厨房、仓储场所、油浸式变压器以及燃气、燃油锅炉房等消防安全重点部位的管理应符合下列要求：

（1）厨房工作人员进行加热、油炸等操作时不应离开岗位。排油烟罩应及时擦洗，排油烟管道应至少每季度清洗一次。厨房内应配备灭火毯、干粉灭火器等，并应放置在便于使用的明显部位；

（2）仓储场所内储存物品应分类、分堆、限额存放，严禁违规储存易燃易爆危险化学品。物品与照明灯、供暖管道、散热器之间应保持安全距离。工作人员离开库房时应进行安全检查，确认安全后方可离开，库房内不应停放电动叉车等电动车辆，不应设置充电设施；

（3）配电室内应设置防火和防止小动物钻入的设施，不得在配电室内堆放杂物。配电室工作人员应当定期对配电设施进行检查维护；

（4）锅炉周围应保持整洁，不应堆放木材、棉纱等可燃物。每年检修一次动力线路和照明线路，明敷线路应穿金属管或封闭式金属线槽，且与锅炉和供热管道保持安全距离。

3. 氨制冷储存场所应设置明显的安全警示标志和安全告知牌，注明液氨特性、危害防护、处置措施、报警电话等内容。

4. 电动自行车集中存放、充电场所应优先独立设置在室外，与其他建筑、安全出口保持足够的安全距离；确需设置在室内时，应满足防火分隔、安全疏散等消防安全要求，并应加强巡查巡防或采取安排专人值守、加装自动断电、视频监控等措施。

五、消防控制室管理

1. 制定消防控制室日常管理、值班操作人员职责、接处警操作规程、交接班程序等工作制度。

2. 消防控制室实行每日 24 小时值班制度，每班不应少于 2 人，值班操作人员应当持有消防行业特有工种职业资格证书。

3. 消防控制室内不得堆放杂物，保证其环境满足设备正常运行的要求；保存相应的竣工图纸、各分系统控制逻辑关系说明、设备使用说明书、系统操作规程、消防设施维保记录、灭火和应急疏散预案及值班记录等文件资料。

4. 正常工作状态下，报警联动控制器及相关消防联动设备应处于自动控制状态；若设置在手动控制状态，应有确保火灾报警探测器报警后，能迅速确认火警并将手动控制转换为自动控制的措施；不得将消火栓系统、自动喷水灭火系统等自动消防设施设置在手动控制状态。

5. 消防控制室值班操作人员应当认真记录控制器运行情况，每日检查火灾报警控制器的自检、消音、复位功能以及主备电源切换功能，并做好消防控制室的火警、故障和值班记录。消防设施打印记录纸应当粘贴到消防控制室值班记录上备查。

6. 具有两个或两个以上消防控制室时，应确定主消防控制室和分消防控制室。主消防控制室的消防设备应对系统内共用的消防设备进行控制并显示其状态信息；主消防控制室内的消防设备应能显示各分消防控制室内消防设备的状态信息，并可对分消防控制室内的消防设备及其控制的消防系统和设备进行控制；各分消防控制室之间的消防设备应可以互相传输、显示状态信息，但不应互相控制。

六、防火巡查和防火检查

1. 对执行消防安全制度和落实消防安全管理措施的情况进行日常防火巡查和检查，确定防火检查和巡查的人员、内容、部位、时段、频次。

2. 营业期间的防火巡查应至少每 2 小时一次；营业结束后应检查并

消除遗留火种，并结合实际组织夜间防火巡查。

3. 防火巡查内容应当包括：

（1）用火、用电有无违章情况；

（2）安全出口、疏散走道是否畅通，有无占用、堵塞、封闭；疏散指示标志、应急照明灯是否完好；

（3）常闭防火门是否处于关闭状态，防火卷帘下是否堆放物品；

（4）消防设施、器材是否在位、完整有效。消防安全标志是否完好清晰；

（5）消防安全重点部位的人员在岗情况；

（6）其他消防安全情况。

4. 每月至少进行一次防火检查，举办展览、展销、演出等大型群众性活动前，应当开展一次防火检查。

5. 防火检查内容包括：

（1）消防车通道、消防水源情况；

（2）疏散走道、楼梯，安全出口及其疏散指示标志、应急照明灯情况；

（3）消防安全标志的设置情况；

（4）灭火器材配置及其完好情况；

（5）建筑消防设施运行情况；

（6）消防控制室值班情况、消防控制设备运行情况及相关记录；

（7）用火、用电有无违章情况；

（8）消防安全重点部位的管理；

（9）防火巡查落实情况及其记录；

（10）火灾隐患整改以及防范措施的落实情况；

（11）楼板、防火墙和竖井孔洞等重点防火分隔部位的封堵情况；

（12）消防安全重点部位人员及其他员工消防知识的掌握情况。

6. 防火巡查和检查应如实填写巡查和检查记录，及时纠正消防违法违章行为，对不能当场整改的火灾隐患应逐级报告。消防安全管理人或部门消防安全责任人应组织对报告的火灾隐患进行认定，确定整改措施、期限、人员、资金，并对整改完毕的火灾隐患进行确认。

在火灾隐患整改期间，应当落实防范措施，保障安全。不能确保消防安全，随时可能引发火灾或者一旦发生火灾将严重危及人身安全的，应当将危险部位停业整改。

七、消防安全宣传教育培训

1. 通过张贴图画、广播、视频、网络、举办消防文化活动等形式对公众宣传防火、灭火、应急逃生等常识。重点提示该场所火灾危险性、安全疏散路线、灭火器材位置和使用方法。

2. 对新上岗员工或进入新岗位的员工进行上岗前的消防安全培训。

3. 至少每半年组织一次对全体员工的集中消防安全培训。

4. 消防培训应有培训计划，定期组织考核并做好记录，培训的内容包括：

（1）有关消防法规、消防安全制度和保障消防安全的操作规程；

（2）本场所、本岗位的火灾危险性和防火措施；

（3）有关消防设施的性能、灭火器材的使用方法；

（4）报火警、扑救初起火灾以及逃生自救的知识和技能；

（5）组织、引导在场群众疏散的知识和技能；

（6）灭火和应急疏散预案的内容、操作程序。

5. 员工经培训后，应懂得本岗位的火灾危险性、预防火灾措施、火灾扑救方法、火场逃生方法，会报火警、会使用灭火器材、会扑救初起火灾、会组织人员疏散。

6. 电影院、宾馆、卡拉 OK 等场所在电影放映或电视开机前，应播放消防宣传片，告知观众防火注意事项、火灾逃生知识和路线。

八、灭火和应急疏散预案及消防演练

1. 根据建筑规模、员工人数、使用性质、火灾危险性、消防安全重点部位等实际情况，制定灭火和应急疏散预案，预案内容应当包括：

（1）单位基本情况、消防安全重点部位的危险特性、周边环境、消

防水源等基本情况。

（2）明确火灾现场通信联络、灭火、疏散、救护、保卫等任务的负责人。公众聚集场所为整体建筑的，应由专门机构负责，组建各职能小组。

（3）报警和接警处置程序。

（4）应急疏散的组织程序和措施。

（5）扑救初起火灾的程序和措施。

（6）通信联络、安全防护和人员救护的组织与调度程序和保障措施。

（7）灭火应急救援的准备。

2. 组织员工熟悉灭火和应急疏散预案，确保每名员工熟知预案内容，掌握自身职责。

3. 选择人员集中、火灾危险性较大和重点部位作为消防演练的重点。消防演练前，应事先公告演练的内容、时间并通知场所内的从业人员和顾客或使用人员积极参与；消防演练时，应在显著位置设置"正在消防演练"的标志牌进行公告，并采取必要的管控与安全措施。

4. 公众聚集场所应当按照灭火和应急疏散预案组织演练，演练应有记录，并结合实际不断完善预案。

九、专职消防队、志愿消防队（微型消防站）管理

1. 符合《中华人民共和国消防法》第三十九条规定的公众聚集场所应当建立企业专职消防队，企业专职消防队的建设要求应符合现行国家标准的规定。

2. 公众聚集场所应当依法建立志愿消防队（微型消防站），保证人员值守、器材存放等用房，可与消防控制室合用。根据扑救初起火灾需要，配备必要的个人防护装备和灭火救援器材。结合值班安排和在岗情况编排每班（组）人员，每班（组）不少于2人。

3. 专职消防队、志愿消防队（微型消防站）应定期开展日常业务训练。训练内容包括个人防护装备和灭火救援器材的使用、初起火灾扑救方法、应急救援等。

十、消防档案管理

1. 公众聚集场所应当依法建立消防档案。消防档案应包括消防安全基本情况、消防安全管理情况、灭火和应急疏散预案。消防档案内容（包括图表）应翔实，全面反映消防工作的基本情况，并根据变化及时更新和完善。

2. 消防安全基本情况应至少包括下列内容：

（1）单位基本概况和消防安全重点部位情况；

（2）建筑物或者场所消防行政许可、整改通知等法律文书；

（3）消防安全管理组织机构和各级消防安全责任人；

（4）消防安全制度和消防安全操作规程；

（5）消防设施、器材情况；

（6）微型消防站队员及其消防装备配备情况；

（7）与消防安全有关的重点工种人员情况；

（8）新增消防产品、防火材料的检验或合格证明材料；

（9）消防安全疏散图示、灭火和应急疏散预案。

3. 消防安全管理情况应至少包括下列内容：

（1）消防设施检查、自动消防设施测试、维修保养记录；

（2）火灾隐患及其整改情况记录；

（3）防火检查、巡查记录；

（4）电气设备检查、检测（包括防雷、防静电）等记录；

（5）消防宣传教育、培训记录；

（6）灭火和应急疏散预案的演练记录；

（7）火灾情况记录；

（8）消防奖惩情况记录；

（9）消防救援机构填发的各种法律文书。

4. 消防档案应由专人统一管理，按档案管理要求装订成册，并按年度进行分类归档。有条件的可以建立电子档案代替。

附件 2

式样一

公众聚集场所投入使用、营业
消防安全告知承诺书

单位名称_____

单位地址_____

填表日期_____

消防安全告知事项

根据《中华人民共和国消防法》，现将公众聚集场所投入使用、营业前消防安全检查实行告知承诺管理有关事项告知如下：

一、法律依据

《中华人民共和国消防法》第十五条规定。公众聚集场所投入使用、营业前消防安全检查实行告知承诺管理。公众聚集场所在投入使用、营业前，建设单位或者使用单位应当向场所所在地的县级以上地方人民政府消防救援机构申请消防安全检查，作出符合消防安全标准的承诺，提交规定的材料，并对其承诺和材料的真实性负责。

二、行政许可范围

（一）宾馆、饭店、商场、集贸市场、客运车站候车室、客运码头候船厅、民用机场航站楼、体育场馆、会堂等；

（二）公共娱乐场所：影剧院、录像厅、礼堂等演出、放映场所；舞厅、卡拉OK厅等歌舞娱乐场所；具有娱乐功能的夜总会、音乐茶座和餐饮场所；游艺、游乐场所；保龄球馆、旱冰场、桑拿浴室等营业性健身、休闲场所。

三、基本要求

开办公众聚集场所应当符合法律法规和消防技术标准要求。

娱乐场所、互联网上网服务营业场所的设置地点还应当符合《娱乐场所管理条例》《互联网上网服务营业场所管理条例》。

四、申请材料

公众聚集场所的建设单位或者使用单位通过消防业务受理窗口或者消防在线政务服务平台提交以下材料：

1. 公众聚集场所投入使用、营业消防安全告知承诺书;

2. 营业执照;

3. 消防安全制度、灭火和应急疏散预案;

4. 场所平面布置图、场所消防设施平面图;

5. 法律、行政法规规定的其他材料。

第1、2项材料通过消防在线政务服务平台或者消防业务受理窗口提交;其他材料可以在消防救援机构现场核查时提交。

五、办理时限

对到消防业务受理窗口提出申请的,当场作出决定;对通过消防在线政务服务平台提出申请的,自收到申请之日起一个工作日内办结。

六、法律责任

经核查发现场所使用、营业情况与承诺内容不符的,责令停止使用、停产停业,并处三万元以上三十万元以下罚款;经责令限期改正,逾期不整改或者整改后仍达不到要求的,依法撤销相应许可。

消防安全承诺

<u>（填写单位场所名称，应与营业执照名称一致）</u>现就申请公众聚集场所投入使用、营业作出下列消防安全承诺：

一、已认真学习消防法律法规，对公众聚集场所投入使用、营业前消防安全检查告知事项的全部内容已经知晓和全面理解。

二、已符合《公众聚集场所消防安全要求》，场所所在建筑为合法建筑，场所满足公众聚集场所投入使用、营业的各项消防安全条件。

三、在使用、营业过程中遵守消防法律法规和消防技术标准，确保消防安全。

四、所填写的信息真实、准确。

五、及时提交相关材料，并确保真实、合法、有效。

以上承诺是申请人的真实意思表示。如有违反承诺的行为，愿意承担相应的法律责任。

单位印章：

法定代表人或者主要负责人签名：

年　月　日

基本信息登记表

场所名称 （统一社会 信用代码）			法定代表/ 主要负责人	
公民 身份号码			联系电话	
地址			建筑结构	
场所 建筑面积			使用层数 （地上/地下）	
场所性质	□影剧院、录像厅、礼堂等演出、放映场所 □舞厅、卡拉 OK 厅等歌舞娱乐场所 □具有娱乐功能的夜总会、音乐茶座和餐饮场所　□游艺、游乐场所 □保龄球馆、旱冰场　□桑拿浴室　□其他			
	□宾馆、饭店　□商场　□集贸市场　□客运车站候车室 □客运码头候船厅　□民用机场航站楼　□体育场馆　□会堂　□其他			
场所所在 建筑情况	名称			建筑面积	
	建筑层数 （地上/地下）			建筑高度	
	□消防车道　　　　　　　是否畅通：　　　□是　　　　□否 □消防车登高操作场地　是否符合消防安全要求：□是　　□否 □室外消火栓　　　　　　是否完好有效：　□是　　　□否 □水泵接合器　　　　　　是否完好有效：　□是　　　□否			
	□消防控制室　　　　　是否符合消防安全要求：□是　　□否 □消防水泵房　　　　　是否符合消防安全要求：□是　　□否 □消防电梯　　　　　　是否符合消防安全要求：□是　　□否 □柴油发电机房　　　　是否符合消防安全要求：□是　　□否 □燃油或燃气锅炉房　　是否符合消防安全要求：□是　　□否 □变压器室　　　　　　是否符合消防安全要求：□是　　□否 □配电室　　　　　　　是否符合消防安全要求：□是　　□否 □其他专用房间：　　　是否符合消防安全要求：□是　　□否			
场所情况	用火 用电	电气线路设计单位： 电气线路施工单位：		

		电器产品是否符合消防安全要求：□是　□否 场所是否使用燃气：□是　□否 燃气类型： 燃气施工（安装）单位： 燃气用具是否符合消防安全要求：□是　□否 场所是否使用燃油：□是　□否 燃油储存位置及储量： 其他用火用电情况：
	安全 疏散	安全出口数量：　　　　　　　　　　是否畅通：□是　□否 疏散楼梯设置形式 疏散楼梯数量：　　　　　　　　　　是否畅通：□是　□否 避难层（间）设置位置： 避难层（间）数量：　　　　是否符合消防安全要求：□是□否 □消防应急广播　是否完好有效：□是　□否 □消防应急照明　是否完好有效：□是　□否 □疏散指示标志　是否完好有效：□是　□否
	消防 设施	□室内消火栓　　　　　　　　是否完好有效：□是　□否 □自动喷水灭火系统　　　　　是否完好有效：□是　□否 □火灾自动报警系统　　　　　是否完好有效：□是　□否 □气体灭火系统　　　　　　　是否完好有效：□是　□否 □泡沫灭火系统　　　　　　　是否完好有效：□是　□否 □机械防烟系统　　　　　　　是否完好有效：□是　□否 □机械排烟系统　　　　　　　是否完好有效：□是　□否 □其他消防设施：　　　　　　是否完好有效：□是　□否 □灭火器种类、型号和数量：

室内装修	装修部位	顶棚	墙面	地面	隔断	固定家具	装饰织物	其他
	装修材料 燃烧性能等级							

其他需要说明的情况：

说明

1.《公众聚集场所投入使用、营业消防安全告知承诺书》应加盖公众聚集场所印章，并由场所的消防安全责任人（法定代表人或主要负责人）签名。没有单位印章的，应由场所的消防安全责任人签名。

2. 申请人应如实填写基本信息登记表，保证内容准确、完整，并对提交材料的真实性、完整性负责，不得虚构、伪造或编造事实，否则将承担相应的法律后果。

3. 填写应使用钢笔和能够长期保持字迹的墨水或打印，字迹清楚，文面整洁，不得涂改。

4. 文书中的"□"，表示可供选择，在选中内容前的"□"内画√。

5. "建筑结构"填写木结构、砖木结构、砖混结构、钢结构、钢筋混凝土结构等类型。"使用层数"填写场所实际使用建筑楼层号。

6. "场所所在建筑情况"一栏中分别填写所在建筑的名称、建筑面积、建筑层数和建筑高度。如场所独自使用一栋或多栋建筑的，则无须填写该栏。

7. "用火用电"一栏中，燃气类型按照实际使用情况填写，如：管道天然气、瓶装液化石油气、管道人工煤气等。

8. "安全疏散"一栏中，疏散楼梯设置形式按照实际使用情况填写，如：防烟楼梯间、封闭楼梯间、敞开楼梯间、室外楼梯。避难层（间）设置位置按照实际位置填写，如建筑第几层或者具体位置。

9. "室内装修"一栏中的"装修材料燃烧性能等级"按照装修材料的实际情况分别填写 A 级（不燃材料）、B1 级（难燃材料）、B2 级（可燃材料）、B3 级（易燃材料）。

10 "其他需要说明的情况"填写场所使用多栋建筑等情况，包括每栋建筑的名称、建筑面积、建筑层数和建筑高度。

11. 申请人通过消防业务受理窗口以及在消防救援机构现场核查时提交的材料请使用国际标准 A4 型纸打印、复印或按照 A4 型纸的规格装订，其中"营业执照"为复印件，经申请人签名确认并注明日期，并由消防救援机构人员现场核对复印件与原件是否一致；通过消防在线政务服务平台提交材料的，应当扫描或拍照上传有关材料原件。

式样二

消防安全检查申报表

申请人（盖章）：　　　　　填报日期：　　年　月　日

场所名称 （统一社会 信用代码）		法定代表/ 主要负责人	
公民 身份号码		联系电话	
地址		建筑结构	
场所 建筑面积		使用层数 （地上/地下）	
场所性质	□影剧院、录像厅、礼堂等演出、放映场所 □舞厅、卡拉 OK 厅等歌舞娱乐场所 □具有娱乐功能的夜总会、音乐茶座和餐饮场所　□游艺、游乐场所 □保龄球馆、旱冰场　□桑拿浴室　□其他		
	□宾馆、饭店　□商场　□集贸市场　□客运车站候车室 □客运码头候船厅　□民用机场航站楼　□体育场馆　□会堂　□其他		
场所所在 建筑情况	名称		建筑面积	
	建筑层数 （地上/地下）		建筑高度	
	□消防车道　　　　　是否畅通：　　□是　　　□否 □消防车登高操作场地　是否符合消防安全要求：□是　　□否 □室外消火栓　　　　是否完好有效：　□是　　　□否 □水泵接合器　　　　是否完好有效：　□是　　　□否		
	□消防控制室　　　　是否符合消防安全要求：□是　　　□否 □消防水泵房　　　　是否符合消防安全要求：□是　　　□否 □消防电梯　　　　　是否符合消防安全要求：□是　　　□否 □柴油发电机房　　　是否符合消防安全要求：□是　　　□否 □燃油或燃气锅炉房　是否符合消防安全要求：□是　　　□否 □变压器室　　　　　是否符合消防安全要求：□是　　　□否 □配电室　　　　　　是否符合消防安全要求：□是　　　□否 □其他专用房间：　　是否符合消防安全要求：□是　　　□否		

场所情况	用火 用电	电气线路设计单位： 电气线路施工单位： 电器产品是否符合消防安全要求：□是　□否 场所是否使用燃气：□是　□否 燃气类型： 燃气施工（安装）单位： 燃气用具是否符合消防安全要求：□是　□否 场所是否使用燃油：□是　□否 燃油储存位置及储量： 其他用火用电情况：
	安全 疏散	安全出口数量：　　　　　　　　是否畅通：□是　□否 疏散楼梯设置形式 疏散楼梯数量：　　　　　　　　是否畅通：□是　□否 避难层（间）设置位置： 避难层（间）数量：　　是否符合消防安全要求：□是□否 □消防应急广播　是否完好有效：□是　□否 □消防应急照明　是否完好有效：□是　□否 □疏散指示标志　是否完好有效：□是　□否
	消防 设施	□室内消火栓　　　　　　是否完好有效：□是　□否 □自动喷水灭火系统　　　是否完好有效：□是　□否 □火灾自动报警系统　　　是否完好有效：□是　□否 □气体灭火系统　　　　　是否完好有效：□是　□否 □泡沫灭火系统　　　　　是否完好有效：□是　□否 □机械防烟系统　　　　　是否完好有效：□是　□否 □机械排烟系统　　　　　是否完好有效：□是　□否 □其他消防设施：　　　　是否完好有效：□是　□否 □灭火器种类、型号和数量：

室内装修	装修部位	顶棚	墙面	地面	隔断	固定家具	装饰织物	其他
	装修材料 燃烧性能等级							

其他需要说明的情况：

　　附：《公众聚集场所消防安全承诺书》

公众聚集场所消防安全承诺书

　　（填写单位场所名称，应与营业执照名称一致）现就申请公众聚集场所投入使用、营业作出下列消防安全承诺：

　　一、《消防安全检查申报表》所填写的信息真实、准确。

　　二、场所所在建筑为合法建筑。

　　三、及时提交相关材料，并确保真实、合法、有效。

　　以上承诺是申请人的真实意思表示。如有违反承诺的行为，愿意承担相应的法律责任。

　　　　　　　　　　　　　　　　　　　单位印章：

　　　　　　法定代表人或者主要负责人签名：

　　　　　　　　　　　　　　　　　　　　年　月　日

说明

1. 《公众聚集场所消防安全承诺书》应加盖公众聚集场所印章，并由场所的消防安全责任人（法定代表人或主要负责人）签名。没有单位印章的，应由场所的消防安全责任人签名。

2. 申请人应如实填写消防安全检查申报表，保证内容准确、完整，并对提交材料的真实性、完整性负责，不得虚构、伪造或编造事实，否则将承担相应的法律后果。

3. 填写应使用钢笔和能够长期保持字迹的墨水或打印，字迹清楚，文面整洁，不得涂改。

4. 文书中的"□"，表示可供选择，在选中内容前的"□"内画√。

5. "建筑结构"填写木结构、砖木结构、砖混结构、钢结构、钢筋混凝土结构等类型。"使用层数"填写场所实际使用建筑楼层号。

6. "场所所在建筑情况"一栏中分别填写所在建筑的名称、建筑面积、建筑层数和建筑高度。如场所独自使用一栋或多栋建筑的，则无须填写该栏。

7. "用火用电"一栏中，燃气类型按照实际使用情况填写，如：管道天然气、瓶装液化石油气、管道人工煤气等。

8. "安全疏散"一栏中，疏散楼梯设置形式按照实际使用情况填写，如：防烟楼梯间、封闭楼梯间、敞开楼梯间、室外楼梯。避难层（间）设置位置按照实际位置填写，如建筑第几层或者具体位置。

9. "室内装修"一栏中的"装修材料燃烧性能等级"按照装修材料的实际情况分别填写 A 级（不燃材料）、B1 级（难燃材料）、B2 级（可燃材料）、B3 级（易燃材料）。

10 "其他需要说明的情况"填写场所使用多栋建筑等情况，包括每栋建筑的名称、建筑面积、建筑层数和建筑高度。

11. 申请人通过消防业务受理窗口以及在消防救援机构现场核查时提交的材料请使用国际标准 A4 型纸打印、复印或按照 A4 型纸的规格装订，其中"营业执照"为复印件，经申请人签名确认并注明日期，并由消防救援机构人员现场核对复印件与原件是否一致；通过消防在线政务服务平台提交材料的，应当扫描或拍照上传有关材料原件。

式样三

（此处印制消防救援机构名称）

公众聚集场所投入使用、营业消防安全许可申请受理/不予受理凭证

×消安凭字〔　　〕第　号

_____：

根据《中华人民共和国消防法》第十五条规定，你（单位）____年____月____日申请（场所名称）_____（地址：_____）投入使用、营业消防安全许可，提供了下列材料：

1. □公众聚集场所投入使用、营业消防安全告知承诺书/□消防安全检查申报表；

□2. 营业执照；

□3. 消防安全制度、灭火和应急疏散预案；

□4. 场所平面布置图、场所消防设施平面图；

□5. 法律、行政法规规定的其他材料。

经审查，存在以下情形，不予受理：□1. 依法不需要消防安全许可；□2. 不属于本消防救援机构管辖，应向有关行政机关申请；□3. 申请材料不齐全或者不符合法定形式，需要补正上列第_____项材料。

经审查，申请符合规定，予以受理。

（消防救援机构受理专用印章）

年　月　日

申请人签收：　　　　　　　　　　　年　月　日

一式两份，一份交申请人，一份存档。

说明：第1、2项材料通过消防在线政务服务平台或者消防业务受理窗口提交；其他材料可以在消防救援机构检查时提交。

式样四

（此处印制消防救援机构名称）

公众聚集场所消防安全检查
责令限期改正通知书

×消安许限字〔 〕第 号

_____:

根据《中华人民共和国消防法》第十五条的规定，我于___年__月__日派员对你单位（场所）在公众聚集场所投入使用、营业前作出的消防安全承诺情况进行核查，发现存在下列消防安全问题：

对上述问题，责令你单位（场所）于___年__月__日前改正。
改正期间，你单位（场所）应当采取措施，确保消防安全。

（消防救援机构印章）
年 月 日

被检查单位（场所）签收： 年 月 日

一式两份，一份交被检查单位（场所），一份存档。

式样五

（此处印制消防救援机构名称）

撤销公众聚集场所投入使用、营业前
消防安全许可决定书

×消安许撤字〔　〕第　号

_____：

我于＿＿＿＿年＿＿＿月＿＿＿日派员检查时，发现你单位（场所）

_____仍未改正《公众聚集场所消防安全检查责令限期

改正通知书》（文号：＿＿＿＿）指出的下列消防安全问题：

根据《中华人民共和国消防法》第五十八条的规定，决定撤销你单

位（场所）《公众聚集场所投入使用、营业前消防安全检查意见书》

（×消安许字〔　〕第＿＿＿＿号）。

你单位自收到本决定书之日起不得使用、营业。

如不服本决定，可在收到本决定书之日起六十日内依法向申请行政

复议，或者在六个月内依法向人民法院提起行政诉讼。

（消防救援机构印章）

年　月　日

签收人：　　　　　　　　　　　　　　　　　年　月　日

一式两份，一份交当事人，一份存档。

式样六

（此处印制消防救援机构名称）

公众聚集场所投入使用、营业前消防安全检查
意见书

×消安检字〔 〕第 号

_____：

根据你单位（场所）关于（场所名称）_____

（地址：_____）投入使用、营业前消防安全检查的申请我

于___年___月___日进行了材料审查/消防安全检查，意见如下：

一、决定对你单位（场所）准予行政许可。

二、你单位（场所）应当遵守《中华人民共和国消防法》及其他有

关消防法规、规章的规定，保证消防安全。

三、如场所名称、地址、消防安全责任人、使用性质等事项发生变

化的，应当重新申请消防安全检查。

（消防救援机构印章）

年 月 日

签收人： 年 月 日

一式两份，一份交当事人，一份存档。

式样七

（此处印制消防救援机构名称）

不同意投入使用、营业决定书

×消安检不字〔　　〕第　号

_____：

　　根据你单位（场所）关于（场所名称）_____

____（地址：_____）投入使用、营业前消防安全检

查的申请，我于___年___月___日派员进行了消防安全检查。经检查，

存在下列消防安全问题：

　　根据《中华人民共和国消防法》第十五条的规定，不同意投入使用、

营业。

　　如不服本决定，可在收到本决定书之日起六十日内依法向申请行政

复议，或者在六个月内依法向人民法院提起行政诉讼。

（消防救援机构印章）

年　月　日

签收人：　　　　　　　　　　　　　　　　　　年　月　日

一式两份，一份交当事人，一份存档。

附件 3

公众聚集场所投入使用、营业
消防安全检查规则

第一条 公众聚集场所申请投入使用、营业前消防安全检查的，消防救援机构对作出承诺的公众聚集场所进行核查，以及对申请不采用告知承诺方式办理的公众聚集场所进行检查，适用本规则。

第二条 消防救援机构应当对公众聚集场所的消防安全责任、消防安全技术条件、消防安全管理等有关事项进行抽查，并填写《公众聚集场所投入使用、营业消防安全检查记录表》（见附件）。

公众聚集场所设置在建筑局部的，对场所消防安全技术条件的检查，包括场所设置位置、场所内部消防安全技术条件，以及场所所在建筑中与场所安全疏散、消防设施联动控制、灭火救援直接相关的消防安全技术条件。

第三条 对消防安全责任的检查内容有：

（一）是否明确逐级和岗位消防安全职责，确定各级、各岗位的消防安全责任人员和责任范围。

（二）消防安全责任人是否由该场所单位法定代表人、主要负责人担任，并明确消防安全职责。

（三）公众聚集场所是否依法确定本场所的消防安全管理人负责场所消防工作。

（四）消防安全责任人、消防安全管理人是否熟悉消防法律法规和消防技术标准，具备与本单位所从事的经营活动相应的消防安全知识和管理能力。

（五）公众聚集场所实行承包、租赁或者委托经营、管理时，当事人订立的相关租赁或承包合同是否依照有关法规明确各方的消防安全责任。

（六）公众聚集场所所在建筑由两个以上单位管理或者使用的，应当明确各方的消防安全责任，并确定责任人对共用的疏散通道、安全出口、建筑消防设施和消防车通道进行统一管理。

第四条 对消防安全技术条件的检查内容有：

（一）抽查场所所在建筑防火间距是否符合要求、是否被占用，抽查设置的消防车通道是否被占用、堵塞、封闭，设置的消防扑救面是否被占用；核查场所设置是否符合要求；设置的防火分区和防火分隔是否符合要求；核查电缆井、管道井等是否采用防火封堵材料封堵；抽查室内装修材料燃烧性能等级是否符合要求。

（二）核查疏散通道和安全出口数量、宽度和疏散距离，抽查疏散通道和安全出口有无占用、堵塞、封闭以及其他妨碍安全疏散的情况。对公共娱乐场所全数检查；对其他公众聚集场所按照本条第二款抽查到的防火分区或者楼层，进行全数检查。对于设在民用建筑中的电影院、高层民用建筑中的儿童活动场所，以及与住宅部分设置在同一建筑内的公众聚集场所，还要核查是否设置独立安全出口和疏散楼梯。

（三）火灾自动报警系统：对抽查到的防火分区或者楼层，至少抽查2个火灾报警探测器、1处手动报警按钮及其配电线路，检查火灾报警探测器探测、发出信号、主机接收信号以及配电线路防火保护情况；设置消防电话的，应至少抽查1个消防电话，测试通话情况；至少抽查1处火灾应急广播的播放情况。

（四）室内消火栓系统：对抽查到防火分区或者楼层及最不利点，抽查2个室内消火栓，检查器材配备是否完善，水压是否正常，并测试远程启泵或者联动启泵功能。

（五）自动喷水灭火系统：全数检查报警阀，至少抽取1个报警阀组，在最不利点处测试末端试水装置，检查自动喷水灭火系统水压是否正常，并检查水流指示器、压力开关动作情况和喷淋泵联动情况。

（六）消防水源和室外消火栓：对全部消防水池、消防水箱、消防水泵房进行检查。至少抽查 1 处室外消火栓，进行放水检查。

（七）水泵接合器：查看是否被埋压、圈占、遮挡，是否标明供水区域和供水系统类型。

（八）气体灭火系统：抽查气瓶间的气瓶压力，以及装置运行情况。

（九）防烟排烟系统：对抽查到的防火分区或者楼层，抽查防烟排烟风机运行情况；每个至少抽查 1 个送风口、排烟口以及防火阀、排烟防火阀外观、运行情况。

（十）防火卷帘：对抽查到的防火分区或者楼层，每个全数检查防火卷帘外观、联动、手动升降情况。

（十一）防火门：对抽查到的防火分区或者楼层，查看封闭楼梯间、防烟楼梯间及其前室的防火门的外观、开启方向，以及顺序器、闭门器是否完好有效；查看常开防火门是否能联动、手动关闭，启闭状态能否在消防控制室正确显示。

（十二）疏散指示标志、应急照明：对抽查到的防火分区或者楼层，每个至少抽查 1 处疏散路线上的疏散指示标志、应急照明，设置方式、外观、指示方向是否准确，切断主电源后测试是否具备应急功能，抽查数量最多不超过 6 处。不足 6 处的，全数检查。

（十三）灭火器：对抽查到的防火分区或者楼层，每个至少检查 3 个灭火器配置点，抽查数量最多不超过 6 个灭火器配置点；查看配置数量、类型是否正确，压力是否符合要求。不足 6 个的，全数检查。

（十四）消防电梯：对抽查到的防火分区或者楼层，检查消防电梯设置、运行情况。

（十五）消防控制室：检查场所所在建筑消防控制室设置和运行情况。

（十六）其他消防设施：应抽查设置和运行情况。

前款各项涉及抽查楼层和防火分区数量的，公众聚集场所防火分区为 3 个及以下的，全数检查；防火分区为 4 个至 9 个的，至少抽查其中的 3 个；防火分区为 10 个及以上的，至少抽查其中的 4 个，最多抽查不超过 10 个。公众聚集场所使用层数为 3 层及以下的，全数检查；使用层数为 4 层至 9 层的，至少抽查其中的 3 层；使用层数为 10 层及以上的，至少抽查其中的 4 层，最多抽查不超过 10 层。场所使用楼层涉及建筑首层、地下层、标准层、避难层、顶层的，应列为必抽楼层。

检查内容有距离、宽度、长度、面积、厚度等要求的，在不影响正常使用功能的情况下，允许误差不超过 5%。

第五条 对消防安全管理的检查内容有：

（一）是否制定消防安全制度和操作规程，制度和规程内容是否完整。

（二）用火、用电、用油、用气安全管理是否符合要求。

（三）消防设施、器材标识的设置是否符合要求，是否定期维护保养，是否确保完好有效。

（四）是否将容易发生火灾、一旦发生火灾可能严重危及人身和财产安全以及对消防安全有重大影响的部位确定为消防安全重点部位，是否设置明显的防火标志、实行严格管理。

（五）消防控制室是否实行每日 24 小时值班制度，每班是否不少于 2 人，值班操作人员是否持有相应的消防职业资格证书。

（六）是否对新上岗员工或进入新岗位的员工进行上岗前的消防安全培训。

（七）是否制定灭火和应急疏散预案，是否组织员工熟悉灭火和应急疏散预案并开展演练。

（八）是否按照标准建立专职消防队、志愿消防队（微型消防站）。

（九）公众聚集场所是否依法建立消防档案。

前款各项涉及抽查员工数量的，如员工在 50 人以上的，抽查不少于 10 人；员工不足 50 人的，抽查不少于 5 人；员工不足 5 人的，全数检查。

第六条　消防救援机构检查人员对消防安全责任、消防安全技术条件、消防安全管理等有关事项进行检查时，逐项记录情况，有一项以上（含本数）重要事项的，判定为消防安全不合格，其他情形判定为消防安全合格。

对判定为消防安全不合格的场所，采用告知承诺方式的，应当依法予以处罚，并制作送达《公众聚集场所消防安全检查责令限期改正通知书》；不采用告知承诺方式的，制作送达《不同意投入使用、营业决定书》。

对判定为消防安全合格的场所，但存在其他消防安全事项的，应当口头责令改正，并在《公众聚集场所投入使用、营业消防安全检查记录表》中注明。

第七条　本规则自印发之日起施行。

（此处印制消防救援机构名称）

公众聚集场所投入使用、营业消防安全检查记录表

消防监督人员（签名）：

编号：×消安检字〔　　〕×××号　　　检查时间：　年　月　日　时至　时

场所名称		场所地址	
抽查项目	抽查具体情况（逐项实施抽查，逐一记录发现的消防安全事项，未发现或者无此项目的如实填写）		
消防安全责任	重要事项：□未依法确定消防安全责任人，或者未明确相应职责的 □未依法确定消防安全责任人，或者未明确相应职责的	具体情形：	
	其他事项：		
消防安全技术条件	一、总平面布局	重要事项：□场所所在建筑和其他建筑之间的防火间距被占用，无法当场改正的 □场所所在建筑未按消防技术标准设置消防车道，或者消防车道不能满足消防车通行，无法当场改正的 □场所所在建筑消防车登高操作场地不能满足消防扑救作业条件，无法当场改正的	具体情形：
		其他事项：	
	二、平面布置	重要事项：□场所所在位置的设置不符合法律法规和消防技术标准要求的	具体情形：
		其他事项：	

三、防火分区及防火分隔	重要事项： □场所的防火分区设置不符合消防技术标准的 □场所的防火墙、防火卷帘、防火门、防火窗等防火分隔设施被拆除或者损坏，无法当场改正的 □场所的电缆井、管道井等穿越楼板处的防火封堵材料选用或者填塞不符合消防技术标准，无法当场改正的 其他事项：	抽查部位： 具体情形：
四、安全疏散	重要事项： □场所未按消防技术标准设置独立的安全出口或疏散楼梯的 □场所的安全出口数量、间距、疏散门形式、开启方向等设置不符合消防技术标准的 □场所的疏散楼梯间设置形式、防火分隔、前室面积、穿越管线等不符合消防技术标准的 □场所的疏散距离不符合消防技术标准的 □场所的安全出口、疏散楼梯、疏散走道宽度不符合消防技术标准的 □场所未按消防技术标准设置避难走道、避难间、避难层，或者避难走道、避难间、避难层被占用，无法当场改正的 □场所在门窗设置影响逃生和灭火救援的障碍物，无法当场改正的 其他事项：	抽查部位： 具体情形：
五、内部装修	重要事项： □场所违反消防技术标准使用易燃、可燃材料装修、装饰的 其他事项：	抽查部位： 具体情形：

六、消防水源	重要事项： □场所所在建筑按照消防技术标准应当设置消防水池、消防水箱，消防水泵房而未设置的 □场所所在建筑消防水泵房设置位置、耐火等级不符合消防技术标准的 □场所所在建筑消防水泵房疏散门不能直通室外或安全出口的 其他事项：	抽查部位： 具体情形：
七、室外消火栓系统和水泵接合器	重要事项： □场所所在建筑按照消防技术标准应当设置而未设置的 □场所所在建筑消防管网无水，或者栓口压力等不符合消防技术标准规定，无法正常供水的 其他事项：	抽查部位： 具体情形：
八、室内消火栓系统	重要事项： □场所所在建筑按照消防技术标准应当设置而未设置的 □场所所在消防管网无水，或者栓口压力等不符合消防技术标准规定，无法正常供水的 □场所所在建筑消防水泵无法联动控制启动，或者无法在消防水泵房现场启动，或者无法在消防控制室远程启动，且无法当场改正的 其他事项：	抽查部位： 具体情形：
九、自动喷水灭火系统	重要事项： □场所按照消防技术标准应当设置而未设置的 □场所消防管网无水，或者末端试水装置水压力等不符合消防技术标准规定，无法正常供水的 □场所所在建筑消防水泵无法联动控制启动，或者无法在消防水泵房现场启动，或者无法在消防控制室远程启动，且无法当场改正的 其他事项：	抽查部位： 具体情形：

	重要事项：□场所按照消防技术标准应当设置而未设置的 □场所设置的系统无法报警或者无法实现联动控制功能，无 法当场改正的	抽查部位： 具体情形：
十、火灾自动报警系统	其他事项：	
	重要事项：□场所按照消防技术标准应当设置而未设置的 □场所在建筑防烟排烟机、补风机无法联动控制启动， 或者无法现场手动启动，或者无法在消防控制室远程启 动，且无法当场改正的	抽查部位： 具体情形：
十一、防烟排烟系统	其他事项：	
	重要事项：□场所按照消防技术标准应当设置而未设置的 □场所的消防应急照明或者疏散指示标志选型、照度、连续 供电时间等不符合消防技术标准的	抽查部位： 具体情形：
十二、消防应急照明和 疏散指示标志	其他事项：	
	重要事项：□场所按照消防技术标准应当设置电气火灾监控系统而未设置的 □消防配电线路未按消防技术标准要求采取穿金属导管、封 闭式金属槽盒等防火保护措施的 □额定功率不小于100W的高温照明灯具的引入线未采用不 燃材料作隔热保护的 □额定功率不小于60W的高温照明灯具直接安装在易燃、 可燃物体上的	抽查部位： 具体情形：
十三、电气线路	其他事项：	
十四、灭火器	其他事项：	抽查部位： 具体情形：

	重要事项 / 其他事项	抽查部位：具体情形：
十五、消防电梯	重要事项： □场所按照消防技术标准应当设置而未设置的 □场所的消防电梯前室使用面积、消防电梯前室、消防电梯井的防火分隔措施不符合消防技术标准的 □场所的消防电梯载重、运行速度、控制方式、内部装修、防水措施、井底排水等不符合消防技术标准的 其他事项：	抽查部位： 具体情形：
十六、消防控制室	重要事项： □场所所在建筑按照消防技术标准应当设置而未设置的 □场所所在建筑消防控制室设置位置、耐火等级不符合消防技术标准的 □场所所在建筑消防控制室疏散门不能直通室外或安全出口的 □场所所在建筑消防控制室有穿过与消防设施无关的电气线路及管路的 其他事项：	抽查部位： 具体情形：
十七、其他消防设施	重要事项： □场所按照消防技术标准应当设置而未设置的 □场所已设置的其他消防设施，无法实现功能的 其他事项：	抽查部位： 具体情形：

消防安全管理	重要事项：□未建立消防安全制度的 □自动消防系统操作人员未持证上岗的 □未制定灭火和应急疏散预案的 □未按照要求建立专职消防队、志愿消防队（微型消防站）的 □违反消防安全规定使用、储存易燃易爆危险品的 □未按消防技术标准设置可燃气体浓度报警和燃油、燃气管道紧急切断装置的	具体情形：	
	其他事项：		
其他消防安全事项	重要事项：□场所存在其他消防安全问题，可能构成重大火灾隐患，或者违反消防技术标准强制性条文规定，无法当场改正的 □场所存在其他违反法律法规规章规定，可能严重威胁公共安全的	具体情形：	
	其他事项：		
事项数量	重要事项：＿＿＿＿项；其他事项：＿＿＿＿项		
备　注			

关于对部分消防安全违法行为
实施行政处罚的裁量指导意见（节选）①

第一部分　一般适用规则

一、本指导意见所称的消防行政处罚裁量，是指消防救援机构实施消防行政处罚时，根据立法目的和处罚原则，在法律、法规和规章规定的处罚种类和幅度内，综合考量违法的事实、性质、手段、后果、情节和改正措施等因素，确定是否处罚以及对行政处罚的种类、幅度选择适用的活动。

二、实施消防行政处罚，应当按照公正、公平、公开的要求，遵循过罚相当、处罚与教育相结合的原则，依法维护公民、法人和其他组织的合法权益，确保行政处罚裁量权行使的合法性、合理性。

三、法律、行政法规或者部门规章规定多种处罚应当并处的，不得选择适用；规定可以并处的，可以选择适用。

四、有两个以上应当给予行政处罚的违法行为的，应当适用相应的法律条款，分别决定、合并执行。对违法行为人的同一违法行为，不得给予两次以上罚款的行政处罚。

五、同一时期、同一地区，对同一类违法主体实施的性质相同、情节相近或者相似、危害后果基本相当的消防安全违法行为，在处罚裁量时，适用的处罚种类应当基本一致，处罚幅度应当基本相当。

六、违法行为人有下列情形之一的，不予处罚：

---

① 节选自《消防救援局印发〈关于对部分消防安全违法行为实施行政处罚的裁量指导意见〉的通知》（应急消〔2019〕172号）。

（一）消防安全违法行为轻微并及时纠正，没有造成危害后果的；

（二）不满 14 周岁的公民实施消防安全违法行为的；

（三）精神病人在不能辨认或者控制自己行为时实施消防安全违法行为的；

（四）消防安全违法行为在两年内未被发现的，法律另有规定的除外；

（五）其他依法不予处罚的情形。

对违法行为轻微并当场改正完毕，依法可以不予行政处罚的，可以口头责令改正，并在检查记录上注明。

七、违法行为人有下列情形之一的，应当依法从轻或者减轻处罚：

（一）主动消除或者减轻消防安全违法行为危害后果的；

（二）已满 14 周岁不满 18 周岁的公民实施消防安全违法行为的；

（三）尚未完全丧失辨认或者控制自己行为能力的精神病人实施消防安全违法行为的；

（四）受他人胁迫实施消防安全违法行为的；

（五）配合消防救援机构查处消防安全违法行为，有立功表现的；

（六）其他依法应当从轻处罚的情形。

从轻处罚，是指在法定处罚种类和幅度内对行为人适用较轻种类或者较低幅度的处罚。

减轻处罚，是指在法定处罚种类中选择较轻或较少种类，或者低于法定处罚幅度下限的处罚。

八、违法行为人有下列情形之一的，应当依法从重处罚：

（一）一年内因同一种消防安全违法行为受到两次以上消防行政处罚的；

（二）拒不整改或者整改不力，违法行为处于持续状态的；

（三）拒绝、阻碍或者以暴力威胁消防执法人员的；

（四）隐匿、销毁违法行为证据的；

（五）违法行为情节恶劣，造成人员伤亡或者严重社会影响的；

（六）对举报人、证人打击报复的；

（七）发生火灾事故后逃匿或者瞒报、谎报的；

（八）其他依法应当从重处罚的情形。

从重处罚，是指在法定处罚种类和幅度内对行为人适用较重种类或者较高幅度的处罚。

第二部分　裁量基准

根据消防安全违法行为的事实、性质、情节、危害后果及单位（场所）使用性质，可以将违法行为划分为严重、一般、较轻三种情形，分别对应罚款幅度的 70%～100%、30%～70%、0～30%三个量罚阶次。

一、公众聚集场所未经消防安全检查或者经检查不符合消防安全要求，擅自投入使用、营业的

【法律依据】

《中华人民共和国消防法》第五十八条第一款第四项

【理解与适用】

（一）下列情形属于严重违法：

已构成重大火灾隐患的。

（二）有下列情形之一的，属于一般违法：

1. 经消防安全检查不符合消防安全要求，擅自投入使用、营业的；

2. 违法行为被发现后，未主动停止投入使用、营业行为。

（三）下列情形属于较轻违法：

其他未经消防安全检查，擅自投入使用、营业的行为。

二、消防设施、器材或者消防安全标志的配置、设置不符合国家标准、行业标准，或者未保持完好有效的

【法律依据】

《中华人民共和国消防法》第六十条第一款第一项

【理解与适用】

（一）有下列情形之一的，属于严重违法：

1. 按标准应当设置而未设置火灾自动报警系统、自动灭火系统、消火栓系统、防烟排烟系统、应急广播和应急照明、疏散指示标志的；

2. 火灾自动报警系统、自动灭火系统、消火栓系统、防烟排烟系统以及防火门、防火卷帘等防火分隔设施严重损坏或者瘫痪，无法使用的；

3. 疏散楼梯、安全出口设置的形式和数量不符合工程建设消防技术标准要求的；

4. 造成发生火灾等严重后果的。

（二）有下列情形之一的，属于一般违法：

1. 按标准应当设置而未设置的单类消防设施数量占此类总数量10%以上的；

2. 应当设置而未设置的消防设施类别为3类以上的；

3. 未保持完好有效的单类消防设施数量占此类总数量10%以上，但不影响系统整体运行的；

4. 未保持完好有效的消防设施类别为3类以上。

（三）下列情形属于较轻违法：

其他消防设施、器材或者消防安全标志的配置、设置不符合国家标准、行业标准，或者未保持完好有效的情形。

可以不予处罚的情形：

消防设施、器材和消防安全标志存在的问题和故障，单位已自行发现，并采取措施进行整改，且已落实保证消防安全的防范措施或者将危险部位停用的。

三、损坏、挪用或者擅自拆除、停用消防设施、器材的

【法律依据】

《中华人民共和国消防法》第六十条第一款第二项

【理解与适用】

（一）下列情形属于严重违法：

损坏、擅自拆除、停用火灾自动报警系统、自动灭火系统、消火栓系统、防烟排烟系统以及应急广播和应急照明，导致系统整体无法正常使用的。

（二）有下列情形之一的，属于一般违法：

1. 损坏、擅自拆除、停用火灾自动报警、自动灭火、消火栓、防烟排烟以及应急广播和应急照明系统组件，导致系统局部无法正常使用的；

2. 挪用消防设施、器材超过 3 处的。

（三）下列情形属于较轻违法：

其他损坏、挪用或者擅自拆除、停用消防设施、器材的行为。

可以不予处罚的情形：

因室内装修、设备维护等确实需要局部停用消防设施、器材的，已书面报经消防安全责任人或者管理人同意，并落实消防安全的防范措施或者将危险部位停用，且不影响其他区域消防设施、器材正常使用的。

四、占用、堵塞、封闭疏散通道、安全出口或者有其他妨碍安全疏散行为的

【法律依据】

《中华人民共和国消防法》第六十条第一款第三项

【理解与适用】

（一）有下列情形之一的，属于严重违法：

1. 占用、堵塞、封闭疏散通道、安全出口，导致人员无法通行，且不能当场改正的；

2. 其他占用、堵塞、封闭疏散通道、安全出口 3 处以上的。

（二）有下列情形之一的，属于一般违法：

1. 占用、堵塞、封闭疏散通道、安全出口，导致人员无法通行，但能够当场改正的；

2. 占用、堵塞的疏散通道、安全出口宽度超过该疏散通道、安全出口宽度 50%，且无法当场改正的。

（三）下列情形属于较轻违法：

其他占用、堵塞、封闭疏散通道、安全出口或者有其他妨碍安全疏散行为的。

可以不予处罚的情形：

占用、堵塞、封闭的疏散通道、安全出口宽度未超过该疏散通道、安全出口总宽度 20%，且当场改正的。

五、埋压、圈占、遮挡消火栓或者占用防火间距的

【法律依据】

《中华人民共和国消防法》第六十条第一款第四项

【理解与适用】

（一）有下列情形之一的，属于严重违法：

1. 埋压、圈占、遮挡消火栓5处以上，无法当场改正的；

2. 占用防火间距3处以上，无法当场改正的。

（二）有下列情形之一的，属于一般违法：

1. 埋压、圈占、遮挡消火栓3处以上，无法当场改正的；

2. 占用防火间距，无法当场改正的。

（三）下列情形属于较轻违法：

其他埋压、圈占、遮挡消火栓或者占用防火间距的情形。

可以不予处罚的情形：

1. 埋压、圈占、遮挡消火栓，情节轻微，当场改正的；

2. 使用非固定的建（构）筑物或设施占用防火间距，当场改正的。

六、占用、堵塞、封闭消防车通道，妨碍消防车通行的

【法律依据】

《中华人民共和国消防法》第六十条第一款第五项

【理解与适用】

（一）下列情形属于严重违法：

占用、堵塞、封闭消防车通道，造成消防车无法通行的。

（二）下列情形属于一般违法：

占用、堵塞、封闭消防车通道2处以上，给消防车通行带来困难的。

（三）下列情形属于较轻违法：

其他占用、堵塞、封闭消防车通道的行为。

可以不予处罚的情形：

占用、堵塞、封闭消防车通道，情节轻微，当场改正的。

七、人员密集场所在门窗上设置影响逃生和灭火救援的障碍物的

【法律依据】

《中华人民共和国消防法》第六十条第一款第六项

【理解与适用】

（一）有下列情形之一的，属于严重违法：

1. 在消防救援窗或排烟窗设置障碍物，影响逃生、灭火救援的；

2. 在 5 个以上其他门窗上设置障碍物，影响逃生、灭火救援的。

（二）下列情形属于一般违法：

在 3 个以上其他门窗设置障碍物，影响逃生、灭火救援的。

（三）下列情形属于较轻违法：

在不超过 3 个其他门窗设置障碍物，影响逃生、灭火救援的。

可以不予处罚的情形：

在其他门窗设置障碍物，当场改正的。

八、对火灾隐患经消防救援机构通知后不及时采取措施消除的

【法律依据】

《中华人民共和国消防法》第六十条第一款第七项

【理解与适用】

（一）下列情形属于严重违法：

已构成重大火灾隐患，经消防救援机构通知后不及时采取措施消除的。

（二）有下列情形之一的，属于一般违法：

1. 有 3 处以上一般火灾隐患，未及时采取措施消除的；

2. 有未满 3 处一般火灾隐患，但未采取任何措施消除的；

（三）下列情形属于较轻违法：

其他经消防救援机构通知后不及时采取措施消除火灾隐患的情形。

九、生产、储存、经营易燃易爆危险品的场所与居住场所设置在同一建筑内，或者未与居住场所保持安全距离的

生产、储存、经营其他物品的场所与居住场所设置在同一建筑内，不符合消防技术标准的

【法律依据】

《中华人民共和国消防法》第六十一条

【理解与适用】

（一）有下列情形之一的，属于严重违法：

1. 生产、储存、经营易燃易爆危险品的场所与居住场所设置在同一建筑内的；

2. 生产、储存、经营易燃易爆危险品的场所与居住场所的防火间距小于国家工程建设消防技术标准规定值的75%；

3. 在厂房、库房、商场中设置员工宿舍，且不符合住宿与生产储存经营合用场所消防安全技术要求的。

（二）有下列情形之一的，属于一般违法：

1. 生产、储存、经营其他物品的场所与居住场所合用，防火分隔、安全疏散、报警和灭火系统不符合消防标准的；

2. 生产、储存、经营易燃易爆危险品的场所与居住场所的防火间距不符合标准，但超过国家工程建设消防技术标准规定值的75%。

（三）下列情形属于较轻违法：

生产、储存、经营其他物品的场所与居住场所设置在同一建筑内，不符合消防技术标准的其他情形。

十、人员密集场所使用不合格的消防产品或者国家明令淘汰的消防产品，责令限期改正，逾期不改正的

【法律依据】

《中华人民共和国消防法》第六十五条第二款

【理解与适用】

（一）有下列情形之一的，属于严重违法：

1. 逾期未采取任何改正措施的；

2. 经改正，仍不合格的消防产品种类超过3类，或数量超过30件的。

（二）下列情形属于一般违法：

经改正，仍不合格的消防产品种类为2~3类，或数量为11~30件的。

（三）下列情形属于较轻违法：

经改正，仍不合格的消防产品种类为1类且数量不超过10件的。

十一、电器产品、燃气用具的安装、使用及其线路、管路的设计、敷设、维护保养、检测不符合消防技术标准和管理规定的，责令限期改正，逾期不改正的

【法律依据】

《中华人民共和国消防法》第六十六条

【理解与适用】

（一）有下列情形之一的，属于严重违法：

1. 逾期未采取任何改正措施的；

2. 经改正，仍有超过 3 处不符合消防技术标准和管理规定的。

（二）下列情形属于一般违法：

经改正，仍有 2 处不符合消防技术标准和管理规定的。

（三）下列情形属于较轻违法：

其他逾期不改正的情形。

十二、消防产品质量认证、消防设施检测等消防技术服务机构出具虚假文件的

【法律依据】

《中华人民共和国消防法》第六十九条

【理解与适用】

（一）有下列情形之一的，属于严重违法：

1. 伪造消防技术服务文件的；

2. 出具的消防技术服务文件超过 5 处内容与实际情况不符的；

3. 在为人员密集场所和生产、储存、经营易燃易爆危险品的场所或者消防安全重点单位提供消防技术服务中，出具的消防技术服务文件与实际情况不符的。

（二）下列情形属于一般违法：

出具的消防技术服务文件超过 3 处、不超过 5 处内容与实际情况不符的。

（三）下列情形属于较轻违法：

出具的消防技术服务文件有不超过 3 处内容与实际情况不符的。

第三部分　裁量适用及相关解释

一、进行罚款处罚裁量时，应当首先按照裁量基准，确定违法行为的情形和量罚阶次。

二、违法行为人有本意见第一部分规定的从轻、减轻、从重处罚或者不予处罚情节，但裁量基准未规定相关情节的，应当根据对应处罚幅度从轻、减轻、从重处罚或者不予处罚。

三、对具有多个裁量情节的，在调节处罚幅度时一般采取同向调节相叠加、逆向调节相抵减的方式，也可以将对整个案情影响较大的情节作为主要考虑因素。

四、消防救援机构在实施消防行政处罚时，应当全面收集与裁量情节相关的证据，并充分听取当事人的陈述、申辩，并在询问笔录或行政处罚告知笔录中予以体现。在行政处罚内部审批表中，应提出拟作出行政处罚的种类和幅度额度的建议，并说明处罚裁量的事实和理由等情况。

在行政处罚决定书中，应当明确行政处罚的事实、理由和依据，包括从重、从轻、减轻和不予处罚等情节，增强法理性，但一般不得引用裁量基准。

五、消防安全违法行为涉嫌构成刑事犯罪的，应当依据规定程序移交司法机关，不得以罚代刑。

六、对案情复杂及作出责令停产停业、停止使用或较大数额罚款等处罚，应当集体讨论决定，并按照规定组织听证，有关情况报上一级消防部门备案。对当事人提出的申辩、申诉，及时予以答复。

消防救援局关于贯彻实施国家职业技能标准《消防设施操作员》的通知（节选）①

近期，人力资源社会保障部办公厅、应急管理部办公厅印发了国家职业技能标准《消防设施操作员》（职业编码：4-07-05-04，以下简称《标准》），替代《建（构）筑物消防员》（劳社厅发〔2008〕1号），将于2020年1月1日起实施。现就贯彻落实《标准》提出如下要求：

一、认真组织学习，掌握《标准》内容。根据2015版《中华人民共和国职业分类大典》关于消防设施操作员是从事建（构）筑物消防设施运行、操作和维修、保养、监测等工作的人员的职业定义，新《标准》把握整体性、等级性、规范性、实用性和可操作原则，顺应消防技术发展和职业化需要，对原职业功能、工作内容和技能要求等进行了全面调整。一是设立了职业方向。根据本职业就业实际，设立了"消防设施监控操作"和"消防设施检测维修保养"两个职业方向（在职业资格证书上标明），前者可从事消防设施的监控、操作、日常保养和技术管理与培训等工作，从低到高分为初级（五级）到技师（二级）4个职业等级；后者可从事消防设施的操作、保养、维修、检测和技术管理与培训等工作，从低到高分为中级（四级）到高级技师（一级）4个职业等级。二是修改了职业功能。将职业功能拓展细化为"设施监控""设施操作""设施保养""设施维修""设施检测"和"技术管理和培训"6个模块，各职业方向按照不同等级，分别考核相应职业功能模块的内容。三是取消了培训要求。体现便民利民，按照《国家职业技能标准编制技术规程（2018版）》，取消对培训期限、培训师资、培训场地等要求，凡符合从

---

① 节选自《消防救援局关于贯彻实施国家职业技能标准〈消防设施操作员〉的通知》（应急消〔2019〕154号）。

业时间或学历要求，即可报名参加鉴定。四是增加了关键技能。将涉及核心职业能力的技能明确为关键技能，如考生在技能考核中违反操作规程或未达到该技能要求的，则考核成绩不合格。各级消防救援机构要认真组织学习《标准》内容，加强业务培训，确保相关人员熟练掌握和运用。同时，要广泛向社会宣传，督促指导社会单位落实《标准》有关要求。

二、准确把握要求，做好实施准备。《标准》实施后，依据原《建（构）筑物消防员》职业技能标准考核取得的国家职业资格证书依然有效，与同等级相应职业方向的《消防设施操作员》证书通用。持初级（五级）证书的人员可监控、操作不具备联动控制功能的区域火灾自动报警系统及其他消防设施；监控、操作设有联动控制设备的消防控制室和从事消防设施检测维修保养的人员，应持中级（四级）及以上等级证书。消防救援局将加快组织编制鉴定大纲、鉴定设施设备配备标准等，同步开发消防行业特有工种职业技能鉴定信息管理与应用系统。各地消防救援机构要指导本地区鉴定机构对照《标准》要求，健全完善鉴定工作机制，编制鉴定计划方案，升级鉴定设施设备，壮大考评员队伍，优化鉴定工作程序，做好《标准》实施准备。同时，积极采用信息化手段，在考生报名、理论考试、实操鉴定、成绩公布、证书制发等方面提供优质便利服务。

消防安全领域信用管理暂行办法
（节选）^①

第一章　总则

第三条　应急管理部消防救援局负责组织全国消防安全领域失信行为管理工作。

省级、市级、县级消防救援机构负责本辖区消防安全领域失信行为管理工作。

各级消防救援机构应当积极联合相关行业部门以及相关社会组织做好消防安全领域失信行为管理工作。

第四条　消防安全领域失信行为管理应当遵循合法、公正、客观、及时的原则，保守国家秘密，保护商业秘密和个人隐私。

第二章　消防安全领域失信行为信息归集

第五条　纳入消防安全领域失信行为管理的对象为：

（一）社会单位（场所）的消防安全责任人、消防安全管理人及其他负有消防安全责任的相关人员；

（二）消防设施维护保养检测、消防安全评估等消防技术服务机构及其相关从业人员；

（三）注册消防工程师、消防设施操作员；

---

① 节选自《消防救援局关于印发〈消防安全领域信用管理暂行办法〉的通知》（应急消〔2020〕331号）。

（四）消防产品生产、销售企业及其相关从业人员；

（五）消防产品认证、鉴定、检验机构及其相关从业人员；

（六）工程建设、施工、监理单位，中介服务机构，消防产品生产、销售、使用单位，建筑（场所）使用管理单位及相关人员；

（七）其他依法负有消防安全责任的法人、非法人组织和自然人。

第六条　消防安全领域失信行为信息分为一般失信行为信息和严重失信行为信息。消防产品生产、销售企业以及消防产品认证、鉴定、检验机构的消防安全领域失信行为信息，以依法对其负有监管职责的部门、机构通报或核准的信息为准。

第七条　消防安全领域一般失信行为信息包括：

（一）社会单位（场所）存在火灾隐患或者消防安全违法行为经消防救援机构通知后，逾期仍不整改的；

（二）公众聚集场所在投入使用、营业前未按规定做出消防安全承诺或承诺失实的；

（三）消防技术服务机构及相关从业人员违规执业、承诺失实行为；

（四）注册消防工程师、消防设施操作员违法违规执业行为；

（五）消防产品生产、销售企业违法违规行为；

（六）消防产品认证、鉴定、检验机构违法违规行为；

（七）社会单位或个人占用、堵塞、封闭消防车通道，被处以罚款、拘留等处罚的；

（八）社会单位（场所）超过法律规定的诉讼期限仍然不履行消防救援机构作出的罚款等行政处罚决定的。

第八条　消防安全领域严重失信行为包括：

（一）社会单位（场所）存在重大火灾隐患，经消防救援机构通知后，故意拖延不积极整改或者因客观原因暂时不能整改未采取严密有效安全防范措施的；

（二）公众聚集场所在投入使用、营业前未经消防安全检查合格的；

（三）公众聚集场所在投入使用、营业前未按规定做出消防安全承诺以及虚假承诺，且存在重大火灾隐患的；

（四）社会单位（场所）被消防救援机构抽查发现存在严重消防安全违法行为，经消防救援机构通知后，拒不改正的；

（五）相关责任主体不执行消防救援机构作出的停产停业、停止使用决定。经催告，逾期仍不履行义务且无正当理由的；

（六）社会单位（场所）或个人擅自拆封或者使用被消防救援机构临时查封场所、部位的；

（七）消防技术服务机构及其工作人员伪造消防技术服务文件或者出具严重失实文件的；

（八）注册消防工程师变造、倒卖、出租、出借或者以其他形式转让资格证书、注册证、执业印章以及严重违反规定执业的；

（九）消防产品生产、销售企业违法违规生产、销售不合格或者国家明令淘汰消防产品数量较多、影响较大的；

（十）消防产品认证、鉴定、检验机构违法违规开展认证、鉴定、检验工作次数较多、影响较大的；

（十一）消防设施操作员存在严重违法违规执业行为或消防安全违法行为的；

（十二）社会单位或个人占用、堵塞、封闭消防车通道拒不改正的，或者多次违法停车占用消防车通道造成严重后果的；

（十三）社会单位未依法设立企业专职消防队并达到相应执勤能力的；

（十四）社会单位（场所）或个人扰乱火灾现场秩序，或者拒不执行火灾现场指挥员指挥，影响灭火救援的；

（十五）社会单位（场所）或个人故意破坏或者伪造火灾现场的；

（十六）经火灾事故调查认定，对亡人或重大社会影响的火灾事故负有主要责任的工程建设、中介服务、消防产品质量、使用管理等单位和个人；

（十七）社会单位（场所）或个人不履行法定消防安全主体责任，存在消防违法行为，其从事生产经营的场所发生亡人和较大以上火灾事故的。

第九条 消防安全领域失信行为信息包括单位基本信息（法人和其他组织名称、统一社会信用代码、法定代表人姓名及其身份证件类型和号码）、个人基本信息（姓名、身份证件类型和号码）、列入事由（认定违法失信行为的事实、认定部门、认定依据、认定日期、有效期）、信息来源机构和退出信息等。

第十条 消防救援机构应当依托消防监督执法系统数据，将消防安全信用信息建档留痕，做到可查可核可追溯。

第三章 消防安全领域失信行为信息应用

第十一条 消防救援机构积极与当地发改、市场监管等部门建立信息共享、联合惩戒机制，将消防安全领域失信行为推送至本地信用信息共享平台、企业信用信息公示系统，向社会公示。

第十二条 对存在消防安全领域失信行为的社会单位（场所），消防救援机构应结合"双随机一公开"监管要求，将其列为重点监管对象，增加抽查频次，加大监管力度。

第十三条 消防救援机构对存在消防安全领域失信行为的消防技术服务机构以及相关从业人员，适时开展集中公布曝光、集中专项检查等工作。

第十四条 消防安全失信行为名单为法人和非法人组织、个体工商户的，惩戒对象为法人和非法人组织、个体工商户，及其法定代表人、负责人、实际控制人和其他直接责任人员；名单为自然人的，惩戒对象为自然人本人。

第十五条 对消防安全领域一般失信行为，消防救援机构积极推动相关部门作为信用评价、项目核准、用地审批、金融扶持、财政奖补等方面的参考依据。

第十六条 消防救援机构应当对存在消防安全严重失信行为的社会单位（场所）和个人实施以下惩戒措施：

（一）结合"双随机、一公开"监管，将其列为重点监管对象，增加抽查频次，加大监管力度；

（二）失信行为公示期间，产生新的消防安全违法违规行为的，依法依规从严从重处理；

（三）将其消防安全领域严重失信行为情况通报相关部门，按照本地有关规定实施联合惩戒。

第十七条　应急管理部消防救援局定期组织收集各地需要在全国范围内实施联合惩戒的消防安全领域严重失信行为信息，推送至全国信用信息共享平台和国家企业信用信息公示系统，按照有关意见办法推动实施联合惩戒。

第四章　信用管理工作程序

第十八条　社会单位（场所）和个人的消防安全一般失信行为最短公示期为三个月，最长公示期为一年；消防安全严重失信行最短公示期为六个月，最长公示期为三年。

第十九条　应急管理部消防救援局和省、市、县消防救援机构结合本级信用信息管理工作，组织推动开展消防安全失信行为公示和联合惩戒工作。消防安全严重失信行为名单纳入全国信用信息共享平台，通过国家企业信用信息公示系统和"信用中国"网站等向社会公布。

第二十条　社会单位（场所）和个人列入消防安全失信行为名单前，市级或县级消防救援机构应组织履行告知或者公告程序，明确列入的事实、理由、依据、约束措施和当事人享有的陈述、申辩权利。

社会单位（场所）和个人被告知或者信息公告之日起10个工作日内，有权向市级或县级消防救援机构提交书面陈述、申辩及相关证明材料，市级或县级消防救援机构应当在5个工作日内给予书面答复。陈述、申辩理由被采纳的，不列入消防安全失信行为名单。陈述、申辩理由不予以采纳的，或者公告期内未提出申辩的，列入消防安全失信行为名单。

第二十一条　社会单位（场所）和个人认为公示的失信行为信息与实际情况不一致的，可向市级或县级消防救援机构提出书面核实申请，并提供有关证据材料。失信行为信息公示期限内，申请信用信息修正不能超过 2 次。

市级或县级消防救援机构应当自接到书面申请之日起 5 个工作日内组织核实，与实际情况一致的，书面答复申请人；与实际情况不一致的，应及时予以修正并书面答复申请人，同时报上级消防救援机构备案。

第二十二条　社会单位（场所）和个人对消防救援机构公示其失信信息的行政决定不服的，可以依法依规申请行政复议或提起行政诉讼。

第二十三条　消防救援机构有关工作人员，在消防安全信用管理工作中应当依法履职。违反本办法规定的，责令改正；在工作中玩忽职守、弄虚作假、滥用职权、徇私舞弊的，依法依纪给予处分；涉嫌犯罪的，移送司法机关依法追究刑事责任。

第五章　信用信息修复

第二十四条　消防安全失信信息有效期届满自然修复（修复包括停止公示、退出联合惩戒名单等内容）。失信行为主体在失信信息有效期届满前完成失信情形和违法行为整改，并履行行政处罚决定的，可以向作出认定的消防救援机构申请主动修复。

第二十五条　失信行为主体申请主动修复应提交以下材料：

（一）信用修复承诺书；

（二）行政相对人主要登记证照复印件加盖公章；

（三）已履行行政处罚相关证明材料复印件。

严重失信行为主体申请主动修复，除提交前款材料外，还应当提交主动参加信用修复培训班的证明材料和信用报告。

第二十六条　被处以责令停产停业，或吊销许可证、吊销执照的消防安全失信信息，以及法律、法规、规章另有规定不可修复的特定严重失信信息，按照三年最长期限公示，公示期间不予修复。

第二十七条　失信行为主体申请信用修复的，作出认定的消防救援机构接到信用修复的申请后，应在 5 个工作日内向失信行为主体出具是否同意修复的答复意见。失信行为信息公示期限内，失信行为主体申请信用信息修复不能超过2次。

第二十八条　消防救援机构同意修复的，应在向失信行为主体答复的3个工作日内，向当地信用信息共享平台、信用网站管理部门提出修复意见，按程序及时停止公示其消防安全失信记录，终止实施相关惩戒措施。

第六章　附则

第三十一条　本办法所指"工作日""次数"均包含本数，所称"一年""两年"为统计年度。

第三十二条　本办法所指"多次""次数较多"为三次及以上。

大型商业综合体消防安全管理规则
（试行）①

第一章　总则

第一条　为规范和加强商业综合体消防安全工作，推行消防安全标准化管理，落实单位主体责任，提升消防安全管理水平，依据《中华人民共和国消防法》《消防安全责任制实施办法》《机关、团体、企业、事业单位消防安全管理规定》等相关法律法规，制定本规则。

第二条　本规则中的商业综合体是指集购物、住宿、餐饮、娱乐、展览、交通枢纽等两种或两种以上功能于一体的单体建筑和通过地下连片车库、地下连片商业空间、下沉式广场、连廊等方式连接的多栋商业建筑组合体。

第三条　本规则适用于已建成并投入使用且建筑面积不小于5万平方米的商业综合体（以下简称"大型商业综合体"），其他商业综合体可参照执行。

第四条　大型商业综合体应当符合消防法律法规和消防技术标准的要求，采取有效的消防安全管理措施和先进的消防技术手段，确保建筑具备可靠的消防安全条件。

第五条　大型商业综合体的消防安全管理应当贯彻"预防为主、防消结合"的方针，实行消防安全责任制。

第六条　大型商业综合体的实际使用功能应当与设计功能一致。经

---

① 选自《消防救援局关于印发〈大型商业综合体消防安全管理规则（试行）〉的通知》（应急消〔2019〕314号）。

过特殊消防设计的大型商业综合体，应当将特殊消防设计规定的相关技术措施的落实情况，作为消防安全管理的重点内容进行巡查、检查并存档备查。

第二章 消防安全责任

第七条 大型商业综合体的产权单位、使用单位是大型商业综合体消防安全责任主体，对大型商业综合体的消防安全工作负责。

大型商业综合体的产权单位、使用单位可以委托物业服务企业等单位（以下简称"委托管理单位"）提供消防安全管理服务，并应当在委托合同中约定具体服务内容。

第八条 大型商业综合体以承包、租赁或者委托经营等形式交由承包人、承租人、经营管理人使用的，当事人在订立承包、租赁、委托管理等合同时，应当明确各方消防安全责任。

实行承包、租赁或委托经营管理时，产权单位应当提供符合消防安全要求的建筑物，并督促使用单位加强消防安全管理。承包人、承租人或者受委托经营管理者，在其使用、经营和管理范围内应当履行消防安全职责。

第九条 大型商业综合体的产权单位、使用单位应当明确消防安全责任人、消防安全管理人，设立消防安全工作归口管理部门，建立健全消防安全管理制度，逐级细化明确消防安全管理职责和岗位职责。

消防安全责任人应当由产权单位、使用单位的法定代表人或主要负责人担任。消防安全管理人应当由消防安全责任人指定，负责组织实施本单位的消防安全管理工作。

第十条 大型商业综合体有两个以上产权单位、使用单位的，各单位对其专有部分的消防安全负责，对共有部分的消防安全共同负责。

大型商业综合体有两个以上产权单位、使用单位的，应当明确一个产权单位、使用单位，或者共同委托一个委托管理单位作为统一管理单位，并明确统一消防安全管理人，对共用的疏散通道、安全出口、建筑消防设施和消防车通道等实施统一管理，同时协调、指导各单位共同做好大型商业综合体的消防安全管理工作。

第十一条　消防安全责任人应当掌握本单位的消防安全情况，全面负责本单位的消防安全工作，并履行下列消防安全职责：

1. 制定和批准本单位的消防安全管理制度、消防安全操作规程、灭火和应急疏散预案，进行消防工作检查考核，保证各项规章制度落实；

2. 统筹安排本单位经营、维修、改建、扩建等活动中的消防安全管理工作，批准年度消防工作计划；

3. 为消防安全管理提供必要的经费和组织保障；

4. 建立消防安全工作例会制度，定期召开消防安全工作例会，研究本单位消防工作，处理涉及消防经费投入、消防设施和器材购置、火灾隐患整改等重大问题，研究、部署、落实本单位消防安全工作计划和措施；

5. 定期组织防火检查，督促整改火灾隐患；

6. 依法建立专职消防队或志愿消防队，并配备相应的消防设施和器材；

7. 组织制定灭火和应急疏散预案，并定期组织实施演练。

第十二条　消防安全管理人对消防安全责任人负责，应当具备与其职责相适应的消防安全知识和管理能力，取得注册消防工程师执业资格或者工程类中级以上专业技术职称，并应当履行下列消防安全职责：

1. 拟订年度消防安全工作计划，组织实施日常消防安全管理工作；

2. 组织制订消防安全管理制度和消防安全操作规程，并检查督促落实；

3. 拟订消防安全工作的资金投入和组织保障方案；

4. 建立消防档案，确定本单位的消防安全重点部位，设置消防安全标识；

5. 组织实施防火巡查、检查和火灾隐患排查整改工作；

6. 组织实施对本单位消防设施和器材、消防安全标识的维护保养，确保其完好有效和处于正常运行状态，确保疏散通道、安全出口、消防车道畅通；

7. 组织本单位员工开展消防知识、技能的教育和培训，拟定灭火和应急疏散预案，组织灭火和应急疏散预案的实施和演练；

8. 管理专职消防队或志愿消防队，组织开展日常业务训练和初起火灾扑救；

9. 定期向消防安全责任人报告消防安全状况，及时报告涉及消防安全的重大问题；

10. 完成消防安全责任人委托的其他消防安全管理工作。

第十三条 大型商业综合体内的经营、服务人员应当履行下列消防安全职责：

1. 确保自身的经营活动不更改或占用经营场所的平面布置、疏散通道和疏散路线，不妨碍疏散设施及其他消防设施的使用。

2. 主动接受消防安全宣传教育培训，遵守消防安全管理制度和操作规程；熟悉本工作场所消防设施、器材及安全出口的位置，参加单位灭火和应急疏散预案演练。

3. 清楚了解本单位火灾危险性，会报火警、会扑救初起火灾、会组织疏散逃生和自救。

4. 每日到岗后及下班前应当检查本岗位工作设施、设备、场地、电源插座、电气设备的使用状态等，发现隐患及时排除并向消防安全工作归口管理部门报告。

5. 监督顾客遵守消防安全管理制度，制止吸烟、使用大功率电器等不利于消防安全的行为。

第十四条 大型商业综合体的保安人员应当履行下列消防职责：

1. 按照本单位的消防安全管理制度进行防火巡查，并做好记录，发现问题应当及时报告；

2. 发现火灾及时报火警并报告消防安全责任人和消防安全管理人，扑救初起火灾，组织人员疏散，协助开展灭火救援；

3. 劝阻和制止违反消防法规和消防安全管理制度的行为。

第三章　建筑消防设施管理

第十五条　大型商业综合体产权单位、使用单位可以委托具备相应从业条件的消防技术服务机构定期对建筑消防设施进行维护保养和检测，确保消防设施器材完好有效，处于正常运行状态。检测记录应当完整准确，存档备查。

第十六条　建筑消防设施存在故障、缺损的，应当立即维修、更换，不得擅自断电停运或长期带故障运行；因维修等原因需要停用建筑消防设施的，应当严格按照消防安全管理制度履行内部审批手续，制定应急方案，落实防范措施，并在建筑主要出入口醒目位置公告。维修完成后，应当立即恢复到正常运行状态。

第十七条　大型商业综合体的产权单位、使用单位和委托管理单位应当建立消防设施和器材的档案管理制度，记录配置类型、数量、设置部位、检查及维修单位（人员）、更换药剂时间，故障报告、修理和消除等有关情况。

第十八条　室内消火栓、机械排烟口、防火卷帘、常闭式防火门等建筑消防设施应当设置明显的提示性、警示性标识；消火栓箱、灭火器箱上应当张贴使用方法标识。

第十九条　建筑消防给水设施的管道阀门均应处于正常运行位置，并具有开/关的状态标识；对需要保持常开或常闭状态的阀门，应当采取铅封、标识等限位措施。

消防水池、气压水罐或高位消防水箱等消防储水设施的水量或水位应当符合设计要求；消防水泵、防排烟风机、防火卷帘等消防用电设备的配电柜控制开关应当处于自动（接通）位置。

第二十条　防火门、防火卷帘、防火封堵等防火分隔设施应当保持完整有效。防火卷帘、防火门应可正常关闭，且下方及两侧各 0.5 米范围内不得放置物品，并应用黄色标识线划定范围。室内消火栓箱不得上锁，箱内设备应当齐全、完好，禁止圈占、遮挡消火栓，禁止在消火栓箱内堆放杂物。

第二十一条 商品、展品、货柜、广告箱牌、生产设备等不得影响防火门、防火卷帘、室内消火栓、灭火剂喷头、机械排烟口和送风口、自然排烟窗、火灾探测器、手动火灾报警按钮、声光报警装置等消防设施的正常使用。

第二十二条 电缆井、管道井等竖向管井和电缆桥架应当在穿越每层楼板处采取可靠措施进行防火封堵，管井检查门应当采用防火门。电缆井、管道井等竖向管井禁止被占用或堆放杂物。

第四章　安全疏散与避难逃生管理

第二十三条 大型商业综合体的疏散通道、安全出口管理应当符合下列要求：

1. 疏散通道、安全出口应当保持畅通，禁止堆放物品、锁闭出口、设置障碍物；

2. 常用疏散通道、货物运送通道、安全出口处的疏散门采用常开式防火门时，应当确保在发生火灾时自动关闭并反馈信号；

3. 常闭式防火门应当保持常闭，门上应当有正确启闭状态的标识，闭门器、顺序器应当完好有效；

4. 商业营业厅、观众厅、礼堂等安全出口、疏散门不得设置门槛和其他影响疏散的障碍物，且在门口内外 1.4 米范围内不得设置台阶；

5. 疏散门、疏散通道及其尽端墙面上不得有镜面反光类材料遮挡、误导人员视线等影响人员安全疏散行动的装饰物，疏散通道上空不得悬挂可能遮挡人员视线的物体及其他可燃物，疏散通道侧墙和顶部不得设置影响疏散的凸出装饰物。

第二十四条 大型商业综合体内消防应急照明和疏散指示标志的管理应当符合下列要求：

1. 消防应急照明灯具、疏散指示标志应当保持完好、有效，各类场所疏散照明照度应当符合消防技术标准要求；

2. 营业厅、展览厅等面积较大场所内的疏散指示标志，应当保证其指向最近的疏散出口，并使人员在走道上任何位置均能看见、了解所处楼层；

3. 疏散楼梯通至屋面时，应当在每层楼梯间内设有"可通至屋面"的明显标识，宜在屋面设置辅助疏散设施；

4. 建筑内应当采用灯光疏散指示标志，不得采用蓄光型指示标志替代灯光疏散指示标志，不得采用可变换方向的疏散指示标志。

第二十五条　大型商业综合体的安全疏散和避难逃生管理还应当符合下列要求：

1. 楼层的窗口、阳台等部位不得有影响逃生和灭火救援的栅栏；

2. 安全出口、疏散通道、疏散楼梯间不得安装栅栏，人员导流分隔区应当有在火灾时自动开启的门或可易于打开的栏杆；

3. 各楼层疏散楼梯入口处、电影院售票厅、宾馆客房的明显位置应当设置本层的楼层显示、安全疏散指示图，电影院放映厅和展厅门口应当设置厅平面疏散指示图，疏散指示图上应当标明疏散路线、安全出口和疏散门、人员所在位置和必要的文字说明；

4. 除休息座椅外，有顶棚的步行街上、中庭内、自动扶梯下方严禁设置店铺、摊位、游乐设施，严禁堆放可燃物；

5. 举办展览、展销、演出等活动时，应当事先根据场所的疏散能力核定容纳人数，活动期间应当对人数进行控制，采取防止超员的措施；

6. 主要出入口、人员易聚集的部位应当安装客流监控设备，除公共娱乐场所、营业厅和展览厅外，各使用场所应当设置允许容纳使用人数的标识；

7. 建筑内各经营主体营业时间不一致时，应当采取确保各场所人员安全疏散的措施。

第二十六条　大型商业综合体平时需要控制人员随意出入的安全出口、疏散门或设置门禁系统的疏散门，应当保证火灾时能从内部直接向外推开，并应当在门上设置"紧急出口"标识和使用提示。可根据实际需要选用以下方法之一或其他等效的方法：

1. 设置安全控制与报警逃生门锁系统，其报警延迟时间不应超过15 秒；

2. 设置能远程控制和现场手动开启的电磁门锁装置，且与火灾自动报警系统联动；

3. 设置推闩式外开门。

第二十七条 大型商业综合体营业厅内的柜台和货架应当合理布置，疏散通道设置应当符合下列要求：

1. 营业厅内主要疏散通道应当直通安全出口；

2. 柜台和货架不得占用疏散通道的设计疏散宽度或阻挡疏散路线；

3. 疏散通道的地面上应当设置明显的疏散指示标识；

4. 营业厅内任一点至最近安全出口或疏散门的直线距离不得超过37.5 米，且行走距离不得超过 45 米；

5. 营业厅的安全疏散路线不得穿越仓储、办公等功能用房。

第二十八条 大型商业综合体各防火分区或楼层应当设置疏散引导箱，配备过滤式消防自救呼吸器、瓶装水、毛巾、哨子、发光指挥棒、疏散用手电筒等疏散引导用品，明确各防火分区或楼层区域的疏散引导员。

第五章　灭火和应急救援设施管理

第二十九条 大型商业综合体建筑四周不得违章搭建建筑，不得占用防火间距、消防车道、消防车登高操作场地，禁止在消防车道、消防车登高操作场地设置停车泊位、构筑物、固定隔离桩等障碍物，禁止在消防车道上方、登高操作面设置妨碍消防车作业的架空管线、广告牌、装饰物、树木等障碍物。

第三十条 户外广告牌、外装饰不得采用易燃可燃材料制作，不得妨碍人员逃生、排烟和灭火救援，不得改变或破坏建筑立面防火构造。

建筑外墙上的灭火救援窗、灭火救援破拆口不得被遮挡，室内外的相应位置应当有明显标识。

第三十一条　室外消火栓不得被埋压、圈占，室外消火栓、消防水泵接合器两侧沿道路方向各 3 米范围内不得有影响其正常使用的障碍物或停放机动车辆。

第三十二条　消防车道、消防车登高操作场地、消防车取水口、消防水泵接合器、室外消火栓等消防设施应当设置明显的提示性、警示性标识。

第六章　消防安全重点部位管理

第三十三条　大型商业综合体的消防安全重点部位应当建立岗位消防安全责任制，明确消防安全管理的责任部门和责任人，设置明显的提示标识，落实特殊防范和重点管控措施，纳入防火巡查检查重点对象。

第三十四条　大型商业综合体内餐饮场所的管理应当符合下列要求：

1. 餐饮场所宜集中布置在同一楼层或同一楼层的集中区域；

2. 餐饮场所严禁使用液化石油气及甲、乙类液体燃料；

3. 餐饮场所使用天然气作燃料时，应当采用管道供气。设置在地下且建筑面积大于 150 平方米或座位数大于 75 座的餐饮场所不得使用燃气；

4. 不得在餐饮场所的用餐区域使用明火加工食品，开放式食品加工区应当采用电加热设施；

5. 厨房区域应当靠外墙布置，并应采用耐火极限不低于 2 小时的隔墙与其他部位分隔；

6. 厨房内应当设置可燃气体探测报警装置，排油烟罩及烹饪部位应当设置能够联动切断燃气输送管道的自动灭火装置，并能够将报警信号反馈至消防控制室；

7. 炉灶、烟道等设施与可燃物之间应当采取隔热或散热等防火措施；

8. 厨房燃气用具的安装使用及其管路敷设、维护保养和检测应当符合消防技术标准及管理规定；厨房的油烟管道应当至少每季度清洗一次；

9. 餐饮场所营业结束时，应当关闭燃气设备的供气阀门。

第三十五条　大型商业综合体内其他重点部位的管理应当符合下列

要求：

1. 儿童活动场所，包括儿童培训机构和设有儿童活动功能的餐饮场所，不应设置在地下、半地下建筑内或建筑的四层及四层以上楼层。

2. 电影院在电影放映前，应当播放消防宣传片，告知观众防火注意事项、火灾逃生知识和路线。

3. 宾馆的客房内应当配备应急手电筒、防烟面具等逃生器材及使用说明，客房内应当设置醒目、耐久的"请勿卧床吸烟"提示牌，客房内的窗帘和地毯应当采用阻燃制品。

4. 仓储场所不得采用金属夹芯板搭建，内部不得设置员工宿舍，物品入库前应当有专人负责检查，核对物品种类和性质，物品应分类分垛储存，并符合现行行业标准《仓储场所消防安全管理通则》（GA1131）对顶距、灯距、墙距、柱距、堆距的"五距"要求。

5. 展厅内布展时用于搭建和装修展台的材料均应采用不燃和难燃材料，确需使用的少量可燃材料，应当进行阻燃处理。

6. 汽车库不得擅自改变使用性质和增加停车数，汽车坡道上不得停车，汽车出入口设置的电动起降杆，应当具有断电自动开启功能；电动汽车充电桩的设置应当符合《电动汽车分散充电设施工程技术标准》（GB/T51313）的相关规定。

7. 配电室内建筑消防设施设备的配电柜、配电箱应当有区别于其他配电装置的明显标识，配电室工作人员应当能正确区分消防配电和其他民用配电线路，确保火灾情况下消防配电线路正常供电。

8. 锅炉房、柴油发电机房、制冷机房、空调机房、油浸变压器室的防火分隔不得被破坏，其内部设置的防爆型灯具、火灾报警装置、事故排风机、通风系统、自动灭火系统等应当保持完好有效。

9. 燃油锅炉房、柴油发电机房内设置的储油间总储存量不应大于1立方米；燃气锅炉房应当设置可燃气体探测报警装置，并能够联动控制锅炉房燃烧器上的燃气速断阀、供气管道的紧急切断阀和通风换气装置。

10. 柴油发电机房内的柴油发电机应当定期维护保养，每月至少启动试验一次，确保应急情况下正常使用。

第七章　日常消防安全管理

第三十六条　大型商业综合体内严禁生产、经营、储存和展示甲、乙类易燃易爆危险物品。严禁携带甲、乙类易燃易爆危险物品进入建筑内。

第三十七条　大型商业综合体内部使用的宣传条幅、广告牌等临时性装饰材料应采用不燃或难燃材料制作。

第三十八条　设有建筑外墙外保温系统的大型商业综合体，应当在主入口及周边相关醒目位置，设置提示性和警示性标识，标示外墙保温材料的燃烧性能、防火要求。对大型商业综合体建筑外墙外保温系统破损、开裂和脱落的，应当及时修复。大型商业综合体建筑在进行外保温系统施工时，应当采取禁止或者限制使用该建筑的有效措施。

禁止使用易燃、可燃材料作为大型商业综合体建筑外墙保温材料。禁止在其建筑内及周边禁放区域燃放烟花爆竹；禁止在其外墙周围堆放可燃物。对于使用难燃外墙保温材料且采用与基层墙体、装饰层之间有空腔的建筑外墙外保温系统的大型商业综合体建筑，禁止在其外墙动火用电。

第三十九条　电动自行车集中存放、充电场所应当优先独立设置在室外，与其他建筑、安全出口保持足够的安全距离，确需设置在室内时，应当满足防火分隔、安全疏散等消防安全要求，并应加强巡查巡防或采取安排专人值守、加装自动断电、视频监控等措施。

第八章　消防控制室管理

第四十条　大型商业综合体消防控制室值班人员应当实行每日 24 小时不间断值班制度，每班不应少于 2 人。

消防控制室值班人员值班期间，对接收到的火灾报警信号应当立即以最快方式确认，如果确认发生火灾，应当立即检查消防联动控制设备是否处于自动控制状态，同时拨打"119"火警电话报警，启动灭火和应急疏散预案。

消防控制室值班人员值班期间，应当随时检查消防控制室设施设备运行情况，做好消防控制室火警、故障和值班记录，对不能及时排除的故障应当及时向消防安全工作归口管理部门报告。

第四十一条　消防控制室值班人员应当持有相应的消防职业资格证书，熟练掌握以下知识和技能：

1. 建筑基本情况（包括建筑类别、建筑层数、建筑面积、建筑平面布局和功能分布、建筑内单位数量）；

2. 消防设施设置情况（包括设施种类、分布位置、消防水泵房和柴油发电机房等重要功能用房设置位置、室外消火栓和水泵接合器安装位置等）；

3. 消防控制室设施设备操作规程（包括火灾报警控制器、消防联动控制器、消防应急广播、可燃气体报警控制器、消防电话等设施设备的操作规程）；

4. 火警、故障应急处置程序和要求；

5. 消防控制室值班记录表填写要求。

第四十二条　禁止对消防控制室报警控制设备的喇叭、蜂鸣器等声光报警器件进行遮蔽、堵塞、断线、旁路等操作，确保警示器件处于正常工作状态。

禁止将消防控制室的消防电话、消防应急广播、消防记录打印机等设备挪作他用。消防图形显示装置中专用于报警显示的计算机，严禁安装其他无关软件。

第四十三条　消防控制室应当存放建筑总平面布局图、建筑消防设施平面布置图、建筑消防设施系统图，同时存放一套符合本规则第十五章规定的完整消防档案。

第四十四条　消防控制室内应当配备有关消防设备用房、通往屋顶和地下室等消防设施的通道门锁钥匙，防火卷帘按钮钥匙，消防电源、控制箱（柜）、开关专用钥匙，并分类标志悬挂；置备手提插孔消防电话、安全工作帽、手持扩音器、充电手电筒、对讲机等消防专用工具、器材。

消防控制室内不得存放与消防控制室值班无关的物品，应当保证其环境满足设备正常运行的要求。

第四十五条 消防控制室与商户之间应当建立双向的信息联络沟通机制，确保紧急情况下信息畅通、及时响应。设有多个消防控制室的商业综合体，各消防控制室之间应当建立可靠、快捷的信息传达联络机制。

第九章 用火用电安全管理

第四十六条 大型商业综合体应当建立用火、动火安全管理制度，并应明确用火、动火管理的责任部门和责任人以及用火、动火的审批范围、程序和要求等内容。

第四十七条 电气焊工、电工、易燃易爆危险物品管理人员（操作人员）应当持证上岗，执行有关消防安全管理制度和操作规程，落实作业现场的消防安全措施。

电工应当熟练掌握确保消防电源正常工作的操作和切断非消防电源的技能。

第四十八条 用火、动火安全管理应当符合下列要求：

1. 严禁在营业时间进行动火作业；

2. 电气焊等明火作业前，实施动火的部门和人员应当按照消防安全管理制度办理动火审批手续，并在建筑主要出入口和作业现场醒目位置张贴公示；

3. 动火作业现场应当清除可燃、易燃物品，配置灭火器材，落实现场监护人和安全措施，在确认无火灾、爆炸危险后方可动火作业，作业后应当到现场复查，确保无遗留火种；

4. 需要动火作业的区域，应当采用不燃材料与使用、营业区域进行分隔；

5. 建筑内严禁吸烟、烧香、使用明火照明，演出、放映场所不得使用明火进行表演或燃放焰火。

第四十九条　用电防火安全管理应当符合下列要求：

1. 采购电气、电热设备，应当符合国家有关产品标准和安全标准的要求；

2. 电气线路敷设、电气设备安装和维修应当由具备相应职业资格的人员按国家现行标准要求和操作规程进行；

3. 电热汀取暖器、暖风机、对流式电暖气、电热膜取暖器等电气取暖设备的配电回路应当设置与电气取暖设备匹配的短路、过载保护装置；

4. 电源插座、照明开关不应直接安装在可燃材料上；

5. 靠近可燃物的电器，应当采取隔热、散热等防火保护措施；

6. 各种灯具距离窗帘、幕布、布景等可燃物不应小于 0.5 米；

7. 应当定期检查、检测电气线路、设备，严禁超负荷运行；

8. 电气线路故障，应当及时停用检查维修，排除故障后方可继续使用；

9. 每日营业结束时，应当切断营业场所内的非必要电源。

第十章　装修施工管理

第五十条　大型商业综合体内装修施工现场的消防安全管理应当由施工单位负责，建设单位应当履行监督责任。

第五十一条　大型商业综合体的内部装修施工不得擅自改变防火分隔和消防设施，不得降低建筑装修材料的燃烧性能等级，不得改变疏散门的开启方向，不得减少疏散出口的数量和宽度。

第五十二条　施工单位进行施工前，应当依法取得相关施工许可，预先向大型商业综合体消防安全管理人办理相关审批施工手续，并落实下列消防安全措施：

1. 建立施工现场用火、用电、用气等消防安全管理制度和操作规程；

2. 明确施工现场消防安全责任人，落实相关人员的消防安全管理责任；

3. 施工人员应当接受岗前消防安全教育培训，制定灭火应急疏散演练预案并开展演练；

4. 在施工现场的重点防火部位或区域，应当设置消防安全警示标志，配备消防器材并在醒目位置标明配置情况，施工部位与其他部位之间应当采取防火分隔措施，保证施工部位消防设施完好有效；施工过程中应当及时清理施工垃圾，消除各类火灾隐患；

5. 局部施工部位确需暂停或者屏蔽使用局部消防设施的，不得影响整体消防设施的使用，同时采取人员监护或视频监控等防护措施加强防范，消防控制室或安防监控室内应当能够显示视频监控画面。

第十一章　防火巡查检查和火灾隐患整改

第五十三条　大型商业综合体应当建立防火巡查、防火检查制度，确定巡查和检查的人员、部位、内容和频次。

第五十四条　大型商业综合体应当建立火灾隐患整改制度，明确火灾隐患整改责任部门和责任人、整改的程序和所需经费来源、保障措施。

第五十五条　大型商业综合体的产权单位、使用单位和委托管理单位应当定期组织开展消防联合检查，每月应至少进行一次建筑消防设施单项检查，每半年应至少进行一次建筑消防设施联动检查。

第五十六条　大型商业综合体应当明确建筑消防设施和器材巡查部位和内容，每日进行防火巡查，其中旅馆、商店、餐饮店、公共娱乐场所、儿童活动场所等公众聚集场所在营业时间，应至少每 2 小时巡查一次，并结合实际组织夜间防火巡查。防火巡查应当采用电子巡更设备。

第五十七条　防火巡查和检查应当如实填写巡查和检查记录，及时纠正消防违法违章行为，对不能当场整改的火灾隐患应当逐级报告，整改后应当进行复查，巡查检查人员、复查人员及其主管人员应当在记录上签名。

第五十八条　发现火灾隐患，应当立即改正；不能立即改正的，应当报告大型商业综合体的消防安全工作归口管理部门。

第五十九条 消防安全管理人或消防安全工作归口管理部门负责人应当组织对报告的火灾隐患进行认定，并对整改完毕的火灾隐患进行确认。在火灾隐患整改期间，应当采取保障消防安全的措施。

第六十条 对重大火灾隐患和消防救援机构责令限期改正的火灾隐患，应当在规定的期限内改正，并由消防安全责任人按程序向消防救援机构提出复查或销案申请。

不能立即整改的重大火灾隐患，应当由消防安全责任人自行对存在隐患的部位实施停业或停止使用。

第十二章 消防安全宣传教育和培训

第六十一条 大型商业综合体应当通过在主要出入口醒目位置设置消防宣传栏、悬挂电子屏、张贴消防宣传挂图，以及举办各类消防宣传活动等多种形式对公众宣传防火、灭火、应急逃生等常识，重点提示该场所火灾危险性、安全疏散路线、灭火器材位置和使用方法，消防设施和器材应当设置醒目的图文提示标识。

第六十二条 大型商业综合体产权单位、使用单位和委托管理单位的消防安全责任人、消防安全管理人以及消防安全工作归口管理部门的负责人应当至少每半年接受一次消防安全教育培训，培训内容应当至少包括建筑整体情况，单位人员组织架构、灭火和应急疏散指挥架构，单位消防安全管理制度、灭火和应急疏散预案等。

第六十三条 从业员工应当进行上岗前消防培训，在职期间应当至少每半年接受一次消防培训。从业员工的消防培训应当至少包括下列内容：

1. 本岗位的火灾危险性和防火措施；

2. 有关消防法规、消防安全管理制度、消防安全操作规程等；

3. 建筑消防设施和器材的性能、使用方法和操作规程；

4. 报火警、扑救初起火灾、应急疏散和自救逃生的知识、技能；

5. 本场所的安全疏散路线，引导人员疏散的程序和方法等；

6. 灭火和应急疏散预案的内容、操作程序。

第六十四条　专职消防队员、志愿消防队员、保安人员应当掌握基本的消防安全知识和灭火基本技能，且至少每半年接受一次消防安全教育培训，培训至少应当包括下列内容：

1. 建筑基本情况，建筑消防设施、安全疏散设施、灭火和应急救援设施设置位置及基本常识；

2. 单位消防安全管理制度，尤其是火灾应急处置预案分工；

3. 发现、排除火灾隐患的技能，防火巡查、检查要点，消防安全重点部位、场所的防护要求；

4. 灭火救援、疏散引导和简单医疗救护技能；

5. 防火巡查、检查记录表填写要求。

第六十五条　大型商业综合体应当在公共部位的醒目位置设置警示标识，提示公众对该场所存在的下列违法行为有投诉、举报的义务：

1. 营业期间锁闭疏散门；

2. 封堵或占用疏散通道或消防车道；

3. 营业期间违规进行电焊、气焊等动火作业或施工；

4. 营业期间违规进行建筑外墙保温工程施工；

5. 疏散指示标志错误或不清晰；

6. 其他消防安全违法行为。

第十三章　灭火和应急疏散预案编制和演练

第六十六条　大型商业综合体的产权单位、使用单位和委托管理单位应当根据人员集中、火灾危险性较大和重点部位的实际情况，制定有针对性的灭火和应急疏散预案，承租承包单位、委托经营单位等使用单位的应急预案应当与大型商业综合体整体应急预案相协调。

总建筑面积大于 10 万平方米的大型商业综合体，应当根据需要邀请专家团队对灭火和应急疏散预案进行评估、论证。

第六十七条　灭火和应急疏散预案应当至少包括下列内容：

1. 单位或建筑的基本情况、重点部位及火灾危险分析；

2. 明确火灾现场通信联络、灭火、疏散、救护、保卫等任务的负责人；

3. 火警处置程序；

4. 应急疏散的组织程序和措施；

5. 扑救初起火灾的程序和措施；

6. 通信联络、安全防护和人员救护的组织与调度程序和保障措施；

7. 灭火应急救援的准备。

第六十八条　大型商业综合体的产权单位、使用单位和委托管理单位应当根据灭火和应急疏散预案，至少每半年组织开展一次消防演练。人员集中、火灾危险性较大和重点部位应当作为消防演练的重点，与周边的其他大型场所或建筑，宜组织协同演练。

演练前，应当事先公告演练的内容、时间并通知场所内的从业员工和顾客积极参与；演练时，应当在建筑主要出入口醒目位置设置"正在消防演练"的标志牌，并采取必要的管控与安全措施；演练结束后，应当将消防设施恢复到正常运行状态，并进行总结讲评。

消防演练中应当落实对于模拟火源及烟气的安全防护措施，防止造成人员伤害。

第六十九条　大型商业综合体应当通过消防演练达到以下目的：

1. 检验各级消防安全责任人、各职能组和有关人员对灭火和应急疏散预案内容、职责的熟悉程度；

2. 检验人员安全疏散、初起火灾扑救、消防设施使用等情况；

3. 检验本单位在紧急情况下的组织、指挥、通信、救护等方面的能力；

4. 检验灭火应急疏散预案的实用性和可操作性，并及时对预案进行修订和完善。

第七十条　消防演练方案宜报告当地消防救援机构，接受相应的业务指导。总建筑面积大于 10 万平方米的大型商业综合体，应当每年与当地消防救援机构联合开展消防演练。

第十四章 专兼职消防队伍建设和管理

第七十一条 建筑面积大于 50 万平方米的大型商业综合体应当设置单位专职消防队,单位专职消防队的建设要求应当符合现行国家标准的规定。

第七十二条 未建立单位专职消防队的大型商业综合体应当组建志愿消防队,并以"3 分钟到场"扑救初起火灾为目标,依托志愿消防队建立微型消防站。

微型消防站每班(组)灭火处置人员不应少于 6 人,且不得由消防控制室值班人员兼任。

第七十三条 专职消防队和微型消防站应当制定并落实岗位培训、队伍管理、防火巡查、值守联动、考核评价等管理制度,确保值守人员 24 小时在岗在位,做好应急出动准备。

专职消防队和微型消防站应当组织开展日常业务训练,不断提高扑救初起火灾的能力。训练内容包括体能训练、灭火器材和个人防护器材的使用等。微型消防站队员每月技能训练不少于半天,每年轮训不少于 4 天,岗位练兵累计不少于 7 天。

第七十四条 专职消防队和微型消防站的队员应当熟悉建筑基本情况、建筑消防设施设置情况、灭火和应急疏散预案,熟练掌握建筑消防设施、消防器材装备的性能和操作使用方法,落实器材装备维护保养,参加日常防火巡查和消防宣传教育。

接到火警信息后,队员应当按照"3 分钟到场"要求赶赴现场扑救初起火灾,组织人员疏散,同时负责联络当地消防救援队,通报火灾和处置情况,做好到场接应,并协助开展灭火救援。

第七十五条 大型商业综合体微型消防站应当根据本场所火灾危险性特点,配备一定数量的灭火、通信、个人防护等消防(车辆)器材装备,选用合格的消防产品器材装备,合理设置消防(车辆)器材装备存放点。微型消防站装备配备参考标准见附录。

第七十六条　微型消防站宜设置在建筑内便于操作消防车和便于队员出入部位的专用房间内，可与消防控制室合用。为大型商业综合体建筑整体服务的微型消防站用房应当设置在建筑的首层或地下一层，为特定功能场所服务的微型消防站可根据其服务场所位置进行设置。

微型消防站应当具备与其配置人员和器材相匹配的训练、备勤和器材储存用房及消防车专用车位。

第七十七条　大型商业综合体的建筑面积大于或等于 20 万平方米时，应当至少设置 2 个微型消防站。设置多个微型消防站时，应当满足以下要求：

1. 微型消防站应当根据大型商业综合体的建筑特点和便于快速灭火救援的原则分散布置；

2. 从各微型消防站站长中确定一名总站长，负责总体协调指挥。

第七十八条　微型消防站由大型商业综合体产权单位、使用单位和委托管理单位负责日常管理，并宜与周边其他单位微型消防站建立联动联防机制。

第十五章　消防档案管理

第七十九条　大型商业综合体的产权单位、使用单位和委托管理单位应当建立消防档案管理制度，其内容应当明确消防档案管理的责任部门和责任人，消防档案的制作、使用、更新及销毁等要求。

第八十条　消防档案管理应当至少符合下列要求：

1. 按照有关规定建立纸质消防档案，并应同时建立电子档案；

2. 消防档案应当包括消防安全基本情况和消防安全管理情况；

3. 消防档案的内容应当翔实，全面反映消防工作的基本情况，并附有必要的图纸、图表；

4. 消防档案应当由专人统一管理，按档案管理要求装订成册，并按年度进行分类归档。

第八十一条　消防安全基本情况应当至少包括下列内容：

1. 建筑的基本概况和消防安全重点部位；

2. 建筑消防设计审查、消防验收和特殊消防设计文件及采用的相关技术措施等材料；

3. 场所使用或者开业前消防安全检查的相关资料；

4. 消防组织和各级消防安全责任人；

5. 相关消防安全责任书和租赁合同；

6. 消防安全管理制度和消防安全操作规程；

7. 消防设施和器材配置情况；

8. 专职消防队、志愿消防队（微型消防站）等自防自救力量及其消防装备配备情况；

9. 消防安全管理人、消防设施维护管理人员、电气焊工、电工、消防控制室值班人员、易燃易爆化学物品操作人员的基本情况；

10. 新增消防产品、防火材料的合格证明材料；

11. 灭火和应急疏散预案。

第八十二条　消防安全管理情况应当至少包括下列内容：

1. 消防安全例会记录或决定；

2. 住房和城乡建设主管部门、消防救援机构填发的各种法律文书及各类文件、通知等要求；

3. 消防设施定期检查记录、自动消防设施全面检查测试的报告、维修保养的记录以及委托检测和维修保养的合同；

4. 火灾隐患、重大火灾隐患及其整改情况记录；

5. 消防控制室值班记录；

6. 防火检查、巡查记录；

7. 有关燃气、电气设备检测等记录资料；

8. 消防安全培训记录；

9. 灭火和应急疏散预案的演练记录；

10. 火灾情况记录；

11. 消防奖惩情况记录。

公安消防执法档案管理规定（节选）①

第一章　总则

第二章　档案归档内容

第五条　执法档案包括消防行政许可档案、消防监督检查档案、消防安全重点单位档案、重大火灾隐患档案、火灾事故调查档案、消防行政处罚档案、消防行政强制档案、消防执法救济档案和消防刑事档案。

第六条　消防行政许可档案分建设工程消防设计审核卷、建设工程消防验收卷、公众聚集场所使用/营业前消防安全检查卷。

（三）公众聚集场所使用/营业前消防安全检查卷的归档内容及装订顺序如下：

1. 卷内文件目录；

2. 公众聚集场所投入使用、营业前消防安全检查合格证复印件/不同意投入使用、营业决定书及审批表；

3. 消防安全检查申报表；

4. 营业执照或工商行政管理机关出具的企业名称预先核准通知书；

5. 依法取得的建设工程消防验收或竣工验收消防备案的法律文书；

6. 消防安全制度、灭火和应急疏散预案、场所平面布置图；

7. 员工岗前消防安全教育培训记录、自动消防系统操作人员取得的消防行业特有工种职业资格证书；

8. 场所室内装修消防设计施工图，消防产品质量合格证明文件，装修材料防火性能符合消防技术标准的证明文件、出厂合格证；

---

① 节选自原公安部消防局《关于印发公安消防执法档案管理规定的通知》（公消〔2012〕336号）。

9. 消防安全检查申请受理凭证;

10. 消防监督检查记录;

11. 现场抽样检查、功能测试、检测等有关记录和资料,现场照片;

12. 集体讨论意见;

13. 送达回证;

14. 其他有关材料;

15. 备考表。

第七条 消防监督检查档案分建设工程消防设计备案卷、建设工程竣工验收消防备案卷、单位消防安全监督抽查卷、举报投诉消防安全违法行为核查卷、大型群众性活动举办前消防安全检查卷和消防产品专项监督抽查卷。

(三) 单位消防安全监督抽查卷归档内容及装订顺序如下:

1. 卷内文件目录;

2. 消防监督检查记录;

3. 责令立即改正通知书、责令限期改正通知书;

4. 消防监督检查记录 (复查),复查申请;

5. 消防行政处罚等依法处理情况的文书;

6. 责令停止施工/停止使用/停产停业的当事人申请恢复的申请,消防监督检查记录,同意或不同意恢复施工/使用/生产/经营决定书及审批表;

7. 送达回证;

8. 其他有关材料;

9. 备考表。

单位消防安全监督抽查卷可以以被抽查单位为单位,以抽查时间为序,按季度或年度立卷,集中归档。不能纳入其他执法档案的消防监督检查文书材料等应当纳入本案卷归档。对消防安全重点单位的历次监督抽查文书材料,纳入消防安全重点单位档案,不纳入本案卷。

(四) 举报投诉消防安全违法行为核查卷归档内容及装订顺序如下:

1. 卷内文件目录;

2. 消防安全违法行为查处情况告知举报投诉人材料；

3. ＊受案登记表、＊接受案件回执单；

4. 消防监督检查记录

5. ＊询问笔录、证人证言；

6. 责令立即改正通知书、责令限期改正通知书；

7. 消防监督检查记录（复查）；

8. 消防行政处罚等依法处理情况的文书；

9. 送达回证；

10. 其他有关材料；

11. 备考表。

举报投诉消防安全违法行为核查卷可以以每起核查案件为单位，以举报、投诉受理时间为序，按季度或年度立卷，集中归档。对建设工程、消防产品质量的举报投诉，其归档内容可参照有关案卷归档内容进行适当调整。

（五）大型群众性活动举办前消防安全检查卷归档内容及装订顺序如下：

1. 卷内文件目录；

2. 消防监督检查记录；

3. 公安机关治安部门通知检查材料；

4. 其他有关材料；

5. 备考表。

大型群众性活动举办前消防安全检查卷可以以每起大型群众性活动为单位，以公安机关治安部门通知时间为序，按季度或年度立卷，集中归档。

（六）消防产品专项监督抽查卷归档内容及装订顺序如下：

1. 卷内文件目录；

2. 消防产品监督检查记录；

3. 消防产品现场检查判定不合格通知书及审批表；

4. 消防产品质量监督抽查抽样单；

5. 消防产品质量检验结果通知书、复检结果通知书及审批表；

6. 消防产品复检申请表、受理凭证；

7. 责令限期改正通知书，消防产品监督检查记录（复查）；

8. 消防行政处罚等依法处理情况的文书；

9. 关于通报涉嫌违法生产/销售消防产品案件的函、关于通报涉嫌生产不合格消防产品的函、涉嫌犯罪的移送案件文书及审批表；

10. 消防产品样品照片等证据材料；

11. 送达回证；

12. 其他有关材料；

13. 备考表。

第八条　消防安全重点单位档案归档内容及装订顺序如下：

1. 卷内文件目录；

2. 消防安全重点单位告知书、公告；

3. 消防安全重点单位申报表；

4. 单位的工商营业执照等身份证明文件；

5. 单位消防安全基本情况材料，包括：消防安全责任人、管理人基本情况，主要建筑的消防基本情况，消防安全重点部位情况，专职、志愿消防组织及其装备情况，灭火和应急疏散预案，员工消防安全教育培训记录，自动消防系统操作人员取得的消防行业特有工种职业资格证书复印件，建筑消防设施维护保养情况；

6. 单位总平面布局图、平面布置图、消防设施系统图等；

7. 历次消防行政许可、备案文件复印件；

8. 历次消防监督检查记录、责令立即改正通知书、责令限期改正通知书、复查申请等；

9. 历次消防行政处罚、火灾事故调查等依法处理情况的文书复印件；

10. 其他有关材料；

11. 备考表。

对消防安全重点单位档案每年至少应当进行一次归档检查，有关消防监督检查的文书以及消防行政处罚、火灾事故调查等文书复印件应当在执法活动结束后 10 个工作日内归档。

单位的工商营业执照等身份证明文件、消防安全基本情况等内容发生变化的，单位应当重新申报，公安机关消防机构应当及时审查、依法公告，在档案中补充相关内容。

档案历次调整、补充情况应当在备考表中注明。

第九条　重大火灾隐患档案归档内容及装订顺序如下：

1. 卷内文件目录；

2. 重大火灾隐患整改通知书及审批表；

3. 消防监督检查记录（立案前）；

4. 重大火灾隐患现场照片；

5. 立案前集体讨论、专家论证意见；

6. 由所属公安机关给本级政府的报告，政府批复意见；

7. 重大火灾隐患销案申请；

8. 消防监督检查记录（复查）；

9. 重大火灾隐患整改后的照片；

10. 复查后集体讨论、专家论证意见；

11. 重大火灾隐患销案通知书及审批表；

12. 消防行政处罚、消防行政强制等依法处理情况的文书；

13. 政府督办的有关材料；

14. 送达回证；

15. 其他有关材料；

16. 备考表。

第十条　火灾事故调查档案分火灾事故简易调查卷、火灾事故调查卷和火灾事故认定复核卷。

（一）火灾事故简易调查卷归档内容及装订顺序如下：

1. 卷内文件目录；

2. 火灾事故简易调查认定书；

3. 现场调查材料；

4. 其他有关材料；

5. 备考表。

火灾事故简易调查卷可以以每起火灾为单位，以报警时间为序，按季度或年度立卷，集中归档。

（二）火灾事故调查卷归档内容及装订顺序如下：

1. 卷内文件目录；

2. 火灾事故认定书及审批表；

3. 火灾报警记录；

4. ＊询问笔录、证人证言；

5. ＊传唤证及审批表；

6. 火灾现场勘验笔录，火灾痕迹物品提取清单；

7. 火灾现场图、现场照片或录像；

8. 鉴定、检验意见，专家意见；

9. 现场实验报告、照片或录像；

10. 火灾损失统计表，火灾直接财产损失申报统计表；

11. 火灾事故认定说明记录；

12. 消防技术调查报告；

13. 送达回证；

14. 其他有关材料；

15. 备考表。

复核机构作出责令原认定机构重新作出火灾事故认定后，原认定机构作出火灾事故重新认定的有关文书材料等，按照火灾事故调查卷的要求立卷归档。

（三）火灾事故认定复核卷归档内容及装订顺序如下：

1. 卷内文件目录；

2. 火灾事故认定复核决定书/复核终止通知书及审批表；

3. 火灾事故认定复核申请材料及收取凭证；

4. 火灾事故认定复核申请受理通知书；

5. 原火灾事故调查材料复印件；

6. 火灾事故认定复核的询问笔录、证人证言、现场勘验笔录、现场图、照片等；

7. 火灾事故复核认定说明记录；

8. 送达回证；

9. 其他有关材料；

10. 备考表。

第十一条 消防行政处罚档案分消防简易行政处罚卷、消防行政处罚卷。

（一）消防简易行政处罚卷归档内容及装订顺序如下：

1. 卷内文件目录；

2. ＊当场处罚决定书；

3. 现场调查材料；

4. 罚没收据；

5. 其他有关材料；

6. 备考表。

消防简易行政处罚卷可以以每起处罚案件为单位，以处罚时间为序，按季度或年度立卷，集中归档。

（二）消防行政处罚卷归档内容及装订顺序如下：

1. 卷内文件目录；

2. ＊公安行政处罚决定书/＊不予行政处罚决定书/＊终止案件调查决定书及审批表；

3. ＊受案登记表；

4. ＊询问笔录、证人证言，鉴定意见、检测结论，＊检查记录，＊现场笔录，物证照片等；

5. ＊传唤证及审批表；

6. 与此案有关的消防监督检查记录、责令立即改正通知书、责令限期改正通知书、火灾事故认定书等；

7. ＊调取证据通知书、＊登记/先行登记保存证据清单等及审批、处理材料；

8. 被处罚单位营业执照、个人身份证等身份证明材料；

9. ＊公安行政处罚告知笔录；

10. 听证申请，＊不予受理听证通知书/举行听证通知书及审批表，＊听证笔录，＊听证报告书；

11. 重大行政处罚集体讨论意见；

12. 责令停产停业报请政府审批文件、政府批复；

13. 执行情况材料，包括罚没收据、＊执行回执、＊没收违法所得清单、＊责令停产停业/停止施工/停止使用后的现场笔录和照片等；

14. 送达回证；

15. 其他有关材料；

16. 备考表。

第十二条　消防行政强制档案分临时查封卷和行政强制执行卷。

（一）临时查封卷归档内容及装订顺序如下：

1. 卷内文件目录；

2. 临时查封决定书及审批表；

3. 消防监督检查记录、＊询问笔录、火灾隐患现场照片等证据材料；

4. 临时查封集体讨论意见；

5. ＊现场笔录；

6. 临时查封现场照片或录像；

7. 解除临时查封申请；

8. 解除临时查封前消防监督检查记录；

9. 同意/不同意解除临时查封决定书及审批表；

10. 送达回证；

11. 其他有关材料；

12. 备考表。

（二）行政强制执行卷归档内容及装订顺序如下：

1. 卷内文件目录；

2. ＊行政强制执行决定书/＊代履行决定书及审批表；

3. 责令改正通知书、＊公安行政处罚决定书等文书；

4. ＊催告书；

5. 行政强制执行集体讨论意见；

6. ＊现场笔录；

7. 行政强制执行现场照片或录像；

8. 送达回证；

9. 其他有关材料；

10. 备考表。

第十三条　消防执法救济档案分消防行政复议卷、消防行政诉讼卷和消防国家赔偿卷。

（一）消防行政复议卷归档内容及装订顺序如下：

1. 卷内文件目录；

2. ＊行政复议决定书/＊行政复议终止决定书/＊行政复议调解书；

3. ＊行政复议提交答复通知书、行政复议申请书/＊行政复议申请笔录；

4. 答复意见；

5. ＊责令履行行政复议决定通知书/＊行政复议意见书/＊行政复议建议书/＊行政复议具体行政行为停止执行通知书；

6. 被复议的消防执法行为原案卷材料复印件；

7. 其他有关材料；

8. 备考表。

（二）消防行政诉讼卷归档内容及装订顺序如下：

1. 卷内文件目录；

2. 法院的判决书或裁定书；

3. 起诉书、答辩状；

4. 被诉的消防执法行为原案卷材料复印件；

5. 其他有关材料；

6. 备考表。

（三）消防国家赔偿卷归档内容及装订顺序如下：

1. 卷内文件目录；

2. ＊行政赔偿决定书；

3. 赔偿申请书/*国家赔偿口头申请笔录;

4. *国家赔偿申请收讫凭证、*国家赔偿申请补正告知书;

5. 有关消防执法行为的调查、认定材料,判决书、复议决定书、调解书等;

6. *国家赔偿金支付申请书;

7. 有关消防执法行为原案卷材料复印件;

8. 送达回证;

9. 其他有关材料;

11. 备考表。

第十四条　消防刑事档案的案卷归档内容和装订顺序,按照公安机关有关规定执行。

第三章　档案的建立与管理

第十五条　公安机关消防机构的主要负责人是执法档案管理第一责任人,应当履行下列职责:

(一)组织建立健全执法档案管理制度,落实人员、经费、场所、设施;

(二)积极采用先进的档案管理技术;

(三)组织检查、鉴定、销毁档案。

根据需要,公安机关消防机构主要负责人可以明确由分管负责人具体组织实施执法档案的管理工作。

第十六条　消防执法人员应当履行下列职责:

(一)对所承办的消防执法活动的有关资料进行收集、整理;

(二)按照归档内容及装订顺序立卷,确保案卷材料齐全完整、真实合法,符合规定;

(三)按规定时限向档案管理人员移交执法档案;

(四)严格保管案卷材料,严防遗失;

(五)严禁弄虚作假、私自留存或损毁案卷材料;

（六）调离本岗位时，移交所承办或保存的案卷材料。

消防执法人员向档案管理人员移交执法档案前，应当按规定整理立卷，填写案卷封面（目录号、案卷号除外）、卷内文件目录，并在备考表中立卷人处签名。

第十七条　公安机关消防机构应当明确专、兼职档案管理人员。档案管理人员应当履行下列职责：

（一）指导、监督消防执法人员对案卷材料立卷、归档；

（二）接收移交的执法档案，履行检查、签收手续；

（三）按规定对执法档案进行分类、编号和存放；

（四）做好执法档案的收进、借阅、移出、销毁等情况登记和台账管理工作；

（五）不得擅自复制、翻拍、抄录、抽取、销毁、涂改或伪造执法档案，严防丢失、损毁；

（六）做好档案室（柜）管理工作，严格遵守安全保密制度，确保安全。

档案管理人员接收执法档案时，应当对其合法性、规范性进行检查，对符合规定的，填写案卷目录号、案卷号，并在备考表中检查人处签名，登记归档；对不符合规定的，提出检查意见，登记后退回立卷人在 10 个工作日内完善。未经档案管理人员检查、签名，执法档案不得登记、归档。

第十八条　消防执法人员应当在消防执法活动完结后 30 个工作日内立卷并移交档案室（柜），法律、法规、规章和本规定另有规定的除外。

公安机关消防机构负责人、消防执法人员离任离岗时，应当将执法案卷材料归档情况纳入工作交接内容。档案管理人员离岗时，应当移交全部执法档案和台账，办理工作交接手续。

第十九条　消防执法人员按照实际发生的消防执法活动收集、整理、建立执法档案，卷内归档内容应当根据执法活动的实际发生情况收集、归档。

单位营业执照、个人身份证、资质资格证明文件等证明材料，以其复印件存档。同一文书、证据材料涉及两个以上案卷的，应当按照刑事案卷优于行政处罚卷、行政处罚卷优于其他具体行为卷、具体行为卷优于其他案卷的原则存放原件，其他案卷存放复印件。复印件应当逐页经提供人签名并注明日期，由收件人现场核对与原件无误，加盖"与原件核对无误"章；法律文书复印件可由文书制发机关加盖公章确认，多页文书可只加盖骑缝章。

第二十条　建设工程消防设计审核、消防验收及备案档案中图纸较多时，可将图纸另立分册装订，并注明总册数，集中存放；有条件的地方，可以电子档案的形式保存图纸。

执法档案归档内容中有声像材料的，应当按有关案卷装订顺序要求在卷内相应位置列明，并随案卷一并归档、移交。有条件的单位，应当按照公安声像档案管理的要求，根据不同载体，使用专门装具分别整理、编号，妥善保存和管理，并在执法档案中注明声像档案编号。

第二十一条　除本规定另有规定的外，执法档案以案（人、单位、事等）立卷，按类别集中存放。

各类执法档案应当做到归档材料齐全完整，制作规范，字迹清楚，并采用具有长期保留性能的笔、墨水书写或打印。

卷内材料，除卷内文件目录、备考表、空白页、作废页外，应在正面右上角和反面左上角用铅笔逐页编写阿拉伯数字页号，页号从"1"编起，为流水号，不得重复和漏号。

档案装订前要拆除金属物，对残缺破损、小于或大于卷面的材料，应当进行修补、裱贴和折叠，不得有压字和掉页情况；装订时应当采取右齐、下齐、三孔双线、左侧装订的方法。案卷材料较多时应当分册装订，每册不宜超过200页。

第二十二条　公安机关消防机构应当设立能够保障执法档案安全的档案室，建立健全档案管理制度，建立执法档案台账，落实档案管理措施，保证档案的真实、完整、有效和安全。没有条件设立档案室的，可以设立档案专柜。

第二十三条　公安机关消防机构除按照本规定建立纸质执法档案外，

还应当按照消防执法信息化的要求建立公安消防执法电子档案，并进行物理归档，将保存载体与纸质档案一并移交档案室管理。

公安机关消防机构在推行办公自动化系统和编制消防监督业务管理软件时，应当设立电子文件的归档功能，实现文档生成与归档一体化，逐步实现档案计算机数据管理、整理编目、检索查询、安全保密功能。

第二十四条　公安消防执法电子档案应当符合有关规定，其归档范围、内容、保管期限应当符合本规定。

公安消防执法电子档案应当采取严格的管理制度和技术措施，确保不被非正常签发、修改和删除，保持其真实性、完整性和有效性。

第二十五条　档案管理人员应当严格落实执法档案借阅、查阅制度，为消防工作服务。

查阅、摘抄、复制执法档案，应当经公安机关消防机构负责人批准，并严格遵守档案管理有关要求；涉及国家秘密、商业秘密、个人隐私等依法不予批准的，应当说明理由。

第二十六条　执法档案保管期限分为永久、长期和短期。长期为 16 年至 50 年，短期为 2 年至 15 年，具体期限如下：

（一）消防行政许可档案　　　　　　　　　　　长期

　　　　其中公众聚集场所使用/营业前消防安全检查卷　16 年

（二）消防监督检查档案　　　　　　　　　　　16 年

　　　　其中建设工程消防设计备案卷　　　　　　长期

　　　　建设工程竣工验收消防备案卷　　　　　　长期

（三）消防安全重点单位档案　　　　　　　　　16 年

（四）重大火灾隐患档案　　　　　　　　　　　5 年

（五）火灾事故调查档案　　　　　　　　　　　长期

　　　　其中火灾事故简易调查卷　　　　　　　　5 年

　　　　较大以上火灾事故调查卷　　　　　　　　50 年

（六）消防行政处罚档案　　　　　　　　　　　长期

　　　　其中消防简易行政处罚卷　　　　　　　　16 年

（七）消防行政强制档案　　　　　　　　　　　长期

（八）消防行政救济档案 　　　　　　　　　　　　长期

（九）消防刑事档案 　　　　　　　　　　　　　　永久

第二十七条　公安机关消防机构应当每年组织对保管到期的执法档案进行鉴定。对属于公安机关归档范围的执法档案应当按照公安机关综合档案部门的要求定期移交归档；对不属于归档范围的其他执法档案，且经鉴定确实无继续保存价值的，应当经公安机关消防机构主要负责人审批后按规定销毁。

第二十八条　违反本规定，有下列行为之一的，对有关责任人员给予通报批评；情节严重的，依照有关规定给予处分：

（一）未建立执法档案室（柜），未明确档案管理人员，或未建立档案管理制度的；

（二）未按规定立卷归档，或未按规定时限移交、完善执法档案的；

（三）私自留存、损毁、丢失、涂改、伪造案卷材料或执法档案的；

（四）擅自提供、复制、翻拍、抄录、公布、抽取、销毁执法档案的；

（五）未按规定对执法档案进行分类、编号、存放，或未落实收进、借阅、移出、保密等管理制度的；

（六）未落实离任离岗时执法档案或案卷材料移交工作的；

（七）其他不履行执法档案管理规定，玩忽职守的行为。

第二十九条　公安机关消防机构应当定期组织对执法档案管理情况进行检查，并将其纳入执法质量考评内容。

对执法档案立卷归档和管理工作成绩突出的，应当予以表彰奖励。

四川省消防安全责任制实施办法^①

第一章　总则

第一条　为深入贯彻党中央、国务院，省委省政府关于消防安全工作的重要决策部署，坚持党政同责、一岗双责、齐抓共管、失职追责，进一步健全落实消防安全责任制，根据《中华人民共和国消防法》《中华人民共和国安全生产法》《关于深化消防执法改革的意见》（厅字〔2019〕34号）、《地方党政领导干部安全生产责任制规定》（厅字〔2018〕13号）、《消防安全责任制实施办法》（国办发〔2017〕87号）和《四川省消防条例》等法律法规，制定本办法。

第二条　地方各级政府负责本地区的消防工作，组织实施消防法律法规、方针政策和上级决策部署，研究部署消防工作，协调解决本地区重大消防安全问题。

地方政府主要负责人是消防工作第一责任人，对行政区域内的消防工作负总责，组织实施消防法律法规、方针政策和上级决策部署，按要求研究部署消防工作，协调解决本行政区域内重大消防安全问题；分管负责人为主要责任人，综合协调本地区的消防工作，督促检查有关部门，下级政府落实消防工作的情况；班子其他成员对分管范围内的消防工作负领导责任，定期研究部署分管领域的消防工作，组织工作督查指导，推动分管领域火灾隐患排查整治。

第三条　县级以上政府工作部门按照管行业必须管安全、管业务必须管安全、管生产经营必须管安全的要求，在各自职责范围内依法依规

---

①　出自《四川省人民政府办公厅关于印发四川省消防安全责任制实施办法的通知》（川办发〔2019〕71号）。

做好本行业、本系统的消防安全工作，并明确分管负责人。

第四条 机关、团体、企业、事业等单位是消防安全的责任主体，其法定代表人、主要负责人或实际控制人是本单位、本场所的消防安全责任人，对本单位、本场所消防安全全面负责。坚持安全自查、隐患自除、责任自负。

第五条 坚持权责一致、依法履职、尽职免责、失职追责原则，对不履行或不按规定履行消防安全职责的单位和个人，依法依规追究责任。

第二章 地方各级政府消防工作职责

第六条 县级以上地方各级政府应当履行下列职责：

（一）召开政府常务会议、办公会议等协调解决消防工作重大问题；召开年度消防工作会议研究部署消防工作。每年向下一级政府和所属工作部门部署消防工作，向上一级政府专题报告本地区消防工作情况。

（二）健全由政府主要负责人或分管负责人牵头的消防工作协调机制，推动落实消防工作责任。

（三）将消防工作纳入经济社会发展总体规划，将包括消防安全布局、消防站、消防供水、消防通信、消防车通道、消防装备等内容的消防规划统筹纳入相关国土空间规划，并负责组织实施。加快农村公共消防设施建设，促进城乡消防事业共同发展。

（四）加大消防投入，保障消防事业发展所需经费，确保消防工作与经济社会发展相适应。

（五）建立健全消防工作考核评价体系和责任追究机制，明确消防工作目标责任，将消防工作纳入日常检查、政务督查、绩效管理等重要内容，组织年度消防工作考核，强化考核结果运用，将消防工作成效与主要负责人、分管负责人和直接责任人履职评定、奖励惩处挂钩。

（六）每年分析评估本地区消防安全形势。组织开展火灾隐患排查整治，落实重大火灾隐患挂牌督办和约谈制度，对报请挂牌督办的重大火灾隐患和停产停业整改报告，5个工作日内作出同意或不同意的决定，并组织或责成有关部门、单位采取措施予以整改。

（七）组织开展经常性消防宣传教育工作，建设消防科普教育基地，开展消防科普教育活动，提高全民消防安全素质。

（八）大力发展消防公益事业，纳入政府民生工程或为民办实事工程。

（九）按照国家和本省有关规定加强消防救援队伍建设，做好综合性消防救援队伍相关保障工作。

（十）推动消防科学研究、技术创新和成果应用，推进"智慧消防"建设，推广使用先进消防和应急救援设备以及技防、物防措施，提升消防工作科技水平。

（十一）按照立法权限，针对本地区消防安全特点和实际工作需要，推动同级人大及其常委会制定、修订地方性法规，组织制定、修订地方政府规章和规范性文件。

（十二）法律、法规、规章规定的其他消防工作职责。

第七条 乡镇政府消防工作主要职责：

（一）建立消防安全组织，明确专人负责消防工作，制定消防安全制度，落实消防安全措施。

（二）安排必要的资金，用于公共消防设施建设和消防业务经费支出。

（三）及时编制、修订乡镇消防规划，将消防安全内容纳入镇、乡国土空间规划，并严格组织实施。

（四）发挥群防群治作用，因地制宜建立专职消防队、志愿消防队，承担火灾扑救、应急救援等职能，开展消防宣传、防火巡查，督促隐患查改等工作。全国和省级重点镇、历史文化名镇应成立政府专职消防队伍，传统村落及名村应建立兼职消防队伍和消防机制。

（五）部署消防安全整治，组织开展消防安全检查，督促整改火灾隐患。

（六）指导村（居）民委员会开展群众性的消防工作，确定消防安全管理人，制定防火安全公约，做好无物业服务住宅建筑的消防安全管理工作；开展防火安全检查、消防宣传教育和应急疏散演练等自防自救工作以及消防安全社区创建等活动。推动村（社区）建立微型消防站、志愿消防队，配齐灭火救援装备器材。

街道办事处应当履行前款第（一）、（四）、（五）、（六）项职责，并保障消防工作经费。

第八条 开发区管理机构、工业园区管理机构等地方政府的派出机关，负责管理区域内的消防工作，按照本办法履行同级别政府的消防工作职责。

第三章 县级以上政府工作部门消防安全职责

第九条 县级以上政府工作部门应当按照谁主管、谁负责的原则，在各自职责范围内履行下列职责：

（一）建立完善消防安全工作制度，在行业安全生产法规政策、规范标准、规划计划和应急预案中纳入消防安全内容；确定专（兼）职消防安全管理人员。

（二）将消防工作与本部门业务工作同部署、同检查、同考评，保障消防工作经费。按照职责分工对所属单位责任落实情况进行监督检查。定期研判消防安全形势，部署本部门，督促所属单位开展针对性消防安全专项检查治理，消除火灾隐患。

（三）开展经常性消防宣传教育培训，督促指导本行业、本系统相关单位制定完善灭火应急救援预案，每年至少组织一次灭火逃生演练，提高行业从业人员消防安全素质。

（四）强化督导考核，将消防工作职责落实情况作为评先评优、评级评星的重要依据。

（五）法律、法规和规章规定的其他消防安全职责。

第十条 具有行政审批职能的部门，在履行消防安全管理的同时，严格依法审批涉及消防安全的审批事项，并抄告同级消防救援机构。

（一）教育部门负责学校、幼儿园和校外培训机构的行业消防安全管理。将消防知识纳入学校教育、教学内容，指导学校有针对性地开展消防安全宣传教育。

（二）公安机关负责查处消防救援机构移交的应当给予行政拘留处罚的消防安全违法行为；负责消防救援现场及周边道路的交通管制，并保障消防车辆通行，协助封闭火灾现场，维护火灾现场秩序。公安派出所可以负责日常消防监督检查、消防宣传教育。

（三）民政部门负责社会福利、特困人员供养、救助管理、未成年人保护、婚姻、殡葬、养老机构等民政服务机构审批或管理中的行业消防安全，加强对社会消防公益组织、消防志愿队伍建设等工作的扶持指导。

（四）人力资源社会保障部门负责职业培训机构、技工院校审批或管理中的行业消防安全。做好政府专职消防队员、企业专职消防队员依法参加工伤保险工作。将消防法律法规和消防知识纳入职业培训内容。

（五）自然资源部门配合编制消防专项规划，依法纳入相应的国土空间规划，明确消防站用地，合理布局消防供水、消防车通道等公共消防基础设施和服务设施，并监督实施。

（六）住房和城乡建设部门负责建设工程消防设计审查验收工作，依法查处建设工程消防违法行为；指导督促物业服务企业按照合同约定加强住宅小区的消防安全防范并做好住宅小区的共用消防设施的维护管理；依法依规开展建设工程消防领域新技术、新材料、新工艺的推广；参与建设工程火灾事故调查。

（七）交通运输部门负责在客运车站、港口、码头、内河流域及交通工具管理中，依法督促有关单位落实消防安全主体责任和有关消防工作制度。

（八）文化旅游部门负责督促指导文化娱乐场所、公共图书馆、文化馆（站）、美术馆、旅行社、星级饭店、A级旅游景区、旅游民宿、星级农家乐等单位做好消防安全工作。

（九）卫生健康部门负责医疗卫生健康机构审批或管理中的行业消防安全，协助做好火灾事故人员伤亡统计工作。

（十）应急管理部门对主管的行业领域依法实施行政审批和安全生产

监管，凡不符合法定条件的，不得核发有关安全生产许可。

（十一）市场监督管理部门负责对生产、流通领域的消防产品质量实施监督管理，查处质量违法行为；鼓励、支持消防科学研究和技术创新，推广使用先进的消防和应急救援技术、设备，做好消防安全相关标准制修订工作；加强特种设备生产过程中的消防安全管理，在组织制定特种设备产品及使用标准时，应充分考虑消防安全因素，满足有关消防安全性能及要求。

（十二）消防救援机构依法行使消防安全综合监管职能，承担火灾预防、消防监督执法以及火灾事故调查处理相关工作，推动落实消防安全责任制。参与拟订消防专项规划，参与起草地方性消防法规、规章草案并监督实施。组织指导社会消防力量建设。承担城乡综合性消防救援工作，负责指挥调度相关灾害事故救援行动，承担重要会议、大型活动消防安全保卫工作。

（十三）人防部门负责人防系统内修建的人防工程的消防安全管理工作，指导开展消防安全标准化管理。

第十一条 具有行政管理职能的部门，对本行业领域相关单位实施消防安全管理，定期督促检查行业消防工作，限期整改消除火灾隐患和突出问题，逐级落实行业消防安全管理责任。

（一）发展改革部门负责将消防工作纳入经济和社会发展中长期规划。

（二）经济和信息化部门依据职责负责指导危险化学品生产、储存的行业规划和布局。在工业结构调整、企业技术改造中，提升企业消防安全技防水平。

（三）科技部门负责将消防安全科技纳入科技创新发展规划。组织指导消防安全重大科技攻关、基础研究和应用研究，会同有关部门推动消防科研成果转化应用示范。将消防知识纳入科普教育内容。

（四）宗教事务管理部门负责加强宗教活动场所消防安全管理，指导开展消防安全标准化管理。

（五）司法行政部门负责指导监督监狱系统、司法行政系统强制隔离戒毒场所的消防安全管理。将消防法律法规纳入普法教育内容。

（六）财政部门负责按规定对消防资金进行预算管理，依法依规做好消防救援事业发展的经费保障。

（七）农业农村部门依法做好农业、农村领域消防安全工作。

（八）商务部门负责指导、督促商贸行业的消防安全管理工作。

（九）退役军人事务部门负责烈士纪念设施消防安全管理，指导军休军供等服务机构的行业消防安全管理工作。

（十）房地产管理部门负责指导、督促物业服务企业按照合同约定做好住宅小区共用消防设施的维护管理工作，并指导业主依照有关规定使用住宅专项维修资金对住宅小区共用消防设施进行维修、更新、改造。

（十一）国有资产监督管理委员会负责督促所监管企业落实消防安全主体责任。

（十二）体育、粮食等部门负责加强体育类场馆、储备粮储存环节等消防安全管理，指导开展消防安全标准化管理。

（十三）宣传、广播影视部门负责指导新闻出版广播影视机构消防安全管理，协助监督管理印刷业、网络视听节目服务机构消防安全。督促新闻媒体发布针对性消防安全提示，面向社会开展消防宣传教育。

（十四）文物部门负责文物保护单位、世界文化遗产和博物馆的行业消防安全管理。

第十二条 具有公共服务职能的部门，应当结合本部门职责为消防工作提供支持和保障。

（一）银行保险、证券等金融监管机构负责督促银行业金融机构、证券业机构、保险机构及服务网点、派出机构落实消防安全管理。保险监管机构负责监督管理保险公司依法合规开展火灾公众责任保险业务，支持鼓励保险机构参与火灾风险评估管控和火灾事故预防功能。

（二）邮政管理部门依法指导与监督邮政企业、快递企业落实消防安全责任制。

（三）电力行业管理部门依法督促电力企业落实消防安全主体责任，严格遵守国家消防技术标准，推广采用先进的火灾防范技术设施，引导用户规范用电。与消防救援机构建立联勤联训联动机制，负责救援现场电力切断、保障等工作。

（四）燃气规划、建设、管理、经营等相关单位的主管部门指导燃气经营企业加强消防安全管理，督促燃气经营企业指导用户安全用气并对燃气设施定期进行安全检查、排除隐患；会同有关部门制定燃气安全事故应急预案；依法查处燃气经营企业和燃气用户等各方主体的燃气违法行为。

（五）通信管理部门负责指导督促通信业、通信设施建设的消防安全管理。互联网信息部门负责指导网站、移动互联网媒体等开展公益性消防安全宣传。

（六）气象、水利、地震部门应当及时将重大灾害事故预警信息通报消防救援部门。

（七）负责公共消防设施维护管理的有关单位应当保持消防供水、消防通信、消防车通道等公共消防设施的完好有效。

第四章 单位消防安全职责

第十三条 机关、团体、企业、事业等单位应当严格落实消防安全主体责任，履行下列职责：

（一）明确各级、各岗位消防安全负责人及其职责，制定完善本单位消防安全制度、消防安全操作规程、灭火和应急疏散预案。常态化组织开展消防工作检查，每年组织开展消防工作考核，保证各项规章制度落实。

（二）保障消防工作所需资金。生产经营单位安全费用应当保证适当比例用于消防工作。

（三）按照相关标准配备消防设施、器材，设置消防安全标志，定期检验维修，对建筑消防设施每年至少进行一次全面检测，确保完好有效。

（四）保证防火防烟分区、防火间距和建筑构件、建筑材料和室内装修装饰材料等符合消防技术标准。保障疏散通道、安全出口、消防车通道畅通。人员密集场所的门窗不得设置影响逃生和灭火救援的障碍物。

（五）按要求和频次开展防火检查、巡查，及时消除火灾隐患。

（六）对动用明火实行严格消防安全管理，落实相应的消防安全措施。

（七）建立火灾隐患整改制度，及时消除火灾隐患。对不能当场整改的火灾隐患，应当确定整改措施、期限以及整改的部门、人员。在隐患未消除之前，应当落实防范措施或将危险部位停产停业整改。

（八）建立微型消防站和专（兼）职消防队伍，配备相应的消防装备器材，储备足够的灭火救援药剂和物资，开展经常性训练演练，提高火灾扑救能力。

（九）开展消防安全宣传教育和消防安全培训，提高宣传教育能力。

（十）发生火灾事故，应当及时提供单位相关真实情况和资料，全力协助开展火灾扑救、火灾事故调查和处理等工作。

（十一）消防法律、法规、规章以及政策文件规定的其他职责。

第十四条 对消防安全重点单位和容易造成群死群伤火灾的人员密集场所、易燃易爆单位和高层、地下公共建筑等火灾高危单位，除履行第十三条规定的职责外，还应当明确承担消防安全管理工作的机构和消防安全管理人；建立消防安全评估制度，定期开展评估，评估结果向社会公开；参加火灾公众责任保险。

第十五条 同一建筑物由两个以上单位管理或使用的，应当明确各方消防安全责任，并确定责任人对共用的疏散通道、安全出口、建筑消防设施和消防车通道进行统一管理。

物业服务企业应当按照合同约定提供消防安全防范服务，保障消防设施完好，疏散通道畅通，消防车通行不受影响，消防车登高操作场地不被占用；保障疏散通道、安全出口、楼梯间等区域无违规停放电动自行车。

第十六条 消防设计审查、设施检测、维护保养和消防安全评估、咨询、监测等消防技术服务机构和执业人员，应当依照法律、行政法规、国家标准、行业标准和执业准则，提供消防安全技术服务，并对服务质量负责。

第十七条　建设工程的建设、设计、施工和监理等单位应当遵守消防法律、法规、规章和工程建设消防技术标准，在工程设计使用年限内对工程的消防设计、施工质量承担终身责任。

第五章　责任落实、追究与容错

第十八条　对消防工作职责不落实的政府、部门、单位和个人，有下列情形之一的，由上级政府对下级政府、县级以上政府对本级部门或上级组织对下级组织按照职责权限组织实施约谈：

（一）消防工作经费保障不到位，公共消防设施、消防力量建设等任务推进缓慢、落实不力的。

（二）本地区、本行业系统消防安全形势严峻、问题突出的。

（三）其他应当约谈的情形。

第十九条　对消防工作职责履职不到位，有下列情形之一的，依照有关规定对负有责任的公职人员予以问责：

（一）年度消防工作考核不合格的。

（二）未按要求完成政府挂牌督办的重大火灾隐患整治的。

（三）依照本办法第十八条规定一年内被约谈两次的。

（四）其他应当问责的情形。

第二十条　因消防安全责任不落实发生人员伤亡火灾事故的，应当依法追究单位及其法定代表人、主要负责人或实际控制人的责任；对履行职责不力、失职渎职的相关责任人员依规依纪依法追究责任。

第二十一条　对职责范围内发生火灾事故，经查实已经履行本办法以及有关法律法规规定的职责，并全面落实了上级有关工作部署的，不予或者免予追究政府、相关工作部门（单位）、工作人员的责任。

第六章　附则

第二十二条　具有固定生产经营场所的个体工商户，参照本办法履行单位消防安全职责。

第二十三条　各市（州）政府、省直有关部门（单位）可结合实际制定具体实施办法。

第二十四条　本办法自印发之日起施行。

四川省行政处罚听证程序规定

第一章 总则

第一条 为规范行政处罚听证程序，保护公民、法人和其他组织的合法权益，根据《中华人民共和国行政处罚法》，结合四川省实际，制定本规定。

第二条 四川省行政机关和法律、法规授权的具有公共事务管理职能的组织（以下统称行政机关）开展行政处罚听证，适用本规定。

依据法律、法规和规章受委托的组织实施行政处罚涉及听证事项的，适用本规定。

第三条 行政机关作出下列行政处罚（以下简称适用听证程序的行政处罚）决定之前，应当告知当事人有要求举行听证的权利：

（一）责令停产停业；

（二）吊销许可证或者执照；

（三）较大数额罚款；

（四）较大数额没收财产；

（五）法律、法规和规章规定适用听证程序的其他行政处罚种类。

第四条 本规定所称较大数额，是指对非经营活动中公民的违法行为处以罚款或者没收财产 2 000 元以上、法人或者其他组织的违法行为处以罚款或者没收财产 2 万元以上；对在经营活动中的违法行为处以罚款或者没收财产 5 万元以上。

国务院有关部门规定的较大数额标准低于前款规定的，从其规定。

第五条 听证程序遵循公正、公开原则。

除涉及国家秘密、商业秘密或者个人隐私外，听证应当以公开的方式举行。

听证实行告知、回避制度，依法保障当事人的陈述权和申辩权。

第六条　行政机关应当对不通晓当地民族通用的语言、文字的当事人提供翻译。

第二章　组织机关和听证人员

第七条　行政机关拟作出适用听证程序的行政处罚的，由该行政机关组织听证。

受委托组织拟作出适用听证程序的行政处罚的，由委托机关组织听证。

行政机关不得委托其他机关或者组织组织听证。

第八条　听证人员是指行政机关指定的听证主持人、听证员和书记员。

第九条　听证主持人应当具备下列条件：

（一）本机关法制机构工作人员；

（二）非本案调查人员；

（三）熟悉有关法律、法规、规章和行政执法及行政执法监督检查业务知识。

第十条　听证主持人行使下列职权：

（一）决定举行听证的时间、地点和方式；

（二）决定中止、终止或者延期听证；

（三）决定听证员、书记员是否回避；

（四）决定是否需要证人到场作证。

第十一条　听证主持人应当履行下列职责：

（一）确保有关通知按时送达听证参加人；

（二）就案件的事实、拟作出行政处罚的理由和依据进行询问；

（三）要求听证参加人提供或者补充证据；

（四）维护听证秩序，对违反听证纪律的行为予以制止；

（五）对听证笔录进行审核。

第十二条　行政机关根据需要，可以指定 1 至 2 名本机关内部的非本案调查人员担任听证员，协助听证主持人组织听证。

书记员由非本案调查人员担任，负责听证笔录的制作和其他有关事务。

第十三条　听证人员系下列人员之一的，应当回避：

（一）本案调查人员；

（二）当事人、本案调查人员的近亲属；

（三）与本案的处理结果有直接利害关系的人员；

（四）其他可能影响公正听证的人员。

第三章　听证参加人

第十四条　听证参加人包括当事人及其代理人、案件调查人员、证人、鉴定人、翻译人员、勘验人等。

第十五条　听证参加人应当按时到指定地点出席听证，遵守听证纪律，如实回答听证主持人的询问。

第十六条　当事人是指被事先告知将受到适用听证程序的行政处罚而要求举行听证的公民、法人或者其他组织。

第十七条　当事人享有下列权利：

（一）要求或者放弃听证；

（二）申请回避；

（三）可以委托 1 至 2 人代理参加听证，并出具授权委托书，明确代理权限；

（四）进行陈述、申辩和质证；

（五）核对、补正听证笔录；

（六）依法享有的其他权利。

第十八条　案件调查人员是指承办行政违法案件调查取证的人员。

第十九条　在听证过程中，案件调查人员应当提出当事人违法的事实、证据和适用听证程序的行政处罚建议，并同当事人进行质证。

第四章　听证的告知、提出和受理

第二十条　行政机关对适用听证程序的行政处罚案件，在作出行政处罚决定前，应当向当事人送达载明下列主要事项的听证告知书：

（一）当事人的姓名或者名称、地址；

（二）当事人的违法行为、行政处罚的理由、依据和拟作出的行政处罚决定；

（三）告知当事人有要求听证的权利；

（四）告知提出听证要求的期限和听证组织机关。

听证告知书必须盖有行政机关的印章。

第二十一条　当事人要求听证的，应当在收到听证告知书之日起3日内，向行政机关书面或者口头提出。当事人以邮寄挂号信方式提出听证要求的，以寄出的邮戳日期为准。当事人口头要求听证的，行政机关应当做好记录，并由当事人签字确认。

当事人因不可抗力或者其他不属于自身的原因超过规定期限提出听证要求的，行政机关应当组织听证。

第二十二条　对适用听证程序的行政处罚案件，当事人在规定期限内提出听证要求的，行政机关应当组织听证。

第二十三条　当事人申请听证人员回避的，应当在举行听证的3日前向行政机关提出。在听证时才知晓回避理由的，也可以在听证时提出。

听证主持人的回避，由行政机关负责人决定；听证员、书记员的回避，由听证主持人决定。

第五章　听证的举行

第二十四条　听证主持人应当在行政机关决定听证之日起3日内确定举行听证的时间、地点和方式，并在听证举行的7日前，通知听证参加人，将载明下列事项的听证通知书送达当事人：

（一）当事人的姓名或者名称、地址；

（二）举行听证的时间、地点和方式；

（三）听证人员的姓名；

（四）告知当事人有权申请回避；

（五）告知当事人准备证据等事项。

听证通知书必须盖有行政机关的印章。

第二十五条　行政机关除因特殊情况决定延期举行听证外，听证应当按期举行。当事人申请延期的，由听证主持人决定是否准许。

第二十六条　听证人员在听证预备阶段完成下列事项：

（一）核对听证参加人身份；

（二）宣读听证纪律；

（三）询问当事人是否申请回避。

第二十七条　举行听证时，由案件调查人员提出当事人违法事实、证据和行政处罚建议；当事人进行陈述、申辩和质证。

第二十八条　听证的证据包括书证、物证、视听资料、电子数据、证人证言、当事人的陈述、鉴定意见、勘验笔录、现场笔录。

所有与认定案件事实相关的证据都应当在听证会上出示，并经质证后确认。

第二十九条　有下列情形之一的，听证中止：

（一）当事人死亡或者终止，需要等待继承人表明是否参加听证或者尚未确定权利义务承受人的；

（二）当事人丧失行为能力，尚未确定法定代理人的；

（三）当事人或者案件调查人员因不可抗力事件，不能参加听证的；

（四）在听证过程中，需要对有关证据重新调查或者鉴定的；

（五）其他需要中止听证的情形。

中止听证的情形消除后，听证主持人应当恢复听证。

第三十条　有下列情形之一的，听证终止：

（一）当事人死亡或者终止3个月后，未确定继承人或者权利义务承受人的；

（二）当事人无正当理由，不参加听证或者擅自退出听证会的；

（三）其他需要终止听证的情形。

听证终止的，行政机关应当制作书面说明。

第三十一条 听证应当制作笔录，可同时采用录像、视频监控等方式进行音像记录。听证笔录应当载明下列事项：

（一）案由；

（二）听证主持人、听证员、书记员姓名；

（三）听证参加人姓名或者名称、地址；

（四）举行听证的时间、地点和方式；

（五）案件调查人员提出的事实、证据和行政处罚建议；

（六）当事人的陈述、申辩以及证据；

（七）质证的内容；

（八）听证参加人签名或盖章。

第三十二条 听证结束后，听证人员应当把听证笔录交当事人和案件调查人员核对无误后逐页签名或盖章。拒绝签名或盖章的，由听证主持人在听证笔录上注明情况，并由两名以上听证人员签字确认。

听证笔录中有关证人证言部分，应当交证人核对无误后签名或盖章。

听证主持人应当依据听证情况制作听证报告，连同听证笔录报行政机关负责人。

第三十三条 听证笔录应当作为作出行政处罚决定的依据。

第六章　附则

第三十四条 组织听证的费用由行政机关承担。

第三十五条 听证告知书、听证通知书依照民事诉讼法规定的送达方式送达。

第三十六条 本规定自 2017 年 3 月 1 日起施行。1997 年 3 月 1 日施行的《四川省行政处罚听证程序暂行规定》（省政府令第 86 号）同时废止。

四川省宗教活动场所消防安全管理规定^①

第一条　为规范宗教活动场所消防安全管理，预防和减少火灾危害，根据《中华人民共和国消防法》《宗教事务条例》等法律法规的规定，结合四川省实际，制定本规定。

第二条　本规定所称宗教活动场所是指经依法登记的、开展宗教活动的寺院、宫观、清真寺、教堂以及其他固定宗教活动处所。

第三条　宗教活动场所消防工作贯彻预防为主、防消结合的方针。

宗教活动场所应当依法履行消防安全职责，提高检查消除火灾隐患、组织扑救初起火灾、组织人员疏散逃生和消防宣传教育培训的能力，保障消防安全。

第四条　地方各级人民政府领导本行政区域内宗教活动场所的消防安全工作，及时研究处理宗教活动场所消防安全工作的重大问题。

第五条　民族宗教事务部门及其他负有宗教活动管理职能的行政部门、有关机构应当将宗教活动场所消防安全情况纳入监督检查内容，定期开展消防安全检查，协调并督促宗教活动场所整改火灾隐患。

公安机关消防机构、公安派出所按照属地管辖原则，履行消防监督职责，督促、指导宗教活动场所及其负责人履行相关职责。

发展改革、城乡规划、国土资源、文化、林业等有关部门依照各自职责，做好宗教活动场所消防安全管理工作。

第六条　宗教活动场所管理组织是本场所消防安全责任主体，宗教活动场所管理组织法定负责人是本场所消防安全责任人。宗教活动场所管理组织和负责人具体负责本场所的消防安全管理，履行下列职责：

（一）建立健全消防安全责任制，建立完善消防安全操作规程，确定

---

① 四川省人民政府令第312号，2016年8月12日发布，2016年11月1日实施。

消防安全管理人；

（二）建立消防档案，确定消防安全重点部位；

（三）制定灭火和应急疏散预案；

（四）按照消防技术标准和管理规定配置消防设施、器材，配备逃生器材及使用说明，定期维护保养，保持完好有效；

（五）开展防火检查及每日防火巡查并建立记录，及时消除火灾隐患；

（六）开展消防安全教育培训，定期组织开展消防演练；

（七）依法组建志愿消防队等多种形式的消防组织；

（八）法律、法规规定的其他消防安全职责。

第七条　宗教活动场所组建的志愿消防队，应当配备必要的装备器材，履行下列职责：

（一）熟悉本场所消防安全基本情况，掌握消防安全知识和灭火基本技能，定期组织训练；

（二）开展防火检查、巡查，报告火灾隐患，提出整改建议；

（三）开展群众性自防自救工作，协助火灾扑救，组织疏散人员，保护火灾现场。

第八条　宗教活动场所新建、扩建或者改建建筑物、构筑物的，应当合理布置消防设施，遵守消防技术标准和管理规定的相关要求。

有关单位和个人在宗教活动场所内设立餐饮住宿场所、商业服务网点、举办陈列展览的，应当事先征得该宗教活动场所和所在地县级以上地方人民政府民族宗教事务部门同意，并确保场所符合消防技术标准和管理规定的相关要求。法律、法规、规章另有规定的，从其规定。

第九条　有集中供水管网的宗教活动场所应当按照消防技术标准要求安装室内、室外消火栓；无集中供水管网或者供水管网不能满足消防用水需求的宗教活动场所，应当设置消防水池、消防水箱等蓄水设施；利用河流、池塘等天然水源作为消防水源的，应当在水源处设置可靠的取水设施。

第十条　新建、改建、扩建的建（构）筑物应当与宗教活动场所建筑保持符合消防技术标准要求的防火间距。

规模较大的宗教活动场所，应当按照消防技术标准防火分区相关要求，合理设置防火墙、防火门进行防火分隔。

第十一条　除因地理条件限制外，宗教活动场所内应当设置保障消防车通行的道路。

宗教活动场所内的疏散通道、安全出口应当保持畅通，不得堵塞和占用。

第十二条　宗教活动场所应当避免使用可燃饰物，属于文物的宗教活动场所建筑物内重要的木构件部分、重点保护部位或者悬挂的各种棉、麻、丝毛纺织品饰物和帐幔、伞盖等，应当在不影响文物原貌的前提下采取有效的防火措施。

第十三条　宗教活动场所应当将下列部位确定为消防安全重点部位：

（一）殿堂、香炉、藏经楼、贵重文物存放点；

（二）集体宿舍、厨房和配电间；

（三）需要重点保护的其他部位。

重点部位的管理人或使用人，应当按照有关法律法规和本规定履行消防安全职责，在醒目位置设置防火标志，实行严格的消防安全管理。

第十四条　宗教活动场所内经堂、大殿、集体宿舍等人员活动较为集中的场所应当参照公众聚集场所要求设置应急照明和疏散指示标志。

属于全国重点文物保护单位和省级文物保护单位的宗教活动场所，以及宗教活动场所的文物收藏室、珍贵文物陈列室等重点部位，应当在不损坏文物建筑、不影响文物建筑原有风貌的前提下安装火灾自动报警监控系统与自动灭火系统，外露消防装置应与文物风貌相协调。

第十五条　宗教活动场所电气产品的安装使用及其线路设计、敷设、维护保养、检测，应当符合消防技术标准和管理规定的相关要求。

提倡宗教活动场所使用冷光源照明灯具，照明灯具应当与可燃物品保持安全距离。宗教活动场所的消防安全重点部位禁止使用大功率电器。

第十六条　宗教活动场所建筑物及消防设施，经评估不符合消防技术标准要求的，应当按照有关消防技术标准予以整改。

第十七条 宗教活动场所内禁止生产、储存、经营易燃易爆危险品。

宗教活动场所内堆放柴草、木料、杂物等易燃物品，须与火源保持一定的安全距离并采取相应防火措施。

在宗教活动场所可能造成火灾隐患的周边，不得燃放孔明灯等产生明火的空中飘移物。

第十八条 宗教活动场所内的大型建筑物应当安装避雷设施，并定期检测、维修，保证完好有效。

第十九条 在宗教活动场所内进行点灯、燃烛、焚香等活动时，应当在固定地点进行，采取有效的防火措施，并确定专人现场监护，其中对长明灯明火应当保持不间断监护。

第二十条 宗教活动场所进行新建、改建、扩建或维修施工的，宗教活动场所管理组织与施工单位应当共同制定消防安全措施，配置相应的消防器材，严格管理制度，明确责任，并符合下列要求：

（一）施工需要搭建的临时建筑，应当符合防火要求；

（二）施工中使用油漆、稀料等易燃化学品的，应当限额领料并禁止交叉作业；

（三）施工中使用电气设备，应当符合有关技术标准和操作规程，电工、焊工等特种施工人员应当持证上岗；

（四）施工需要使用明火作业的，应当规范作业流程，采取有效防护措施，落实专人实施现场监护，并在指定地点和规定时间内实施。

第二十一条 宗教活动场所举办大型宗教活动，宗教活动场所管理组织应当依法将活动方案、灭火和应急疏散预案等相关资料报所在地县级以上公安机关审批。

第二十二条 宗教活动场所应当对本场所人员每半年进行一次消防安全培训，主要内容包括：

（一）消防法律法规、消防安全制度等有关制度规定；

（二）本场所、本岗位的火灾危险性和防火措施；

（三）有关消防设施、器材的性能和使用方法；

（四）火灾报警及扑救初起火灾的知识和技能；

（五）自救逃生和组织引导人员疏散的知识和技能；

（六）消防安全警示教育案例。

宗教活动场所应当对到本场所参加宗教活动的其他宗教教职人员和信众开展经常性安全用火用电、疏散逃生教育。

公安机关消防机构应当督促、指导和协助宗教活动场所开展消防教育培训。

第二十三条　宗教活动场所应当按照本场所的灭火和应急疏散预案，每半年组织开展一次演练。

第二十四条　市（州）、县（市、区）人民政府及其有关部门（单位）未依照有关法律法规和本规定履行相应职责的，由上级人民政府、本级人民政府及上级人民政府主管部门或者监察机关依据职权责令改正、通报批评；对直接负责的主管人员和其他直接责任人员依法给予行政处分。

第二十五条　宗教活动场所及其他单位、个人违反本规定的，由相关部门依法处理。

第二十六条　有违反本规定第十七条第三款行为的，由县级以上公安机关消防机构或者属地公安派出所责令停止违法行为，可以处警告或者二百元罚款。

第二十七条　本规定自 2016 年 11 月 1 日起施行。

四川省消防救援机构
实施行政处罚裁量规则
（试行）①

第一条　为正确适用消防法律法规，规范全省消防救援机构行政处罚裁量行为，根据《中华人民共和国行政处罚法》、《中华人民共和国消防法》、《四川省消防条例》、《四川省规范行政执法裁量权规定》（省政府令第278号）、《消防救援局印发〈关于对部分消防安全违法行为实施行政处罚的裁量指导意见〉的通知》（应急消〔2019〕172号）相关规定，结合工作实际，制定本规则。

第二条　四川省行政区域内的消防救援机构依照消防法律法规实施行政处罚裁量，适用本规则。

法律、法规对行政处罚裁量另有规定的，适用其规定。

第三条　本规则所称行政处罚裁量，是指消防救援机构在法定权限范围内，对违法行为是否给予行政处罚、给予何种行政处罚和给予何种幅度行政处罚进行裁量。

第四条　消防救援机构实施行政处罚裁量，应当坚持公平、公正、公开，遵循处罚法定、过罚相当、处罚与教育相结合的原则，所适用的措施和手段应当必要、适当，确保执法行为的合法性、合理性、科学性。

同一时期、同一地区，对同一类违法主体实施的性质相同、情节相近或者相似、危害后果基本相当的违法行为，在实施处罚裁量时，适用的处罚种类应当基本一致，处罚幅度应当基本相当。

---

①　出自《四川省消防救援总队关于印发〈四川省消防救援机构实施行政处罚裁量规则（试行）〉的通知》（川消〔2020〕75号）。

第五条　行政处罚裁量应当综合考虑以下因素：

（一）违法行为的危害后果和社会影响程度；

（二）涉及场所的性质、规模及火灾危害性；

（三）当事人的主观过错、改正违法行为的态度、所采取的措施及效果；

（四）违法次数；

（五）地区差异性；

（六）其他应当考虑的因素。

第六条　根据消防安全违法行为的事实、性质、情节、危害后果及单位（场所）使用性质，将违法行为划分为严重、一般、较轻三种情形，分别对应罚款幅度的70%~100%、30%~70%、0~30%三个量罚阶次。

罚款幅度是指法定罚款幅度下限到法定罚款幅度上限的区间；未规定法定罚款幅度下限的，罚款幅度指法定罚款幅度上限以下的区间。

第七条　进行罚款处罚裁量时，应当先按照《部分消防安全违法行为行政处罚裁量基准》（见附件，以下简称《裁量基准》）和裁量公式，确定违法行为罚款数额；具有法定从轻、减轻、从重处罚的情形，再按本规则的规定对罚款数额进行调整。

第八条　给予罚款处罚应按下列裁量公式计算罚款金额：

$$F = N + (M-N) \times [(A+B+C)/10] \times D$$

F：裁量处罚金额

M：量罚阶次所在罚款幅度的上限

N：量罚阶次所在罚款幅度的下限

A：场所使用性质裁量系数

B：场所规模裁量系数

C：自主裁量系数

D：地区差异调整系数

裁量系数保留一位小数；罚款金额高于一万按"千"取整，低于一万高于一千按"百"取整，低于一千按"十"取整（四舍五入方式）。

第九条　场所使用性质裁量系数（A）按以下情形确定：

取值范围	场所使用性质
0≤A≤1	单、多层住宅（含商业服务网点） 单、多层非人员密集场所
1<A≤2	高层住宅（含商业服务网点），高层或地下非人员密集场所，单、多层公寓、宿舍，单、多层人员密集场所，丁戊类不燃难燃物品生产、储存、经营场所
2<A≤3	高层公寓、宿舍，高层人员密集场所，单、多层公众聚集场所，丙类可燃物品生产、储存、经营场所
3<A≤4	高层或地下公众聚集场所，歌舞娱乐放映游艺场所，甲、乙类易燃易爆物品生产、储存、经营场所，"多合一"场所

第十条 场所规模裁量系数（B）按以下情形确定：

取值范围	场所规模
0≤B≤1	建筑面积三百平方米以下且未达到消防安全重点单位界定标准的场所
1<B≤2	其他未达到消防安全重点单位界定标准的场所
2<B≤3	达到消防安全重点单位界定标准的场所
3<B≤4	达到火灾高危单位界定标准的场所

第十一条 自主裁量系数（C）结合当事人整改积极性、主观故意、违法次数等其他与案件相关的裁量情形确定，C 的取值范围：0≤C≤2。

地区差异调整系数（D）仅限甘孜、阿坝、凉山地区结合实际确定，D 的取值范围：0.7≤D≤1。

第十二条 违法行为人有下列情形之一的，不予处罚：

（一）消防安全违法行为轻微并及时纠正，没有造成危害后果的；

（二）不满 14 周岁的公民实施消防安全违法行为的；

（三）精神病人在不能辨认或者不能控制自己行为时实施消防安全违法行为的；

（四）消防安全违法行为在两年内未被发现的，法律另有规定的除外；

（五）其他依法不予处罚的情形。

对违法行为轻微并当场改正完毕，依法可以不予行政处罚的，可以口头责令改正，并在检查记录上注明。

第十三条 违法行为人有下列情形之一的，应当从轻或者减轻处罚：

（一）主动消除或者减轻消防安全违法行为危害后果的；

（二）已满 14 周岁不满 18 周岁的公民实施消防安全违法行为的；

（三）尚未完全丧失辨认或者控制自己行为能力的精神病人实施消防安全违法行为的；

（四）受他人胁迫实施消防安全违法行为的；

（五）配合消防救援机构查处消防安全违法行为，有立功表现的；

（六）其他依法应当从轻、减轻处罚情形的。

本条第一款第（五）项所称的立功表现，包括当事人有揭发检举他人消防违法行为，并经查证属实；或者主动提供查处其他消防违法行为的重要线索，并经查证属实；或者阻止他人实施消防违法行为；或者协助司法机关抓捕其他违法犯罪嫌疑人的行为等情形。

具有以上从轻或者减轻情形的，一般适用从轻处罚，在裁量公式计算结果的基础上下浮 30% 以内执行；从轻后按法定处罚幅度下限处罚仍显过重的，可以依法减轻处罚；减轻处罚应当在法定处罚种类中选择较轻或较少种类，或者低于法定罚款幅度下限进行处罚；低于法定罚款幅度下限进行处罚的，罚款数额不应少于法定罚款最低数额的 70%。

第十四条 违法行为人有下列情形之一的，应当从重处罚：

（一）一年内因同一种消防违法行为受到两次以上处罚的；

（二）拒不整改或者整改不力，违法行为处于持续状态的；

（三）拒绝、阻碍或者以暴力威胁消防执法人员的；

（四）隐匿、销毁违法行为证据的；

（五）违法行为情节恶劣，造成人身死亡或者严重社会影响的；

（六）对举报人、证人打击报复的；

（七）发生火灾事故后逃匿或者瞒报、谎报的；

（八）其他依法应当从重处罚的情形。

具有以上从重情形的，在裁量公式计算结果的基础上上浮 30% 以内执行，但不得超过法定罚款最高数额。

第十五条 同时具有多个从重、从轻或减轻情形的，应当综合考虑，在调节处罚幅度时一般采取同向调节相叠加、逆向调节相抵减的方式，也可以将对整个案情影响较大的情形作为主要考虑因素。

同时具有从重、从轻或减轻情形的，不适用减轻处罚。

第十六条 消防救援机构应当全面收集与裁量情节相关的证据，充分听取当事人的陈述、申辩，并在询问笔录或行政处罚告知笔录中予以体现。在集体议案和内部审批时，应提出拟作出行政处罚的种类和幅度额度的建议，并说明裁量的事实和理由。

在行政处罚决定书中，应当明确行政处罚的事实、理由和依据，包括从重、从轻、减轻和不予处罚等情形，增强法理性。依法不予处罚的，应当确认相关行为违法，同时出具不予处罚决定书。

第十七条 根据违法行为的性质、情节，对违法行为人应当给予拘留处罚或者涉嫌构成刑事犯罪的，应当依法移交公安机关处理，不得以罚代拘、以罚代刑。

第十八条 行政处罚裁量情况应当纳入执法质量考核评议、执法检查、执法过错责任认定等执法内部监督活动。裁量明显不当的，应当及时予以纠正；情节严重的，依法追究有关责任人员的执法过错责任。

第十九条 本规则中的"以下"不包含本数，"以上"包含本数。

第二十条 本规则自印发之日起实施。未在本规则《裁量基准》中列明的其他行政处罚，可以参照本规则进行裁量。

第二十一条 本规则由四川省消防救援总队负责解释。

各市、州消防救援机构应当结合本地实际，依照本规则制定实施细则并建立案例指导制度，对于部局《指导意见》和本规则未明确的"处""类"和比例等概念可以细化、量化，进一步压缩自由裁量空间。

附件：《部分消防安全违法行为行政处罚裁量基准》

附件

部分消防安全违法行为行政处罚裁量基准

序号	违法行为	处罚依据	违法等级	适用情形	量罚阶次
1	公众聚集场所未经消防安全检查或者经检查不符合消防安全要求，擅自投入使用、营业的	《中华人民共和国消防法》第五十八条第一款第（四）项	严重违法	已构成重大火灾隐患的	责令停止使用，并处二十一万九千元以上三十万元以下罚款
			一般违法	1. 经消防安全检查不符合消防安全要求，擅自投入使用、营业的 2. 违法行为被发现后，未主动停止投入使用、营业行为	责令停止使用，并处十一万一千元以上二十一万九千元以下罚款
			较轻违法	其他未经消防安全检查，擅自投入使用、营业的行为	责令停止使用，并处三万元以上十一万一千元以下罚款
2	消防设施、器材或者消防安全标志的配置、设置不符合国家标准、行业标准，或者未保持完好有效的	《中华人民共和国消防法》第六十条第一款第（一）项	严重违法	1. 按标准应当设置而未设置火灾自动报警系统、自动灭火系统、消火栓系统、防烟排烟系统、防火门，应急广播、应急照明、疏散指示标志的 2. 火灾自动报警系统、自动灭火系统、消火栓系统、防烟排烟系统以及防火门、防火卷帘等防火分隔设施严重损坏或者瘫痪，无法使用的 3. 疏散楼梯、安全出口设置的形式和数量不符合工程建设消防技术标准要求的 4. 造成发生火灾等严重后果的	处三万六千五百元以上五万元以下罚款

序号	违法行为	处罚依据	违法等级	适用情形	量罚阶次
3	损坏、挪用或者擅自拆除、停用消防设施、器材的	《中华人民共和国消防法》第六十条第一款第（二）项	一般违法	1. 按标准应当设置而未设置的单类消防设施数量占此类总数量10%以上的 2. 应当设置而未设置的消防设施类别为3类以上的 3. 未保持完好有效的单类消防设施数量占此类总数量10%以上，但不影响系统整体运行的 4. 未保持完好有效的消防设施类别为3类以上	处一万八千五百元以上三万六千五百元以下罚款
			较轻违法	其他消防设施、器材或者消防安全标志的配置、设置不符合国家标准、行业标准，或者未保持完好有效的情形	处五千元以上一万八千五百元以下罚款
			显著轻微	消防设施、器材和消防安全标志存在的问题和故障，单位已自行发现，并采取措施进行整改，且已落实保证消防安全的防范措施或者将危险部位停用的	可以不予处罚
			严重违法	损坏、擅自拆除、停用火灾自动报警系统、自动灭火系统、消火栓系统、防烟排烟系统以及应急广播和应急照明，导致系统整体无法正常使用的	处三万六千五百元以上五万元以下罚款

序号	违法行为	处罚依据	违法等级	适用情形	量罚阶次
			一般违法	1. 损坏、擅自拆除、停用火灾自动报警、自动灭火、消火栓、防烟排烟以及应急广播和应急照明系统组件，导致系统局部无法正常使用的 2. 挪用消防设施、器材超过3处的	处一万八千五百元以上三万六千五百元以下罚款
			较轻违法	其他损坏、挪用或者擅自拆除、停用消防设施、器材的行为	处五千元以上一万八千五百元以下罚款
			显著轻微	因室内装修、设备维护等需要局部停用消防设施、器材的，已书面报经消防安全责任人或者管理人同意，并落实消防安全措施或者将危险部位停用，且不影响其他区域消防设施、器材正常使用的	可以不予处罚
4	占用、堵塞、封闭疏散通道、安全出口或者有其他妨碍安全疏散行为的	《中华人民共和国消防法》第六十条第一款第（三）项	严重违法	1. 占用、堵塞、封闭疏散通道、安全出口，导致人员无法通行，且不能当场改正的 2. 其他占用、堵塞、封闭疏散通道、安全出口3处以上的	处三万六千五百元以上五万元以下罚款
			一般违法	1. 占用、堵塞、封闭疏散通道、安全出口，导致人员无法通行，但能够当场改正的 2. 占用、堵塞的疏散通道、安全出口宽度超过该疏散通道、安全出口宽度50%，且无法当场改正的	处一万八千五百元以上三万六千五百元以下罚款
			较轻违法	其他占用、堵塞、封闭疏散通道、安全出口或者有其他妨碍安全疏散行为的	处五千元以上一万八千五百元以下罚款

序号	违法行为	处罚依据	违法等级	适用情形	量罚阶次
5	埋压、圈占、遮挡消火栓或者占用防火间距的	《中华人民共和国消防法》第六十条第一款第（四）项	显著轻微	占用、堵塞、封闭的疏散通道、安全出口宽度未超过该通道、安全出口总宽度20%，且当场改正的	可以不予处罚
			严重违法	1. 埋压、圈占、遮挡消火栓 5 处以上，无法当场改正的 2. 占用防火间距 3 处以上，无法当场改正的	处三万六千五百元以上五万元以下罚款
			一般违法	1. 埋压、圈占、遮挡消火栓 3 处以上，无法当场改正的 2. 占用防火间距，无法当场改正的	处一万八千五百元以上六千五百元以下罚款
			较轻违法	其他埋压、圈占、遮挡消火栓或者占用防火间距的情形	处五千元以上一万八千五百元以下罚款
6	占用、堵塞、封闭消防车通道，妨碍消防车通行的	《中华人民共和国消防法》第六十条第一款第（五）项	显著轻微	1. 埋压、圈占、遮挡消火栓，情节轻微，当场改正的 2. 使用非固定的建（构）筑物或设施占用防火通道，当场改正的	可以不予处罚
			严重违法	占用、堵塞、封闭消防车通道，造成消防车无法通行的	处三万六千五百元以上五万元以下罚款
			一般违法	占用、堵塞、封闭消防车通道 2 处以上，给消防车通行带来困难的	处一万八千五百元以上六千五百元以下罚款

序号	违法行为	处罚依据	违法等级	适用情形	罚款阶次
7	人员密集场所在门窗上设置影响逃生和灭火救援的障碍物的	《中华人民共和国消防法》第六十条第一款第（六）项	较轻违法	其他占用、堵塞、封闭消防车通道的行为	处五千元以上一万八千五百元以下罚款
			显著轻微	占用、堵塞、封闭消防车通道，情节轻微，当场改正的	可以不予处罚
			严重违法	1. 在消防救援窗或排烟窗设置障碍物，影响逃生、灭火救援的 2. 在5个以上其他门窗上设置障碍物，影响逃生、灭火救援的	处三万六千元以上五万元以下罚款
			一般违法	在3个以上其他门窗设置障碍物，影响逃生、灭火救援的	处一万八千五百元以上三万六千五百元以下罚款
			较轻违法	在不超过3个其他门窗设置障碍物，影响逃生、灭火救援的	处五千元以上一万八千五百元以下罚款
			显著轻微	在其他门窗设置障碍物，当场改正的	可以不予处罚
8	对火灾隐患经消防救援机构通知后不及时采取措施消除的	《中华人民共和国消防法》第六十条第一款第（七）项	严重违法	已构成重大火灾隐患，经消防救援机构通知后不及时采取措施消除的	处三万六千元以上五万元以下罚款
			一般违法	1. 有3处以上一般火灾隐患，未及时采取措施消除的 2. 有未满3处一般火灾隐患，但未采取任何措施消除的	处一万八千五百元以上三万六千五百元以下罚款
			较轻违法	其他经消防救援机构通知后不及时采取措施消除火灾隐患的情形	处五千元以上一万八千五百元以下罚款

序号	违法行为	处罚依据	违法等级	适用情形	量罚阶次
9	生产、储存、经营易燃易爆危险品的场所与居住场所设置在同一建筑内，或者未与居住场所保持安全距离的；生产、储存、经营其他物品的场所与居住场所设置在同一建筑内，不符合消防技术标准的	《中华人民共和国消防法》第六十一条	严重违法	1. 生产、储存、经营易燃易爆危险品的场所与居住场所设置在同一建筑内的 2. 生产、储存、经营易燃易爆危险品的场所所与居住场所所设的防火间距小于国家工程建设消防技术标准规定值的75% 3. 在厂房、库房、商场中设置员工宿舍，且不符合住宿与生产储存经营合用场所消防安全技术要求的	处三万六千五百元以上五万元以下罚款
			一般违法	1. 生产、储存、经营其他物品的场所住宿所合用，防火分隔、安全疏散、报警和灭火系统不符合消防标准的 2. 生产、储存、经营易燃易爆危险品的场所与居住场所所设的防火间距不符合国家工程建设消防技术标准规定值超过的75%	处一万八千五百元以上三万六千五百元以下罚款
			较轻违法	生产、储存、经营其他物品的场所设置在同一建筑内的其他情形的	处五千元以上一万八千五百元以下罚款
10	人员密集场所使用不合格的消防产品或者国家明令淘汰的消防产品，责令限期改正，逾期不改正的	《中华人民共和国消防法》第六十五条第二款	严重违法	1. 逾期未采取任何改正措施的 2. 经改正，仍采用不合格的消防产品种类超过3类，或数量超过30件的	处三万六千五百元以上五万元以下罚款，并对其直接负责的主管人员和其他直接责任人员处一千五百元以下至二千元以下罚款

序号	违法行为	处罚依据	违法等级	适用情形	量罚阶次
11	电器产品、燃气用具的安装、使用及其线路、管路的设计、敷设、维护保养、检测不符合消防技术标准和管理规定的,责令限期改正,逾期不改正的	《中华人民共和国消防法》第六十六条	一般违法	经改正,仍不合格的消防产品种类为 2~3 类,或数量为 11~30 件的	处一万八千五百元以上三万六千五百元以下罚款,并对其直接负责的主管人员和其他直接责任人员处九百五十元以上一千五百元以下罚款
			较轻违法	经改正,仍不合格的消防产品种类为 1 类且数量不超过 10 件的	处五千元以上一万八千五百元以下罚款,并对其直接负责的主管人员和其他直接责任人员处五百元以上九百五十元以下罚款
			严重违法	1. 逾期未采取任何改正措施的　2. 经改正,仍有超过 3 处不符合消防技术标准和管理规定的	责令停止使用,并处三千元以下罚款
			一般违法	经改正,仍有 2 处不符合消防技术标准和管理规定的	责令停止使用,并处二千二百元以上三千八百元以下罚款
			较轻违法	其他逾期不改正的情形	责令停止使用,可以并处一千元以上二千二百元以下罚款

序号	违法行为	处罚依据	违法等级	适用情形	量罚档次
12	消防产品质量认证、消防设施检测等消防技术服务机构出具虚假文件的	《中华人民共和国消防法》第六十九条	严重违法	1. 伪造消防技术服务文件的 2. 出具的消防技术服务文件与实际情况不符的 3. 在为人员密集场所生产、储存、经营易燃易爆危险品的场所或者消防安全重点单位提供消防技术服务中，出具的消防技术服务文件与实际情况不符的	处八万五千元以上十万元以下罚款，并对其直接负责的主管人员和其他直接责任人员处三万八千元以上五万元以下罚款
			一般违法	出具的消防技术服务文件超过3处、不超过5处内容与实际情况不符的	处六万五千元以上八万五千元以下罚款，并对其直接负责的主管人员和其他直接责任人员处二万三千元以上三万八千元以下罚款
			较轻违法	出具的消防技术服务文件有不超过3处内容与实际情况不符的	处五万五千元以上六万五千元以下罚款，并对其直接负责的主管人员和其他直接责任人员处一万元以上二万三千元以下罚款
13	未保持疏散通道、安全出口畅通	《四川省消防条例》第六十七条	严重违法	1. 疏散通道、安全出口未保持畅通，导致人员无法通行，且不能当场改正的 2. 疏散通道、安全出口存在3处以上不畅通的	处二万元以上五万元以下罚款

序号	违法行为	处罚依据	违法等级	适用情形	量罚阶次
14	未保持消防车道畅通	《四川省消防条例》第六十七条	一般违法	1. 疏散通道、安全出口未保持畅通，导致人员无法通行，但能够当场改正的 2. 未保持畅通的疏散通道、安全出口宽度超过该疏散通道、安全出口宽度的50%，且无法当场改正的	处一万元以上二万元以下罚款
			较轻违法	存在疏散通道、安全出口不畅通的其他情形的	处五千元以上一万元以下罚款
			显著轻微	未保持畅通的疏散通道、安全出口宽度未超过该疏散通道、安全出口宽度的20%，且当场改正的	可以不予处罚
			严重违法	消防车通道未保持畅通，造成消防车无法通行的	处二万元以上五万元以下罚款
			一般违法	消防车通道2处以上未保持畅通，给消防车通行带来困难的	处一万元以上二万元以下罚款
			较轻违法	消防车通道未保持畅通的其他行为	处五千元以上一万元以下罚款
			显著轻微	消防车通道未保持畅通，情节轻微，当场改正的	可以不予处罚

消防执法工作手册（下册）

序号	违法行为	处罚依据	违法等级	适用情形	量罚档次
15	未保持共用消防设施、器材完好有效	《四川省消防条例》第六十七条	严重违法	1. 火灾自动报警系统、自动灭火系统、消火栓系统、防排烟系统以及防火门、防火卷帘等防火分隔设施严重损坏或者瘫痪，无法使用的 2. 造成发生火灾等严重后果的	处二万元以上五万元以下罚款
			一般违法	1. 未保持完好有效的单类消防设施数量占此类总数量10%以上的，但不影响系统整体运行的 2. 未保持完好有效的消防设施类别为3类以上	处一万元以上二万元以下罚款
			较轻违法	其他共用消防设施、器材和消防安全标志未保持完好有效的情形	处五千元以上一万元以下罚款
			显著轻微	消防设施、器材和消防安全标志存在的问题和故障，单位已自行发现，并采取措施进行整改，且已落实保证消防安全的防范措施或者将危险部位停用的	可以不予处罚
16	消防产品不符合标准逾期未改	《四川省消防条例》第六十八条	严重违法	1. 逾期未采取任何改正措施的 2. 经改正，仍不合格的消防产品种类为超过3类，或数量超过30件的	处三万六千五百元以上五万元以下罚款，并对直接负责的主管人员和其他直接责任人员处一千五百元以上二千元以下罚款

序号	违法行为	处罚依据	违法等级	适用情形	量罚阶次
			一般违法	经改正，仍不合格的消防产品种类为2~3类，或数量为11~30件的	处一万八千八百元以上三万六千五百元以下罚款，并对其他直接负责的主管人员和其他直接责任人员处九百五十元以上一千五百元以下罚款
			较轻违法	经改正，仍不合格的消防产品种类为1类且数量不超过10件的	处五千元以上一万八千八百元以下罚款，并对直接负责的主管人员和其他直接责任人员处五百元以上九百五十元以下罚款
17	常闭式防火门处于开启状态	《四川省消防条例》第七十条第（一）项	严重违法	采用物品限制常闭式防火门的常闭功能，导致三处及以上的常闭式防火门处于开启状态	对个人处三百五十元以上五百元以下罚款；对单位处七千三百元以上一万元以下罚款
			一般违法	采用物品限制常闭式防火门的常闭功能，导致两处及以下的常闭式防火门处于开启状态；有三层及以上的常闭式防火门处于开启状态	对个人处一百五十元以上三百五十元以下罚款；对单位处三千七百元以上七千三百元以下罚款
			较轻违法	未采用物品限制常闭式防火门的常闭功能，有两层以内的常闭式防火门处于开启状态	对个人处警告或一百五十元以下罚款；对单位处一千元以上三千七百元以下罚款

序号	违法行为	处罚依据	违法等级	适用情形	量罚阶次
			显著轻微	仅一层内的常闭式防火门处于开启状态，且未采用物品限制常闭式防火门的常闭功能，现场能够即时整改	可以不予处罚
18	防火卷帘下堆放物品	《四川省消防条例》第七十条第（一）项	严重违法	1. 防火卷帘下堆放的物品一般不借助工具难以挪动 2. 物品堆放高度超过1.5米 3. 中庭防火卷帘下堆放物品 4. 在四处及以上防火卷帘下堆放物品或导致三个及以上防火分区划分失效	对个人处三百五十元以上五百元以下罚款；对单位处七千三百元以上一万元以下罚款
			一般违法	1. 物品堆放高度超过1米 2. 在三处防火卷帘下堆放物品	对个人处一百五十元以上三百五十元以下罚款；对单位处三千七百元以上七千三百元以下罚款
			较轻违法	在两处防火卷帘下堆放物品	对个人处警告或一百五十元以下罚款；对单位处三千七百元以上七千三百元以下罚款
			显著轻微	一处防火卷帘下堆放物品，且现场能够即时整改	可以不予处罚

序号	违法行为	处罚依据	违法等级	适用情形	量罚阶次
19	消防控制室无人值班	《四川省消防条例》第七十条第(二)项	严重违法	未设值班人员的	对个人处三百五十元以上五百元以下罚款；对单位处七千三百元以上一万元以下罚款
			一般违法	值班人员较长时间脱岗的	对个人处一百五十元以下罚款；对单位处三千七百元以上七千三百元以下罚款
			较轻违法	值班人员临时脱岗的	对个人处警告或一百五十元以下罚款；对单位处一千元以上三千七百元以下罚款
20	擅自改变建筑物、构筑物防火条件	《四川省消防条例》第七十条第(三)项	严重违法	造成火灾事故等严重后果的	对个人处三百五十元以上五百元以下罚款；对单位处七千三百元以上一万元以下罚款
			一般违法	不及时改正违法行为的	对个人处一百五十元以下罚款；对单位处三千七百元以上七千三百元以下罚款
			较轻违法	及时改正违法行为的	对个人处警告或一百五十元以下罚款；对单位处一千元以上三千七百元以下罚款

序号	违法行为	处罚依据	违法等级	适用情形	量罚阶次
21	设置影响逃生、灭火救援障碍物	《四川省消防条例》第七十条第（四）项	严重违法	1. 在消防救援窗或排烟窗设置障碍物，影响逃生、灭火救援的 2. 在5个以上其他门窗设置障碍物，影响逃生、灭火救援的	对个人处三百五十元以上五百元以下罚款；对单位处七千三百元以上一万元以下罚款
			一般违法	在3个以上其他门窗设置障碍物，影响逃生、灭火救援的	对个人处一百五十元以上三百五十元以下罚款；对单位处三千七百元以上七千三百元以下罚款
			较轻违法	在不超过3个其他门窗设置障碍物，影响逃生、灭火救援的	对个人处警告或一百五十元以下罚款；对单位处一千元以上三千七百元以下处罚
			显著轻微	在其他门窗设置障碍物，当场改正的	可以不予处罚
22	公共交通工具消防设施、器材未按规定配置、未保持完好有效	《四川省消防条例》第七十条第（五）项	严重违法	1. 按标准应当设置而未设置的单类消防设施数量占此类总数量50%以上的 2. 未保持完好有效的单类消防设施数量占此类总数量50%以上，但不影响系统整体运行的 3. 造成发生火灾等严重后果的	对个人处三百五十元以上五百元以下罚款；对单位处七千三百元以上一万元以下罚款

序号	违法行为	处罚依据	违法等级	适用情形	量罚阶次
			一般违法	1. 按标准应当设置而未设置的单类消防设施数量占此类总数量10%以上、50%以下的 2. 应当设置而未设置的消防设施类别为2类以上的 3. 未保持完好有效的单类消防设施数量占此类总数量10%以上、50%以下，但不影响系统整体运行的 4. 未保持完好有效的消防设施类别为2类以上	对个人处一百五十元以上三百五十元以下罚款；对单位处三千元以上七千三百元以下罚款
			较轻违法	其他消防设施、器材或者消防安全标志的配置、设置不符合国家标准、行业标准，或者未保持完好有效的情形的	对个人处警告或一百五十元以下罚款；对单位处一千元以上三千元以下罚款
			显著轻微	消防设施、器材和消防安全标志存在的问题和故障，单位已自行发现，并采取措施进行整改，且已停用的	可以不予处罚
23	公共娱乐场所室内燃放烟花爆竹或者营业期间动火施工	《四川省消防条例》第七十条第（六）项	严重违法	造成火灾事故等严重后果的	对个人处三百元以上七百三十元以下罚款；对单位处七千三百元以上一万元以下罚款
			一般违法	不听劝阻的	对个人处一百五十元以上三百五十元以下罚款；对单位处三千元以上七千三百元以下罚款

序号	违法行为	处罚依据	违法等级	适用情形	量罚阶次
24	不报、故意延误报告火灾情况	《四川省消防条例》第七十条第（七）项	较轻违法	及时停止违法行为的	对个人处警告或一百五十元以下罚款；对单位处一千元以上三千元以下罚款
			严重违法	火灾损失在50万元以上的或者有人员伤亡的火灾	对个人处三百元以下罚款；对单位处七千元以上一万元以下罚款
			一般违法	火灾损失在30万元以上50万元以下的	对个人处一百五十元以下罚款；对单位处三千元以上七千三百元以下罚款
			较轻违法	火灾损失在30万元以下的	对个人处警告或一百五十元以下罚款；对单位处一千元以上三千元以下罚款
25	未按要求对自动消防设施进行检测	《四川省消防条例》第七十条第（八）项	严重违法	场所内设置有火灾自动报警系统、火灾自动灭火系统（如自动喷水灭火系统、消火栓系统等）、气体灭火系统、机械防排烟系统、防火卷帘等自动消防设施，自动消防设施所属单位已超过十二个月未开展检测（以出具检测报告为准），且自动消防设施无法正常使用	对个人处三百元以下罚款，对单位处七千元以上一万元以下罚款

序号	违法行为	处罚依据	违法等级	适用情形	量罚阶次
26	维护保养单位履职不到位致自动消防设施无法正常使用	《四川省消防条例》第七十条第（九）项	一般违法	场所内设置有火灾自动报警系统、火灾自动灭火系统（如自动喷水灭火系统、气体灭火系统等）、消火栓系统、机械防排烟系统、防火卷帘系统等自动消防设施，自动消防设施所属单位已超过十二个月未开展检测（以出具检测报告为准），但自动消防设施能正常使用	对个人处一百五十元以上三百五十元以下罚款，对单位处三千元以上七千元以下罚款
			较轻违法	场所内设置有火灾自动报警系统、火灾自动灭火系统（如自动喷水灭火系统、气体灭火系统等）、消火栓系统、机械防排烟系统、防火卷帘系统等自动消防设施，虽自动消防设施在十二个月内已开展检测，但设施无法正常使用，但已查明原因，正落实措施整改	对个人处警告或者一百五十元以下罚款，对单位处一千元以上三千元以下罚款
			显著轻微	自动消防设施所属单位已开展检测且自动消防设施能正常使用，但未向消防机构书面报告检测情况	可以不予处罚
			严重违法	1. 维护保养单位未在与社会单位签订的合同期限内开展维护保养活动，且场所自动消防设施无法正常使用 2. 维护保养单位在与社会单位签订的合同期限内开展了维护保养活动，但场所自动消防设施依然无法正常使用，且已构成重大火灾隐患	对个人处三百五十元以下罚款，对单位处七千元以上一万元以下罚款

序号	违法行为	处罚依据	违法等级	适用情形	量罚阶次
			一般违法	维护保养单位在与社会单位签订的合同期限内开展了维护保养活动，但自动消防设施依然无法正常使用	对个人处一百五十元以上三百元以下罚款，对单位处三千七百元以上七千三百元以下罚款
			较轻违法	维护保养单位在与社会单位签订的合同期限内开展了维护保养活动，虽自动消防设施无法正常使用，但已查明原因，在短期内（三天）能恢复正常使用，且在整改期间采取了确保消防安全的措施	对个人处警告或者一百五十元以下罚款，对单位处三千七百元以下罚款
27	未经专业消防安全培训合格上岗	《四川省消防条例》第七十条第（十）项	严重违法	按照《四川省消防条例》第十八条规定该场所应当接受专业消防安全培训人员均未经专业消防安全培训，或经培训但未合格而上岗	对个人处三百元以上五百元以下罚款，对单位处七千三百元以上一万元以下罚款
			一般违法	按照《四川省消防条例》第十八条规定该场所未培训人数占应培训人数50%及以上的	对个人处一百五十元以上三百元以下罚款，对单位处三千七百元以上七千三百元以下罚款
			较轻违法	按照《四川省消防条例》第十八条规定该场所未培训人数占应培训人数50%以下的	对个人处警告或者一百五十元以下罚款，对单位处三千七百元以下罚款
			显著轻微	按照《四川省消防条例》该场所仅1人未经专业消防安全培训，且已纳入培训计划	不予处罚

序号	违法行为	处罚依据	违法等级	适用情形	量罚阶次
28	未取得相应消防职业资格上岗	《四川省消防条例》第七十条第（十）项	严重违法	未取得相应消防职业资格人数占应取得职业资格人数50%及以上的	对个人处三百五十元以上五百元以下罚款，对单位处七千三百元以上一万元以下罚款
			一般违法	未取得相应消防职业资格人数50%以下的	对个人处一百五十元以上百五十元以下罚款，对单位处三千七百元以上七千三百元以下罚款
			较轻违法	虽未取得相应消防职业资格上岗，但已经专业消防安全培训合格，正报考相关资格考试	对个人处警告或者一百五十元以下罚款，对单位处一千元以上三千七百元以下罚款
29	场所消防设施、器材、消防安全标志配置、设置不符合标准或者未保持完好有效	《四川省消防条例》第七十一条	严重违法	1. 按标准应当设置而未设置火灾自动报警系统、自动灭火系统、消火栓系统、防烟排烟系统、应急广播和应急照明、疏散指示标志的。 2. 火灾自动报警系统、自动灭火系统、消火栓系统、防烟排烟系统以及防火门、防火卷帘等防火分隔设施严重损坏或者瘫痪，无法使用的。 3. 疏散楼梯、安全出口设置的形式和数量不符合工程建设消防技术标准要求的。 4. 造成发生火灾等严重后果的	处三百五十元以上五百元以下罚款

序号	违法行为	处罚依据	违法等级	适用情形	量罚阶次
			一般违法	1. 按标准应当设置而未设置的单类消防设施数量占此类总数量10%以上的 2. 应当设置而未设置的消防设施类别为3类以上的 3. 未保持完好有效的单类消防设施数量占此类总数量10%以上，但不影响系统整体运行的 4. 未保持完好有效的消防设施类别为3类以上	处一百五十元以上三百五十元以下罚款
			较轻违法	其他消防设施、器材或者消防安全标志的配置、设置不符合国家标准、行业标准，或者未保持完好有效的情形	处警告或者一百五十元以下罚款
			显著轻微	消防设施、器材和消防安全标志存在的问题和故障，单位已自行发现，并采取措施进行整改，且已落实保证消防安全的防范措施或者将危险部位停用的	不予处罚
30	违反消防安全规定造成火灾、致使火灾损失扩大	《四川省消防条例》第七十二条	严重违法	1. 造成人员死亡、重伤的 2. 造成直接财产损失50万元及以上的	对责任单位处三万六千五百元以上五万元以下罚款，并对直接负责的主管人员处三百五十元以上五百元以下罚款

序号	违法行为	处罚依据	违法等级	适用情形	量罚阶次
			一般违法	1. 造成人员轻伤的 2. 造成直接财产损失 10 万元及以上 50 万元以下的	对责任单位处一万八千五百元以上三万六千五百元以下罚款，并对直接负责的主管人员处一百五十元以上三百元以下罚款
			较轻违法	造成直接财产损失 10 万元以下的	对责任单位处五千元以上一万八千五百元以下罚款，并对直接负责的主管人员处一百五十元以下罚款
			显著轻微	造成直接财产损失 500 元以下	不予处罚
31	单位不履行消防安全职责逾期未改	《四川省消防条例》第七十三条第（一）项、第（二）项、第（三）项	严重违法	1. 逾期未采取任何改正措施的 2. 经改正，仍有 3 项及以上消防安全职责未履行的	处三千八百元以上五千元以下罚款
			一般违法	经改正，仍有 2 项消防安全职责未履行的	处二千二百元以上三千八百元以下罚款
			较轻违法	经改正，仍有 1 项消防安全职责未履行的	处一千元以上二千二百元以下罚款

四川省消防安全重点单位界定标准①

为了深入贯彻实施《中华人民共和国消防法》《四川省消防条例》，科学、准确界定四川省消防安全重点单位，特制定四川省消防安全重点单位界定标准。

一、商场（市场）、宾馆（饭店）、体育场（馆）、会堂、公共娱乐场所等公众聚集场所

（一）建筑面积在 1 000 平方米以上（含本数，下同），以及设置于地下、半地下建筑面积在 500 平方米以上，且经营可燃商品的商场（商店、市场）。

（二）客房数在 50 间以上，以及设置于地下、半地下客房数在 20 间以上或者建筑面积超过 500 平方米的宾馆（旅馆、饭店、培训中心等）。

（三）建筑面积在 5 000 平方米以上的公共体育场（馆）、会堂。

（四）建筑面积在 500 平方米以上的公共娱乐场所：

1. 影剧院，录像厅、礼堂等演出、放映场所；

2. 舞厅、卡拉 OK 厅、夜总会等歌舞娱乐场所；

3. 具有娱乐功能的音乐茶座和餐饮场所；

4. 网吧，游艺、游乐场所；

5. 保龄球馆、旱冰场、桑拿浴室、茶坊等营业性健身、休闲场所。

二、医院、养老院和寄宿制的学校、托儿所、幼儿园

（一）住院床位在 50 张以上的医院。

（二）老人住宿床位在 50 张以上的养老院。

（三）学生住宿床位在 100 张以上的小学学校，学生住宿床位在 200

---

① 出自《四川省人民政府办公厅关于印发〈四川省消防安全重点单位界定标准〉和〈四川省消防安全大型公众聚集场所界定标准〉的通知》（川办函〔2012〕214 号）。

张以上的其他学校。

（四）幼儿住宿床位在 50 张以上的托儿所、幼儿园。

三、国家机关

（一）县级以上的党委、人大、政府、政协。

（二）县级以上的人民检察院、人民法院。

四、广播电台、电视台和邮政、通信枢纽

（一）广播电台、电视台、报社。

（二）县级以上的邮政和通信枢纽单位。

五、客运车站、码头、民用机场

（一）候车厅、候船厅的建筑面积在 1 000 平方米以上的客运车站和客运码头。

（二）民用机场。

六、公共图书馆、展览馆、博物馆、档案馆以及具有火灾危险性的文物保护单位

（一）建筑面积在 3 000 平方米以上的公共图书馆、展览馆。

（二）博物馆、档案馆。

（三）具有火灾危险性的市级以上文物保护单位。

七、发电厂（站）和电网经营企业

（一）大型发电厂（站）、500kv 及以上变电站。

（二）县级以上电网经营企业、承担电力调度功能的供电单位；

八、易燃易爆化学物品的生产、充装、储存、供应、销售单位

（一）生产、储存易燃易爆化学物品的工厂、专用仓库（堆场、储罐场所）。

（二）易燃易爆气体和液体的灌装站、调压站。

（三）营业性汽车加油站、加气站，液化石油气供应站（换瓶站）。

（四）建筑面积在 300 平方米以上的易燃易爆化学物品经营商店。

九、服装、制鞋等劳动密集型生产、加工企业

企业总员工数在 1 000 人以上，或者同一时间段车间内员工数在 300 人以上的服装、鞋帽、玩具、木制品、家具、塑料、食品加工和纺织、印染、印刷等劳动密集型企业。

十、重要的科研单位

（一）国家和省级科研单位。

（二）仪器设备价值在5 000万元以上的科研单位。

十一、高层公共建筑、地下铁道、地下观光隧道，粮、棉、木材、百货等物资仓库和堆场，重点工程的施工现场

（一）高层公共建筑。

（二）城市地下铁道、地下观光隧道等地下公共建筑和城市重要的交通隧道。

（三）国家储备粮库、总储备量在10 000吨以上的其他粮库。

（四）总储量在500吨以上的棉花库。

（五）总储量在10 000立方米以上的木材堆场。

（六）总储存价值在5 000万元以上的可燃物品仓库、堆场。

（七）国家和省级重点工程的施工现场。

十二、其他发生火灾可能性较大以及一旦发生火灾可能造成人身重大伤亡或者财产重大损失的单位和场所

（一）1 000人以上的非寄宿制学校，200人以上的非寄宿制托儿所、幼儿园，特殊教育学校。

（二）车位总数在300辆汽车以上的停车库、修车库。

（三）营业面积在1 000平方米以上的不具有娱乐功能的餐饮场所。

（四）省级以上的司法部门的直属监狱和劳教单位。

（五）固定资产（建筑、设备、原材料等）价值在2亿元以上的电子、机械、冶金、煤炭、医药、烟草、航天、造纸等工业企业。

（六）交易厅营业面积在500平方米以上的证券交易所。

（七）支行级以上的银行或其他金融机构。

（八）国家级、省级旅游风景区。

四川省消防安全大型公众聚集场所界定标准

为深入贯彻实施《中华人民共和国消防法》《四川省消防条例》，积极推行火灾公众责任保险，维护社会公共利益和消防安全，特制定四川省消防安全大型公众聚集场所界定标准。

一、建筑总面积在 15 000 平方米以上（含本数，下同）的客运车站候车室、客运码头候船厅、民用机场航站楼。

二、建筑总面积在 10 000 平方米以上的体育场（馆）、会堂。

三、建筑总面积在 3 000 平方米以上的宾馆、饭店、商场、集贸市场。

四、建筑总面积在 1 000 平方米以上的餐饮场所。

五、建筑总面积在 1 000 平方米以上的电影院、剧院、演艺中心等演出放映场所。

六、建筑总面积在 1 000 平方米以上的保龄球馆、桑拿浴室、茶坊等营业性健身、休闲场所。

七、建筑总面积在 500 平方米以上的舞厅、卡拉 OK 厅、夜总会等歌舞娱乐场所。

八、建筑总面积在 500 平方米以上的网吧、音乐茶座和游艺、游乐场所。

成都市公安消防支队
关于转发总队《关于印发〈四川省
消防行政强制执行催告程序规定〉的
通知》的通知（节选）^①

二、明确行政强制执行范围。《行政强制法》规定，行政强制执行须由**法律**设定，根据今年行政权力清理的结果，目前涉及公安机关消防机构的仅有《消防法》第五十四条、第六十条、第七十条属于法律授权的行政强制执行，除此之外必须申请人民法院强制执行。除前述条款之外的强制执行亦须履行催告程序，请认真学习《规定》第四节有关内容。

四川省消防行政强制执行催告程序规定（节选）^②

第一节　总则

第二条　消防行政强制执行催告是指公安机关消防机构在当事人不履行消防行政决定的情况下，督促和告知当事人在一定期限内履行义务，并就不履行义务的后果作出的警告。

公安机关消防机构在作出行政强制执行决定或者申请人民法院强制执行前，应当事先催告当事人履行义务。

---

① 节选自《成都市公安消防支队关于转发总队〈关于印发《四川省消防行政强制执行催告程序规定》的通知〉的通知》（成公消〔2012〕306号）。

② 节选自《四川省公安消防总队关于印发〈四川省消防行政强制执行催告程序规定〉的通知》（川公消〔2012〕302号）。

第三条　消防行政强制执行催告应当以书面形式作出，并载明下列事项：

（一）履行义务的期限；

（二）履行义务的方式；

（三）不按时履行义务的后果；

（四）当事人依法享有的陈述权和申辩权。

对申请人民法院强制执行前的催告，还应当明确具体的罚没金额和缴纳方式。

第四条　消防行政强制执行催告书应当直接送达当事人。

当事人拒绝接收或者无法直接送达当事人的，依据《中华人民共和国民事诉讼法》《公安机关办理行政案件程序规定》的有关规定执行。

第五条　当事人收到催告书后提出陈述和申辩的，公安机关消防机构应当充分听取，对当事人提出的事实、理由和证据，应当进行记录、复核。当事人提出的事实、理由或者证据成立的，公安机关消防机构应当采纳。

第二节　责令"三停"的强制执行催告程序

第六条　当事人逾期不执行公安机关消防机构作出的责令停产停业、停止使用、停止施工决定的，作出决定的公安机关消防机构在行政强制执行前，应当催告当事人履行义务。

第七条　公安机关消防机构应当自行政处罚决定履行期限届满后，对当事人履行情况进行现场核实，确认并固定当事人拒不履行责令"三停"处罚决定的事实和证据。

经确认当事人拒不履行责令"三停"处罚决定的，公安机关消防机构应当自行政处罚决定履行期限届满后三日内制作并送达催告书，告知当事人自催告书送达之日起十日内履行行政处罚决定。

第八条　当事人在催告的履行期限内提出陈述、申辩，经公安机关消防机构核查，其提出的事实、理由或者证据成立的，中止或者终结强制执行。

第九条 当事人收到催告书后，在规定期限内履行义务的，公安机关消防机构应当进行现场确认，认定已经履行义务的，经公安机关消防机构负责人批准后终止强制执行程序。

第十条 经催告，当事人逾期仍不履行义务且无正当理由的，公安机关消防机构应当依法强制执行。

第三节 代履行催告程序

第十一条 当事人拒不履行公安机关消防机构依据《中华人民共和国消防法》第六十条第一款第三项、第四项、第五项、第六项规定作出清除或者拆除相关障碍物、妨碍物决定的，公安机关消防机构在代履行前，应当催告当事人履行义务。

第十二条 公安机关消防机构应当自责令改正期限届满之日起三日内对当事人履行义务情况进行复查；经复查，当事人拒不履行清除或者拆除相关障碍物、妨碍物义务的，应当确认并固定拒不履行义务的事实和证据。

第十三条 公安机关消防机构应当在复查后三日内制作并送达催告书，告知当事人自催告书送达之日起三日内履行清除或者拆除相关障碍物、妨碍物义务。

第十四条 当事人在催告的履行期限内提出陈述、申辩，经公安机关消防机构核查，其提出的事实、理由或者证据成立的，中止或者终结代履行。

第十五条 当事人收到催告书后，在规定期限内履行义务的，公安机关消防机构应当进行现场确认，认定已经履行义务的，经公安机关消防机构负责人批准后终止代履行程序。

第十六条 经催告，当事人逾期仍不履行义务且无正当理由的，公安机关消防机构应当依法代履行。

第十七条 公安机关消防机构依据《中华人民共和国行政强制法》

第五十二条规定决定立即实施代履行的，对当事人不予催告。

第四节　申请人民法院强制执行催告程序

第十八条　当事人在法定期限内不申请行政复议或者提起行政诉讼，又不履行公安机关消防机构作出的罚款或者没收违法所得处罚决定的，作出决定的公安机关消防机构在申请人民法院强制执行前，应当催告当事人履行义务。

第十九条　公安机关消防机构应当在当事人提起行政诉讼的法定期限届满前十日内制作并送达催告书，告知当事人自催告书送达之日起十日内履行缴款义务。

第二十条　当事人在催告的履行期限内提出陈述、申辩，经公安机关消防机构核查，其提出的事实、理由或者证据成立的，中止或者终结申请人民法院强制执行。

第二十一条　当事人收到催告书后，在规定期限内履行义务的，经公安机关消防机构负责人批准后终止申请人民法院强制执行程序。

第二十二条　经催告，当事人逾期仍不履行义务的，公安机关消防机构应当自当事人提起行政复议、行政诉讼的法定期限届满之日起三个月内向所在地有管辖权的人民法院申请强制执行。

四川省消防救援机构法制审核、审批规则（节选）①

第二条 本规则所称的法制审核是指对拟制的规范性文件和特定消防执法行为的合法性、合理性进行法制审查、核实的工作；审批是指对特定消防执法行为按要求进行法制审核后，依照规定权限进行审查、签批的工作。

第三条 法制审核、审批工作遵循以事实为根据、以法律为准绳，谁办理、谁签字、谁负责，监督与指导相结合的原则。

第四条 各级消防救援机构的法制部门（或法制员，下同）承担本单位的法制审核工作，对下级消防救援机构的法制审核、审批工作实施监督指导，并由专、兼职法制员负责具体实施。

法制审核、审批人员不能同时为规范性文件起草人员或者执法行为的主办人员。

消防救援机构中初次从事行政处罚决定法制审核的人员，应当通过国家统一法律职业资格考试取得法律职业资格。

对重大执法决定和重要规范性文件进行法制审核时，可以邀请法律顾问和相关专家学者参加，并提交书面审核意见。

第五条 对执法行为进行法制审核、审批，主要通过审查有关执法案卷材料的方式进行，根据需要可以要求承办人、承办部门就有关问题进行口头或书面说明，必要时可以进行现场核查。

---

① 节选自《四川省消防救援总队关于印发〈四川省消防救援机构消防执法全过程记录实施细则〉〈四川省消防救援机构法制审核、审批规则〉〈四川省消防救援机构集体议案规则〉〈四川省消防救援机构消防执法公示公开办法〉〈四川省消防救援机构消防政务服务"好差评"暂行办法〉的通知》（川消办〔2019〕130号）。

审核、审批一般应当分别在 1 个工作日内完成，特殊、复杂事项应当分别在 3 个工作日内完成；重大、疑难事项，经消防救援机构负责人批准可以延长至 5 个工作日内审结。法律、法规、规章对审核时限另有规定的从其规定。

第六条　依照本规则确定的法制审核事项未经审核或者经审核不合格的，一律不得提交消防救援机构负责人审批或者办公会议审议；承办部门或者个人自行移送审批、审议的，消防救援机构负责人不应审批、办公会议不应审议。

第七条　支队级消防救援机构应当在每年 3 月 30 日前，发文明确本级和大队专兼职法制员，并在文件印发之日起 10 个工作日内报上一级法制部门备案。

法制员变动的应及时发文予以调整并上报备案。

第二章　规范性文件法制审核

第八条　消防救援机构制定或起草涉及公民、法人或其他组织的权利义务，或相关法律、法规、规章适用的规范性文件（以下简称"规范性文件"），起草部门或起草人应当连同必要的相关材料一并移送法制部门进行法制审核。

第九条　对规范性文件进行法制审核，主要包括下列内容：

（一）是否符合法律、法规、规章的规定；

（二）是否属于制定部门的法定职权范围；

（三）是否与相关的规范性文件相协调、衔接；

（四）是否包含不得设定的内容；

（五）其他需要审查的内容。

对联合其他单位制定的规范性文件，只审核其中涉及消防工作的内容。

第十条　规范性文件不得设定下列内容：

（一）行政许可；

（二）行政处罚；

（三）行政强制；

（四）行政收费；

（五）其他应当由法律、法规、规章规定的内容。

规范性文件对实施法制、法规、规章作出的具体规定，不得增设公民、法人或者其他组织的义务，不得超越法律、法规、规章的规定限制公民、法人或者其他组织的权利。

第三章　执法行为法制审核

第十八条　下列执法行为在呈请审批前应当进行法制审核：

（一）行政处罚（适用简易程序的除外）；

（二）临时查封/解除临时查封，行政强制执行/代履行，申请人民法院强制执行；

（三）火灾事故认定（适用简易程序的除外），火灾事故认定复核决定；

（四）法律、法规、规章规定需要进行法制审核的其他事项。

第十九条　县级消防救援机构的执法行为，具有下列情形之一的，应当报上一级消防救援机构法制部门进行法制审核：

（一）拟作出的罚款或没收违法所得金额超过5万元；

（二）符合听证条件且当事人提出听证申请；

（三）拟减轻或不予行政处罚；

（四）拟作出停产停业处罚影响较大，应当报请当地人民政府依法决定；

（五）行政强制执行/代履行，申请人民法院强制执行；

（六）市、州级消防救援机构决定由其法制部门进行法制审核的其他事项。

第二十条　有条件的地方，可以由市、州级消防救援机构法制部门集中实施法制审核。

第二十一条　对执法行为进行法制审核主要包括下列内容：

（一）受案是否符合法定程序和管辖权要求；

（二）执法人员是否取得相关执法主体资格、是否符合执法人员不得少于 2 人的要求；

（三）违法嫌疑人认定是否准确，是否遗漏违法嫌疑人；

（四）事实是否清楚，证据是否确实充分，定性是否准确，适用法律、法规或者规章是否正确，是否遗漏应当依法查处的违法行为；

（五）执法过程是否符合法定程序，有无违法调查取证、滥用强制措施等行为；

（六）决定是否符合规定的种类和幅度，是否适用相关裁量标准，有无畸轻畸重、重复处罚的情况，有无法定从轻、减轻或者不予处罚的情形；

（七）法律文书是否完备，制作、填写、送达是否合法规范，签名是否完全。

第二十二条　法制审核的程序及要求：

（一）法制审核应当在具体行政行为的决定作出前进行，需要进行集体议案的应当在集体议案后移送法制审核；

（二）法制部门接到移送审核的案件，应当及时予以审查，属于审核范围、材料齐备的，应当受理；

（三）审核以书面审查方式进行，必要时可以要求办案人员作出口头或书面说明；

（四）对退回的案件，办案人员应当按照法制审核的意见及时处理；

（五）对重大、复杂、疑难和有争议的案件，法制部门可以提请本级消防救援机构负责人或办公会议决定。

按规定应当报上一级法制部门审核的，下一级消防救援机构应当在本级法制员初步审核并经本单位负责人审核后报送。

第二十三条　经法制审核的按以下几种情形分别处理：

（一）事实清楚、证据确实充分、定性准确、程序合法、处罚适当、法律文书齐全，符合案件审核要求的，法制部门签署同意意见；

（二）定性不准、适用法律法规错误或者量罚不当的，法制部门提出变更或撤销意见，退回办案人员纠正后再移送法制部门审核；

（三）事实不清、证据不足或者需要查清其他违法犯罪问题的，法制部门列出补充调查提纲，退回办案人员补充调查完毕后再移送法制部门审核；

（四）违反法定程序、尚不足以影响案件定性处理的，法制部门应当书面指出违法事项及纠正意见，并经办案人员纠正后签署同意意见，报本级消防救援机构负责人决定；严重违反法定程序、可能影响案件定性处理的，法制部门应当签署不同意意见，并书面注明违法事项及处理意见，退回办案人员；

（五）对法律文书不齐全、不规范的案件，由法制部门退回办案人员纠正后再移送法制部门审核；

（六）对违法事实不成立或者违法行为轻微并及时纠正、没有造成危害后果的行为拟作出处罚决定的，由法制部门签署不同意处理意见并报本级消防救援机构负责人审批后，退回办案人员；拟不予处罚的，由法制部门签署同意意见后，报本级消防救援机构负责人决定。

第二十四条 法制部门应当结合法制审核等工作，按照下列要求组织收集、编选典型执法案例并组织点评，并通过消防综合业务平台"法律法规"栏目上报，总队级消防救援机构法制部门负责审核、发布指导性案例：

（一）大队级消防救援机构每年至少应当编选、上报本级办理的案件1起；

（二）支队级消防救援机构每年至少应当编选、上报本级办理的案件2起；

（三）总队级消防救援机构每年至少应当编选、上报省内案件2起。

涉及消防行政复议、行政诉讼、国家赔偿的案件，应当及时总结经验教训，在结案后30个工作日内编选上报典型执法案例。

第四章 执法行为审批

第二十五条 下列执法行为可以由承办人直接作出,其中依法应有2名以上执法人员实施的,应当由实施该行为的执法人员共同作出:

(一)责令立即改正消防安全违法行为或火灾隐患;

(二)当场作出的消防产品现场检查判定不合格;

(三)消防产品质量监督抽查抽样;

(四)适用简易程序的火灾事故认定;

(五)收取火灾事故认定复核申请材料;

(六)适用简易程序的消防行政处罚;

(七)当场实施的临时查封、证据保全(需口头报请消防救援机构负责人同意,并及时补办审批手续);

(八)法律、法规、规章规定的由承办人直接作出的其他事项。

第二十六条 下列执法行为应当由承办部门负责人审批:

(一)责令限期改正消防违法行为或火灾隐患;

(二)消防产品质量检验结果通知,消防产品质量复检结果通知;

(三)受理/不予受理火灾事故认定复核申请,终止火灾事故认定复核,封闭火灾现场;

(四)受案登记处理、调取证据、聘请鉴定、抽样取证、先行登记保存;

(五)行政强制前的催告;

(六)不予受理听证,举行听证;

(七)不予调查处理,移送案件,终止案件调查;

(八)法律、法规、规章规定由承办部门负责人审批的其他事项。

承办人办理前款规定事项,可以直接起草有关法律文书,由承办部门负责人在文书存档联审批栏目或右上角填写审批意见、审批时间并签名。未设承办部门的,由消防救援机构负责人审批。

第二十七条 下列执法行为应当由消防救援机构负责人审批:

（一）同意/不同意公众聚集场所投入使用、营业决定；

（二）行政处罚、不予行政处罚（适用简易程序的除外）

（三）重大火灾隐患整改/销案通知；

（四）临时查封/解除临时查封，行政强制执行/代履行，申请人民法院强制执行，同意/不同意恢复施工/使用/生产/经营决定；

（五）通报涉嫌违法生产/销售消防产品案件，通报涉嫌生产不合格消防产品（本项情形使用公文审批单审批，审批单不存执法档案）；

（六）火灾事故认定/复核决定（省级公安机关作出的复核决定除外）/重新认定，火灾事故调查/复核期限延期；

（七）向公安机关移送的拘留案件；

（八）法律、法规、规章规定由消防救援机构负责人审批的其他事项。

第二十八条　根据工作需要，消防救援机构负责人可以审批应当由部门负责人审批的事项；对于本规则第二十四条、第二十五条规定的事项，具有重大、复杂、疑难情形的，也可以提交承办部门负责人或消防救援机构负责人审批。

第二十九条　具有下列情形之一的，应当由消防救援机构主要负责人审批：

（一）不予行政处罚；

（二）罚款或没收违法所得金额超过10万元；

（三）违法行为构成犯罪，需要移送司法机关依法追究刑事责任；

（四）行政强制执行/代履行，申请人民法院强制执行；

（五）较大以上火灾事故认定/复核决定（省级公安机关作出的复核决定除外）/重新认定；

（六）对本地区经济、社会生活影响较大的执法行为。

第三十条　对执法行为进行审批，主要审查下列内容：

（一）事实是否清楚，证据是否确实充分；

（二）定性是否准确，法律适用是否正确；

（三）处理建议或意见是否适当；

（四）执法程序是否合法；

（五）法律文书是否完备。

第三十一条　对需要消防救援机构负责人审批的事项，应当按照有关规定完成承办部门审核、技术复核，并经法制部门法制审核后，如实填写《呈请＊＊＊审批表》，连同有关证据材料及法律文书草稿一并送交审批。

《呈请＊＊＊审批表》中除载明相对人或事件的基本情况、调查认定的事实、主要证据和理由，初步定性、承办人意见和法律依据等内容外，还应当就调查过程中有关听证、回避、证明标准、证据审查、裁量依据及理由等内容予以说明。

第五章　附则

第三十五条　消防救援机构主要负责人，是指消防救援机构正职行政负责人。消防救援机构负责人，包括消防救援机构的正职行政负责人、分管副职行政负责人。消防救援机构部门负责人，包括具体负责相关工作的部门正、副职行政负责人。

消防救援机构负责人不在或缺位，按照有关规定确定的其他负责人可以代行其行政审批职权。

四川省消防救援机构集体议案规则（节选）^①

第四条 具有下列情形之一的，应当进行集体议案：

（一）3万元及以上罚款，责令停止使用、停产停业，减轻或者不予处罚，终止案件调查的；

（二）临时查封、强制执行；

（三）火灾事故认定复核决定；

（四）重大火灾隐患认定/销案；

（五）严重执法过错认定；

（六）有关法规、规章等规定集体会审、集体讨论、集体研究决定的事项；

（七）消防救援机构负责人认为疑难复杂、需要集体议案的其他事项。

第五条 符合集体议案规定情形的事项，由承办人提出申请并经承办部门负责人审核后，报本级消防救援机构负责人批准实施。

第六条 集体议案采取会议形式，由消防救援机构负责人主持。

集体议案参会人员包括消防救援机构负责人法制部门、承办部门的负责人、相关执法岗位人员，可以根据需要邀请纪检工作人员参加。参加人数支队不得少于5人，大队不得少于3人。

参加集体议案的人员与执法行为有利害关系的，应当回避。

第七条 集体议案主要包括下列内容：

（一）事实是否清楚，证据是否确实充分；

---

① 节选自《四川省消防救援总队关于印发〈四川省消防救援机构消防执法全过程记录实施细则〉〈四川省消防救援机构法制审核、审批规则〉〈四川省消防救援机构集体议案规则〉〈四川省消防救援机构消防执法公示公开办法〉〈四川省消防救援机构消防政务服务"好差评"暂行办法〉的通知》（川消办〔2019〕130号）。

（二）定性是否准确，法律、法规、规章适用是否正确；

（三）裁量基准运用是否恰当，处理建议或意见是否适当；

（四）执法程序是否合法。

第八条　集体议案按照下列程序进行：

（一）主持人核实参会人员、列席人员，介绍集体议案事项；

（二）承办人介绍案件基本情况、相关证据、拟处理意见和法律依据；

（三）参会人员就案件事实、证据、执法程序、法律适用和拟处理意见进行讨论，逐一陈述意见；

（四）主持人根据讨论情况和参会人员意见，按照少数服从多数的原则进行民主集中，作出明确的议案结论；

（五）主持人宣布集体议案结论性意见，未形成明确结论的也应宣布。

集体议案未形成明确结论的应当按照本规则的规定重新组织实施。

第九条　集体议案情况应当使用《集体议案记录》，予以记录，对讨论中的不同意见或者未形成结论的情况应如实记录，并经由议案主持人、参加人审阅签字后，归档入卷。

第十条　集体议案后，应当根据不同情况，分别作出以下处理：

（一）集体议案形成结论性处理意见的，报消防救援机构主要负责人审批；其中属于法制审核的事项，应当经法制审核后报消防救援机构主要负责人审批；

（二）事实不清、证据不足或者需要进一步调查、补充其他问题的，退回承办部门补充办理；

（三）定性和适用法律法规不准确、严重违反法定程序、处理意见和量刑不当或者法律文书不完备的，退回承办部门依法处理。

第十一条　任何参与议案的人员不得向当事人或其他有关人员泄露集体议案的细节情况。

第十二条　消防救援机构及其工作人员违反本规则的，给予通报批评，造成执法过错的，依照有关规定追究相关人员责任；经集体议案仍存在执法过错的，集体议案主持人承担主要责任，并视情追究其他相关人员责任。

第十三条　《集体议案记录》应当随卷存档，并在执法档案信息化管理系统中建立台账，实施纸质和数字化双重管理。

四川省消防救援机构消防执法
公示公开办法（节选）①

第一章　总则

第五条　消防救援机构应当充分利用信息技术手段，创新公示公开方式，拓宽公示公开渠道，方便当事人和社会公众依法获取消防执法信息。

第六条　消防救援机构的消防监督执法活动，除法律法规规定不能公开的事项外，都应主动向社会公开。消防救援机构和消防监督执法人员都必须自觉遵守和执行执法公示公开制度，自觉接受人民群众和社会公众对消防监督执法工作的监督。

第二章　公示公开的内容

第七条　消防救援机构不得公开涉及国家秘密，法律、行政法规禁止公开，以及公开后可能危及国家安全、公共安全、经济安全、社会稳定的消防执法信息。

第八条　消防救援机构的内部事务信息，包括人事管理、后勤管理、内部工作流程等方面的信息，可以不予公开。

第九条　消防救援机构在履职过程中形成的讨论记录、过程稿、磋

---

① 节选自《四川省消防救援总队关于印发〈四川省消防救援机构消防执法全过程记录实施细则〉〈四川省消防救援机构法制审核、审批规则〉〈四川省消防救援机构集体议案规则〉〈四川省消防救援机构消防执法公示公开办法〉〈四川省消防救援机构消防政务服务"好差评"暂行办法〉的通知》（川消办〔2019〕130号）。

商信函、请示报告等过程性信息，可以不予公开。法律、法规、规章规定上述信息应当公开的，从其规定。

第十条 消防救援机构不得向权利人以外的公民、法人或者其他组织公开涉及商业秘密、个人隐私或者可能损害第三方合法权益的执法信息。但是，权利人或第三方的意见同意公开，或者消防救援机构认为不公开可能对公共利益造成重大影响的，予以公开。

第十一条 对涉及重大消防事件、重大公共突发事件的信息，应当严格按照有关规定，层层报批，经批准后予以发布。

第十二条 消防救援机构事前应当主动向社会公开下列事项：

（一）消防执法规范性文件；

（二）消防救援机构职责权限、机构设置、办公地址、办公时间、联系方式、负责人姓名；

（三）消防服务窗口的办公地址、工作时间、联系方式以及工作人员姓名和监督举报电话等内容；

（四）消防执法权力清单和责任清单；

（五）消防随机抽查事项清单和年度监督抽查计划；

（六）消防执法流程图和执法服务指南；

（七）当事人依法享有的权利、义务和监督救济渠道；

（八）举报投诉的方式、途径；

（九）与消防执法相关的便民服务措施；

（十）法律、法规、规章和其他规范性文件规定应当向社会公开的其他执法信息。

第十三条 消防执法人员在进行监督检查、调查取证、采取强制措施和强制执行、送达法律文书等执法活动时，应当按照规定穿着制式服装，主动出示执法身份证件。

消防救援机构在执法活动中，应当依法出具行政执法文书，依照有关法律法规规定的程序和方式，告知当事人和其他利害关系人执法事由、执法依据、权利义务等信息。

第十四条 消防执法人员在消防执法活动中，应当告知当事人下列信息：

（一）在作出消防行政处罚决定之前，应当告知当事人作出行政处罚决定的事实、理由及依据，并告知当事人依法享有的权利；作出责令停产停业、较大数额罚款等行政处罚决定之前，应当告知当事人有要求举行听证的权利。

（二）依法不予消防行政许可或者撤销消防行政许可的，应当将不予行政许可或者撤销行政许可的理由、依据和法律救济途径向申请人说明；行政许可直接涉及申请人与他人之间重大利益关系的，在作出行政许可决定前，应当告知申请人、利害关系人享有要求听证的权利。

（三）作出火灾事故认定前，应当召集当事人到场，说明拟认定的起火原因，听取当事人意见，当事人不到场的，应当记录在案；复核机构直接作出火灾事故认定或者原认定机构重新作出火灾事故认定前，应当向申请人、其他当事人说明重新认定情况。

（四）采取临时查封、强制执行等行政强制措施时，应当通知当事人到场，当场告知当事人拟采取行政强制措施的理由、依据以及当事人依法享有的权利、救济途径，听取并记录当事人的陈述和申辩；当事人不到场的，邀请见证人到场。

（五）实施其他消防执法行为，法律、法规、规章和其他规范性文件规定向特定对象告知执法信息的，应当依照有关规定执行。

第十五条　消防服务窗口应当向社会公示公开下列事项：

（一）消防政务服务的相关法律、法规、规章依据，受理条件、办事流程、办理时限以及廉政纪律规定；

（二）消防政务服务办事指南和申请材料示范文本；

（三）消防政务服务事项的受理情况、办理结果、办结时间，并提供电子或者纸质查询方法；

（四）监督举报、业务咨询电话；

（五）窗口工作人员姓名、职务、岗位职责和联系电话。

消防服务窗口设在当地政府行政服务中心的，还应当遵守当地政府有关执法公示公开的规定。

第十六条 消防救援机构事后应当主动向社会公开下列信息：

（一）消防监督检查的结果；

（二）消防执法决定信息，包括执法机关、执法对象、执法类别、执法结论等。

辖区火灾形势、影响公共安全的火灾隐患、消防安全防范预警等信息，消防救援机构可以定期向社会公开。

第十七条 消防救援机构可以按照规定向社会公开行政许可、行政处罚决定等生效法律文书。

第十八条 向社会公开法律文书，应当对文书中载明的自然人姓名作隐名处理，保留姓氏，名字以"某"替代，同时删除文书中载明的下列信息：

（一）自然人的住所地详址、工作单位、家庭成员、联系方式、公民身份号码，以及其他能够判明其身份和具体财产的信息；

（二）法人或者其他组织的涉及具体财产的信息；

（三）涉及公民个人隐私和商业秘密的信息；

（四）消防救援机构印章或者工作专用章；

（五）消防救援机构认为不宜公开的其他信息。

删除前款所列信息影响对文书正确理解的，可以用符号作部分替代。向社会公开法律文书除隐匿、删除相关信息外，应当保持与原文书内容一致。

第三章　公示公开的程序

第十九条 事前、事后主动向社会公开消防执法信息，由制作或者保存该执法信息的消防救援机构负责；事中主动向当事人公示执法身份、告知执法信息，由具体实施该执法活动的消防救援机构负责。

法律、法规、规章对消防执法公示公开的权限另有规定的，从其规定。

第二十条 对拟公开的消防执法信息，公开前应当进行合法性、准确性、真实性、保密性审查，必要时应当征求本级政务公开、政工宣传、保密等部门的意见，未经审查不得对外公开。

第二十一条　公开消防执法信息涉及其他部门的，公开前应当与有关部门进行协商、确认，保证公开的消防执法信息准确一致。

第二十二条　除法律、法规、规章和其他规范性文件对消防执法信息公开期限另有规定的外，消防救援机构应当自该信息形成或者变更之日起20个工作日之内向社会公众公开；作出行政许可、行政处罚决定的，应当自决定作出之日起7个工作日内向社会公开。

第二十三条　对不宜向社会公开，但涉及特定对象权利义务、需要特定对象知悉的，公安机关消防机构应当自该信息形成或者变更之日起5个工作日内告知特定对象，或者为特定对象提供查询服务。

第二十四条　消防执法信息公示公开的形式和方法：

（一）按照政府信息公开的规定，编制信息公开指南和信息公开目录通过互联网政府公开平台向社会公布；

（二）依托办公场所、业务窗口、政务中心等场所，公开消防执法信息内容，提供消防信息服务和各类便民服务；

（三）在公共场所设置公示栏，印发办事指南或执法信息公开手册；

（四）通过发布会、官方微博、微信、移动客户端、自助终端，以及报纸、杂志、广播、电视等便于公众知晓的途径公示公开执法信息；

（五）通过口头告知的方式，向公众及时解释说明办事程序和要求，使当事人知晓依法享有的权利。

第二十五条　消防救援机构应当对消防执法公开情况进行检查评估，建立健全消防执法信息撤销和更新机制。

消防执法信息不应当公开而公开的，应当立即撤回；公开的消防执法信息错误或者发生变更的，应当立即纠正或者及时更新；公开的消防执法决定被依法撤销、确认违法或者要求重新作出的，应当及时撤下原消防执法决定信息；消防执法信息公开后可能或者已经造成严重后果的，应当依法紧急处置。

第二十六条　消防救援机构应当建立执法统计年报制度，每年1月

31 日前公开上年度本级消防执法总体情况有关数据，并报本级人民政府和上级消防救援机构。

第四章　监督和保障

第二十七条　当事人和社会公众认为消防救援机构在消防执法公示公开工作中侵犯其合法权益的，可以向该消防救援机构或者其上一级消防救援机构投诉、举报，也可以依法申请行政复议或者提起行政诉讼。

第二十八条　上级消防救援机构负责对下级消防救援机构的执法公示公开实施情况进行监督检查和评议，并纳入执法质量考评范围和政务服务"好差评"内容。

第二十九条　各级消防救援机构应充分发挥向社会公开聘请的廉政监督员的社会监督作用，采取走访或座谈等形式听取对消防执法信息公示公开实施情况的意见和建议。

第三十条　违反本办法，有下列情形之一的，由上一级消防救援机构责令改正；情节严重的，对负有责任的领导人员和直接责任人员依法给予处分：

（一）未按照本办法履行执法公示公开职能的；

（二）公开的信息错误、不准确且不及时更正，或者弄虚作假的；

（三）公开不应当公开的信息且不及时撤回的；

（四）违反本办法的其他行为。

四川省消防救援机构
消防执法全过程记录实施细则（节选）①

第二章 文字记录

第四条 文字记录是以纸质文件、电子文件或者信息管理系统记录（电子数据）等形式对消防执法活动进行记录的方式。

第五条 在执法过程中开展检查、调查和实施强制措施时，应当按照下列规定进行记录：

（一）询问当事人或者证人的，制作询问笔录；

（二）实施消防监督检查的，制作消防监督检查记录；

（三）实施临时查封、强制拆除等行政强制的，制作现场笔录；

（四）实施火灾现场勘验的，制作现场勘验笔录、火灾调查报告；

（五）实施抽样取证的，制作抽样物品清单；

（六）组织听证的，制作听证通知书、听证笔录；

（七）委托检验（检测、鉴定）的，制作检验（检测、鉴定）委托书；

（八）依法制作其他文字记录。

当事人拒绝接受调查和检查的，消防执法人员应当记录具体情况。

第六条 实施行政处罚时，除适用简易程序进行口头告知的外，应当依法告知当事人享有陈述权、申辩权等权利义务的，制作告知书或者

---

① 节选自《四川省消防救援总队关于印发〈四川省消防救援机构消防执法全过程记录实施细则〉〈四川省消防救援机构法制审核、审批规则〉〈四川省消防救援机构集体议案规则〉〈四川省消防救援机构消防执法公示公开办法〉〈四川省消防救援机构消防政务服务"好差评"暂行办法〉的通知》（川消办〔2019〕130号）。

在询问笔录中予以记录。

第七条　询问笔录、现场检查（勘验）笔录、抽样物品清单、查封（扣押）物品清单、听证笔录、陈述申辩笔录等直接涉及当事人权利、义务的记录，消防救援机构应当交由当事人签字确认。

当事人拒绝签字确认的，消防救援机构应当记录具体情况。

第八条　依法作出执法决定，需要采用书面形式的，应当按要求制作执法决定文书，并由负责人签署审批意见。经集体讨论（议案）的，应当记录集体讨论（议案）情况；经法制机构（法制员）审核的，应当制作法制审核意见书或者在内部审批件上载明审核意见。适用简易程序作出的执法决定，执法人员应当按照规定报所属消防救援机构备案。

第九条　送达执法文书，按照下列规定进行记录：

（一）直接送达的，由受送达人签收，并在执法文书或送达回证上签字确认；

（二）留置送达的，在送达回证上注明情况，并可以根据依法采取的留置送达的具体情形，以拍照、录像、录音等相应方式予以记录；

（三）邮寄送达的，留存付邮凭证和回执；被国家邮政机构退回的，记录具体情况；

（四）委托送达的，在送达回证上注明情况；

（五）公告送达的，记录公告送达的原因、方式和过程，留存书面公告，并采取截屏截图、拍照、录像等适当方式予以记录；

（六）通过电话、电子邮件、微信、短信、平台等电子方式送达的，应当由受送达人在送达地址确认书中予以确认，并采取电话录音、短信、截屏截图、屏幕录像等适当方式予以记录；

（七）通过传真方式送达的，应当在传真件上注明传真时间和受送达人的传真号码。

第十条　当事人逾期不履行执法决定，消防救援机构依法予以催告的，应当记录相关情况或者制作催告书。

第十一条　当事人不履行执法决定，需要依法强制执行的，消防救援机构应当按照下列规定记录：

（一）应当制作消防行政强制执行决定书、现场笔录等文字记录；

（二）申请人民法院强制执行的，应当制作行政强制执行申请书。

第十二条　以纸质或电子文件形式对执法活动进行全过程记录时，文书的格式、填写和制作要求应当符合有关规定。

第三章　音像记录

第十三条　音像记录是通过照相机、录音机、摄像机、执法记录仪、视频监控等设备，实时对消防执法过程进行记录的方式。

消防救援机构应当为消防监督执法人员配备符合行业标准、满足实际工作需要的执法记录仪。使用执法记录仪过程中应当坚持严格执法、全面客观的原则。

第十四条　消防监督执法人员从事下列执法活动时应当使用执法记录仪或者其他摄录设备进行录音录像，客观、真实地记录执勤执法工作情况及相关证据：

（一）开展消防监督抽查；

（二）实施公众聚集场所投入使用、营业前消防安全检查；

（三）开展火灾事故调查，在火灾现场开展现场勘验、提取物证、现场实验、调查询问；

（四）实施消防行政强制，在现场实施临时查封、强制清除（拆除）和强制执行；

（五）适用简易程序实施消防行政处罚的，以及适用一般程序实施消防行政处罚的询问、告知、听证、勘验、送达、抽样取证、先行登记保存等；

（六）从事行政审批窗口受理和接受咨询；

（七）核查群众举报、投诉的；

（八）当事人不配合执法的。

执法办案场所、消防服务窗口安装的录音录像设备符合音像记录要求的，可不使用执法记录仪。

第十五条　消防监督执法人员应当及时检查执法视音频设备的电池容量、内存空间，保证执法音视频设备正常使用。

第十六条　执法记录仪应当佩戴在消防监督执法人员左肩部或者左胸等有利于取得最佳声像效果的位置。

消防监督执法人员在现场执法取证时，可以手持执法记录仪进行摄录。

第十七条　使用执法记录仪时，应当事先告知当事人。告知的规范用语是：为保护您的合法权益，监督我们的执法行为，本次执法活动全程录音录像。

第十八条　因恶劣天气、设备故障、场所限制等特殊情况以及涉及国家秘密、商业秘密、个人隐私，无法使用或者停止使用执法记录仪等音像记录设备的，消防监督执法人员应当立即向单位或部门负责人报告，书面记载未使用原因和领导批准情况并存档备查。

第四章　管理

第十九条　具有执法任务的消防救援机构应当配备必要的音像数据采集设备和后台管理系统，确定专用的计算机、移动硬盘等设备统一存储和管理视音频资料，并确定专人管理和维护。

第二十条　消防救援机构应当制定执法视音频资料管理制度，建立消防监督执法人员执法视音频记录档案，按照单位名称、执法记录仪编号、执法人员信息、使用时间等项目分类存储、严格管理，并且与消防监督管理系统和执法档案相对应。

第二十一条　消防监督执法人员应当在每天工作结束后及时存储执法视音频资料，无法自动传输的应当按照规定手动上传，或者交由专门管理人员存储。

开展火灾事故调查等执法工作，遇特殊情况无法当日返回单位的，应于工作结束后及时上传存储的视音频资料。

第二十二条　执法音视频原始声像资料保存期限原则上应当不少于

六个月，对于重要信息应当按等级在系统内进行标注。保存期满且无继续保存价值的，经审批同意后可予以销毁。

作为消防行政处罚、行政强制、火灾事故调查等执法证据使用的视音频资料保存期限应当与案卷保存期限相同。

第二十三条　有下列情形，应当采取刻录光盘、使用移动储存介质等方式长期保存：

（一）当事人对消防监督执法人员现场执法、办案有异议或者投诉、上访的；

（二）当事人逃避、拒绝、阻碍消防监督执法人员依法执行公务，或者谩骂、侮辱、殴打消防监督执法人员的；

（三）消防监督执法人员检查和督促整改重大火灾隐患的；

（四）其他重大、疑难、复杂的执法活动。

第二十四条　作为执法办案证据使用需要移送检察院、法院的音像资料，应当经审核、审批后，由消防救援机构统一提供，并复制留存。

第二十五条　对执法全过程记录的音像资料，实行分级授权管理，未经批准，不得越权查阅；因工作需要查阅的，经批准且办理相关手续后，方可查阅。

对涉及国家秘密、商业秘密、个人隐私的记录资料的管理，应当严格执行国家有关规定。

第五章　监督

第二十六条　消防救援机构应当强化执法全过程记录信息运用，定期对全过程记录信息进行统计分析，发现执法薄弱环节，改进执法工作，依法维护执法人员和当事人的合法权益。

第二十七条　上级消防救援机构应当定期检查、通报执法全过程记录实施情况，纳入执法质量考评和绩效考核，考评结果与评优奖励挂钩。

第二十八条　消防监督执法人员使用执法记录仪时，严禁下列行为：

（一）未按照要求佩戴使用执法记录仪等音像记录设备，或者不按规定进行全程录音录像或者文字记录；

（二）擅自删减、修改执法原始文字、音像资料；

（三）私自复制、保存或者传播、泄露执法文字、音像资料；

（四）利用执法记录仪从事与执法无关的活动；

（五）故意毁坏音像记录设备及文字、音像资料存储设备。

违反上述规定，情节轻微的，予以批评教育；情节严重的，依照有关规定，应当采取停止执行职务措施，并给予行政处分；涉嫌犯罪的，依法移送司法机关，同时追究相关领导的责任。

四川省消防救援总队关于
贯彻实施《四川省消防技术服务
管理办法（试行）》的通知（节选）①

　　三、进一步加强对消防技术服务活动的监督管理。按照《消防救援局关于认真贯彻〈消防技术服务机构从业条件〉的通知》（应急消〔2019〕214 号），**"符合《条件》的消防技术服务机构取得企业法人营业执照后即可开展从业活动，原颁发的消防技术服务机构正式和临时资质证书不再作为从事消防技术服务活动的条件，也不再作为消防技术服务机构从业能力的证明"。**为确保消防技术服务质量，各级消防救援机构要进一步加强对消防技术服务行为的监督管理，对社会单位进行监督检查时，要把消防技术服务行为作为必查内容，对在检查中发现的违法违规行为，要依法查处，并通过省"消防技术服务机构管理平台"（以下简称"平台"）进行记分管理；消防监督员要及时登录平台，了解掌握本辖区消防技术服务活动情况，查询消防技术服务报告，要督促指导消防技术服务机构及从业人员通过平台开展执业；要鼓励引导社会单位通过平台接收技术服务报告。

　　四、落实廉政建设有关要求。各级消防救援机构及其工作人员严禁设立消防技术服务机构，参与消防技术服务机构的经营活动，严禁指定或变相指定消防技术服务机构，严禁滥用行政权力排除、限制竞争。对涉及消防技术服务机构及从业人员的举报投诉，要认真核实查处，对消防救援机构工作人员在监督管理过程中利用职权收受有关机构及从业人

---

　　① 节选自四川省消防救援总队关于贯彻实施《四川省消防技术服务管理办法（试行）》的通知（川消办〔2020〕10 号）。

员财物，或接受各种吃请、旅游、娱乐等消费活动，或有其他滥用职权、玩忽职守、徇私舞弊行为的，坚决依照有关规定严肃查处，构成犯罪的，依法追究刑事责任。

附件：《四川省消防技术服务管理办法（试行)》（节选）

附件

四川省消防技术服务管理办法（试行）（节选）

第一章　总则

第三条　本办法所称消防技术服务机构是指从事消防设施维护保养检测、消防安全评估等社会消防技术服务活动的企业。所称消防技术服务从业人员是指在消防技术服务机构中执业的注册消防工程师，以及取得消防设施操作员国家职业资格证书、在消防技术服务机构中从事消防技术服务活动的人员。

第四条　省消防救援总队建立四川消防技术服务机构管理平台（以下简称"平台"），记录消防技术服务活动过程，公布消防技术服务机构及从业人员有关信息，发布执业、诚信和监督管理信息，提供信息查询服务。鼓励消防技术服务机构及从业人员通过平台开展消防技术服务活动。

第五条　消防救援机构通过专项抽查、监督检查、执业能力测评、记分管理、消防技术服务红黑名单制等形式，规范消防技术服务机构及从业人员的执业行为。

第六条　鼓励消防技术服务机构积极参与消防技术服务公益活动。对参加消防技术服务公益活动表现突出的单位和个人，省消防救援总队可按照国家和省级有关规定予以表扬。

第二章　消防技术服务活动

第七条　消防技术服务机构开展消防技术服务活动，应满足应急管理部规定的从业条件。

第八条　消防技术服务机构应主动维护公平竞争的消防技术服务市

场秩序。在承揽业务时，不得相互串通，故意压低或者哄抬服务价格，不得转包、分包消防技术服务项目。

第九条 消防技术服务机构及其从业人员开展社会消防技术服务活动应当遵循客观独立、合法公正、诚实信用的原则，依照法律法规、技术标准和执业准则，开展消防技术服务活动，对服务质量负责。

第十条 消防技术服务机构应明确质量管理工作责任人。从事消防设施维护保养检测服务的消防技术服务机构应建立健全本单位质量管理体系。从事消防安全评估服务的消防技术服务机构应建立健全消防安全评估过程控制体系。同时从事消防设施维护保养检测和消防安全评估服务的消防技术服务机构应建立健全本单位质量管理体系和消防安全评估过程控制体系。

消防技术服务机构质量管理、消防安全评估过程控制体系应包括质量手册、程序文件、作业指导书、各类表单记录等内容。

第十一条 消防技术服务机构编制、出具的消防技术服务结论性文件应符合下列规定：

（一）出具的消防技术服务结论性文件格式内容应符合《建筑消防设施的维护管理》（GB25201-2010）、《建筑消防设施检测规范》（DB51/T 2049-2015）等标准规范要求；

（二）应经项目负责人、参与项目执业人员的签名，本单位技术负责人审核、法定代表人批准，并加盖本单位印章和执业人员印章；

（三）应将电子版推送至被服务单位消防安全管理人员；

（四）应将电子版推送至被服务单位所辖的消防救援机构。

第十二条 消防技术服务活动完成后，应在被服务单位公示消防技术服务结论性文件信息。

第十三条 消防技术服务机构应建立健全档案管理制度，建立并妥善保存消防技术服务机构档案和消防技术服务项目档案，加强档案管理。

第十四条 消防技术服务机构档案应包括下列内容：

（一）营业执照等法人身份证明文件，法人章程，法定代表人身份证复印件等消防技术服务机构基本信息；

（二）质量手册、程序文件、作业指导书、各类表单记录等质量管理文件或消防安全评估过程控制体系文件；

（三）从业人员名录及其身份证、注册消防工程师资格证书及其社会保险证明、消防设施操作员职业资格证书、劳动合同复印件等从业人员基本信息；

（四）场所权属证明，主要仪器、设备、设施清单等场所及设施设备信息；

（五）法律、法规规定的其他材料。

第十五条 消防技术服务项目档案应包括下列内容：

（一）消防技术服务项目档案目录；

（二）消防技术服务项目合同；

（三）消防技术服务结论性文件；

（四）法律、法规规定的其他资料。

第三章 消防监督抽查的形式和内容

第十六条 消防救援机构对消防技术服务活动开展的消防监督抽查形式有：

（一）对消防技术服务机构和服务质量的专项监督抽查；

（二）对消防技术服务项目的监督抽查。

第十七条 消防救援机构对消防技术服务机构和服务质量开展的专项监督抽查，由省消防救援总队制定抽查计划，由县级以上消防救援机组织实施。

第十八条 对消防技术服务机构和服务质量进行专项监督抽查，应检查下列内容：

（一）是否满足相应的从业条件；

（二）是否建立健全质量管理、消防安全评估过程控制体系；

（三）从业人员是否熟悉掌握相关技能；

（四）是否建立消防技术服务机构和消防技术服务项目档案；

（五）注册消防工程师是否同时在 2 个（含本数）以上消防技术服务机构执业，是否在其他机关、团体、企业、事业等单位兼职；

（六）对消防技术服务项目进行抽查；

（七）法律、法规规定的其他内容。

专项监督抽查时，消防救援机构可使用《消防监督检查记录（其他形式消防监督检查适用)》。

第十九条 县级以上消防救援机构在对社会单位组织开展"双随机一公开"监督检查时，应监督抽查消防技术服务项目。

第二十条 对消防技术服务项目进行监督抽查，应检查下列内容：

（一）是否签订消防技术服务合同；

（二）消防技术服务机构是否具备从业条件；

（三）消防技术服务机构技术负责人、项目负责人和参与项目的其他执业人员是否具备相应的职业资格；

（四）是否按要求出具消防技术服务结论性文件。

第二十一条 省消防救援总队定期组织开展执业能力评比测试，对表现突出的机构和从业人员进行表扬，颁发证书、奖牌。

第四章　诚信管理

第二十二条 消防技术服务诚信管理包括记分制管理、消防技术服务红黑名单制管理等。

第二十三条 记分制管理以自然年为一个记分周期，首次记分周期从登记成功之日起计算，截至当年 12 月 31 日，记分分值累计未达到 12 分的，该周期内的记分分值予以消除，不转入下一个记分周期。下一个记分周期从次年的 1 月 1 日起算。

第二十四条 违反《中华人民共和国消防法》第六十九条、《四川省消防条例》第六十二条、《社会消防技术服务管理规定》第四十九条、五十一条及《注册消防工程师管理规定》第五十七条所规定的行为之一的消防技术服务机构及从业人员，依法依规予以查处，每项记 12 分。

　　第二十五条　违反《社会消防技术服务管理规定》第四十七条第（四）、（五）、（六）项，第四十八条第（一）项，《注册消防工程师管理规定》第五十一条、五十六条及本办法第八条所规定的行为之一的消防技术服务机构及从业人员，依法依规予以查处，每项记6分。

　　第二十六条　违反《社会消防技术服务管理规定》第四十六条第（三）项，第五十条，《注册消防工程师管理规定》第四十九条、五十条、五十四条及本办法第九条所规定的行为之一的消防技术服务机构及从业人员，依法依规予以查处，每项记3分。

　　第二十七条　违反《社会消防技术服务管理规定》第四十八条第（二）、（三）、（四）、（五）、（六）、（七）项，《注册消防工程师管理规定》第五十五条及本办法第十一条、十二条、十三条、十四条、十五条所规定的行为之一的消防技术服务机构及从业人员，依法依规予以查处，每项记1分。

　　第二十八条　县级以上消防救援机构对消防技术服务机构及从业人员违反消防法律法规和本办法规定的行为，在依法查处完成之日起的5个工作日内，通过平台对消防技术服务机构及从业人员进行记分。

　　在一个消防技术服务项目中，消防技术服务机构及从业人员一次有两个或两个以上违法行为的，应分别记分。同一违法行为应同时对消防技术服务机构及有关从业人员分别记分。

　　第二十九条　一个记分周期内，记分累计达12分的消防技术服务机构及其从业人员，列入消防技术服务黑名单。

　　第三十条　违反本办法第七条规定的消防技术服务机构及其从业人员依法依规予以查处，并列入消防技术服务黑名单，依据相关规定记入信用记录。

　　第三十一条　一个记分周期内，记分为0分，且有本办法第六条、第二十一条规定情形之一的消防技术服务机构及其从业人员人员，列入消防技术服务红名单。

　　第三十二条　省消防救援总队负责全省消防技术服务信用管理工作，定期公布消防技术服务诚信管理情况。

　　第三十三条　消防救援机构的工作人员指定或者变相指定消防技术服务机构，利用职务接受消防技术服务机构或从业人员财物，或者有其他滥用职权、玩忽职守、徇私舞弊的行为，依照有关规定给予处分；构成犯罪的，依法追究刑事责任。

四　工作指导性文件

四川省消防救援总队关于持续
深化"放管服"改革措施的通知（节选）^①

一、固化有益经验，便利行政审批办理

（一）非自由贸易试验区公众聚集场所投入使用、营业前消防安全检查（以下简称"开检"）

1. 延续原"放管服"改革十五条内容

取消一定范围审批。 建筑面积 50 平方米以下的公共娱乐场所和建筑面积 300 平方米以下的其他公众聚集场所，可不再申请开检。如当事人主动申请，应按照法定程序办理。

下放审批权限。 除涉及市级消防安全重点单位以外的，全部下放至属地大队管辖。

缩短审批时限。 承诺办理时限以当地政务中心要求为准，但不得高于法定时限的 50%，即自受理之日起 5 个工作日内进行检查，自检查之日起 2 个工作日内作出同意或者不同意投入使用或者营业的决定，并送达申请人。

简化部分申报材料。 申报环节，申请人可不再提供"消防安全制度、灭火和应急疏散预案、场所平面布置图、员工岗前消防安全教育培训记录、消防设施操作员取得的消防职业资格证书"，简化为消防救援机构对场所实地检查时核查并收取装档。申报材料中属于消防救援机构依法出具且可查证的，申请人可不再提供、予以减免。因办理结果不合格而重新申报的，不需提供原已审查合格的材料，简化为提供申报表和补正材料。

---

① 节选自《四川省消防救援总队关于持续深化"放管服"改革措施的通知》（川消函〔2021〕59 号）。

实行异地受理。属于支队管辖的，申请人可就近在本市任一消防受理窗口提出申请；属于大队管辖的，申请人可在其所属支队受理窗口提出申请。凡申请材料齐全、符合法定形式的，窗口应当受理。

提供邮寄服务。根据申请人申请，可提供《公众聚集场所投入使用、营业前消防安全检查合格证》的免费邮寄送达服务。

2. 减免部分申报材料

申请人不再提交"依法取得的建设工程消防验收或者进行竣工验收消防备案的法律文件复印件"和"场所室内装修消防设计施工图、消防产品质量合格证明文件，以及装修材料防火性能符合消防技术标准的证明文件、出厂合格证"或其简化清单。

3. 在线申报、查询

各级消防救援机构在政府统一的政务服务平台、政务大厅消防窗口等官方渠道公示办理开检需满足的消防安全标准和申报所需文书格式文本，提供政务审批网上申请、网上办理服务，办理进度、办理结果等信息网上实时查询服务。公众聚集场所在依法具备投入使用条件后，申请人可通过四川政府服务网（http://www.sczwfw.gov.cn）、天府通办 APP 或通过消防业务受理窗口提出开检许可申请。

二、顺应改革发展，拓宽便民利企服务

1. 按需提供对口指导

当事人对消防救援机构实施的开检、监督抽查、行政处罚、临时查封等行为存有疑虑的，可于行为实施起 3 日内，通过"12345""96119"热线或四川省消防救援总队官方网站（https://sc.119.gov.cn/）等渠道提出对口咨询、寻求技术帮扶。消防救援机构收到上述需求后，应在 3 个工作日内予以答复并登记备案，符合举报投诉事项的，依法处理。

2. 消防救援站提供防火工作服务

消防救援站结合辖区熟悉、预案编制和演练等工作，可向社会单位和群众宣传消防法律法规和消防安全知识，组织防火灭火和疏散逃生技

能培训，根据其需要指导开展消防演练，并同时开展单位消防安全检查（协查），劝阻、制止消防安全违法行为进行，提示、指导单位纠正违法行为、整改火灾隐患。

3. 政务服务"好差评"

全面实施消防执法事项政务服务"好差评"制度。消防救援机构通过四川政府服务网、天府通办 APP 和消防业务受理窗口等渠道提供评价服务选项，被检查单位可通过平台对消防救援机构的政务服务进行评价，对于得分较低或反映突出的政务服务，消防救援机构将进行回溯回访，提升群众满意度。

三、激发市场活力，优化消防技术服务

1. 取消消防技术服务机构资质许可

取消消防设施维护保养检测、消防安全评估机构资质许可，企业办理营业执照并具备应急管理部规定的从业条件后，即可开展经营行动。省消防救援总队打通与国家技术服务信息平台的信息通道，实现数据自动比对，减少机构备案信息重复录入。缩短注册消防工程师注册审批时限，承诺时限为法定时限的 70%，即 14 个工作日。

2. 强化事中事后监管

省消防救援总队在官方网站的消防服务机构管理平台及时发布、维护符合从业条件的机构和人员信息，公示违法单位相关情况通报，强化事中事后监管。技术服务结论不再作为消防审批前置条件。

3. 提供社会消防技术服务机构查询

省消防救援总队可在官方网站的消防服务机构管理平台提供社会消防技术服务机构信息查询通道，社会各界可在系统平台上自主查阅我省符合从业条件的机构名录、诚信名单和机构积分情况，并提供机构报告的查询功能。

四川省消防救援总队

2021 年 3 月 22 日

关于220V附建式变电站防火设计问题的复函（节选）①

《建筑设计防火规范》国家标准管理组

国家标准《建筑设计防火规范》（GB50016-2014）第3.1.1条及其条文说明，将油浸变压器室的火灾危险性类别定为丙类，对干式变压器室的火灾危险性分类没有明确规定。考虑到干式变压器属无油设备，与油浸变压器相比可燃物质数量较少，火灾风险相对较小，对确需布置在民用建筑内或与民用建筑贴邻建造的220kV干式室内变电站，可将其视为民用建筑的附属设施，其防火设计技术要求可以比照丙类火灾危险性厂房的要求确定，并应采用不开门窗洞口的防火墙和耐火极限不低于2.00 h的楼板进行分隔，设置独立的安全出口和疏散楼梯。

---

① 节选自《四川省消防总队关于转发〈消防救援局办公室关于转发附建式变电站防火设计问题复函的通知〉的通知》（应急川消办〔2019〕44号）。

关于足疗店消防设计问题的复函（节选）^①

《建筑设计防火规范》国家标准管理组

现行国家标准《建筑设计防火规范》（GB50016-2014）第 5.4.9 条中的"歌舞娱乐放映游艺场所"是指该条及其条文说明列举的歌厅、舞厅、录像厅、夜总会、卡拉 OK 厅（含具有卡拉 OK 功能的餐厅）、各类游艺厅、桑拿浴室休息室或具有桑拿服务功能的客房、网吧等场所，不包括剧场、电影院。第 5.4.9 条对歌舞娱乐放映游艺场所设置楼层、厅室面积、防火分隔等提出限制性或加强性要求，主要目的是通过提高此类火灾高风险场所防火设计指标，为人员疏散逃生创造更为有利的条件。考虑到足疗店的业态特点与桑拿浴室休息室或具有桑拿服务功能的客房基本相同，其消防设计应按歌舞娱乐放映游艺场所处理。

---

① 节选自《消防救援局办公室关于转发足疗店消防设计问题复函的通知》（应急消办函〔2019〕17 号）。

成都市消防救援机构
执法行为法制审核制度（节选）

第一条　下列执法行为在呈请审批前应当进行法制审核：

（一）行政处罚（适用简易程序的除外）；

（二）临时查封/解除临时查封，行政强制执行/代履行，申请人民法院强制执行；

（三）火灾事故认定（适用简易程序的除外），火灾事故认定复核决定；

（四）法律、法规、规章规定需要进行法制审核的其他事项。

第二条　县级消防救援机构的执法行为，具有下列情形之一的，应当报上一级消防救援机构法制部门进行法制审核：

（一）拟作出的罚款或没收违法所得金额超过 5 万元；

（二）符合听证条件且当事人提出听证申请；

（三）拟减轻或不予行政处罚；

（四）拟作出停产停业处罚影响较大，应当报请当地人民政府依法决定；

（五）行政强制执行/代履行，申请人民法院强制执行；

（六）市、州级消防救援机构决定由其法制部门进行法制审核的其他事项。

第三条　市级消防救援机构法制部门进行法制审核的，可由法制部门实施，也可由法制部门从法制人才库中抽选法制员实施。

法制审核应通过网上系统实施，所有案卷在提交法制审核前应上传相关证据及文书。

第四条　对执法行为进行法制审核主要包括下列内容：

（一）受案是否符合法定程序和管辖权要求；

（二）执法人员是否取得相关执法主体资格、是否符合执法人员不得少于 2 人的要求；

（三）违法嫌疑人认定是否准确，是否遗漏违法嫌疑人；

（四）事实是否清楚，证据是否确实充分，定性是否准确，适用法律、法规或者规章是否正确，是否遗漏应当依法查处的违法行为；

（五）执法过程是否符合法定程序，有无违法调查取证、滥用强制措施等行为；

（六）决定是否符合规定的种类和幅度，是否适用相关裁量标准，有无畸轻畸重、重复处罚的情况，有无法定从轻、减轻或者不予处罚的情形；

（七）法律文书是否完备，制作、填写、送达是否合法规范，签名是否完全。

（八）办理行政处罚、行政强制、火灾调查案件时，是否将执法记录仪采集的视频证据随卷存档。

第五条 法制审核的程序及要求：

（一）法制审核应当在具体行政行为的决定作出前进行，需要进行集体议案的应当在集体议案后移送法制审核；

（二）法制部门（法制员）接到移送审核的案件，应当及时予以审查，属于审核范围、材料齐备的，应当受理；

（三）审核以书面审查方式进行，必要时可以要求办案人员作出口头或书面说明；

（四）对退回的案件，办案人员应当按照法制审核的意见及时处理；

（五）对重大、复杂、疑难和有争议的案件，法制部门（法制员）可以提请本级消防救援机构负责人或办公会议决定。

按规定应当报上一级法制部门审核的，下一级消防救援机构应当在本级法制员初步审核并经本单位负责人审核后报送。

第六条 经法制审核的按以下几种情形分别处理：

（一）事实清楚、证据确实充分、定性准确、程序合法、处罚适当、法律文书齐全，符合案件审核要求的，法制部门（法制员）签署同意意见；

（二）定性不准、适用法律法规错误或者量罚不当的，法制部门（法制员）提出变更或撤销意见，退回办案人员纠正后再移送法制部门（法制员）审核；

（三）事实不清、证据不足或者需要查清其他违法犯罪问题的，法制部门（法制员）列出补充调查提纲，退回办案人员补充调查完毕后再移送法制部门（法制员）审核；

（四）违反法定程序、尚不足以影响案件定性处理的，法制部门（法制员）应当书面指出违法事项及纠正意见，并经办案人员纠正后签署同意意见，报本级消防救援机构负责人决定；严重违反法定程序、可能影响案件定性处理的，法制部门（法制员）应当签署不同意意见，并书面注明违法事项及处理意见，退回办案人员；

（五）对法律文书不齐全、不规范的案件，由法制部门（法制员）退回办案人员纠正后再移送法制部门（法制员）审核；

（六）对违法事实不成立或者违法行为轻微并及时纠正、没有造成危害后果的行为拟作出处罚决定的，由法制部门（法制员）签署不同意处理意见并报本级消防救援机构负责人审批后，退回办案人员；拟不予处罚的，由法制部门（法制员）签署同意意见后，报本级消防救援机构负责人决定。

第七条　法制部门（法制员）应当结合法制审核等工作，按照下列要求组织收集、编选典型执法案例并组织点评，并通过消防综合业务平台"法律法规"栏目上报，总队级消防救援机构法制部门负责审核、发布指导性案例：

（一）大队级消防救援机构每半年至少应当编选、上报本级办理的案件1起；

（二）支队级消防救援机构每年至少应当编选、上报本级办理的案件2起；

涉及消防行政复议、行政诉讼、国家赔偿的案件，应当及时总结经验教训，在结案后30个工作日内编选上报典型执法案例。

成都市消防救援支队
关于临时查封案件适用问题的通告（节选）

一、严守临时查封的适用条件，避免滥用。《消防监督管理规定》第二十二条规定："……在消防监督检查中发现火灾隐患，应当通知有关单位或者个人立即采取措施消除；对具有下列情形之一，不及时消除可能严重威胁公共安全的，应当对危险部位或者场所予以临时查封……"显然，发现隐患，执法人员首先应要求当事人采取立即改正、限期改正等方式进行消除。此基础上，如确需采用临时查封措施，则必须同时满足以下两个条件：1. 具有《消防监督检查规定》第二十二条规定的情形；2. 隐患具有紧急性、严重危险性，不立即查封可能会导致严重后果。

二、强化证据意识，认清执法风险，严控兜底条款的适用。"兜底条款"是法律文本中常见的法律表述，是将法律条款中没有包括的、难以包括的、或者立法时预测不到的情形，以"其他……的情形"予以表述，以防止法律的不周严性。《消防监督管理规定》第二十二条第一款第（五）项即为"兜底条款"，它把"不及时消除可能严重威胁公共安全"中没有列举完的情形抽象概括为——"其他可能严重威胁公共安全的火灾隐患"。这种抽象概括导致了该条文没有客观、明确的界定标准，且实操中对"紧急性、严重危险性"的认定主观性较强。在执法实际中该兜底条款的使用，必须保证有充分、翔实的证据，对隐患的紧急性、严重危险性进行充分证明，且证据必须客观、合法、环环相扣。同时，隐患的"紧急性、严重危险性"应不低于《消防监督管理规定》第二十二条第一款第（一）项至第（四）项。

在此，需特别强调的是，在两办出台《深化消防执法改革的意见》、行政执法领域"放管服"改革、"优化营商环境"，以及《行政处罚法》

修订的大背景下，对行政权力的适用整体体现出限制和约束的趋势，故而，"兜底条款"因具有主观性、不确定性较强的特征，其适用较之其他法律条文在法律层面上出现错误的可能性更大，面临行政诉讼及行政复议的风险也更大，故而不建议各基层大队适用该兜底条款进行临时查封，如特殊情况下确需适用，各基层大队法制员和案件审核人员务必严格把关。

成都市消防救援支队
关于《社会消防技术服务机构管理规定》
有关理解与适用问题的批复（节选）

一、关于"7号令"相关条款中的"印章"是否等同于"公章"的问题。此问题在"7号令"中未予以明确定义及解释。根据《国务院关于国家行政机关和企业事业单位社会团体印章管理的规定（国发〔1999〕25号，以下简称《印章管理规定》）第二十二条规定："国家行政机关和企业事业单位、社会团体的其他专用印章（包括经济合同章、财务专用章等），在名称、式样上应与单位正式印章有所区别，经本单位领导批准后可以刻制。"该规定虽然可以表明财务专用章等"其他专用印章"属于"印章"范畴，经本单位领导批准后可以刻制，但并未对"其他专用印章"的使用范围予以明确。本单位中的业务部门作为该单位的内设机构，其部门印章能否属于可以代表整个单位的"其他专用印章"值得商榷。考虑到印章刻制管理系公安机关特种行业管理范围，若该单位维保部印章系行政相对人依照公安机关相关规定进行刻制的，则应当视为符合《印章管理规定》的"其他专用印章"。

二、关于定义未明确情况下是否适用"7号令"第十四条第一款和第二十八条第二项的问题。消防技术服务机构加盖于其出具的书面结论文件上的维保部印章是否能够视同该机构印章，在法律定义上的确存在争议。本着存疑情况下应作出有利于行政相对人解释的原则，建议参考前述规定从广义范畴对"印章"的定义进行理解。据此，若该单位维保部印章系行政相对人自行刻制（未依照公安机关相关管理规定进行刻制），在消防监督管理领域虽可视为符合《印章管理规定》的"其他专用印章"，但应将其自制印章的涉嫌违法违规行为移送有权机关处理。

五　常用行业标准

重大火灾隐患判定方法

（GB35181-2017）

重大火灾隐患是违反消防法律法规、不符合消防技术标准，可能导致火灾发生或火灾危害增大，并由此可能造成重大、特别重大火灾事故或严重社会影响的各类潜在不安全因素。及时发现和消除重大火灾隐患，对于预防和减少火灾发生、保障社会经济发展和人民群众生命财产安全、维护社会稳定具有重要意义。

本标准是依据消防法律法规和国家工程建设消防技术标准，在广泛调查研究、总结实践经验、参考借鉴国内外有关资料，并充分征求意见的基础上制定的。本标准的制定和发布，为公民、法人、其他组织和公安机关消防机构提供了判定重大火灾隐患的方法，也可为消防安全评估提供技术依据。

1 范围

本标准规定了重大火灾隐患的术语和定义、判定原则和程序、判定方法、直接判定要素和综合判定要素等。

本标准适用于城乡消防安全布局、公共消防设施、在用工业与民用建筑（包括人民防空工程）及相关场所因违反消防法律法规、不符合消防技术标准而形成的重大火灾隐患的判定。

2 规范性引用文件

下列文件对于本文件的应用是必不可少的。凡是注日期的引用文件，仅注日期的版本适用于本文件。凡是不注日期的引用文件，其最新版本（包括所有的修改单）适用于本文件。

GB/T5907（所有部分）消防词汇

GB8624 建筑材料及制品燃烧性能分级

GB13690 化学品分类和危险性公示 通则

GB25506 消防控制室通用技术要求

GB50016 建筑设计防火规范

GB50074 石油库设计规范

GB50084 自动喷水灭火系统设计规范

GB50116 火灾自动报警系统设计规范

GB50156 汽车加油加气站设计与施工规范

GB50222 建筑内部装修设计防火规范

GB50974 消防给水及消火栓系统技术规范

GA 703 住宿与生产储存经营合用场所消防安全技术要求

3 术语和定义

GB/T5907、 GB13690、 GB50016、 GB50074、 GB50084、 GB50116、GB50156、GB50222、GB50974 界定的以及下列术语和定义适用于本文件。

3.1 重大火灾隐患 major fire potential

违反消防法律法规、不符合消防技术标准，可能导致火灾发生或火灾危害增大，并由此可能造成重大、特别重大火灾事故或严重社会影响的各类潜在不安全因素。

3.2 公共娱乐场所 place of public amusement

具有文化娱乐、健身休闲功能并向公众开放的室内场所，包括影剧院、录像厅、礼堂等演出、放映场所，舞厅、卡拉 OK 厅等歌舞娱乐场所，具有娱乐功能的夜总会、音乐茶座和餐饮场所，游艺、游乐场所，保龄球馆、旱冰场、桑拿浴室等营业性健身、休闲场所。

3.3 公众聚集场所 public gathering place

宾馆、饭店、商场、集贸市场、客运车站候车室、客运码头候船厅、民用机场航站楼、体育场馆、会堂以及公共娱乐场所等。

3.4 人员密集场所 assembly occupancy

公众聚集场所，医院的门诊楼、病房楼，学校的教学楼、图书馆、食堂和集体宿舍，养老院，福利院，托儿所，幼儿园，公共图书馆的阅览室，公共展览馆、博物馆的展示厅，劳动密集型企业的生产加工车间和员工集体宿舍，旅游、宗教活动场所等。

3.5 易燃易爆危险品场所 place of flammable and explosive material

生产、储存、经营易燃易爆危险品的厂房和装置、库房、储罐（区）、商店、专用车站和码头，可燃气体储存（储配）站、充装站、调压站、供应站，加油加气站等。

3.6 重要场所 important place

发生火灾可能造成重大社会、政治影响力和经济损失的场所，如国家机关，城市供水、供电、供气和供暖的调度中心，广播、电视、邮政和电信建筑物，大、中型发电厂（站）、110kV 及以上的变配电站，省级及以上博物馆、档案馆及国家文物保护单位，重要科研单位中的关键建筑设施，城市地铁与重要的城市交通隧道等。

4 判定原则和程序

4.1 重大火灾隐患判定应坚持科学严谨、实事求是、客观公正的原则。

4.2 重大火灾隐患判定适用下列程序：

a）现场检查：组织进行现场检查，核实火灾隐患的具体情况，并获取相关影像和文字资料；

b）集体讨论：组织对火灾隐患进行集体讨论，做出结论性判定意见，参与人数不应少于 3 人；

c）专家技术讨论：对于涉及复杂疑难的技术问题，按照本标准判定重大火灾隐患有困难的，应组织专家成立专家组进行技术论证，形成结论性判定意见。结论性判定应有三分之二以上的专家同意。

4.3 技术论证专家组应由当地政府有关行业主管部门、监督管理部门和相关消防技术专家组成，人数不应少于 7 人。

4.4 集团讨论或技术论证时，可以听取业主和管理、使用单位等利害关系人的意见。

5 判定方法

5.1 一般要求

5.1.1 重大火灾隐患判定应按照第 4 章规定的判定原则和程序实施，并根据实际情况选择直接判定方法或综合判定方法。

5.1.2 直接判定要素和综合判定要素均应为不能立即改正的火灾隐患要素。

5.1.3 下列情形不应判定为重大火灾隐患：

a）依法进行了消防设计专家评审，并已采取相应技术措施的；

b）单位、场所已停产停业或停止使用的；

c）不足以导致重大、特别重大火灾事故或严重社会影响的。

5.2 直接判定

5.2.1 重大火灾隐患直接判定要素见第 6 章。

5.2.2 符合第 6 章任意一条直接判定要素的，应直接判定为重大火灾隐患。

5.2.3 不符合第 6 章任意一条直接判定要素的，应按 5.3 的规定进行综合判定。

5.3 综合判定

5.3.1 重大火灾隐患综合判定要素见第 7 章。

5.3.2 采用综合判定方法判定重大火灾隐患时，应按下列步骤进行；

a）确定建筑或场所类别；

b）确定该建筑或场所是否存在第 7 章规定的综合判定要素的情形和数量；

c）按第 4 章规定的原则和程序，对照 5.3.3 进行重大火灾隐患综合判定；

d）按照 5.1.3 排除不应判定为重大火灾隐患的情形。

5.3.3 符合下列条件应综合判定为重大火灾隐患：

a）人员密集场所存在 7.3.1~7.3.9 和 7.5、7.9.3 规定的综合判定要素 3 条以上（含本数，下同）；

b）易燃、易爆危险品场所存在 7.1.1~7.1.3、7.1.5 和 7.4.6 规定的综合判定要素 3 条以上；

c）人员密集场所、易燃易爆危险品场所，重要场所存在第 7 章规定的任意综合判定要素 4 条以上；

d）其他场所存在第 7 章规定的任意综合判定要素 6 条以上。

5.3.4 发现存在第 7 章以外的其他违法消防法律法规、不符合消防技术标准的情形，技术论证专家组可视情节轻重，结合 5.3.3 做出综合判定。

6 直接判定要素

6.1 生产、储存和装卸易燃易爆危险品的工厂、仓库和专用车站、码头、储罐区，未设置在城市的边缘或相对独立的安全地带。

6.2 生产、储存、经营易燃易爆危险品的场所与人员密集场所、居住场所设置在同一建筑物内，或与人员密集场所、居住场所的防火间距小于国家工程建设消防技术标准规定值的 75%。

6.3 城市建成区内的加油站、天然气或液化石油气加气站、加油加气合建站的储量达到或超过 GB50156 对一级站的规定。

6.4 甲、乙类生产场所和仓库设置在建筑的地下室或半地下室。

6.5 公共娱乐场所、商店、地下人员密集场所的安全出口数量不足或其总净宽度小于国家工程建设消防技术标准规定值的 80%。

6.6 旅馆、公共娱乐场所、商店、地下人员密集场所未按国家工程建设消防技术标准的规定设置自动喷水灭火系统或火灾自动报警系统。

6.7 易燃可燃液体、可燃气体储罐（区）未按国家工程建设消防技术标准的规定设置固定灭火、冷却、可燃气体浓度报警、火灾报警设施。

6.8 在人员密集场所违反消防安全规定使用、储存或销售易燃易爆危险品。

6.9 托儿所、幼儿园的儿童用房以及老年人活动场所，所在楼层位置不符合国家工程建设消防技术标准的规定。

6.10 人员密集场所的居住场所采用彩钢夹芯板搭建，且彩钢夹芯板芯材的燃烧性能等级低于 GB8624 规定的 A 级。

7 综合判定要素

7.1 总平面布置

7.1.1 未按国家工程建设消防技术标准的规定或城市消防规划的要求设置消防车道或消防车道被堵塞、占用。

7.1.2 建筑之间的既有防火间距被占用或小于国家工程建设消防技术标准的规定值的 80%，明火和散发火花地点与易燃易爆生产厂房、装置设备之间的防火间距小于国家工程建设消防技术标准的规定值。

7.1.3 在厂房、库房、商场中设置员工宿舍，或是在居住等民用建筑中从事生产、储存、经营等活动，且不符合 GA703 的规定。

7.1.4 地下车站的站厅乘客疏散区、站台及疏散通道内设置商业经营活动场所。

7.2 防火分隔

7.2.1 原有防火分区被改变并导致实际防火分区的建筑面积大于国家工程建设消防技术标准规定值的 50%。

7.2.2 防火门、防火卷帘等防火分隔设施损坏的数量大于该防火分区相应防火分隔设施总数的 50%。

7.2.3 丙、丁、戊类厂房内有火灾或爆炸危险的部位未采取防火分隔等防火防爆技术措施。

7.3 安全疏散设施及灭火救援条件

7.3.1 建筑内的避难走道、避难间、避难层的设置不符合国家工程建设消防技术标准的规定，或避难走道、避难间、避难层被占用。

7.3.2 人员密集场所内疏散楼梯间的设置形式不符合国家工程建设消防技术标准的规定。

7.3.3 除 6.5 规定外的其他场所或建筑物的安全出口数量或宽度不符合国家工程建设消防技术标准的规定，或既有安全出口被封堵。

7.3.4 按国家工程建设消防技术标准的规定，建筑物应设置独立的安全出口或疏散楼梯而未设置。

7.3.5 商店营业厅内的疏散距离大于国家工程建设消防技术标准规定值的 125%。

7.3.6 高层建筑和地下建筑未按国家工程建设消防技术标准的规定设置疏散指示标志、应急照明，或所设置设施的损坏率大于标准规定要求设置数量的 30%；其他建筑未按国家工程建设消防技术标准的规定设置疏散指示标志、应急照明，或所设置设施的损坏率大于标准规定要求设置数量的 50%。

7.3.7 设有人员密集场所的高层建筑的封闭楼梯间或防烟楼梯间的门的损坏率超过其设置总数的 20%，其他建筑的封闭楼梯间或防烟楼梯间的门的损坏率大于其设置总数的 50%。

7.3.8 人员密集场所内疏散走道、疏散楼梯间、前室的室内装修材料的燃烧性能不符合 GB50222 的规定。

7.3.9 人员密集场所的疏散走道、楼梯间、疏散门或安全出口设置栅栏、卷帘门。

7.3.10 人员密集场所的外窗被封堵或被广告牌等遮挡。

7.3.11 高层建筑的消防车道、救援场地设置不符合要求或被占用，影响火灾扑救。

7.3.12 消防电梯无法正常运行。

7.4　消防给水及灭火设施

7.4.1 未按国家工程建设消防技术标准的规定设置消防水源、储存泡沫液等灭火剂。

7.4.2 未按国家工程建设消防技术标准的规定设置室外消防给水系统，或已设置但不符合标准的规定或不能正常使用。

7.4.3 未按国家工程建设消防技术标准的规定设置室内消火栓系统，或已设置但不符合标准的规定或不能正常使用。

7.4.4 除旅馆、公共娱乐场所、商店、地下人员密集场所外，其他场所未按国家工程建设消防技术标准的规定设置自动喷水灭火系统。

7.4.5 未按国家工程建设消防技术标准的规定设置除自动喷水灭火系统外的其他固定灭火设施。

7.4.6 已设置的自动喷水灭火系统或其他固定灭火设施不能正常使用或运行。

7.5 防烟排烟设施

人员密集场所、高层建筑和地下建筑未按国家工程建设消防技术标准的规定设置防烟、排烟设施，或已设置但不能正常使用或运行。

7.6 消防供电

7.6.1 消防用电设备的供电负荷级别不符合国家工程建设消防技术标准的规定。

7.6.2 消防用电设备未按国家工程建设消防技术标准的规定采用专用的供电回路。

7.6.3 未按国家工程建设消防技术标准的规定设置消防用电设备末端自动切换装置，或已设置但不符合标准的规定或不能正常自动切换。

7.7 火灾自动报警系统

7.7.1 除旅馆、公共娱乐场所、商店、其他地下人员密集场所以外的其他场所未按国家工程建设消防技术标准的规定设置火灾自动报警系统。

7.7.2 火灾自动报警系统不能正常运行。

7.7.3 防烟排烟系统、消防水泵以及其他自动消防设施不能正常联动控制。

7.8 消防安全管理

7.8.1 社会单位未按消防法律法规要求设置专职消防队。

7.8.2 消防控制室操作人员未按 GB25506 的规定持证上岗。

7.9 其他

7.9.1 生产、储存场所的建筑耐火等级与其生产、储存物品的火灾危险性类别不相匹配，违反国家工程建设消防技术标准的规定。

7.9.2 生产、储存、装卸和经营易燃易爆危险品的场所或有粉尘爆炸危险场所未按规定设置防爆电气设备和泄压设施，或防爆电气设备和泄压设施失效。

7.9.3 违反国家工程建设消防技术标准的规定使用燃油、燃气设备，或燃油、燃气管道敷设和紧急切断装置不符合标准规定。

7.9.4 违反国家工程建设消防技术标准的规定在可燃材料或可燃构件上直接敷设电气线路或安装电气设备，或采用不符合标准规定的消防配电线缆和其他供配电线缆。

7.9.5 违反国家工程建设消防技术标准的规定在人员密集场所使用易燃、可燃材料装修、装饰。

火灾高危单位消防安全评估规程

四川省地方标准（DB51/T 2050—2015）

1 范围

本标准规定了火灾高危单位消防安全评估的内容、程序及判定标准。

本标准适用于消防安全评估机构对四川省范围内火灾高危单位消防安全体系及运行情况的评估。对其他单位的消防安全评估可以参照本标准执行。

2 规范性引用文件

下列文件对于本文件的应用是必不可少的。凡是注日期的引用文件，仅所注日期的版本适用于本文件。凡是不注日期的引用文件，其最新版本（包括所有的修改单）适用于本文件。

GB25506 消防控制室通用技术要求

GB51054 城市消防站设计规范建标 152 城市消防站建设标准

四川省人民政府令第 228 号《四川省多种形式消防队伍建设管理规定》

3 术语和定义

下列术语和定义适用于本标准。

3.1 火灾高危单位 fire risk unit

本标准所称火灾高危单位（以下简称单位），是指下列发生火灾容易造成重大人身伤亡、重大财产损失或者重大社会影响的单位：

a）建筑面积超过 3 000 m² 的公共娱乐场所和建筑面积超过 30 000 m²

的其他人员密集场所；

b）生产、储存油品或者其他易燃液体总储量超过 60 000 m³，生产、储存液化石油气、天然气或者其他易燃气体总储量超过 5 000 m³，生产、储存其他易燃易爆物品总储量超过 10 000 t 的单位，或者占地面积超过 60 000 m² 的易燃易爆物品生产、储存单位，建（构）筑物面积超过 2 000 m² 的易燃易爆物品经营单位；

c）建筑高度超过 100 m 或者建筑总面积超过 200 000 m² 的公共建筑；

d）建筑面积超过 20 000 m² 的地下公共建筑；

e）城市地下轨道交通工程；

f）采用木结构或者砖木结构的全国重点文物保护单位；

3.2 人员密集场所 assembly occupancies

指公众聚集场所，医院的门诊楼、病房楼，学校的教学楼、图书馆、食堂和集体宿舍，养老院，福利院，托儿所，幼儿园，公共图书馆的阅览室，公共展览馆、博物馆的展示厅，劳动密集型企业的生产加工车间和员工集体宿舍，旅游、宗教活动场所等。

3.3 公众聚集场所 public gathering location

指宾馆、饭店、商场、集贸市场、客运车站候车室、客运码头候船厅、民用机场航站楼、体育场馆、会堂以及公共娱乐场所等。

3.4 公共娱乐场所 public entertainment occupancies

具有文化娱乐、健身休闲功能并向公众开放的室内场所。包括影剧院、录像厅、礼堂等演出、放映场所，舞厅、卡拉 OK 厅等歌舞娱乐场所，具有娱乐功能的夜总会、音乐茶座、酒吧和餐饮场所，游艺、游乐场所，保龄球馆、旱冰场、桑拿等娱乐、健身、休闲场所和互联网上网服务营业场所。

3.5 评估 assessment

依据本标准，对单位各项消防安全工作开展的综合性检查、评定。

3.6 判定项 judgement item

本标准第 4 章中作出规定的每项条款，是对单位消防安全评估过程中的基本检查内容。

3.7 直接判定项（A＊）direct-judgement item

本标准第4章中作出规定、可以直接判定单位消防安全等次的条款，是单位消防安全管理中起决定作用的要素。

3.8 关键项（A）key item（A）

本标准第4章中作出规定的重要条款，是单位消防安全管理中的关键要素。

3.9 一般项（B）normal item（B）

本标准第4章中除直接判定项、关键项以外作出规定的条款，是单位消防安全管理中的一般要素。

3.10 不符合 inconsistency

单位的消防安全状况不能满足评估标准具体条款的要求。

3.11 有缺陷 defect

单位的消防安全状况偏离评估标准具体条款的要求，影响单位的消防安全。

4 评估内容

4.1 消防合法性

4.1.1 火灾高危单位及其所在的建筑、场所应遵守消防技术标准和监督管理规定，应当依法申报消防设计审核、消防验收或消防设计审核备案、消防验收备案，并取得相关法律文书等证明文件。

消防设计发生变更的，火灾高危单位应当将变更后的消防设计文件报原受理公安机关消防机构重新依法申报消防设计审核、消防验收或消防设计审核备案、消防验收备案，并取得相关法律文书等证明文件。（A＊）

4.1.2 属于公众聚集场所的单位，投入使用、营业前应经公安机关消防机构检查合格，并取得相关法律文书。（A＊）

4.1.3 建筑物或场所的实际使用情况应符合消防技术标准，与消防验收、竣工验收备案、投入使用营业前消防安全检查时确定的使用性质相符。（A＊）

4.1.4 火灾高危单位所在的建筑、场所的消防安全评估、维护保养检

测单位应当具备相应的资质。（A）

4.2 消防档案、消防安全制度、规程、应急疏散预案

4.2.1 消防档案（B）

消防档案应当包括消防安全基本情况和消防安全管理情况。消防安全基本情况应包括以下内容：

a）单位基本概况和消防安全重点部位情况；

b）建筑物或场所施工、使用或者开业前的消防设计审核、消防验收以及消防安全检查的文件、资料；

c）消防管理组织机构和各级消防安全责任人；

d）消防安全制度；

e）消防设施、灭火器材情况；

f）专职消防队、义务消防队人员及其消防装备配备情况；

g）与消防安全有关的重点工种人员情况；

h）新增消防产品、防火材料的合格证明材料；

i）灭火及应急疏散预案。

消防安全管理情况应包括以下内容：

a）公安消防机构填发的各种法律文书；

b）消防设施定期检查记录、自动消防设施全面检查测试的报告以及维修保养的记录；

c）火灾隐患及其整改情况记录；

d）防火检查、巡查记录；

e）有关燃气、电气设备检测（包括防雷、防静电）等记录资料；

f）消防安全培训记录；

g）灭火和应急疏散预案的演练记录；

h）火灾情况记录；

i）消防奖惩情况记录。

消防安全管理情况的第 b）、c）、d）、e）项记录，应当记明检查的人员、时间、部位、内容、发现的火灾隐患以及处理措施等；第 f）项记录，应当记明培训的时间、参加人员、内容等；第 g）项记录，应当记明

演练的时间、地点、内容、参加部门以及人员等。

4.2.2 消防安全制度（B）

单位应健全以下消防安全制度，包括：

a）消防安全责任制度；

b）消防安全教育、培训制度；

c）防火巡查、检查制度；

d）安全疏散设施管理制度；

e）消防（控制室）值班制度；

f）消防设施、器材维护管理制度；

g）火灾隐患整改制度；

h）用火、用电安全管理制度；

i）易燃易爆危险物品和场所防火防爆制度；

j）专职和义务消防队组织管理制度；

k）灭火和应急疏散预案演练制度；

l）燃气和电气设备的检查和管理制度（包括防雷、防静电）；

m）消防安全工作考评和奖惩制度；

n）消防安全"户籍化"管理制度；

o）其他必要的消防安全制度。

4.2.3 消防安全操作规程（B）

单位应具有健全的消防安全操作规程。

4.2.4 灭火和应急疏散预案（A）

单位应制定灭火和应急疏散预案，包括：

a）组织机构（应包括灭火行动组、通讯联络组、疏散引导组、安全防护救护组等）和职责；

b）报警和接警处置程序；

c）应急疏散的组织程序和措施；

d）扑救初起火灾的程序和措施；

e）通讯联络、安全防护的程序和措施。

4.3 消防安全管理人员及工作部门

4.3.1 消防安全管理人员

4.3.1.1 单位的法定代表人或主要负责人是本单位的消防安全责任人，对本单位的消防安全工作全面负责。（A）

4.3.1.2 单位应确定消防安全管理人，消防安全管理人对单位的消防安全责任人负责，实施和组织消防安全管理工作。（A）

4.3.1.3 单位应确定专职消防安全管理人员，其数量应与单位的经营规模和消防工作强度相适应，在消防安全责任人和消防安全管理人的领导下开展消防安全管理工作。（A）

4.3.2 消防工作部门

4.3.2.1 单位应设立消防工作部门或者确定消防工作的归口管理部门，组织实施日常消防安全管理工作，在消防安全责任人和消防安全管理人的领导下开展消防安全管理工作。（B）

4.3.2.2 单位委托物业服务企业进行管理的，应明确物业服务企业的消防安全职责，并对物业服务企业开展消防工作的情况进行检查。（B）

4.4 防火巡查、检查及火灾隐患整改

4.4.1 防火巡查（B）

单位应当每日进行防火巡查，并确定巡查的人员、内容、部位和频次等内容。防火巡查应填写防火巡查记录，由巡查人员和主管人员签字确认并存入消防档案。

其中，防火巡查的内容应当包括：

a）用火、用电有无违章情况；

b）安全出口、疏散通道是否畅通，安全疏散指示标志、应急照明是否完好；

c）消防设施、器材和消防安全标志是否在位、完整；

d）常闭式防火门是否处于关闭状态，防火卷帘下是否堆放物品影响使用；

e）消防安全重点部位的人员在岗情况；

f）其他消防安全情况。

4.4.2 防火检查（B）

单位的消防安全管理人应当每月组织一次全面消防安全检查。防火检查应填写防火检查记录，由检查人员和被检查部门负责人签字确认并存入消防档案。

其中，防火检查的内容应当包括。

a）火灾隐患的整改情况以及防范措施的落实情况；

b）安全疏散通道、疏散指示标志、应急照明和安全出口情况；

c）消防车通道、消防水源情况；

d）灭火器材配置及有效情况；

e）用火、用电有无违章情况；

f）重点工种人员及其他员工消防知识的掌握情况；

g）消防安全重点部位的管理情况；

h）易燃易爆危险物品和场所防火防爆措施的落实情况以及其他重要物资的防火安全情况；

i）消防（控制室）值班情况和设施运行、记录情况；

j）防火巡查情况；

k）消防安全标志的设置情况和完好、有效情况；

l）其他需要检查的内容；

4.4.3 火灾隐患整改

4.4.3.1 对防火巡查、防火检查中发现的火灾隐患，单位及时完成整改工作。火灾隐患整改记录应存档。（B）

4.4.3.2 对公安机关消防机构责令限期整改的火灾隐患，单位应当在规定的期限内改正并请公安消防机构复查。公安机关消防机构下发的责令限期整改通知书及整改记录应存档。（A）

4.5 消防安全培训宣传及消防演练

4.5.1 消防安全培训

4.5.2 单位应对新上岗和进入新岗位的员工进行上岗前的消防安全培训。（B）

4.5.3 单位应当对每名员工每年至少进行两次消防安全培训。（B）

4.5.4 消防安全培训应包括下列内容：（A）

a）有关消防法规、消防安全制度和操作规程；

b）本单位、本岗位的火灾危险性和防火措施；

c）有关消防设施的性能、灭火器材的使用方法；

d）报火警、扑救初起火灾以及自救逃生的知识和技能；

e）检查消除火灾隐患的知识和技能；

f）组织、引导在场群众疏散的知识和技能；

g）开展消防安全宣传教育培训的知识和技能；

h）其他应培训的消防安全内容。

4.5.4.1 下列人员应当接受专业消防安全培训：（A）

a）公众聚集场所和易燃易爆场所涉及消防安全的从业人员；

b）从事电焊、气焊等具有火灾危险作业的人员；

c）火灾高危单位的消防安全管理人，专（兼）职消防员，消防设施的安装、维护、操作人员，消防控制室值班人员等除接受专业消防安全培训外，还应当经国家职业技能鉴定合格并依法取得消防职业资格。

4.5.5 消防安全宣传（A）

单位应当在显著位置设置消防宣传栏和消防安全标志标识，广泛开展以提示火灾危险性、场所逃生方法和路线、场所灭火逃生设备器材使用方法等为主要内容的消防安全宣传。

4.5.6 消防演练（A）

单位应制订符合本单位实际情况的灭火和应急疏散预案并开展演练。同时建立相关档案，档案宜包括演练影像资料、文字记录等内容。

4.6 建筑消防设施

4.6.1 建筑消防设施图纸（B）

单位宜保存必要的建筑消防设施竣工图，包括消防设施的平面布置图、系统图等。

4.6.2 一般要求（A＊）

单位配置建筑消防设施，应符合下列要求：

a）单位应当按照国家标准、行业标准配置消防设施、器材，并保持完好有效；单位应按规定设置自动消防系统。

b) 单位不得擅自挪用、拆除、停用建筑消防设施；建筑消防设施不得严重损害，造成不再具备防火灭火功能的情况。

4.6.3 维护管理（A）

单位应每月至少对建筑消防设施进行一次维护保养，不具备建筑消防设施维护保养、检查测试条件的，应当委托具备资质的消防技术服务机构实施。维护情况应当每六个月书面报告当地公安机关消防机构，特殊重大情况及时报告。

4.6.4 功能检测（A）

单位应每年至少对建筑消防设施进行一次全面功能检测，不具备建筑消防设施维护保养、检查测试条件的，应当委托具备资质的消防技术服务机构实施，并应将检测报告报送当地公安机关消防机构备案。

4.6.5 外观完好有效状态

单位应保持下列建筑消防设施外观完好有效：

a) 火灾自动报警系统；（A）

b) 消防供水；（A＊）

c) 自动喷水灭火系统；（A）

d) 泡沫灭火系统；（A）

e) 室内消火栓；（A）

f) 室外消火栓；（A）

g) 水泵结合器；（B）

h) 消防水炮；（B）

i) 气体灭火系统；（A）

j) 防排烟系统；（B）

k) 消防电梯；（B）

l) 防火卷帘；（B）

m) 防火门；（B）

n) 疏散指示标志、应急照明；（B）

o) 灭火器；（B）

p）其他消防设施。（B）

4.7 消防控制室

4.7.1 单位应按照 GB25506 的要求对消防控制室进行建设。（B）

4.7.2 单位应按照 GB25506 的要求建立相关记录，并存档备查。（B）

4.7.3 消防控制室应当保持不得少于两名值班人员二十四小时不间断值班，持证上岗。（A）

4.7.4 单位应保持消防控制设备不间断正常运行。（B）

4.8 电器产品、燃气用具

电器产品、燃气用具的安装、使用及其线路、管路的设计、敷设、维护保养、检测，应符合消防安全要求和管理规定。（B）

4.9 建筑防火及管理

4.9.1 单位应保存建筑总平面图以及建筑各层有关防火分区划分的竣工图纸。（B）

4.9.2 严禁改变防火防烟分区结构或设置障碍物。（A）

4.9.3 防火门、防火卷帘、水幕系统、挡烟垂壁等防火防烟分区分隔设施应保持完好有效。（B）

4.9.4 单位应保持疏散通道、安全出口完好畅通。（A）

4.9.5 单位应保持消防车道完好畅通，消防车登高作业区域有效。（A）

4.9.6 严禁占用防火间距。（A）

4.9.7 依法依规需设置避难层（间）的，单位应保持避难层（间）有效。（B）

4.9.8 公众聚集场所不得违反消防技术标准，采用易燃、可燃材料装修。（A＊）

4.9.9 生产、储存、经营易燃易爆危险品的场所不得与居住场所设置在同一建筑物内，并应当与居住场所保持安全距离。

生产、储存、经营其他物品的场所与居住场所设置在同一建筑物内的，应当符合国家工程建设消防技术标准。（A）

4.9.10 生产、储存、经营易燃易爆危险品的火灾高危单位应当划分爆炸和火灾危险区域，设立明显的警示标识，设置防雷、防静电设施，

加强防火防爆工艺管理和特种设备检验维护，严格火源管理。（B）

4.9.11 人员密集场所严禁违反消防安全规定，使用、储存易燃易爆危险品。（A＊）

4.9.12 用火用电管理（A）

a）单位应当实行严格的用火用电安全管理制度，按要求设置禁火禁烟警示标识。

b）使用电焊、气焊或者其他明火作业的，应当严格落实动火审批制度，清除动火区域内的易燃易爆物品，配置灭火器材，落实现场监护人员和防范措施。

c）人员密集场所在营业期间禁止进行电焊、气焊、油漆粉刷等具有火灾危险的施工、维修作业。

4.9.13 合用建筑管理（B）

建筑物由两家以上单位管理或者使用的，应遵守下列规定：

a）书面明确各方的消防安全责任；

b）设立专门机构或委托物业服务企业对共用疏散通道、安全出口、建筑消防设施、消防车通道等实施统一管理。

c）制订整体灭火和应急疏散预案，并定期组织联合应急疏散演练。

d）共用建筑消防设施的检测、维修、保养、更新、改造费用，在保修期内的由建设单位承担。保修期满后，由共用各方按照约定方式解决；没有约定或者约定不明的，由各产权人按照其所有的产权建筑面积占建筑总面积的比例承担。

4.9.14 火灾公众责任险（B）

大型公众聚集场所、城区内的加油（气）站应当投保火灾公众责任保险。其他火灾高危单位，按国家有关规定执行。

4.9.15 消防安全"户籍化"管理（B）

火灾高危单位应实行消防安全"户籍化"管理，将本单位的基本情况、每栋建筑消防安全基本信息、消防安全管理制度和逐级消防安全责任的落实情况、员工消防安全教育培训情况及灭火和应急疏散预案等录入消防安全户籍化信息系统，并及时记录日常消防安全管理、消防安全工作开展等动态情况，定期向当地公安机关消防机构报告备案消防安全工作开展情况。

4.10 专职、志愿消防队

4.10.1 专职消防队

4.10.1.1 下列火灾高危单位应当组建单位专职消防队：（A＊）

a）大型核设施单位、大型发电厂、民用机场、主要港口；

b）生产、储存易燃易爆危险品的大型企业；

c）储备可燃的重要物资的大型仓库、基地；

d）a）、b）、c）项规定以外的火灾危险性较大、距离公安消防队较远的其他大型企业；火灾危险性较大、距离消防队较远的中型企业；

e）距离公安消防队较远、被列为全国重点文物保护单位的古建筑群的管理单位；列为省重点文物保护的古建筑群的管理单位；

f）城市轨道交通的运营单位；

公路超长隧道或者隧道群的管理单位应当根据消防工作的需要组建专职消防队，或者依托自身相应组织配备消防车辆、装备和器材，承担火灾扑救和应急救援工作。

4.10.1.2 依法应当建立专职消防队的火灾高危单位应按照四川省人民政府令第 228 号、国家 GB51054 和建标 152 中普通消防站标准的有关要求建立专职消防队伍，并按要求报省公安机关消防机构验收，专职消防队不得擅自撤销，确需撤销的，应报省公安机关消防机构批准。（A）

4.10.1.3 专职消防队应组织实施专业技能训练，开展经常性的灭火和应急疏散训练。单位组织综合性消防演练时，专职消防队应参加。（B）

4.10.2 志愿消防队

4.10.2.1 除依法需要建立专职消防队的火灾高危单位以外，其他火灾高危单位应当建立志愿消防队。志愿消防队人数按照本单位职工总人数的 10%确定，且不少于 8 人。（B）

4.10.2.2 单位应为志愿消防队配备满足本单位灭火救援工作需要的消防装备器材，志愿消防队每月应至少组织一次灭火救援业务训练。（B）

4.11 消防安全能力定期检查、评估

4.11.1 单位应每年进行自我评估。（B）

4.11.2 单位应根据评估发现存在的问题制定整改计划，积极采取有

效措施进行整改，并将整改情况向公安机关消防机构备案。（B）

4.12 其他直接判定项

除前面判定项中已规定的直接判定项外，具有以下情形也作为直接判定项：

a）未依法确定消防安全管理人、自动消防系统操作人员的。（A＊）

b）疏散通道、安全出口数量不足或严重堵塞，已不具备安全疏散条件的。（A＊）

c）经公安机关消防机构责令改正后，同一违法行为反复出现的。（A＊）

d）一年内发生一次及以上较大火灾或者两次及以上一般火灾。（A＊）

e）被公安机关消防机构确定为重大火灾隐患单位未整改完毕的。（A＊）

5 评估方法

5.1 总则

5.1.1 评估应确定评估对象和采用的消防法律法规、技术标准，根据不同的评估内容，分别采用资料检查、现场核对、抽查询问的方法。

5.1.2 评估时应按照本标准附录 A 的要求认真填写附录 A《消防安全评估检查记录表》。

5.1.3 根据判定项在消防安全中的重要程度分为直接判定项（A＊）、关键项（A）、一般项（B）。

5.1.4 评估机构应按评估项目的业态情况安排评估人员数量：

a）文物保护单位的评估人员不少于 2 人；

b）公共娱乐场所、城市地下轨道交通工程的评估人员不少于 3 人；

c）其他单位的评估人员不少于 4 人

5.2 资料检查

资料检查应检查以下内容：

a）消防行政审批法律文书，具体包括以下资料：

1）建设工程消防设计审核意见书或建设工程消防设计审核备案等消防相关法律文书证明文件；

2）建设工程消防验收意见书或建设工程消防验收备案等消防相关法律文书证明文件；

3）公众聚集场所投入使用、营业前消防安全检查合格证。

b）消防评估、维护、保养、检测等社会消防技术服务机构的资质证书复印件。

c）消防档案。

d）消防安全制度。

e）消防安全操作规程。

f）灭火和应急疏散预案。

g）单位确定、变更消防安全责任人、消防安全管理人、专职消防安全管理人员的证明材料。

h）设立消防工作部门或者确定消防工作的归口管理部门的相关文件；委托物业服务企业或专门机构履行消防工作的委托协议；单位消防工作部门对物业服务企业或专门机构的检查记录。

i）防火巡查、检查的制度、记录。

j）火灾隐患整改制度、火灾隐患自查整改记录、公安机关消防机构下发的责令限期整改火灾隐患通知书以及复查记录。

k）消防安全宣传和培训制度、记录。

l）节涉及的人员接受专业消防安全培训的相关证书。

m）灭火和应急疏散预案，以及演练记录和档案。

n）消防竣工图纸：

1）总平面图；

2）各层防火分区划分图；

3）设施平面布置图；

4）设施系统图。

o）建筑消防设施维护保养报告和功能检测报告。

p）根据 GB25506 第 4.1 条的规定，消防控制室内应保存下列纸质和电子档案资料：

1）建（构）筑物竣工后的总平面布局图、建筑消防设施平面布置图、建筑消防设施系统图及安全出口布置图、重点部位位置图等；

　　2）消防安全管理制度、消防安全操作规程、灭火和应急疏散预案等；

　　3）消防安全组织结构图，包括消防安全责任人、管理人、专职、志愿消防员等内容；

　　4）消防安全培训、消防宣传教育、灭火和应急疏散预案的演练档案、记录；

　　5）值班情况、防火检查、防火巡查、火灾隐患整改档案、记录；

　　6）消防设施一览表，包括消防设施的类型、数量、状态等内容；

　　7）消防系统控制逻辑关系说明、设备使用说明书、系统操作规程、系统和设备维护保养制度等；

　　8）设备运行状况、接报警记录、火灾处理情况、设备检修检测报告等资料。

　　q）电器产品、燃气用具的合格证及其他资料。

　　r）用火用电安全管理制度；单位的动火审批记录。

　　s）合用建筑管理各方对消防安全职责予以明确的有关合同或协议、消防安全责任约定书签订及履行情况。

　　t）火灾公众责任险保险的相关文件资料。

　　u）单位建立专职消防队并经省公安机关消防机构验收的相关资料或建立志愿消防队的相关资料。

　　v）专职消防队或志愿消防队训练、演练内容的有关记录。

　　w）单位自我评估资料、根据自我评估和消防安全评估机构进行评估的情况进行整改的记录。

　　x）公安机关消防机构下发的其他法律文书。

　　y）法律法规规定的其他资料。

　　5.3　现场核对

　　5.3.1　一般要求

　　a）现场检查建筑物或场所的实际使用情况与公安机关消防机构出具的消防行政审批法律文书载明的单位使用性质和规模是否一致，是否存在擅自改建、扩建或室内装修，是否改变防火条件。

　　b）现场核对单位是否当在显著位置设置消防宣传栏和消防安全标志标识，是否广泛开展了以提示火灾危险性、场所逃生方法和路线、场所灭火逃生设备器材使用方法等为主要内容的消防安全宣传。

c）现场核对消防控制室设置情况、运行记录、值班记录，值班人员数量和持证上岗。

d）现场抽查十处，检查电器产品、燃气用具的安装、使用及其线路、管路的实际情况。

e）属于公众聚集场所的，现场抽查十处，检查装修材料的使用情况。

f）现场检查生产、储存、经营易燃易爆危险品的场所是否与居住场所保持安全距离；

现场检查生产、储存、经营其他物品的场所与居住场所设置在同一建筑物内时，是否符合国家工程建设消防技术标准。

g）现场抽查十处，检查爆炸和火灾危险区域划分、警示标识、防雷防静电设施、防火防爆工艺管理、特种设备检验维护、火源管理控制等情况。

h）属于人员密集场所的，现场全数检查是否使用、储存易燃易爆危险品。

i）现场抽查十处，检查禁火禁烟警示标识。

j）现场检查消防安全"户籍化"信息系统的录入、更新与日常管理。

k）现场检查单位的性质，检查单位是否为符合 4.10.1.1 条要求需要设立组建专职消防队的单位。

l）现场检查专职消防队是否参照 GB51054 和建标 152 中普通消防站标准执行。

m）现场检查志愿消防队消防装备、器材配备情况以及人员数量。

n）现场核对前次评估后的整改情况。

5.3.2 对防火防烟分区、疏散通道、安全出口、消防车道、消防登高作业区域、防火间距、避难层（间）的情况进行现场核对，按照下列要求进行：

a）检查防火防烟分区有效分隔情况、疏散通道和安全出口有无占用、堵塞、封闭以及其他妨碍安全疏散的情况，对属于地下公共建筑、易燃易爆场所及公共娱乐场所的全数检查；对单层建筑全数检查，含有 5 个防火分区（含）以上的，抽查防火分区数不少于总数的二分之一；多层或高层建筑，按楼层使用性质分别进行抽查，被抽查楼层应全数检查，18 层（含）以下的，抽查楼层数不少于总层数的三分之一，18 层以上的，抽查楼层数不少于总层数的五分之一。

b）检查场所至少十处的窗户是否封堵，是否设置影响疏散逃生和灭火救援的障碍物。

c）全数检查建筑物周围消防车通道、消防登高作业区域是否被占用、堵塞、封闭，是否满足消防车辆通行及登高扑救的需要。

d）全数检查防火间距是否被占用。

e）全数检查避难层（间）是否被占用或者挪用。

5.3.3 对消防设施、器材外观完好有效情况的检查，按照下列要求进行：

a）对建筑消防设施进行总体检查巡视。

b）检查火灾自动报警系统。

1）检查消防控制室报警主机、联动控制盘、广播主机、电话主机、CRT 及消防电源盘设备的外观完好及运行情况；系统若有多个消防控制室应全数检查；

2）抽查各回路报警探头及按钮等设备的外观及巡检情况，抽查点位为该回路总点位数的 20%且不应少于 20 个。

c）检查消防供水。

1）全数检查消防水池、屋顶消防水箱、中转水箱（若有设置）蓄水情况；

2）全数检查泵房内消防水泵及各阀门外观完好情况，各消防泵泵控柜应正常通电运行。

d）检查自动喷水灭火系统。

1）全数检查报警阀间报警阀的外观完好及压力情况；

2）检查报警阀最不利点末端试水装置的压力情况，按系统设置报警阀总数的 50%、且不少于 5 个进行抽查，报警阀总数低于 5 个的全数检查。

e）检查泡沫灭火系统，全数检查泡沫液贮罐及其配套阀门的外观完好情况及泡沫液储量情况。

f）检查室内消火栓。

1）抽查室内消火栓箱的外观及内部配件完好情况；消火栓箱（箱内或箱下）配套的灭火器外观及灭火剂情况；抽查数量为设置总数量的10%且不少于10套，总数低于10套的全数检查；

2）检查屋顶试验消火栓外观及压力情况。

g）检查室外消火栓——全数检查室外消火栓的外观完好情况。

h）检查水泵接合器——全数检查水泵接合器的外观完好情况。

i）检查消防水炮——全数检查消防水炮外观完好情况；手动操作消防炮，查看回转与仰俯角度及定位系统。

j）检查气体灭火系统。

1）全数检查气体灭火储气钢瓶的外观完好及压力情况；

2）全数检查气体灭火储气钢瓶及启动装置的外观情况，检查钢瓶的压力情况。

k）检查防排烟系统，抽查消防风机外观完好情况，风机控制柜应正常通电运行。抽查数量为设置总数的30%且不应少于5台，低于5台应全数检查。

l）检查消防电梯，全数检查消防电梯外观完好情况及运行情况。

m）检查防火卷帘，抽查防火卷帘及其导轨的外观完好情况，并通过现场升降按钮测试卷帘门运行情况；抽查数量为设置总数量的20%且不应少于5樘，低于5樘全数检查。

n）检查防火门，对抽查到的每个防火分区内全部封闭楼梯间、防烟楼梯间、消防电梯间及其前室的防火门（含配套闭门器设备）外观完好有效情况进行检查。

o）检查疏散指示标志、应急照明，对抽查到的每个防火分区的疏散指示标志、应急照明设备的外观完好有效情况进行检查，每个防火分区至少检查5处。

p）检查灭火器，对抽查到的防火分区的灭火器的外观完好有效情况进行检查，每个防火分区至少检查5处。

　q）对其他消防设施的检查依照国家有关要求进行。

5.4 抽查询问

　a）询问消防安全责任人，检查岗位职责的掌握和履行情况，应明确本单位的消防安全管理人，掌握本单位的消防安全工作，了解本单位年度消防培训、消防演练、消防检查的基本情况。

　b）询问消防安全管理人，检查岗位职责的掌握和履行情况，应熟悉本单位年度消防培训、消防演练、消防检查的计划及实施情况，熟悉消防控制室、消防水泵房、柴油发电机房、配电房、防排烟机房、末端试水阀等位置，掌握火灾报警控制器的操作使用，掌握湿式报警阀、末端试水阀、应急照明等消防设施的检查方法。

　c）抽查询问 2 名专职消防安全管理人员，检查岗位职责的掌握和履行情况，应熟悉消防控制室、消防水泵房、柴油发电机房、配电房、防排烟机房、末端试水阀等位置，掌握火灾报警控制器的操作使用，掌握湿式报警阀、末端试水阀、应急照明、防排烟阀、灭火器等消防设施的检查方法，熟悉自动消防系统的操作。

　d）抽查询问员工参加消防安全教育培训和消防安全知识、消防安全制度、与消防有关的安全操作规程的掌握情况，员工总数在 100 人以上的，抽查不同部门、岗位的员工，总数不应少于 20 人；员工总数不足 100 人的，抽查不同部门、岗位的员工，总数不应少于 10 人；员工总数不足 10 人的，全数检查。

　e）抽查询问 2 名专职消防队队员，检查预案熟悉及参加演练情况。

　f）抽查询问 2 名自动消防系统操作人员，检查消防控制室管理及应急处置程序掌握情况，对自动消防设施操作掌握情况。

　g）抽查询问 3 名员工单位的火灾情况。

6 综合判定计分

6.1 总则

　消防安全评估结论分为"优秀、良好、一般、差"四个等次。综合判定计分结果评分大于等于 90 分为"优秀"，大于等于 70 分且小于 90 分为"良好"，大于等于 50 分且小于 70 分为"一般"，小于 50 分为

"差"。

6.1.1 综合判定计分表

根据判定项目在消防安全中的重要程度分为直接判定项（A＊）、关键项（A）、一般项（B）。1 个关键项不符合，扣 2 分；

1 个关键项有缺陷，扣 1.5 分；

1 个一般项不符合，扣 1 分；

1 个一般项有缺陷，扣 0.5 分。

扣分总计＝A 项不符合扣分+A 项有缺陷扣分+B 项不符合扣分+B 项有缺陷扣分；得分总计＝100-扣分总计；

直接判定项（A＊）有不符合时，得分总计＝50-扣分总计。

根据附录 A《消防安全评估检查记录表》的结果，进行统计得分，填写附录 B《综合判定计分表》。

7 评估报告

7.1 评估报告内容

评估报告应包括以下内容：

a）封面；

b）消防安全评估机构资质证书影印件；

c）评估人员组成；

d）被评估单位概况及消防安全基本情况；

e）评估内容；

f）存在问题；

g）评估结论；

h）消防安全对策、措施及建议；

7.2 评估报告格式

见本标准附录 C《消防安全评估报告式样》。

附录（略）

六　常用规范目录

《建筑设计防火规范》（2018 版）（GB50016-2014）

《汽车库、修车库、停车场设计防火规范》（GB50067-2014）

《建筑内部装修设计防火规范》（GB50222-2017）

《建筑内部装修防火施工及验收规范》GB50354-2005

《人员密集场所消防安全管理》（GB/T40248-2021）

《住宅设计规范》（GB50096-2011）

《建筑钢结构防火技术规范》（GB51249-2017）

《汽车加油加气加氢站技术标准》（GB50156-2021）

《人民防空工程设计防火规范》（GB50098-2009）

《医药工业洁净厂房设计标准》（GB50457-2019）

《石油天然气工程设计防火规范》（GB50183-2004）

《地铁设计规范》（GB50157-2013）

《冷库设计标准》（GB50072-2021）

《民用机场航站楼设计防火规范》GB51236-2017

《消防控制室通用技术要求》GB25506-2010

《火灾自动报警系统设计规范》（GB50116-2013）

《火灾自动报警系统施工及验收标准》（GB50166-2019）

《建筑给水排水设计标准》（GB50015-2019）

《消防给水及消火栓系统技术规范》（GB50974-2014）

《自动喷水灭火系统设计规范》（GB50084-2017）

《自动喷水灭火系统施工及验收规范》（GB50261-2017）

《建筑防烟排烟系统技术标准》（GB51251-2017）

《消防应急照明和疏散指示系统技术标准》（GB51309-2018）

《防火卷帘、防火门、防火窗施工及验收规范》（GB50877-2014）

《气体灭火系统设计规范》（GB50370-2005）

《气体灭火系统施工及验收规范》（GB50263-2007）

《自动跟踪定位射流灭火系统技术标准》（GB51427-2021）

《固定消防炮灭火系统设计规范》（GB50338-2003）

《固定消防炮灭火系统施工与验收规范》（GB50498-2009）

《二氧化碳灭火系统设计规范》（2010 版）（GB50193-93）

《泡沫灭火系统技术标准》（GB50151-2021）

《细水雾灭火系统技术规范》（GB50898-2013）

《水喷雾灭火系统技术规范》（GB50219-2014）

《建筑灭火器配置设计规范》（GB50140-2010）

《建筑灭火器配置验收及检查规范》（GB50444-2008）

《干粉灭火系统设计规范》（GB50347-2004）

《消防联动控制系统》（2016 版）（GB16806-2006）

《建筑消防设施的维护管理》（GB25201-2010）

《重大火灾隐患判定方法》（GB35181-2017）

《建筑消防设施检测规范》（DB 51/T2049-2015）

《单位消防安全评估》（XF/T3005-2020）

《建筑消防设施检测技术规程》（XF503-2004）

《仓储场所消防安全管理通则》（XF1131-2014）

《四川省古城镇村落消防安全评估规范》（DB51/T 2700-2020）

《消防设施操作员》（国家职业技能标准，职业代码4-07-05-04）